1921—2011

# 人民日報

華北郵電總局登記認爲新聞紙類
北京市軍事管制委員會登記新字第三號

今日一張半 定價：每份一百元每月三千元
外埠每份外加郵費十元全月三百元

第四七六號

電報掛號：三八三八
營業部電話掛號：六二〇九

社址：北京王府井大街一
營業部：賓內大

## 張瀾勉勵出席人民政協民盟盟員
## 普遍宣傳共同綱領
## 努力促其完全實現

【本報訊】中國民主同盟總部昨（九）日下午五時在北京飯店東樓舉行茶會，招待全體出席中國人民政治協商會議的盟員。到會者共七十餘人。首由民盟主席張瀾致詞稱：「本盟同志從各單位各地方產生出來的政協代表，共達九十[illegible]之多，這是事先所不及料的。而這種代表，又都是自然的從各單位各地方產生出來，並不是事先有什麼組織安排。這證明本盟同志分佈在各方面的人，不在少數。而且在革命

周恩來副主席

毛澤東主席

粵

# 艰难与辉煌

（1921—1949）

## 国家图书馆藏珍贵革命历史文献展图录

国家图书馆　编

國家圖書館出版社

**图书在版编目（CIP）数据**

艰难与辉煌（1921—1949）/ 国家图书馆编.—北京：国家图书馆出版社，2012.10

ISBN 978-7-5013-4720-9

Ⅰ.①艰… Ⅱ.①国… Ⅲ.①中国共产党—党史—文献—图录 Ⅳ.①D239-64

中国版本图书馆CIP数据核字（2012）第010218号

书　　名　**艰难与辉煌（1921—1949）**
　　　　　**——国家图书馆藏珍贵革命历史文献展图录**

编　　者　国家图书馆　编

出　　版　国家图书馆出版社（100034 北京市西城区文津街7号）
发　　行　（010）66114536，66175620，66126153
　　　　　66121706（传真），66126156（门市部）
E-mail　btsfxb@nlc.gov.cn（邮购）
Website　www.nlcpress.com→投稿
经　　销　新华书店
印　　刷　北京嘉彩印刷有限公司
开　　本　889×1194毫米　1/16
印　　张　25
版　　次　2012年10月第1版　2012年10月第1次印刷

书　　号　ISBN 978-7-5013-4720-9
定　　价　380.00元

# 编纂委员会

# 序　言

2012年11月8日，中国共产党第十八次全国代表大会将在北京召开。中国共产党第十八次全国代表大会，是在全面建设小康社会关键时期和深化改革开放、加快转变经济发展方式攻坚时期召开的一次十分重要的大会。弹指一挥间，从党的第一次代表大会到现在，九十一年岁月里中国共产党领导全国各族人民，为捍卫民族独立、争取民族解放，进行了艰苦卓绝、英勇顽强的斗争，产生了大量的革命历史文献。这些文献历久弥珍，真实记录了共产党人的奋斗历程以及最终取得革命胜利的史实，蕴涵着中华民族和中国共产党人的精神价值与优良传统。为加强革命历史文献保护，充分发挥其社会教育作用，2011年5月至7月间国家图书馆隆重推出“艰难与辉煌——纪念中国共产党成立九十周年馆藏珍贵历史文献展”，旨在通过展示各个历史时期的珍贵文献，重温从中国共产党诞生到新中国成立二十八年间艰难而辉煌的历程。在此基础上，国家图书馆遴选出展览中的精品，经过悉心整理、编辑，出版了这样一本《艰难与辉煌（1921–1949）——国家图书馆藏珍贵革命历史文献展图录》。

“艰难与辉煌——纪念中国共产党成立九十周年馆藏珍贵历史文献展” 由国家图书馆主办，军事科学院、军事博物馆、国家博物馆协办。以1911年至1949年中国社会的政治、经济、文化以及国际共产主义运动为大背景，以中国共产党发展历程的时间脉络为主线，分为“东方欲晓”、“开天辟地”、“风起云涌”、“星火燎原”、“中流砥柱”和“天翻地覆”等六个篇章，选取各时期的重大事件、重要人物作为节点，用各种类型珍贵资料还原历史、解读史实。在展陈实物的同时，还着力揭示文献内容，深入挖掘文献背后的故事，增强历史事件与人物的感染力和张力，形成展览的特色和亮点。通过大量真实且具有说服力和震撼力的史实证据，使观众更加直观、深入地了解中国共产党所经历的艰难而辉煌的成长历程。

展览共展出各个时期的文献实物四百余件、老照片五百余幅。

展品以红色革命文献为主体，以国民党统治区文献为衬托，另外还包含珍贵古籍善本及珍稀外文善本，是国家图书馆建馆以来举办的最大规模的革命历史文献展览。除了展出《共产党宣言》第一个中文全译本（陈望道译）、《资本论》德文初版本（李一氓捐赠）、《毛泽东选集》的最早版本、中国共产党创办的第一份日报《热血日报》等红色文献外，展览还首次披露了《弹劾共产党两大要案》等六十余件国民党统治区的出版物，在这些“白色文献”的对映下，彰显了中国共产党艰苦卓绝、不屈不挠的革命历程，将往昔峥嵘岁月更为真实地呈现给每一位观众。与此同时，珍贵名家手稿的展示是本次展览又一大看点。首次集中展出了弥足珍贵的马克思、恩格斯书信手稿六件，鲁迅、左联五烈士、朱自清、丁玲和周立波等名家手稿二十余件，这些手札信件既是历史文献又具备极高的艺术价值，令人驻足观看、细细品味。展览还汇集了多部外国人记录中国红色革命的书籍和书信档案，包括斯特朗手稿电文、福尔曼的《北行漫记》、斯坦因的《红色中国的挑战》丛书等，他们以外国人独特而又客观冷静的视角记叙了解放区里翻天覆地的变化。冯仲云撰写的《东北抗日联军十四年苦斗简史》因其最早揭示了杨靖宇、赵一曼、李升、梁树林、八女投江等可歌可泣的英烈事迹，尤其引人瞩目。在众多展品中，还有一部极富传奇色彩的手稿《掩不住的阳光》，其作者乔信明同志是方志敏烈士的亲密战友，手稿讲述了方志敏及其战友在狱中的斗争情况，是一部“《红岩》式”的长篇纪实小说。

作为国家总书库，革命文献、名家手稿是国家图书馆重要的特色馆藏之一。经过数十载不间断的征集，加上社会各界人士的无私捐赠，目前，国家图书馆馆藏革命文献总量已达1.1万种1.5万册（件），有近现代政治家、思想家、科学家、文化名人及历史人物等500位名家的4000多种手稿。在“艰难与辉煌——纪念中国共产党成立九十周年馆藏珍贵历史文献展”期间，老一辈无产阶级革命家王若飞之子王兴、张鼎丞之女张延忠将家藏多年的王若飞、林伯渠、谢觉哉、黄齐生等老同志的书信、照片、书籍等资料捐赠给国家图书馆永久保存，进一步充实了国家图书馆革命文献和名家手稿收藏。这些文献记载了在党史和近现代史上很多重要人物的历史事件，至今还闪烁着光芒，对今人仍然具有很重要的启迪和教育作用，是研究党史和近现代史不可多得的资料。对此，国家图书馆要进一步做好工作，把革命历史文献利用好，让它们充分发挥资政育人的作用，使党的光荣传统能够真正得到继承和发扬。

中国共产党在革命、建设、改革各个历史时期，都高度重视文化建设，充分运用文化引领前进方向、凝聚奋斗力量、推动持续发展。全国文化事业尤其是图书馆事业在一代又一代中国共产党领导人的关怀和指导下，不断蓬勃发展，与时俱进，国家图书馆的成长恰恰鲜明地印证了这一历程。在短短两个月的时间里，全国人大常委会副委员长周铁农，中共中央政治局委员、国务委员刘延东，全国人大常委会副委员长华建敏和司马义·铁力瓦尔地等国家领导人先后来到国家图书馆观看了此次展览，均给予了高度的肯定和殷切的寄语，这让国家图书馆深感肩负重大责任，在传播文化、教育大众方面还有很多工作要做。

“只有真正懂得‘艰难’，才能知道‘辉煌’来之不易。要永远记住牺牲的两千万以上的有名和无名烈士，才能坚定信仰，有信心克服我们今天前进道路上遇到的一切困难，把有中国特色的社会主义事业进行到底。”一条条发自肺腑的心声化作数以千计的感言记录在厚厚的留言簿上，承载了每一位观众的感慨、激动、振奋与信心。“艰难与辉煌——纪念中国共产党成立九十周年馆藏珍贵历史文献展”开展以来，共迎接了国内外参观者逾三万人次，并在武汉等地开展巡展活动，广受群众好评，成为2011年度人民大众喜爱、备受社会各界瞩目的重要文化展览活动。

优秀的精神文化产品寓教于文、寓教于乐，对一个社会的核心价值体系构建和传承具有独特的作用。社会主义核心价值体系体现着社会主义先进文化的精神价值，须大力推广，使之繁荣；文化产品则是承载文化精神价值的“体”，担负着弘扬社会主义核心价值体系的重要责任。国家图书馆举办的“艰难与辉煌——纪念中国共产党成立九十周年馆藏珍贵历史文献展”以中国共产党艰难的岁月、辉煌的成就感召、教育群众，再一次印证了历史事实：没有共产党，就没有新中国；没有共产党，就没有今天的中国。只有在中国共产党的坚强领导下，国家才能繁荣富强，人民才能生活幸福，中华民族才能实现伟大复兴。

在文化大发展大繁荣的机遇期，国家图书馆作为文化事业的旗帜性单位，肩负着责无旁贷的历史使命。我衷心希望，越来越多如“艰难与辉煌——纪念中国共产党成立九十周年馆藏珍贵历史文献展”这样的体现社会主义先进文化核心价值、深受人民群众喜爱的文化产品诞生在国家图书馆。

周和平

2012年9月

# 目 录

# 序

# 东方欲晓

（1911—1918年）

## 辛亥革命

1911年，辛亥革命爆发，推翻了清王朝，结束了封建帝制。次年，建立了中华民国。但是，中国仍处在军阀割据和混战之中。中国先进分子仍在继续探求救国救民的道路。

1911年，汉口的革命军向清军进攻。

佚名摄，伦敦传道会/世界传道会档案馆，伦敦大学亚非学院（伦敦）

孙中山就任中华民国临时大总统。

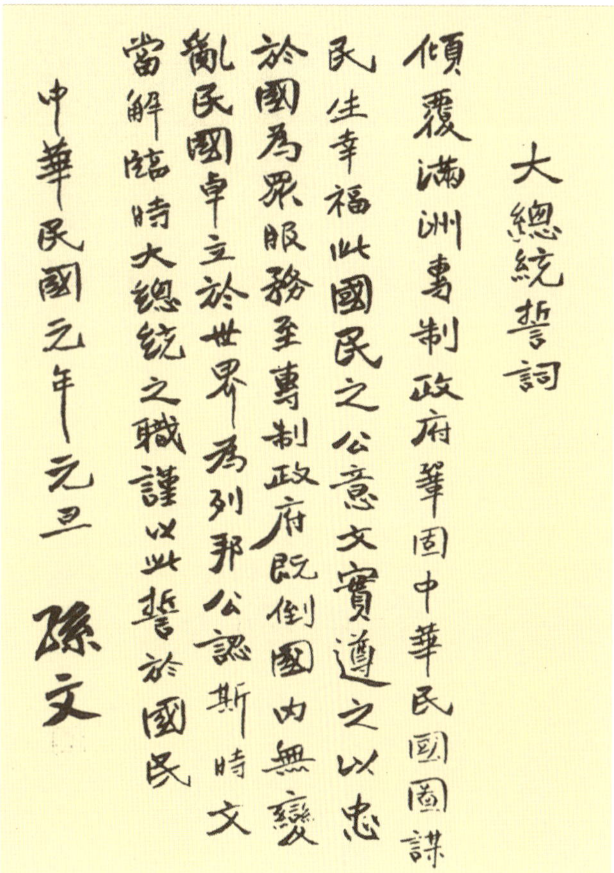

大總統誓詞

傾覆滿洲專制政府鞏固中華民國圖謀民生幸福此國民之公意文實遵之以忠於國為眾服務至專制政府既倒國内無變亂民國卓立於世界為列邦公認斯時文當解臨時大總統之職謹以此誓於國民

中華民國元年元旦

孫文

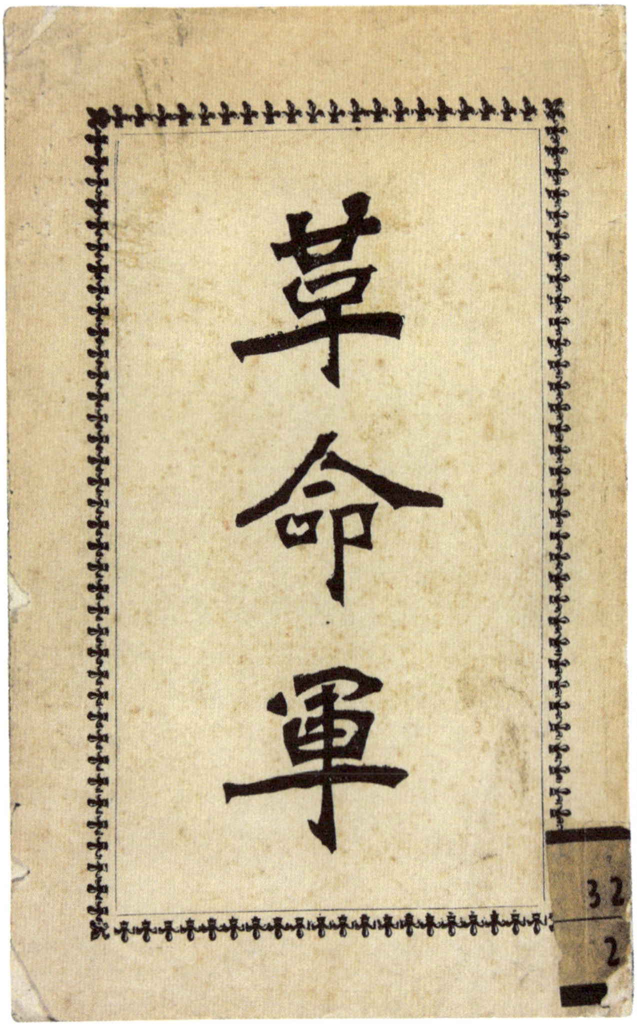

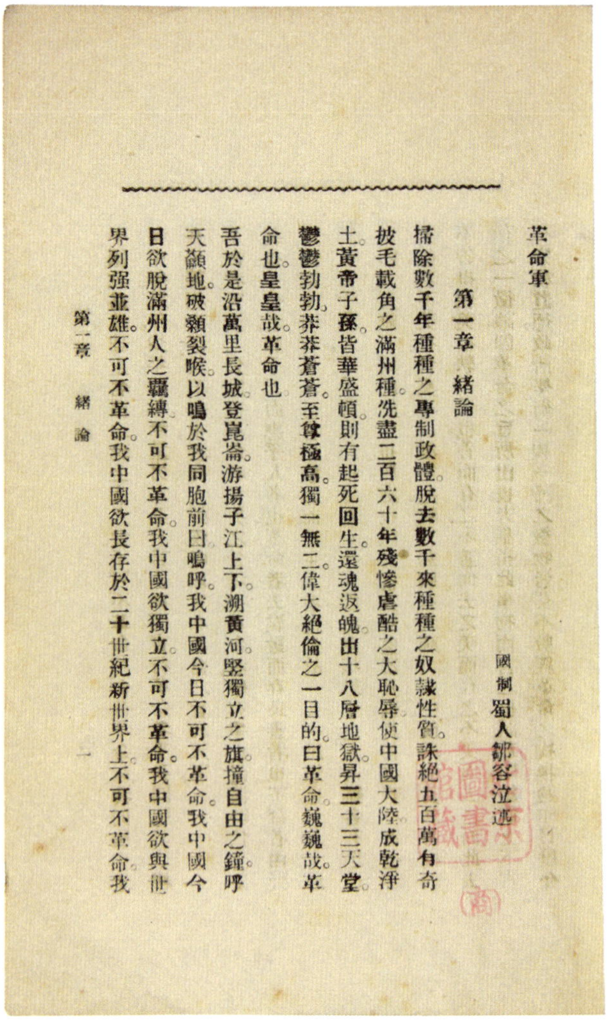

革命軍　　國制　蜀人鄒容泣述

第一章　緒論

掃除數千年種種之專制政體。脫去數千來種種之奴隸性質。誅絕五百萬有奇披毛戴角之滿州種。洗盡二百六十年殘慘虐酷之大恥辱。使中國大陸成乾淨土。黃帝子孫皆華盛頓。則有起死回生。還魂返魄。出十八層地獄。昇三十三天堂。鬱鬱勃勃。莽莽蒼蒼。至尊極高。獨一無二。偉大絕倫之一目的。曰革命。巍巍哉。革命也。皇皇哉。革命也

吾於是沿萬里長城。登崑崙。游揚子江上下。溯黃河。豎獨立之旗。撞自由之鐘。呼天籲地。破顙裂喉。以鳴於我同胞前曰。嗚呼。我中國今日不可不革命。我中國今日欲脫滿州人之羈縛。不可不革命。我中國欲獨立。不可不革命。我中國欲與世界列強並雄。不可不革命。我中國欲長存於二十世紀新世界上。不可不革命。我

第一章　緒論　一

革命军　邹容著　清光绪二十九年（1903）

邹容（1885-1905），原名绍陶，字蔚丹，四川巴县人。1902年留学日本，次年夏回国后，在上海爱国学社撰写了《革命军》一书，号召以革命打倒清政府，推翻君主专制制度，建立中华共和国。《革命军》由章太炎作序发表，并在《苏报》上刊文介绍，影响很大。1903年，因《革命军》而引起的“苏报案”发生。邹容被捕入狱，1905年4月3日死于上海租界狱中，年仅20岁。邹容牺牲后，《革命军》发行逾百万册，对革命思想的传播起了很大的作用。

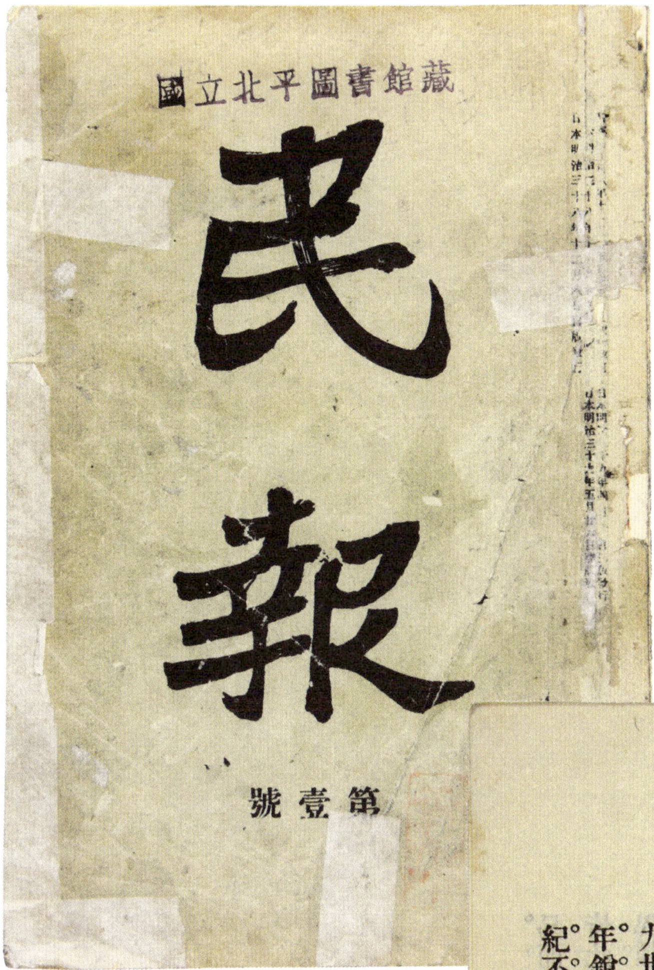


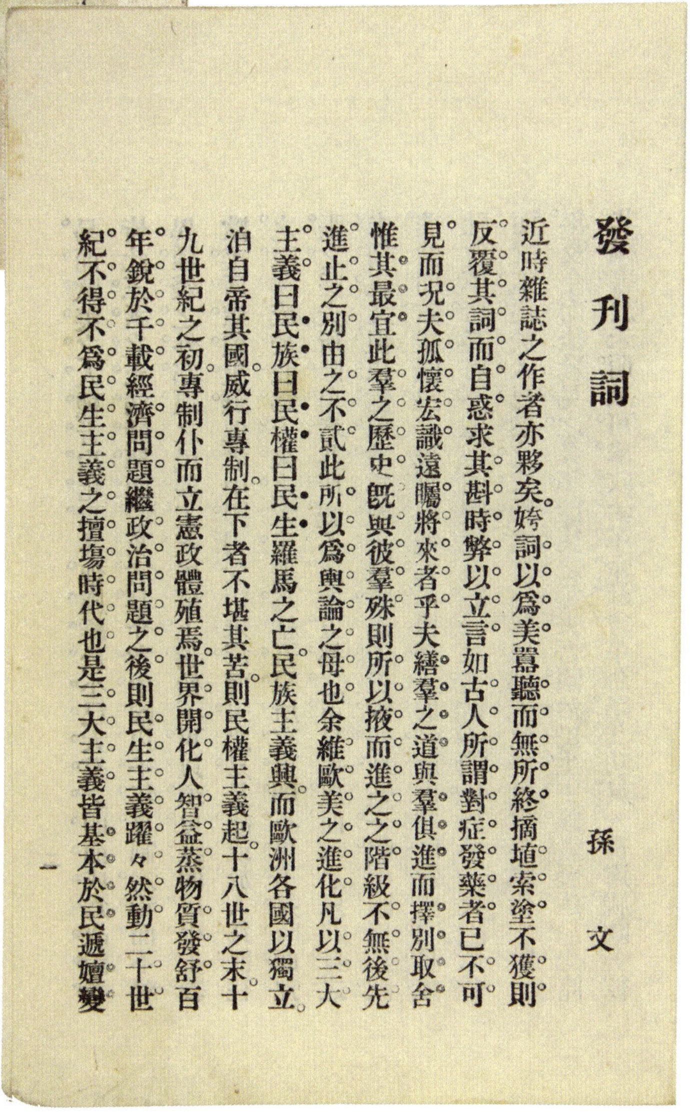

發刊詞

孫文

近時雜誌之作者亦夥矣。婞詞以爲美囂聽而無所終摘埴索塗不獲則反覆其詞而自惑求其斠時弊以立言如古人所謂對症發藥者已不可見而況夫孤懷宏識遠矚將來者乎夫繕羣之道與羣俱進而擇別取舍惟其最宜此羣之歷史既與彼羣殊則所以掖而進之之階級不無後先進止之別由之不貳此所以爲輿論之母也余維歐美之進化凡以三大主義曰民族曰民權曰民生羅馬之亡民族主義興而歐洲各國以獨立洎自帝其國威行專制在下者不堪其苦則民權主義起十八世之末十九世紀之初專制仆而立憲政體殖焉世界開化人智益蒸物質發舒百年銳於千載經濟問題繼政治問題之後則民生主義躍々然動二十世紀不得不爲民生主義之擅塲時代也是三大主義皆基本於民遞嬗變

一

民报　张继、章太炎、陶成章、汪精卫编辑
1905年

中国同盟会机关报。1905年11月26日在日本东京创刊。1908年冬被日本政府封禁。1910年1月又在日本秘密印行，出版地伪托巴黎，又出版了两期后停刊，共出版26期。编辑兼发行人署名于报端的有张继、章太炎、陶成章、汪精卫四人。该报宣传资产阶级民主革命，曾与立宪派创办的《新民丛报》展开激烈的论战，主要栏目有：图画、论说、时评、译丛等。孙中山撰写发刊词，首次提出“三民主义”的主张。

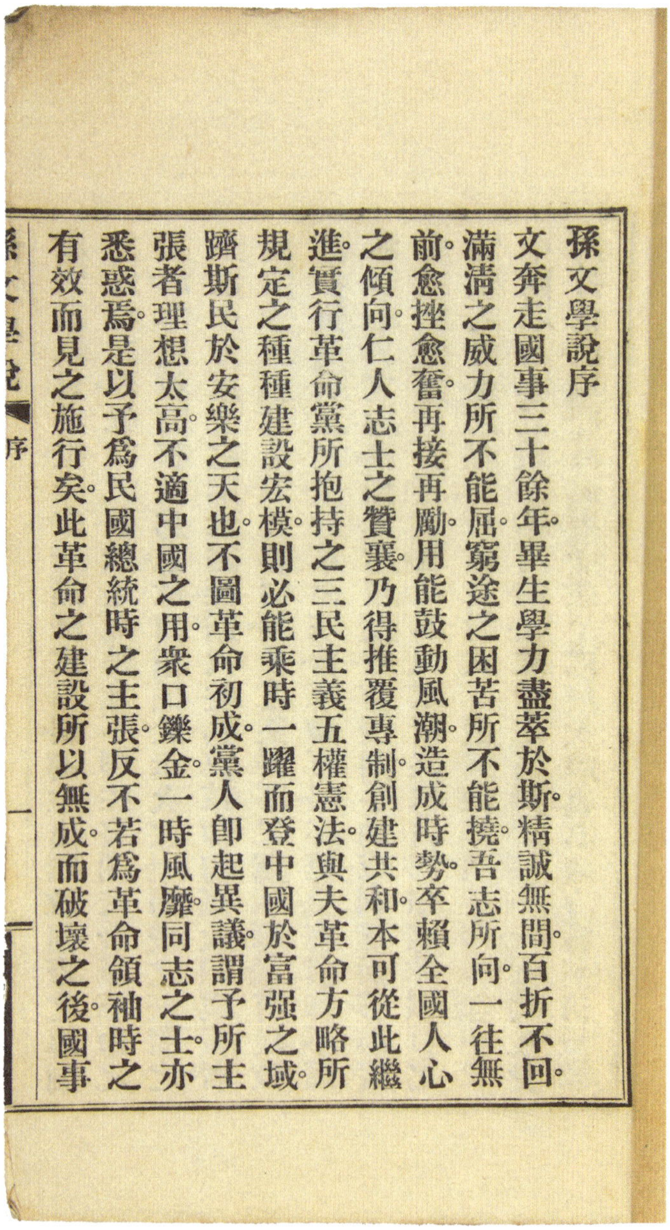
孫文學說序

文奔走國事三十餘年。畢生學力盡萃於斯。精誠無間。百折不回。滿清之威力所不能屈。窮途之困苦所不能撓。吾志所向。一往無前。愈挫愈奮。再接再勵。用能鼓動風潮。造成時勢。卒賴全國人心之傾向。仁人志士之贊襄。乃得推覆專制。創建共和。本可從此繼進。實行革命黨所抱持之三民主義五權憲法。與夫革命方略所規定之種種建設宏模。則必能乘時一躍而登中國於富強之域。躋斯民於安樂之天也。不圖革命初成。黨人即起異議。謂予所主張者理想太高。不適中國之用。衆口鑠金。一時風靡。同志之士。亦悉惑焉。是以予爲民國總統時之主張。反不若爲革命領袖時之有效。而見之施行矣。此革命之建設所以無成。而破壞之後。國事

孙文学说　孙中山著　上海华强书局　1919年7月

书前有1918年12月30日孙中山在上海撰写的自序。《孙文学说》一书系统阐述了孙中山的理论，内容分为三卷：卷一“行易知难”、卷二“三民主义”、卷三“五权宪法”。展出本为第一卷，阐述了孙中山哲学思想，提出了“知难行易”说，批判了“知之非艰，行之惟艰”的保守思想，号召人们树立“行之非艰，知之惟艰”的新信仰。

### 赵凤昌藏札

《赵凤昌藏札》是原赵凤昌、赵尊岳父子收藏、整理、装帧的书札集册，经折装，上下木夹板，共计一百零九册，分为三十六函保存。内中主要收藏各家致赵氏父子的书札，以及赵凤昌做张之洞文案时收藏的各家致张之洞书信及晚清至民国初年的电报稿、奏折稿等。

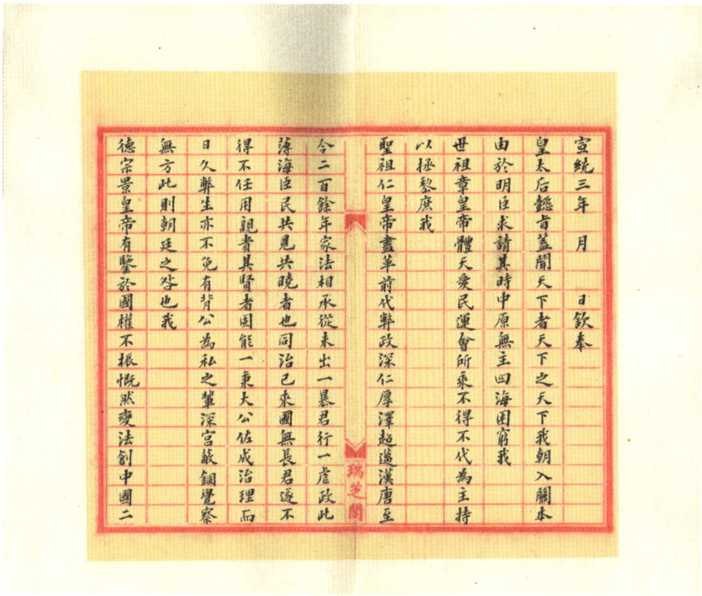

宣統三年　月　日欽奉
皇太后懿旨蓋聞天下者天下之天下我朝入關本
由於明臣求請其時中原無主四海困窮我
世祖章皇帝體天變民運會所乘不得不代為主持
以拯黎庶我
聖祖仁皇帝盡革前代弊政深仁厚澤超邁漢唐至
今二百餘年家法相承從未出一暴君行一虐政此
薄海臣民共見共曉者也同治已來國無長君遂不
得不任用親貴具賢者固能一秉大公佐成治理而
日久弊生亦不免有背公為私之輩深宮載鋼覺察
無方此則朝廷之咎也我
德宗景皇帝有鑒於國權不振慨然變法創中國二

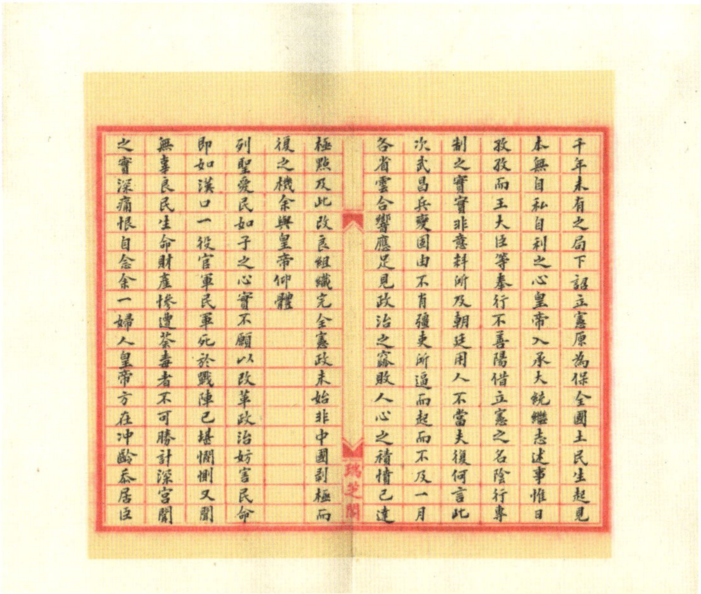

千年未有之局下詔立憲原為保全國土民生起見
本無自私自利之心皇帝入承大統繼志述事惟日
孜孜而王大臣等奉行不善陽借立憲之名陰行專
制之實實非意料所及朝廷用人不當夫復何言此
次武昌兵變固由不肖疆吏所逼而起而不及一月
各省雲合響應足見政治之窳敗人心之積憤已達
極點及此改良組織完全憲政未始非中國剴極而
復之機余與皇帝仰體
列聖愛民如子之心實不願以改革政治妨害民命
即如漢口一役官軍民軍死於戰陣已甚惻憫又關
無辜良民生命財產慘遭荼毒者不可勝計深宮聞
之實深痛恨自念余一婦人皇帝方在沖齡系居臣

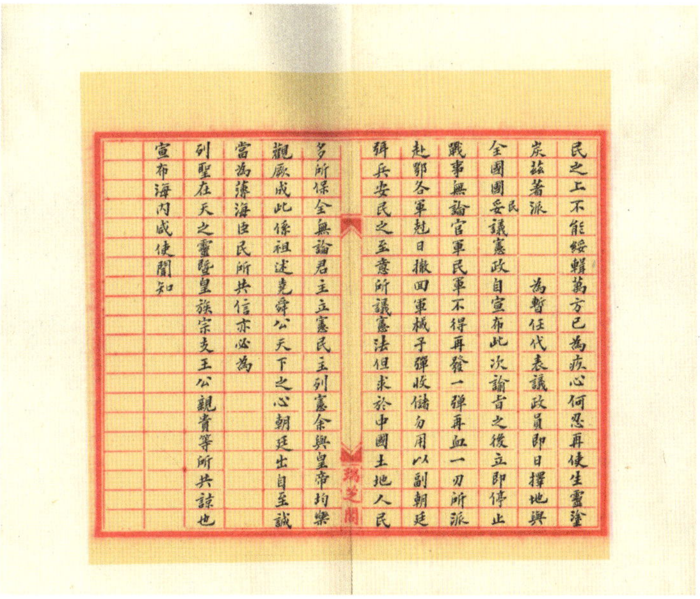

民之上不能綏輯萬方已為疚心何忍再使生靈塗
炭茲著派　為暫任代表議政員即日擇地與
全國國民議憲政自宣布此次諭旨之後立即停止
戰事無論官軍民軍不得再發一彈再血一刃所派
赴鄂各軍亦日撤回軍械子彈收儲勿用以副朝廷
弭兵安民之至意所議憲法但求於中國土地人民
多所保全無論君主立憲民主列憲余與皇帝均樂
觀厥成此係祖述堯舜公天下之心朝廷出自至誠
當為薄海臣民所共信亦必為
列聖在天之靈暨皇族宗支王公親貴等所共諒也
宣布海內咸使聞知

赵凤昌藏札·清帝退位诏书

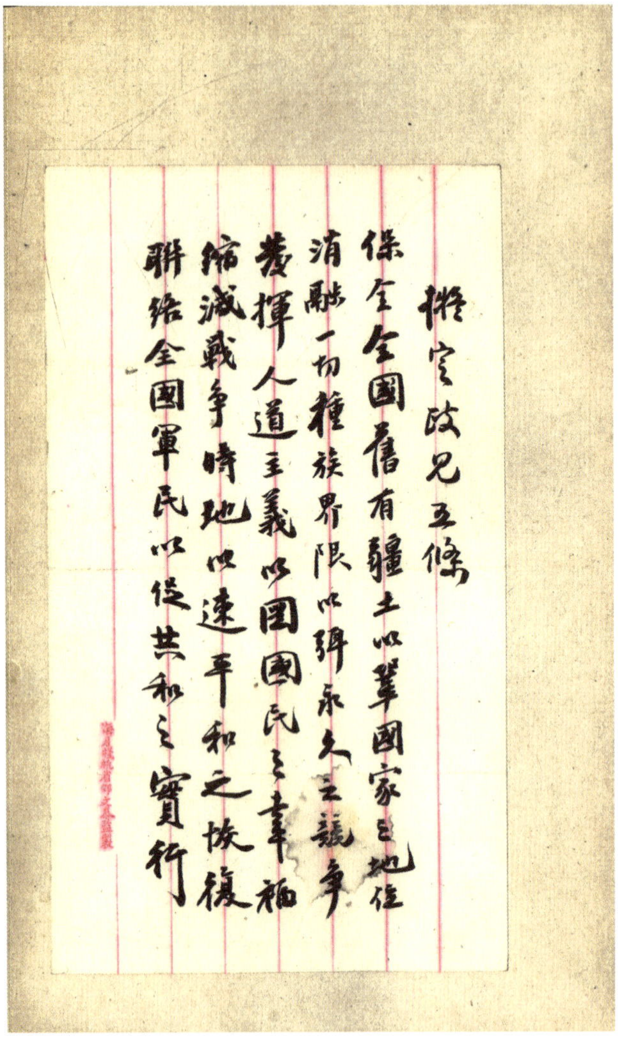

擬定政見五條

保全全國舊有疆土以鞏國家之地位

消融一切種族界限以弭永久之競爭

發揮人道主義以圖國民之幸福

縮減戰爭時地以速平和之恢復

聯絡全國軍民以促共和之實行

赵凤昌藏札・南北议和五原则

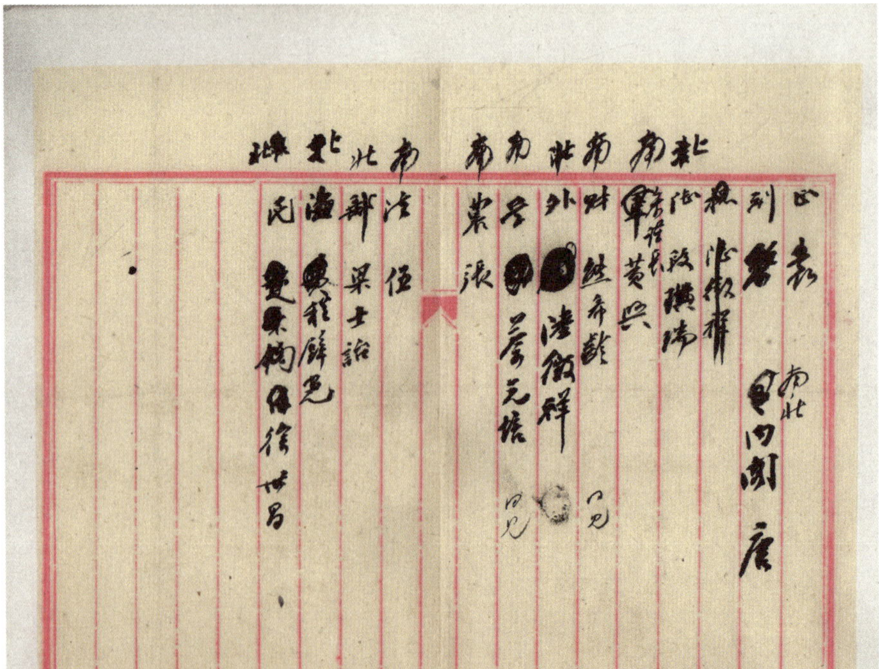

赵凤昌藏札・新政权的职位划分

## 新文化运动

1915年9月，陈独秀在上海创办《青年杂志》（自第2卷起改名《新青年》）。以此为标志，在中国兴起了一场以科学与民主为旗帜，向封建思想、文化宣战的新文化运动，这是一场前所未有的启蒙运动和空前深刻的思想解放运动。

《青年杂志》第一卷第一号。

新文化运动中的四位代表人物

蔡元培

陈独秀

鲁迅

胡适

毛泽东："《新青年》是有名的新文化运动的杂志，由陈独秀主编。我在师范学校学习的时候，就开始读这个杂志了。我非常钦佩胡适和陈独秀的文章。"

1918年，旅日的周恩来在日记中写道："这几天连着把三卷的《青年》仔细看了一遍，才知道我从前在国内所想的全是大差……我愿意自今以后，为我的'思想'、'学问'、'事业' 去开一个新纪元才好呢！"

恽代英写信给《新青年》说："……自从看了《新青年》渐渐的醒悟过来，真是像在黑暗的地方见了曙光一样……我们既然得了这个觉悟，就发了大愿要做那'自觉人'的事业，于是就办了《新声》。"

朱德自述："那时的潮流还是变法的，康、梁改良派与革命党二派并进的。环境变迁也很迅速：譬如从科举到办学校一般的人还不敢出来，只有进步的人敢出来，这些人的的确确是上了新的道，虽然说是没有完全成功。"

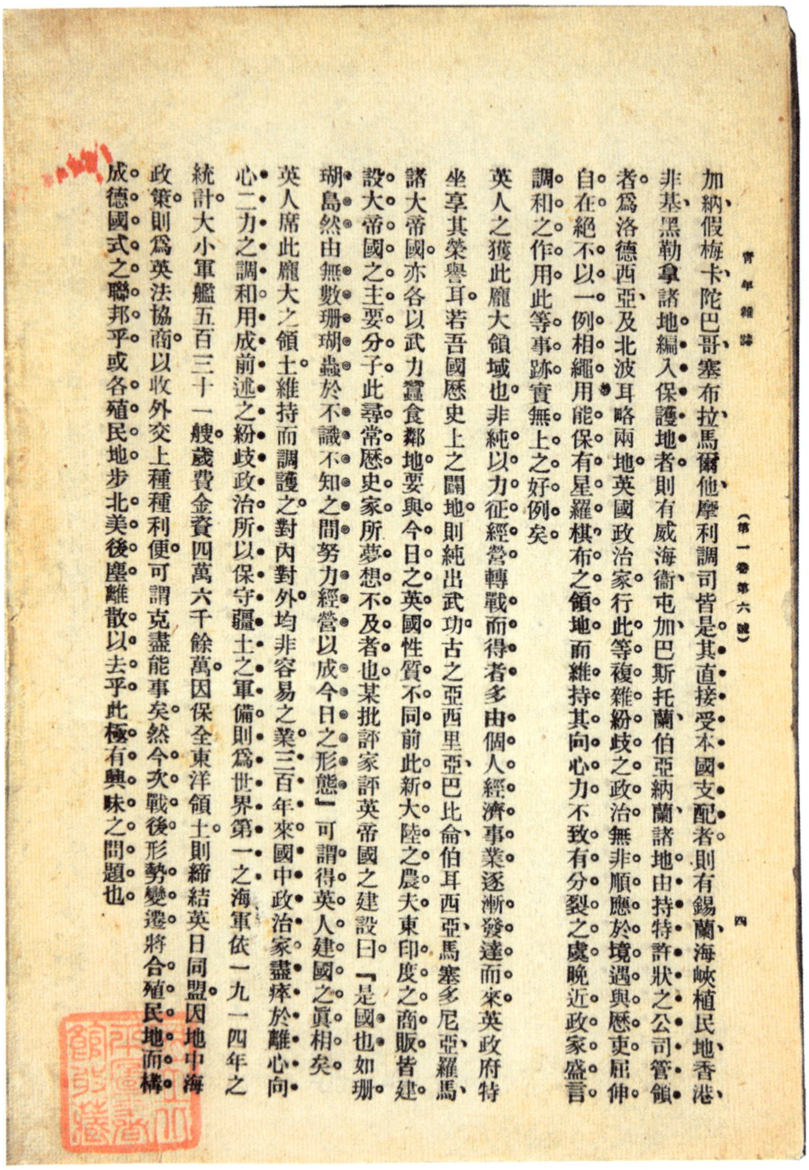

青年雜誌　（第一卷第六號）　四

加納、假梅卡陀巴哥、塞布拉馬爾他摩利調司皆是其直接受本國支配者。則有錫蘭、海峽植民地、香港、非基、黑勒拿諸地編入保護地者則有威海衛、屯加、巴斯托蘭、伯亞納蘭、諸地由持特許狀之公司管領者爲洛德西亞及北波耳略兩地英國政治家行此等複雜紛歧之政治無非順應於境遇與歷史屈伸自在絕不以一例相繩用能保有星羅棋布之領地而維持其向心力不致有分裂之虞晚近政家盛言調和之作用此等事跡實無上之好例矣

英人之獲此龐大領域也非純以力征經營轉戰而得者多由個人經濟事業逐漸發達而來英政府特坐享其榮譽耳若吾國歷史上之闢地則純出武功古之亞西里亞巴比侖伯耳西亞馬塞多尼亞羅馬諸大帝國亦各以武力蠶食鄰地要與今日之英國性質不同前此新大陸之農夫東印度之商販皆建設大帝國之主要分子此尋常歷史家所夢想不及者也某批評家評英帝國之建設曰『是國也如珊瑚島然由無數珊瑚蟲於不識不知之間努力經營以成今日之形態』可謂得英人建國之眞相矣

英人席此龐大之領土維持而調護之對內對外均非容易之業三百年來國中政治家盡瘁於離心向心二力之調和用成前述之紛歧政治所以保守疆土之軍備則爲世界第一之海軍依一九一四年之統計大小軍艦五百三十一艘歲費金資四萬六千餘萬因保全東洋領土則締結英日同盟因地中海政策則爲英法協商以收外交上種種利便可謂克盡能事矣然今次戰後形勢變遷將合殖民地而構成德國式之聯邦乎或各殖民地步北美後塵離散以去乎此極有興味之問題也

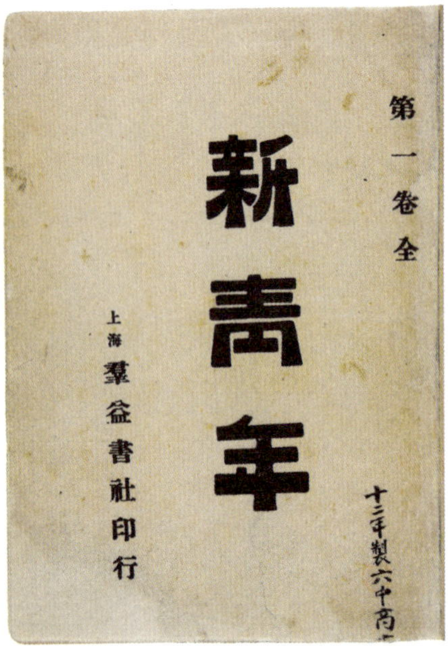


新青年　陈独秀主编　1915年9月

初名《青年》杂志，1915年9月15日由陈独秀在上海创办。1916年9月第2卷第1期起改名为《新青年》杂志。至1926年7月终刊，经历了月刊、季刊、不定期刊三个阶段，并先后在上海、北京、广州等地出版。该刊发展分为三个时期：自1915年创刊到1919年五四运动之前，高举“民主和科学”两面大旗，吹响了新文化运动的号角；从五四运动前后到中国共产党成立之初由宣传资产阶级民主主义思想逐渐转变成宣传马克思主义；从中国共产党成立到1926年7月终刊成为中共中央理论性机关刊物。在《新青年》11年发展历程中，始终随着时代步伐不断前进，用它的革命思想和战斗精神，影响和培养了五四时期一代革命者。

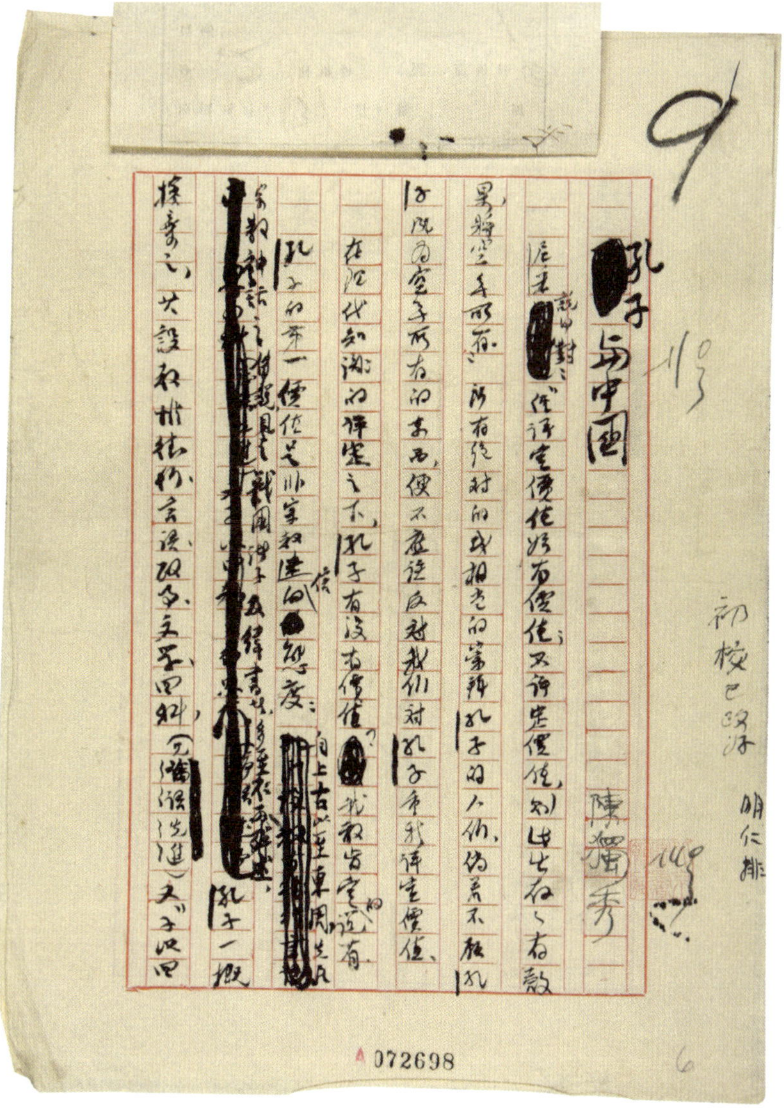
孔子与中国

陈独秀

初校已改好

072698

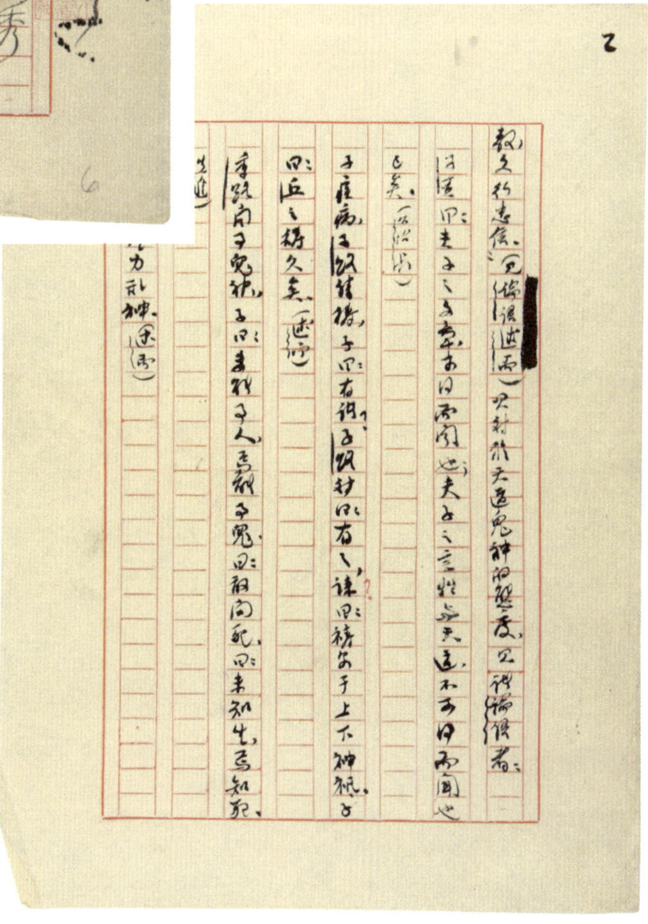

孔子与中国　陈独秀撰　毛笔手书原稿　商务印书馆捐赠

本文最初发表于1937年10月1日《东方杂志》第34卷第18、19期。文中对孔子思想的价值作了分析，指出：科学与民主，是人类进步之两大主要动力。孔子不言神怪，是近于科学的；而孔子的礼教，却是反科学的。文章号召废除孔子的礼教，指出如果孔子的礼教不废，人权、民主自然不能不是犯上作乱的邪说。人权、民主运动不高涨，束手束足意气消沉安分守己的奴才，哪会有万众一心反抗强邻的朝气。在中国人民英勇抗击日本帝国主义侵略的紧要关头，本文的发表起到了唤起民众的积极作用。

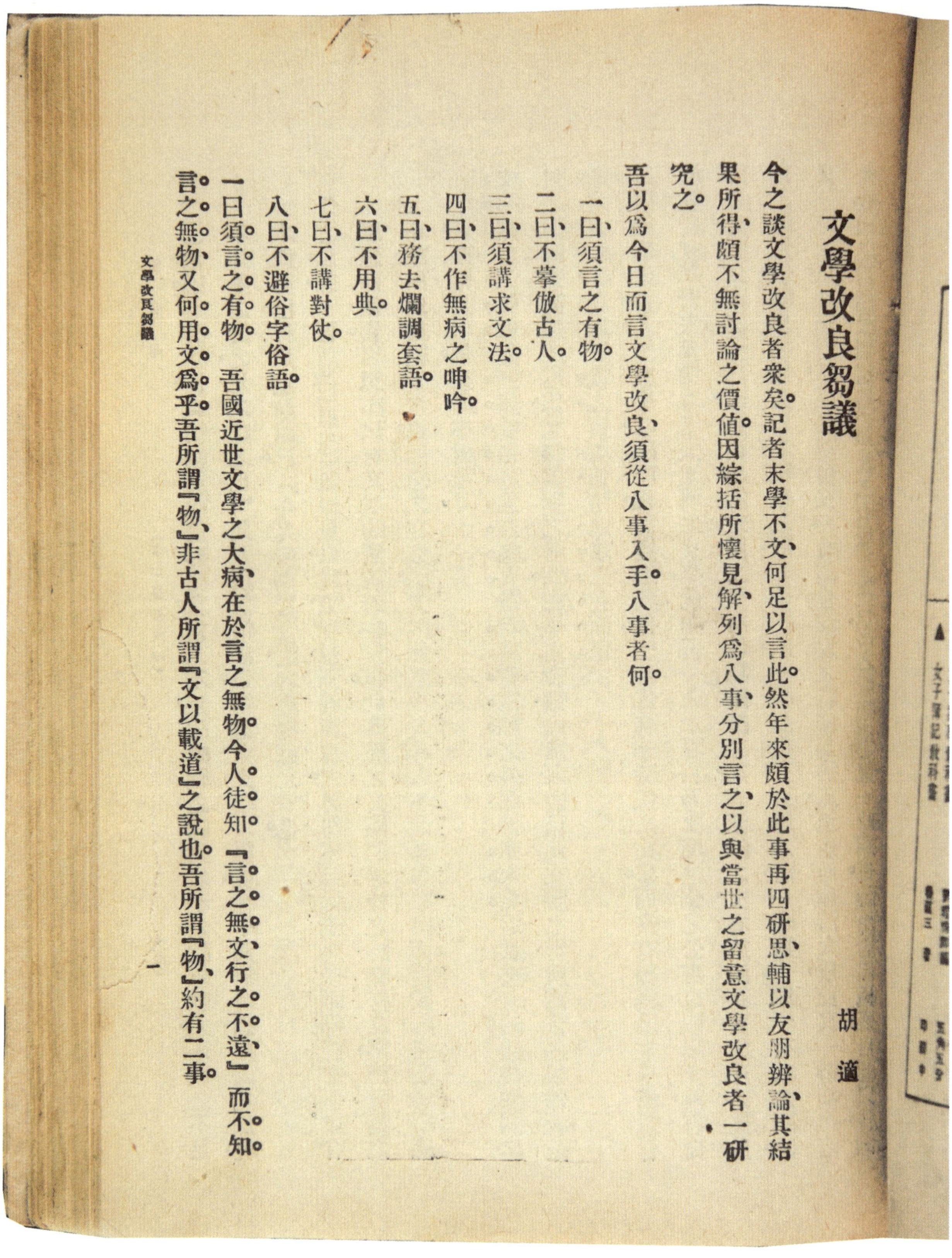

文學改良芻議

胡適

今之談文學改良者衆矣。記者末學不文、何足以言此。然年來頗於此事再四研思、輔以友朋辨論、其結果所得頗不無討論之價值。因綜括所懷見解、列爲八事、分別言之、以與當世之留意文學改良者一研究之。

吾以爲今日而言文學改良、須從八事入手。八事者何。

一曰、須言之有物。

二曰、不摹倣古人。

三曰、須講求文法。

四曰、不作無病之呻吟。

五曰、務去爛調套語。

六曰、不用典。

七曰、不講對仗。

八曰、不避俗字俗語。

一曰須言之有物。　吾國近世文學之大病、在於言之無物。今人徒知『言之無文、行之不遠』而不知言之無物、又何用文爲乎。吾所謂『物』、非古人所謂『文以載道』之說也。吾所謂『物』、約有二事。

文學改良芻議　一

文学改良刍议　胡适撰　刊于《新青年》第二卷第五号　1917年1月1日

胡适是积极推动白话诗的先驱者。他1917年发表的《文学改良刍议》是倡导文学改良的第一篇文章。文章论述文学改良的“八事”：“一曰须言之有物；二曰不摹仿古人；三曰须讲求文法；四曰不作无病之呻吟；五曰务去滥调套语；六曰不用典；七曰不讲对仗；八曰不避俗字俗语。”这篇文章与陈独秀的《文学革命论》和鲁迅的《狂人日记》一起，迈出了中国现代文学革命的第一步。

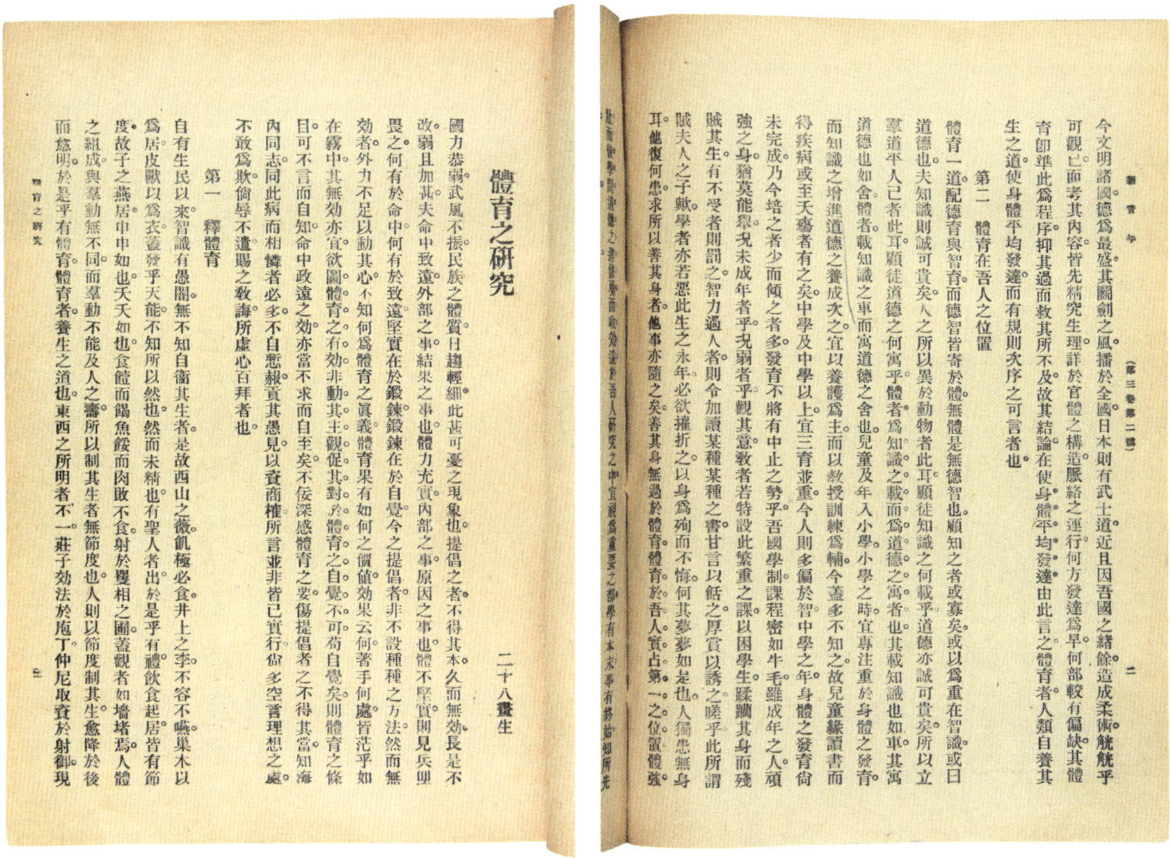

# 體育之研究

二十八畫生

國力恭弱。武風不振。民族之體質。日趨輕細。此甚可憂之現象也。提倡之者。不得其本。久而無效。長是不改。弱且加甚。夫命中致遠。外部之事。結果之事也。體力充實。內部之事。原因之事也。體不堅實。則見兵而畏之。何有於命中。何有於致遠。堅實在於鍛鍊。鍛鍊在於自覺。今之提倡者。非不設種種之方法。然而無效者。外力不足以動其心。不知何爲體育之眞義。體育果有如何之價値。効果云何。著手何處。皆茫乎如在霧中。其無効亦宜。欲圖體育之有効。非動其主觀。促其對於體育之自覺。不可。苟自覺矣。則體育之條目。可不言而自知。命中致遠之効。亦當不求而自至矣。不佞深感體育之要。傷提倡者之不得其當。知海內同志同此病而相憐者。必多。不自慙赧。貢其愚見。以資商榷。所言並非皆已實行。倘多空言理想之處。不敢爲欺。倘辱不遺。賜之教誨。所虛心百拜者也。

第一　釋體育

自有生民以來。智識有愚闇。無不知自衛其生者。是故西山之薇。飢極必食。井上之李。不容不嚥。巢木以爲居。皮獸以爲衣。蓋發乎天能。不知所以然也。然而未精也。有聖人者出。於是乎有禮。飲食起居。皆有節度。故子之燕居。申申如也。夭夭如也。食饐而餲。魚餒而肉敗。不食。射於矍相之圃。蓋觀者如墻堵焉。人體之組成。與草動無不同。而草動不能及人之壽。所以制其生者無節度也。人則以節度制其生。愈降於後而愈明。於是乎有體育。體育者。養生之道也。東西之所明者不一。莊子効法於庖丁。仲尼取資於射御。現

體育之研究　一

新青年　（第三卷第二號）　二

今文明諸國。德爲最盛。其國劍之風。播於全國。日本則有武士道。近且因吾國之緒餘。造成柔術。觥觥乎可觀已。而考其內容。皆先精究生理。詳於官體之構造。脈絡之運行。何方發達爲早。何部較有偏缺。其體育卽準此爲程序。抑其過而救其所不及。故其結論。在使身體平均發達。由此言之。體育者。人類自養其生之道。使身體平均發達。而有規則次序之可言者也。

第二　體育在吾人之位置

體育一道。配德育與智育。而德智皆寄於體。無體是無德智也。顧知之者或寡矣。或以爲重在智識。或曰道德也。夫知識則誠可貴矣。人之所以異於動物者。此耳。顧徒知識之何載乎。道德亦誠可貴矣。所以立羣道平人已者。此耳。顧徒道德之何寓乎。體者。爲知識之載而爲道德之寓者也。其載知識也如車。其寓道德也如舍。體者。載知識之車而寓道德之舍也。兒童及年入小學。小學之時。宜專注重於身體之發育。而知識之增進。道德之養成。次之。宜以養護爲主。而以教授訓練爲輔。今蓋多不知之。故兒童緣讀書而得疾病或至夭殤者有之矣。中學及中學以上。宜三育並重。今人則多偏於智。中學之年。身體之發育尚未完成。乃今培之者少而傾之者多。發育不將有中止之勢乎。吾國學制。課程密如牛毛。雖成年之人。頑強之身。猶莫能舉。況未成年者乎。況弱者乎。觀其意。教者若特設此繁重之課。以困學生。蹂躪其身而殘賊其生。有不受者則罰之。智力過人者。則令加讀某種某種之書。甘言以餂之。厚賞以誘之。嗟乎。此所謂賊夫人之子歟。學者亦若惡此生之永年。必欲摧折之。以身爲殉而不悔。何其夢夢如是也。人獨患無身耳。他復何患。求所以善其身者。他事亦隨之矣。善其身無過於體育。體育於吾人。實占第一之位置。體強

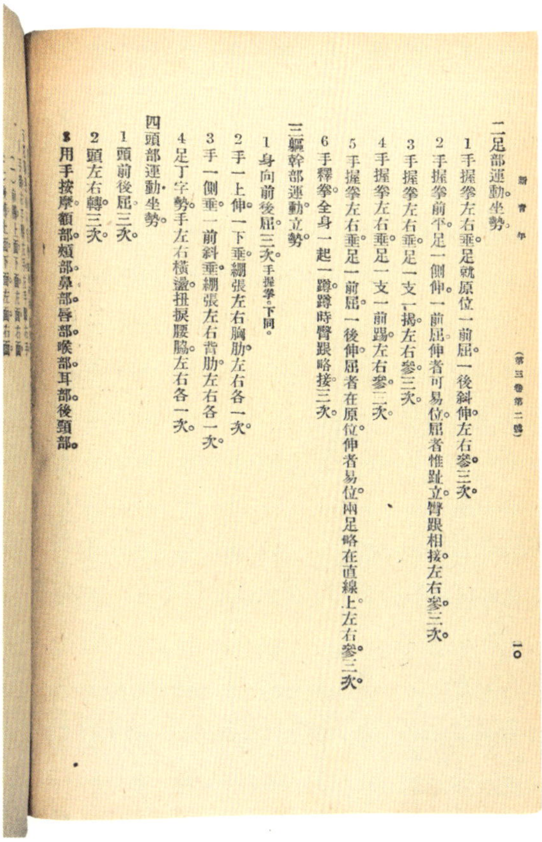

新青年　（第三卷第二號）　一〇

二足部運動。坐勢。

1手握拳。左右垂。足就原位。一前屈。一後斜伸。左右參三次。

2手握拳。前平。足一側伸。一前屈。伸者可易位。屈者惟趾立。臀跟相接。左右參三次。

3手握拳。左右垂。足一支。一揭。左右參三次。

4手握拳。左右垂。足一支。一前踢。左右參三次。

5手握拳。左右垂。足一前屈。一後伸。屈者在原位。伸者易位。兩足略在直線上。左右參三次。

6手釋拳。全身一起一蹲。蹲時臀跟略接。三次。

三軀幹部運動。立勢。

1身向前後屈。三次。手握拳。下同。

2手一上伸。一下垂。綳張左右胸肋。左右各一次。

3手一側垂。一前斜垂。綳張左右背肋。左右各一次。

4足丁字勢。手左右橫盪。扭捩腰脇。左右各一次。

四頭部運動。坐勢。

1頭前後屈。三次。

2頭左右轉。三次。

3用手按摩額部。頰部。鼻部。唇部。喉部。耳部。後頸部。

体育之研究　毛泽东撰　刊于《新青年》第三卷第二期　1917年

这篇署名为“二十八画生”的文章以其畅快淋漓的文风、逻辑严密的章法博得了陈独秀的赞赏。“二十八画”即“毛泽东”这三个字的繁写体笔画数，“生”是“青年学子”的意思。这篇文章是迄今为止发现的毛泽东最早公开发表的文章。

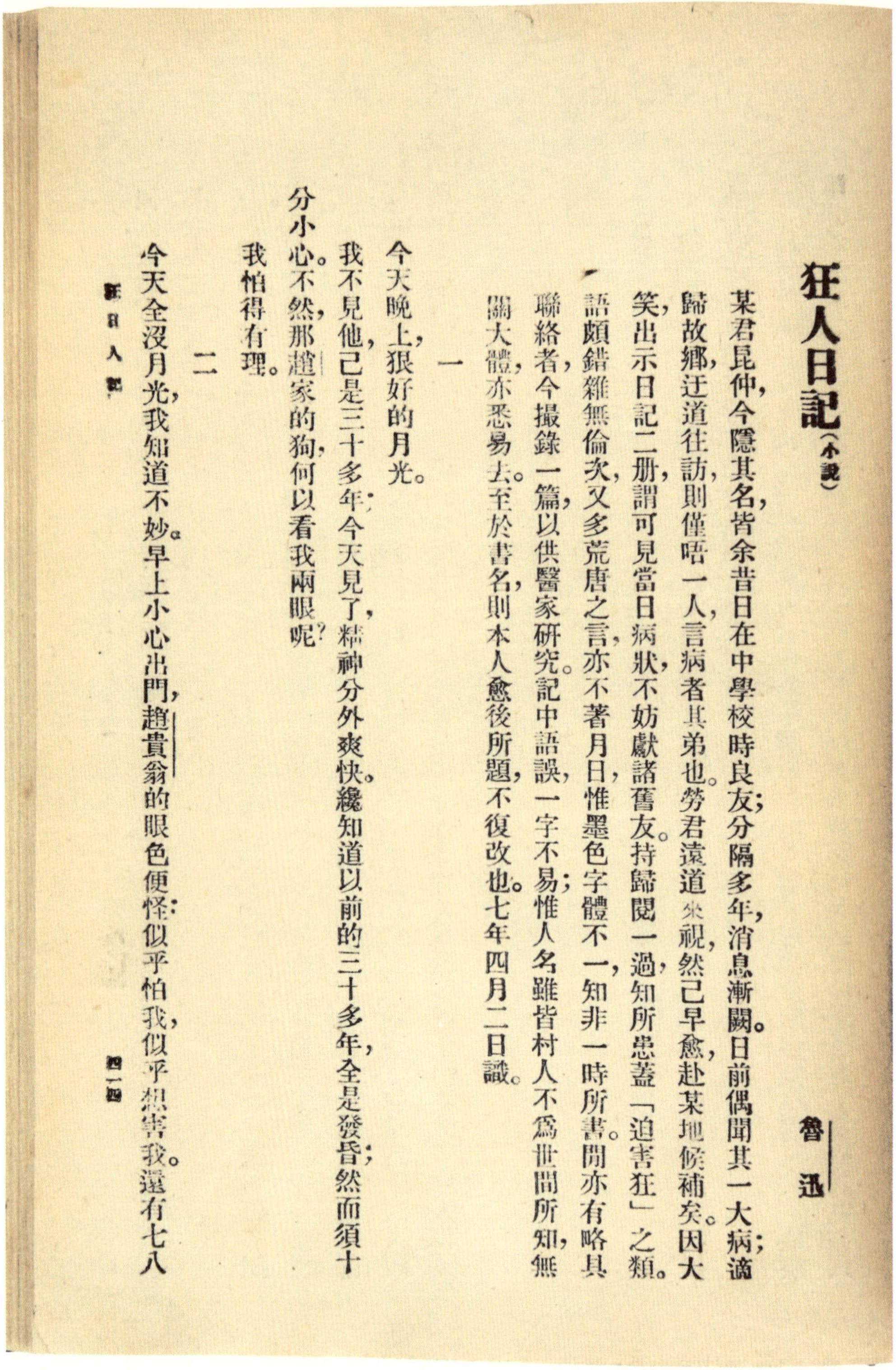

# 狂人日記（小說）

魯迅

某君昆仲，今隱其名，皆余昔日在中學校時良友；分隔多年，消息漸闕。日前偶聞其一大病；適歸故鄉，迂道往訪，則僅晤一人，言病者其弟也。勞君遠道來視，然已早愈，赴某地候補矣。因大笑，出示日記二冊，謂可見當日病狀，不妨獻諸舊友。持歸閱一過，知所患蓋「迫害狂」之類。語頗錯雜無倫次，又多荒唐之言；亦不著月日，惟墨色字體不一，知非一時所書。間亦有略具聯絡者，今撮錄一篇，以供醫家研究。記中語誤，一字不易；惟人名雖皆村人，不爲世間所知，無關大體，亦悉易去。至於書名，則本人愈後所題，不復改也。七年四月二日識。

一

今天晚上，狠好的月光。

我不見他，已是三十多年；今天見了，精神分外爽快。纔知道以前的三十多年，全是發昏；然而須十分小心。不然，那趙家的狗，何以看我兩眼呢？

我怕得有理。

二

今天全沒月光，我知道不妙。早上小心出門，趙貴翁的眼色便怪：似乎怕我，似乎想害我。還有七八

狂人日記　　四一四

狂人日记　鲁迅撰　刊于《新青年》第四卷第五号　1918年5月15日

这篇小说是周树人首次以“鲁迅”为笔名创作的短篇小说。全文分为十三小节，第一次采用“日记体”形式，以一个“狂人”的所见所闻，指出中国文化的朽坏，猛烈抨击了“吃人”的旧社会制度。《狂人日记》是中国近代文学史上第一篇白话文小说，是中国近代文学史上的一座里程碑，开创了中国新文学的革命主义传统。

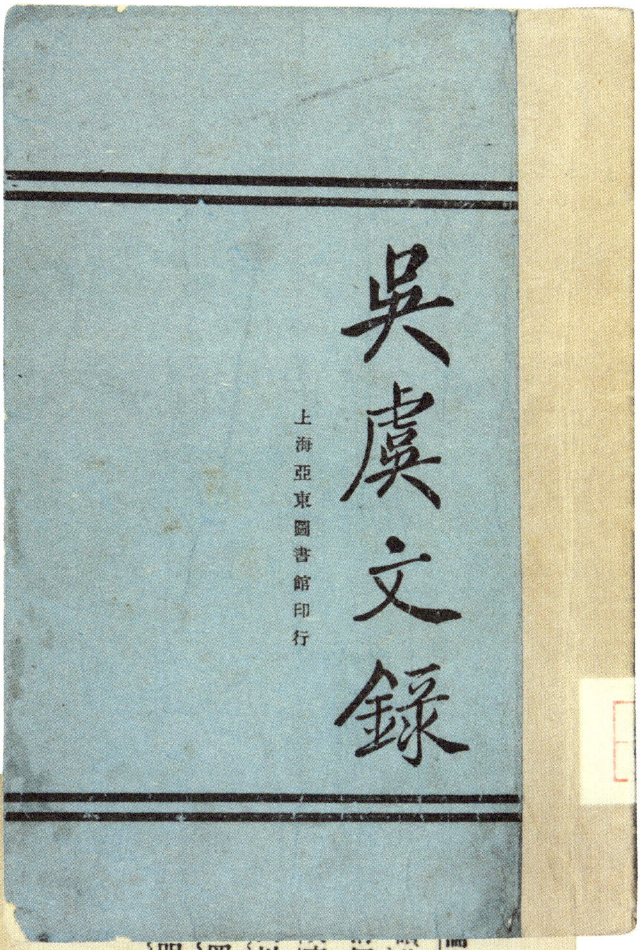


吴虞文录　吴虞著　上海亚东图书馆　1921年10月

吴虞（1874－1939），四川华阳人，字又陵，号黎明老人。早年留学日本，归国后任四川《醒群报》主笔，鼓吹新学。1910年任成都府立中学国文教员，不久到北京大学任教，并在《新青年》上发表《家族制度为专制主义之根据论》、《说孝》等文章，猛烈抨击旧礼教和儒家学说，在五四时期影响较大。胡适称他为“中国思想界的清道夫”，“四川只手打倒孔家店的老英雄”。《吴虞文录》收录吴虞著名文章，分为二卷。卷上收入《家族制度为专制主义之根据论》、《说孝》、《道家法家均反对旧道德说》、《吃人与礼教》、《儒家主张阶级制度之害》；卷下收入《儒家大同之义本于老子说》、《读荀子书后》、《消极革命之老庄》、《明李卓吾别传》、《四川法政学校同学录序》、《松冈小史序》、《圆明语序》、《墨子的劳农主义》。附录《致陈独秀》、《致胡适》等。

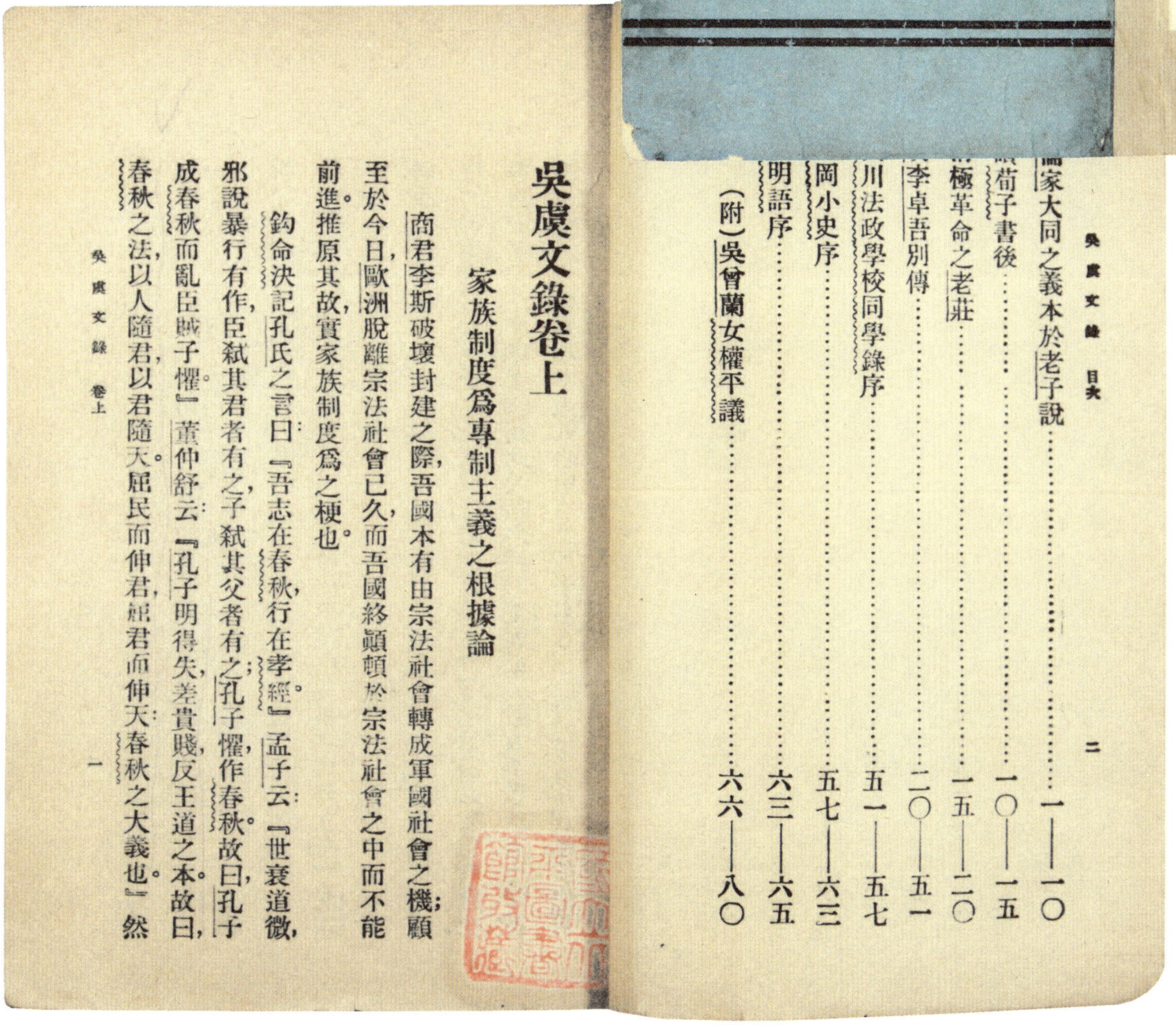
吳虞文錄卷上

家族制度爲專制主義之根據論

商君李斯破壞封建之際，吾國本有由宗法社會轉成軍國社會之機；顧至於今日，歐洲脫離宗法社會已久，而吾國終顛頓於宗法社會之中而不能前進。推原其故，實家族制度爲之梗也。

鈎命決記孔氏之言曰：『吾志在春秋，行在孝經。』孟子云：『世衰道微，邪說暴行有作，臣弒其君者有之，子弒其父者有之，孔子懼，作春秋。故曰，孔子成春秋而亂臣賊子懼。』董仲舒云：『孔子明得失，差貴賤，反王道之本。故曰，春秋之法，以人隨君，以君隨天，屈民而伸君，屈君而伸天，春秋之大義也。』然

吳虞文錄　卷上　一

吳虞文錄　目次　二

儒家大同之義本於老子說……一——一〇
荀子書後……一〇——一五
極革命之老莊……一五——二〇
李卓吾別傳……二〇——五一
川法政學校同學錄序……五一——五七
岡小史序……五七——六三
明語序……六三——六五
(附)吳曾蘭女權平議……六六——八〇

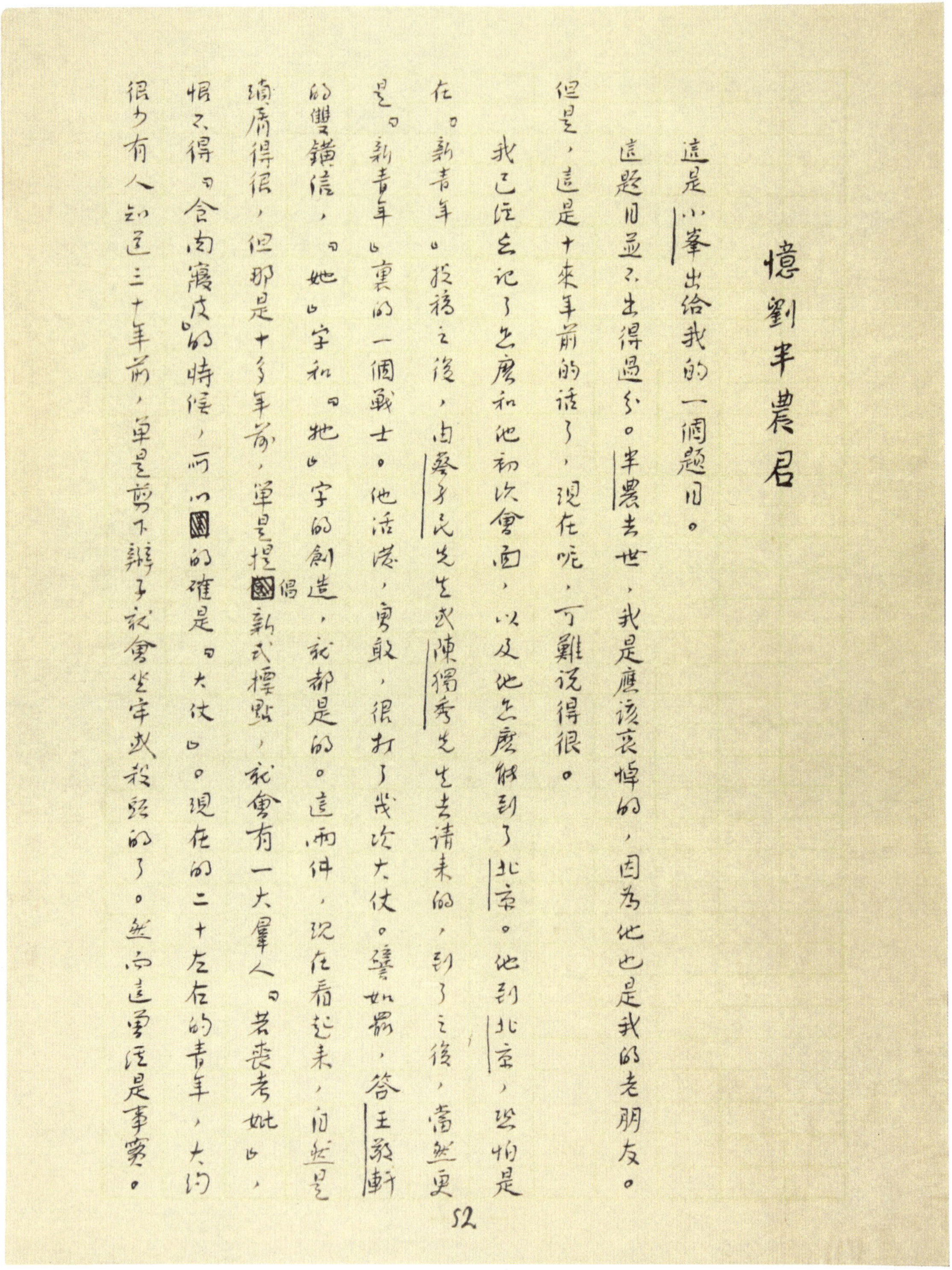

憶劉半農君

這是小峯出給我的一個題目。

這題目並不出得過分。半農去世，我是應該哀悼的，因為他也是我的老朋友。但是，這是十來年前的話了，現在呢，可難說得很。

我已經忘記了怎麼和他初次會面，以及他怎麼能到了北京。他到北京，恐怕是在「新青年」投稿之後，由蔡孑民先生或陳獨秀先生去請來的，到了之後，當然更是「新青年」裏的一個戰士。他活潑，勇敢，很打了幾次大仗。譬如罷，答王敬軒的雙鐄信，「她」字和「牠」字的創造，就都是的。這兩件，現在看起來，自然是瑣屑得很，但那是十多年前，單是提倡新式標點，就會有一大群人「若喪考妣」，恨不得「食肉寢皮」的時候，所以的確是「大仗」。現在的二十左右的青年，大約很少有人知道三十年前，單是剪下辮子就會坐牢或殺頭的了。然而這曾經是事實。

52

忆刘半农君　鲁迅撰　毛笔手书原稿　许广平赠

《忆刘半农君》发表于1934年10月上海《青年界》月刊第6卷第3号，后收入《且介亭杂文》。刘半农（1891-1934），名复，江苏江阴人。历任北京大学教授、北平大学女子文理学院院长等。曾参加《新青年》的编辑工作，是新文学运动初期重要作家之一。后留学法国，研究语音学。本文赞扬了刘半农在《新青年》时期“很打了几次大仗”的战绩，如“答王敬轩的双镄信”，推动文学革命运动；又如创造了“她”和“它”二字。本文还生动描绘了刘半农“活泼、勇敢”以及“浅”的个性，同时也批评了他“做打油诗，弄烂古文”的复古倾向。文末，鲁迅总结道：“我爱十年前的半农，而憎恶他的近几年。”因为当年作为战士的刘半农“于中国更有益”。

## 俄国十月革命

十月革命的胜利，使中国先进分子由此认识到马克思主义对中国革命运动的指导作用。

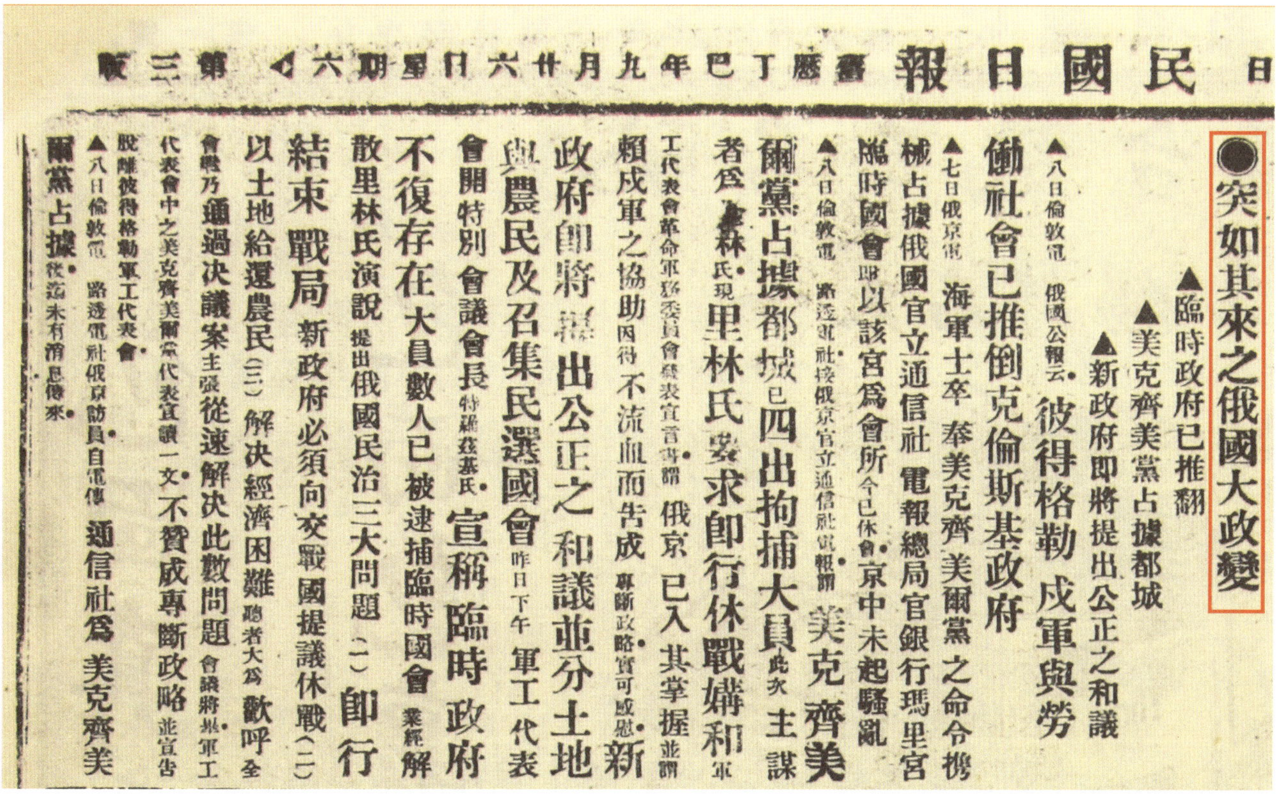

日 民國日報 舊曆丁巳年九月廿六日星期六 第三版

●突如其來之俄國大政變
▲臨時政府已推翻
▲美克齊美黨占據都城
▲新政府即將提出公正之和議

▲八日倫敦電 俄國公報云・彼得格勒 戍軍與勞働社會已推倒克倫斯基政府

▲七日俄京電 海軍士卒 奉美克齊 美爾黨 之命令携械占據俄國官立通信社 電報總局官銀行瑪里宮臨時國會即以該宮爲會所（今已休會）・京中未起騷亂

▲八日倫敦電 路透電社接俄京官立通信社電報謂・美克齊美爾黨占據都城（已）四出拘捕大員（此次主謀者爲里林氏）・現里林氏要求即行休戰媾和（軍工代表會革命軍務委員會發表宣言書謂）・俄京 已入 其掌握（並謂賴戍軍之協助因得 不流血而告成 專斷政略實可感慰）・新政府即將出公正之和議並分土地與農民及召集民選國會（昨日下午 軍工 代表會開特別會議會長特羅茲基氏）・宣稱臨時政府不復存在 大員數人已 被逮捕臨時國會（業經解散）里林氏演說（提出俄國民治三大問題）（一）即行結束戰局 新政府必須向交戰國提議休戰（二）以土地給還農民（三）解決經濟困難（聽者大爲歡呼 全會職乃通過決議案主張從速解決此數問題 會議將畢軍工代表會中之美克齊美爾黨代表宣讀一文）・不贊成專斷政略（並宣告脫離彼得格勒軍工代表會）

▲八日倫敦電 路透電社俄京訪員自電傳・通信社爲 美克齊美爾黨占據・（從茲未有消息傳來）・

1917年11月10日，首先报道十月革命消息的上海《民国日报》。

1920年7月，列宁在共产国际第二次代表大会上作报告。

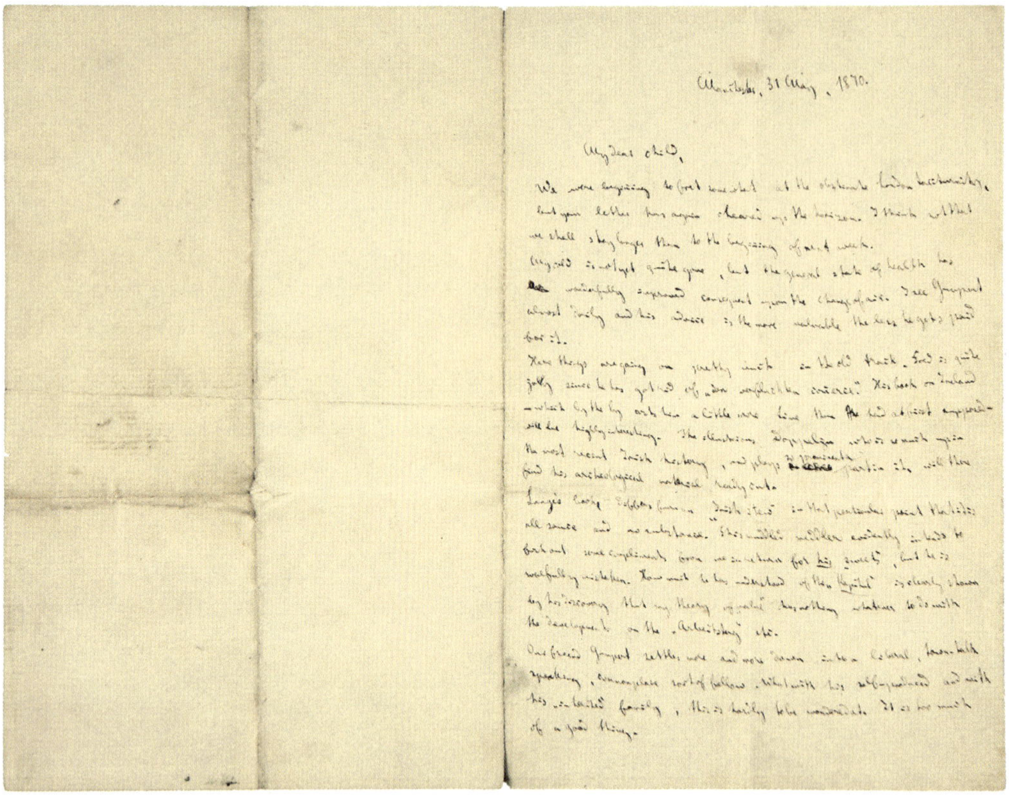
Manchester, 31 May, 1870.

My dear child,

马克思致女儿燕妮的信　马克思撰　英文、德文钢笔手书原信　1870年写于英国曼彻斯特

燕妮是马克思的长女，生于1844年5月1日。该信是马克思与小女儿爱琳娜在曼彻斯特恩格斯家中做客时写给女儿燕妮的信。

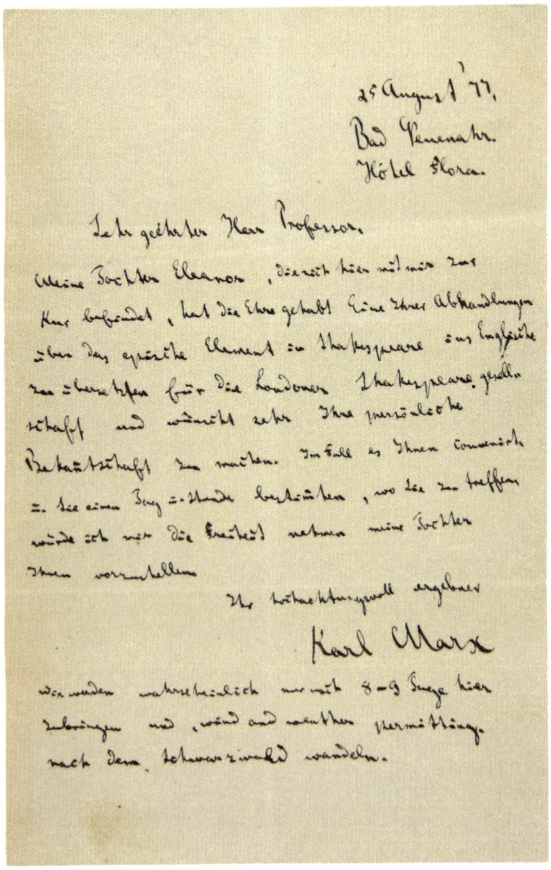
25 August '77.
Bad Neuenahr.
Hôtel Flora.

Sehr geehrter Herr Professor,

Meine Tochter Eleanor, die sich hier mit mir zur Kur befindet, hat die Ehre gehabt eine Ihrer Abhandlungen über das epische Element in Shakespeare ins Englische zu übersetzen für die Londoner Shakespeare Gesellschaft und wünscht sehr Ihre persönliche Bekanntschaft zu machen. Im Fall es Ihnen convenirt, mir einen Tag u. Stunde bestimmen, wo Sie zu treffen, würde ich mir die Freiheit nehmen meine Tochter Ihnen vorzustellen.

Ihr hochachtungsvoll ergebener
Karl Marx

Wir werden wahrscheinlich nur noch 8–9 Tage hier zubringen und, wenn das Wetter permittirt, nach dem Schwarzwald wandeln.

马克思致尼古拉斯·德利乌斯教授的信　马克思撰　德文钢笔手书原信

1877年8月25日
[德国]巴特诺因阿尔
弗洛拉旅馆

尊敬的教授先生：

我的女儿爱琳娜在这里同我一起疗养，她荣幸地为伦敦莎士比亚学会把您的一篇关于莎士比亚作品中的史诗因素的文章译成了英文。她非常希望认识您本人，如果您感到方便并确定见面的日期和时间，我将不揣冒昧地把我的女儿介绍给您。

尊敬地忠实于您的
卡尔·马克思

我们在这里大概还会呆上八九天，如果风和日丽，将到黑森林去远足。

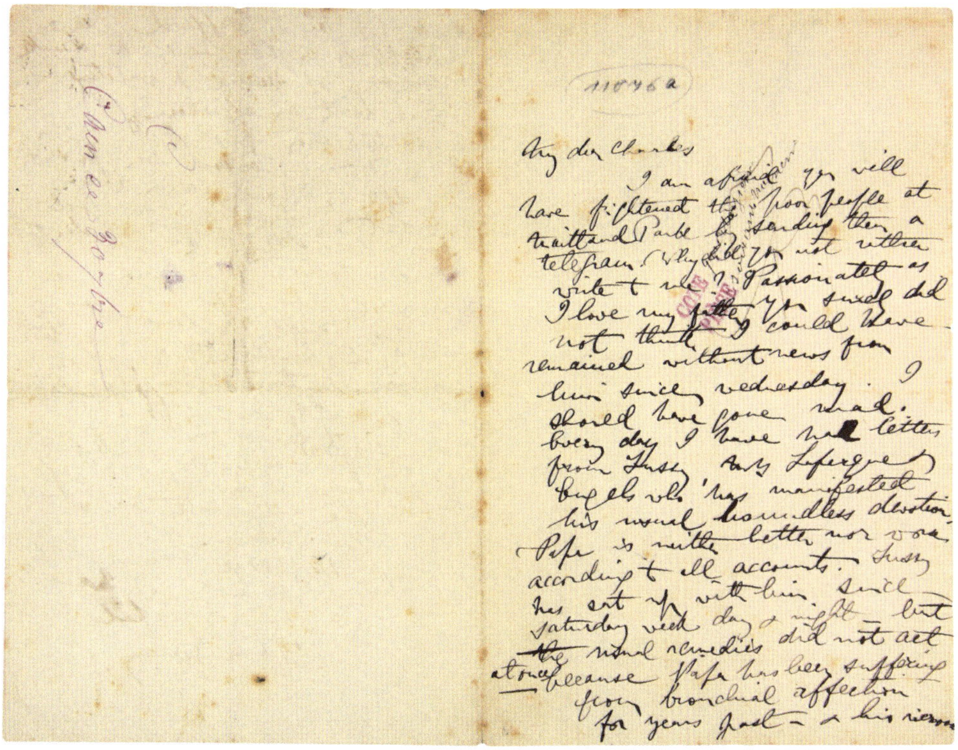

燕妮·龙格致沙尔·龙格的信　[德]燕妮·龙格　英文钢笔手书原信

燕妮·龙格是马克思之女，沙尔·龙格是马克思之婿。

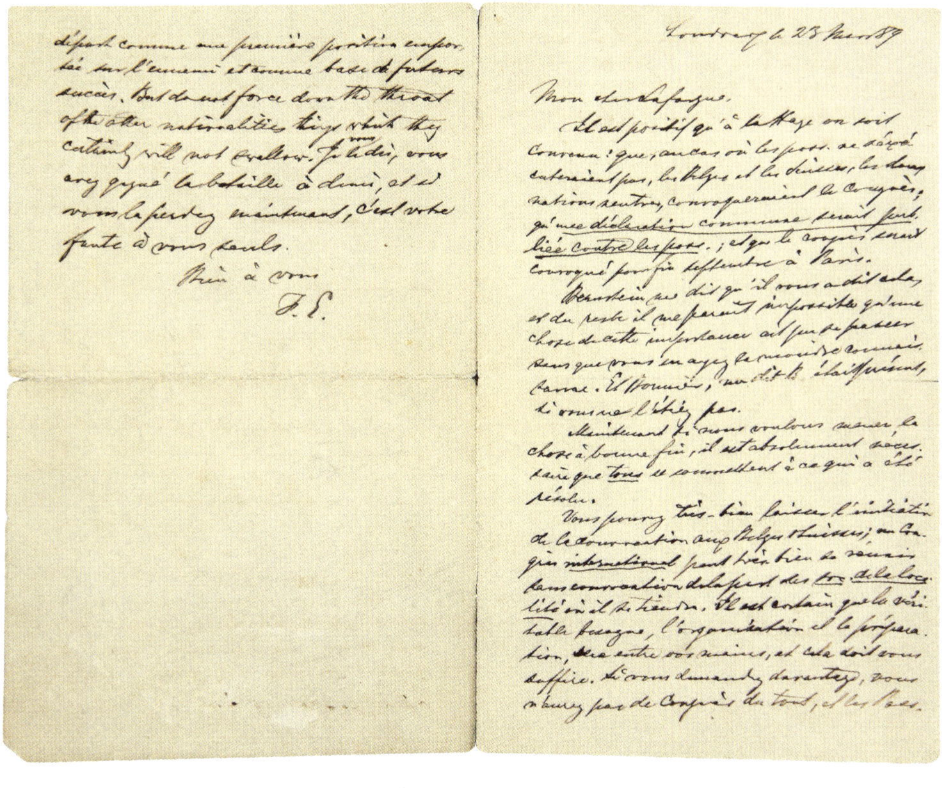

恩格斯致拉法格的信　恩格斯　法文钢笔手书原信　1889年2月23日写于英国伦敦

拉法格是法国国际工人运动活动家。1866年当选为第一国际总委员会委员，为法国工人党创建人之一。1868年与马克思次女劳拉结婚。

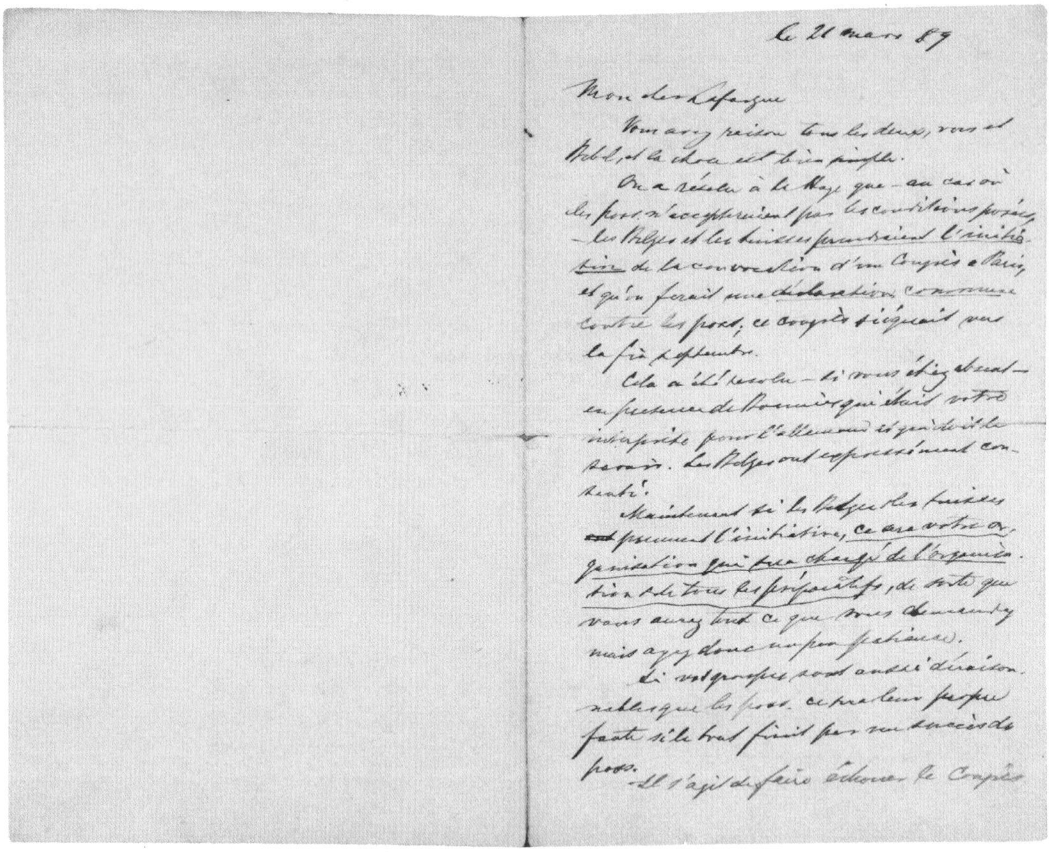

Le 21 mars 89

Mon cher Lafargue

Vous avez raison tous les deux, vous et Bebel, et la chose est bien simple.

On a résolu à la Haye que — au cas où les poss. n'accepteraient pas les conditions posées — les Belges et les Suisses prendraient l'initiative de la convocation d'un Congrès à Paris, et qu'on ferait une déclaration commune contre les poss., ce congrès siégerait vers la fin septembre.

Cela a été résolu — si vous étiez absent — en présence de Bonnier qui était votre interprète pour l'allemand et qui devait le savoir. Les Belges ont expressément consenti.

Maintenant si les Belges les Suisses prennent l'initiative, ce sera votre organisation qui sera chargée de l'organisation de tous les préparatifs, de sorte que vous aurez tout ce que vous demandez; mais ayez donc un peu patience.

Si vos groupes sont aussi [illegible] que les poss. ce sera leur propre faute si le tout finit par un succès des poss.

Il s'agit de faire échouer le Congrès

恩格斯致拉法格的信　恩格斯　法文钢笔手书原信　写于伦敦

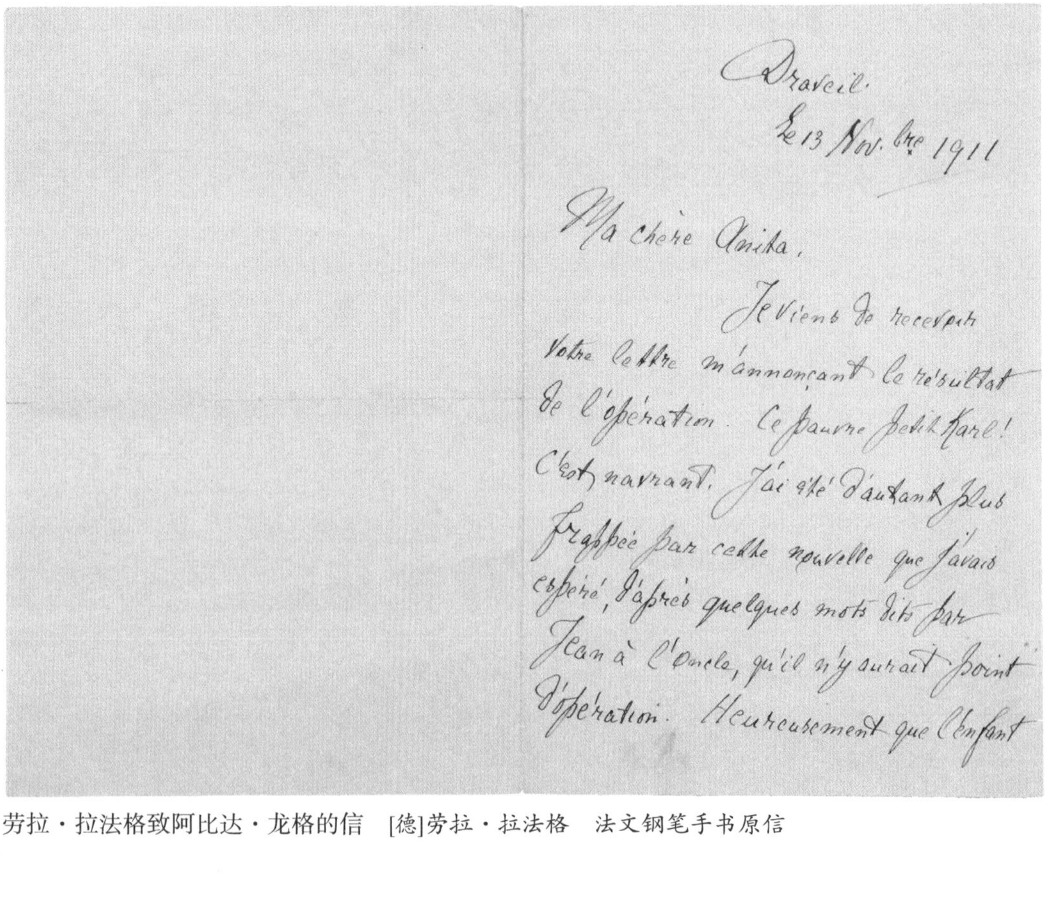

Draveil

Le 13 Nov.bre 1911

Ma chère Anita,

Je viens de recevoir votre lettre m'annonçant le résultat de l'opération. Ce pauvre petit Karl! C'est navrant. J'ai été d'autant plus frappée par cette nouvelle que j'avais espéré, d'après quelques mots dits par Jean à l'Oncle, qu'il n'y aurait point d'opération. Heureusement que l'enfant

劳拉·拉法格致阿比达·龙格的信　[德]劳拉·拉法格　法文钢笔手书原信

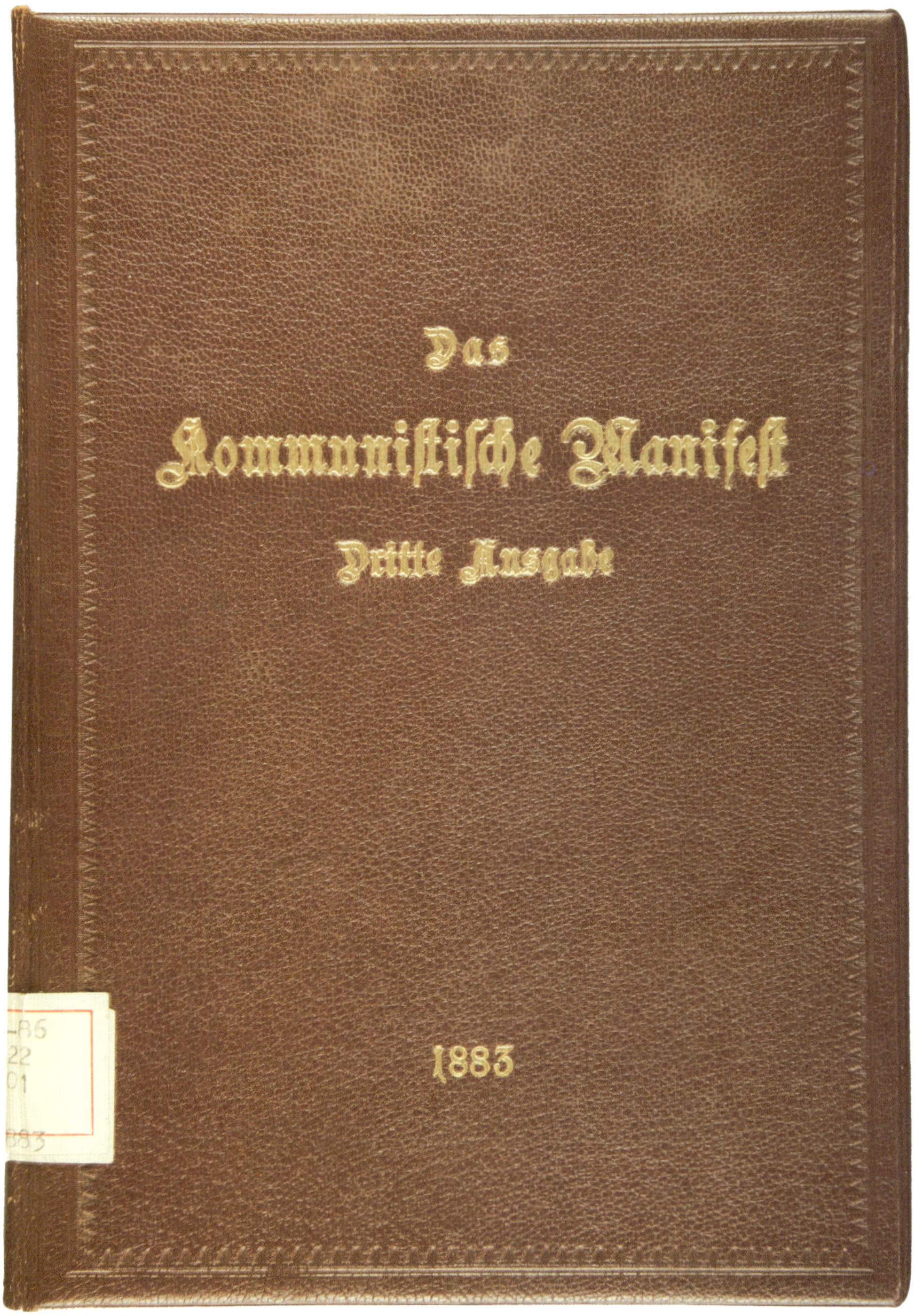


资本论　马克思著　1867年德文初版

《资本论》是马克思政治经济学辉煌的巨著。当时，随着资本主义生产方式在欧洲迅速发展，资本主义社会固有矛盾突显出来。马克思深入研究政治经济学，在大英图书馆深入研读1500本以上的著作，做了大量摘录和笔记，不断发展和完善理论。他在1857年致恩格斯信中说："我现在发狂似地通宵总结我的经济学研究，为的是在洪水之前至少把一些基本问题搞清楚。""这项工作非常必要，它可以使公众认清事物的实质。"1867年9月14日，《资本论》第一卷在汉堡正式出版，第二至四卷在他逝世后陆续由恩格斯、考茨基在苏联整理出版。在《资本论》中，马克思通过大量事实，深刻分析了资本主义的发展历史，提出了"剩余价值"学说，揭露了资本主义残酷剥削工人阶级的丑恶本质，也指出了资本主义必然灭亡是历史的必然，给无产阶级提供了强大的理论武器。展出本由李一氓先生捐赠给国家图书馆。

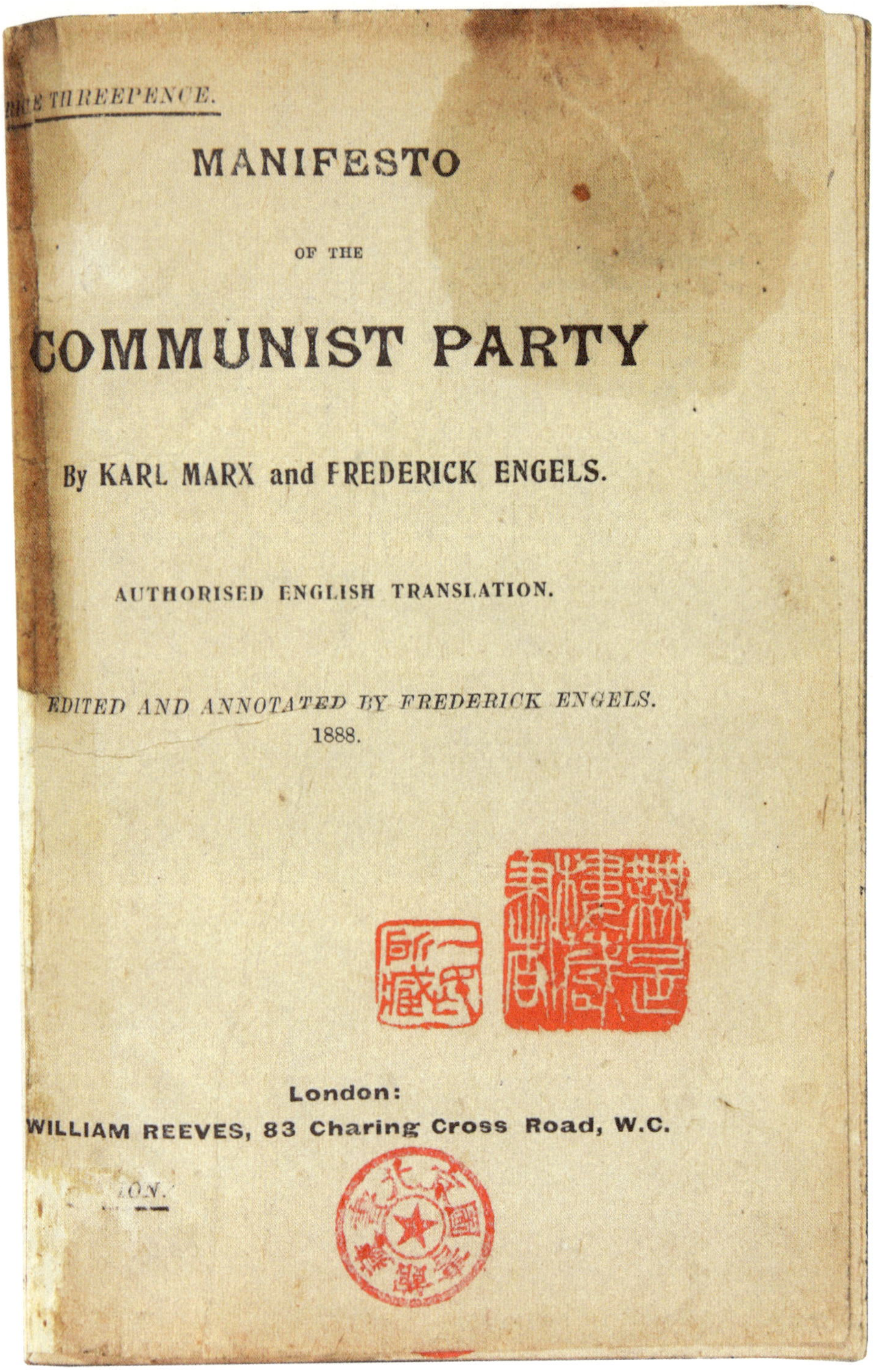


共产党宣言　马克思、恩格斯合著　1888年英文版

《共产党宣言》全面阐述了科学社会主义理论，是国际共产主义运动的纲领性文献，是马克思主义诞生的标志。恩格斯指出：它是全部社会主义文献中传播最广和最具国际性的著作，是世界各国千百万工人共同的纲领。《共产党宣言》于1848年2月在伦敦以单行本出版。英译文由艾琳·麦克法林女士翻译，在1850年发表在宪章派领导人乔·哈尼出版的《红色共产党人》杂志上，首次标明马克思和恩格斯是《宣言》的作者。展出本是英文版早期版本，恩格斯于1888年1月30日为此书作序。此书由李一氓先生捐赠给国家图书馆。

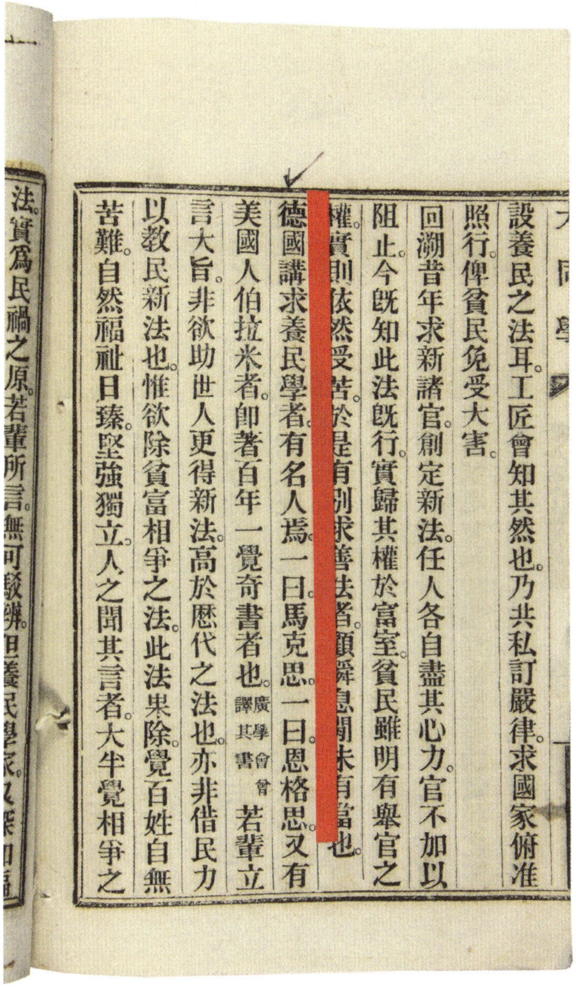
法。實爲民禍之原。若輩所言。無可駁辨。但養民學家。又

設養民之法耳。工匠會知其然也。乃共私訂嚴律。求國家俯准照行。俾貧民免受大害。

回溯昔年求新諸官。創定新法。任人各自盡其心力。官不加以阻止。今既知此法既行。實歸其權於富室。貧民雖明有舉官之權。實則依然受苦。於是有別求善法者。顧[illegible]息[illegible]未有當也。

德國講求養民學者。有名人焉。一曰馬克思。一曰恩格思。又有美國人伯拉米者。即著百年一覺奇書者也。（廣學會曾譯其書）若輩立言大旨。非欲助世人更得新法。高於歷代之法也。亦非借民力以教民新法也。惟欲除貧富相爭之法。此法果除。覺百姓自無苦難。自然福祉日臻。堅強獨立。人之聞其言者。大半覺相爭之

大同学　〔英〕李提摩太译　蔡尔康笔述　上海广学会　清光绪二十五年（1899）

上海广学会是基督教于1887年在上海设立的出版机构。1899年2月，由上海广学会主办的《万国公报》上，登载了英国传教士李提摩太节译，蔡尔康笔述的《大同学》，文中三次提到马克思和恩格斯的名字，并中译了《共产党宣言》的片断。在第一章《今世景象》中写道：“其以百工领袖著名者，英人马克思也。”又译《共产党宣言》中一段话：“马克思之言曰，纠股办事之人，其权笼罩五洲，突过于君相之范围国。”（即“资产阶级，由于开拓了世界市场，使一切国家的生产和消费都成了世界性的了”）。在第八章《今世养民策》中，又提到马克思、恩格斯的名字，写道：“德国讲求养民学者，有名人焉，一曰马克思。一曰恩格斯。”第八章在论及贫富矛盾时说：“恩格斯有言，贫民联合以制富人，是人之能自别于禽兽，而不任人箴弄也。且从今以后，使富家不得不以人类待之也。民之贫者，富家不得再制其死命也。”作者认为：“此言也，讲目下之情形，实属不刊之名论。”这是中国报刊首次提到马克思、恩格斯的名字和学说。同年，广学会将《大同学》出版了单行本。该书对马克思主义在中国的传播具有十分重要的意义。

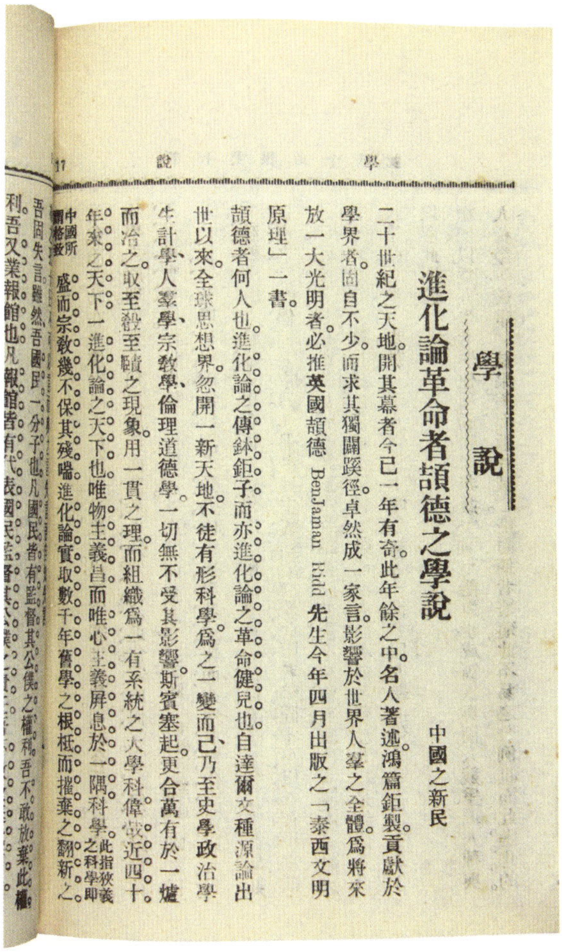
17　學說

學說

進化論革命者頡德之學說

中國之新民

二十世紀之天地。開其幕者今已一年有奇。此年餘之中。名人著述。鴻篇鉅製。貢獻於學界者。固自不少。而求其獨闢蹊徑。卓然成一家言。影響於世界人羣之全體。爲將來放一大光明者。必推英國頡德 BenJaman Ridd 先生今年四月出版之「泰西文明原理」一書。

頡德者何人也。進化論之傳鉢鉅子。而亦進化論之革命健兒也。自達爾文種源論出世以來。全球思想界。忽開一新天地。不徒有形科學爲之一變而已。乃至史學政治學生計學人羣學宗教學倫理道德學。一切無不受其影響。斯賓塞起。更合萬有於一爐而冶之。取至殺至賾之現象。用一貫之理。而組織爲一有系統之大學科。偉哉。近四十年來之天下。一進化論之天下也。唯物主義昌。而唯心主義屏息於一隅。科學（此指狹義之科學即中國所謂格致）盛而宗教幾不保其殘喘。進化論實取數千年舊學之根柢而摧棄之。翻新之。

吾固失言。雖然吾國民一分子也。凡國民者有監督其公僕之權利。吾不敢放棄此權利。吾又業報館也。凡報館者有代表國民

进化论革命者颉德之学说　梁启超撰　《新民丛报》第十八号　1902年10月16日

该篇文章评述进化论学说：“自达尔文《种源说》出世以来，全球思想界忽开一新天地，不徒有形科学为之一变而已，乃至史学、政治学、生计学、人群学、宗教学、伦理道德学，一切无不受其影响……伟哉！近四十年来之天下，一进化论之天下也。”文中提到的“麦喀士（日耳曼人社会主义之泰斗也）”即马克思。梁启超在介绍进化论者颉德（Ben Jaman Ridd）学说时，简略转引了颉德对马克思的一些评述，这是中国人较早在自己的著作中提到马克思及其理论。

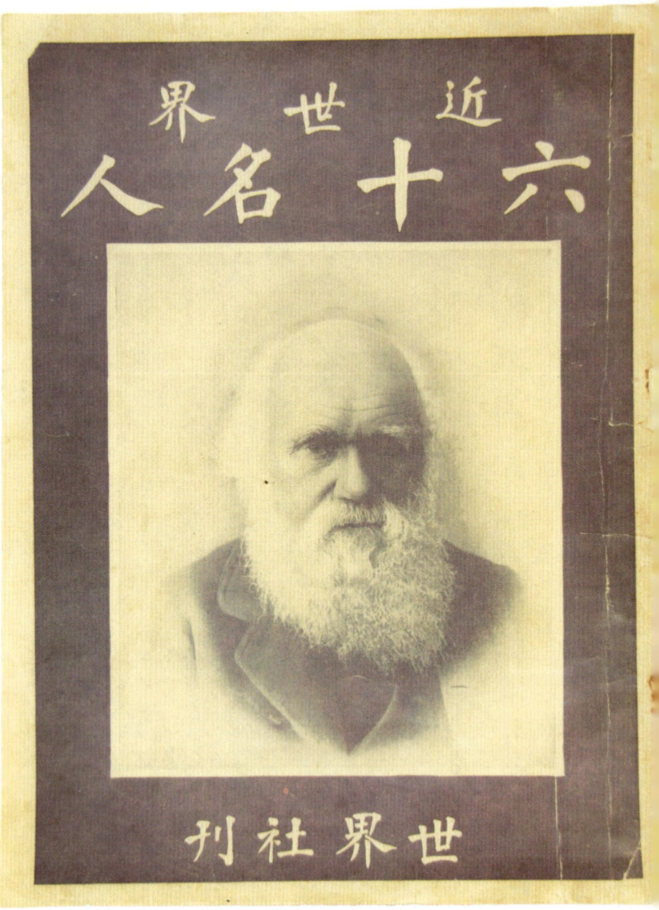


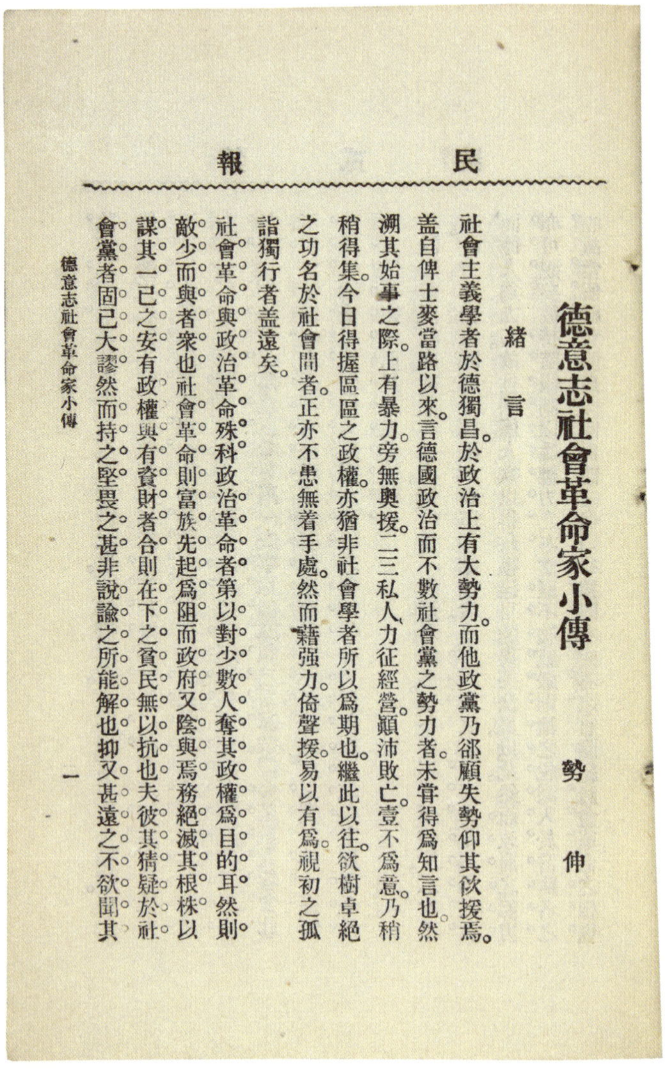

民報

德意志社會革命家小傳　勢伸

緒言

社會主義學者於德獨昌。於政治上有大勢力。而他政黨乃郤顧失勢仰其佽援焉。蓋自俾士麥當路以來。言德國政治而不數社會黨之勢力者。未嘗得爲知言也。然溯其始事之際。上有暴力旁無奥援。二三私人力征經營。顛沛敗亡。壹不爲意。乃稍稍得集。今日得握區區之政權。亦猶非社會學者所以爲期也。繼此以往。欲樹卓絕之功名於社會間者。正亦不患無着手處。然而藉强力倚聲援易以有爲。視初之孤詣獨行者蓋遠矣。

社會革命與政治革命殊科政治革命者第以對少數人奪其政權爲目的耳然則敵少而與者衆也社會革命則富族先起爲阻而政府又陰與焉務絕滅其根株以謀其一已之安有政權與有資財者合則在下之貧民無以抗也夫彼其猜疑於社會黨者固已大謬然而持之堅畏之甚非説諭之所能解也抑又甚遠之不欲聞其

德意志社會革命家小傳　一

德意志社会革命家小传　势伸（朱执信）撰　刊于《民报》第二期　日本 东京民报编辑部编辑　1906年

朱执信(1885—1920)，名大符，广东番禺人。1904年以官费留学日本，结识孙中山、廖仲恺。1905年8月中国同盟会在日本东京成立，被选为评议部议员兼书记。先后担任过《民报》、《建设》等刊物的编辑，积极从事资产阶级革命的理论宣传工作，1920年9月21日在虎门被桂系军阀杀害。1906年，朱执信在《德意志社会革命家小传》一文中介绍了马克思、恩格斯、拉萨尔等，评述了《共产党宣言》、《资本论》的片断。他是中国最早将马克思的社会主义界定为“科学社会主义”的思想家，他指出：“顾自马尔克(即马克思)以来，学说皆变，渐趋实行，世称科学的社会主义。”

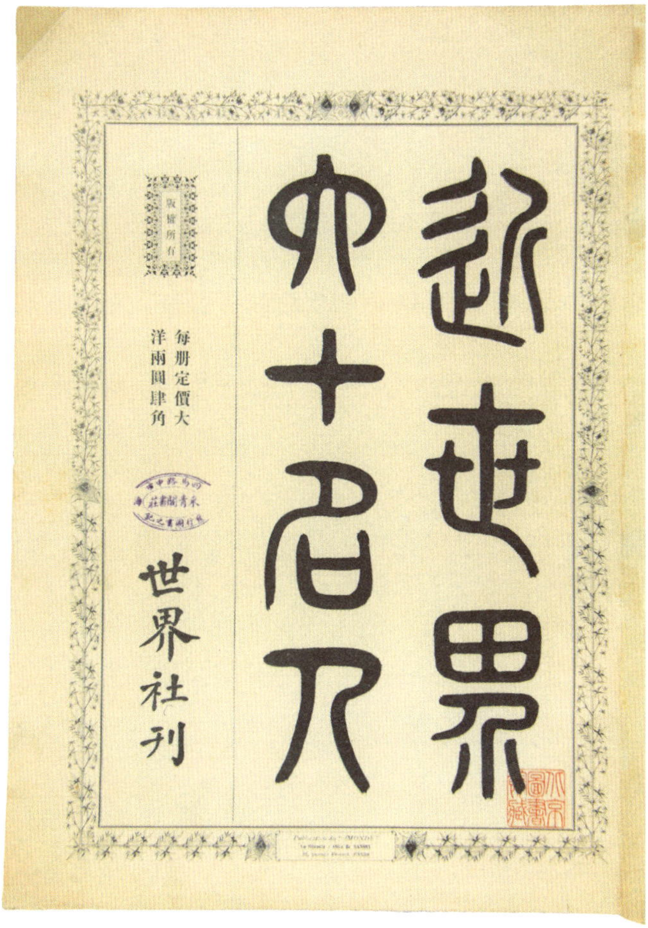

近世界六十名人　世界社编辑　巴黎世界社　1907年

本书辑有世界六十名人略传，上冠图像下附生平传记，其中收入了马克思的画像，这是马克思的画像首次在中国以“马格斯”的名字出现在出版物上。以后该肖像曾被多次用于《共产党宣言》等书的封面或被印在中央革命根据地的货币上。

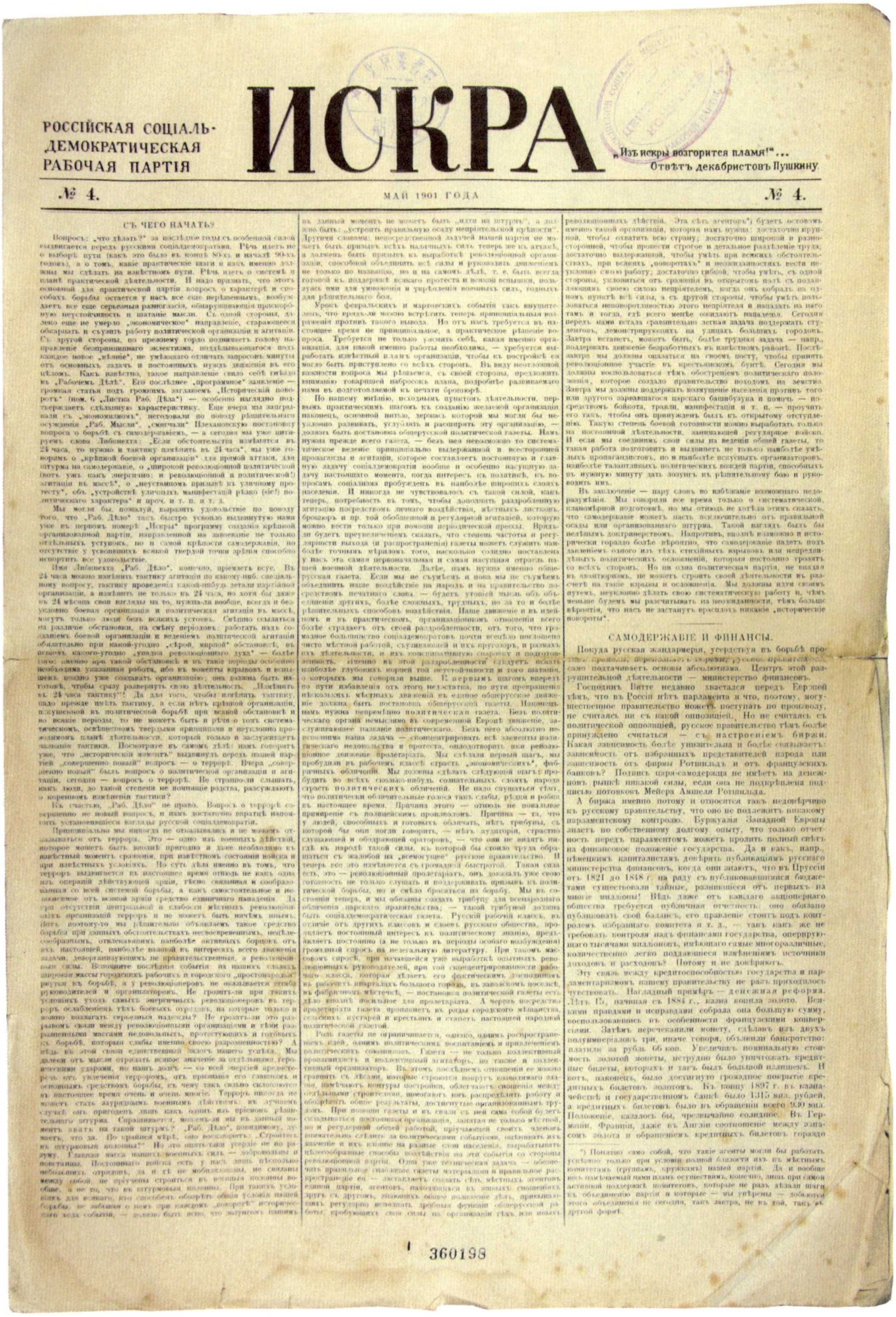


火星报　列宁主编　俄文原版　1901年

列宁创办与主编的俄国第一份马克思主义报纸。1900年在德国莱比锡创刊。该报对粉碎俄国工人运动中的“经济派”，成立俄国社会民主工党起了重要作用。1903年因不同意补进孟什维克编辑，列宁退出编辑部。自第52期起，由于普列汉诺夫的妥协，该报被孟什维克篡夺领导权，发行至1905年第112期时停刊。

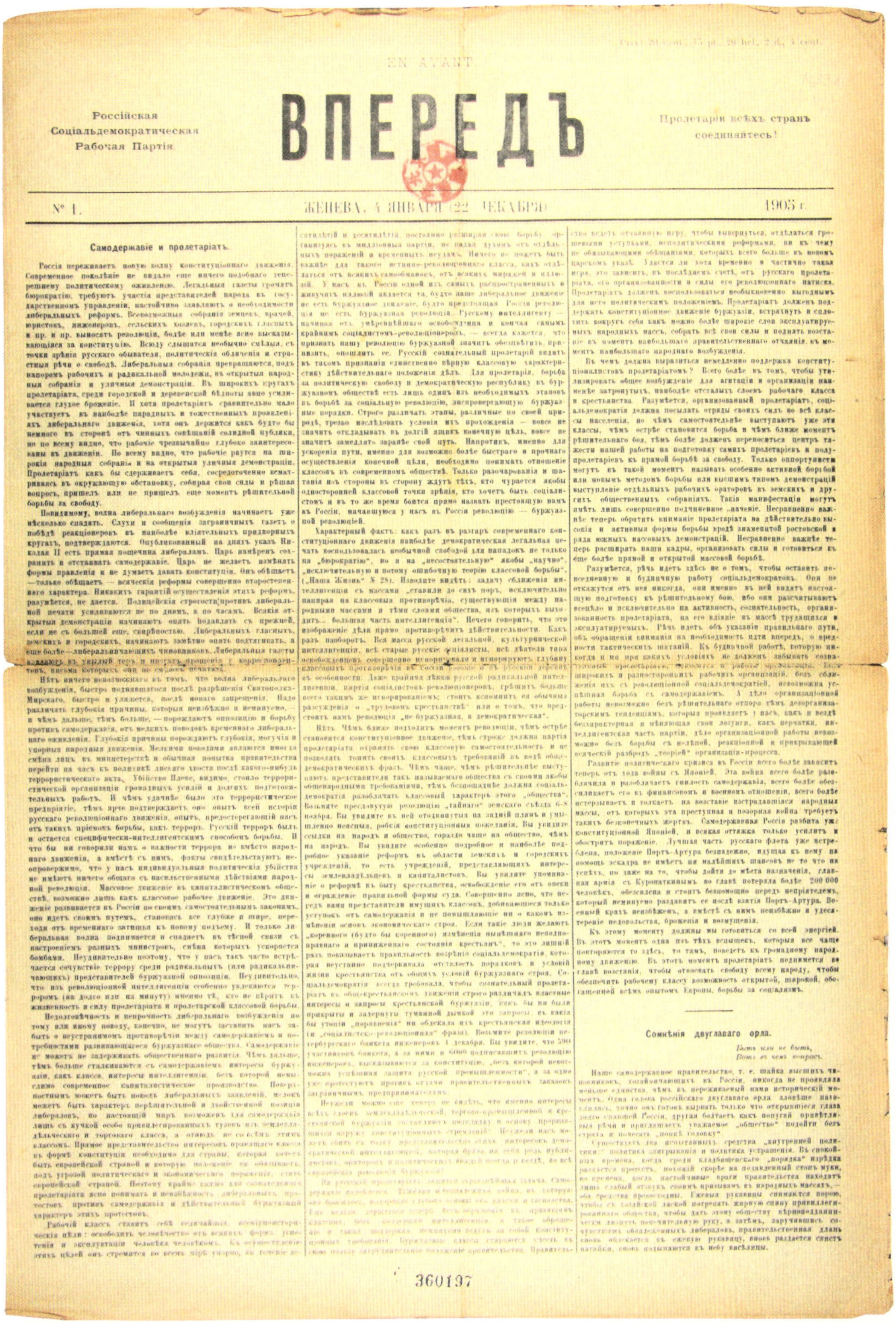


前进报　列宁主编　俄文原版　1905年

该报是列宁领导的俄国社会民主工党的布尔什维克报纸，旧《火星报》的继承者。

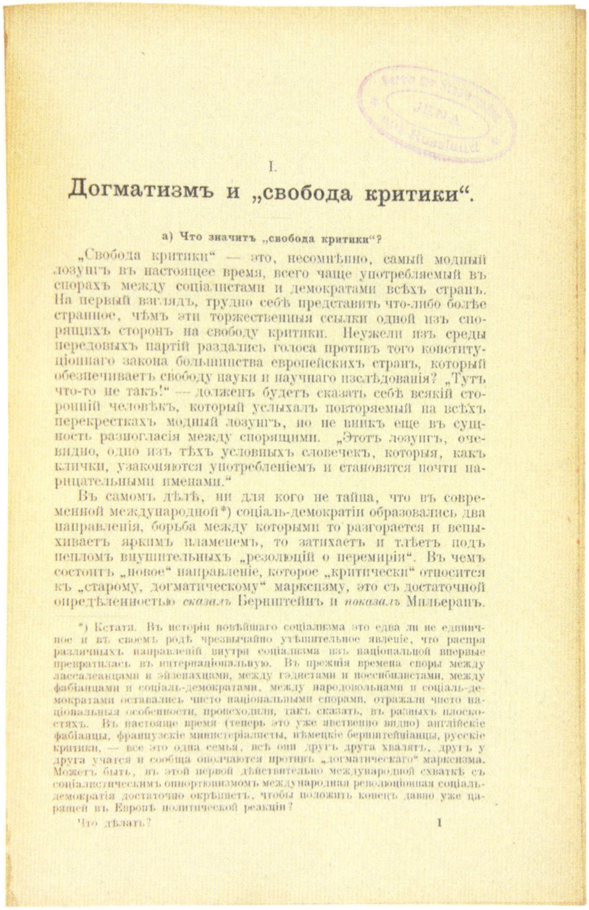
I.

Догматизмъ и „свобода критики“.

а) Что значитъ „свобода критики“?

„Свобода критики“ — это, несомнѣнно, самый модный лозунгъ въ настоящее время, всего чаще употребляемый въ спорахъ между соціалистами и демократами всѣхъ странъ. На первый взглядъ, трудно себѣ представить что-либо болѣе странное, чѣмъ эти торжественныя ссылки одной изъ спорящихъ сторонъ на свободу критики. Неужели изъ среды передовыхъ партій раздались голоса противъ того конституціоннаго закона большинства европейскихъ странъ, который обезпечиваетъ свободу науки и научнаго изслѣдованія? „Тутъ что-то не такъ!“ — долженъ будетъ сказать себѣ всякій сторонній человѣкъ, который услыхалъ повторяемый на всѣхъ перекресткахъ модный лозунгъ, но не вникъ еще въ сущность разногласія между спорящими. „Этотъ лозунгъ, очевидно, одно изъ тѣхъ условныхъ словечекъ, которыя, какъ клички, узаконяются употребленіемъ и становятся почти нарицательными именами.“

Въ самомъ дѣлѣ, ни для кого не тайна, что въ современной международной*) соціаль-демократіи образовались два направленія, борьба между которыми то разгорается и вспыхиваетъ яркимъ пламенемъ, то затихаетъ и тлѣетъ подъ пепломъ внушительныхъ „резолюцій о перемиріи“. Въ чемъ состоитъ „новое“ направленіе, которое „критически“ относится къ „старому, догматическому“ марксизму, это съ достаточной опредѣленностью *сказалъ* Бернштейнъ и *показалъ* Мильеранъ.

*) Кстати. Въ исторіи новѣйшаго соціализма это едва ли не единичное и въ своемъ родѣ чрезвычайно утѣшительное явленіе, что распря различныхъ направленій внутри соціализма изъ національной впервые превратилась въ интернаціональную. Въ прежнія времена споры между лассальянцами и эйзенахцами, между гэдистами и поссибилистами, между фабіанцами и соціаль-демократами, между народовольцами и соціаль-демократами оставались чисто національными спорами, отражали чисто національныя особенности, происходили, такъ сказать, въ разныхъ плоскостяхъ. Въ настоящее время (теперь это уже явственно видно) англійскіе фабіанцы, французскіе министеріалисты, нѣмецкіе бернштейніанцы, русскіе критики, — все это одна семья, всѣ они другъ друга хвалятъ, другъ у друга учатся и сообща ополчаются противъ „догматическаго“ марксизма. Можетъ быть, въ этой первой дѣйствительно международной схваткѣ съ соціалистическимъ оппортюнизмомъ международная революціонная соціаль-демократія достаточно окрѣпнетъ, чтобы положить конецъ давно уже царящей въ Европѣ политической реакціи?

Что дѣлать?　　1

怎么办　列宁著　俄文原版　1902年

该书撰于1901年秋至1902年2月，是列宁主义的纲领性文献之一。该书阐述了必须向工人阶级传导社会主义思想的著名理论，指出马克思主义政党是工人运动同科学社会主义的结合体，对全球工人阶级的解放事业有着重要的指导意义。

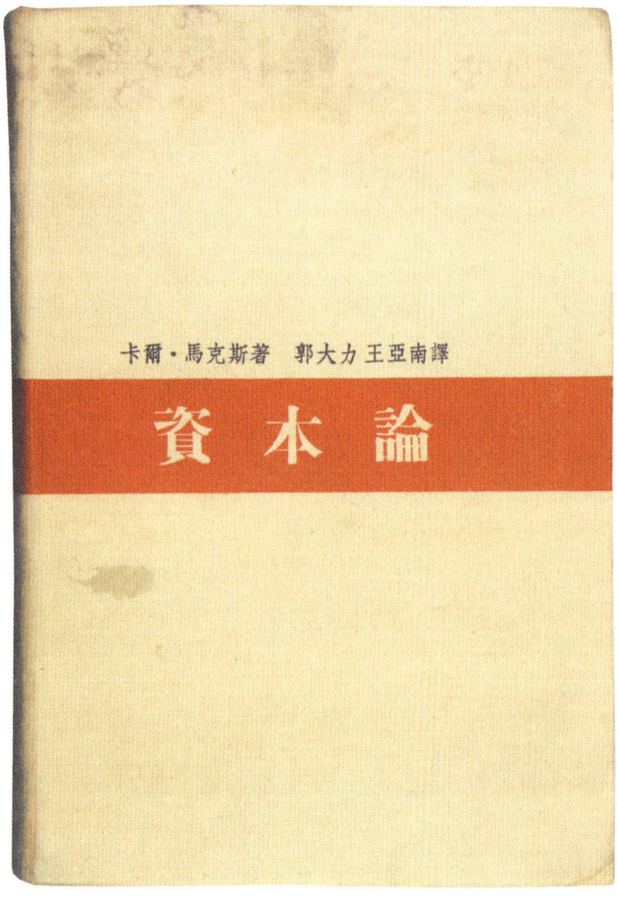


资本论　马克思著　郭大力、王亚南译　重庆 读书生活出版社（重庆）　1938年8月

译者郭大力1928年开始试译《资本论》，半年译完第1卷，为做好全文的翻译工作，他利用几年的时间进一步钻研马克思的经济理论，自修德文，并系统阅读翻译政治经济学名著。从1934年起，又开始重译《资本论》，1936年译完第1卷及第3卷的大部分。1937年，中国共产党直接领导的读书生活出版社决定出版该书的中文全译本。此时王亚南也参加了翻译工作。经过几个月的日夜奋战，180多万字的《资本论》1–3卷终于在1938年问世。这是我国出版的第一部《资本论》中文全译本。这部全译本的出版，对马克思主义在中国的传播、中国社会科学以及整个革命事业的发展起了巨大的推动作用。

# 第一章
# 开天辟地
（党的创建时期　1919年5月—1923年5月）

五四运动前后，中国的先进分子经过反复探求，终于选择马克思主义作为改造中国社会的武器，选择走俄国十月革命的道路，并根据列宁的建党学说组建起中国无产阶级的政党。

中国共产党第一次全国代表大会宣告中国共产党正式成立。从此，中国出现了以马克思主义为行动指南，以实现社会主义和共产主义为奋斗目标的统一的无产阶级政党，这是中国历史上开天辟地的大事件。

中国共产党成立后，开始注意理论联系实际，把马克思主义的基本原理与中国革命的实际结合起来，并在发动和领导革命斗争的过程中，加强自身的建设。

## 五四运动

1919年，为反对帝国主义列强在巴黎和会上损害中国主权，反对北洋政府的卖国政策，五四爱国运动爆发。

五四运动是近代中国历史上第一次由学生、工人和其他群众掀起的反帝爱国的革命斗争。五四运动期间，涌现出一批为追求民族独立和国家富强而积极探求真理的新的先进分子；中国工人阶级开始以独立的姿态登上政治舞台。

五四运动标志着中国新民主主义革命的开始，为中国共产党的成立作了思想上、干部上的准备。

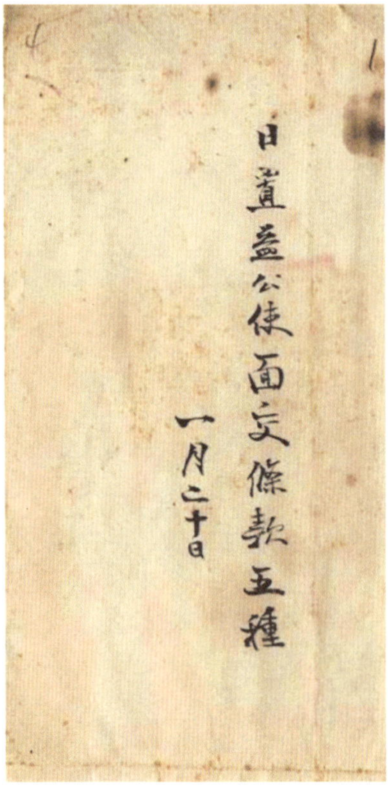

日置益公使面交條款五種

一月二十日

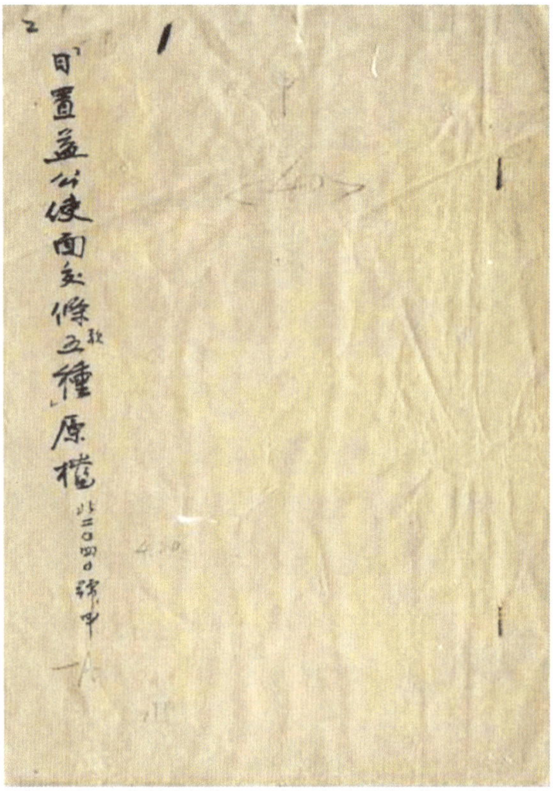

「日置益公使面交條款五種」原檔

“二十一条”日文原件的部分条款。

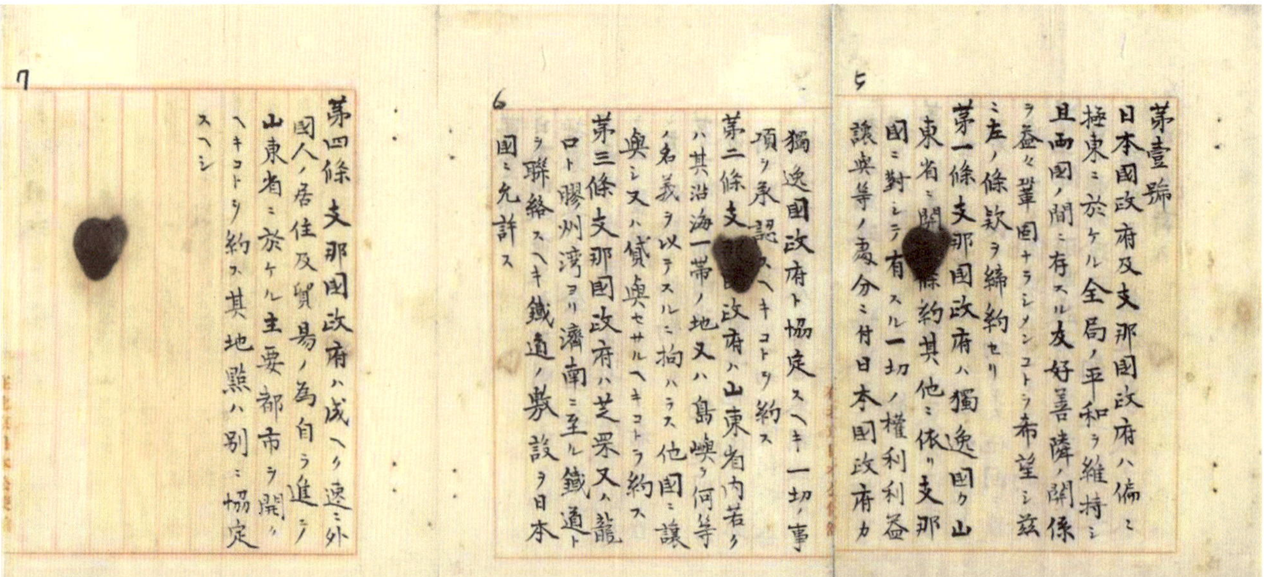

第壹號

日本國政府及支那國政府ハ偏ニ極東ニ於ケル全局ノ平和ヲ維持シ且両國ノ間ニ存スル友好善隣ノ關係ヲ益々鞏固ナラシメンコトヲ希望シ茲ニ左ノ條款ヲ締約セリ

第一條 支那國政府ハ獨逸國カ山東省ニ關シ條約其他ニ依リ支那國ニ對シテ有スル一切ノ權利利益讓與等ノ處分ニ付日本國政府カ獨逸國政府ト協定スヘキ一切ノ事項ヲ承認スヘキコトヲ約ス

第二條 支那國政府ハ山東省内若クハ其沿海一帯ノ地又ハ島嶼ヲ何等ノ名義ヲ以テスルニ拘ハラス他國ニ讓與シ又ハ貸與セサルヘキコトヲ約ス

第三條 支那國政府ハ芝罘又ハ龍口ト膠州湾ヨリ濟南ニ至ル鐵道トヲ聯絡スヘキ鐵道ノ敷設ヲ日本國ニ允許ス

第四條 支那國政府ハ成ルヘク速ニ外國人ノ居住及貿易ノ為自ラ進ンテ山東省ニ於ケル主要都市ヲ開クヘキコトヲ約ス其地點ハ別ニ協定スヘシ

1919年5月4日，北京三千余名学生齐集天安门前示威游行，爆发了反帝爱国的五四运动。

1919年5月7日，在各界声援下，五四运动中被军警逮捕的学生获释。图为北京高师被捕学生返校后，受到热烈欢迎。

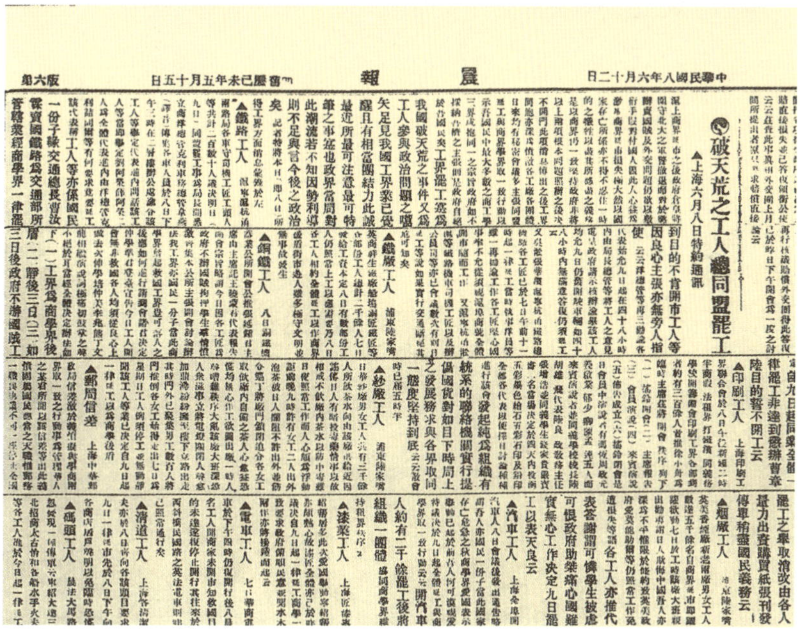

中華民國八年六月十二日　晨報　舊曆己未年五月十五日　第六版

破天荒之工人總同盟罷工

▲上海六月八日特約通訊

1919年6月3日后，上海工人率先罢工，使五四运动进入新阶段。图为《晨报》的报道。

1919年7月，李大钊、王光祈等发起组织少年中国学会。图为该会部分会员1920年合影。右起：1、张申府，2、黄日葵，3、李大钊，9、邓中夏。

1918年4月，毛泽东、蔡和森等在湖南组织新民学会。图为部分会员1919年的合影。

1919年11月，瞿秋白等以社会实进会名义创办《新社会》旬刊。图为编辑同仁合影。左起：瞿秋白、郑振铎、瞿世英、耿式之、耿济之。

1918年6月19日，恽代英等在湖北组织的互助社的部分成员合影。前排左起：汤济仁、杨理恒、恽代英、萧鸿举、林育南、刘仁静；后排左起：郑兴焕、郑遵芳、沈光耀、魏以新。

1919年9月，周恩来、马骏等在天津组织觉悟社。图为该社部分成员1920年的合影。前排左起：5、邓颖超，6、刘清扬；后排左起：3、马骏，7、周恩来。

1920年1月28日毛泽东与进步团体“辅社”成员在北京陶然亭合影。左起：3、王复生，4、毛泽东，6、罗章龙，7、邓中夏。

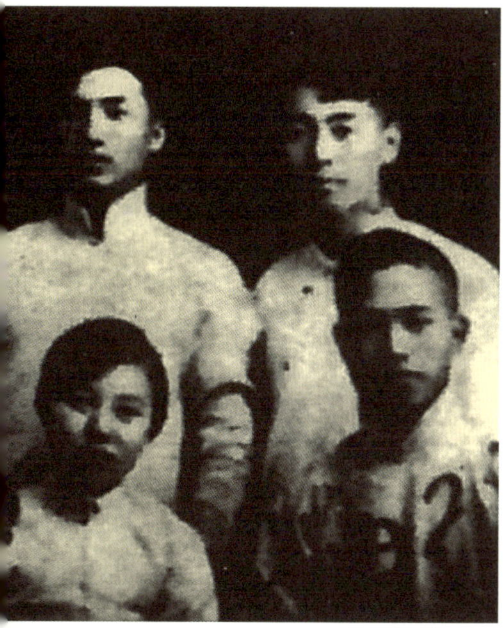

1920年1月，周恩来等为抵制日货，发动民众向政府请愿，被警察厅拘捕，在狱中坚持斗争近半年。图为7月17日，全体被捕代表获释时合影。

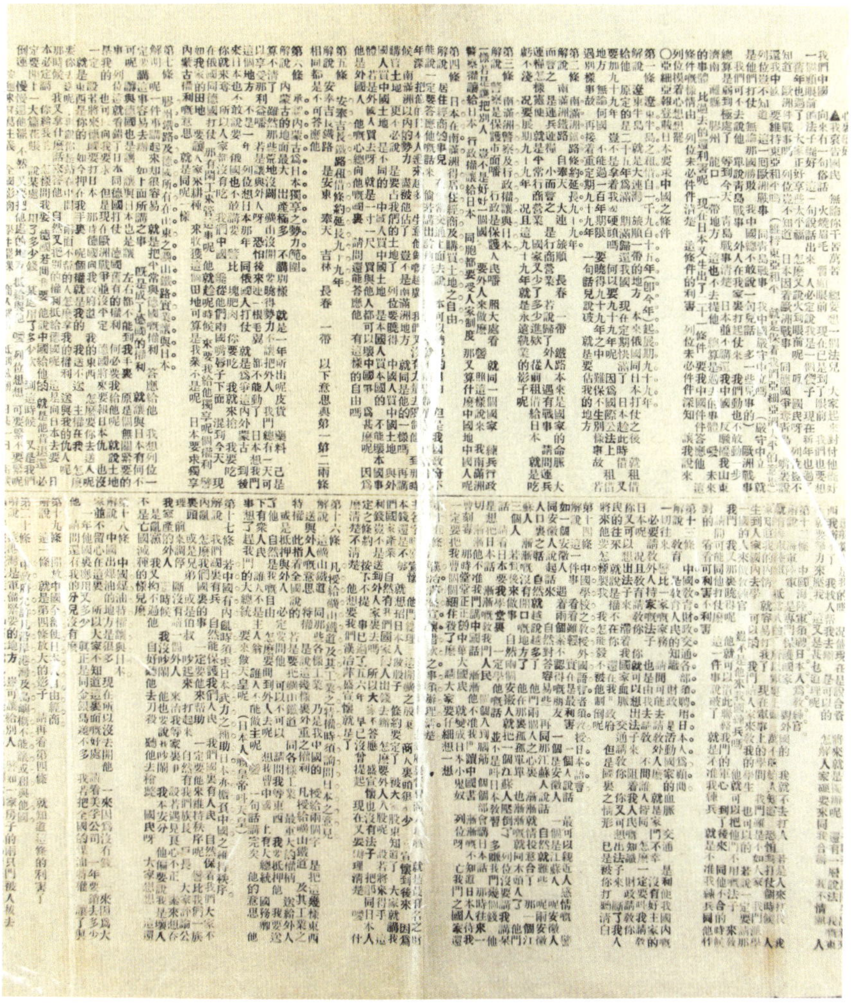

五四传单

1915年，袁世凯政府与日本签订了“二十一条”。为反对袁权辱国条约，爱国学生运动爆发。“五四传单”中详细列举了“二十一条”的具体内容并进行深入解读，以唤起民众反对日本帝国主义。其中写道：“我哀告国民，无论你千忙万忙，总要把二十一条看完才好；我哀告国民，无论你千难万难，总要把这二十一条字字嚼得稀烂，记在心里才好；我哀告国民，无论你千苦万苦，总要想一个法儿，大家起来对付他才好。”

星期日　中華民國八年四月二十七日　第一版

每週評論

The Weekly Review

19

本報特別啟事

國外大事述評

各國國會裏的女議員

暹羅華僑問題

國內大事述評

外交上種種的惡耗

每周评论　陈独秀主编　1918年12月22日

五四时期的著名刊物之一。由陈独秀和李大钊于1918年12月22日在北京发起创办。内容分国外大事述评、国内大事述评、社论、文艺时评、随感录等十二类。前二十五期由陈独秀主编，陈独秀常用“只眼”的笔名，李大钊常用“常”、“守常”、“明明”、“冥冥”等笔名在该刊发表文章。明确提出“主张公理，反对强权”的宗旨，积极宣传俄国十月革命和世界人民的革命斗争，宣传反封建的文化思想，介绍社会主义思想。五四运动爆发后，连续五期用全部或大部篇幅详细报导和评论这场爱国群众运动，对五四运动发展起了重要的指导作用。自第二十六期起，由胡适任主编，刊物的方向有了很大改变，发表了一些反对马克思主义和宣扬实用主义的文章，引起了“问题主义”之争。1919年8月31日，该刊第三十七期正在付印时，被北洋军阀政府封禁。

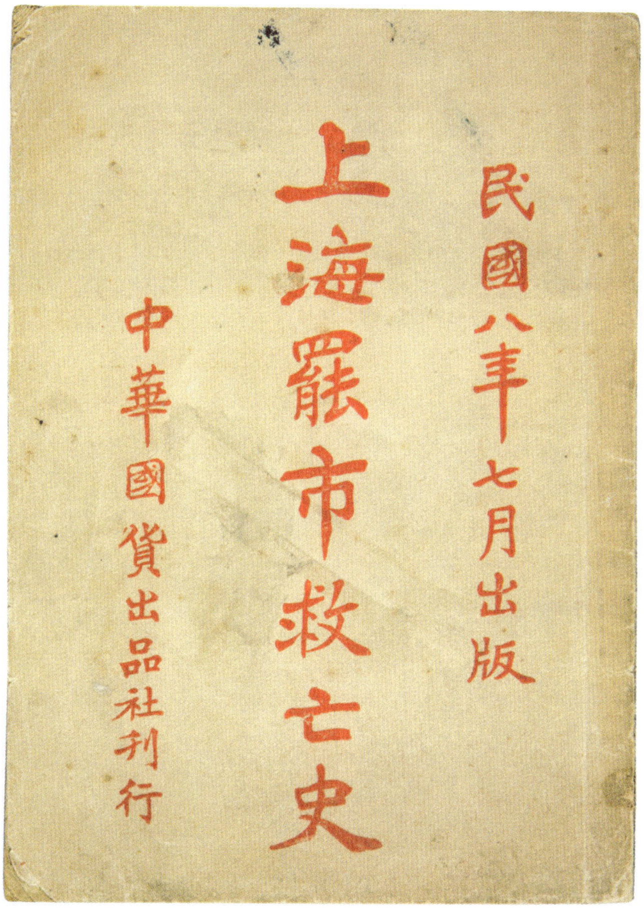


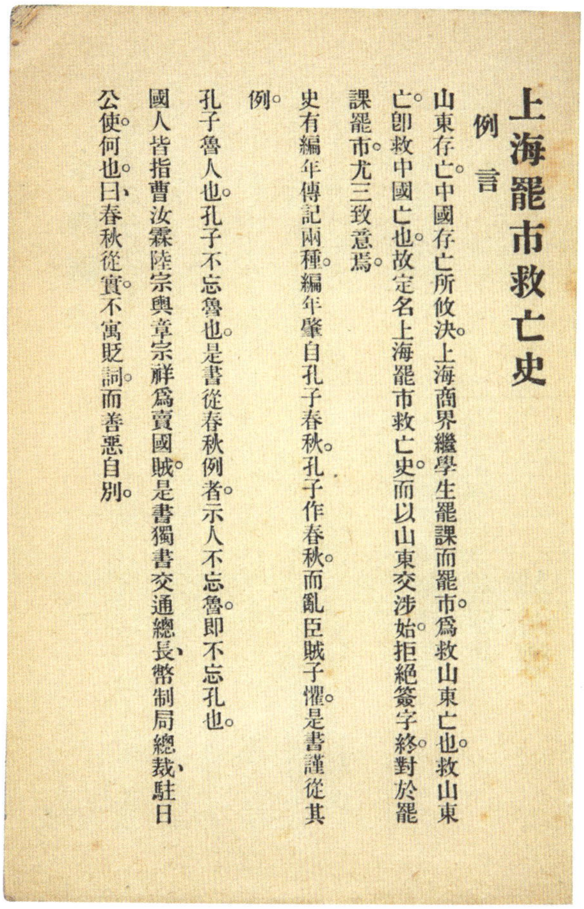

# 上海罷市救亡史

## 例言

山東存亡中國存亡所攸決。上海商界繼學生罷課而罷市。爲救山東亡也。救山東亡即救中國亡也。故定名上海罷市救亡史。而以山東交涉始。拒絕簽字終。對於罷課罷市尤三致意焉。

史有編年傳記兩種。編年肇自孔子春秋。孔子作春秋。而亂臣賊子懼。是書謹從其例。

孔子魯人也。孔子不忘魯也。是書從春秋例者。示人不忘魯。即不忘孔也。

國人皆指曹汝霖、陸宗輿、章宗祥爲賣國賊。是書獨書交通總長、幣制局總裁、駐日公使。何也。曰春秋從實不寓貶詞而善惡自別。

上海罢市救亡史　吴中弼编纂　中华国货出品社　1919年7月

1919年5月4日，轰轰烈烈的五四运动在北京爆发，全国各大城市罢课、罢工、罢市声援北京学生的爱国运动。《上海罢市救亡史》记录了山东交涉失败，京津爱国学生被捕之后，上海人民积极响应“三罢”斗争和当时上海社会各团体的政治态度。

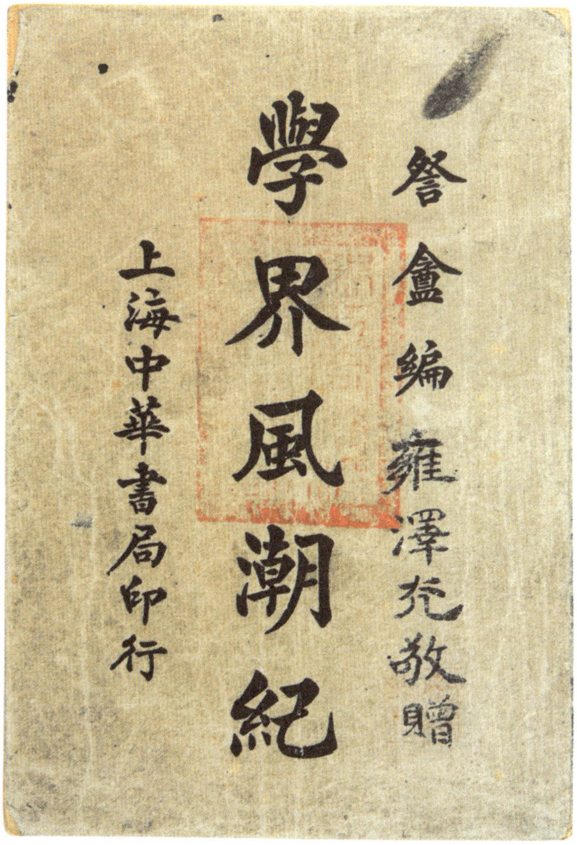


学界风潮记　詧盦编　中华书局（上海）　1919年9月

五四运动期间，出版界不失时机地推出关于五四运动的读物，如《上海罢市实录》、《民潮七日记》、《上海罢市救亡史》、《五四》、《青岛潮》、《学界风潮记》等，表现了出版界的坚定立场和敏捷反应。《学界风潮记》记述了五四期间北京、上海及各省学生运动的情况，并录有一批有价值的政令、电文、书信、呈文、演讲、评论等。

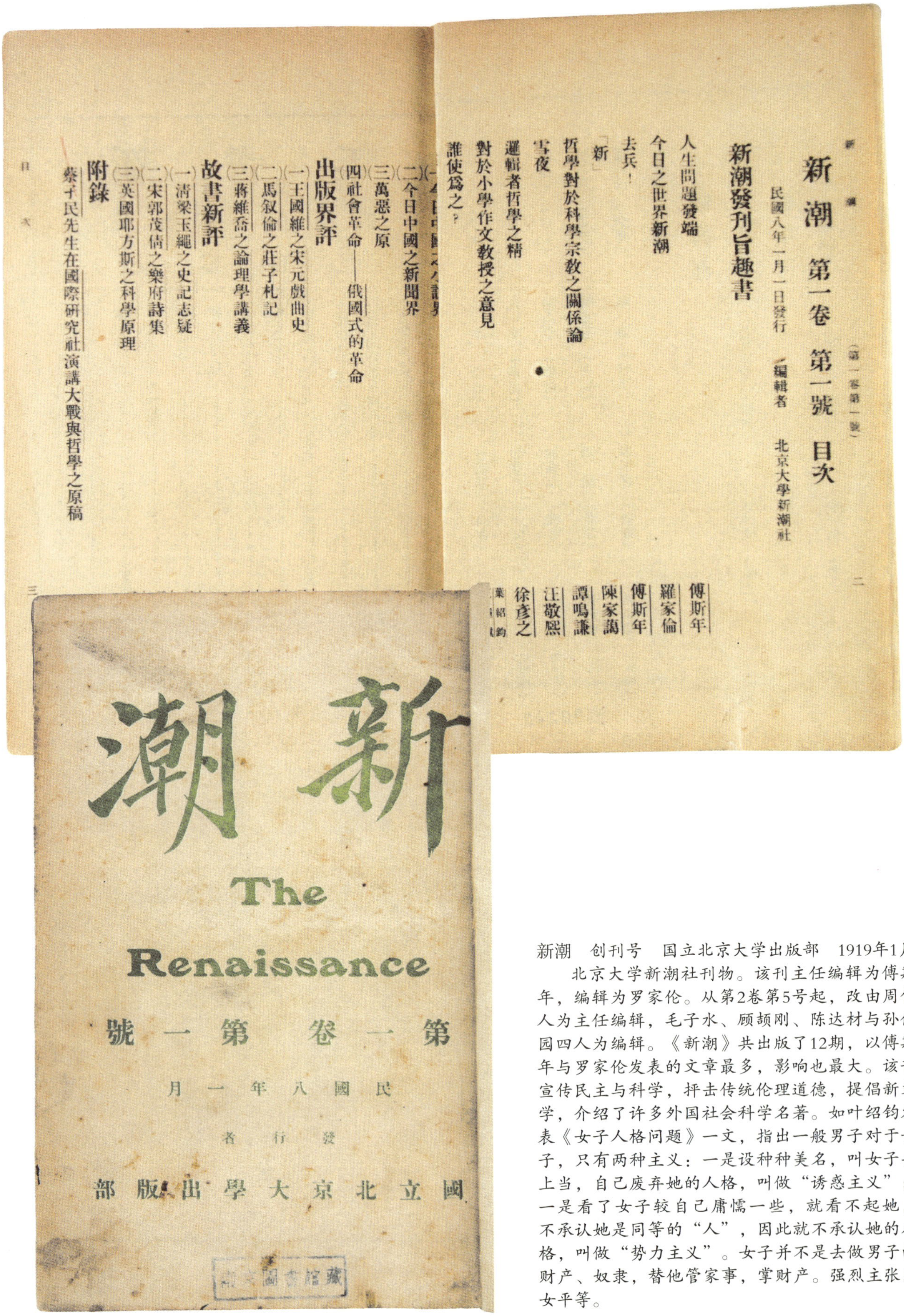


新潮　创刊号　国立北京大学出版部　1919年1月

北京大学新潮社刊物。该刊主任编辑为傅斯年，编辑为罗家伦。从第2卷第5号起，改由周作人为主任编辑，毛子水、顾颉刚、陈达材与孙伏园四人为编辑。《新潮》共出版了12期，以傅斯年与罗家伦发表的文章最多，影响也最大。该刊宣传民主与科学，抨击传统伦理道德，提倡新文学，介绍了许多外国社会科学名著。如叶绍钧发表《女子人格问题》一文，指出一般男子对于女子，只有两种主义：一是设种种美名，叫女子去上当，自己废弃她的人格，叫做“诱惑主义”；一是看了女子较自己庸懦一些，就看不起她，不承认她是同等的“人”，因此就不承认她的人格，叫做“势力主义”。女子并不是去做男子的财产、奴隶，替他管家事，掌财产。强烈主张男女平等。

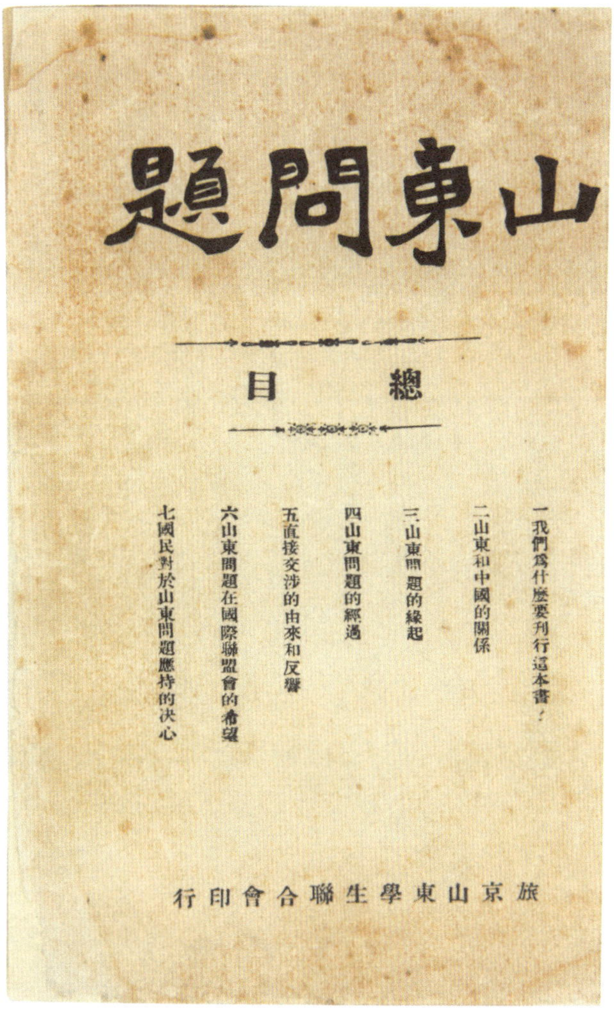

# 山東問題

總目



旅京山東學生聯合會印行

山东问题　旅京山东学生联合会编印　1920年8月

山东问题，指19世纪末至20世纪初帝国主义瓜分山东和中国人民反瓜分斗争的历史，实质上是国家领土和主权完整问题，是闭关锁国、积贫积弱的晚清政府留给中国人民的一个“世纪之痛”。山东问题，在1919年直接引发了五四爱国运动。此书发行时，山东问题并没有得到解决，书中对山东的历史和地理因素、山东问题的发展和解决经过都做了详细描述。

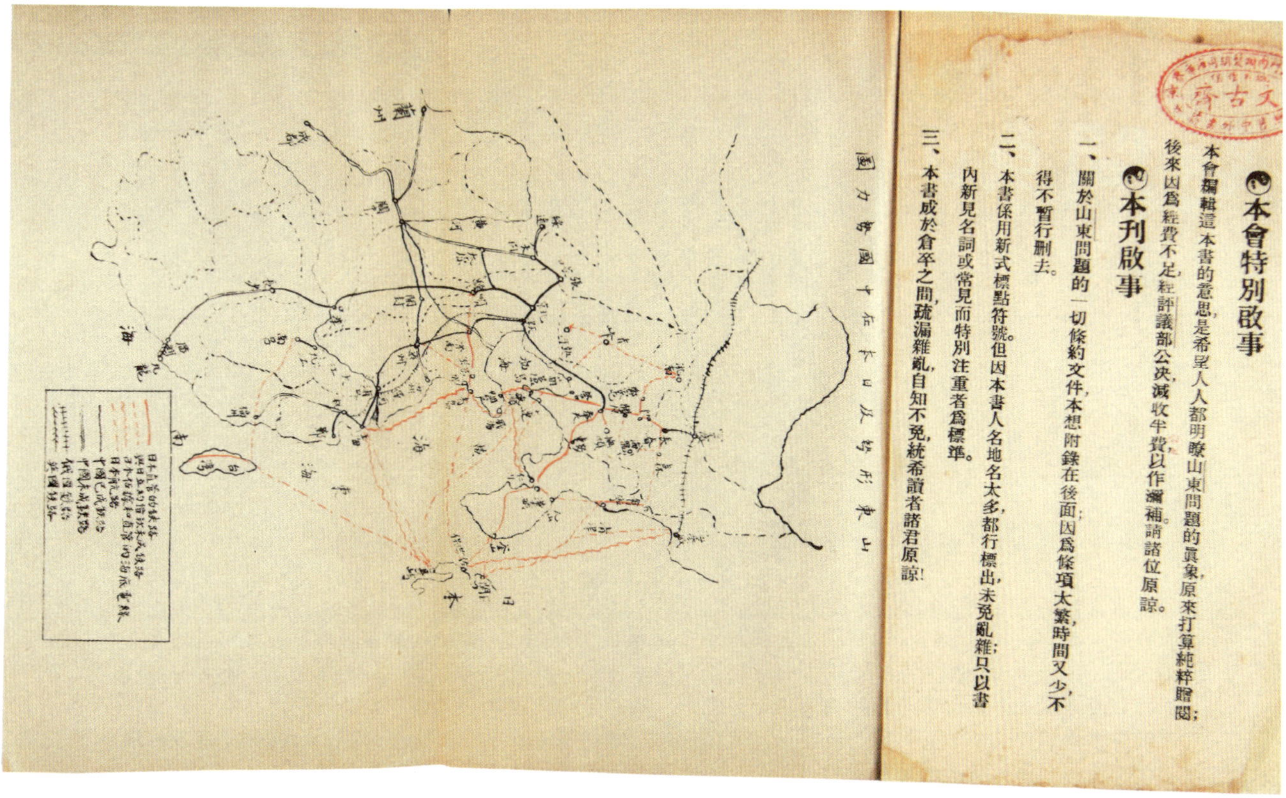



◎本會特別啟事

本會編輯這本書的意思是希望人人都明瞭山東問題的眞象，原來打算純粹贈閱；後來因爲經費不足，經評議部公決，減收半費，以作彌補，請諸位原諒。

◎本刊啟事

一、關於山東問題的一切條約文件，本想附錄在後面；因爲條項太繁，時間又少，不得不暫行刪去。

二、本書係用新式標點符號，但因本書人名地名太多，都行標出，未免亂雜；只以書內新見名詞或常見而特別注重者爲標準。

三、本書成於倉卒之間，疏漏雜亂，自知不免，統希讀者諸君原諒！

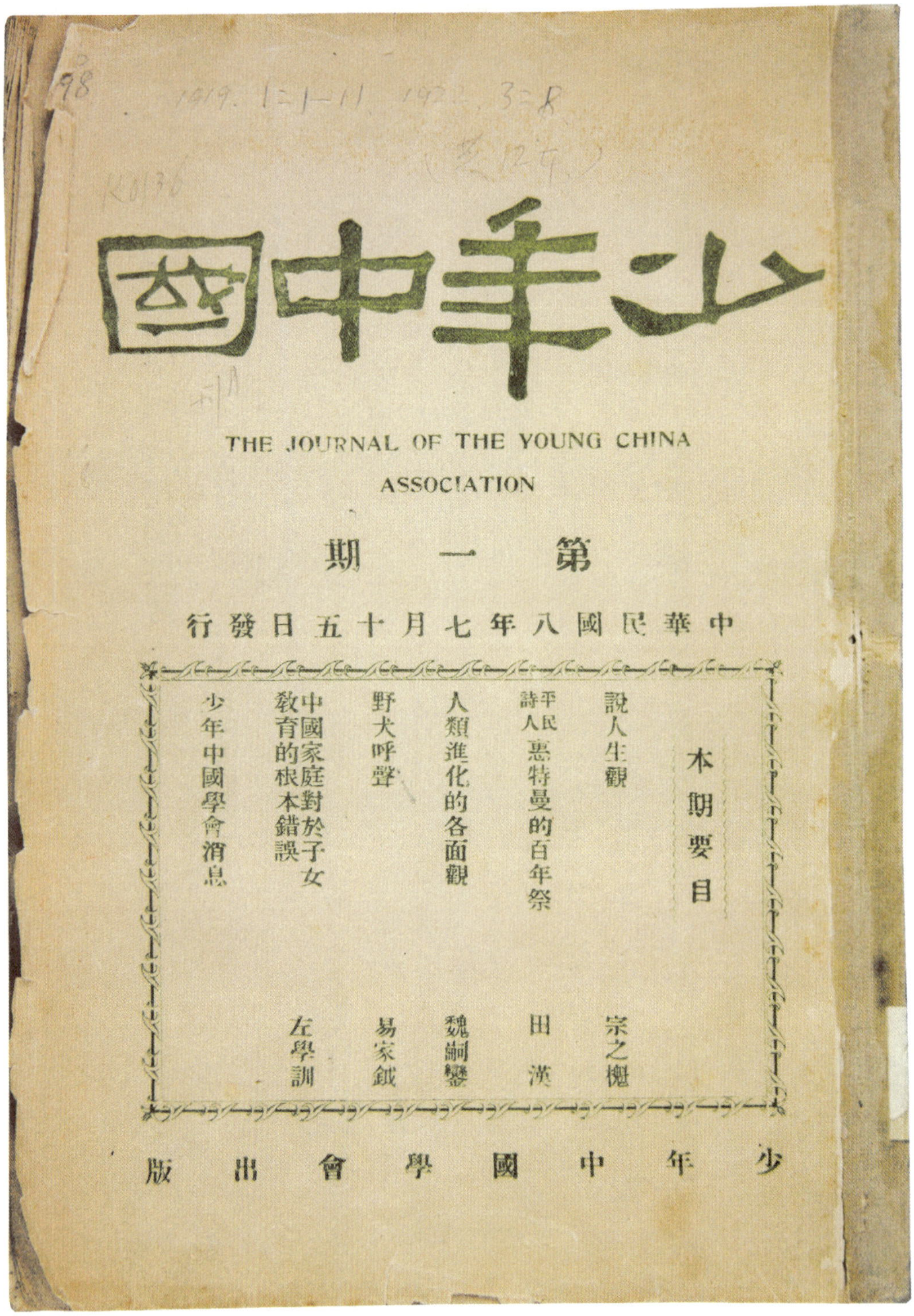

少年中國

THE JOURNAL OF THE YOUNG CHINA ASSOCIATION

第一期

中華民國八年七月十五日發行

本期要目

說人生觀　宗之櫆

平民詩人惠特曼的百年祭　田漢

人類進化的各面觀　魏嗣鑾

野犬呼聲　易家鉞

中國家庭對於子女教育的根本錯誤　左學訓

少年中國學會消息

少年中國學會出版

少年中国　李大钊主编　少年中国学会总会（北京）　创刊号　1919年7月15日

《少年中国》是五四时期的著名社团少年中国学会（会员有李大钊、毛泽东、邓中夏、恽代英、张闻天等）的会刊，1919年7月15日在北京创刊，由李大钊主编。该刊系综合性杂志，内容分为两大部分：第一部分主要是会员写的关于自然科学、文学、社会学和哲学的论文和译文，涉及人生观、世界观和社会问题等诸多方面；第二部分是关于会务方面的内容，如会员通讯、会务纪闻、总会通告等。王光祈等为刊物撰写了大量文章。该刊还登载过不少我国早期马克思主义者的文章，如李大钊的《少年中国的少年运动》、恽代英的《怎样创造少年中国》、向警予的《女子解放与改造的商榷》等。该刊为研究著名共产党人的早期思想状况和活动提供了重要史料。

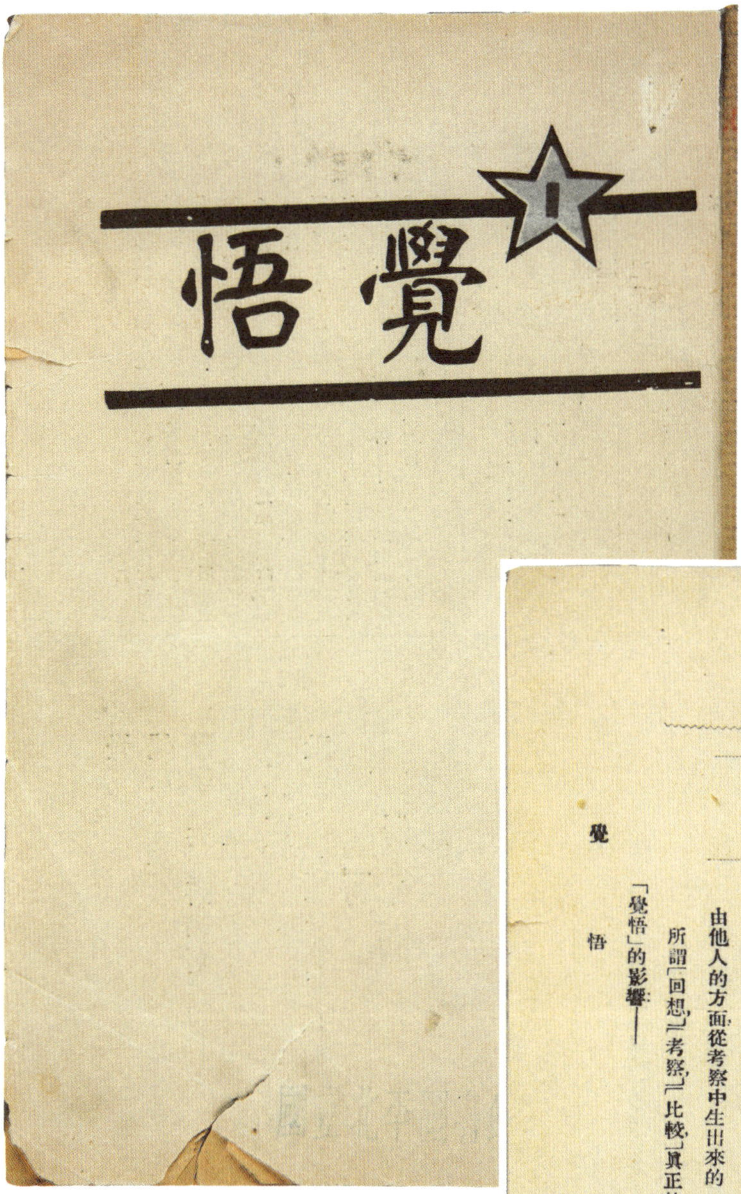


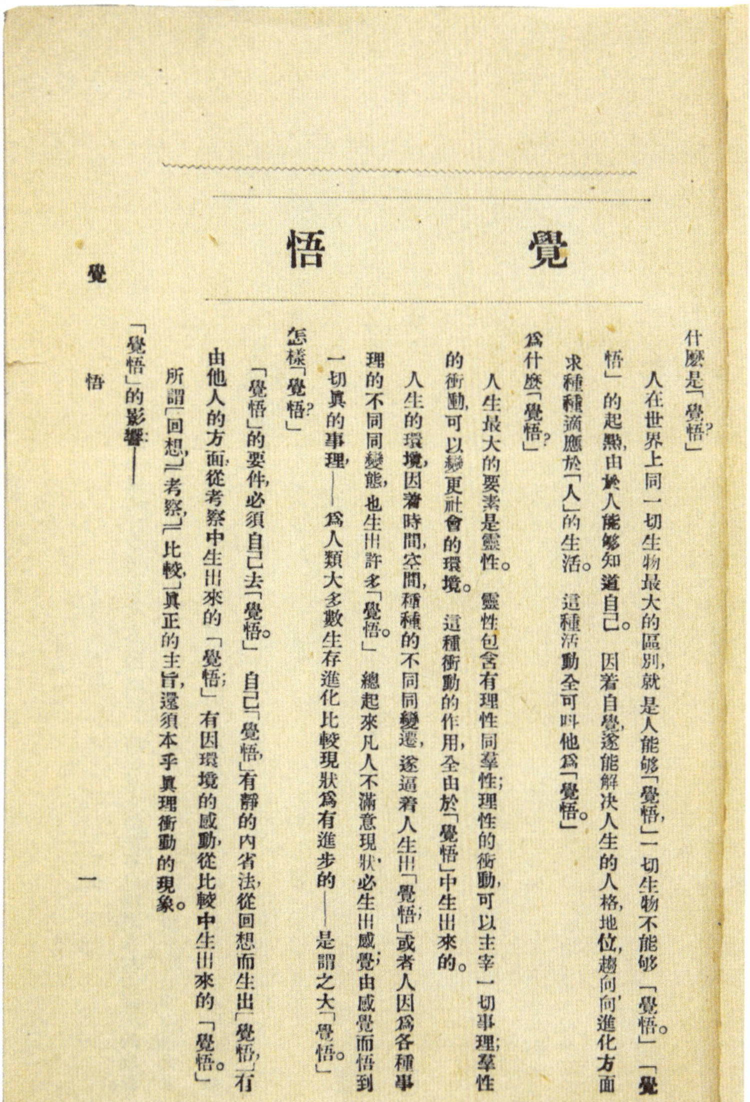

覺　　悟

什麼是「覺悟」?

人在世界上同一切生物最大的區別，就是人能够「覺悟」，一切生物不能够「覺悟」。「覺悟」的起點，由於人能够知道自己。因着自覺，遂能解决人生的人格，地位，趨向向進化方面求種種適應於「人」的生活。這種活動全可叫他爲「覺悟」。

爲什麼「覺悟」?

人生最大的要素是靈性。靈性包含有理性同羣性；理性的衝動，可以主宰一切事理；羣性的衝動，可以變更社會的環境。這種衝動的作用，全由於「覺悟」中生出來的。

人生的環境，因着時間，空間，種種的不同同變遷，遂逼着人生出「覺悟」；或者人因爲各種事理的不同同變態，也生出許多「覺悟」。總起來凡人不滿意現狀，必生出感覺，由感覺而悟到一切真的事理，——爲人類大多數生存進化比較現狀爲有進步的——是謂之大「覺悟」。

怎樣「覺悟」?

「覺悟」的要件，必須自己去「覺悟」。自己「覺悟」有靜的內省法，從回想而生出「覺悟」；有由他人的方面，從考察中生出來的「覺悟」；有因環境的感動，從比較中生出來的「覺悟」。

「覺悟」的影響：——

所謂「回想，」「考察，」「比較，」真正的主旨，還須本乎真理衝動的現象。

覺悟　一

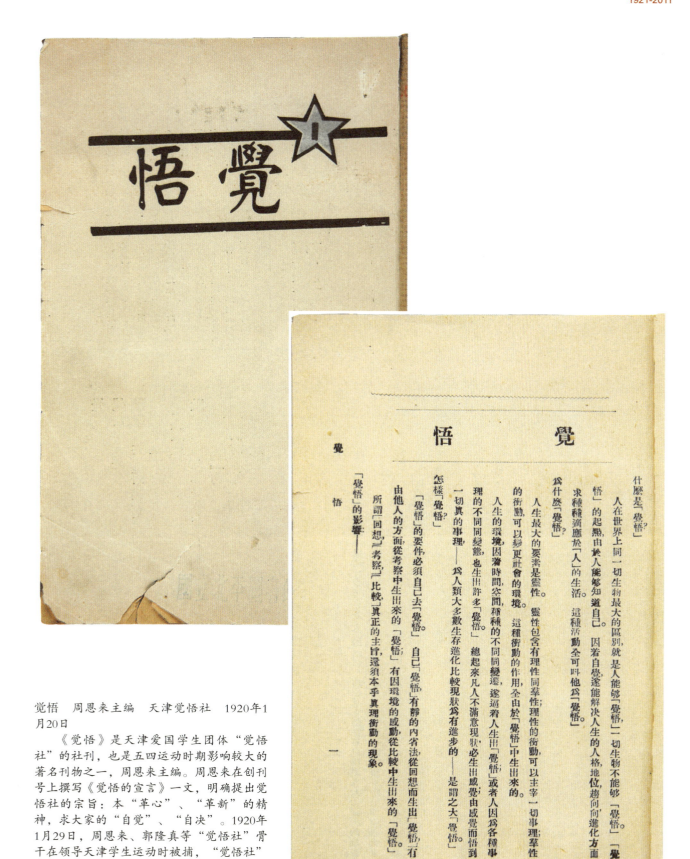

觉悟　周恩来主编　天津觉悟社　1920年1月20日

《觉悟》是天津爱国学生团体“觉悟社”的社刊，也是五四运动时期影响较大的著名刊物之一，周恩来主编。周恩来在创刊号上撰写《觉悟的宣言》一文，明确提出觉悟社的宗旨：本“革心”、“革新”的精神，求大家的“自觉”、“自决”。1920年1月29日，周恩来、郭隆真等“觉悟社”骨干在领导天津学生运动时被捕，“觉悟社”的活动转为地下，《觉悟》第二期未能付印便停刊。因此，仅见的这一期《觉悟》，成为研究“觉悟社”成员活动及其思想倾向的重要史料。

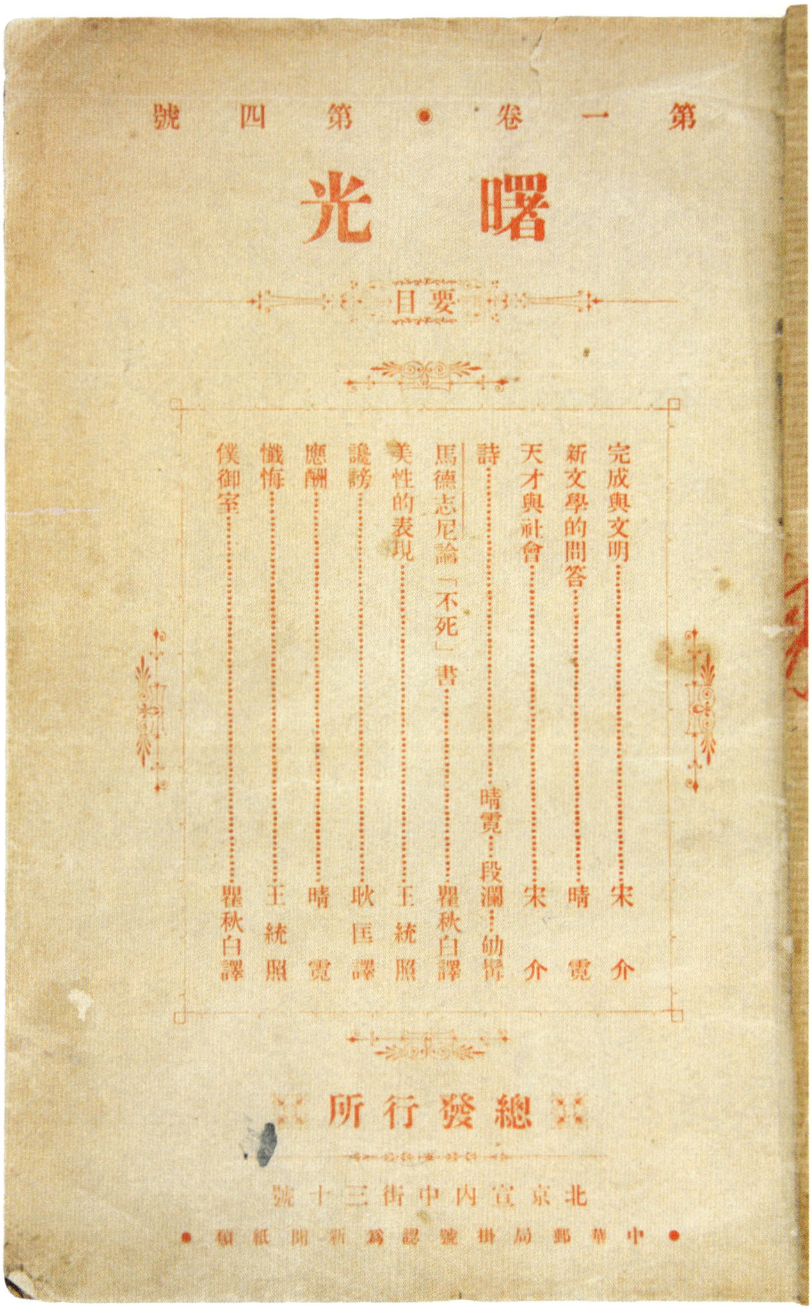
第一卷 · 第四號

曙光

要目

完成與文明……宋介
新文學的問答……晴霓
天才與社會……宋介
詩……晴霓·段瀾·劬[illegible]
馬德志尼論「不死」書……瞿秋白譯
美性的表現……王統照
讒謗……耿匡譯
應酬……晴霓
懺悔……王統照
僕御室……瞿秋白譯

總發行所
北京宣內中街三十號
中華郵局掛號認爲新聞紙類

曙光　曙光杂志社编辑　北平　1920年2月

五四运动后，在新思潮的影响下，北京各校的青年学生掀起了一股组团结社的热潮。中国大学、法文专修馆和俄文专修馆等学校的山东籍学生宋介、王统照、王晴霓、范玉、徐彦之等，在京组织了《曙光》杂志社，于1919年11月1日创办《曙光》月刊，由宋介（又名宋价、宋唯民）担任主编，王统照和王晴霓任主笔，王晴霓兼任经理事务。《曙光》杂志在创刊号上发表宣言，阐明办刊的宗旨为“本科学的研究，以促进社会改革之动机”，指出创办该刊的原因，在于我们“不满于现在的社会，想着另创一种新社会”。以我们“科学的研究、良心的主张，唤醒国人彻底的觉悟，鼓舞国人革新的运动”。主导思想是改良主义，提倡科学救国和教育救国。1920年后，《曙光》杂志从第2卷第1期起开始大量刊载介绍苏俄的文章和列宁的一些著作译文，发表关于劳动阶级、阶级斗争、社会制度根本改造等问题的论文，表现了社会主义倾向。本册是《曙光》杂志第一卷第四号和第六号的合订本，里面刊有宋介、王晴霓、王统照等的文章，以及瞿秋白翻译的国外关于马列主义研究的文章。

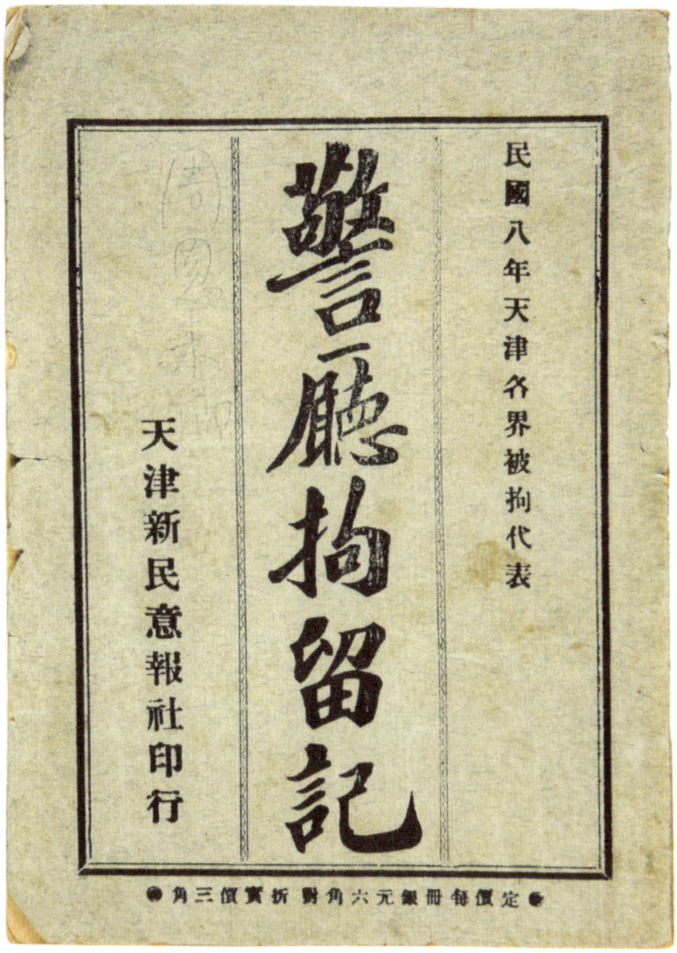


警厅拘留记 周恩来著 天津新民意报社 1920年12月

1920年1月29日，天津学生在“觉悟社”领导下，举行了大规模游行示威和请愿活动。作为请愿代表，周恩来与于方舟、郭隆真、张若名等人被捕，遭到长达半年之久的监禁，亲身感受到斗争的残酷。出狱后不久，周恩来将自己与同伴在狱中的实况，编成《警厅拘留记》，在1920年12月的天津《新民意报》上连载，后该报社出版了单行本。国家图书馆收藏的这个版本，正是天津《新民意报》出版的单行本。该书卷首有周恩来在天津南开中学的校友、天津《新民意报》创办人之一马千里所作序言。书中附有民国九年（1920）天津各界被拘代表出狱时的合影。

## 马克思主义在中国的传播与中国共产党早期组织的建立

五四运动后，马克思主义在中国广泛传播并且日益同中国工人运动相结合，此间也是酝酿、准备到建立中国共产党的过程。

1920年春，共产国际代表维经斯基来华，先后与北京的李大钊和上海的陈独秀会谈。他认为，中国已经具备建立共产党的条件。李大钊与陈独秀亦通信相商，一致认为需要加快建党的进程，并同时在北方和南方从事建党的筹备工作。

陈独秀，中国共产党的主要创始人之一。

李大钊是中国共产党的主要创始人之一，中国最早的马克思主义传播者。

维经斯基，共产国际代表，俄国人，1918年加入布尔什维克，1920年春天来华帮助创立中国共产党。

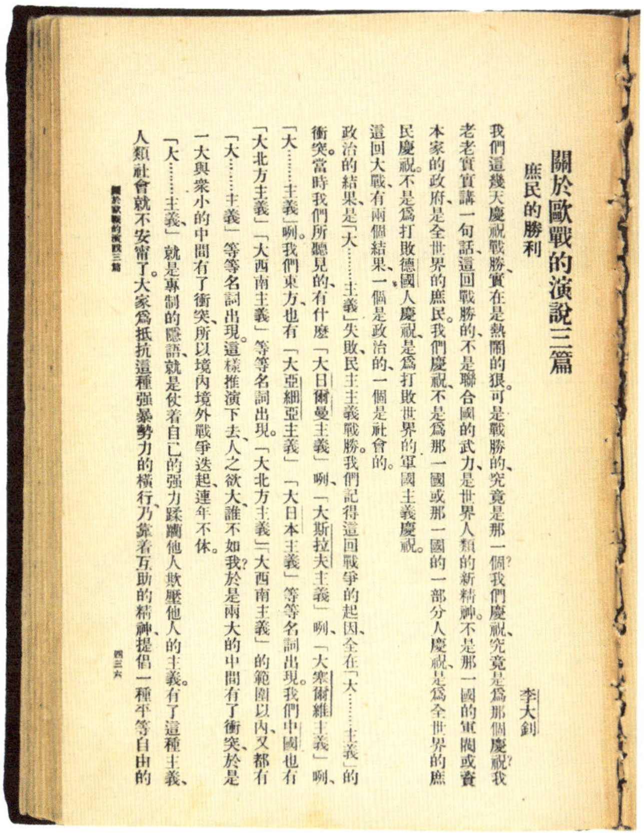

關於歐戰的演說三篇

庶民的勝利

李大釗

我們這幾天慶祝戰勝、實在是熱鬧的狠。可是戰勝的、究竟是那一個?我們慶祝、究竟是爲那個慶祝?我老老實實講一句話、這回戰勝的、不是聯合國的武力、是世界人類的新精神。不是那一國的軍閥或資本家的政府、是全世界的庶民。我們慶祝、不是爲那一國或那一國的一部分人慶祝、是爲全世界的庶民慶祝。不是爲打敗德國人慶祝、是爲打敗世界的軍國主義慶祝。

這回大戰、有兩個結果、一個是政治的、一個是社會的。

政治的結果、是「大……主義」失敗、民主主義戰勝。我們記得這回戰爭的起因、全在「大……主義」的衝突。當時我們所聽見的、有什麼「大日爾曼主義」咧、「大斯拉夫主義」咧、「大塞爾維主義」咧、「大……主義」咧。我們東方、也有「大亞細亞主義」「大日本主義」等等名詞出現。我們中國也有「大北方主義」「大西南主義」等等名詞出現。「大北方主義」「大西南主義」的範圍以內、又都有「大……主義」等等名詞出現。這樣推演下去、人之欲大、誰不如我?於是兩大的中間有了衝突、於是一大與衆小的中間有了衝突、所以境內境外戰爭迭起、連年不休。

「大……主義」就是專制的隱語、就是仗着自己的强力蹂躪他人欺壓他人的主義。有了這種主義、人類社會就不安甯了。大家爲抵抗這種强暴勢力的橫行、乃靠着互助的精神、提倡一種平等自由的

關於歐戰的演說三篇　四三六

庶民的胜利　李大钊撰　《新青年》第五卷第五号　1918年11月

李大钊在俄国十月革命胜利的影响下，完成了革命民主主义向共产主义的转变，成为一名共产主义者。1918年，他在《新青年》发表了著名论文《庶民的胜利》。文章热情赞扬十月革命，欢呼社会主义胜利，指出世界革命已进入社会主义革命的新时代，中国人民应该沿着十月革命的道路前进。这是中国最早用马克思主义观念讴歌十月革命的文章之一，是马克思主义在中国开始传播的标志。

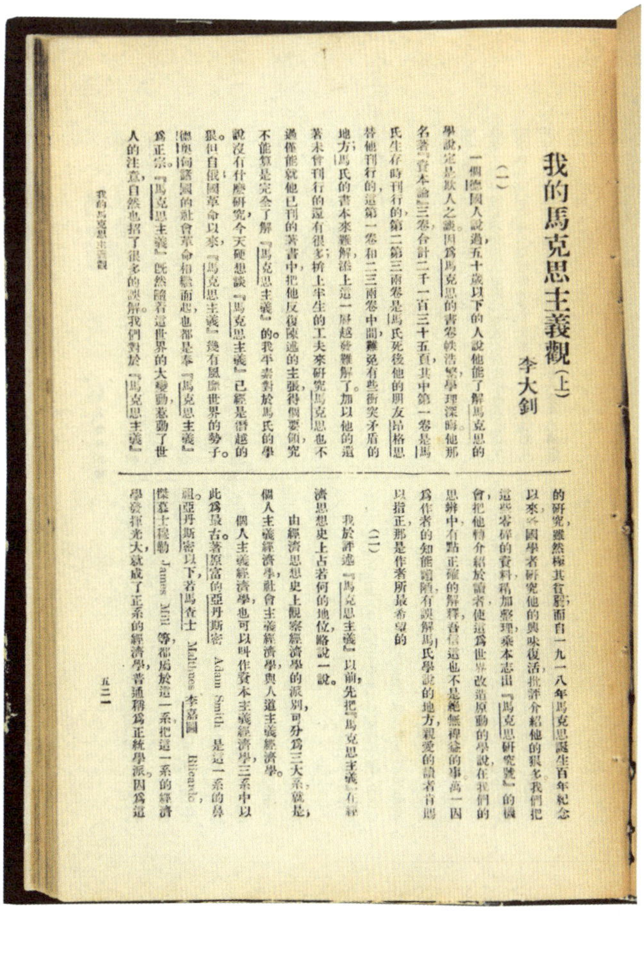

我的馬克思主義觀（上）

李大釗

（一）

一個德國人說過，五十歲以下的人說他能了解馬克思的學說，定是欺人之談。因爲馬克思的書卷帙浩繁，學理深晦。他那名著『資本論』三卷合計二千一百三十五頁，其中第一卷是馬氏生存時刊行的，第二第三兩卷是馬氏死後他的朋友昂格思替他刊行的。這第一卷和二三兩卷中間，難免有些衝突矛盾的地方；馬氏的書本來難解，加上這一層越發難解了。加以他的遺著未曾刊行的還有很多；拚上半生的工夫來研究馬克思，也不過僅能就他已刊的著書中，把他反復陳述的主張得個要領，究不能算是完全了解『馬克思主義』的。我平素對於馬氏的學說沒有什麼研究，今天硬想談『馬克思主義』已經是僭越的狠。但自俄國革命以來，『馬克思主義』幾有風靡世界的勢子。德奧匈諸國的社會革命相繼而起，也都是奉『馬克思主義』爲正宗。『馬克思主義』既然隨着這世界的大變動，惹動了世人的注意，自然也招了很多的誤解。我們對於『馬克思主義』的研究，雖然極其貧弱；而自一九一八年馬克思誕生百年紀念以來，各國學者研究他的興味復活，批評介紹他的狠多。我們把這些零碎的資料，稍加整理，乘本志出『馬克思研究號』的機會，把他轉介紹於讀者，使這爲世界改造原動的學說，在我們的思辨中，有點正確的解釋，吾信這也不是絕無裨益的事。萬一因爲作者的知能譾陋，有誤解馬氏學說的地方，親愛的讀者肯賜以指正，那是作者所最希望的。

（二）

我於評述『馬克思主義』以前，先把『馬克思主義』在經濟思想史上占若何的地位，略說一說。

由經濟思想史上觀察經濟學的派別，可分爲三大系，就是：個人主義經濟學，社會主義經濟學，與人道主義經濟學。

個人主義經濟學，也可以叫作資本主義經濟學。三系中以此爲最古。著原富的亞丹斯密 Adam Smith 是這一系的鼻祖。亞丹斯密以下，若馬查士 Malthus 李嘉圖 Ricardo，傑慕士穆勒 James Mill 等，都屬於這一系。把這一系的經濟學發揮光大，就成了正系的經濟學，普通稱爲正統學派。因爲這

我的馬克思主義觀　五二一

我的马克思主义观　李大钊撰　《新青年》第六卷第五号　1919年

1919年5月，李大钊为《新青年》主编了《马克思主义研究专号》，并亲自撰写了《我的马克思主义观》一文，对马克思主义的三个组成部分——政治经济学、科学社会主义和唯物史观的基本观点作了系统的介绍。第一次较完整地向中国人介绍了马克思主义学说，极大推动了马克思主义在中国的传播。

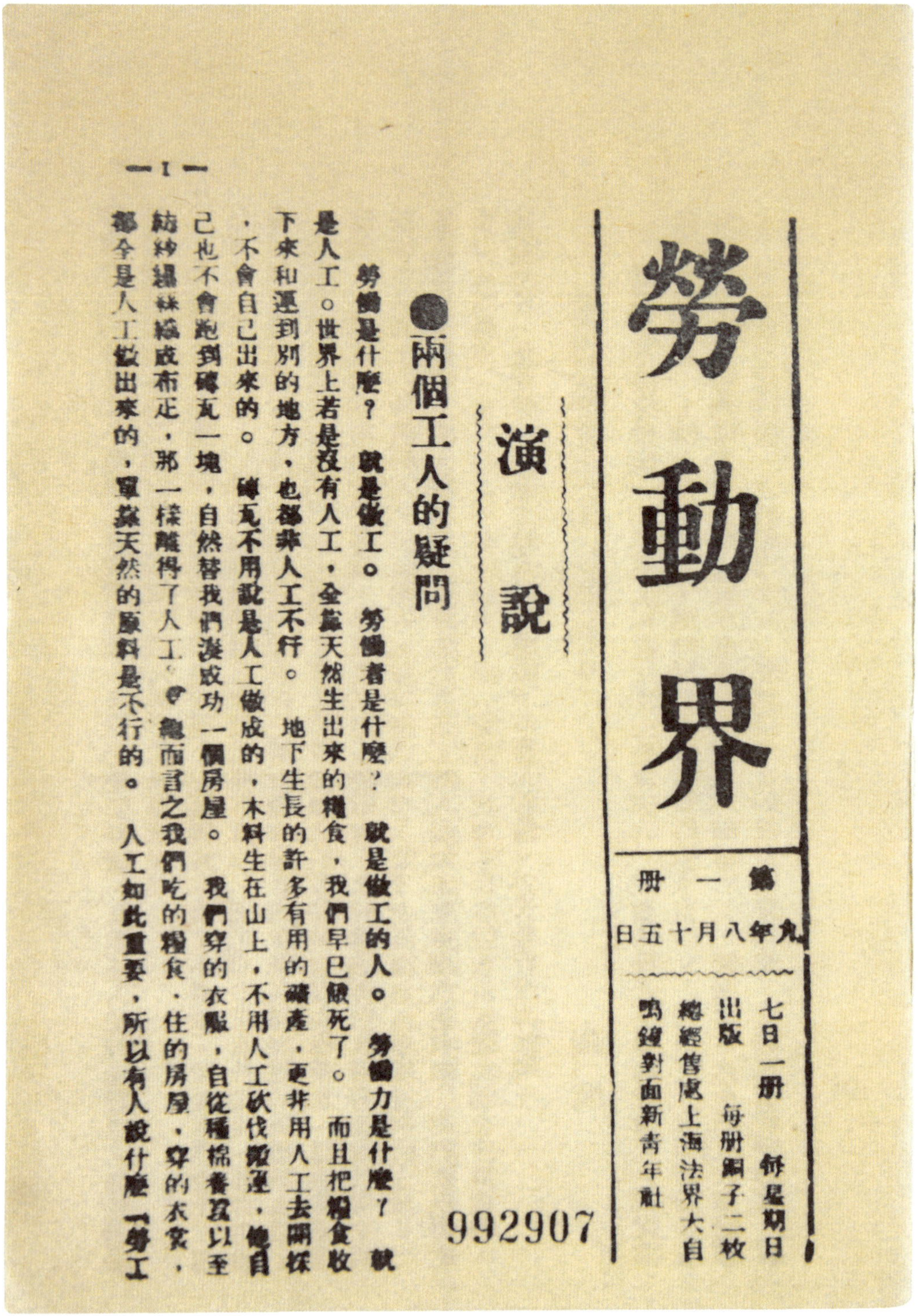

勞動界

第一冊

九年八月十五日

七日一冊　每星期日

出版　每冊銅子二枚

總經售處上海法界大自

鳴鐘對面新青年社

992907

演說

●兩個工人的疑問

勞働是什麼？就是做工。勞働者是什麼？就是做工的人。勞働力是什麼？就是人工。世界上若是沒有人工，全靠天然生出來的糧食，我們早已餓死了。而且把糧食收下來和運到別的地方，也都非人工不行。地下生長的許多有用的礦產，更非用人工去開採，不會自己出來的。磚瓦不用說是人工做成的，木料生在山上，不用人工砍伐搬運，他自己也不會跑到磚瓦一塊，自然替我們湊成功一個房屋。我們穿的衣服，自從種棉養蠶以至紡紗繅絲織成布疋，那一樣離得了人工。總而言之我們吃的糧食，住的房屋，穿的衣裳，都全是人工做出來的，單靠天然的原料是不行的。人工如此重要，所以有人說什麼「勞工

—1—

劳动界（创刊号）　陈独秀主编　上海　1920年8月

1920年8月15日，上海共产党组织出版的通俗工人周刊《劳动界》创刊。陈独秀主编。该刊用通俗的语言宣传马克思主义，启发工人组织起来进行斗争。1921年1月停刊。是中国最早的宣传马克思主义的工人刊物。该刊发表李中《工人是中国社会的主人翁》一文，指出“将来的社会，要使他变个工人的社会。将来的中国，要使他变个工人的中国”。明确提出工人是社会的主人翁。维经斯基也在该刊上用“吴廷康”笔名发表了《中国的劳动者与劳农议会的俄国》一文，宣传苏维埃政权。

THE COMMUNIST

共產黨

月刊

第一號 一九二〇年十一月七日 實價一角

短言

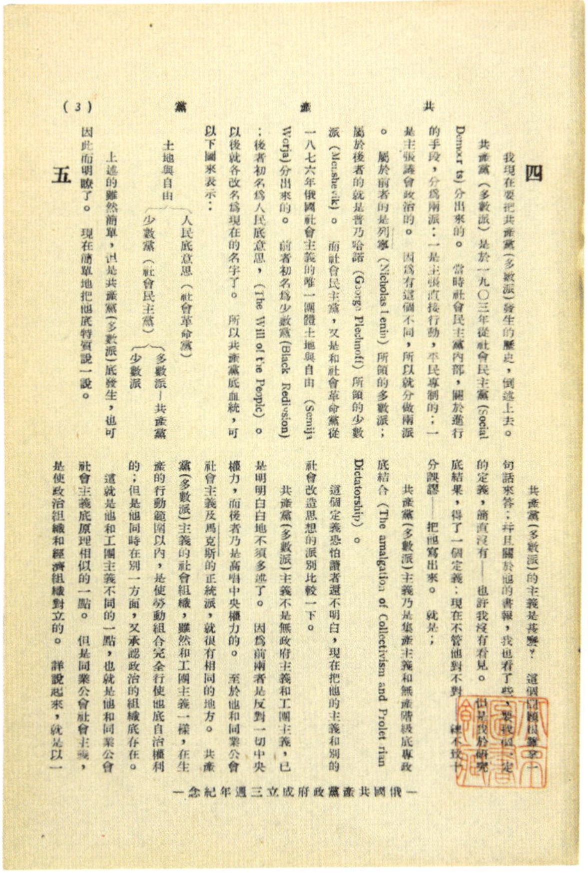

四

五

（3）

—俄國共產黨成立政府三週年紀念—

共产党（月刊） 中国共产党上海发起组编辑 1920年

中国共产党上海发起组创办的党内机关刊物，也是中国共产党的第一个党刊。1920年11月7日在上海创刊，李达主编。这是一份为适应建党需要对早期共产主义者进行理论教育的半公开刊物，上海共产主义小组的许多成员均是该刊的撰稿人，最高发行量达5000多份。到1921年7月7日停刊，共出6期。该刊第一次在中国大地上树起“共产党”这面大旗，阐明了中国共产党人的基本政治主张。还介绍列宁学说和俄国共产党的经验，大量刊载有关共产国际和国际共运的情况。该刊为各地共产主义小组的成员了解党的基本知识，推进党的筹建工作都起了很好的宣传和组织作用。此件为国家图书馆建国后首任馆长冯仲云所赠。

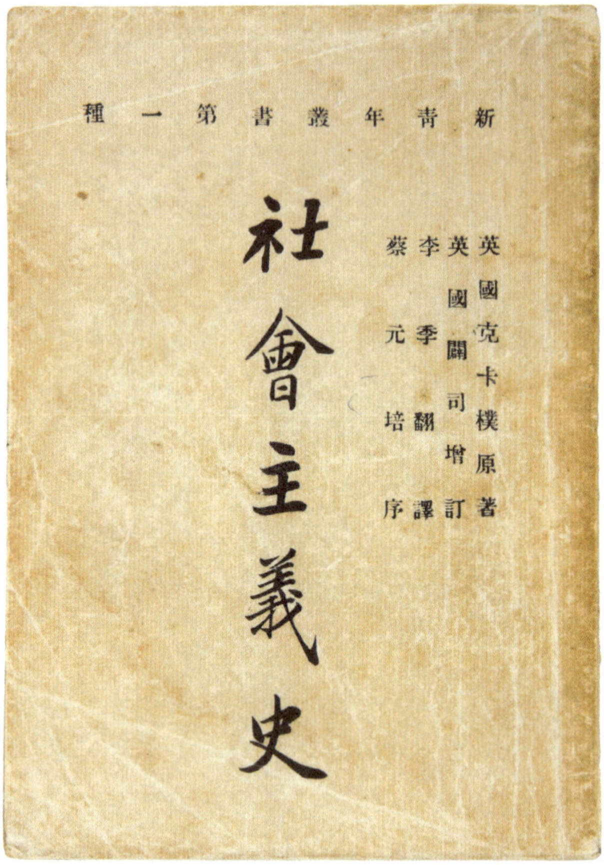

新青年叢書第一種

社會主義史

英國克卡樸原著
英國關司增訂
李季翻譯
蔡元培序

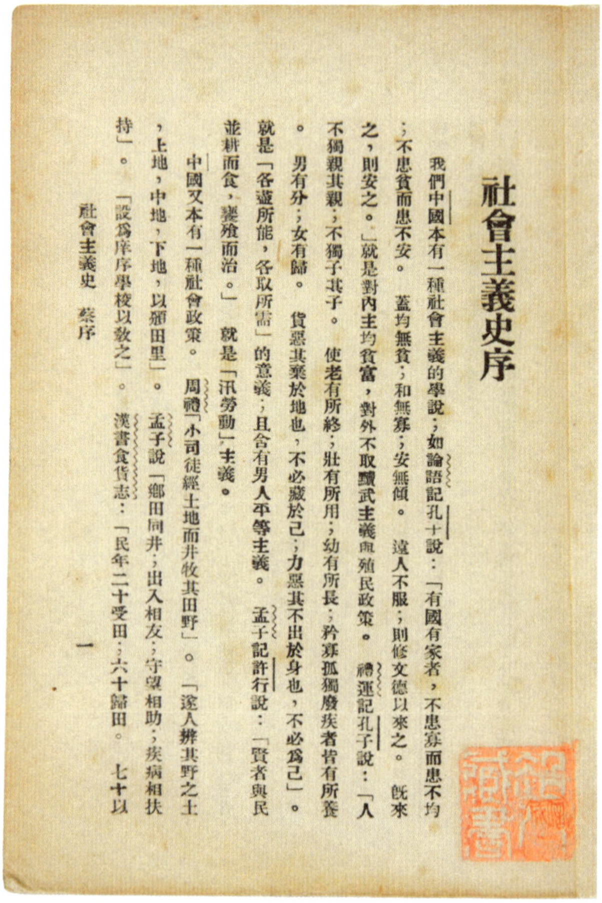

社會主義史序

我們中國本有一種社會主義的學說；如論語記孔子說：「有國有家者，不患寡而患不均；不患貧而患不安。蓋均無貧，和無寡，安無傾。遠人不服，則修文德以來之。既來之，則安之。」就是對內主均貧富，對外不取黷武主義與殖民政策。禮運記孔子說：「人不獨親其親，不獨子其子。使老有所終，壯有所用，幼有所長，矜寡孤獨廢疾者皆有所養。男有分，女有歸。貨惡其棄於地也，不必藏於己；力惡其不出於身也，不必為己」。就是「各盡所能，各取所需」的意義；且含有男女平等主義。孟子記許行說：「賢者與民並耕而食，饔飧而治。」就是「汎勞動」主義。

中國又本有一種社會政策。周禮「小司徒經土地而井牧其田野」。「遂人辨其野之土，上地，中地，下地，以頒田里」。孟子說「鄉田同井，出入相友，守望相助，疾病相扶持」。「設為庠序學校以教之」。漢書食貨志：「民年二十受田，六十歸田。七十以

社會主義史　蔡序　一

社会主义史　〔英〕克卡朴著　李季译　上海新青年社《新青年丛书》　1920年10月

李季（1892—1967），是中国共产党上海发起组15名成员之一。在党的创建时期，他埋头翻译海外社会主义思潮论著《社会主义史》。此书分为上、下两卷，记载了世界各国重要的社会主义运动源流和派别，并对社会主义运动做出概括批评与解释，是欧战以前一部包罗宏富的社会主义史。《社会主义史》的出版在当时引起了震撼。蔡元培为之作序，列为“上海各学校并选为国文读本”。毛泽东在延安时期追忆自己在1920年看了三本书，其中就提到《社会主义史》。他说：“我才知道人类自有史以来就有阶级斗争，阶级斗争是社会发展的原动力，初步地得到认识问题的方法论。”

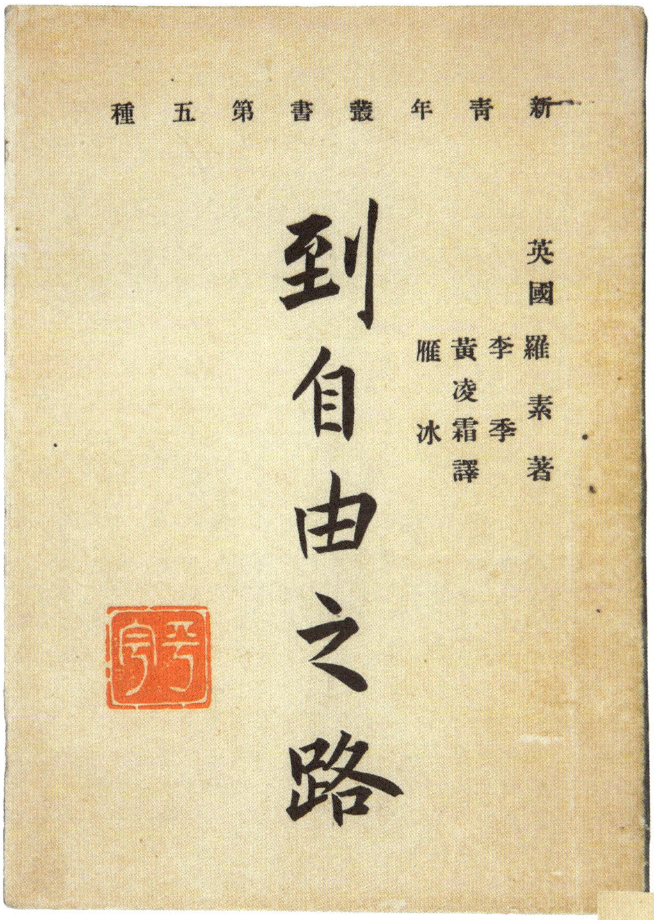

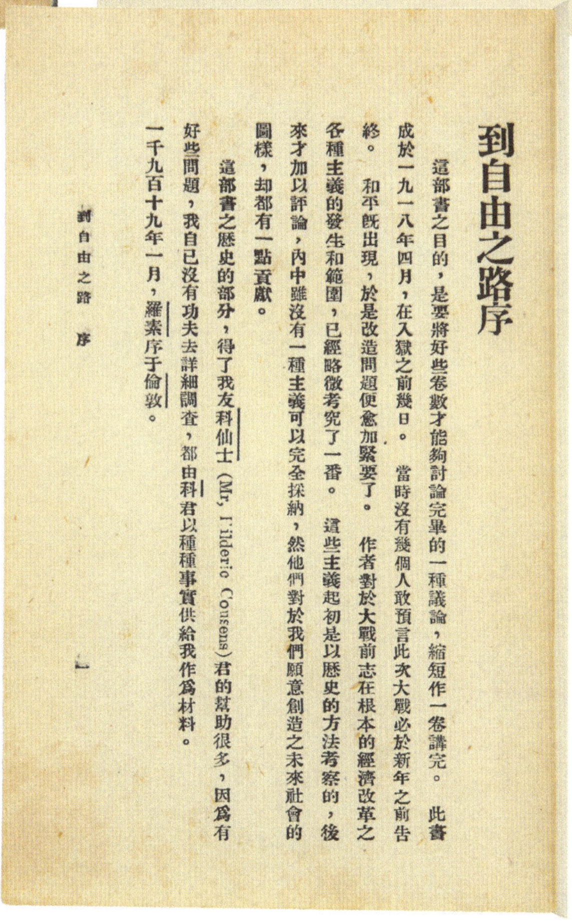

## 到自由之路序

這部書之目的，是要將好些卷數才能夠討論完畢的一種議論，縮短作一卷講完。此書成於一九一八年四月，在入獄之前幾日。當時沒有幾個人敢預言此次大戰必於新年之前告終。和平既出現，於是改造問題便愈加緊要了。作者對於大戰前志在根本的經濟改革之各種主義的發生和範圍，已經略微考究了一番。這些主義起初是以歷史的方法考察的，後來才加以評論，內中雖沒有一種主義可以完全採納，然他們對於我們願意創造之未來社會的圖樣，却都有一點貢獻。

這部書之歷史的部分，得了我友科仙士(Mr. l'ilderio Cousens)君的幫助很多，因爲有好些問題，我自己沒有功夫去詳細調查，都由科君以種種事實供給我作爲材料。

一千九百十九年一月，羅素序于倫敦。

到自由之路　序

到自由之路　[英]罗素著　李季、黄凌霜（黄兼生）、雁冰（沈雁冰）译　上海新青年社《新青年丛书》　1920年11月

罗素此书中记录1914年后各国社会党派的行动，内容上与克卡朴的《社会主义史》相衔接，在中国受到重视。在张申府推荐下，李季在翻译《社会主义史》后，开始翻译这本书，以期为当时国人合成一部社会主义通史。但因为罗素来华的热潮，陈独秀想急于出版，遂由沈雁冰、黄凌霜（黄兼生）等人分译出版。

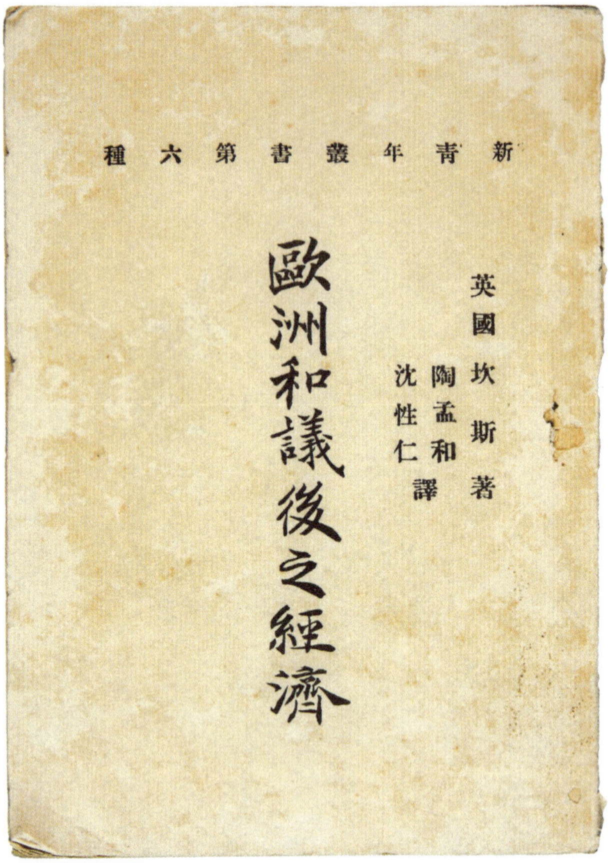


欧洲和议后之经济　〔英〕坎斯著　陶孟和、沈性仁译　上海新青年社《新青年丛书》　1920年11月

坎斯是英国剑桥大学王家学院的住院讲师，英国经济杂志的总编辑，曾在第一次世界大战后应邀任职财政部，并作为英国议和代表随员。此书批评盟国经济政策和欧洲和议后的经济条款，指出第一次世界大战对欧洲经济和世界经济产生了极大破坏，虽然世界各国经济联系紧密，不可分离，但资本制度在经过第一次世界大战后已为人们强烈不满，加之背离社会需求的和议条款，更加动摇了资本制度。坎斯提出，应该有一个更加注重公平分配的新制度来取代旧的资本制度。这本书在世界范围内流传很广，再版十几次，有十种语言版本，也对当时我国早期共产主义运动理论提供了借鉴。

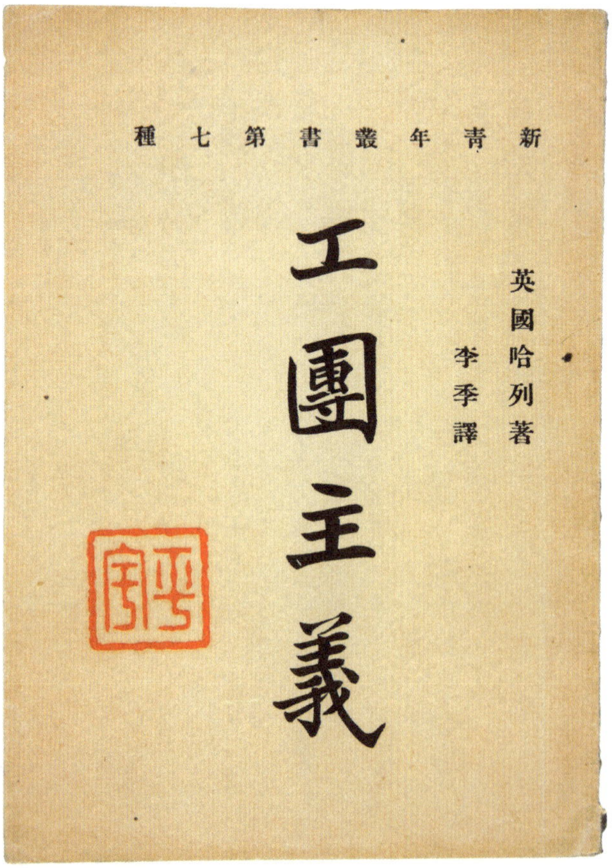


工团主义　〔英〕哈列著　李季译　上海新青年社《新青年丛书》　1921年1月

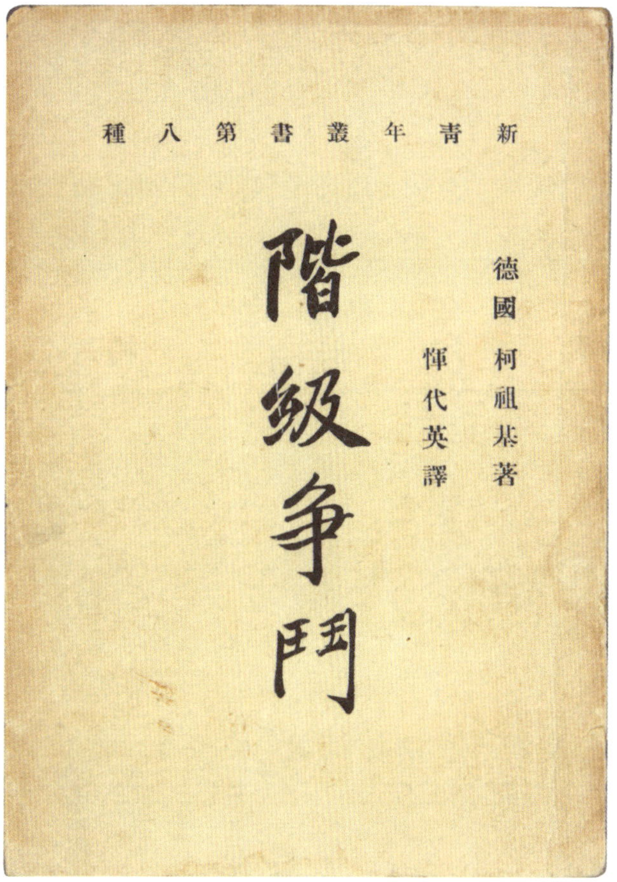


阶级斗争　〔德〕柯祖基（考茨基）著　恽代英译　上海新青年社《新青年丛书》　1921年1月

《新青年丛书》第八种。书名原题“阶级争斗”。考茨基在这本书中依据马克思主义的观点对资本主义社会的各种矛盾作了比较深刻的分析和批判，论证了社会主义制度必然取代资本主义制度。简要阐述了科学社会主义关于未来的社会主义社会和共产主义社会、生产资料公有化、未来国家的产品分配原则等原理，并揭露了各种敌视社会主义的诽谤捏造之辞。

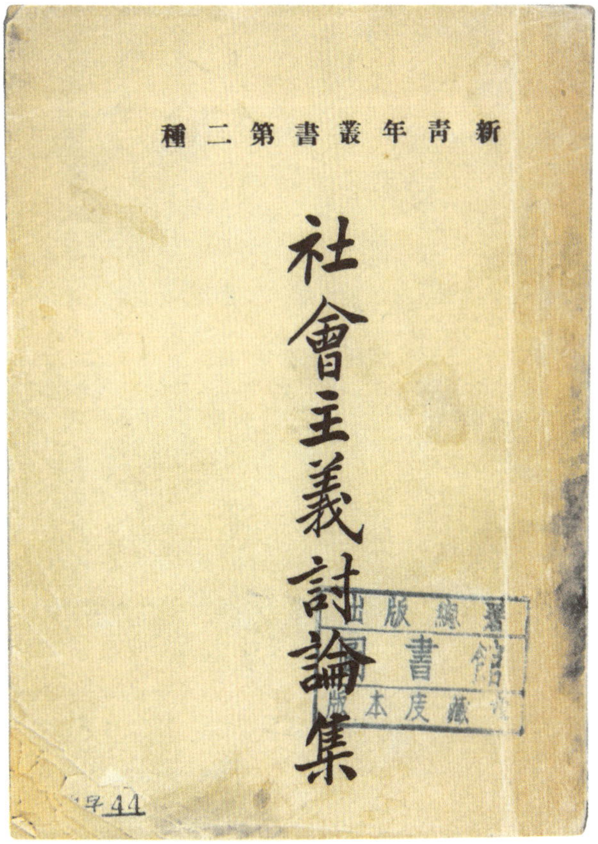


社会主义讨论集　上海新青年社编《新青年丛书》　1922年9月

《社会主义讨论集》是《新青年丛书》第二种。收录了陈独秀的《谈政治》、周佛海的《实行社会主义与发展实业》、李季的《社会主义与中国》、李汉俊的《中国底乱源及其归宿》、施存统的《马克思底共产主义》以及许新凯的《今日中国社会究竟怎样改造？》等文章。特别是陈独秀在《谈政治》一文中论述了关于国家的问题，关于未来中国实行的社会政治制度的问题以及关于现实中国的改造手段问题等内容。此文章被史学界视作陈独秀思想转变的主要标志。

社會主義研究社小叢書第一種
共產黨宣言
馬格斯安格爾斯合著
陳望道譯
興民中學圖書館惠存
馬格斯

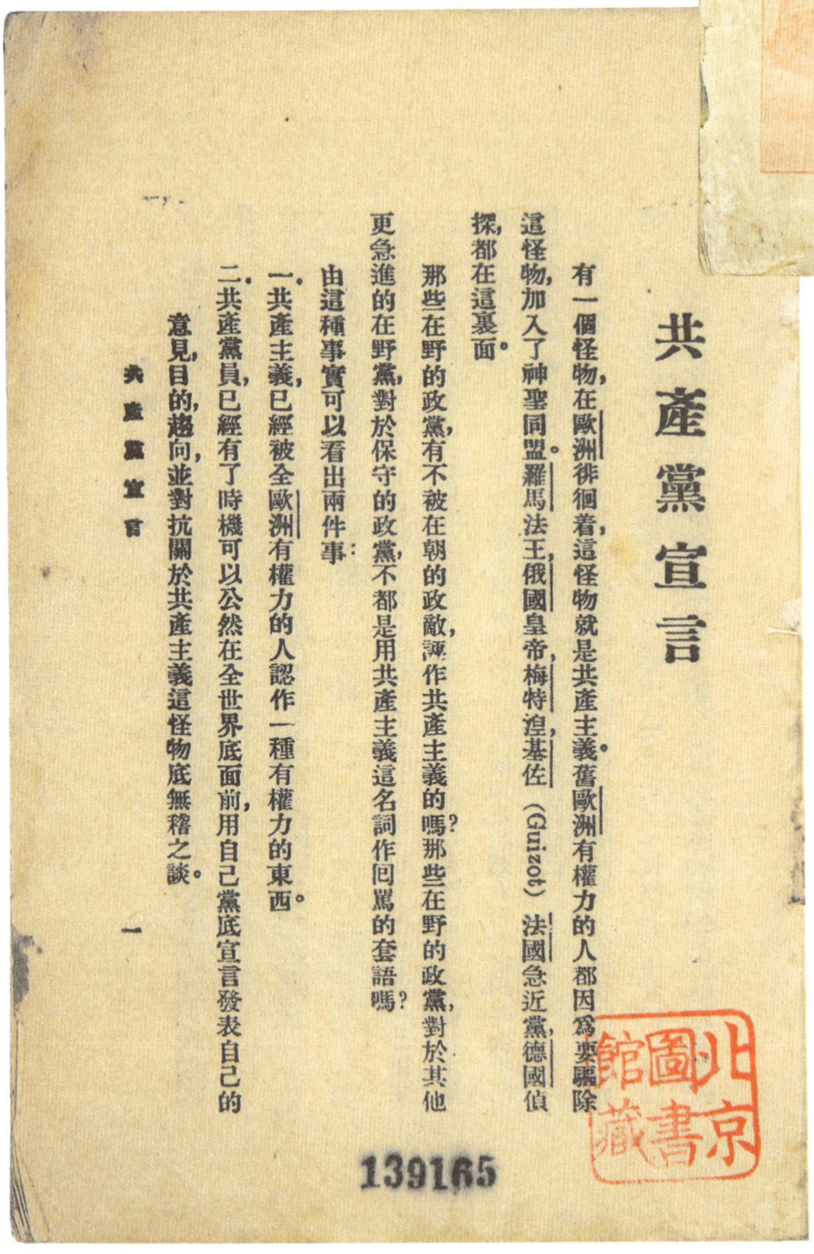
共產黨宣言

有一個怪物，在歐洲徘徊着，這怪物就是共產主義。舊歐洲有權力的人都因爲要驅除這怪物，加入了神聖同盟。羅馬法王，俄國皇帝，梅特涅，基佐（Guizot）法國急近黨，德國偵探，都在這裏面。

那些在野的政黨，有不被在朝的政敵誣作共產主義的嗎？那些在野的政黨，對於其他更急進的在野黨，對於保守的政黨，不都是用共產主義這名詞作囘罵的套語嗎？

由這種事實可以看出兩件事：

一共產主義，已經被全歐洲有權力的人認作一種有權力的東西。

二共產黨員，已經有了時機可以公然在全世界底面前，用自己黨底宣言發表自己的意見，目的，趨向，並對抗關於共產主義這怪物底無稽之談。

共產黨宣言　一

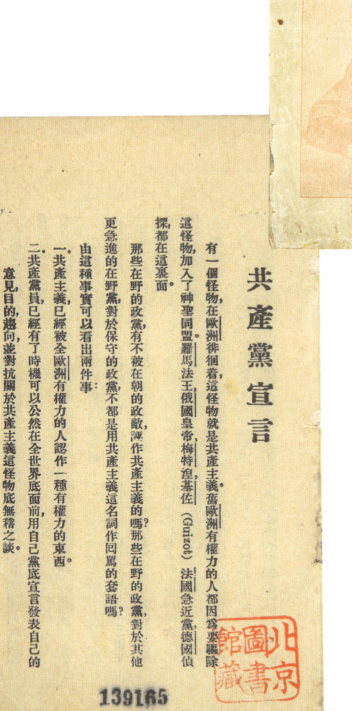

共产党宣言　马克思、恩格斯合著
陈望道译　上海社会主义研究社
1920年8月

1919年年底，陈望道受上海《星期评论》之约，翻译《共产党宣言》。他参照英文版、依从日文版《宣言》，于1920年3、4月间完成了这部经典巨著的翻译。译稿又经陈独秀、李汉俊校对。但由于《星期评论》已停刊，发表《宣言》遇到困难。不久，上海的早期共产党组织决定用“社会主义研究社”的名义将其出版。1920年8月，在共产国际代表维经斯基等人的资助下，陈望道所译《共产党宣言》第一个中文全译本诞生于上海共产主义小组的又新印刷所中。《共产党宣言》中文全译本在中国的出版具有划时代的意义，它直接影响了毛泽东、周恩来、邓小平等老一代无产阶级革命家树立对马克思主义的信仰，对中国的革命和历史进程产生了深远的影响。

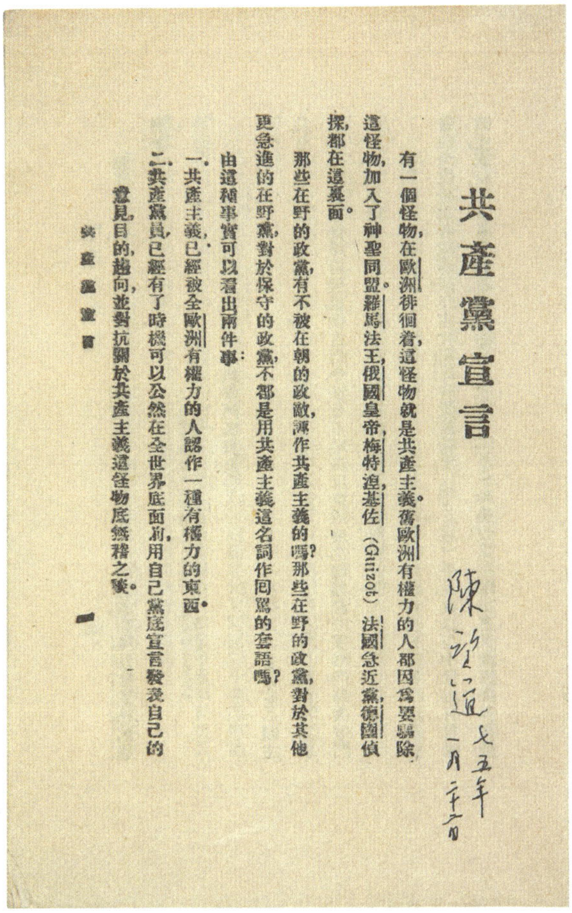

共產黨宣言

有一個怪物，在歐洲徘徊着，這怪物就是共產主義。舊歐洲有權力的人都因為要驅除這怪物，加入了神聖同盟。羅馬法王，俄國皇帝，梅特涅，基佐（Guizot） 法國急進黨，德國偵探，都在這裏面。

那些在野的政黨，有不被在朝的政敵誣作共產主義的嗎？那些在野的政黨，對於其他更急進的在野黨，對於保守的政黨，不都是用共產主義這名詞作回罵的套語嗎？

由這種事實可以看出兩件事：

一．共產主義，已經被全歐洲有權力的人認作一種有權力的東西。

二．共產黨員，已經有了時機可以公然在全世界底面前，用自己黨底宣言發表自己的意見，目的，趨向，並對抗關於共產主義這怪物底無稽之談。

共產黨宣言　一

陳望道　七五年一月二十二日

共产党宣言　马克思、恩格斯合著　陈望道译　上海社会主义研究社　1920年9月　复制本

陈望道所译《共产党宣言》中文全译本面世后，很受读者尤其是追求进步思想的青年的欢迎，印数仅1000册的初版本很快赠送一空。为满足读者的需求，同时也为了纠正初版本书名将“共产党”印成“共党产”的错误，同年9月，该书再版。这里展出的是《共产党宣言》中文全译本再版本的复制本（其原书1958年为支援中国革命博物馆开馆，已赠送该馆）。卷端有译者陈望道1975年1月22日的亲笔签名。

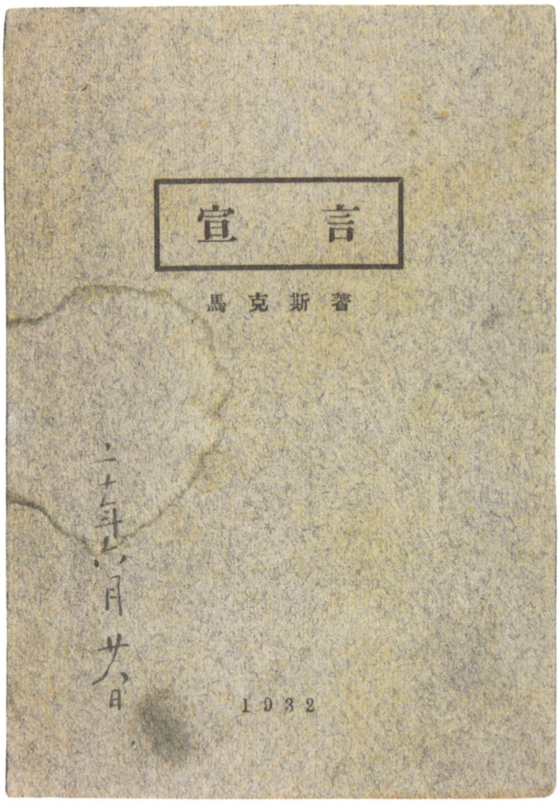


宣言　马克斯著　华岗译　上海 中外社会科学研究社 1932年

共产党宣言　马克思、恩格斯合著　成仿吾、徐冰译　延安 解放社1938年8月

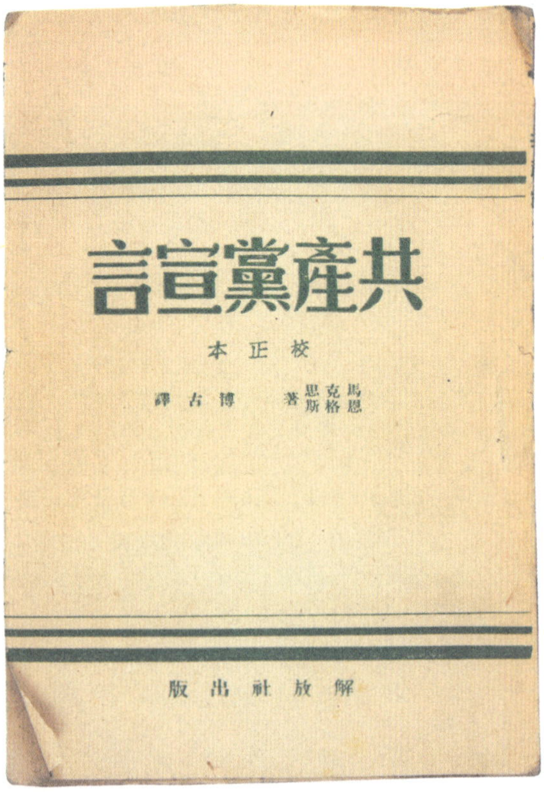


共产党宣言　马克思、恩格斯合著　博古校译　延安 解放社　1943年8月

共产党宣言　马克思、恩格斯合著　陈瘦石译

## 中国共产党第一次全国代表大会

1921年7月23日，中国共产党第一次全国代表大会在上海法租界望志路106号召开。为安全起见，最后一天的会议转移到嘉兴南湖的游船上举行。马林和尼科尔斯基两位共产国际代表出席了“一大”开幕会议。大会选举陈独秀、张国焘、李达组成中央局，陈独秀任书记。

党的“一大”宣告中国共产党正式成立。这是中国历史上开天辟地的大事件。自从有了中国共产党，中国革命的面目就焕然一新了。

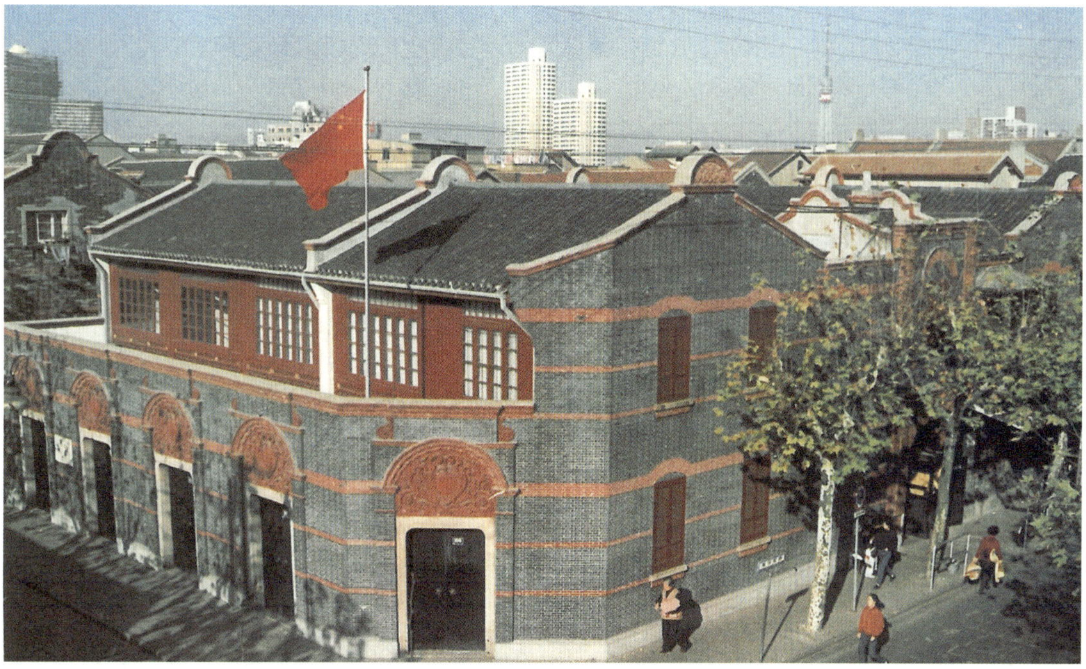

中国共产党一大会址：上海法租界望志路106号。

浙江嘉兴南湖游船。

## 中国共产党第一次全国代表大会代表

李达

李汉俊

董必武

陈潭秋

毛泽东

何叔衡

王尽美

邓恩铭

张国焘

刘仁静

陈公博

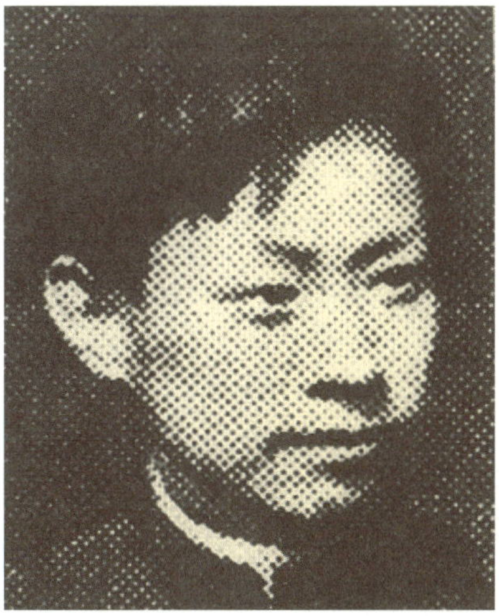

周佛海

包惠僧

## 中国共产党早期部分党员

陈独秀

俞秀松

李汉俊

李达

陈望道

杨明斋

邵力子

沈雁冰

林伯渠

李启汉

李中

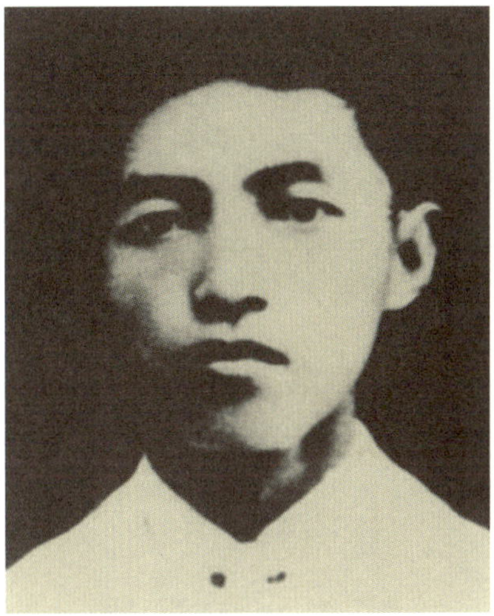

沈泽民

李大钊

张国焘

邓中夏

罗章龙

刘仁静

高君宇

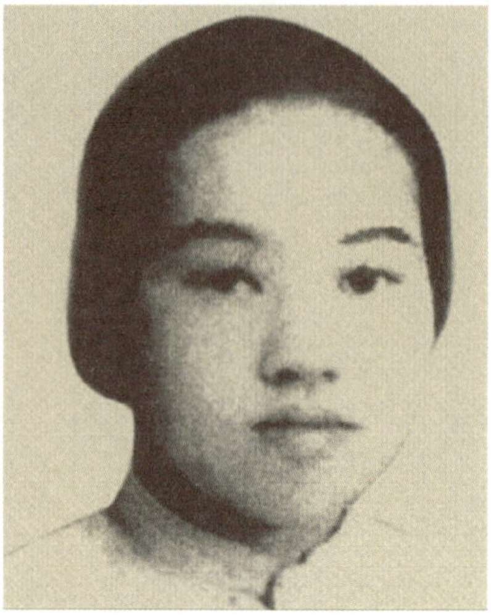

缪伯英

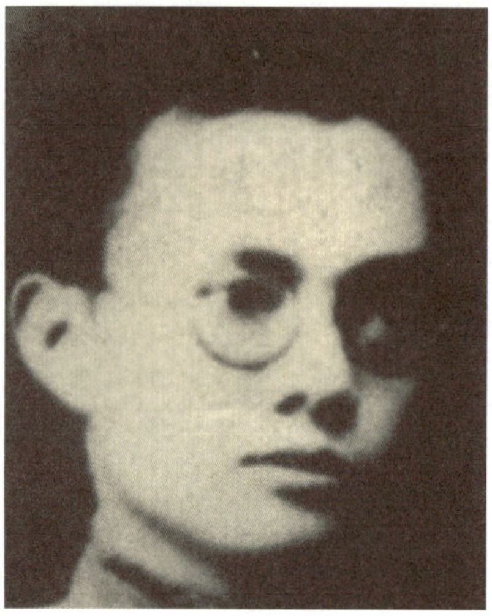

何孟雄

张太雷

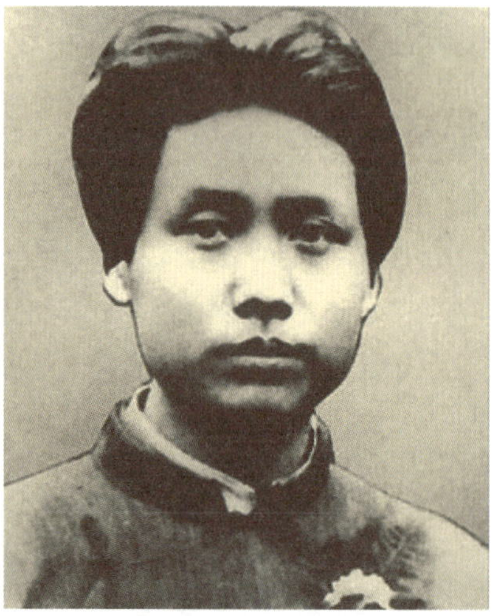

毛泽东

何叔衡

董必武

陈潭秋

郑凯卿

包惠僧

黄负生

谭平山

陈公博

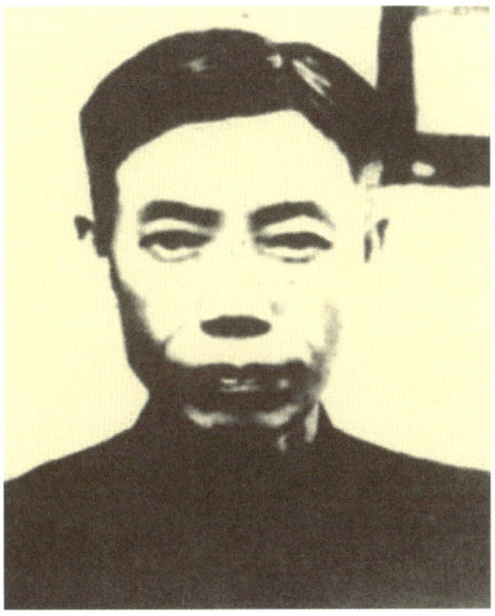
谭植棠

袁振英

王尽美

邓恩铭

施存统

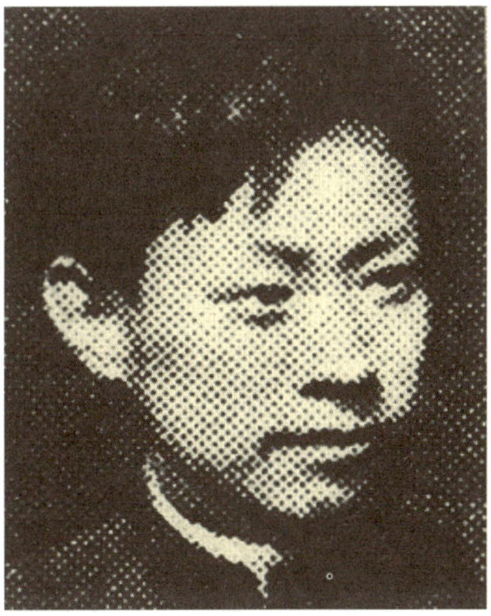
周佛海

张申府

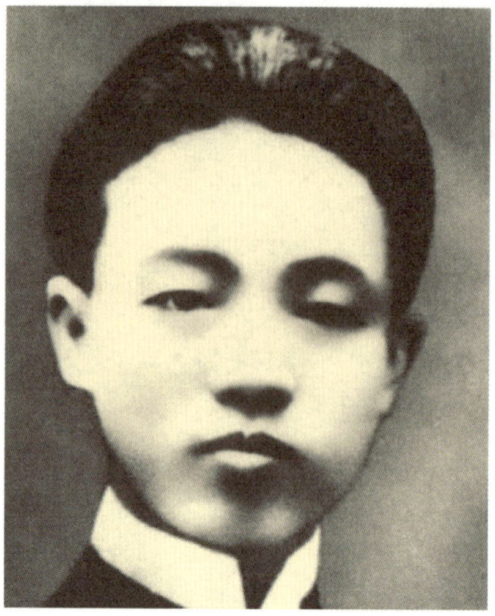

赵世炎

陈公培

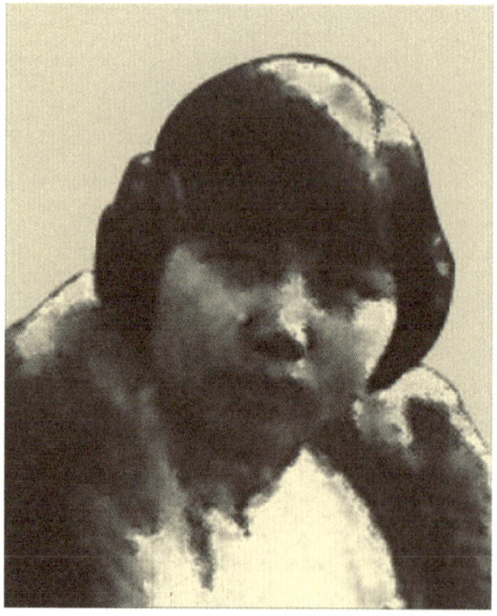

刘清扬

周恩来

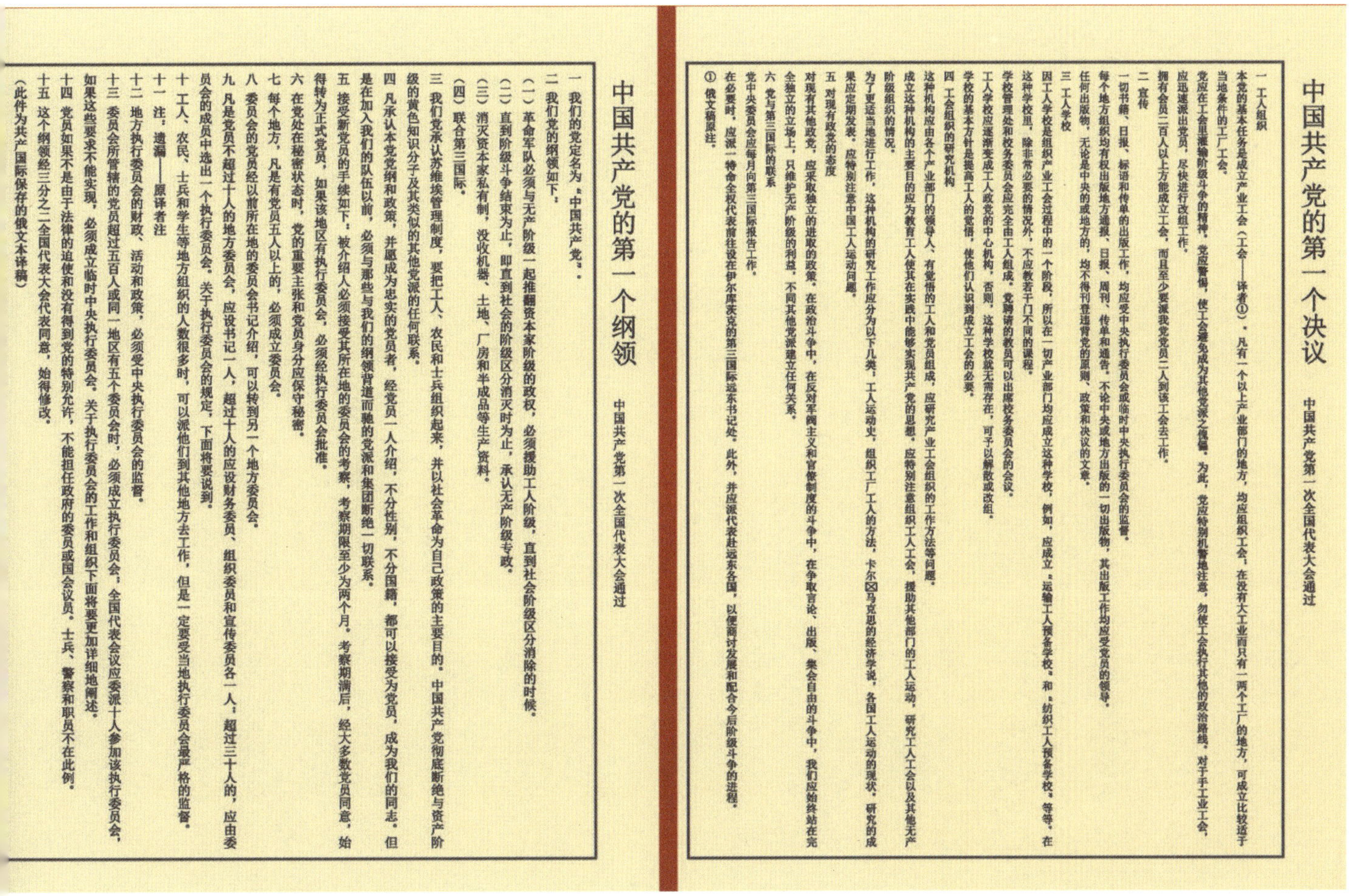

# 中国共产党的第一个纲领

中国共产党第一次全国代表大会通过

一 我们的党定名为“中国共产党”。

二 我们党的纲领如下：

（一）革命军队必须与无产阶级一起推翻资本家阶级的政权，必须援助工人阶级，直到社会阶级区分消除的时候。

（二）直到阶级斗争结束为止，即直到社会的阶级区分消灭时为止，承认无产阶级专政。

（三）消灭资本家私有制，没收机器、土地、厂房和半成品等生产资料。

（四）联合第三国际。

三 我们党承认苏维埃管理制度，要把工人、农民和士兵组织起来，并以社会革命为自己政策的主要目的。中国共产党彻底断绝与资产阶级的黄色知识分子及其类似的其他党派的任何联系。

四 凡承认本党纲和政策，并愿成为忠实的党员者，经党员一人介绍，不分性别，不分国籍，都可以接受为党员，成为我们的同志。但是在加入我们的队伍以前，必须与那些与我们的纲领背道而驰的党派和集团断绝一切联系。

五 接受新党员的手续如下：被介绍人必须接受其所在地的委员会的考察，考察期限至少为两个月。考察期满后，经大多数党员同意，始得转为正式党员，如果该地区有执行委员会，必须经执行委员会批准。

六 在党处在秘密状态时，党的重要主张和党员身分应保守秘密。

七 每个地方，凡是有党员五人以上的，必须成立委员会。

八 委员会的党员经以前所在地的委员会书记介绍，可以转到另一个地方委员会。

九 凡是党员不超过十人的地方委员会，应设书记一人；超过十人的应设财务委员、组织委员和宣传委员各一人；超过三十人的，应由委员会的成员中选出一个执行委员会。关于执行委员会的规定，下面将要说到。

十 工人、农民、士兵和学生等地方组织的人数很多时，可以派他们到其他地方去工作，但是一定要受当地执行委员会最严格的监督。

十一 注：遗漏——原译者注

十二 地方执行委员会的财政、活动和政策，必须受中央执行委员会的监督。

十三 委员会所管辖的党员超过五百人或同一地区有五个委员会时，必须成立执行委员会。全国代表会议应委派十人参加该执行委员会，如果这些要求不能实现，必须成立临时中央执行委员会。关于执行委员会的工作和组织下面将要更加详细地阐述。

十四 党员如果不是由于法律的迫使和没有得到党的特别允许，不能担任政府的委员或国会议员。士兵、警察和职员不在此例。

十五 这个纲领经三分之二全国代表大会代表同意，始得修改。

（此件为共产国际保存的俄文本译稿）

# 中国共产党的第一个决议

中国共产党第一次全国代表大会通过

一 工人组织

本党的基本任务是成立产业工会（工会——译者①），凡有一个以上产业部门的地方，均应组织工会，在没有大工业而只有一两个工厂的地方，可成立比较适于当地条件的工厂工会。

党应在工会里灌输阶级斗争的精神。党应警惕，使工会避免成为其他党派之傀儡。为此，党应特别机警地注意，勿使工会执行其他的政治路线。对于手工业工会，应迅速派出党员，尽快进行改组工作。

拥有会员二百人以上方能成立工会，而且至少要派我党党员二人到该工会去工作。

二 宣传

一切书籍、日报、标语和传单的出版工作，均应受中央执行委员会或临时中央执行委员会的监督。

每个地方组织均有权出版地方通报、日报、周刊、传单和通告。不论中央或地方出版的一切出版物，其出版工作均应受党员的领导。

任何出版物，无论是中央的或地方的，均不得刊登违背党的原则、政策和决议的文章。

三 工人学校

因工人学校是组织产业工会过程中的一个阶段，所以在一切产业部门均应成立这种学校，例如，应成立“运输工人预备学校”和“纺织工人预备学校”，等等。在这种学校里，除非常必要的情况外，不应教若干门不同的课程。

学校管理处和校务委员会应完全由工人组成。党聘请的教员可以出席校务委员会的会议。

工人学校应逐渐变成工人政党的中心机构，否则，这种学校就无需存在，可予以解散或改组。

学校的基本方针是提高工人的觉悟，使他们认识到成立工会的必要。

四 工会组织的研究机构

这种机构应由各个产业部门的领导人、有觉悟的工人和党员组成，应研究产业工会组织的工作方法等问题。

成立这种机构的主要目的应为教育工人使其在实践中能够实现共产党的思想。应特别注意组织工人工会，援助其他部门的工人运动，研究工人工会以及其他无产阶级组织的情况。

为了更适当地进行工作，这种机构的研究工作应分为以下几类：工人运动史，组织工厂工人的方法，卡尔⊠马克思的经济学说，各国工人运动的现状。研究的成果应定期发表。应特别注意中国工人运动问题。

五 对现有政党的态度

对现有其他政党，应采取独立的进取的政策。在政治斗争中，在反对军阀主义和官僚制度的斗争中，在争取言论、出版、集会自由的斗争中，我们应始终站在完全独立的立场上，只维护无产阶级的利益，不同其他党派建立任何关系。

六 党与第三国际的联系

党中央委员会应每月向第三国际报告工作。

在必要时，应派一特命全权代表前往设在伊尔库茨克的第三国际远东书记处。此外，并应派代表赴远东各国，以便商讨发展和配合今后阶级斗争的进程。

① 俄文稿原注。

中共“一大”通过的中共第一个纲领和第一个决议。

劳动周刊　中国劳动组合书记部编　上海　1921年

中国共产党在创立时期指导工人运动的刊物，中国劳动组合书记部机关刊物。1921年8月20日在上海创刊。张国焘曾任编辑主任，李震瀛、李启汉曾任主编。包惠僧、李新旦等为编辑。辟有评论、通讯、社会调查、工会消息、劳动界消息、小说等栏目。1922年6月3日出第41期，6日被上海公共租界工部局勒令停刊。

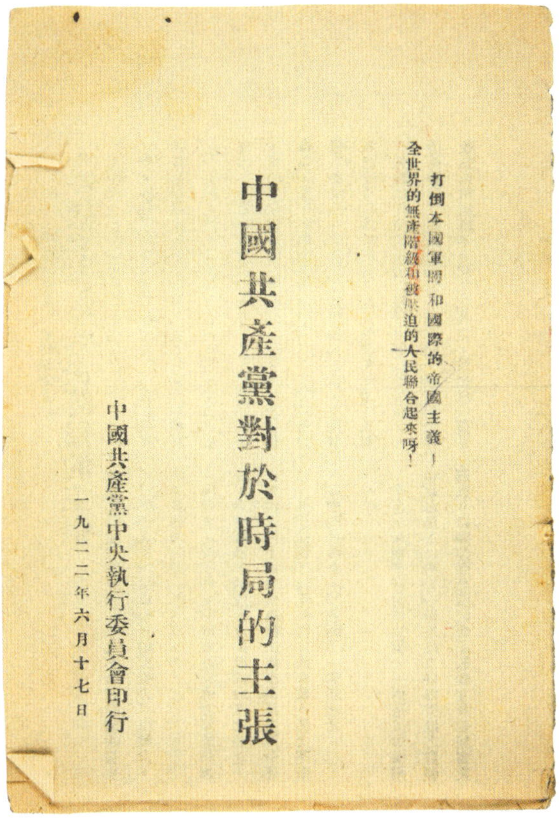
打倒本國軍閥和國際的帝國主義！
全世界的無產階級和被壓迫的人民聯合起來呀！

中國共產黨對於時局的主張

中國共產黨中央執行委員會印行

一九二二年六月十七日

中国共产党对于时局的主张　中国共产党中央执行委员会　1922年6月17日

《中共中央对于时局的主张》从1922年6月到1926年7月共发表了5篇，除第三篇题目为《中国共产党第三次对于时局宣言》外，其余四篇题目均为《中国共产党对于时局的（之）主张》。1926年编印《中国共产党五年来之政治主张》一书时，将此五篇的题目全改为《第×次对于时局的主张》。1942年编印《六大以前》时，沿用这些题目，并在前面都加了“中共中央”。

这篇《主张》回顾了中国经过几千年封建政治，人民生活基础建立在农业经济上面。到19世纪后半期，世界资本主义的生产制度发达到任何国家都变了他们的市场，几千年闭关自大的中国也受了这种势力强迫的侵入。中国曾有过几次旧式的反抗，反抗失败的结果，人民一方面因外来的政治力经济力强迫的痛苦，一方面发现了旧政治的腐败与缺点，渐渐觉悟非改良政治组织不足以抵抗外力，于是戊戌变法运动、君主立宪运动、辛亥革命运动渐次发生。《主张》指出了辛亥革命的意义、真正民主派的任务、消灭北洋军阀、反对封建割据、揭露吴佩孚的军阀面目、呼吁国民党进行彻底的民主主义革命，明确了中国共产党当前最切要的工作是联络民主派共同对封建式的军阀革命，以达到军阀覆灭能够建设民主政治，并提出了十一项准则。

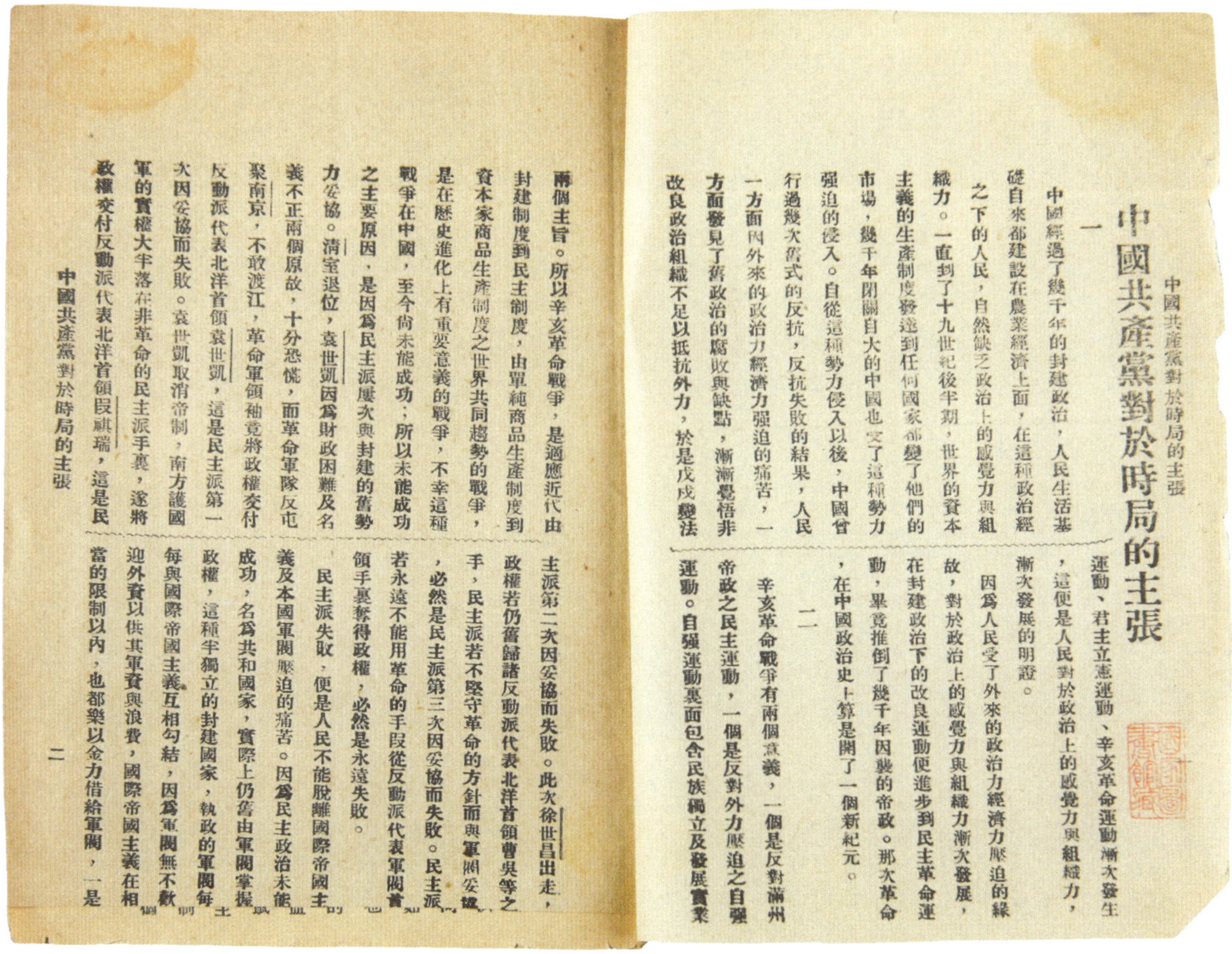
中國共產黨對於時局的主張

中國共產黨對於時局的主張

一

中國經過了幾千年的封建政治，人民生活基礎自來都建設在農業經濟上面，在這種政治經濟之下的人民，自然缺乏政治上的感覺力與組織力。一直到了十九世紀後半期，世界的資本主義的生產制度發達到任何國家都變了他們的市場，幾千年閉關自大的中國也受了這種勢力强迫的侵入。自從這種勢力侵入以後，中國曾行過幾次舊式的反抗，反抗失敗的結果，人民一方面因外來的政治力經濟力强迫的痛苦，一方面發見了舊政治的腐敗與缺點，漸漸覺悟非改良政治組織不足以抵抗外力，於是戊戌變法運動、君主立憲運動、辛亥革命運動漸次發生，這便是人民對於政治上的感覺力與組織力，漸次發展的明證。

因爲人民受了外來的政治力經濟力壓迫的緣故，對於政治上的感覺力與組織力漸次發展，在封建政治下的改良運動便進步到民主革命運動，畢竟推倒了幾千年因襲的帝政。那次革命，在中國政治史上算是開了一個新紀元。

二

辛亥革命戰爭有兩個意義，一個是反對滿州帝政之民主運動，一個是反對外力壓迫之自强運動。自强運動裏面包含民族獨立及發展實業兩個主旨。所以辛亥革命戰爭，是適應近代由封建制度到民主制度，由單純商品生產制度到資本家商品生產制度之世界共同趨勢的戰爭，是在歷史進化上有重要意義的戰爭，不幸這種戰爭在中國，至今尚未能成功；所以未能成功之主要原因，是因爲民主派屢次與封建的舊勢力妥協。清室退位，袁世凱因爲財政困難及名義不正兩個原故，十分恐慌，而革命軍隊反屯聚南京，不敢渡江，革命軍領袖竟將政權交付反動派代表北洋首領袁世凱，這是民主派第一次因妥協而失敗。袁世凱取消帝制，南方護國軍的實權大半落在非革命的民主派手裏，遂將政權交付反動派代表北洋首領段祺瑞，這是民主派第二次因妥協而失敗。此次徐世昌出走，政權若仍舊歸諸反動派代表北洋首領曹吳等之手，民主派若不堅守革命的方針而與軍閥妥協，必然是民主派第三次因妥協而失敗。民主派若永遠不能用革命的手段從反動派代表軍閥首領手裏奪得政權，必然是永遠失敗。

民主派失敗，便是人民不能脫離國際帝國主義及本國軍閥壓迫的痛苦。因爲民主政治未能成功，名爲共和國家，實際上仍舊由軍閥掌握政權，這種半獨立的封建國家，執政的軍閥每每與國際帝國主義互相勾結，因爲軍閥無不歡迎外資以供其軍費與浪費，國際帝國主義在相當的限制以內，也都樂以金力借給軍閥，一是

中國共產黨對於時局的主張

二

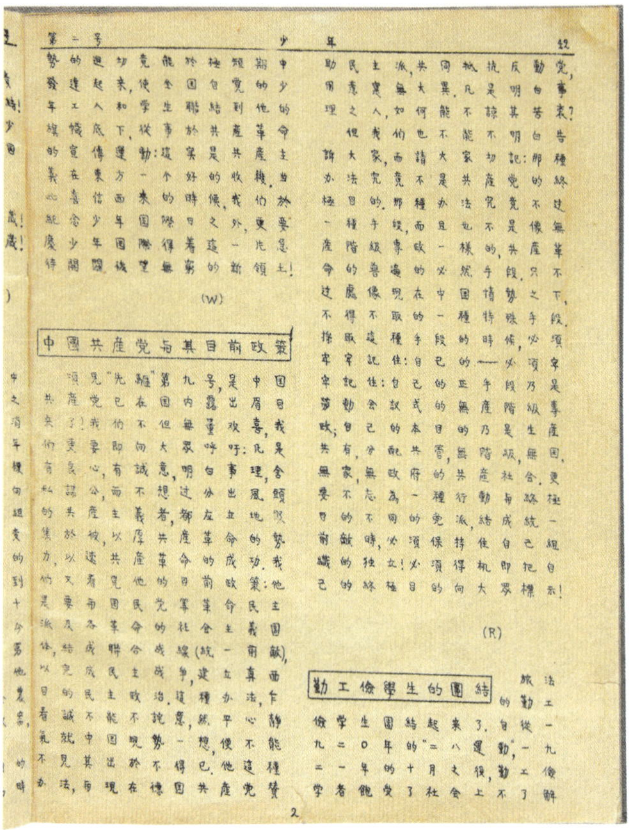

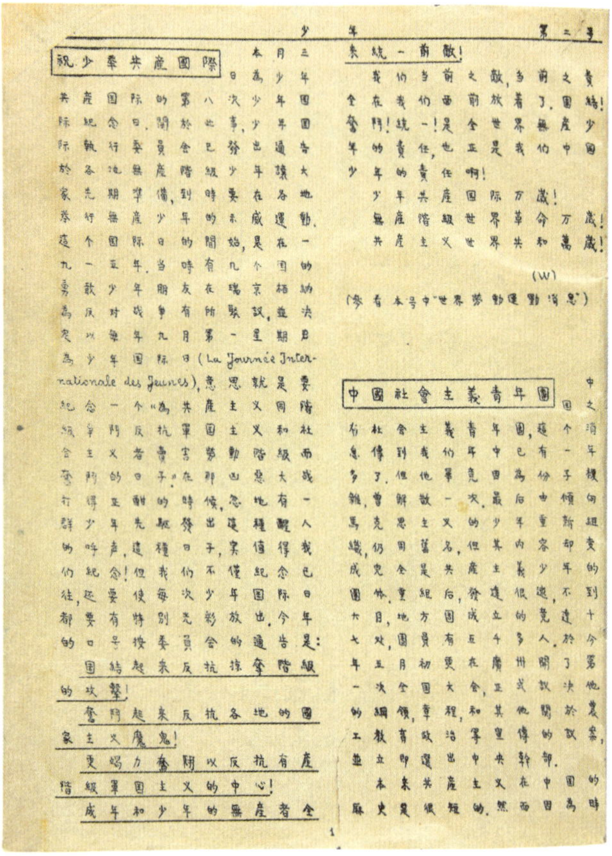

少年　周恩来等编　巴黎中共旅欧总支部　油印本　1922年8月

旅欧中国少年共产党和中共旅欧支部的机关刊物。1922年8月1日创刊。前期主要由赵世炎负责编辑，陈延年、陈乔年等负责刻蜡版、油印、装订和发行等工作。1923年3月以后，周恩来接替他们，承担编辑、发行重任；李富春、邓小平等也先后参与了这一工作。该刊曾摘要登载过马克思、恩格斯、列宁等有关经典著作，还发表了周恩来的《共产主义与中国》、《宗教精神与共产主义》等重要文章，在加强党团员的马克思主义教育、宣传党的方针政策方面，起了重要作用。到1923年12月10日，共出版了13期。此后，根据国内团中央指示，旅欧共青团决定将《少年》改名为《赤光》。1924年2月1日，《赤光》创刊号出版，《少年》即终刊。

## 党创建时期的革命活动

1922年7月16日至23日，中国共产党第二次代表大会在上海召开，明确地提出了彻底的反帝反封建的民主革命纲领，为中国各民族人民的革命斗争指明了方向，对中国革命具有重大、深远的意义。

在中国共产党领导下，从1922年1月到1923年2月的13个月中，全国发生大小罢工百余次，掀起了中国工人运动的第一个高潮。

中国共产党“二大”会址之一：上海南成都路辅德里625号。

1921年3月，苏兆征、林伟民等在香港组建中华海员工业联合总会。1922年1月，该会领导了香港海员大罢工。图为该会职员合影。前排右3为苏兆征。

香港海员和市民欢庆罢工胜利。

1922年，中国共产党在安源开办的第一所工人夜校旧址及当时编印的教科书。

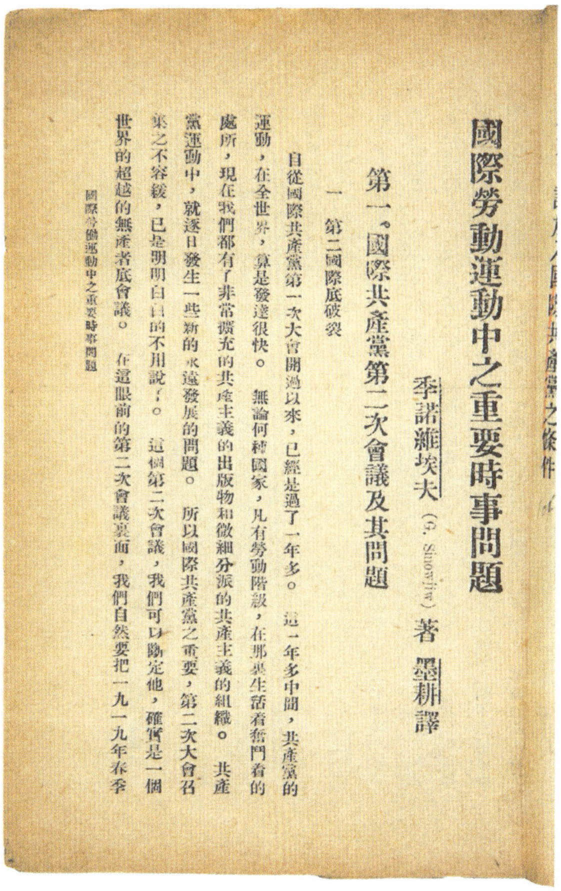

國際勞動運動中之重要時事問題

季諾維埃夫（G. Sinowjw）著 墨耕譯

第一。國際共產黨第二次會議及其問題

一 第二國際底破裂

自從國際共產黨第一次大會開過以來，已經是過了一年多。這一年多中間，共產黨的運動，在全世界，算是發達很快。無論何種國家，凡有勞動階級，在那裏生活着奮鬥着的處所，現在我們都有了非常擴充的共產主義的出版物和做細分派的共產主義的組織。共產黨運動中，就逐日發生一些新的永遠發展的問題。所以國際共產黨之重要，第二次大會召集之不容緩，已是明明白白的不用說了。這個第二次會議，我們可以斷定他，確實是一個世界的超越的無產者底會議。在這眼前的第二次會議裏面，我們自然要把一九一九年春季

國際勞動運動中之重要時事問題

国际劳动运动中之重要时事问题 [苏]季诺维埃夫著 墨耕译 广州人民出版社印行 1922年1月初版

季诺维埃夫（1883—1936），又译为季诺维也夫，共产国际执行委员会首任主席，苏联共产党早期领导人。译者李梅羹（1901—1934），又名李兴炽，湖南省浏阳县人，北京大学马克思学说研究会发起人之一，北京共产党小组成员，另译有德文版《共产党宣言》、《资本论》。本书1922年1月由广州人民出版社印行，为《康民尼斯特丛书》（即《共产主义丛书》）第三种，主要介绍了国际共产党（即共产国际）第二次会议及其问题，论述了对于无产阶级革命共产党运动的主旨，并分析了加入国际共产党的条件等问题。此书由高尔松（1900—1986）先生赠予国家图书馆收藏。

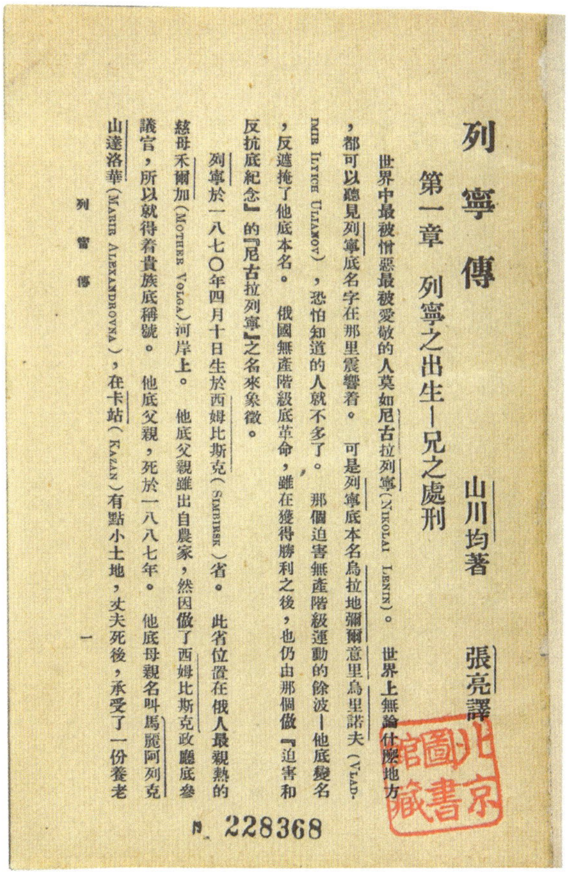

列寧傳

山川均著 張亮譯

第一章 列寧之出生—兄之處刑

世界中最被憎惡最被愛敬的人莫如尼古拉列寧（Nikolai Lenin）。世界上無論什麼地方，都可以聽見列寧底名字在那里震響着。可是列寧底本名烏拉地彌爾意里烏里諾夫（Vladimir Iljitsch Uljanov），恐怕知道的人就不多了。那個迫害無產階級運動的餘波—他底變名，反遮掩了他底本名。俄國無產階級底革命，雖在獲得勝利之後，也仍由那個做『迫害和反抗底紀念』的『尼古拉列寧』之名來象徵。

列寧於一八七〇年四月十日生於西姆比斯克（Simbirsk）省。此省位置在俄人最親熱的慈母禾爾加（Mother Volga）河岸上。他底父親雖出自農家，然因做了西姆比斯克政廳底參議官，所以就得着貴族底稱號。他底父親，死於一八八七年。他底母親名叫馬麗阿列克山達洛華（Marie Alexandrovna），在卡站（Kazan）有點小土地，丈夫死後，承受了一份養老

列寧傳 一



列宁传 [日]山川均著 张亮译 广州人民出版社印行 1922年

1921年7月中国共产党成立后，为加强对马克思主义理论的宣传，以适应革命发展的需要，中央局于1921年9月1日创办人民出版社，同日发行的《新青年》第九卷第五号刊登了人民出版社成立“通告”，简述了创社宗旨与任务：“近年来新主义新学说盛行，研究的人渐渐多了，本社同仁为供给此项要求起见，特刊行各种重要书籍，以资同志诸君之研究。”本书即作为《列宁全书》之第四种于1922年出版。全书共分十六章，主要介绍了列宁的生平与其领导俄国革命的事迹。山川均（1880—1958），日本早期的社会主义者，日本社会主义运动史上的重要人物。俄国十月革命后，他曾积极介绍和传播马克思主义，参与日本共产党的创建活动。后来，又演变成合法的马克思主义者，走上了社会民主主义的道路。第二次世界大战后，山川均创立了社会主义协会，从事理论和政治活动，于1958年逝世。

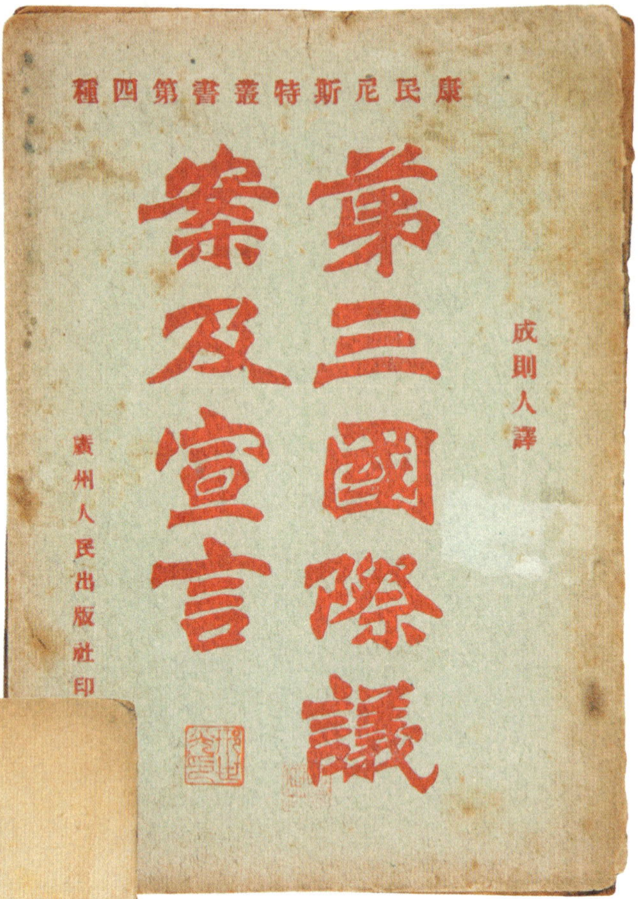


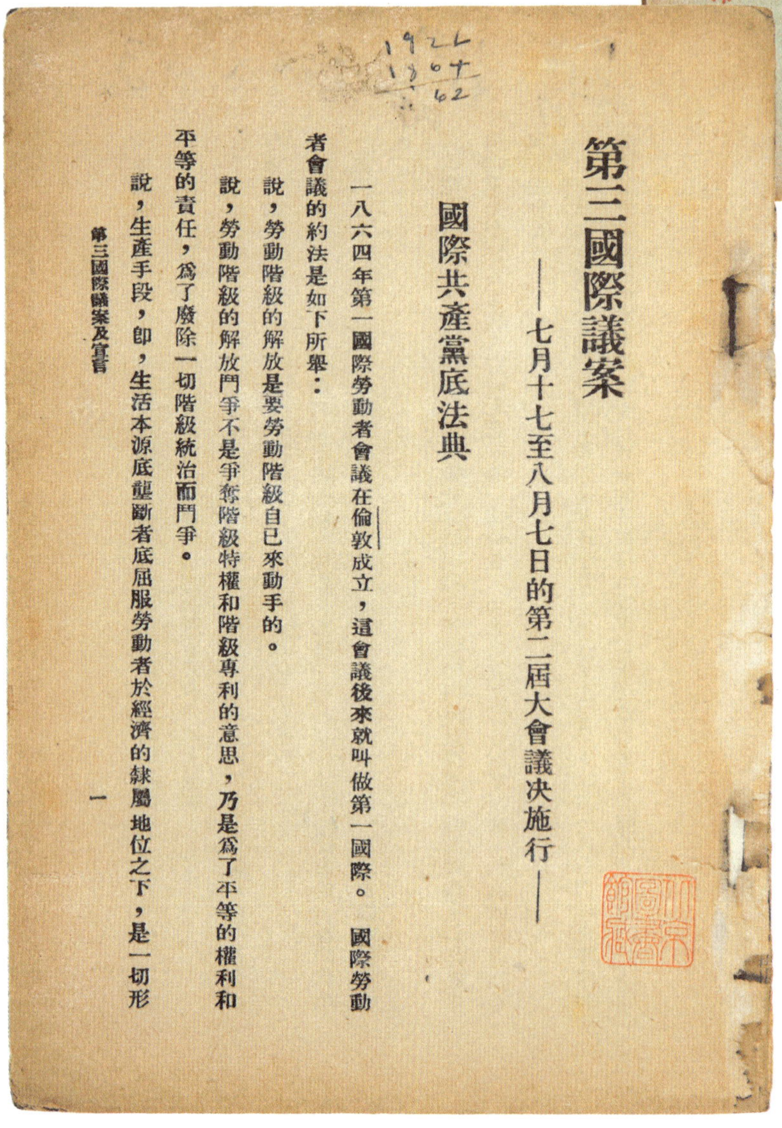


第三国际议案及宣言　成则人（沈泽民）译　广州人民出版社　1922年4月出版

沈泽民（1900—1933）（一说1902年生），学名德济，笔名成则人、明心、直民等，浙江桐乡人。沈雁冰（茅盾）之弟。文学理论家、翻译家，中国共产党早期党员之一。本书作为《康民尼斯特丛书》（即《共产主义丛书》）第四种，由中国共产党成立后创办的第一个出版社——人民出版社（创办于上海，为避免上海军阀迫害，假托在广州）1922年4月出版。本书是国内第一个关于第三国际共产党第二次大会的文件汇编中译本，收有《第三国际议案》、《第三国际共产党第二次大会宣言》并附录《第三国际第一次宣言》，是早期研究马克思列宁主义理论的重要经典著作之一，对于提高中国早期共产主义者的理论水平，促进马克思列宁主义在中国的广泛传播，具有重要的历史意义。此书由高尔松先生赠予国家图书馆收藏。

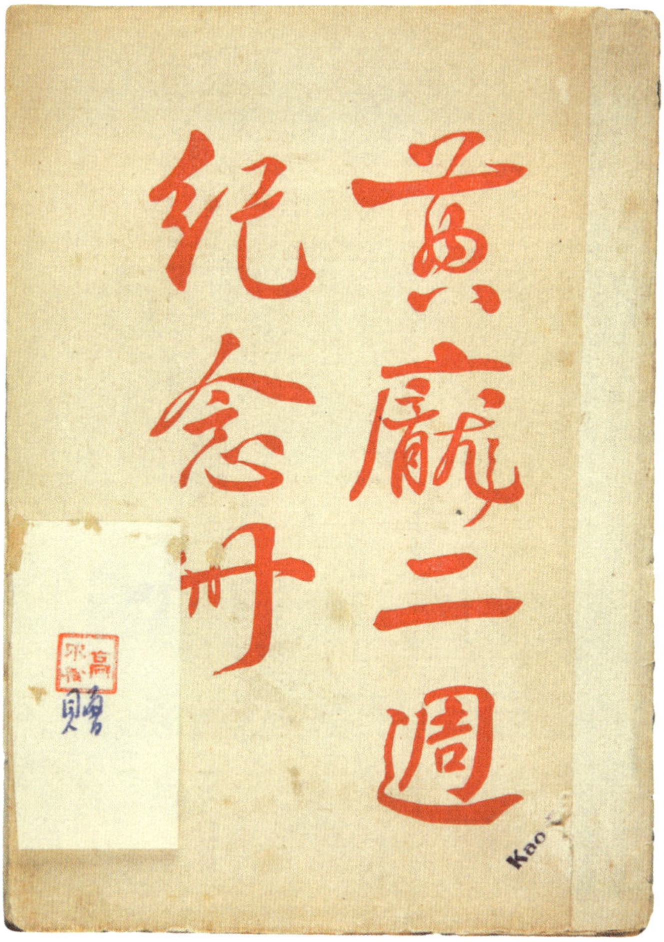


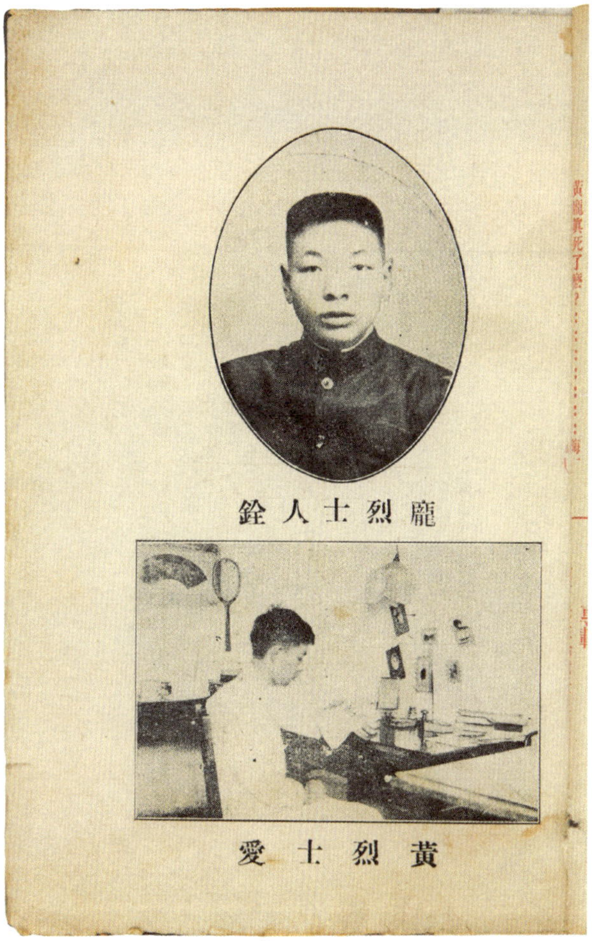


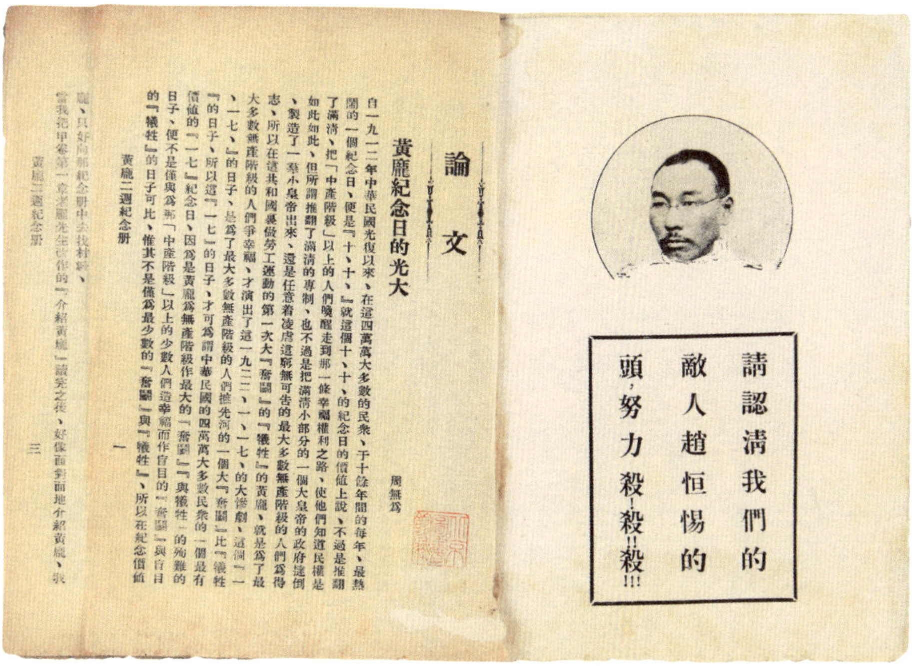


黄庞二周纪念册　周无为等著　1924年

黄爱、庞人铨二位烈士是“中国最早牺牲的工运领袖”。黄爱与庞人铨是湖南劳工组织创始人，因领导湖南第一纱厂工人罢工，被湖南军阀赵恒惕于1922年1月17日杀害。此书为纪念二人殉难二周年印行。

领导京汉铁路大罢工时牺牲的两位中共党员：林祥谦（左）、施洋（右）。

1922年5月1日，安源路矿工人俱乐部成立。图为俱乐部筹备委员会成员合影。机车上前排右5为俱乐部主任李立三。

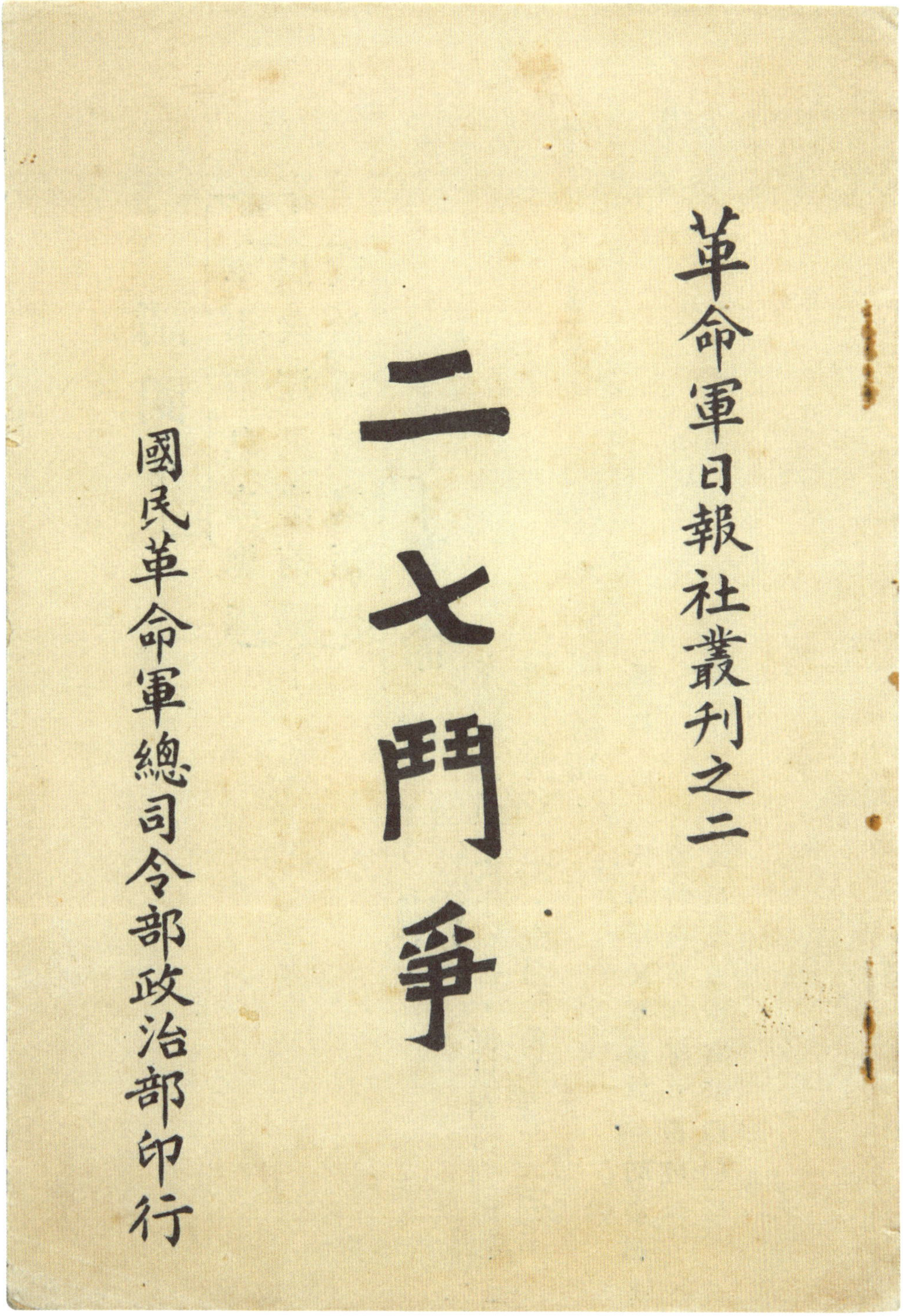


二七斗争　国民革命军总司令部政治部编印　1927年

1923年2月，在中国劳动组合书记部的领导下，京汉铁路工人高举反帝反封建的旗帜，为争取成立京汉铁路总工会和工人阶级的政治权利，举行了震惊世界的京汉铁路工人大罢工（即二七大罢工），使中国工人运动第一次高潮达到了顶点。本书是研究这一历史事件的重要史料。

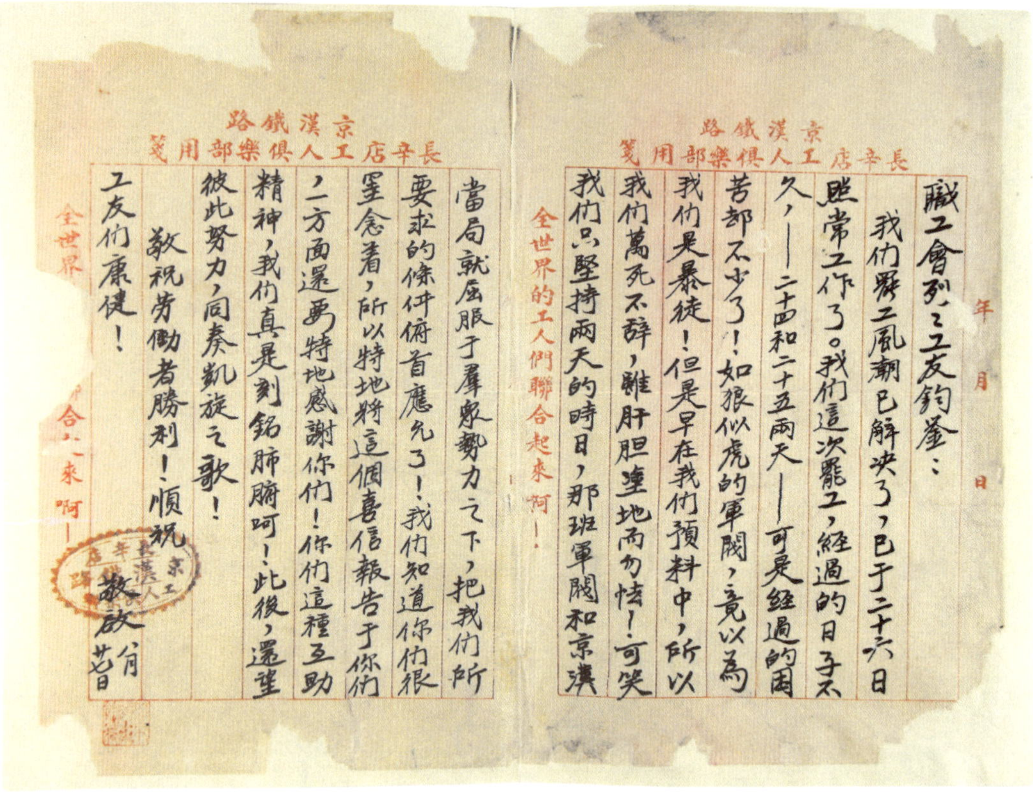

京漢鐵路
長辛店工人俱樂部用箋

年 月 日

職工會列之工友鈞鑒：

我們罷工風潮已解决了，已于二十六日照常工作了。我們這次罷工，經過的日子不久，——二十四和二十五兩天——可是經過的困苦都不少了！如狼似虎的軍閥，竟以為我們是暴徒！但是早在我們預料中，所以我們萬死不辭，雖肝胆塗地而勿悔！可笑我們只堅持兩天的時日，那班軍閥和京漢當局就屈服于群衆勢力之下，把我們所要求的條件俯首應允了！我們知道你們很罣念着，所以特地將這個喜信報告于你們，一方面還要特地感謝你們！你們這種互助精神，我們真是刻銘肺腑呵！此後，還望彼此努力，同奏凱旋之歌！

敬祝勞働者勝利！順祝

工友們康健！

敬啟 月 日

全世界的工人們聯合起來啊！

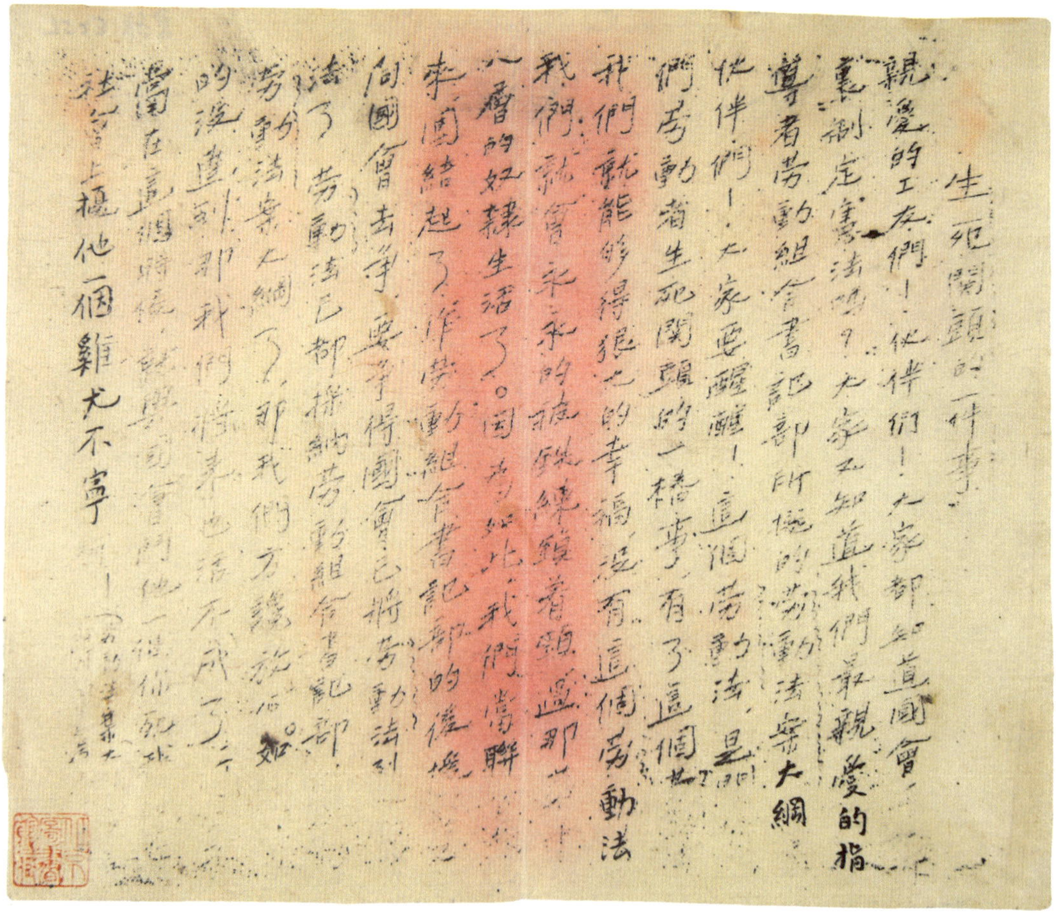

生死關頭的一件事

親愛的工友們！伙伴們！大家都知道國會議訂定憲法嗎？大家知道我們最親愛的指導者勞動組合書記部所擬的勞動法案大綱嗎？伙伴們！大家要醒醒！這個勞動法是我們勞動者生死關頭的一樁事，有了這個勞動法，我們就能够得很大的幸福，沒有這個勞動法，我們就會永永的被鐵鍊鎖着頸，過那十八層的奴隸生活了。因為如此，我們當聯合起來，團結了，作勞動組合書記部的後援，向國會去爭，要求得國會已將勞動法列入憲法了，勞動法已都採納勞動組合書記部的勞動法案大綱了，那我們方纔放心。如[illegible]的後，直到那我們將來也活不成了。[illegible]當在這個時候，[illegible]國會[illegible]他一樣[illegible]社會上[illegible]他一個雜尤不寧[illegible]

京汉铁路长辛店工人俱乐部给职工会工友的信　毛笔书写　附“生死关头的一件事”油印传单一张

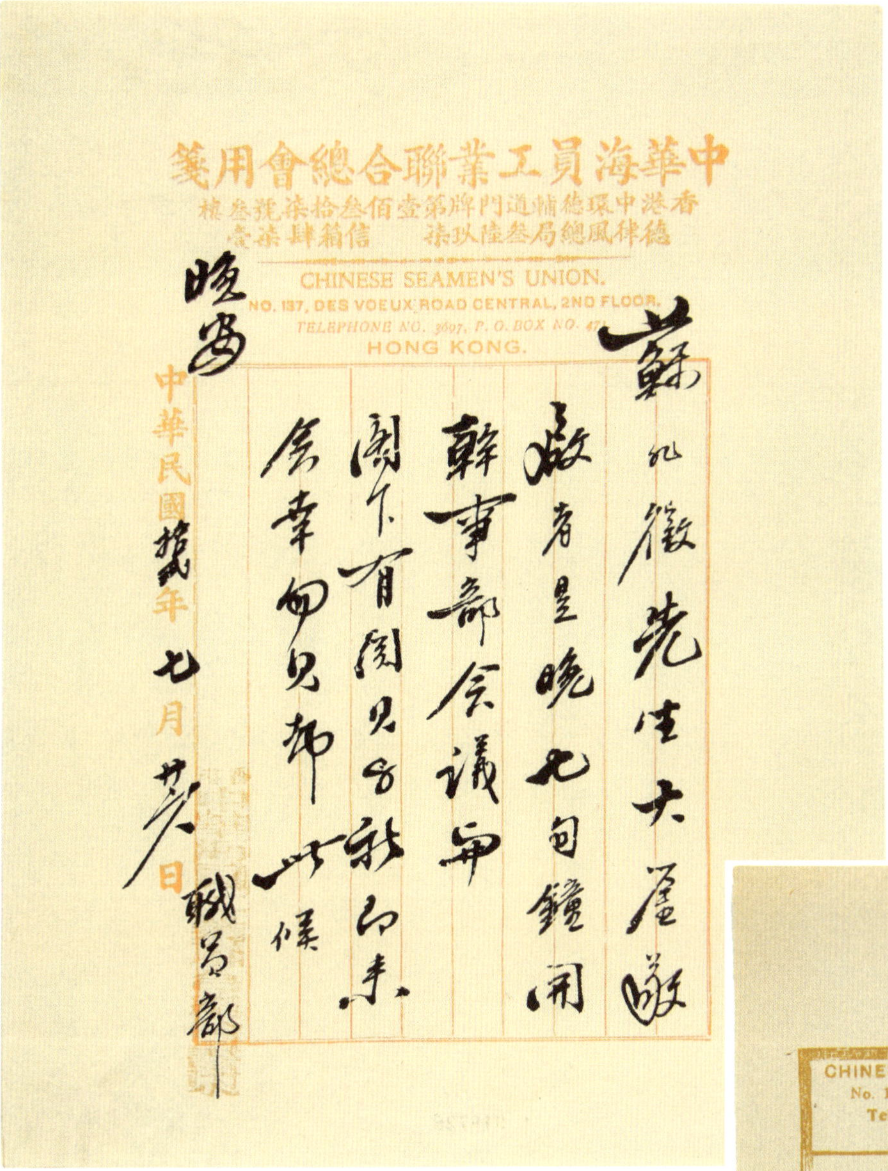
中華海員工業聯合總會用箋
香港中環德輔道門牌第壹佰叁拾柒號叁樓
德律風叁陸玖柒　信箱肆柒壹號
CHINESE SEAMEN'S UNION.
NO. 137, DES VOEUX ROAD CENTRAL, 2ND FLOOR.
TELEPHONE NO. 3697, P. O. BOX NO. 471
HONG KONG.

蘇
兆徵先生大鑒
啟者是晚七句鐘開
幹事部會議
閣下有閱兄弟到來此候
會章如見布
晚安
中華民國拾貳年七月廿六日
職員部

CHINESE SEAMEN'S UNION.
No. 137 DES VOEUX ROAD C.
Tel 3697 P. O. Box 471
HONG KONG
蘇兆徵先生大啟
專寄
中華海員工業聯合總會椷
德律風三六九七
信箱四七一

中华海员工业联合总会致苏兆征函　1923年7月26日　复制品

1922年1月12日，香港海员6000多人为了反抗英国资本家的压迫剥削，要求增加工资，遭到英国资本家拒绝后，在中华海员工业联合总会苏兆征、林伟民等领导下，举行罢工。这次罢工坚持了56天，港英当局被迫于3月8日接受海员提出的增加工资、抚恤死难工人家属的要求，罢工取得胜利。从此，中国共产党领导下的工人运动形成高潮。长江船员、上海邮务工人、上海日华纱厂工人、汉阳钢铁厂工人和京汉、粤汉、京奉、京绥、正太等铁路工人在各地党组织的领导和推动下，也相继举行罢工，这些罢工大多数都取得了胜利。

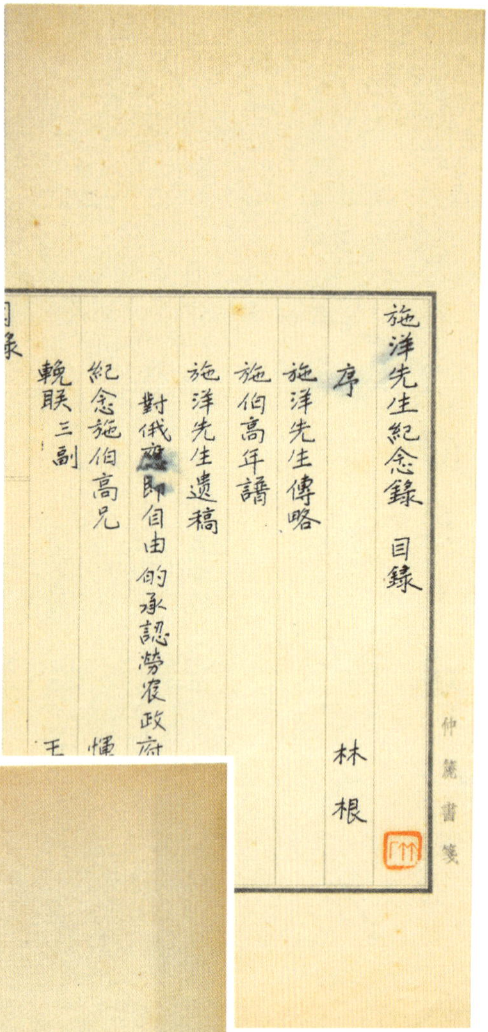
施洋先生紀念錄 目錄

林根

序

施洋先生傳略

施伯高年譜

施洋先生遺稿

對俄應即自由的承認勞農政府

紀念施伯高兄 惲

輓聯三副 王

仲麓書箋

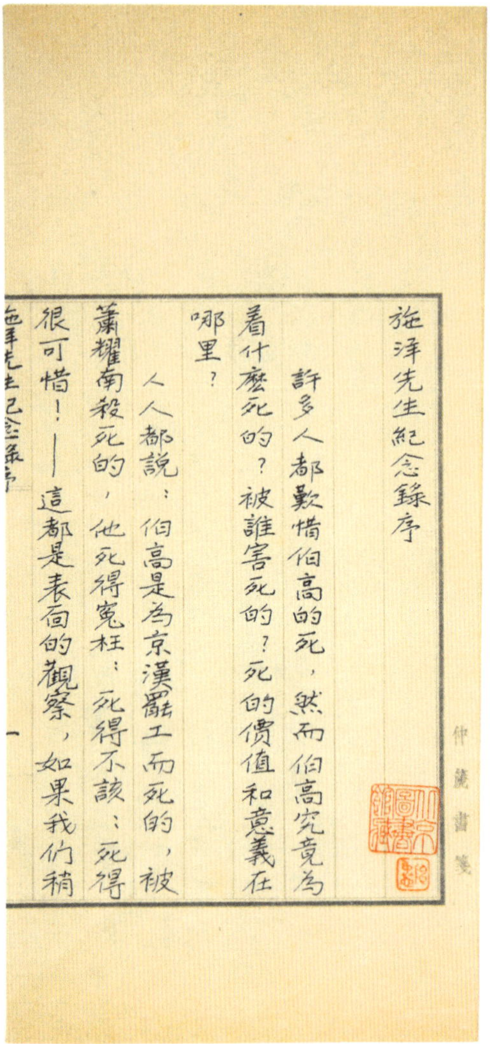
施洋先生紀念錄序

許多人都歎惜伯高的死，然而伯高究竟為着什麼死的？被誰害死的？死的價值和意義在哪里？

人人都說：伯高是為京漢罷工而死的，被蕭耀南殺死的，他死得冤枉；死得不該；死得很可惜！——這都是表面的觀察，如果我們稍

施洋先生紀念錄序 一

仲麓書箋

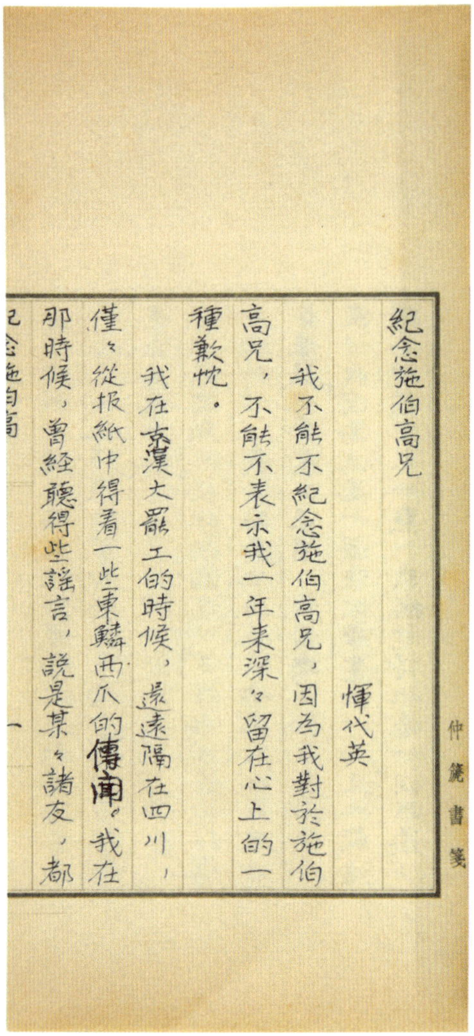
紀念施伯高兄

惲代英

我不能不紀念施伯高兄，因為我對於施伯高兄，不能不表示我一年來深深留在心上的一種歎惋。

我在京漢大罷工的時候，遠遠隔在四川，僅僅從報紙中得着一些東鱗西爪的傳聞。我在那時候，曾經聽得些謠言，說是某某諸友，都

紀念施伯高 一

仲麓書箋

施洋先生纪念录　林育南编　钢笔抄本

施洋(1889—1923)，原名吉超，号万里，字伯高。于1922年6月经许白昊、项英介绍加入中国共产党。7月参与筹建全国最早的地方总工会——武汉工团联合会（10月10日改为湖北全省工团联合会），并任该会法律顾问。在此之后，施洋以律师身份支持烟厂工人和人力车夫的罢工。他先后参加并领导过武汉大大小小十数次工人运动。1923年1月，汉口英国烟厂因无故开除女工而引起工人罢工，施洋挺身为工人说理，与英国资本家作斗争，“颇尽赞襄之力”。由于有施洋的正确领导，使前后30多天的罢工斗争以英方资本家同意接受工人所提条件而胜利告终。在武汉领导工人罢工斗争的同时，施洋同项英、林育南、张浩等积极投入京汉铁路总工会的筹备工作。并率湖北工会代表团出席2月1日在郑州召开的京汉铁路总工会成立大会。京汉铁路工人罢工后，施洋积极参与其组织、领导工作。2月7日晚，施洋被军阀萧耀南逮捕下狱，2月15日清晨在洪山脚下英勇就义。

《施洋先生纪念录》收录了施洋先生传略，施伯高年谱，施洋先生遗稿《对俄应即自由的承认劳农政府》，恽代英所作《纪念施伯高兄》，王述志、周志同、廖世平所作挽联三幅，精清所作挽诗《秋》，育之所作《悼施伯高烈士》，鲁纯仁所作《施洋先生纪念录赘言》。

# 第二章
# 风起云涌

（大革命时期　1923年6月—1927年7月）

中国共产党参与领导的大革命在中国革命的历史上写下了光辉的篇章。

大革命是一场以工农民众为主体的人民革命运动，它显示了党的先进性，提高了党在全国人民中的政治威望，壮大了党及其领导的革命力量，教育和锻炼了各革命阶级，为后来党领导的土地革命的开展奠定了群众基础。

这个时期党还处于幼年，对于中国革命的基本问题，作了有益的探索，但还没有能力独立地运用马克思主义，妥善解决一系列问题。尤其是在大革命后期，党犯了右倾错误，使党在大革命的危急时刻处于被动地位。

## 中国共产党第三次全国代表大会

1923年6月12日至20日，中国共产党第三次全国代表大会在广州东山恤孤院路后街31号召开。会议决定采取共产党员以个人身份参加国民党的方式实现国共合作，以有利于国民党的改造和共产党走上更广阔的政治舞台，加速推进民主革命的进程。

党的“三大”会址：广州东山恤孤院路后街31号。

1923年11月，中共在上海创办了出版并销售革命书刊的上海书店。图为该书店旧址。

新青年（季刊）　瞿秋白主编　广州　1923年6月15日

1923年6月15日，瞿秋白任主编的中共中央理论刊物《新青年》季刊在广州创刊。该刊的主要任务是宣传马克思主义，并注重运用马克思主义基本原理分析中国革命的实际问题。

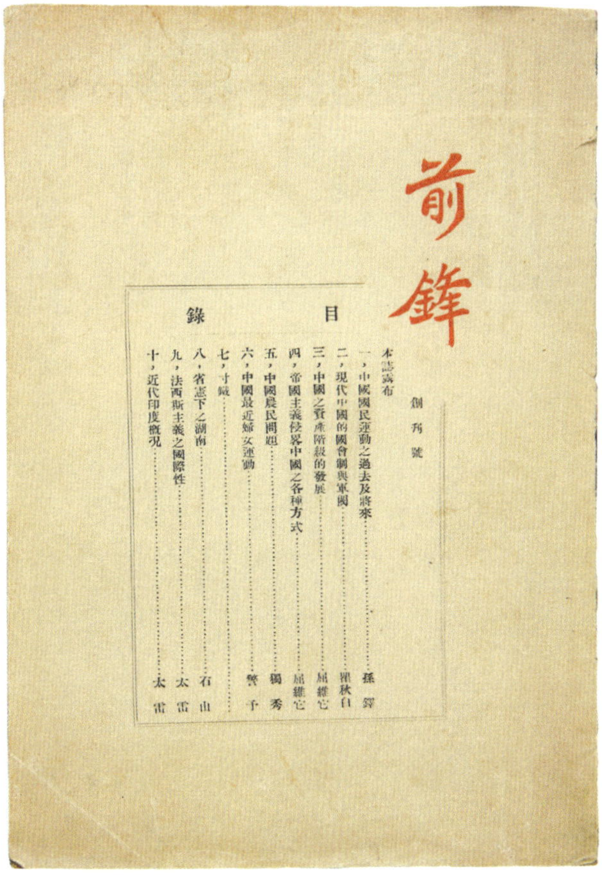


前锋　瞿秋白主编　上海　1923年7月

第一次国内革命战争时期中国共产党的政治性机关刊物，1923年7月1日创刊，1924年2月停刊，共出3期。瞿秋白主编。为了蒙蔽敌人，假托由广州平民书社发行，实际上是在上海出版。陈独秀、张太雷、向警予等经常在该刊发表文章。该刊主要登载分析和探讨中国革命问题的文章，每期都辟有“寸铁”栏目，由陈独秀、瞿秋白撰稿，文章揭露时弊，篇幅短小，语言精练，战斗性极强。

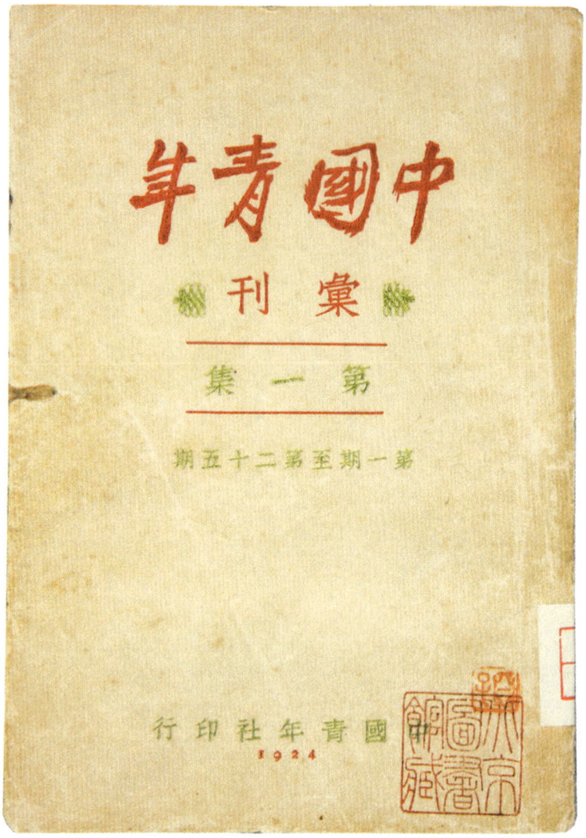

中國青年

彙刊

第一集

第一期至第二十五期

中國青年社印行

1924



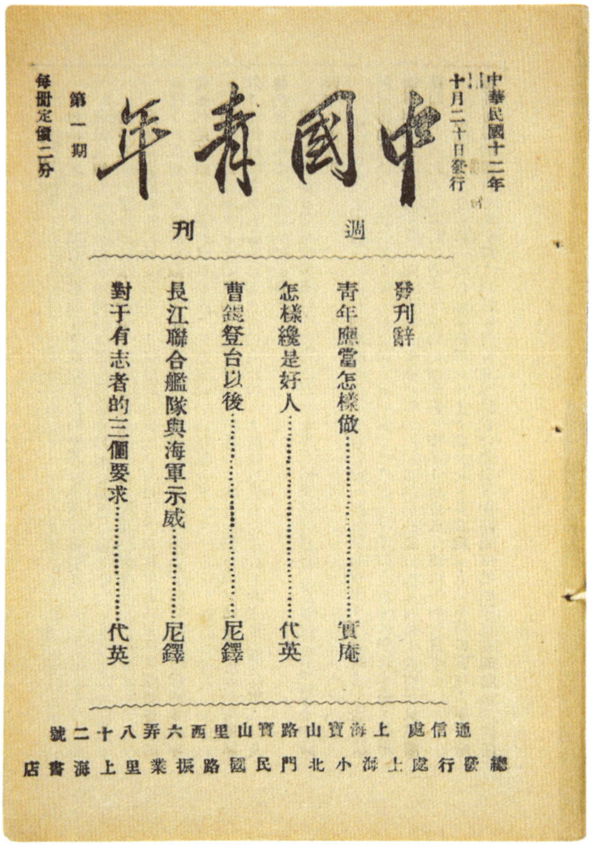

中華民國十二年十月二十日發行

中國青年

週刊

第一期

每冊定價二分



通信處 上海寶山路寶山里西六弄八十二號

總發行處 上海小北門民國路振業里上海書店

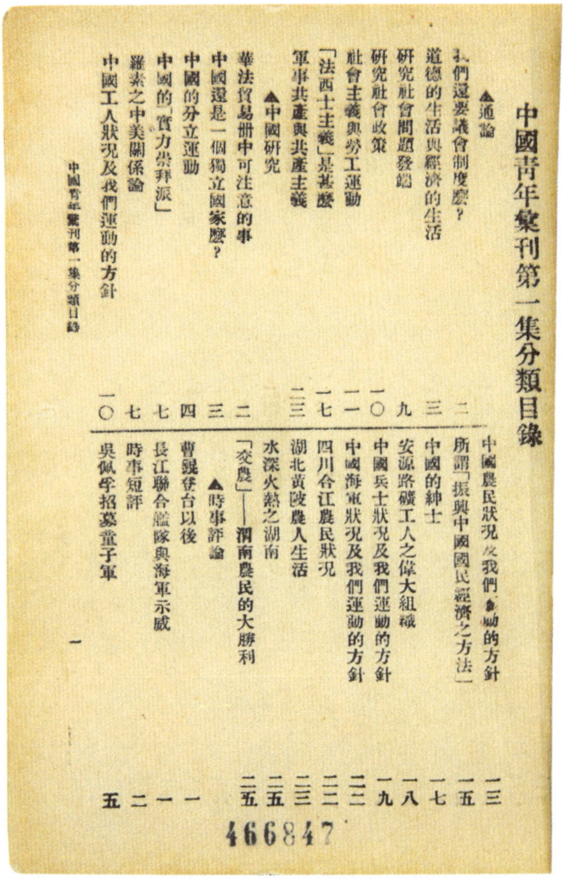

中國青年彙刊第一集分類目錄



中國青年彙刊第一集分類目錄 一



中国青年　恽代英、萧楚女等编辑　上海　1924年

1923年10月，中国社会主义青年团中央机关刊物《中国青年》周刊在上海创刊，恽代英、萧楚女等先后担任该刊编辑。该刊紧密结合青年的特点进行宣传，引导青年投入到反帝、反封建的斗争中。

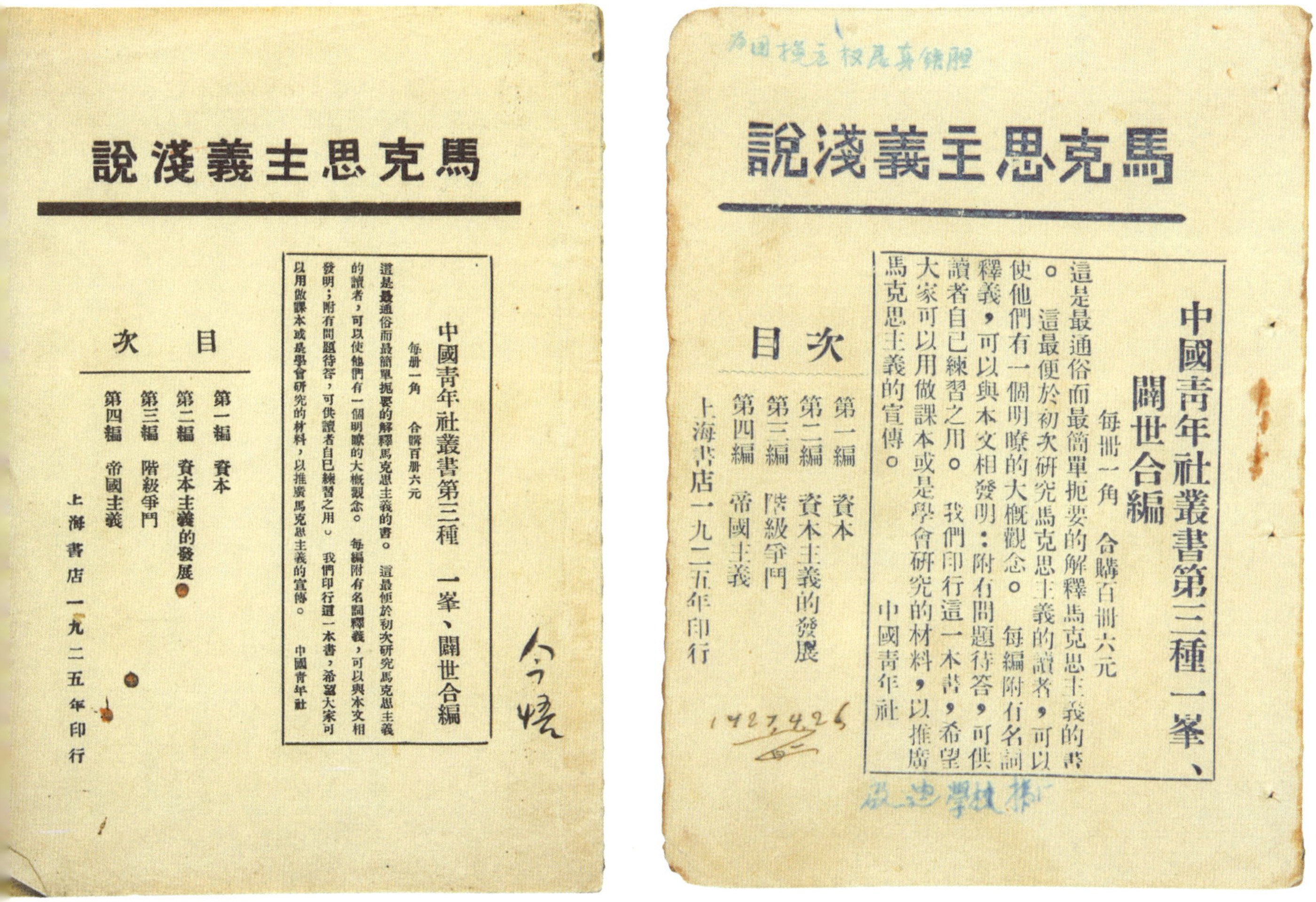


马克思主义浅说　张若名、任弼时合编　上海书店　1925年至1926年初

张若名（1902—1958），河北清苑人。觉悟社成员，原云南大学中文系教授。早年参加五四运动，加入旅欧中国少年共产党，中国妇女运动的先驱，中国第一位留法女博士。这本介绍马克思主义的通俗读物，在一年中多次再版，对马克思主义在中国的传播曾起到重要作用。

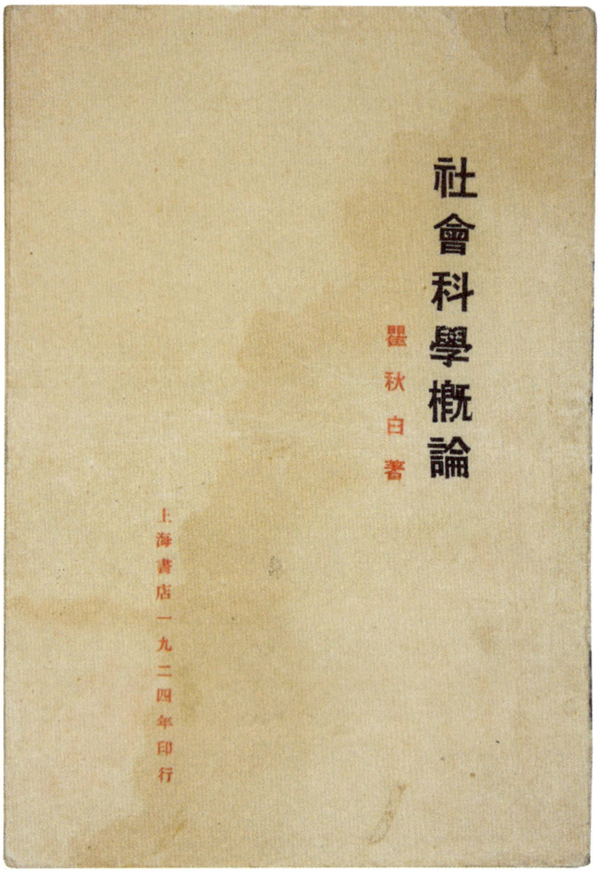


社会科学概论　瞿秋白著　上海书店　1924年10月

1924年瞿秋白任上海大学教务长兼社会科学系主任时，在上海学生联合会、复旦大学、南洋大学、东吴大学法科等单位共同举办的夏令讲学会上，发表了题为“社会科学概论”的讲演，这些讲稿经他本人修改，于同年出版。

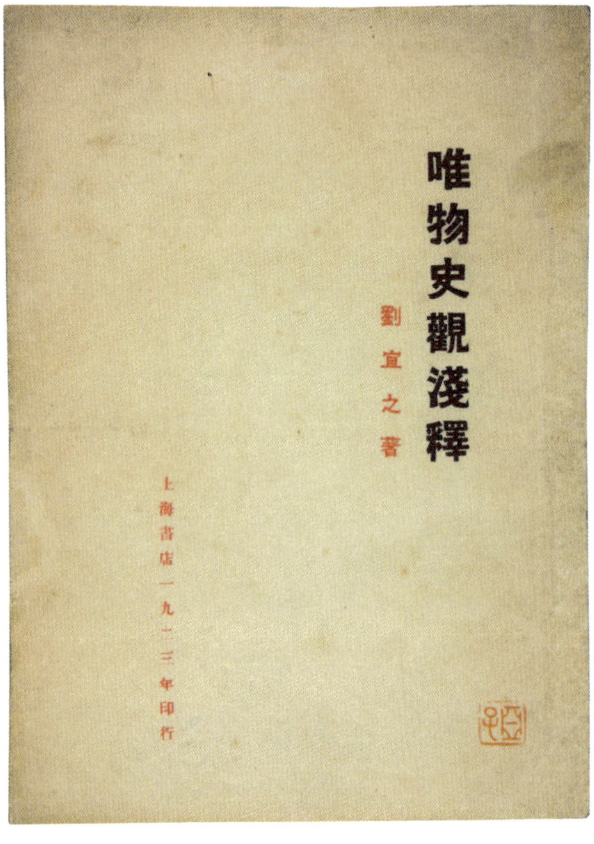


唯物史观浅释　刘宜之著　向警予校　上海书店 1925年7月

刘宜之所著《唯物史观浅释》是学习马克思主义的入门著作，很适合青年学生自学或参考。他认为巴克尔史学在诸多历史学说中“算是很新的学说”，但与马克思的唯物史观相比，后者实比前者进步很多。

## 第一次国共合作

1924年1月，中国国民党第一次全国代表大会在广州召开，确立了联俄、联共、扶助农工的三大政策，标志着第一次国共合作正式形成。经重新解释的“三民主义”成为国共合作的共同纲领。国共合作实现后，中国民主革命运动迅速出现高潮。

中国国民党第一次全国代表大会会场。

1924年5月5日，国民党上海执行部举行庆祝孙中山就任非常大总统三周年纪念活动。前排左起：1、邓中夏；10、向警予；后排左起：1、刘伯伦；2、毛泽东；4、沈泽民；7、罗章龙；8、恽代英；9、邵力子。

第一次国共合作实现后，国民党在全国多地成立了地方执行部。许多共产党人参加了地方执行部的工作。图为国民党广东省党部成立时的合影。前排左起：1、黎樾廷，4、彭湃；后排左起：1、刘尔崧、4、杨匏安，以上均为共产党员。

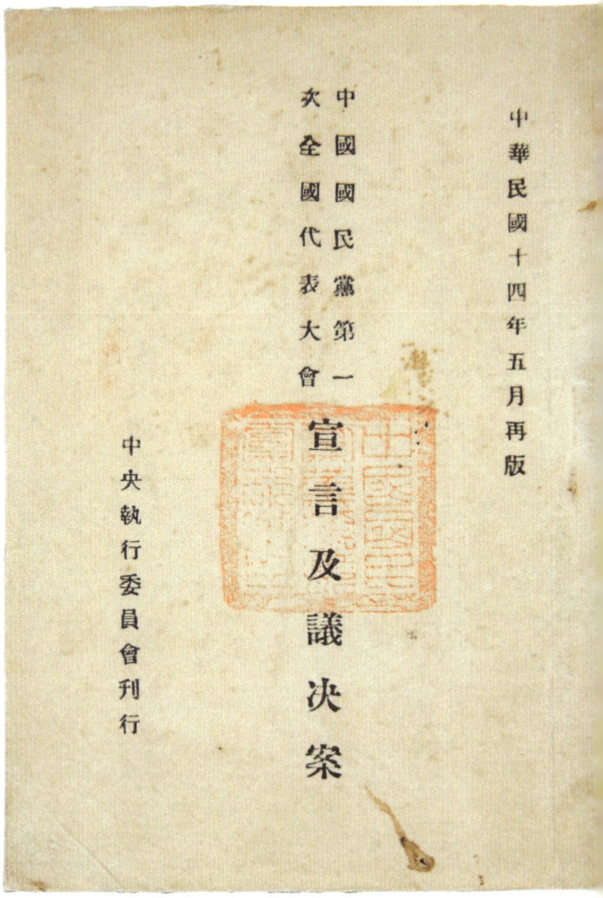
中華民國十四年五月再版

中國國民黨第一次全國代表大會

宣言及議決案

中央執行委員會刊行

中国国民党第一次全国代表大会宣言及议决案　中国国民党中央执行委员会　1925年5月

1924年1月，孙中山在广州主持召开的国民党第一次全国代表大会，以国共两党合作为标志，宣告了革命统一战线的正式建立。大会通过的以反帝反封建为主要内容的宣言是共产党人起草的。这本由国民党中执委印行的小册子因此具有重要历史价值。

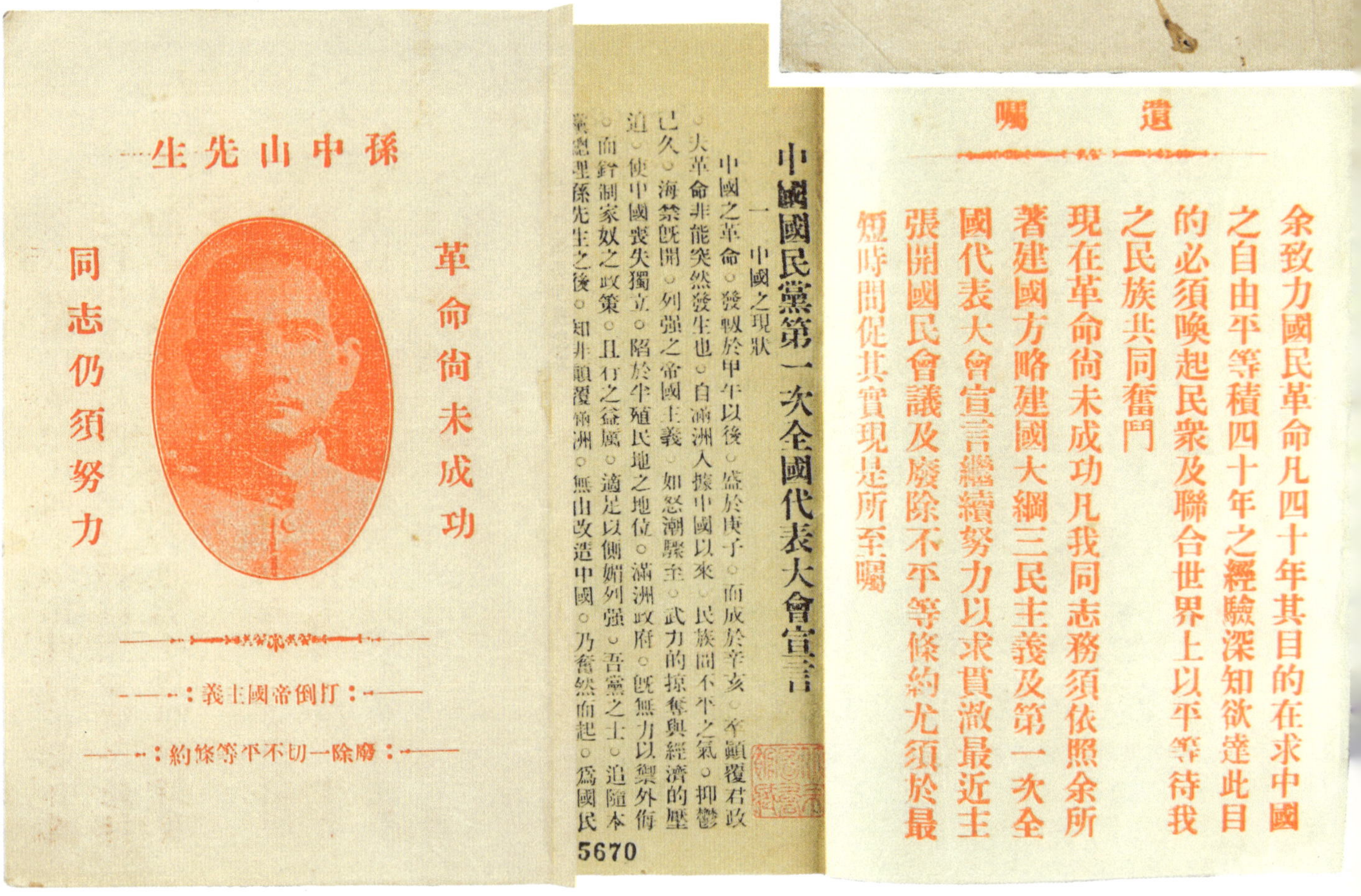
孫中山先生

革命尚未成功

同志仍須努力

打倒帝國主義

廢除一切不平等條約

中國國民黨第一次全國代表大會宣言

一　中國之現狀

中國之革命。發軔於甲午以後。盛於庚子。而成於辛亥。卒顛覆君政。夫革命非能突然發生也。自滿洲入據中國以來。民族間不平之氣。抑鬱已久。海禁既開。列強之帝國主義。如怒潮驟至。武力的掠奪與經濟的壓迫。使中國喪失獨立。陷於半殖民地之地位。滿洲政府。既無力以禦外侮。而鉗制家奴之政策。且行之益厲。適足以側媚列強。吾黨之士。追隨本黨總理孫先生之後。知非顛覆滿洲。無由改造中國。乃奮然而起。爲國民

5670

遺囑

余致力國民革命凡四十年其目的在求中國之自由平等積四十年之經驗深知欲達此目的必須喚起民衆及聯合世界上以平等待我之民族共同奮鬥

現在革命尚未成功凡我同志務須依照余所著建國方略建國大綱三民主義及第一次全國代表大會宣言繼續努力以求貫徹最近主張開國民會議及廢除不平等條約尤須於最短時間促其實現是所至囑

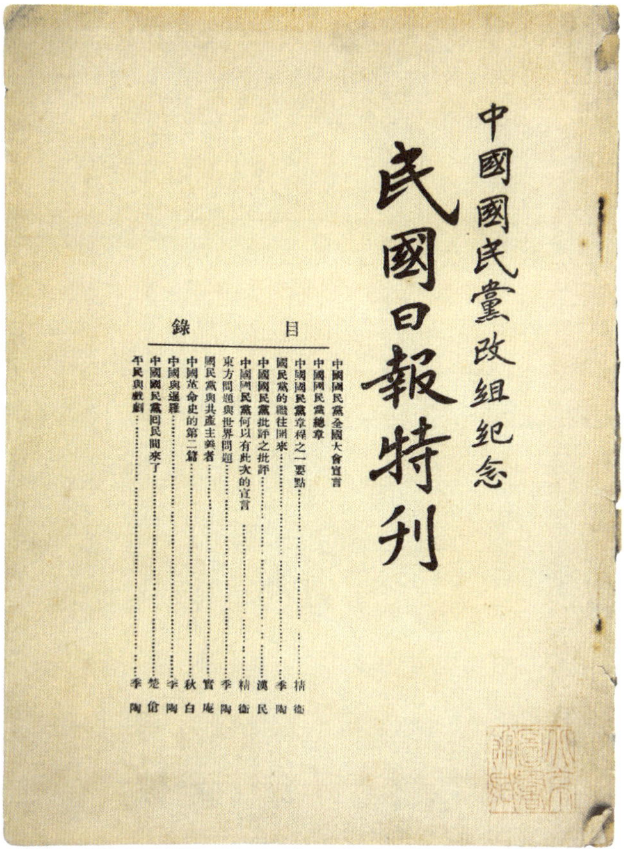
中國國民黨改組紀念
民國日報特刊

目錄



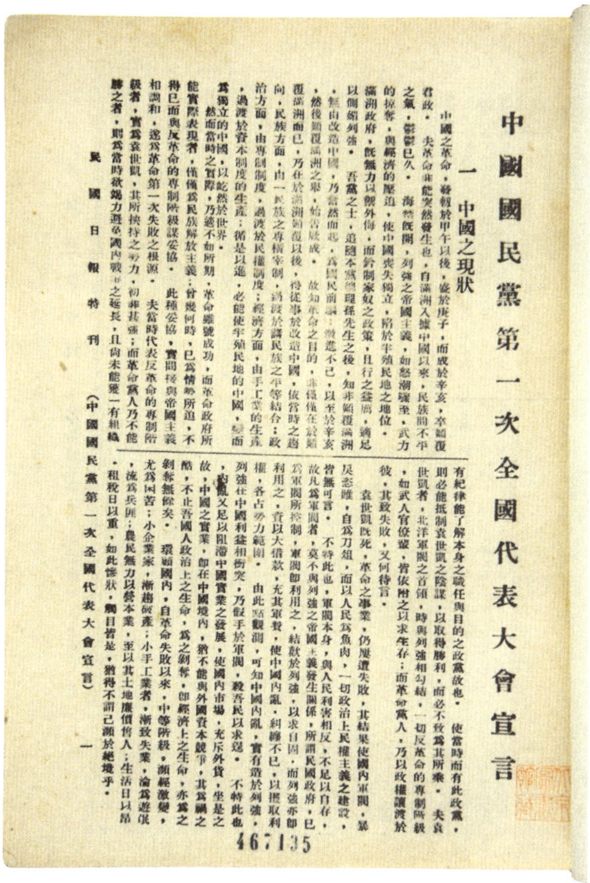
中國國民黨第一次全國代表大會宣言

一　中國之現狀

中國之革命，發軔於甲午以後，盛於庚子，而成於辛亥，卒顛覆君政。夫革命非能突然發生也，自滿洲入據中國以來，民族間不平之氣，鬱鬱已久。海禁既開，列強之帝國主義，如怒潮驟至，武力的掠奪，與經濟的壓迫，使中國喪失獨立，陷於半殖民地之地位。滿洲政府，既無力以禦外侮，而鉗制家奴之政策，且行之益厲，適足以側媚列強。吾黨之士，追隨本黨總理孫先生之後，知非顛覆滿洲，無由改造中國，乃奮然而起，為國民前驅；猛進不已，以至於辛亥，然後顛覆滿洲之舉，始告厥成。故知革命之目的，非僅僅在於顛覆滿洲而已，乃在於滿洲顛覆以後，得從事於改造中國，依當時之趨向，民族方面，由一民族之專橫宰制，過渡於諸民族之平等結合；政治方面，由專制制度，過渡於民權制度；經濟方面，由手工業的生產，過渡於資本制度的生產；循是以進，必能使半殖民地的中國，變而為獨立的中國，以屹然於世界。

然而當時之實際，乃適不如所期，革命雖號成功，而革命政府所能實際表現者，僅僅為民族解放主義；曾幾何時，已為情勢所迫，不得已而與反革命的專制階級謀妥協。此種妥協，實間接與帝國主義相調和，遂為革命第一次失敗之根源。夫當時代表反革命的專制階級者，實為袁世凱，其所挾持之勢力，初非甚強；而革命黨人乃不能勝之者，則為當時欲竭力避免國內戰爭之延長，且尚未能獲一有組織、有紀律能了解本身之職任與目的之政黨故也。使當時而有此政黨，則必能抵制袁世凱之陰謀，以取得勝利，而必不致為其所乘。夫袁世凱者，北洋軍閥之首領，時與列強相勾結，一切反革命的專制階級，如武人官僚輩，皆依附之以求生存；而革命黨人，乃以政權讓渡於彼，其致失敗，又何待言。

袁世凱既死，革命之事業，仍屢遭失敗，其結果使國內軍閥，暴戾恣睢，自為刀俎，而以人民為魚肉，一切政治上民權主義之建設，皆無可言。不特此也，軍閥本身，與人民利害相反，不足以自存，故凡為軍閥者，莫不與列強之帝國主義發生關係，所謂民國政府，已為軍閥所控制，軍閥即利用之，結歡於列強，以求自固，而列強亦即利用之，資以大借款，充其軍費，使中國內亂，糾纏不已，以攫取利權，各占勢力範圍。由此點觀測，可知中國內亂，實有造於列強，列強在中國利益相衝突，乃假手於軍閥，殺吾民以求逞。不特此也，內亂又足以阻滯中國實業之發展，使國內市場，充斥外貨，坐是之故，中國之實業，即在中國境內，猶不能與外國資本競爭，其為禍之酷，不止吾國人政治上之生命，為之剝奪，即經濟上之生命，亦為之剝奪無餘矣。環顧國內，自革命失敗以來，中等階級，頻經激變，尤為困苦；小企業家，漸趨破產；小手工業者，漸致失業，淪為遊氓，流為兵匪；農民無力以營本業，至以其土地廉價售人；生活日以昂，租稅日以重，如此慘狀，觸目皆是，猶得不謂已瀕於絕境乎。

民國日報特刊　（中國國民黨第一次全國代表大會宣言）　一

467135

中国国民党改组纪念号　民国日报特刊　1924年

1916年1月22日，以讨袁为主旨的《民国日报》在上海创刊。该报创始人是中华革命党总务部部长陈其美，主编为叶楚伧、邵力子，主要撰稿人有戴季陶、沈玄庐等。1924年2月中国国民党第一次全国代表大会后，该报成为国民党中央机关报。

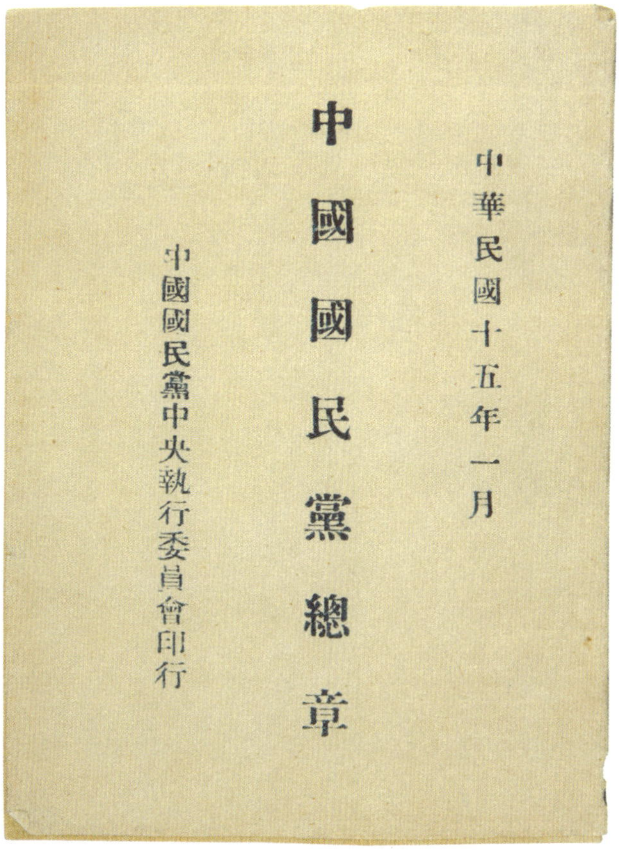
中華民國十五年一月
中國國民黨總章
中國國民黨中央執行委員會印行

中国国民党总章　中国国民党中央执行委员会　1926年1月

1924年1月，在孙中山的主持下，中国国民党第一次全国代表大会完成了三项重大会议议程：第一，通过了《中国国民党第一次全国代表大会宣言》；第二，通过了《中国国民党章程》；第三，民主选举出国民党中央执行委员24人。1926年，第二次全国代表大会修正。

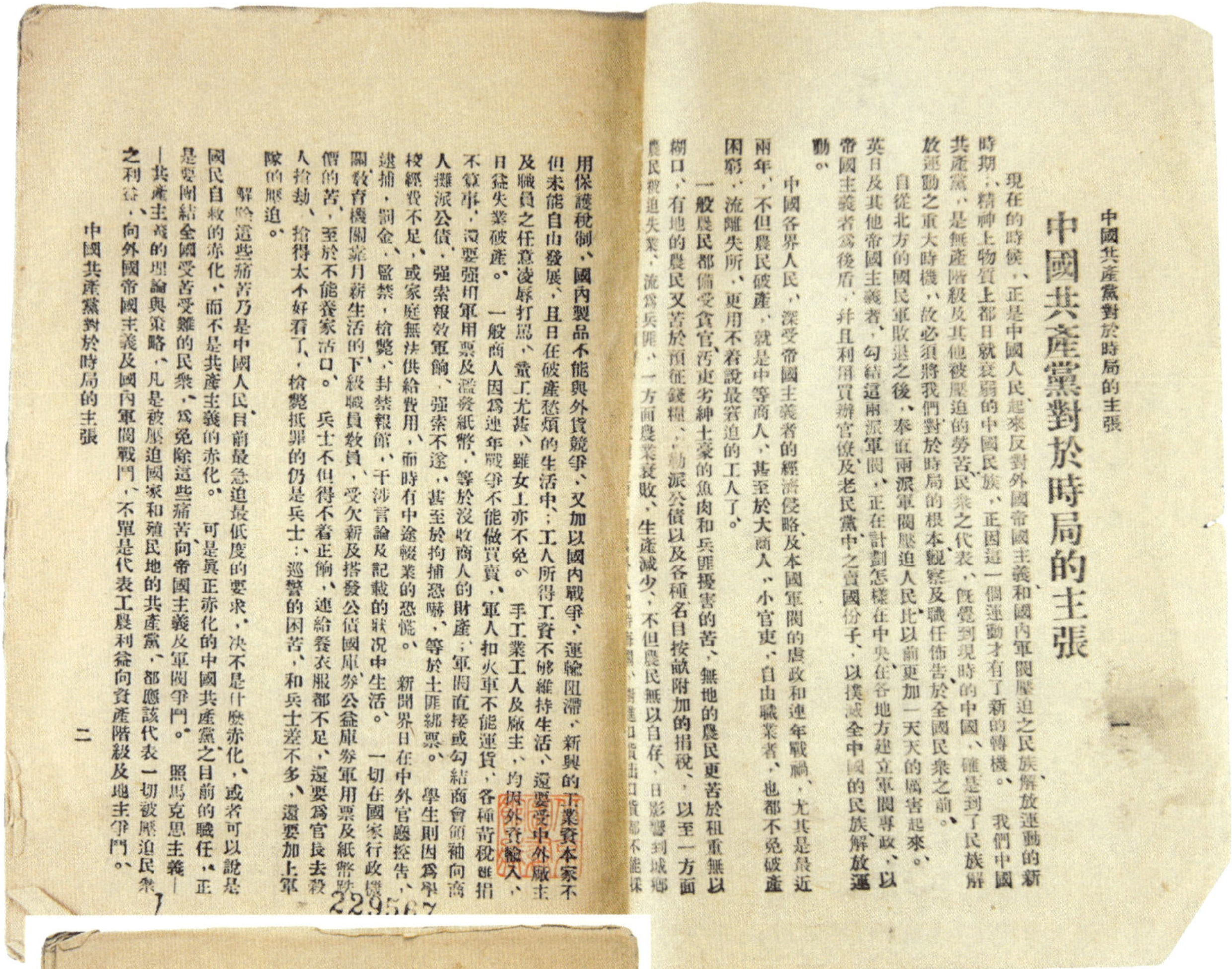

中國共產黨對於時局的主張

# 中國共產黨對於時局的主張

現在的時候，正是中國人民起來反對外國帝國主義和國內軍閥壓迫之民族解放運動的新時期，精神上物質上都日就衰弱的中國民族，正因這一個運動才有了新的轉機。 我們中國共產黨，是無產階級及其他被壓迫的勞苦民衆之代表，既覺到現時的中國，確是到了民族解放運動之重大時機，故必須將我們對於時局的根本觀察及職任佈告於全國民衆之前。

自從北方的國民軍敗退之後，奉直兩派軍閥壓迫人民比以前更加一天天的厲害起來。英日及其他帝國主義者，勾結這兩派軍閥，正在計劃怎樣在中央在各地方建立軍閥專政，以帝國主義者爲後盾，幷且利用買辦官僚及老民黨中之賣國份子，以撲滅全中國的民族解放運動。

中國各界人民，深受帝國主義者的經濟侵略及本國軍閥的虐政和連年戰禍，尤其是最近兩年，不但農民破產，就是中等商人，甚至於大商人，小官吏，自由職業者，也都不免破產困窮，流離失所，更用不着說最窘迫的工人了。

一般農民都備受貪官汚吏劣紳土豪的魚肉和兵匪擾害的苦，無地的農民更苦於租重無以糊口，有地的農民又苦於預征錢糧，勒派公債以及各種名目按畝附加的捐稅，以至一方面農民被迫失業，流爲兵匪，一方面農業衰敗，生產減少，不但農民無以自存，且影響到城鄉[illegible]進口貨出口貨都不能保

一

用保護稅制，國內製品不能與外貨競爭，又加以國內戰爭，運輸阻滯，新興的工業資本家不但未能自由發展，且日在破產愁煩的生活中；工人所得工資不够維持生活，還要受中外廠主及職員之任意凌辱打罵，童工尤甚，雖女工亦不免。 手工業工人及廠主，均因外貨輸入，日徙失業破產。 一般商人因爲連年戰爭不能做買賣，軍人扣火車不能運貨，各種苛稅雜捐不算事，還要强用軍用票及濫發紙幣，等於沒收商人的財產；軍閥直接或勾結商會領袖向商人攤派公債，强索報效軍餉，强索不遂，甚至於拘捕恐嚇，等於土匪綁票。 學生則因爲學校經費不足，或家庭無法供給費用，而時有中途輟業的恐慌。 新聞界日在中外官廳控告，逮捕，罰金，監禁，槍斃，封禁報館，干涉言論及記載的狀況中生活。 一切在國家行政機關教育機關靠月薪生活的下級職員教員，受欠薪及搭發公債國庫劵公益庫劵軍用票及紙幣跌價的苦，至於不能養家活口。 兵士不但得不着正餉，連給養衣服都不足，還要爲官長去殺人搶劫，搶得太不好看了，槍斃抵罪的仍是兵士；巡警的困苦，和兵士差不多，還要加上軍隊的壓迫。

解除這些痛苦乃是中國人民目前最急迫最低度的要求，決不是什麽赤化，或者可以說是國民自救的赤化，而不是共產主義的赤化。 可是眞正赤化的中國共產黨之目前的職任，正是要團結全國受苦受難的民衆，爲免除這些痛苦向帝國主義及軍閥爭鬥。 照馬克思主義——共產主義的理論與策略，凡是被壓迫國家和殖民地的共產黨，都應該代表一切被壓迫民衆之利益，向外國帝國主義及國內軍閥戰鬥，不單是代表工農利益向資產階級及地主爭鬥。



中國共產黨對於時局的主張 二

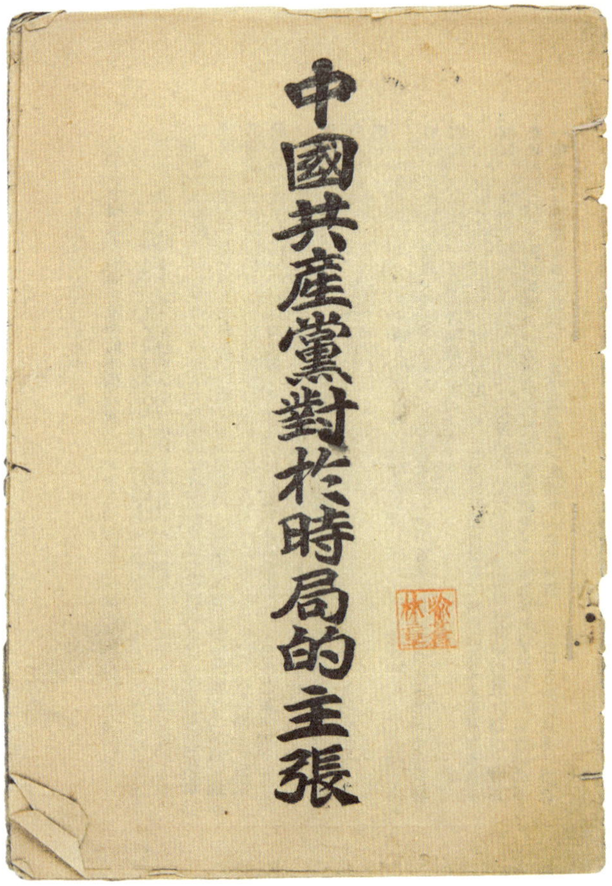


中国共产党对于时局的主张　中国共产党扩大中央执行委员会决议　1926年7月

1926年2月21日，中共中央在北京召开特别会议，会议确定中国共产党应从各方面准备北伐战争。这时，国民军正在河北、河南同奉军、直军交战。会议分析了当时的形势，认为英、日帝国主义和奉、直军阀反国民军的联合战线如果得胜，必然要进攻并推翻广州国民政府。会议指出，根本解决时局问题的途径，“始终在于广州国民政府北伐的胜利”。因此，“党在现时政治上主要的职任，是从各方面准备广东政府的北伐；而北伐的政纲必须是以解决农民问题作主干”；必须在北伐必经之湖南、湖北、河南等地加紧开展群众工作。会议同时强调，面对重重危机，北方国民军的存亡将对即将到来的北伐战争产生深远的影响：如果国民军当时能支持得住北方现有的局面，广州政府在几个月的相当准备后，必然对于北伐更有胜利的把握，会师武汉与北方革命势力相联合造成国民革命胜利的局面，所以党必须加强北方的军事工作，以接应广州政府的北伐。会议还决定建立中央军委，以便加强党的军事工作。随后，中共中央建立了军事部。

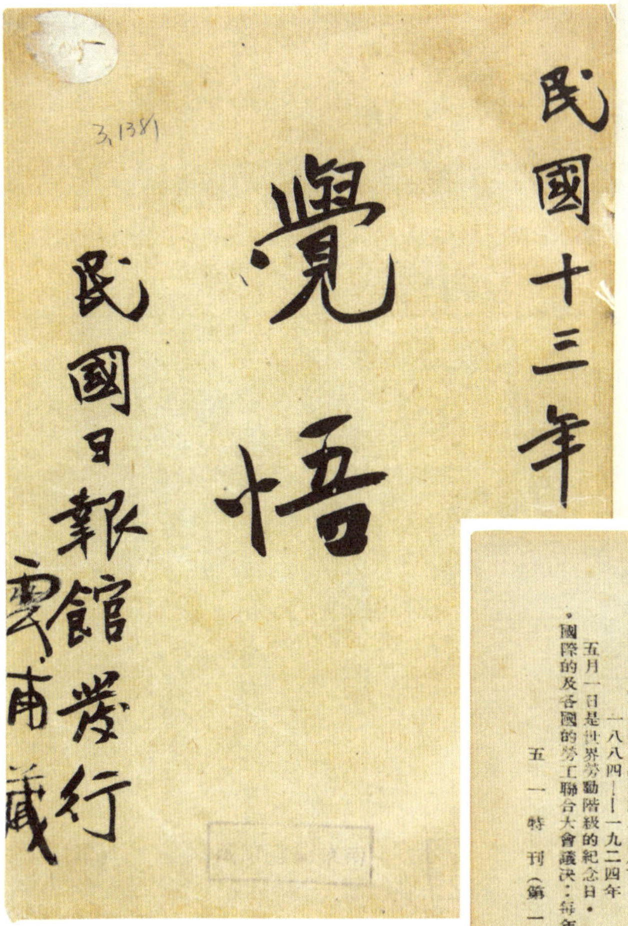


觉悟　民国日报副刊　邵力子、陈望道编辑　1924年5月

由邵力子、陈望道编辑的上海《民国日报》副刊《觉悟》，坚持国共合作立场，宣传孙中山的三大政策，发表一些介绍马克思主义的文章，并配合《新青年》展开反对无政府主义的斗争。曾刊有瞿秋白、恽代英等人的文章，是比较突出的国民党进步报刊。

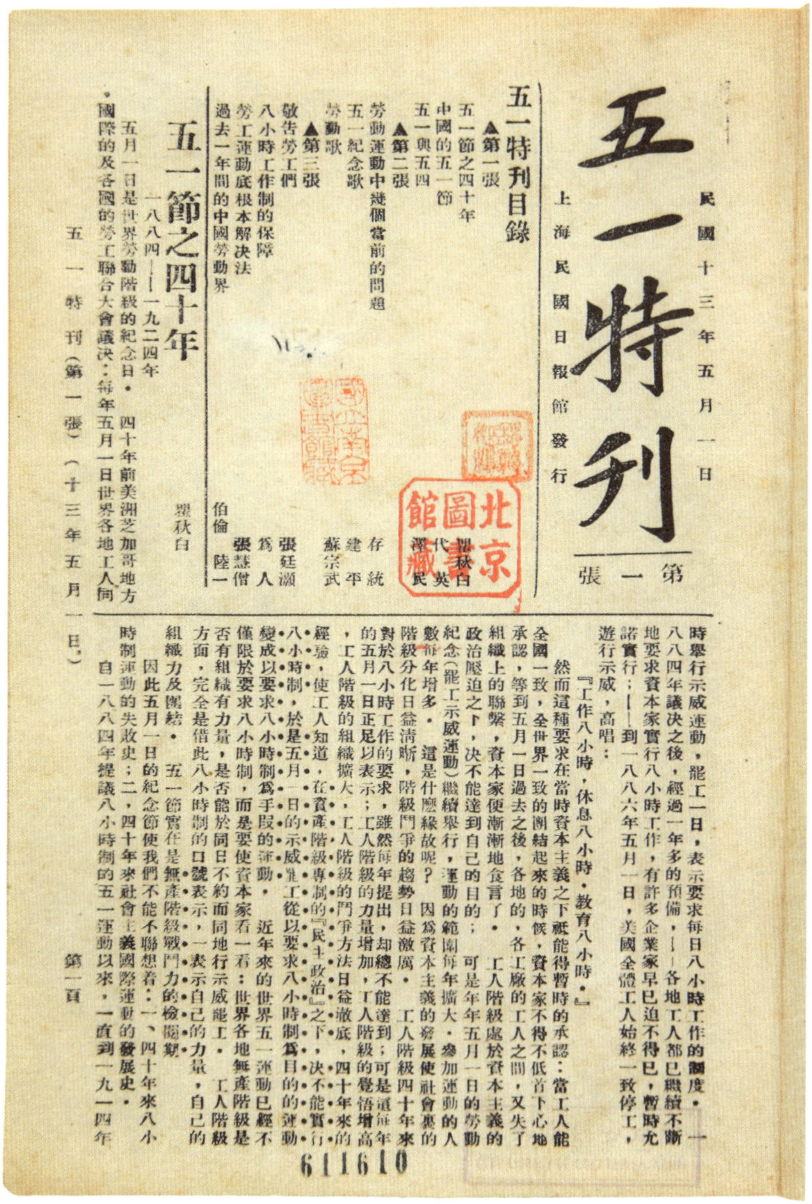

五一特刊

民國十三年五月一日

上海民國日報館發行

第一張

五一特刊目錄

▲第一張
五一節之四十年　瞿秋白
中國的五一節　代英
五一與五四　澤民

▲第二張
勞動運動中幾個當前的問題　存統
五一紀念歌　建平
勞動歌　蘇宗武

▲第三張
敬告勞工們　張廷灝
八小時工作制的保障　爲人
勞工運動底根本解決法　張慧僧
過去一年間的中國勞動界　陸一

伯倫

五一節之四十年

一八八四——一九二四年

瞿秋白

五月一日是世界勞動階級的紀念日。四十年前美洲芝加哥地方‧國際的及各國的勞工聯合大會議決：每年五月一日世界各地工人同時舉行示威運動，罷工一日，表示要求每日八小時工作的制度。一八八四年議決之後，經過一年多的預備，——各地工人都已繼續不斷地要求資本家實行八小時工作，有許多企業家早已迫不得已，暫時允諾實行；——到一八八六年五月一日，美國全體工人始終一致停工，遊行示威，高唱：

『工作八小時，休息八小時，教育八小時。』

然而這種要求在當時資本主義之下祇能得暫時的承認：當工人能全國一致，全世界一致的團結起來的時候，資本家不得不低首下心地承認，等到五月一日過去之後，各地的，各工廠的工人之間，又失了組織上的聯繫，資本家便漸漸地食言了。工人階級處於資本主義的政治壓迫之下，決不能達到自己的目的；可是年年五月一日的勞動紀念(罷工示威運動)繼續舉行，運動的範圍每年擴大，參加運動的人數每年增多。這是什麼緣故呢？因爲資本主義的發展使社會裏的階級分化日益清晰，階級鬥爭的趨勢日益激厲。工人階級四十年來對於八小時工作的要求，雖然每年提出，卻總不能達到；可是這每年的五月一日正足以表示：工人階級的力量增加，工人階級的覺悟增高，工人階級的組織擴大，工人階級的鬥爭方法日益徹底，四十年來的經驗，使工人知道，在資產階級專制的『民主政治』之下，決不能實行八小時制，於是五月一日的示威罷工從以要求八小時制爲目的的運動變成以要求八小時制爲手段的運動。近年來的世界五一運動已經不僅限於要求八小時制，而是要使資本家看一看：世界各地無產階級是否有組織有力量，是否能於同日不約而同地行示威罷工。工人階級方面，完全是借此八小時制的口號表示，——表示自己的力量，自己的組織力及團結。五一節實在是無產階級戰鬥力的檢閱期。

因此五月一日的紀念節使我們不能不聯想着：一、四十年來八小時制運動的失敗史；二，四十年來社會主義國際運動的發展史。

自一八八四年提議八小時制的五一運動以來，一直到一九一四年

五一特刊（第一張）（十三年五月一日）　第一頁

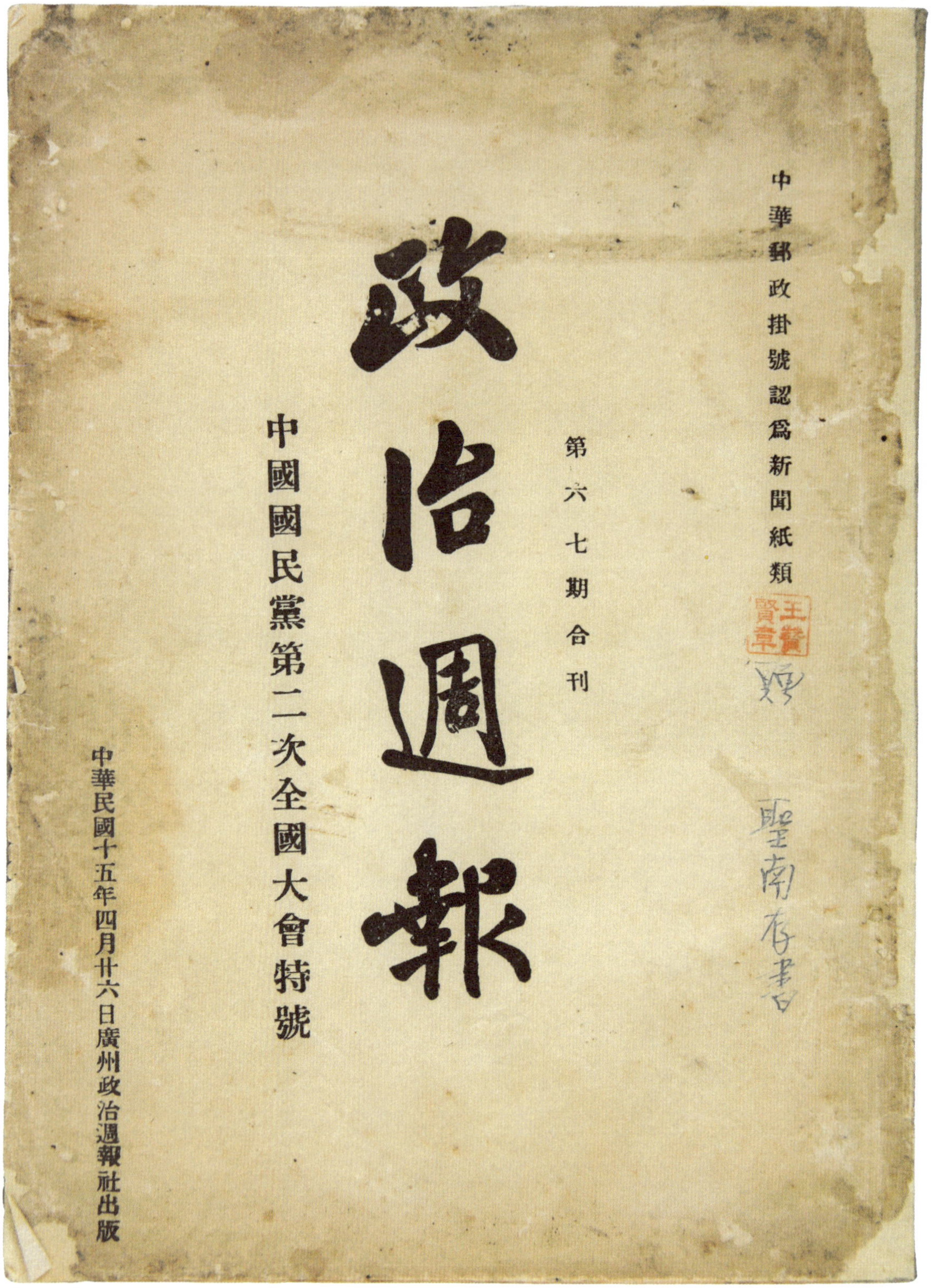


政治周报　政治周报社编　广州　1926年4月

1925年12月5日创刊，为国民党中央宣传部主持出版的中央级机关报，毛泽东曾参与筹办并任第一任主编，第五期起由共产党人沈雁冰、张秋人接任主编。该报主要刊载国民党中央和广东革命政府的重要会议、文件、报告与部分专稿。

1924年5月，在苏联和中国共产党的帮助下,国民党陆军军官学校（即黄埔军校）成立。该校的最大特点是把政治教育提到和军事训练同等重要的地位，注重培养学生的爱国思想和革命精神。周恩来、熊雄曾先后任军校政治部主任，恽代英等共产党人在军校任政治教官等职。黄埔军校为国民革命培养了大批军事干部，中共由此开始懂得军事的重要性。

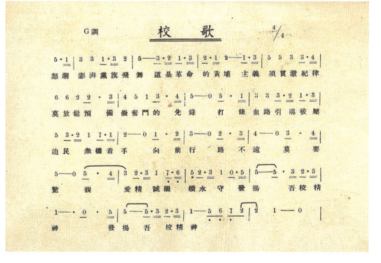

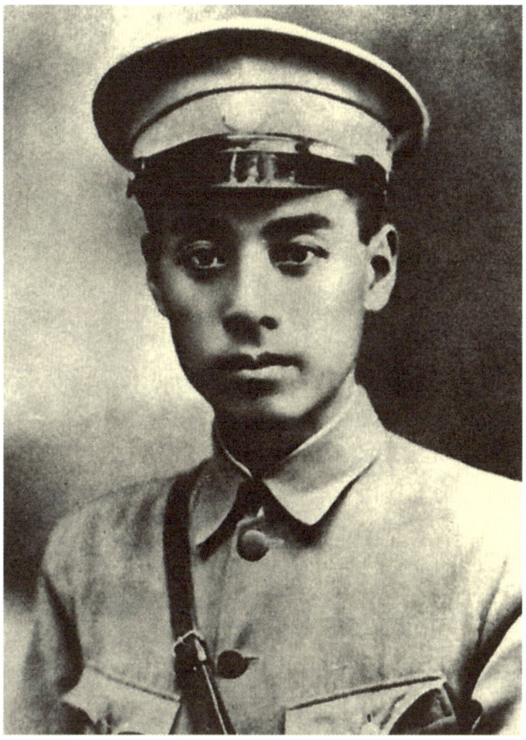
周恩来

熊雄

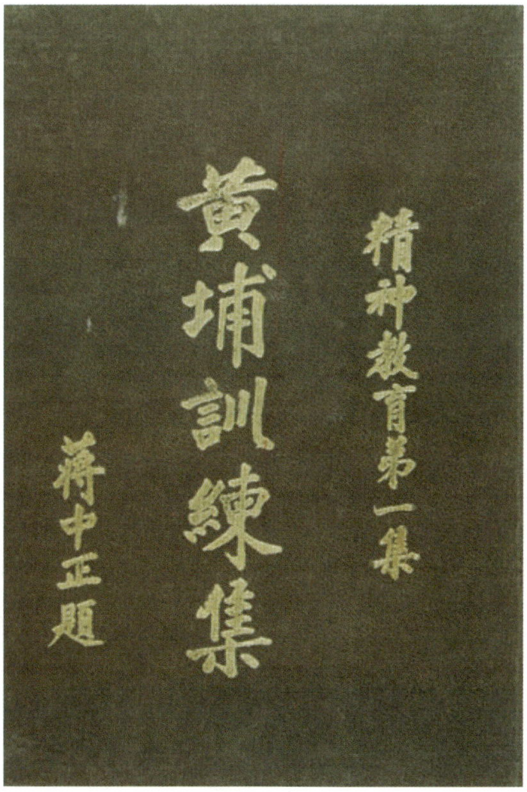

黄埔训练集

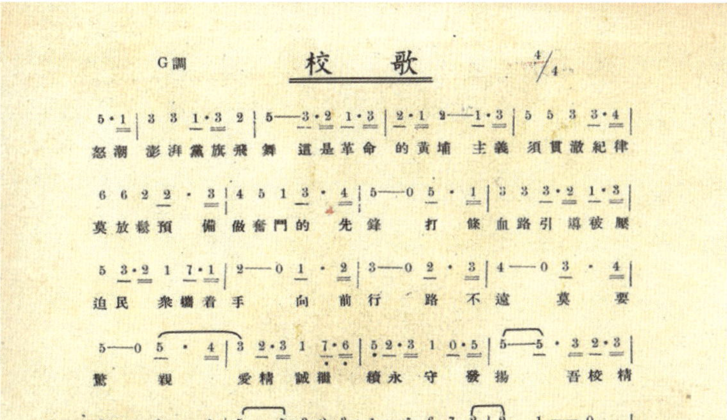

黄埔军校校歌

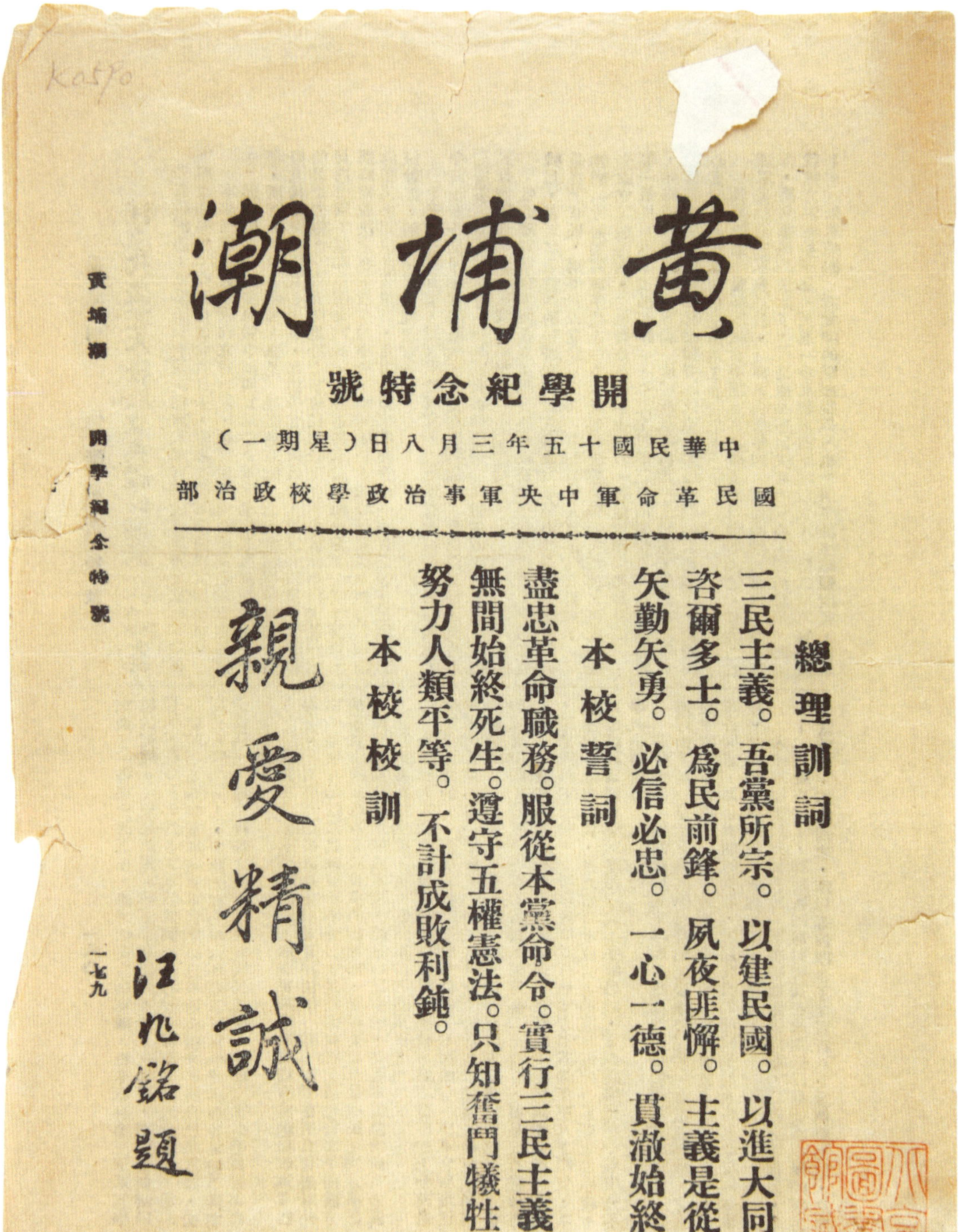

黃埔潮

開學紀念特號

中華民國十五年三月八日（星期一）

國民革命軍中央軍事政治學校政治部

總理訓詞

三民主義。吾黨所宗。以建民國。以進大同。咨爾多士。爲民前鋒。夙夜匪懈。主義是從。矢勤矢勇。必信必忠。一心一德。貫澈始終。

本校誓詞

盡忠革命職務。服從本黨命令。實行三民主義。無間始終死生。遵守五權憲法。只知奮鬥犧牲。努力人類平等。不計成敗利鈍。

本校校訓

親愛精誠

汪兆銘題

黃埔潮　開學紀念特號　一七九

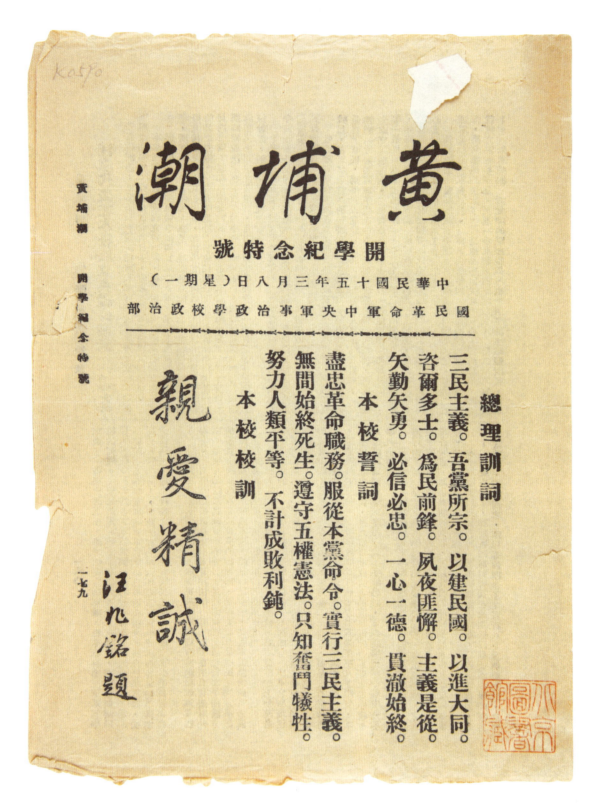

黄埔潮　开学纪念特号　黄埔军校　1926年3月8日

1925年10月创刊，半周刊，每星期三、六出版。由中国国民党陆军军官学校（黄埔军校）政治部编印。辟有特载、评论、大事述评、短兵等栏目，以登载政治论文和时评文章为主。

## 工农运动

国共第一次合作，促进了工人运动、农民运动的蓬勃发展。

1925年5月，第二次全国劳动大会在广州召开。大会成立了中华全国总工会，选举林伟民、刘少奇等为正、副委员长，图为刘少奇在大会上讲话。

为培养农民运动骨干，经共产党人提议，国民党于1924年至1926年，先后在广州开办了六期农民运动讲习所，均由共产党人领导。图为毛泽东主办的第六期农讲所旧址。

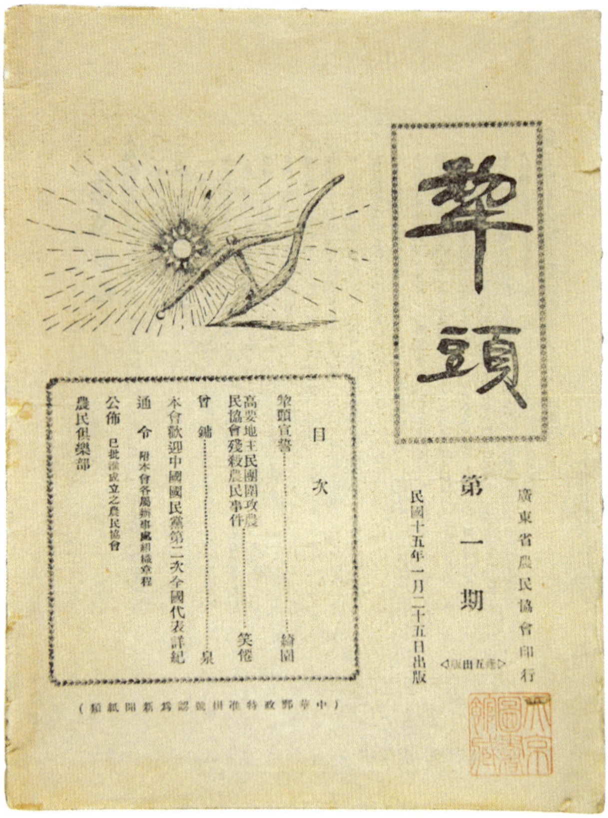

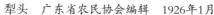

犁头　广东省农民协会编辑　1926年1月

大革命时期广东省农民协会的机关刊物。1926年1月25日创刊于广州。初为旬刊，后改为周刊。现在见到的最后一期是1927年1月7日出版的第23期。罗绮园、阮啸仙等为主要撰稿人。该刊主要刊登农民协会的决议、通告，报道各地农民运动的经验、情况以及研究农民问题的文章。同时设有农民俱乐部栏目，刊登诗歌、农谚、歌谣、谜语等，形式生动活泼，文字通俗易懂，为宣传中国共产党的革命统一战线策略和指导农民运动的开展起了重要作用。

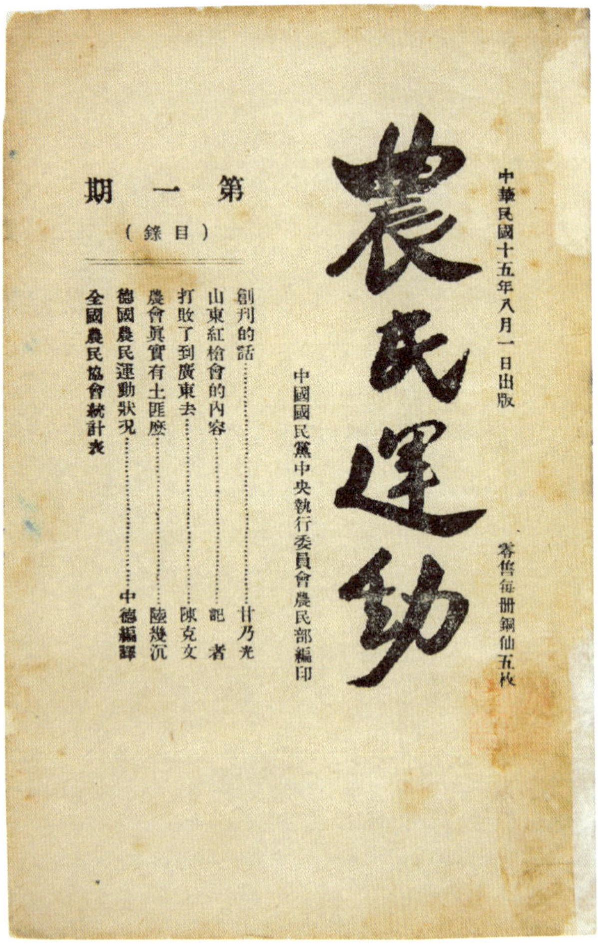


农民运动　国民党中央执行委员会编印　1926年8月

1926年8月1日在广州创刊，周刊。是大革命时期中国国民党中央农民部所办指导农民运动的通俗刊物。初由中国共产党人和国民党左派共同编辑。主要刊载有关农民运动的政论文章和国民党中央农民部、省农民协会的宣传材料。

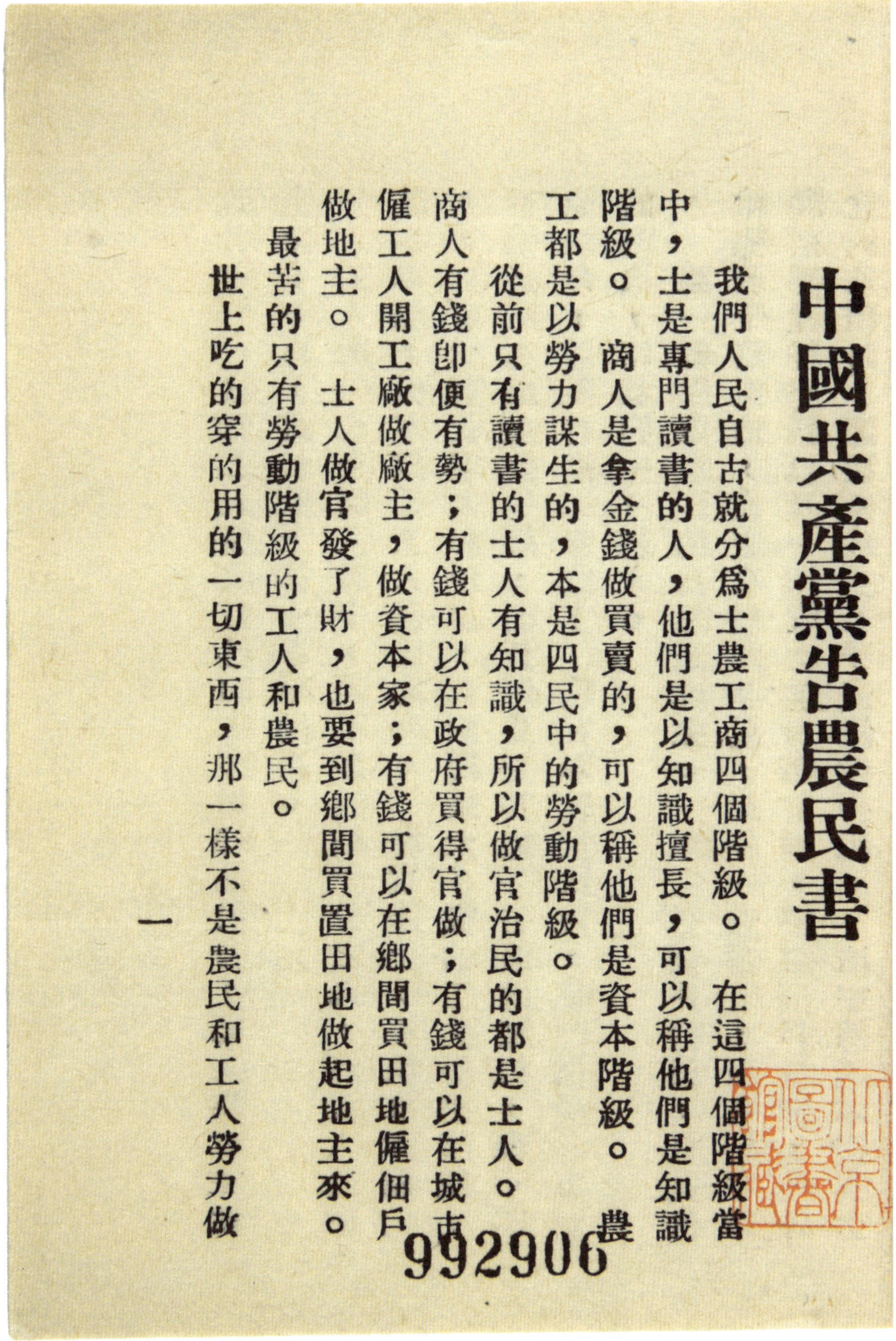

中國共產黨告農民書

我們人民自古就分爲士農工商四個階級。　在這四個階級當中，士是專門讀書的人，他們是以知識擅長，可以稱他們是知識階級。　商人是拿金錢做買賣的，可以稱他們是資本階級。　農工都是以勞力謀生的，本是四民中的勞動階級。

從前只有讀書的士人有知識，所以做官治民的都是士人。商人有錢卽便有勢；有錢可以在政府買得官做；有錢可以在城市僱工人開工廠做廠主，做資本家；有錢可以在鄉間買田地僱佃戶做地主。　士人做官發了財，也要到鄉間買置田地做起地主來。最苦的只有勞動階級的工人和農民。

世上吃的穿的用的一切東西，那一樣不是農民和工人勞力做

一

992906

中国共产党告农民书　1925年11月　复制品

中国共产党于1925年9月28日至10月2日在北京召开了第四届中央执行委员会第二次扩大会议，也称“十月扩大会议”。共产国际代表维经斯基参加了会议。会议于10月10日发表了第一个对农民公开宣传的重要文件——《中国共产党告农民书》，提出：“解除农民的困苦，根本是要实行‘耕地农有’的办法，就是谁耕种的田地归谁所有，不向地主交纳租谷。”而只有“革命的工农等平民得了政权，才能够没收军阀官僚寺院大地主的田地，归耕种的农民所有”。明确地把土地问题与政权问题联系了起来，提出只有取得政权才能保证没收和分配土地。

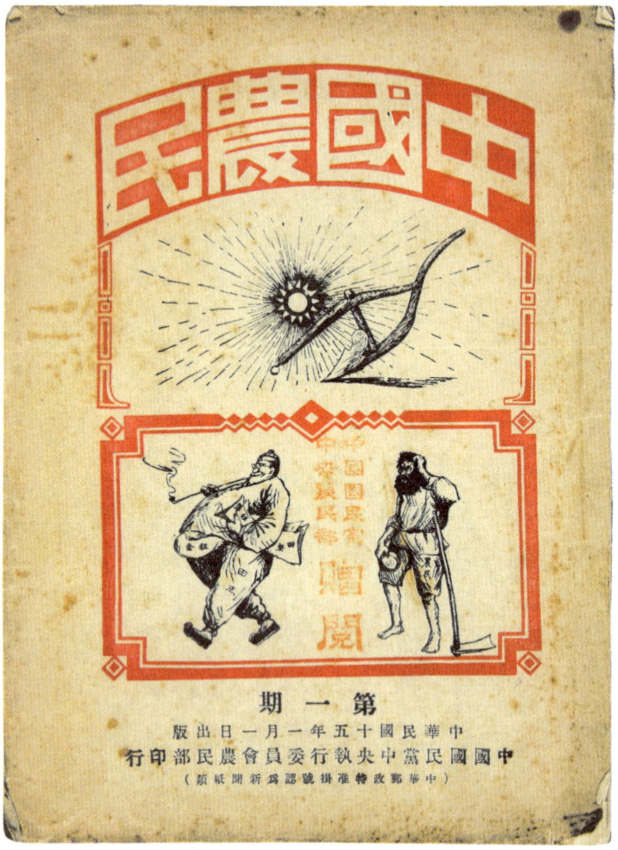


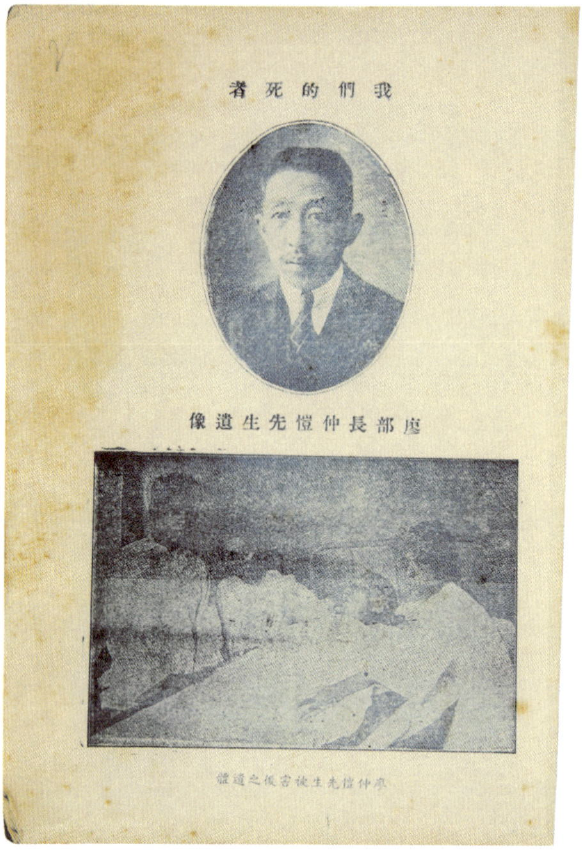


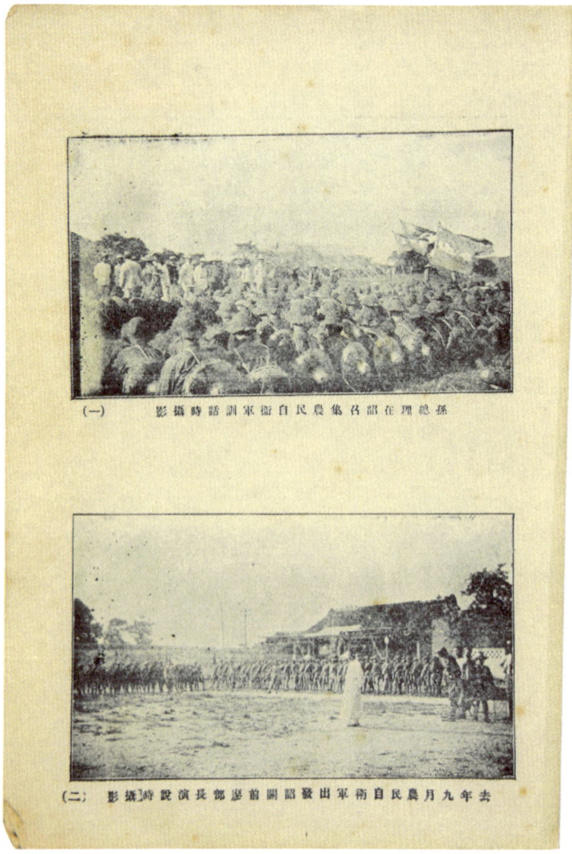


中国农民　中国国民党中央执行委员会农民部编印　1926年1月

1926年1月1日在广州创刊，是大革命时期中国国民党中央农民部主办的指导农民运动的刊物。毛泽东主编，李大钊、彭湃、林伯渠、阮啸仙等曾为撰稿人。第一期和第二期分别发表毛泽东《中国农民各阶级的分析及其对于革命的态度》、《中国社会各阶级的分析》两篇论文。

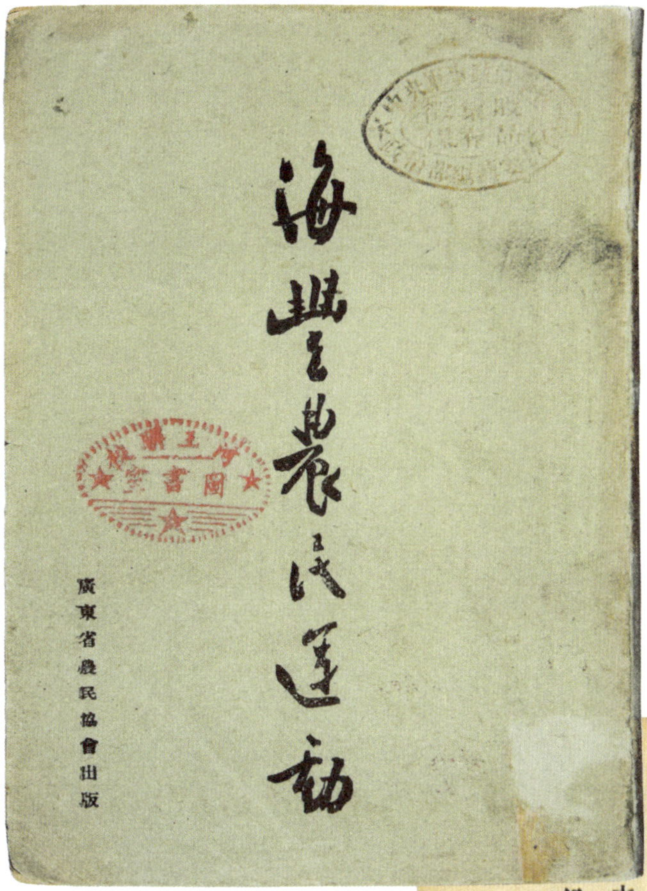


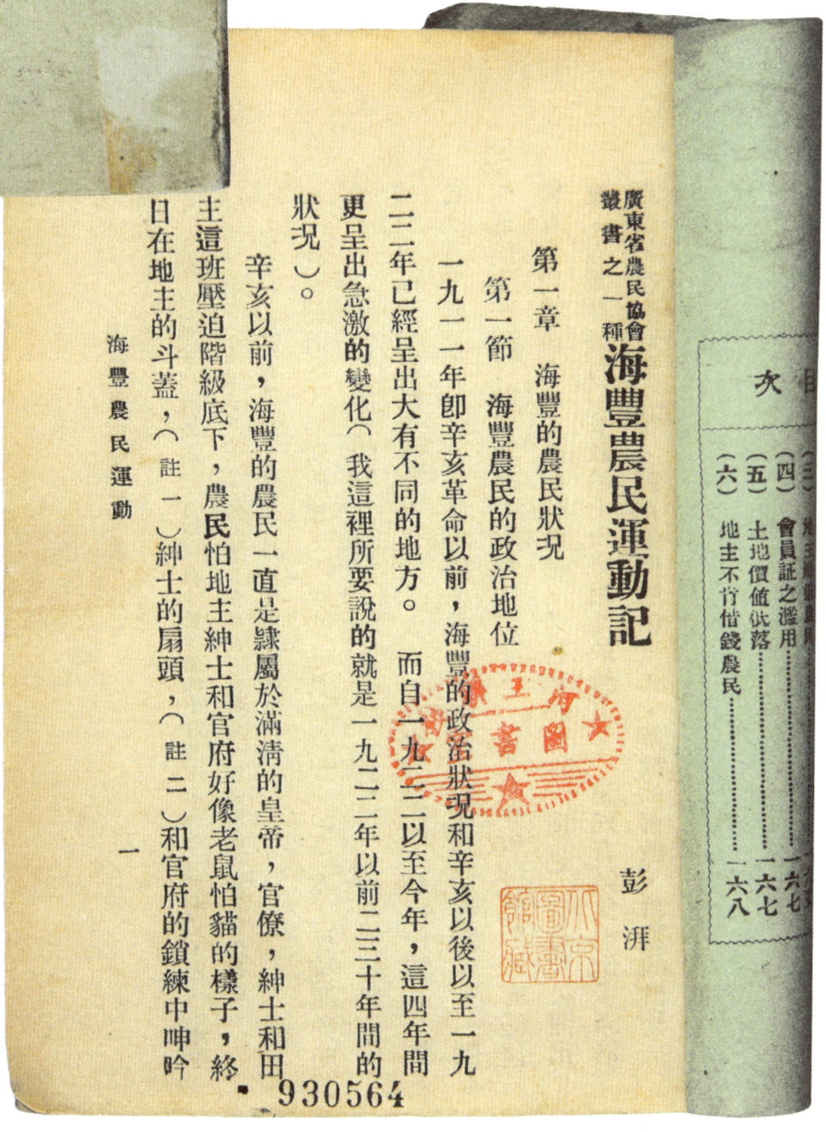
廣東省農民協會叢書之一種

海豐農民運動記

彭湃

第一章　海豐的農民狀況

第一節　海豐農民的政治地位

一九一一年卽辛亥革命以前，海豐的政治狀況和辛亥以後以至一九二二年已經呈出大有不同的地方。而自一九二二以至今年，這四年間更呈出急激的變化（我這裡所要說的就是一九二二年以前二三十年間的狀況）。

辛亥以前，海豐的農民一直是隸屬於滿清的皇帝，官僚，紳士和田主這班壓迫階級底下，農民怕地主紳士和官府好像老鼠怕貓的樣子，終日在地主的斗盞，（註一）紳士的扇頭，（註二）和官府的鎖練中呻吟

海豐農民運動　一

930564

目次

(四) 會員証之濫用

(五) 土地價值低落……一六七

(六) 地主不肯借錢農民……一六八

海丰农民运动　彭湃著　广东省农民协会编辑　1926年10月

澎湃作为中国农民运动的第一人，是许多重要的农民运动与土地斗争思想的最早提出者。他写的《海丰农民运动》，是中共党史和中国革命史上最早的关于农民运动的专著，是研究中国农民运动不能不读的重要著作。

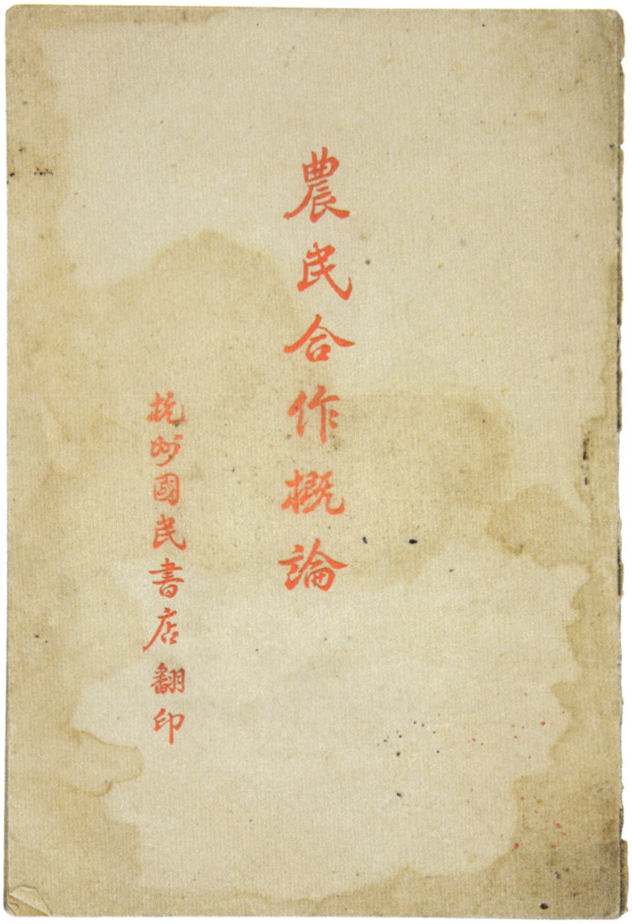


农民合作概论　广东第六期农民运动讲习所编　杭州国民书店　1927年4月

1924年7月，广州农民运动讲习所创立，共举办了六期。第六期时毛泽东同志任所长，萧楚女任教务长，周恩来、瞿秋白、吴玉章、彭湃、邓中夏等同志担任教员，讲授有关农民运动的各种课程。本书为当时教材之一。

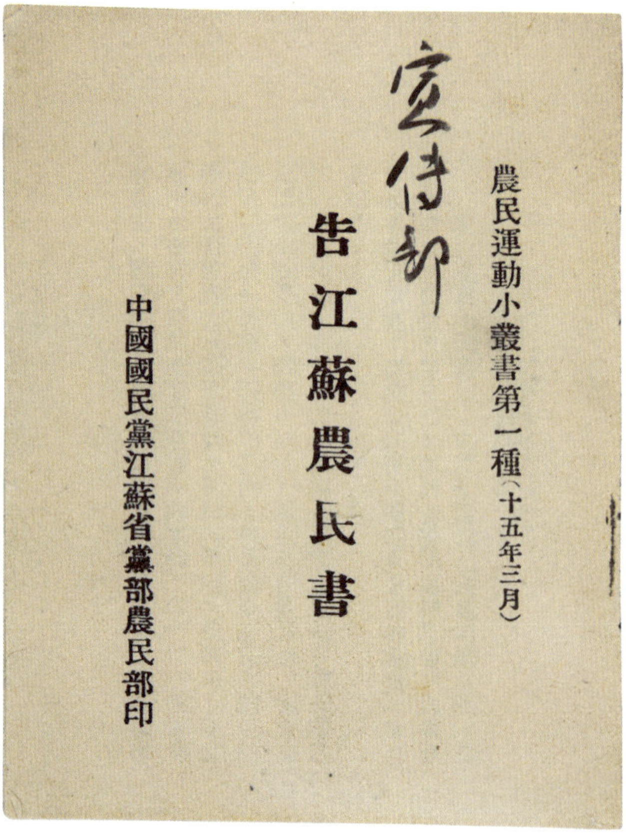


告江苏农民书　国民党江苏省党部农民部编印　1926年3月

国共合作建立以后，中国共产党继续坚持减租的主张。国民党中央设立了农民部，由共产党员林伯渠任部长，彭湃任秘书，同时设立有共产党人参加的农民运动委员会，辅助农民部工作。在国共合作的推动下，广东、江苏、湖南各地的农民运动和减租斗争广泛地开展起来。

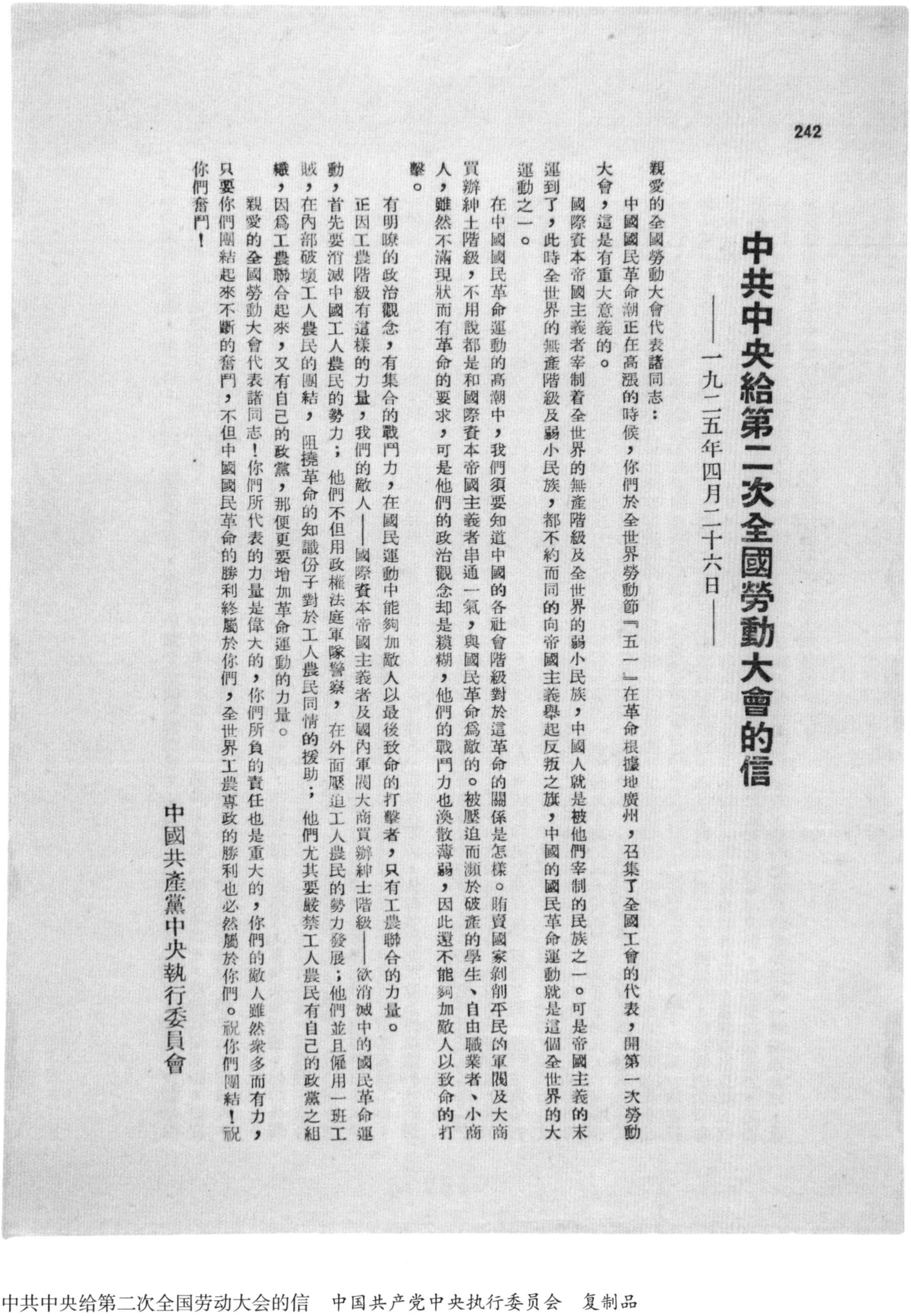

242

# 中共中央給第二次全國勞動大會的信

——一九二五年四月二十六日——

親愛的全國勞動大會代表諸同志：

中國國民革命潮正在高漲的時候，你們於全世界勞動節『五一』在革命根據地廣州，召集了全國工會的代表，開第一次勞動大會，這是有重大意義的。

國際資本帝國主義者宰制着全世界的無產階級及全世界的弱小民族，中國人就是被他們宰制的民族之一。可是帝國主義的末運到了，此時全世界的無產階級及弱小民族，都不約而同的向帝國主義舉起反叛之旗，中國的國民革命運動就是這個全世界的大運動之一。

在中國國民革命運動的高潮中，我們須要知道中國的各社會階級對於這革命的關係是怎樣。賄賣國家剝削平民的軍閥及大商買辦紳士階級，不用說都是和國際資本帝國主義者串通一氣，與國民革命爲敵的。被壓迫而瀕於破產的學生、自由職業者、小商人，雖然不滿現狀而有革命的要求，可是他們的政治觀念却是糢糊，他們的戰鬥力也渙散薄弱，因此還不能夠加敵人以致命的打擊。

有明瞭的政治觀念，有集合的戰鬥力，在國民運動中能夠加敵人以最後致命的打擊者，只有工農聯合的力量。

正因工農階級有這樣的力量，我們的敵人——國際資本帝國主義者及國內軍閥大商買辦紳士階級——欲消滅中的國民革命運動，首先要消滅中國工人農民的勢力；他們不但用政權法庭軍隊警察，在外面壓迫工人農民的勢力發展；他們並且僱用一班工賊，在內部破壞工人農民的團結，阻撓革命的知識份子對於工人農民同情的援助；他們尤其要嚴禁工人農民有自己的政黨之組織，因爲工農聯合起來，又有自己的政黨，那便更要增加革命運動的力量。

親愛的全國勞動大會代表諸同志！你們所代表的力量是偉大的，你們所負的責任也是重大的，你們的敵人雖然衆多而有力，只要你們團結起來不斷的奮鬥，不但中國國民革命的勝利終屬於你們，全世界工農專政的勝利也必然屬於你們。祝你們團結！祝你們奮鬥！

中國共產黨中央執行委員會

中共中央给第二次全国劳动大会的信　中国共产党中央执行委员会　复制品

1925年5月1日，第二次全国劳动大会在广州召开。到会代表281人，代表166个工会54万多会员。中共中央向大会发了贺信。

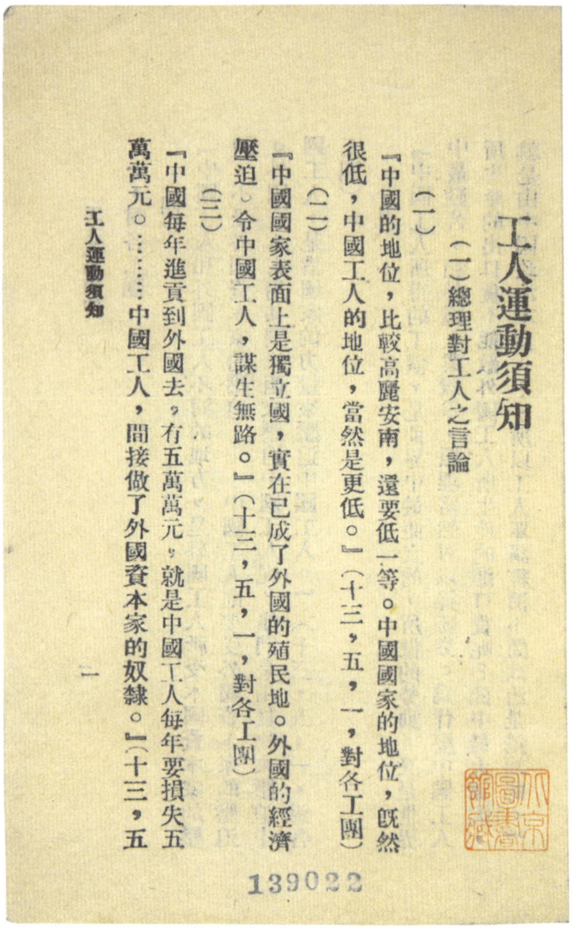

工人運動須知

（一）總理對工人之言論

（一）

『中國的地位，比較高麗安南，還要低一等。中國國家的地位，既然很低，中國工人的地位，當然是更低。』（十三，五，一，對各工團）

（二）

『中國國家表面上是獨立國，實在已成了外國的殖民地。外國的經濟壓迫，令中國工人，謀生無路。』（十三，五，一，對各工團）

（三）

『中國每年進貢到外國去，有五萬萬元，就是中國工人每年要損失五萬萬元。……中國工人，間接做了外國資本家的奴隸。』（十三，五

工人運動須知　一



工人运动须知　中国国民党工人部编印　1925年

国共合作的实现，促进了工农运动的恢复和发展，京汉铁路工人罢工失败以来工人运动的消沉状态很快改变。国民党一大闭幕后，国民党中央成立了工人部，各地执行部和地方党部也都设有工人部。不少共产党员在国民党各级工人部中担任要职。中国共产党除了直接发动和组织工人，还通过中国国民党中央工人部开展工作。在国共两党的共同努力下，作为革命根据地的广东，首先出现工人运动高潮。此后，工人罢工斗争在全国展开。

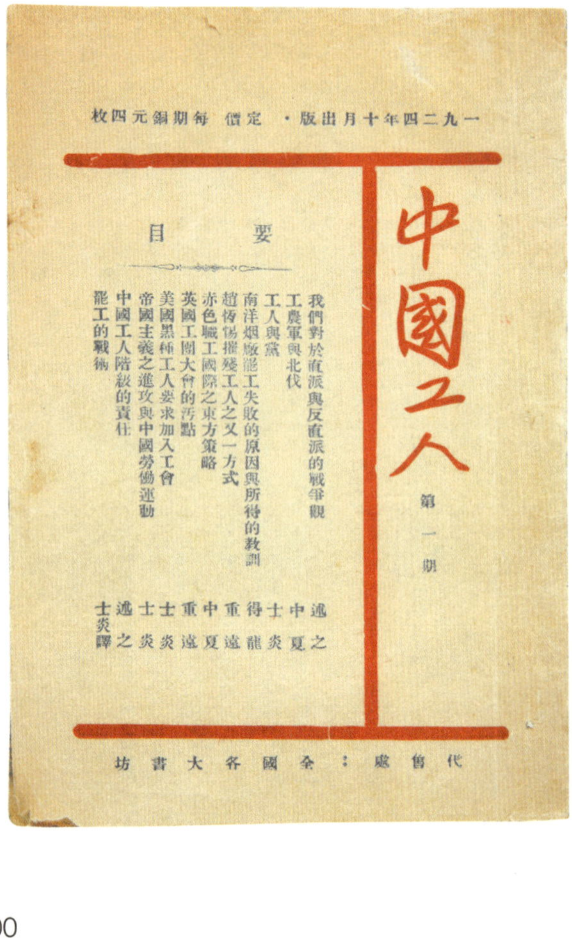

一九二四年十月出版・定價　每期銅元四枚

中國工人

第一期

目要

| | |
|---|---|
| 我們對於直派與反直派的戰爭觀 | 逸之 |
| 工農軍與北伐 | 中夏 |
| 工人與黨 | 士炎 |
| 南洋煙廠罷工失敗的原因與所得的教訓 | 得龍 |
| 趙恆惕摧殘工人之又一方式 | 重遠 |
| 赤色職工國際之東方策略 | 中夏 |
| 英國工團大會的污點 | 重遠 |
| 美國黑種工人要求加入工會 | 士炎 |
| 帝國主義之進攻與中國勞働運動 | 士炎 |
| 中國工人階級的責任 | 逸之 |
| 罷工的戰術 | 士炎譯 |

代售處：全國各大書坊

中国工人　广州全国总工会编　1924年10月

刊物登载邓中夏、赵世炎等指导工人运动的文章。1925年5月起此刊成为中华全国总工会机关报，以指导工人运动的复兴为首要任务。

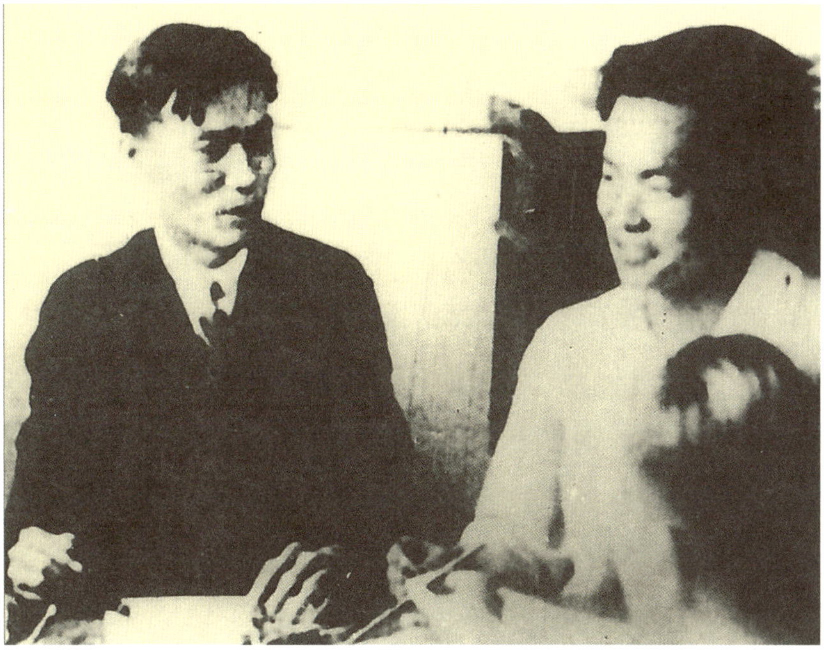

1925年7月6日，省港罢工委员会在广州成立，共产党员苏兆征（中）、邓中夏（右）任正、副委员长。图为罢工委员会在开会。

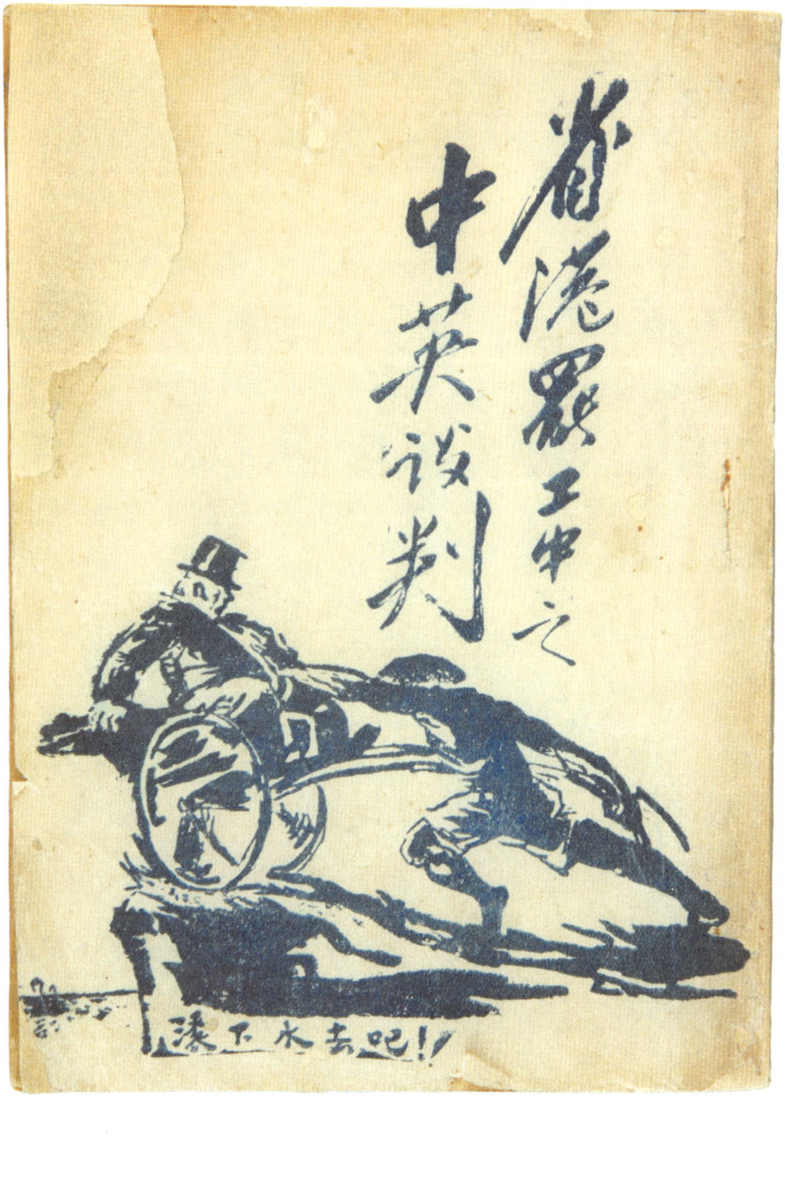


省港罢工中之中英谈判　邓中夏著　中华全国总工会省港罢工委员会宣传部　1926年7月

1925年中华全国总工会成立后，邓中夏任秘书长兼宣传部长，留在广州工作，不久参与组织和领导了著名的省港大罢工。本书为邓中夏著作，书前有苏兆征序及邓氏自序。

省港罢工概观　邓中夏著　中华全国总工会省港罢工委员会宣传部　1926年8月

1926年8月31日省港罢工委员会宣传部印行，共33页，由于当时经费困难和急需发行，故先以油印本行之，因所印无多，同年又特许广州国光书店重印2000本发售。

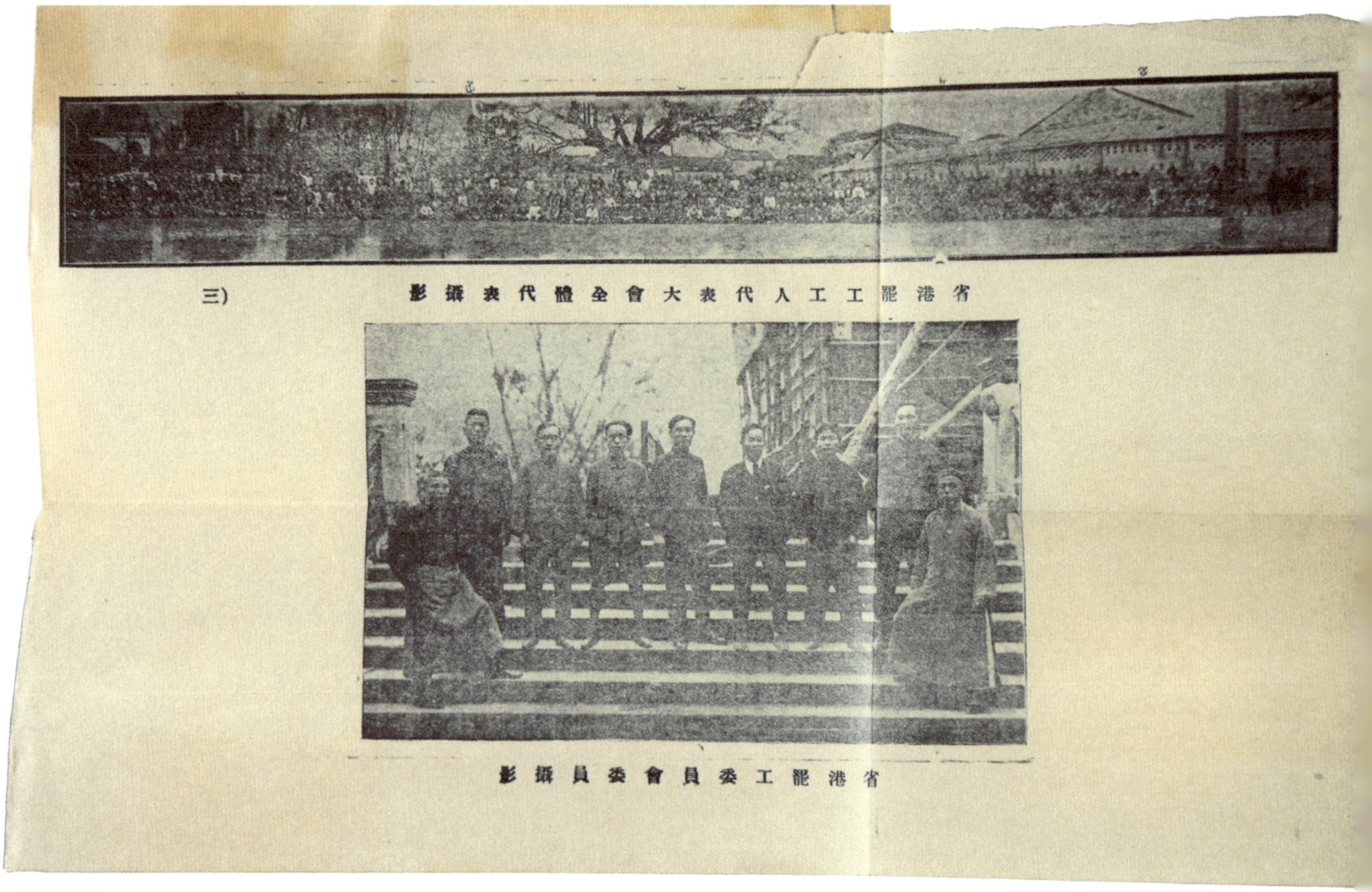


合影照片。

商务印书馆的职工积极参加了五卅运动。图为该馆发行所职工会第一届执委会委员合影。前排左3为陈云。

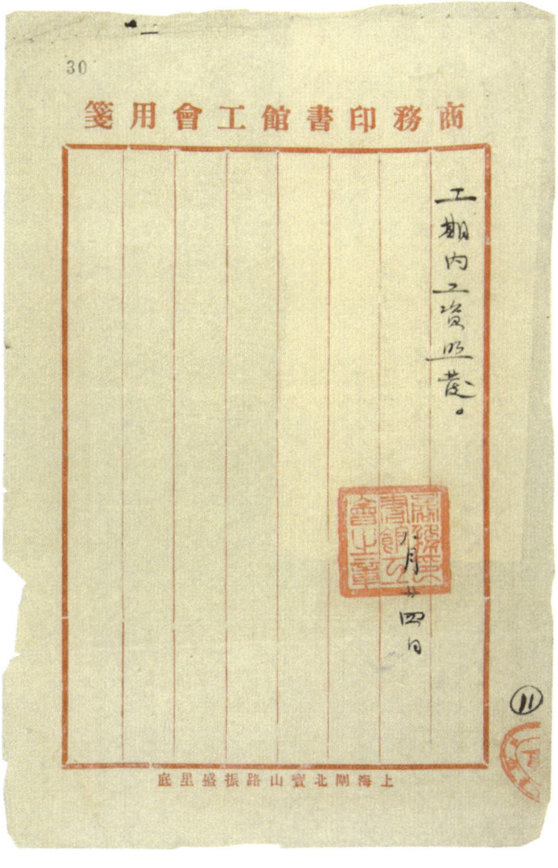

商務印書館工會用箋

工棚內工資照發。

八月廿四日

上海閘北寶山路振盛里底

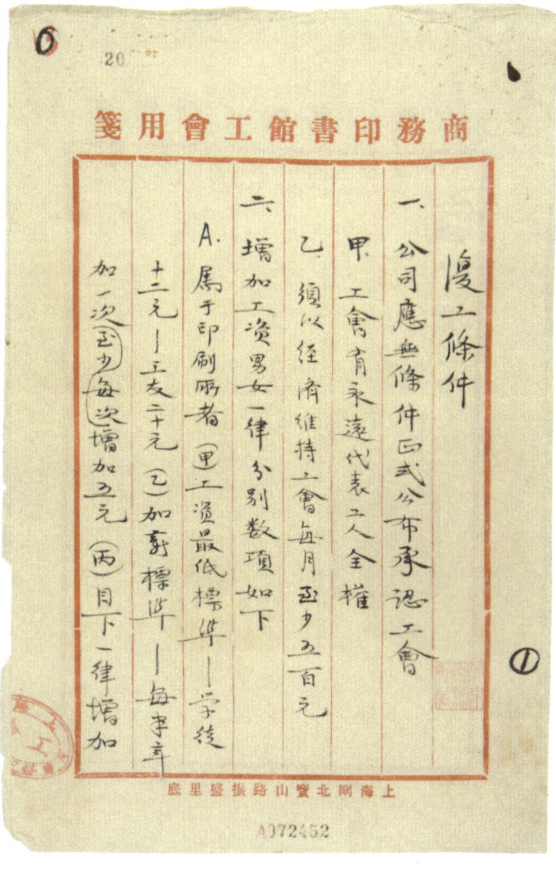

商務印書館工會用箋

復工條件

一、公司應無條件正式公布承認工會

甲　工會有永遠代表工人全權

乙、須以經濟維持工會每月至少五百元

六、增加工資男女一律分別數項如下

A. 屬手印刷所者　(甲)工資最低標準——學徒十二元——工友二十元　(乙)加薪標準——每半年加一次至少每次增加五元　(丙)目下一律增加

上海閘北寶山路振盛里底

复工条件　沈雁冰起草　毛笔手书原稿　1925年

沈雁冰（1896−1981），原名沈德鸿，字雁冰，笔名茅盾，浙江桐乡人，著名文学家、政治活动家。1921年7月，沈雁冰成为中国共产党第一批党员。他利用在商务印书馆编译所任编辑的便利，承担了中央秘密联络员的任务，并积极在商务职工中宣传普及马克思主义，发展党员。1925年8月，商务印书馆爆发了“要求加薪及平等待遇大同盟罢工”。8月24日，13位职工代表举行联席会议，商订复工条件，沈雁冰负责执笔起草谈判文件，在会议当场写成了这份《复工条件》。《复工条件》包括“公司应无条件正式公布承认工会”、“增加工资”、“减短每日工作时间”等九项内容。这次罢工最终取得了胜利，但沈雁冰却从此受到反动派的注意，不得不离开商务印书馆。1954年，此稿由高等教育出版社捐赠国家图书馆。

1925年5月30日，在党的领导下，以上海工人为主体，中国人民掀起了五卅反帝爱国运动，显示了中国各阶层民众在无产阶级领导下联合斗争的威力，给了帝国主义和军阀势力一次前所未有的打击，对中华民族的觉醒和国民运动的发展起了巨大的推动作用，它标志着中国大革命高潮的到来。党在领导五卅运动的斗争中，受到了锻炼，得到了发展，积累了经验，扩大了影响。

五卅运动中的上海。

（一） 熱血日報

# 熱血日報

民國十四年六月四日

每份銅元一枚

◁第一號▷

## 發刊辭

洋奴，冷血，這是一般輿論所加於上海人的徽號了！可是現在全上海市民的熱血，已被外人的鎗彈燒得沸騰到頂點了；尤其是大馬路上學生工人同胞的熱血，已經把洋奴冷血之恥辱洗滌得乾乾淨淨。 民[illegible]自由的爭鬥是一個普遍的長期的爭鬥，不但上海市民的熱血要持續的沸騰着，并且空間上要用上海市民的熱血，引起全國人的熱血；時間上要用現在人的熱血，引起繼起者的熱血。 創造世界文化的是熱的血和冷的鐵，現世界強者占有冷的鐵，而我們弱者只有熱的血；然而我們心中果然有熱的血，不愁將來手中沒有冷的鐵，熱的血一旦得着冷的鐵，便是強者之末運。 本報特揭此旨，敢告國人！

## 外國軍隊到處橫行

▲日海軍陸戰隊巡行示威

▲美兵又打死工人學生

▲閘北保衛團拘捕美兵之快舉

昨日本埠外國軍隊壓迫示威之形勢依[illegible]嚴重、虹口日本人居留地一帶、日本之海軍陸戰隊列隊往來、梭巡不絕、海寧路捕房前滿駐美兵，衣藍色軍服、遇有學生走過即作勢威嚇、楊樹浦方面、美兵見中國人即打、一學生二工人皆被打死、閘北則竟有美兵三人闖入中國地界、意欲拘捕在街上講演之學生、中國保衛團以其帶鎗闖入華界、有違章程、當即將該三美兵拘捕、押往閘北保衛團看押、觀者拍手稱快、綜觀各處狀況、因各國海軍陸戰隊之上岸及暴行之增加而人心愈加激動、風潮又有擴大之趨勢。

## 罷工抵制之風起雲湧

▲昨日繼起罷工者又有二十八處

▲英美煙廠及碼頭工皆已罷工

▲誓取一致行動堅持到底

昨日繼起罷工者又有二十八處、紛紛開會組織、響應學商各界之反抗租界當局運動、小沙渡各工廠之罷工者內外棉各廠、日華、同興等共二十四廠、屬于日人所辦者二十廠、中國人所辦者四廠、罷工人數達四萬以上、租界電車罷工迄今已有三日、初一二號電車因外人強制開車、故未全罷、但至今日、一二路開車及賣票員皆已罷工、中國電車工人皆已罷工、全市電車皆已停駛、一路電車今由外人自己開駛、英美煙公司各間工人自南京路屠殺案發生、皆異常憤激、早欲罷工、以外人監視甚嚴而未果、昨日該廠工人秘密集議、決定今日罷工、且擬加入上海總工會、取一致行動、電話接線生五百人已組織電話接線生工會、特別通知內外棉紗廠、請求加入總工會、又上海碼頭工人亦已于昨日全體罷工、各輪船水手亦將繼起、總計二十八處、凡外國人在華之一切工業及機關、幾已全體罷工、工人之熱烈，甚于商人、聲言平日深受外國廠主之虐待、誓必堅持到底、非租界當局完全承認市民要求、決不開工云。

## 聖約翰罷課之內幕

▲校長與學生之衝突斥學生為強盜學生宣言反對教會

聖約翰大學學生、前日(二日)因響應罷課事與該校校長發生衝突、該校校長親自把守校門、不許學生外出、并面斥學生、謂本校誤養一班強盜、學生受斥大憤、立即召集全體會議謀對付、該校校長得訊大驚、深悔不應對學生如此侮辱、遂向學生賠禮、希圖消熄罷課風潮、但該校學生意極堅決、認校長賠禮已遲、非罷課不可、故自前日起、聖約翰大學男女生已一律罷課、并聞該校學生同時宣言反對基督教云、記者昨晤一約翰學生、據云昨日本埠各報登載約翰罷課新聞全非事實、係由校長方面造謠送登者、該校學生非得此次運動解決決不上課、所謂八日上課云云、全非學生之意云。

## 日人利用風潮收買華人之陰謀

據某方面消息，此次風潮，原起於日本紗廠，然自南京路慘劇發生以來，日人有借此移禍於英工部局之陰謀。 英人向在納稅會中占大多數，蓋英人頂替華人產主者居多，工部局董事中，因此亦以英人占大多數。 故日人方面頗有暗中收買華人之計畫，使在交涉時提出減少英人投票及董事人數之條件云。

## 其他消息彙誌

▲「六三」紀念學生大遊行 昨日（六月三日）適逢六年前上海大衆運動之紀念日、上海學生一月前早已籌備紀念「六三」、接此次大屠殺之後、參加此紀念會之人數益見增多、昨日到會者有七十餘校學生、共二萬餘人、為滬上罕見之遊行、從午後二時起南市滬軍營內學生陸續到齊即舉行遊行、經過南市各重要街道、至大東門散隊、遊行中群眾異常熱烈、并手持小旗、上書「收回上海租界」「取消領事裁判權」「誓為被殺學生及工人報仇」「打倒帝國主義」「抵制日貨」諸標語云、

▲日人打死西崽 此次大罷市罷工聲中、在外人機關或住宅服務之西崽亦迭次開會討論罷工、反抗外人之強暴、昨日楊樹浦方面聞某日人因壓迫西崽做工、起衝突致打死一西崽云、

▲商務印書館編輯員募捐救濟罷工工人 昨日商務印書館編輯員在該公司範園中號地開會、決定每人捐出得薪水之半作為援助各處罷工工人之用、聞該編輯部同人並向公司方面要求捐每日贏餘之半為同一用途云。

## 五月三十日—三十一日—六月一日—二日上海外國巡捕屠殺市民之略述

舒嚴

屠殺慘劇之因由 此次大屠殺的發生：從遠點說，自然是因為帝國主義幾十年侵略中國，及最近變本加厲壓迫中國人民之結果。 反帝國主義的心理和思想，自歐戰以來，已一天一天地普遍於全中國被壓迫的民衆。 到最近仇恨帝國主義，幾為沿海各埠及內地各大都會一般市民所共有的心理，於這幾日屠殺後，上海一般市民的表示，便更明白了。 這便是必然要激起帝國主義決意屠殺中國人民之主因。

此次屠殺之直接的原因自然也因受帝國主義壓迫而起。 本年二月上海日商紗廠四萬餘人罷工不得勝利而上工之後，日本資本家越發橫行無

热血日报　瞿秋白主编　1925年6月4日

《热血日报》是中国共产党历史上的第一份日报。创刊号上“热血日报”四个报头字为瞿秋白题写。瞿秋白不仅负责报纸的主编工作，还是报纸的主要撰稿人。《热血日报》只出了24期，6月29日就被租界巡捕房查封而停刊。它在中国现代革命史和新闻史上写下了光辉的一页。

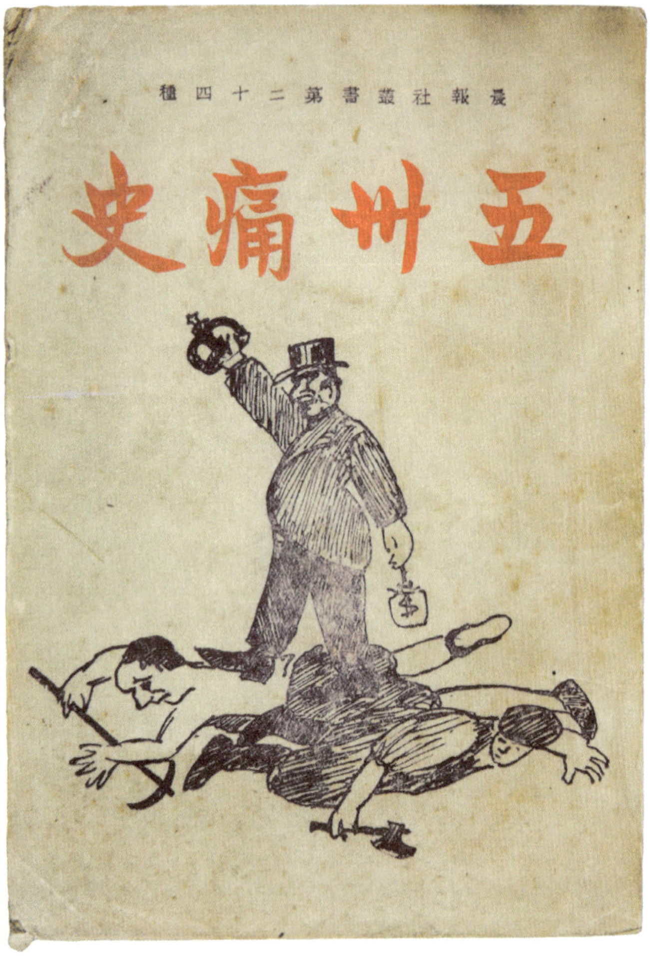
晨報社叢書第二十四種

五卅痛史

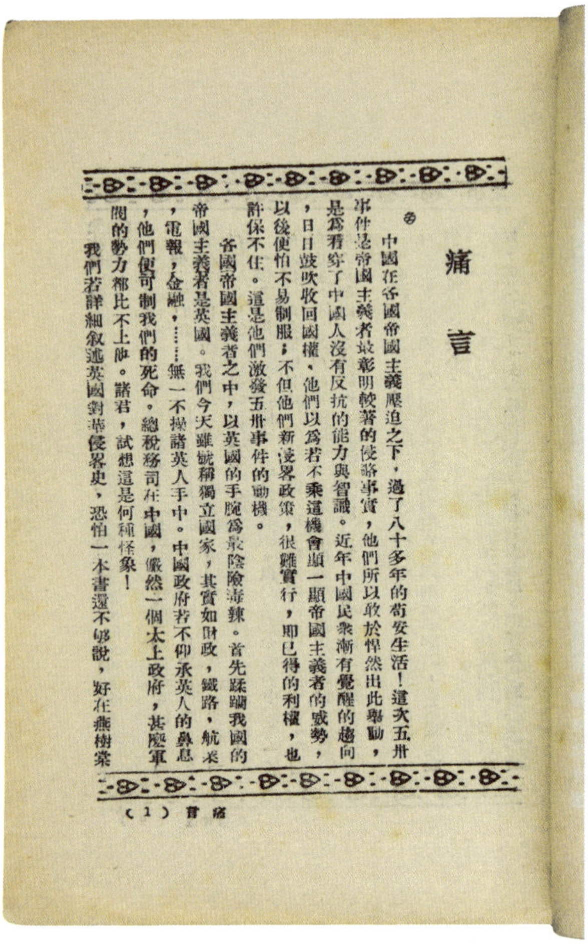
痛言

中國在各國帝國主義壓迫之下，過了八十多年的苟安生活！這次五卅事件是帝國主義者最彰明較著的侵略事實，他們所以敢於悍然出此舉動，是爲看穿了中國人沒有反抗的能力與智識。近年中國民衆漸有覺醒的趨向，日日鼓吹收回國權，他們以爲若不乘這機會顯一顯帝國主義者的威勢，以後便怕不易制服；不但他們新侵畧政策，很難實行，即已得的利權，也許保不住。這是他們激發五卅事件的動機。

各國帝國主義者之中，以英國的手腕爲最陰險毒辣。首先蹂躪我國的帝國主義者是英國。我們今天雖號稱獨立國家，其實如財政，鐵路，航業，電報，金融，……無一不操諸英人手中。中國政府若不仰承英人的鼻息，他們便可制我們的死命。總稅務司在中國，儼然一個太上政府，甚麼軍閥的勢力都比不上他。諸君，試想這是何種怪象！

我們若詳細叙述英國對華侵畧史，恐怕一本書還不够說，好在燕樹棠

痛言（1）

北京各界總示威遊行

圖爲六月二十五日，總示威隊經過宣武門大街之情景。當頭懸牛旗者，即晨報社也。

五卅痛史　晨报编辑处、清华学生会合编　1925年7月

本书详细介绍了五卅惨案的由来、经过，并且配以死难者的照片，是研究五卅运动的珍贵史料。

五卅后之上海学生　上海学生联合会编印　1925年12月

本书对五卅运动时期的上海学生运动作了详细的记载，强调了学生在群众运动中的作用。

东方杂志·五卅事件临时增刊　商务印书馆编辑出版　1925年7月

商务印书馆编辑出版的《东方杂志·五卅事件临时增刊》是五卅运动中上海期刊界独一无二的号外，表现出鲜明的反对帝国主义、支持群众运动的爱国倾向。

## 北伐战争

1926年至1927年间，国共两党共同组织进行了反对帝国主义和北洋军阀的革命战争。在中国共产党的领导下，广大工农群众对北伐战争给予了强有力的支援，使国民革命军迅速地向前推进，取得了辉煌的战果。

1925年7月，国民政府在广州成立，将所辖部队改称国民革命军。1926年7月，以国共两党合作为基础的国民革命军在广州誓师，正式开始北伐。

北伐军攻打武昌时的女子救护队。

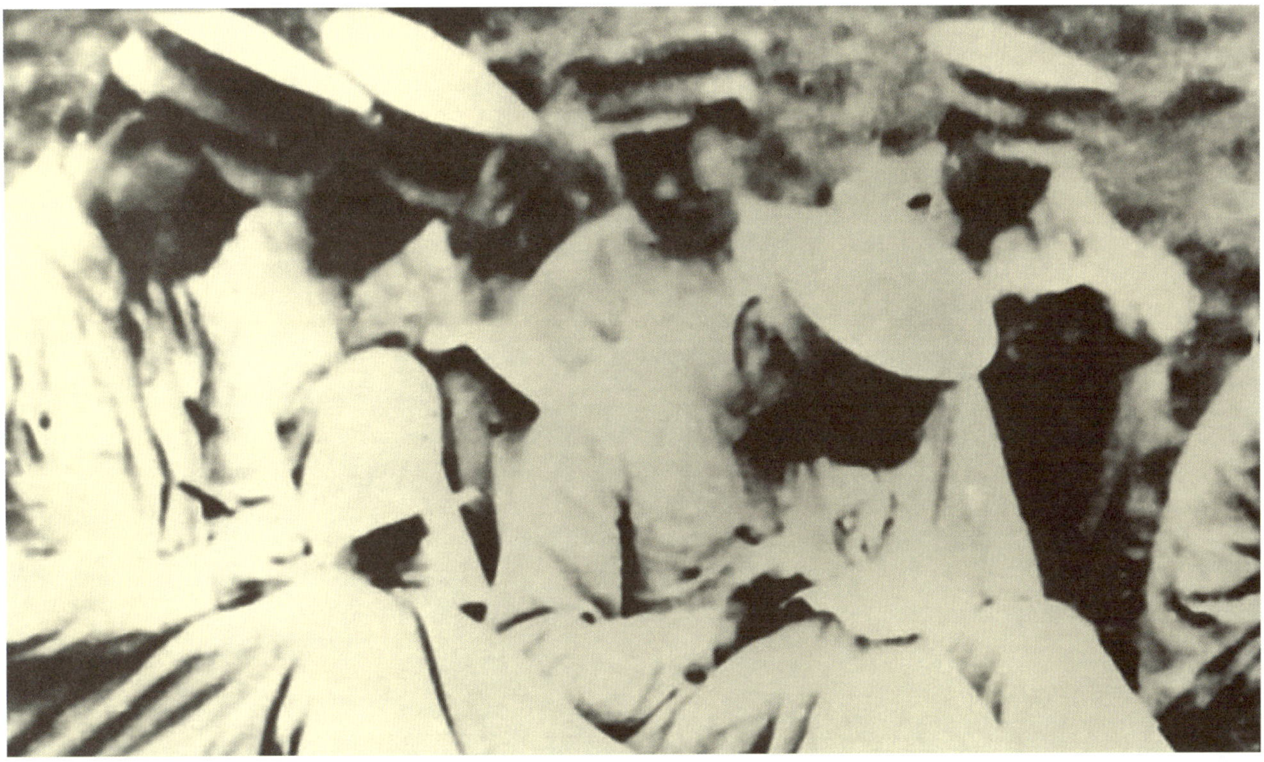

叶挺独立团在北伐中一马当先，战功赫赫，为第四军赢得“铁军”称誉。图为独立团战士在刻苦学习。

共产国际代表鲍罗廷在武汉向群众做宣传。

1926年9月17日，得到苏联和中共帮助的冯玉祥部队在绥远五原誓师，参加国民革命。图为冯玉祥（左）与北伐军总政治部副部长刘伯坚（右）在誓师大会上。

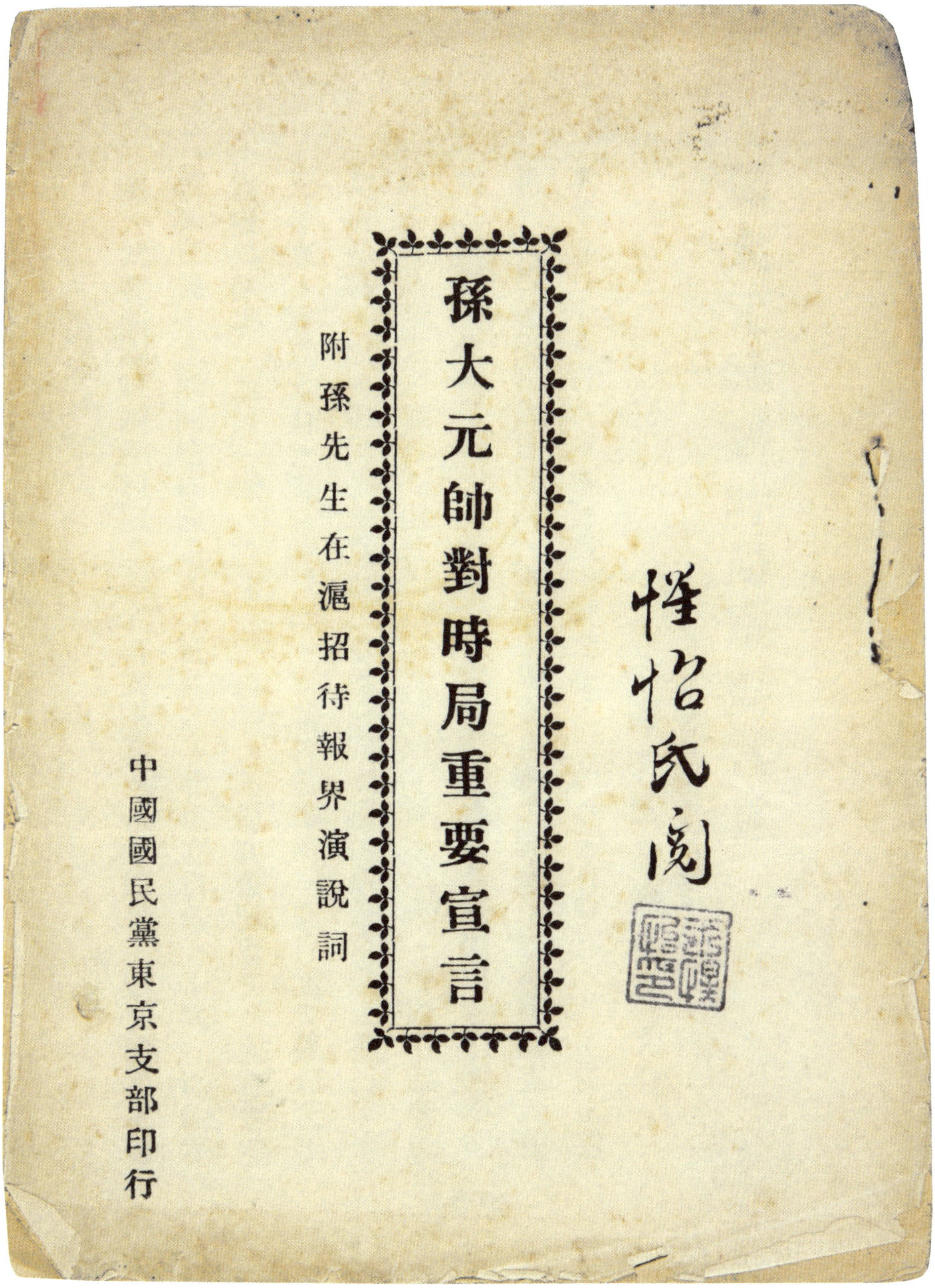


孙大元帅对时局重要宣言　孙中山著　中国国民党东京支部　1924年11月10日

孙中山晚年重要著作之一。《宣言》结合当时的历史背景，将北伐之目的从经济、农业、工业、文化等方面作了详细的分析，号召武力与国民相结合，并提倡召集国民会议。“本党若能得国民之援助，则中国之独立、自由、统一诸目的，必能依于奋斗而完全达到”。

政治工作须知：第十九种　国民革命军总司令部政治部编印　1926年

本须知阐述军队中政治工作的必要性，指出要让士兵明白阶级的意义，从看清生产的问题、阶级的来源、生产的分化认识到国民革命军是不同于其他军队的构成。

北伐专号　中国国民党中央军人部编印

本书内容为当时发表的一系列有关北伐的文章，其中有蒋介石发表的《出师的意义之一》，以及《为国民革命军北伐告各界民众书》、《北伐与中国之将来》、《后方人民的责任》、《北伐的意义和我们的工作》、《北伐声中之面面观》等等。

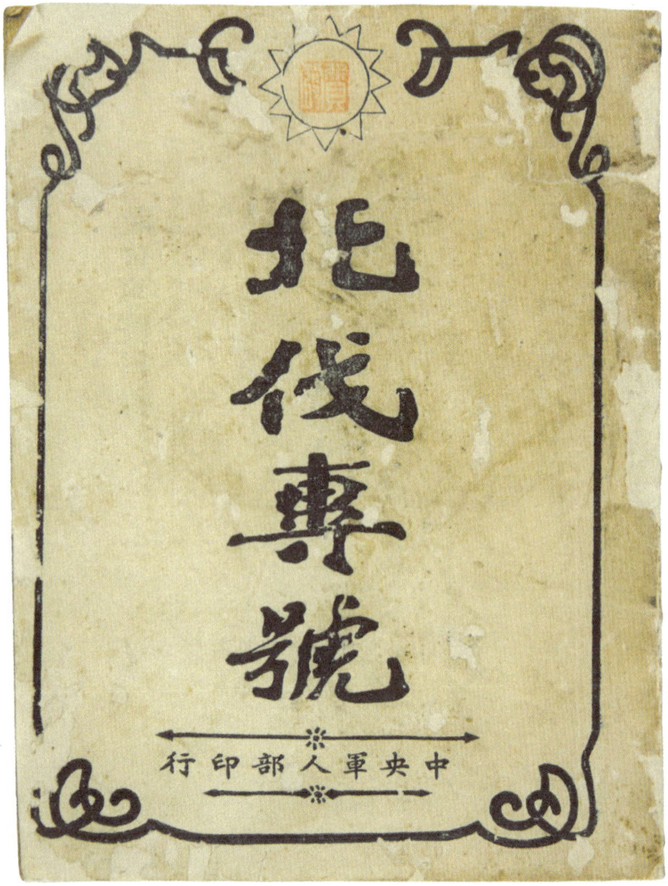


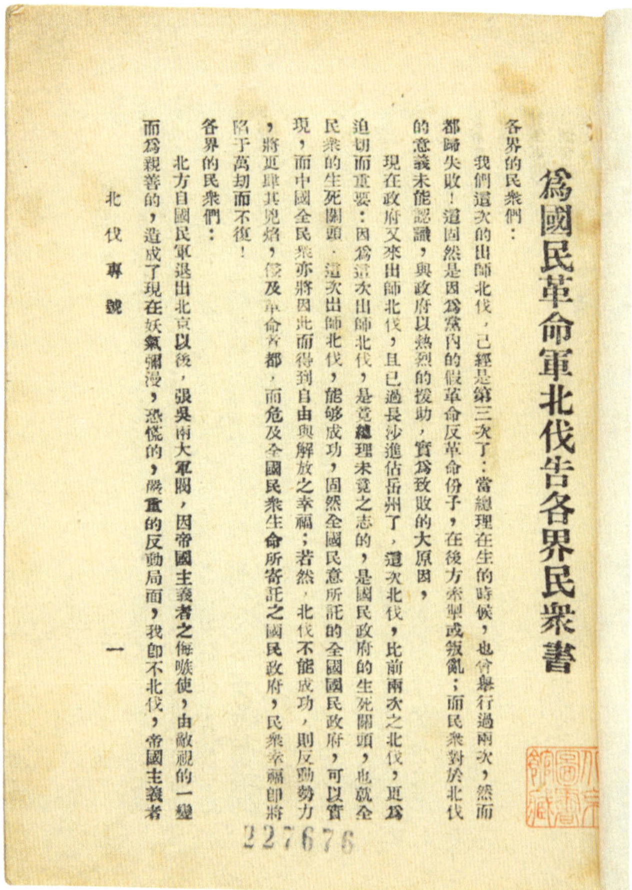

爲國民革命軍北伐告各界民衆書

各界的民衆們：

我們這次的出師北伐，已經是第三次了：當總理在生的時候，也曾舉行過兩次，然而都歸失敗！這固然是因爲黨內的假革命反革命份子，在後方牽掣或叛亂；而民衆對於北伐的意義未能認識，與政府以熱烈的援助，實爲致敗的大原因，

現在政府又來出師北伐，且已過長沙進佔岳州了，這次北伐，比前兩次之北伐，更爲迫切而重要：因爲這次出師北伐，是竟總理未竟之志的，是國民政府的生死關頭，也就全民衆的生死關頭。這次出師北伐，能够成功，固然全國民意所託的全國國民政府，可以實現，而中國全民衆亦將因此而得到自由與解放之幸福；若然，北伐不能成功，則反動勢力，將更肆其兇焰，侵及革命者都，而危及全國民衆生命所寄託之國民政府，民衆幸福卽將陷于萬刧而不復！

各界的民衆們：

北方自國民軍退出北京以後，張吳兩大軍閥，因帝國主義者之悔嗾使，由敵視的一變而爲親善的，造成了現在妖氣彌漫，恐慌的，嚴重的反動局面，我卽不北伐，帝國主義者

北伐專號　一

227676

从1926年3月到1927年3月，在中国共产党的领导下，上海工人为配合北伐战争，连续举行了三次武装起义，沉重地打击了帝国主义和封建军阀的反动统治。

参加武装起义的工人在操练。

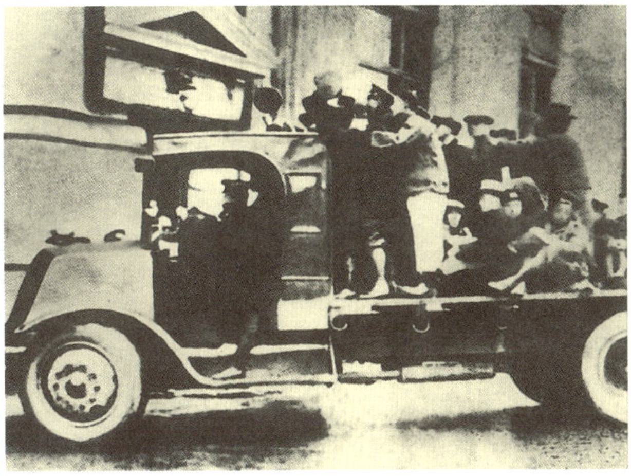

在第三次武装起义中，上海邮务工人驱车前往闸北参加战斗。

第三次武装起义胜利后，上海总工会组织了2700人的工人纠察队，图为成立大会会场。

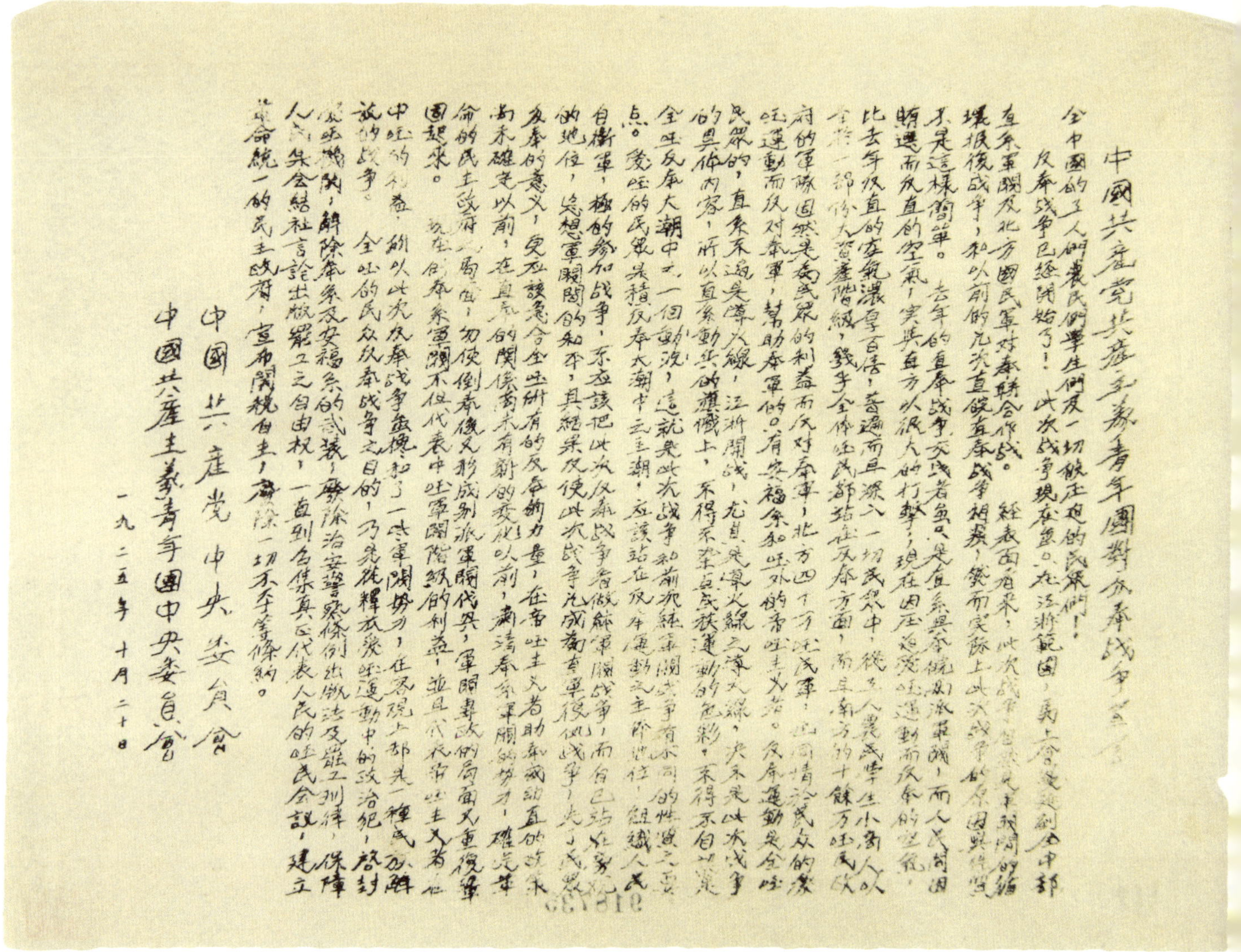

中國共產党共產主義青年團對反奉战争宣言

全中國的工人們農民們學生們及一切被压迫的民眾們！

反奉战争已經開始了！此次战争現在虽只在江浙範围，馬上會蔓延到全中部直系軍閥及北方国民軍对奉联合作战。經表面看來，此次战争[illegible]的循環报復战争，和以前的几次直皖直奉战争相类，然而实際上此次战争的原因與性質不是這樣簡單。去年的直奉战争，参战者虽只是直系與奉系派系战爭，而人民對因賄選而反直的空氣，实與直方以很大的打擊，現在因压迫愛国運動而反奉的空氣，比去年反直的空氣濃厚百倍，普遍而且深入一切民眾中，從工人農民學生小商人以至於一部份大資產階級，幾乎全体国民都站在反奉方面，而且南方的十餘万国民政府的軍隊固然是為民眾的利益而反对奉軍，北方四十万国民軍也同情於民众的愛国運動而反对奉軍，幫助奉軍的只有安福系和国外的帝国主义者。反奉運動是全国民眾的，直系不過是導火線，江浙開战，尤其是導火線之導火線，決不是此次战争的具体内容，所以直系動兵的旗幟上，不得不襲取民族運動的色彩，不得不自以為是全国反奉大潮中之一個動流，這就是此次战争和前次純粹軍閥战争有不同的性質之要点。愛国的民眾是積反奉大潮中之主潮，应該站在反奉運動之主体地位，組織人民自衛軍，積極的參加战争，不应該把此次反奉战争看做純軍閥战争，而自己站在旁觀的地位，总想軍閥們的和平，其結果反使此次战争完成為帝国主義後援的战争，失了民眾反奉的意义，更应該急合全国所有的反奉勢力，在帝国主义者助奉戒動直的政策尚未確定以前，在直系的關係尚未有新的变化以前，肅清奉系軍閥的勢力，確定革命的民主政府之局面，切使倒奉後又形成別派軍閥代興，軍閥專政的局面又重復來。

現在的奉系軍閥不但代表中国軍閥階級的利益，並且代表帝国主义者在中国的利益，所以此次反奉战争雖攙和了一些軍閥勢力，在客觀上卻是一種民族解放的战争。全国的民众反奉战争之目的，乃是釋放愛国運動中的政治犯，啟封愛国機關，解除奉系及安福系的武裝，廢除治安警察條例出版法及罷工刑律，保障人民集会結社言論出版罷工之自由权，一直到召集真正代表人民的国民会議，建立革命統一的民主政府，宣布關稅自主，廢除一切不平等條約。

中國共產党中央委員會

中國共產主義青年團中央委員會

一九二五年十月二十日

中国共产党共产主义青年团对反奉战争宣言　中国共产党中央委员会　中国共产主义青年团中央委员会　1925年10月20日　复制品

宣言对反奉战争的原因、性质、目的以及作战思路作了分析和定位。指出“此次反奉战争虽搀和了一些军阀势力，在客观上却是一种民族解放的战争”。

国民革命　恽代英编　中央军事政治学校政治部宣传科　1926年9月

本书系“政治讲义第二种”，内容分为三部分：（一）革命的意义；（二）中国的革命运动；（三）我们的力量。书前有作者的“编辑大意”，指出本书意在使本校学生明了革命的意义，打破一般流俗对于革命之误解；并能根据革命的正确意义了解中国革命运动之何以必然发生，与其何以必然成功，借以确定革命之观点，了解本党主义与革命策略，确实为中国民族唯一之生路。

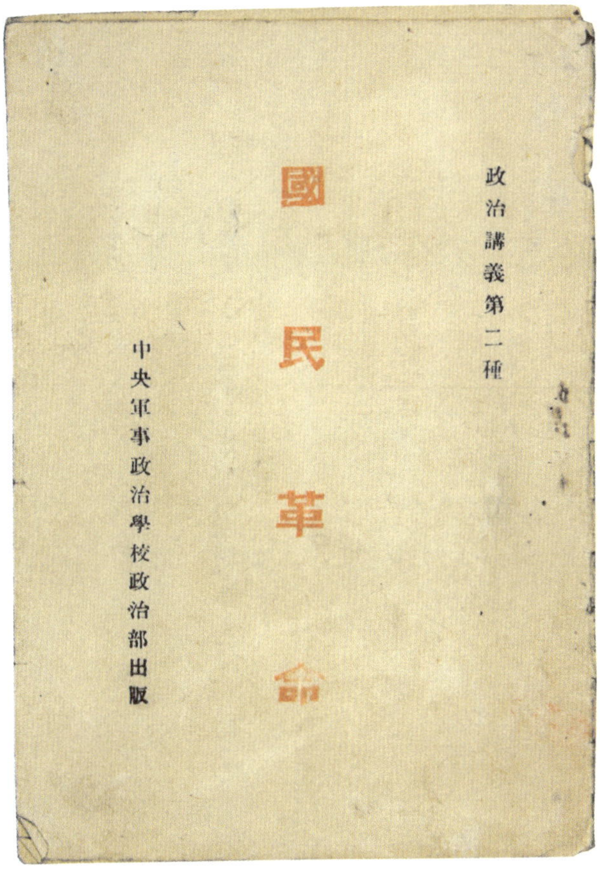


中国共产党五年来之政治主张　向导周报社　1926年5月

封面印有“全世界无产者联合起来！”字样。包括第二次至第四次全国大会宣言，以及四次对时局的主张的论述，阐明了中国共产党对当时时局的看法，号召全国人民起来奋起反抗帝国主义、北洋军阀的残暴统治及对工农运动的血腥镇压。

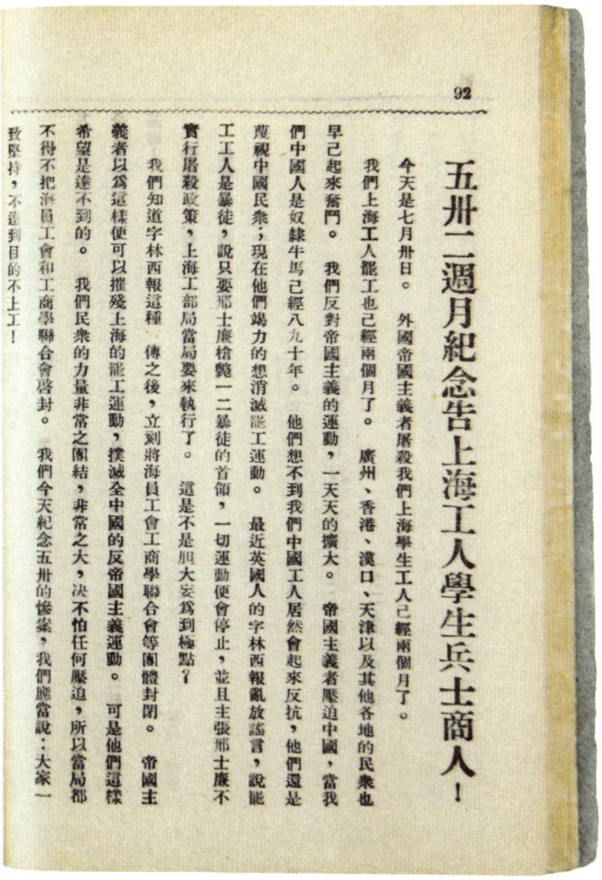

92

五卅二週月紀念告上海工人學生兵士商人！

今天是七月卅日。 外國帝國主義者屠殺我們上海學生工人已經兩個月了。

我們上海工人罷工也已經兩個月了。 廣州、香港、漢口、天津以及其他各地的民衆也早已起來奮鬥。 我們反對帝國主義的運動，一天天的擴大。 帝國主義者壓迫中國，當我們中國人是奴隸牛馬已經八九十年。 他們想不到我們中國工人居然會起來反抗，他們還是蔑視中國民衆；現在他們竭力的想消滅罷工運動。 最近英國人的字林西報亂放謠言，說罷工工人是暴徒，說只要邪士廉槍斃一二暴徒的首領，一切運動便會停止，並且主張邪士廉不實行屠殺政策，上海工部局當局要來執行了。 這是不是胆大妄爲到極點？

我們知道字林西報這種[illegible]傳之後，立刻將海員工會工商學聯合會等團體封閉。 帝國主義者以爲這樣便可以摧殘上海的罷工運動，撲滅全中國的反帝國主義運動。 可是他們這樣希望是達不到的。 我們民衆的力量非常之團結，非常之大，決不怕任何壓迫，所以當局都不得不把海員工會和工商學聯合會啓封。 我們今天紀念五卅的慘案，我們應當說：大家一致堅持，不達到目的不上工！

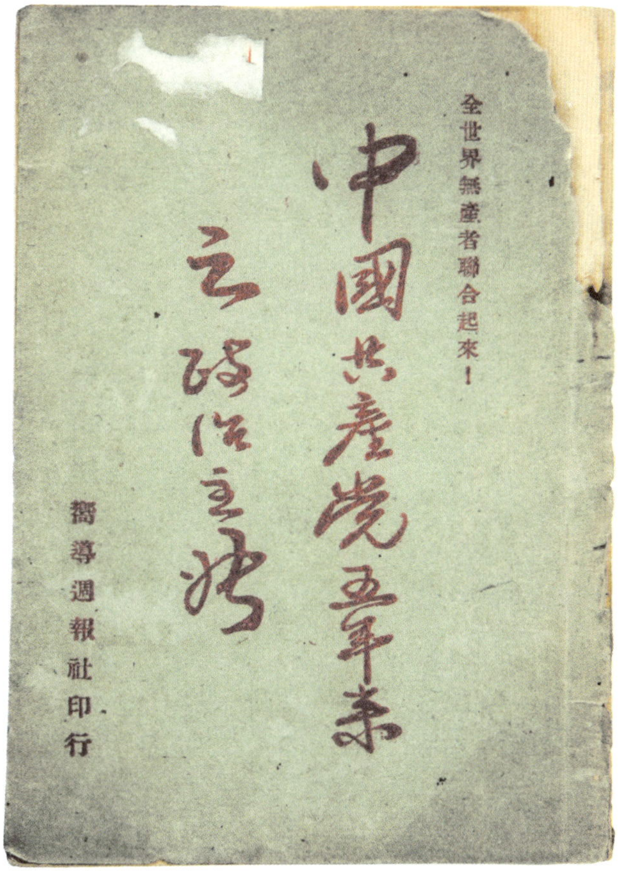

政治生活　第65期　列宁纪念号　中共北方区委编辑　1926年

中共北方区委机关刊物。该刊为纪念列宁同志逝世二周年发行专刊——“列宁纪念号”，系统地阐述了列宁主义思想的理论知识、列宁同志的生平及其对苏联革命运动产生的深远影响，以及列宁主义对中国革命运动的指导意义。

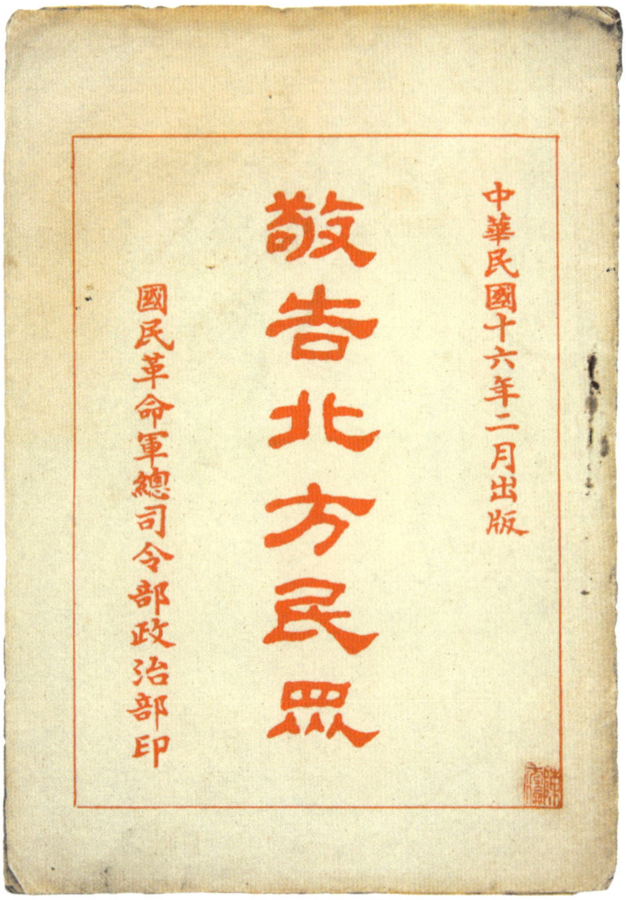


敬告北方民众　国民革命军总司令部政治部编印　1927年2月

北伐战争期间编印发行。该书陈述了国民革命军进行北伐推翻北洋政府的理由，向广大群众宣传了北伐战争的积极意义——反对帝国主义、反对军阀割据、实行三民主义、统一全国。该书对研究大革命时期的历史具有十分重要的作用。

李大钊领导的中共北方区委在北洋军阀统治区内，开展着艰苦的斗争。

1926年3月18日，中共北方区委领导北京十万群众集会，并举行反帝反军阀的游行示威，遭到段祺瑞政府的血腥镇压，造成“三一八”惨案。

1927年4月6日，李大钊被奉系军阀张作霖逮捕。28日，反动军阀将李大钊等二十名革命者绞杀在西交民巷京师看守所内。李大钊从容就义，时年38岁。

1926年3月，聚集在天安门前的民众高举旗帜，进行反帝反军阀的游行示威。

“三一八”惨案当日，段祺瑞政府卫队与群众对峙。

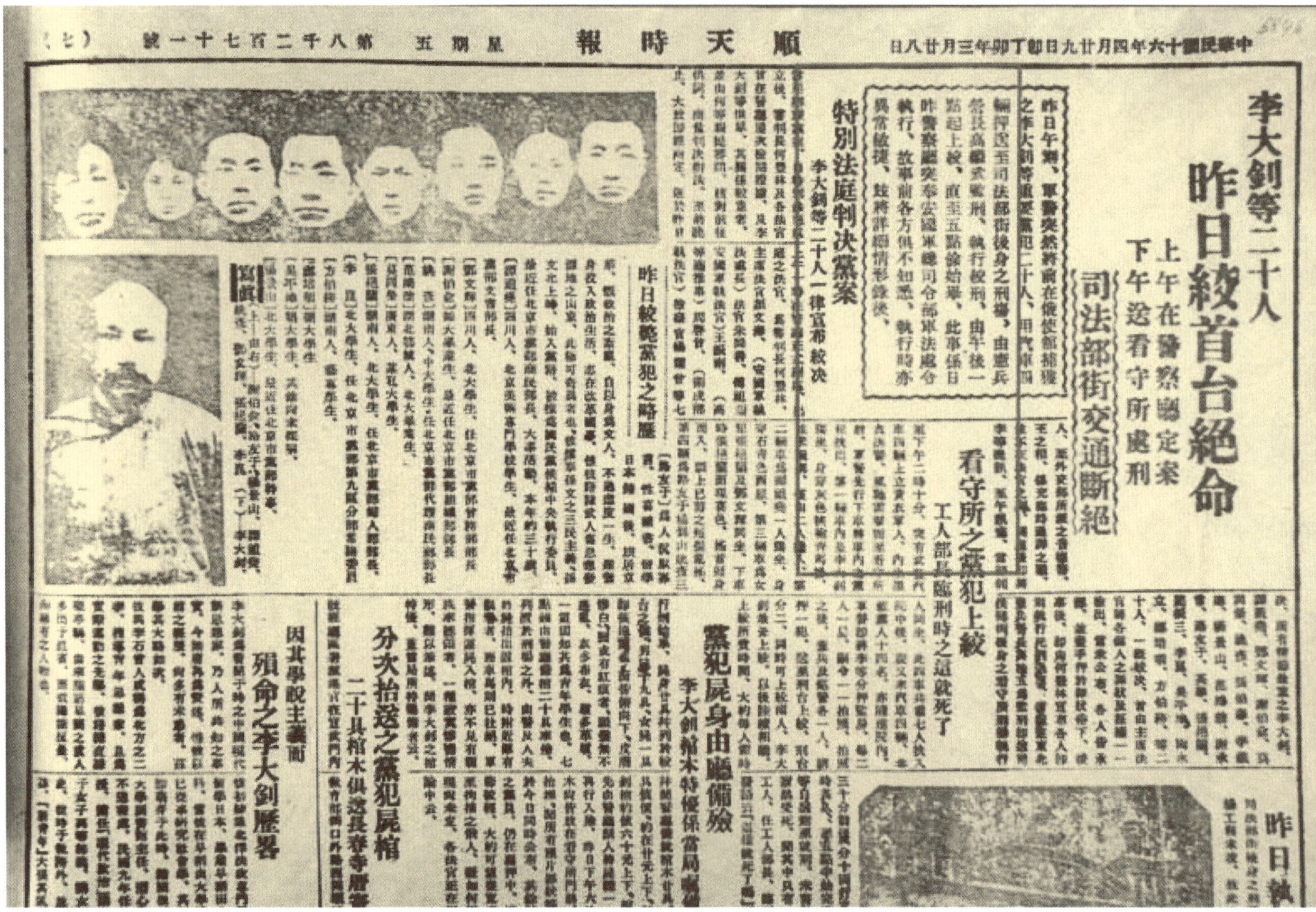
中華民國十六年四月廿九日 丁卯年三月廿八日　順天時報　星期五　第八千二百七十一號　（七）

李大釗等二十人昨日絞首台絕命

上午在警察廳定案 下午送看守所處刑

司法部街交通斷絕

昨日午刻、軍警突然將前在俄使館捕獲之李大釗等重要黨犯二十人、用汽車四輛押送至司法部街後身之刑場、由憲兵營長高繼武監刑、執行絞刑、由午後一點起上絞、直至五點始竣事、此事係自昨警察廳奉安國軍總司令部軍法處令執行、故事前各方俱不知悉、執行時亦異常秘捷、茲將詳細情形錄後、

特別法庭判決黨案

李大釗等二十人一律宣布絞決

看守所之黨犯上絞

工人部長臨刑時之道就死了

昨日絞斃黨犯之略歷

黨犯屍身由廳備殮

李大釗棺木特優係當局厚殮

分次抬送之黨犯屍棺

二十具棺木俱送長春寺暫厝

因其學說主義而殞命之李大釗歷略

昨日執

《顺天时报》对李大钊遇害的报道。

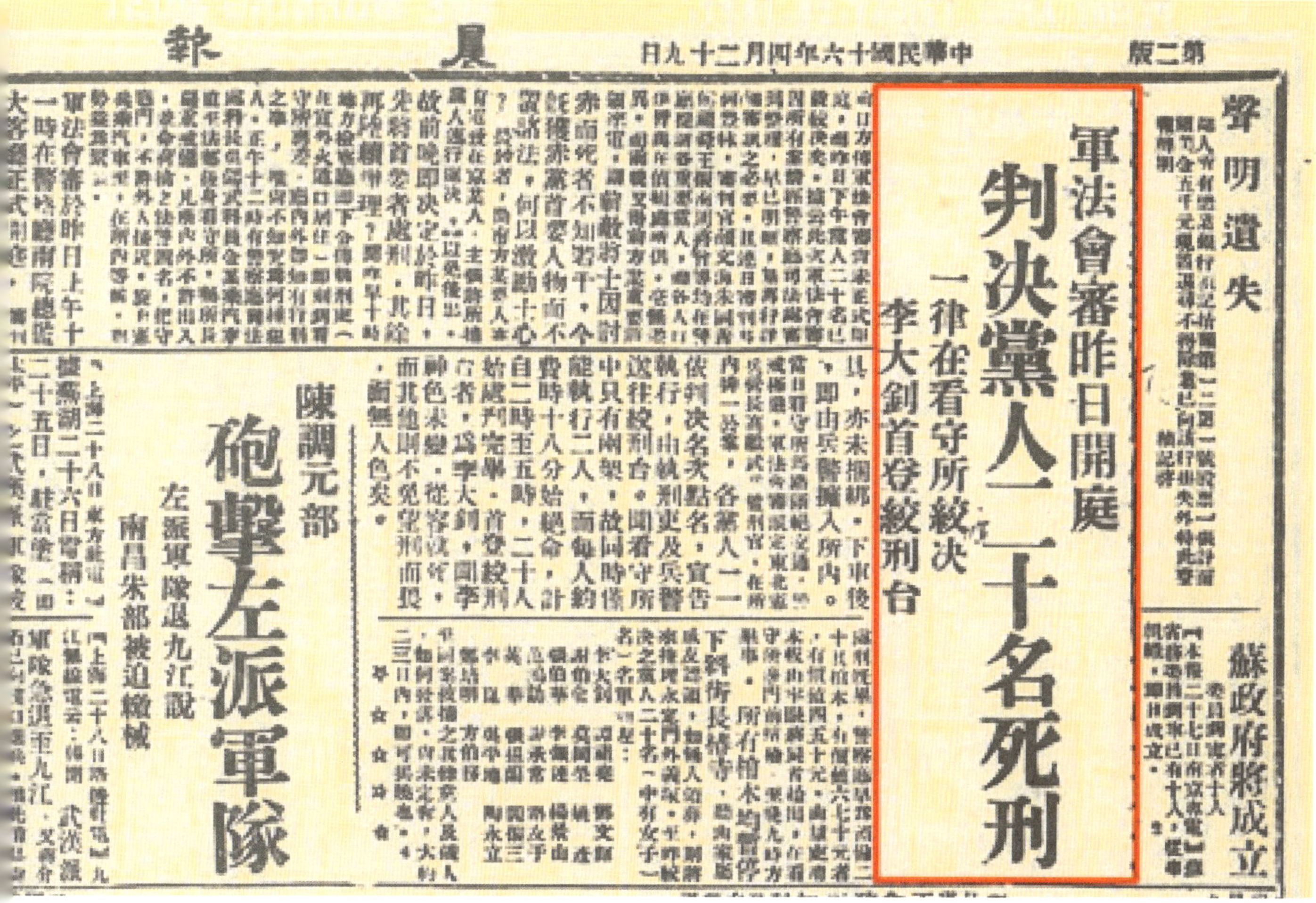

第二版　中華民國十六年四月二十九日　晨報

聲明遺失

軍法會審昨日開庭
判決黨人二十名死刑
一律在看守所絞決
李大釗首登絞刑台

蘇政府將成立

陳調元部
砲擊左派軍隊
左派軍隊退九江說
南昌朱部被迫繳械

《晨报》对李大钊遇害的报道。

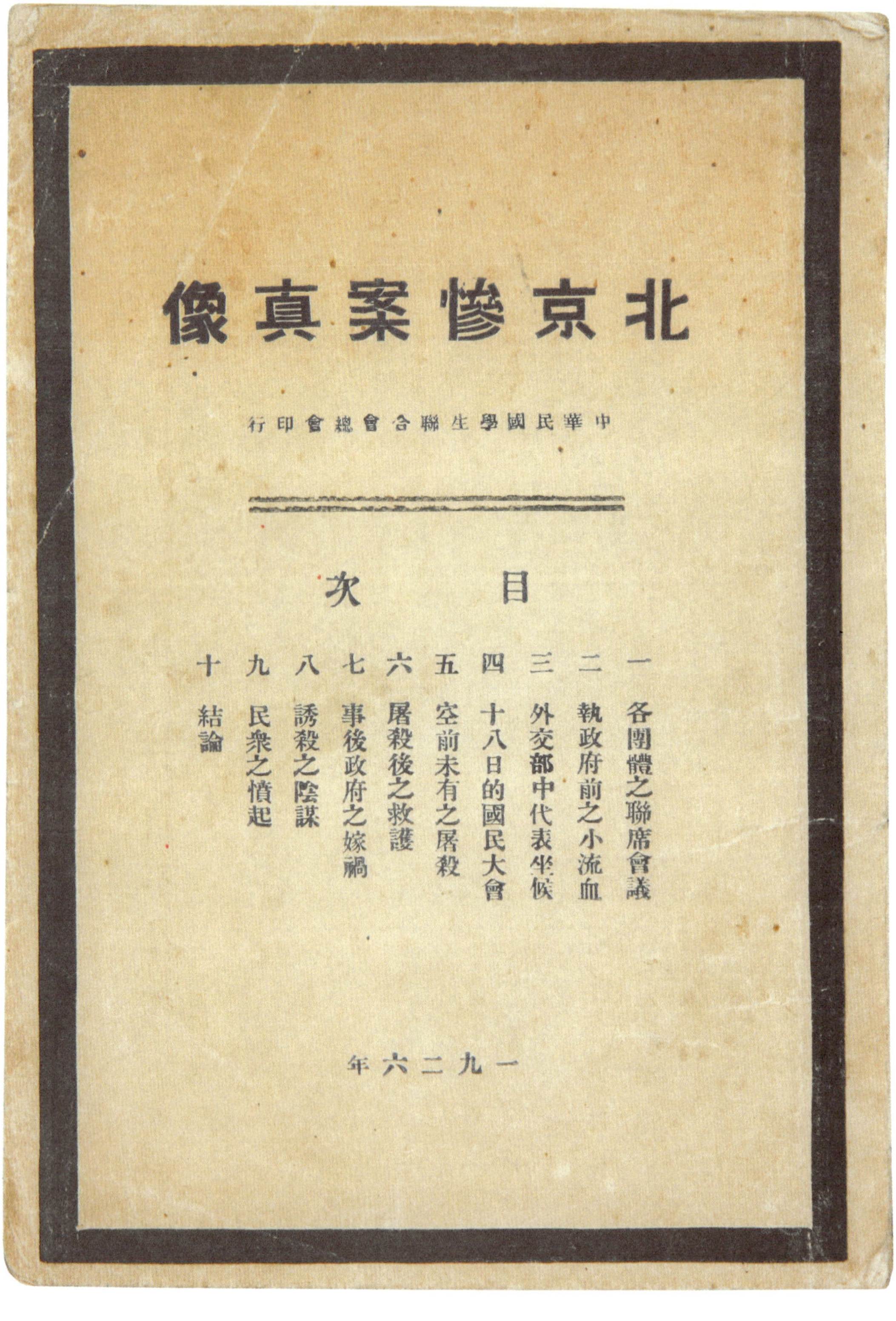
北京慘案真像

中華民國學生聯合會總會印行

目次

一 各團體之聯席會議
二 執政府前之小流血
三 外交部中代表坐候
四 十八日的國民大會
五 空前未有之屠殺
六 屠殺後之救護
七 事後政府之嫁禍
八 誘殺之陰謀
九 民衆之憤起
十 結論

一九二六年

北京惨案真像　中华民国学生联合会总会编印　1926年

1926年3月18日，在北京发生了“三一八”惨案，刘和珍等一大批爱国进步青年在此次惨案中牺牲。《北京惨案真像》全面地介绍了此次惨案发生的前因后果，揭露了段祺瑞执政府卖国求荣、屠杀我中华爱国儿女之罪恶，真实地再现了历史。

十八日天安門之國民大會（時報館製版）

要組織學生會的
要做學生運動的
要反對基督教的
學生，不可不看

全國學生總會印行的：

（一）第七屆全國學生代表大會決議案宣言
（二）反對關稅會議臨時代表大會決議案宣言
（三）反對基督教
（四）學生會與學生聯合會

以上四種，存書無多。各地同學，函索即寄，索寄一冊請附郵票二分，十冊二角，餘類推

• 此外尚有**中國學生**為全學生國總會出版之定期刊物，每週發行，定閱全年大洋一元，零售每期銅元四枚各地書店學生聯合會均有代售。

1

# 北京慘案真像

——全國學生總會北方特派員楊善南報告書——

北京愛國民眾因[illegible]議八國之侵略，而[illegible]段祺瑞之慘殺，死者四十餘，傷者數百，[illegible]空前未有之慘案，賣國的段祺瑞之於帝國主義誠能盡其忠孝之道矣。善南虎口餘生，[illegible]時境[illegible]，前仆後繼血肉橫飛之險狀，猶不寒而慄。嗚呼，死者已矣，生者奈何！茲將此次經過前後述之如下。

一 各團體之[illegible]席會議

三月十六日八國（此八國並非原來辛丑條約之八國，前訂辛丑條約八國是英，美，法，日，意，德，奧，俄；而此番之八國則為英，美，日，法，意，荷蘭，比利時，西班牙）最後通牒送至北京政府，且限四十四小時答覆，（即十八日下午）北京學生總會，北京總工會等[illegible]團體發出召集各團體緊急會議通告如下：

逕啓者，公使團近因國民軍反奉勝利，藉口辛丑條約，以最後通牒強迫國奉兩軍停止天津大沽口軍事行動。似此無理要求，顯係[illegible]張作霖延長中國內亂。敝團體等特定於本日下午一時在北大三院第二教室開各團體聯席會議，討論對日帝國主義方法。望各愛國團體屆時派代表參加，共同奮鬥為禱！

中國國民黨北京特別市黨部 北京學生總會 北京總工會 廣東外交代表團 中山主義實踐社 四川外交代表團 北大學生會 師大新華學會 新軍社 旅京山東同

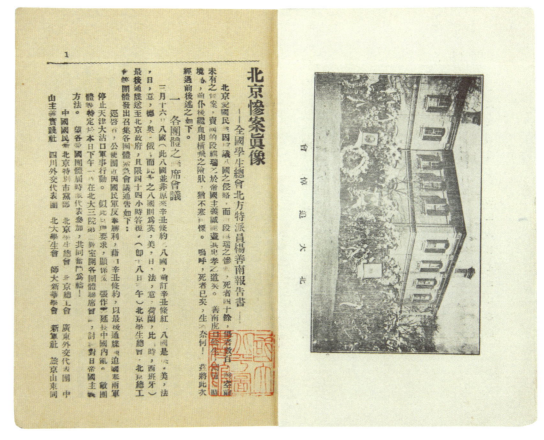

北大追悼會

## 大革命的失败

正当革命向前发展的紧要关头，蒋介石、汪精卫等国民党右派势力在帝国主义支持下，先后在上海和武汉发动反革命清党反共政变，血腥屠杀共产党人和革命群众，建立了新的军阀统治。致使第一次国共合作全面破裂，轰轰烈烈的大革命遭到了失败。从1927年3月至1928年6月，国民党屠杀革命群众31万多人，其中共产党员2.6万人。

1927年3月13日，蒋介石在“四一二”事变前检阅部队并发表演讲。

“四一二”反革命政变中被袭击的上海工人纠察队队部——商务印书馆俱乐部。

表现捕杀共产党员和革命群众情景的照片。

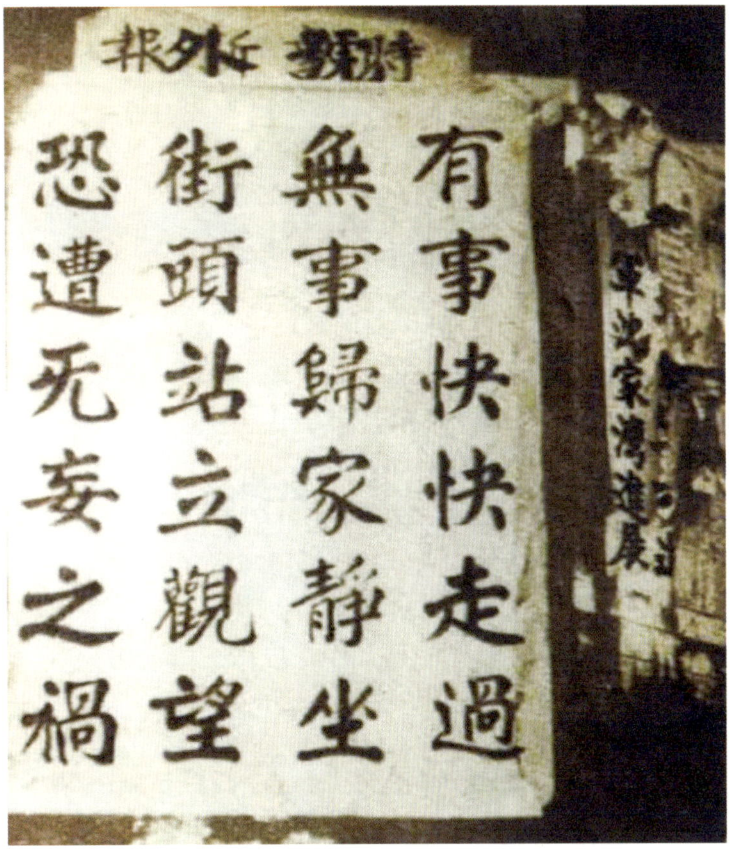


在风声鹤唳的年代，上海街头曾有这样的提示。

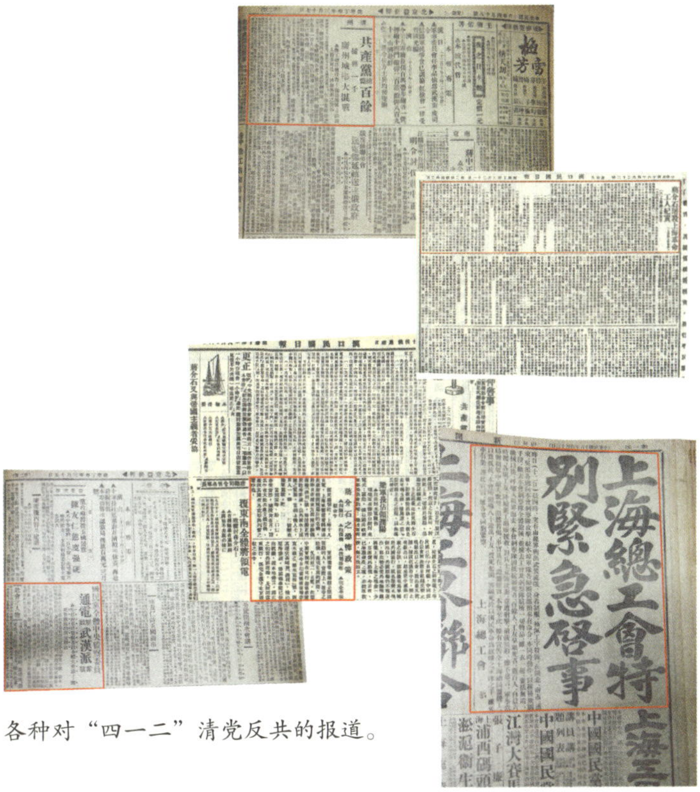


各种对“四一二”清党反共的报道。

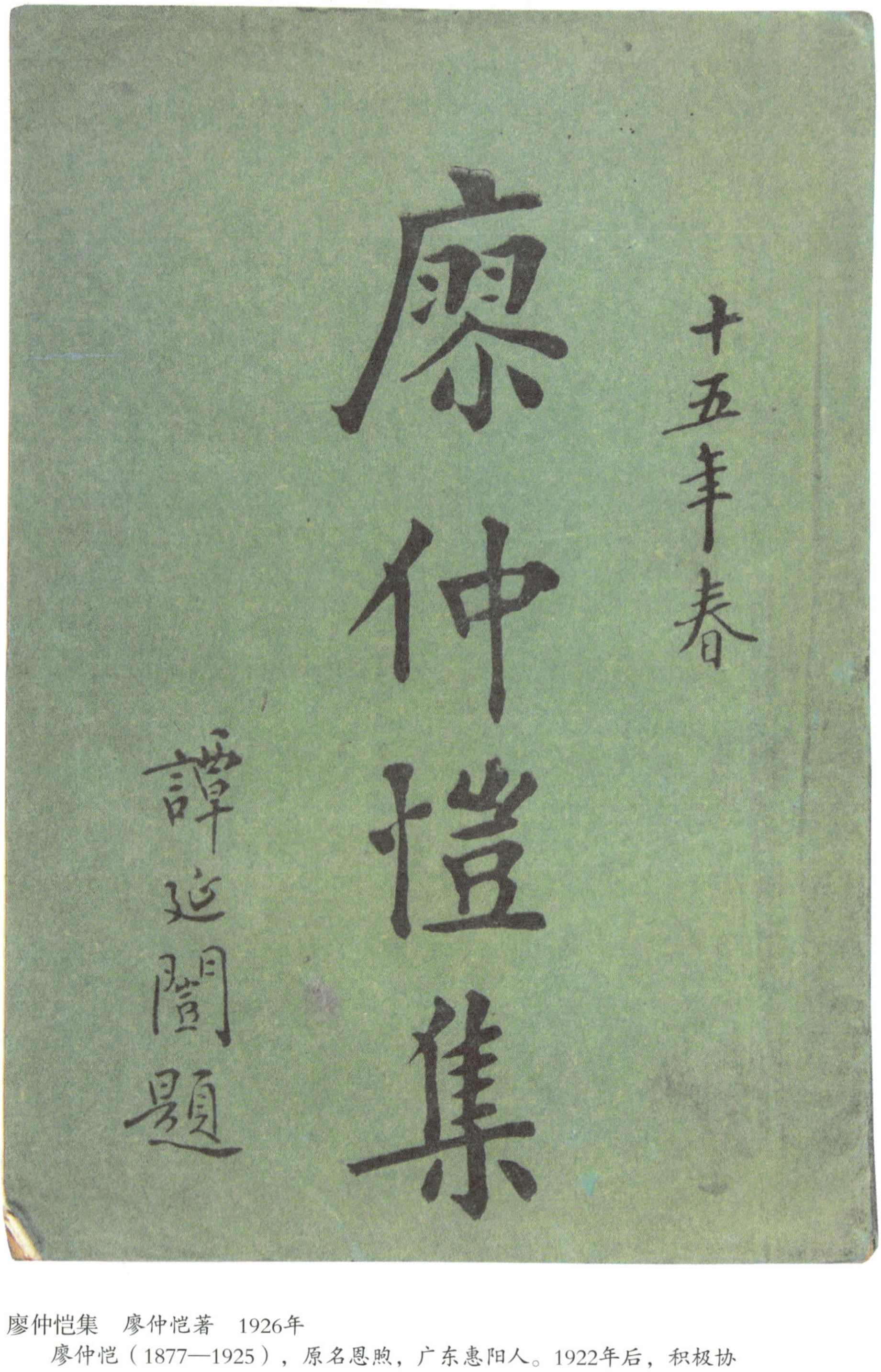


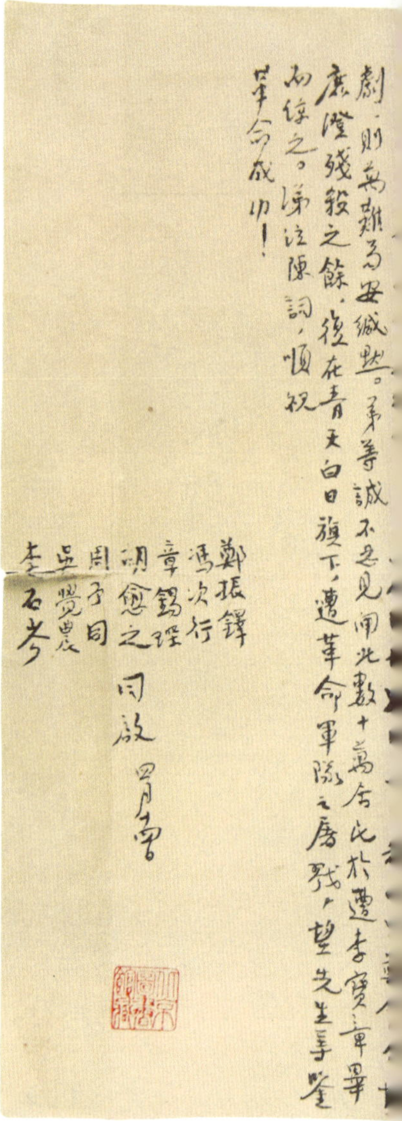
劇，則無難為安緘默。弟等誠不忍見閘北數十萬居民於遭李寶章畢
庶澄殘殺之餘，復在青天白日旗下，遭革命軍隊之屠戮，望先生垂鑒
而保之。謹注陳詞，順祝
革命成功！
鄭振鐸
馮次行
章錫琛
胡愈之　同啟
周予同
吳覺農
李石岑

廖仲恺集　廖仲恺著　1926年

廖仲恺（1877—1925），原名恩煦，广东惠阳人。1922年后，积极协助孙中山确定“联俄、联共、扶助农工”的三大政策。1924年国民党改组后，被选为中央执行委员会常务委员，并先后担任工人部部长、农民部部长、黄埔军校党代表等职。孙中山逝世后，他坚决执行三大政策，1925年8月20日，在广州被国民党右派暗杀。本书收有廖仲恺先生的论文、通电、序言及演讲词等共25篇。书前有廖仲恺先生遗照及廖夫人何香凝女士的七律诗《有感》手迹、汪精卫著《廖仲恺先生传略》等两篇文章。封面题名由谭延闿题写。

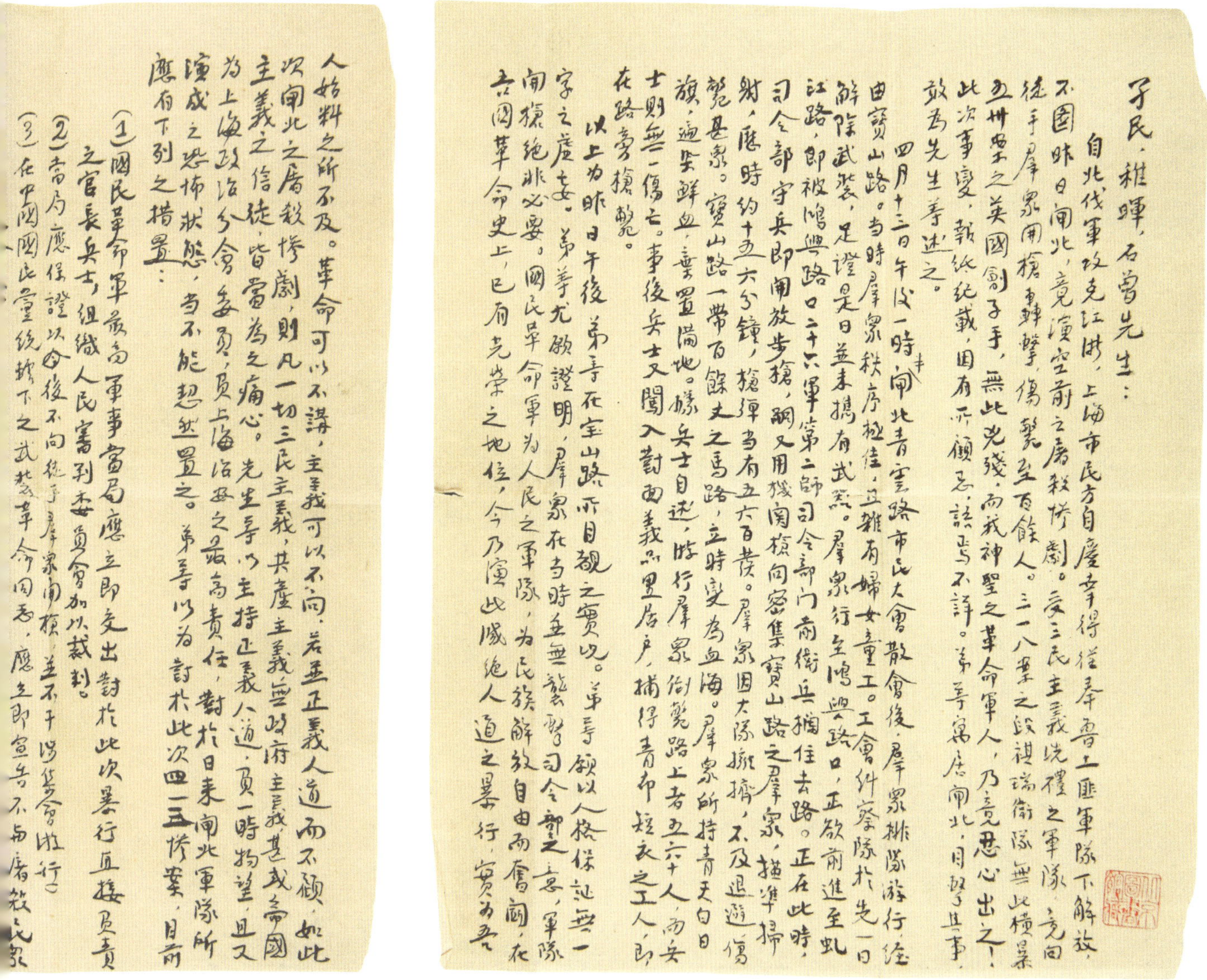

孑民、稚暉、石曾先生：

自北伐軍攻克江浙，上海市民方自慶幸得從奉魯土匪軍隊下解放，不圖昨日閘北，竟演空前之屠殺慘劇。受三民主義洗禮之軍隊，竟向徒手羣衆開槍轟擊，傷斃至百餘人。三一八案之段祺瑞衛隊無此橫暴，五卅案之英國劊子手，無此兇殘，而我神聖之革命軍人，乃竟忍心出之！此次事變，報紙紀載，因有所顧忌，語焉不詳。弟等寓居閘北，目擊其事，敢為先生等述之。

四月十二日午後一時，閘北青雲路市民大會散會後，羣衆排隊游行，經由寶山路。當時羣衆秩序極佳，且雜有婦女童工。工會糾察隊於先一日解除武裝，足證是日並未攜有武器。羣衆行至鴻興路口，正欲前進至虬江路，即被鴻興路口二十六軍第二師司令部門前衛兵攔住去路。正在此時，司令部守兵即開放步槍，嗣又用機關槍向密集寶山路之羣衆，瞄準掃射，歷時約十五六分鐘，槍彈當有五六百發。羣衆因大隊擁擠，不及退避，傷斃甚衆。寶山路一帶百餘丈之馬路，立時變為血海。羣衆所持青天白日旗，遍染鮮血，棄置滿地。據兵士自述，彼時行羣衆倒斃路上者五六十人，而兵士則無一傷亡。事後兵士又闖入對面義品里居戶，捕得青布短衣之工人，即在路旁槍斃。

以上為昨日午後弟等在寶山路所目覩之實况。弟等願以人格保證無一字之虛妄。弟等尤願證明，羣衆在當時並無襲擊司令部之意，軍隊開槍絕非必要。國民革命軍為人民之軍隊，為民族解放自由而奮鬥，在中國革命史上，已有光榮之地位，今乃演此滅絕人道之暴行，實為吾人始料之所不及。革命可以不講，主義可以不問，若並正義人道而不顧，如此次閘北之屠殺慘劇，則凡一切三民主義，共產主義，無政府主義，甚或帝國主義之信徒，皆當為之痛心。先生等以主持正義人道，負一時物望，且又為上海政治分會委員，負上海治安之最高責任，對於日來閘北軍隊所演成之恐怖狀態，當不能恝然置之。弟等以為對於此次四一二慘案，目前應有下列之措置：

(1)國民革命軍最高軍事當局應立即交出對於此次暴行直接負責之官長兵士，組織人民審判委員會加以裁判。

(2)當局應保證以後不向徒手羣衆開槍，並不干涉集會游行。

(3)在中國國民黨統轄下之武裝革命同志，應立即宣告不與屠殺民衆

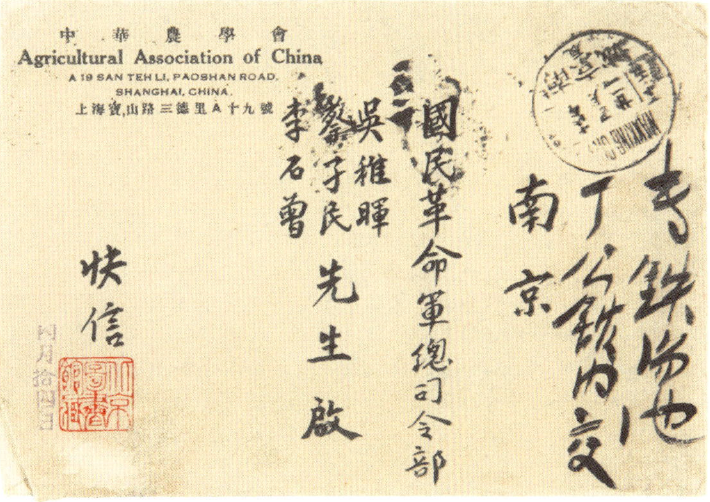


郑振铎等致蔡孑民、吴稚晖的信　郑振铎、胡愈之等著　上海　1927年4月　复制品

1927年4月12日，蒋介石叛变革命，在上海屠杀工人。郑振铎、胡愈之等人写信提出抗议，要求立即交出事件负责人，并予制裁；要求当局应保证以后不向徒手民众开枪，不干涉集会游行；要求国民党同志不再与屠杀民众的军队合作。本件系上海革命历史纪念馆制作的复制件，附信封复制件。

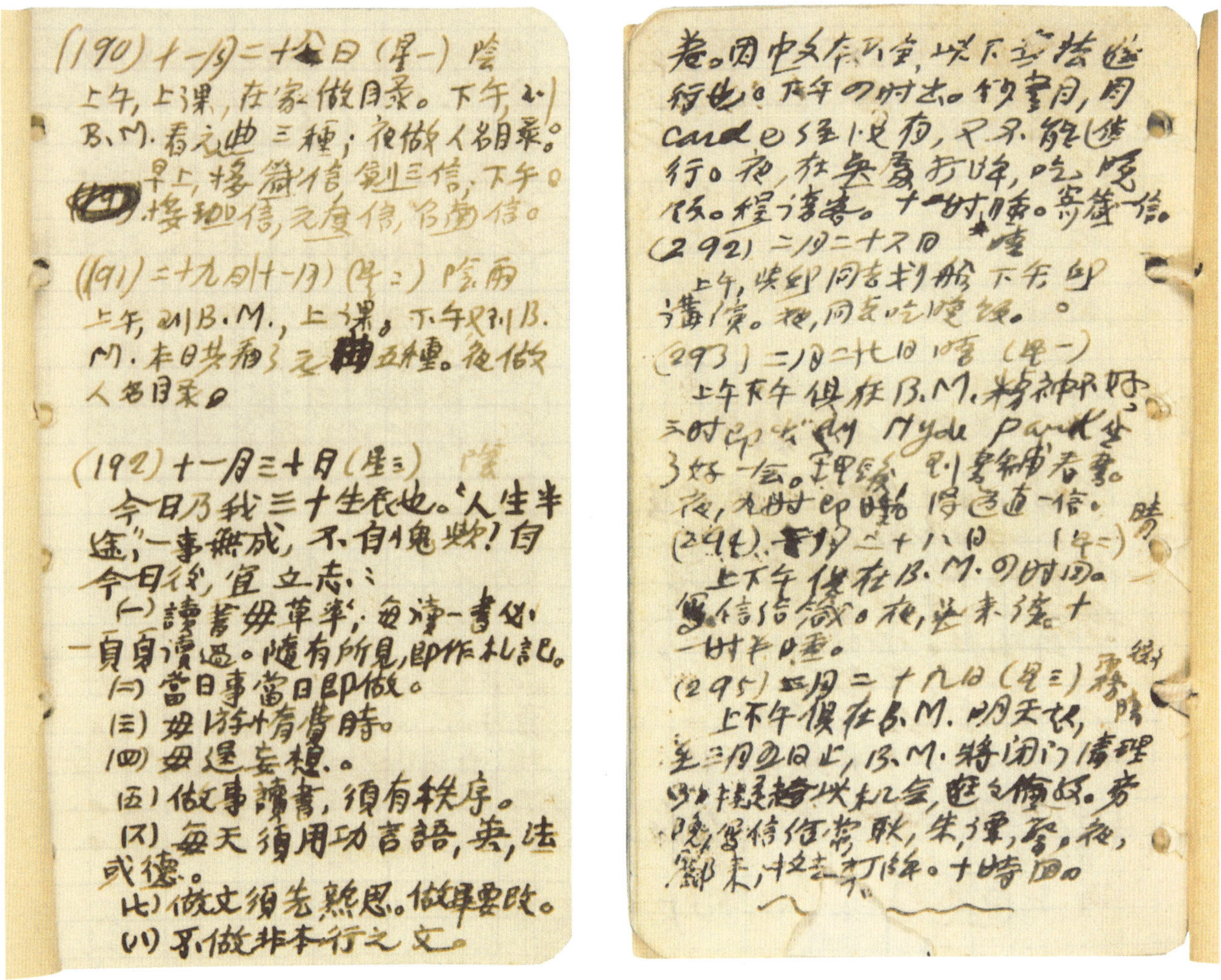
(190) 十一月二十八日（星一） 阴
上午，上课，在家做目录。下午，到B.M. 看元曲三种；夜做人名目录。
早上，接箴信，剑三信，下午又接地山信，元度信，[illegible]信。
(191) 二十九日(十一月)（星二） 阴雨
上午，到B.M.，上课。下午又到B.M. 本日共看了元曲五种。夜做人名目录。
(192) 十一月三十日（星三） 阴
今日乃我三十生辰也。"人生半途"，一事无成，不自愧欤！自今日后，宜立志：
(一) 读书毋草率，每读一书必自首读遍。随有所见，即作札记。
(二) 当日事当日即做。
(三) 毋浪费时。
(四) 毋[illegible]妄想。
(五) 做事读书，须有秩序。
(六) 每天须用功言语，英，法或德。
(七) 做文须先熟思。做事要敢。
(八) 不做非本行之文。

[illegible]
(292) 二月二十六日 晴
[illegible]
(293) 二月二十七日 晴（星一）
上午下午俱在B.M. 精神不好。三时即出到 Hyde Park 坐了好一会。理发，到书铺看书。夜，九时半即睡。[illegible]一信。
(294) 二月二十八日（星二） 晴
上下午俱在B.M. [illegible]
(295) 二月二十九日（星三） 雾 晴
上下午俱在B.M. 明天起，至三月五日止，B.M. 将闭门清理，[illegible]

海外日记　郑振铎著　1927年11月至1928年2月　钢笔手书原稿

郑振铎（1898—1958），诗人、著名学者，新文化运动的积极倡导者。1927年4月12日，蒋介石发动了"四一二"事变。上海市总工会召开市民抗议大会，郑振铎不但参加了聚会和游行，还领衔公开发表了对国民党的抗议信。因此，在白色恐怖笼罩下的上海，其生命受到严重威胁。5月21日，郑振铎被迫乘船赴法国，开始了去国外避难的旅程。其回到祖国的时间大约在1928年10月。每天郑振铎都记简单的日记，隔一段时间，他便根据这简单的原始日记，改写成详细、生动的日记，寄给妻子高君箴。1934年上海良友图书印刷公司出版的《欧行日记》，就是他部分保存下来的详细日记。国家图书馆藏有12页原始日记，极为珍贵。值得注意的是，每条日记前均写有数字，经推算正是郑振铎离开祖国的日子，仅从这点人们便可感受到他深深的爱国之情。

从1927年3月至1928年6月，国民党反动派屠杀革命群众31万多人，其中共产党员2.6万多人。图为大革命遭遇失败后牺牲的部分中共党员。

赵世炎

汪寿华

萧楚女

孙炳文

李启汉

熊雄

夏明翰

袁玉冰

罗亦农

向警予

陈延年

# 第三章
# 星火燎原
（土地革命时期　1927年8月—1937年7月）

从1927年8月到1937年7月，是中国共产党在极端艰难曲折的斗争中发展并达到成熟的重要时期。

这十年期间，党经历了两次历史性的转变。第一次是由大革命的失败到土地革命战争的兴起，党领导人民群众顽强战斗，终于使革命事业恢复和发展起来。第二次是由第五次反“围剿”的失败到抗日战争的兴起。由于遵义会议结束了左倾错误在中央的统治，逐步确立了以毛泽东为代表的马克思主义路线在党和红军中的领导地位，从而胜利地完成了长征，掀起了抗日战争的高潮。

历史经验表明，中国共产党只有把马克思列宁主义的基本原理同中国革命的具体实践相结合，坚持实事求是、群众路线、独立自主的原则，才能领导中国革命走向胜利。

## 八七会议和各地的武装起义

1927年8月7日，中共中央在湖北汉口秘密召开紧急会议（即八七会议）。会议确立了今后革命斗争的方针是实行土地革命和武装起义，使全党重新鼓起同国民党反动派斗争的勇气。中国革命从此开始由大革命失败到土地革命战争兴起的历史性转变。

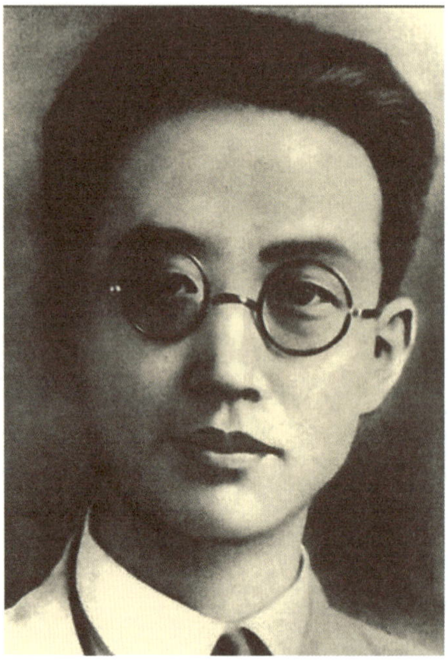

八七会议主持人瞿秋白。

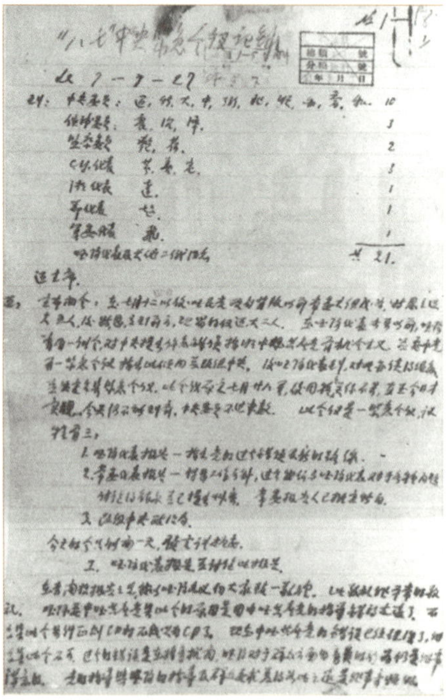

八七会议纪要。

八七会议旧址：汉口三教街41号。

南昌起义总指挥部旧址：原江西大旅社。

江西永新县三湾村枫树坪。1927年9月底，毛泽东在此处对秋收起义部队进行了三湾改编，从组织上确立了党对军队的领导。

广州起义中成立的广州苏维埃政府旧址。

广州起义的主要领导人张太雷，在起义中英勇牺牲。

广州起义失败后，其领导人之一周文雍和他的战友陈铁军，在广州继续开展地下革命工作。1928年1月27日，他们被反动派逮捕，2月6日遇害。刑场上，他们举行了悲壮的婚礼。

## 创建农村革命根据地

1927年10月，毛泽东率秋收起义部队到达井冈山，领导农民打土豪分田地，实行工农武装割据，建立红色政权，创立了党领导下的第一个农村革命根据地。它的创建和发展，“不但表示了共产党的力量，而且表示了统治阶级的破产，在全国政治上有重大的意义”。

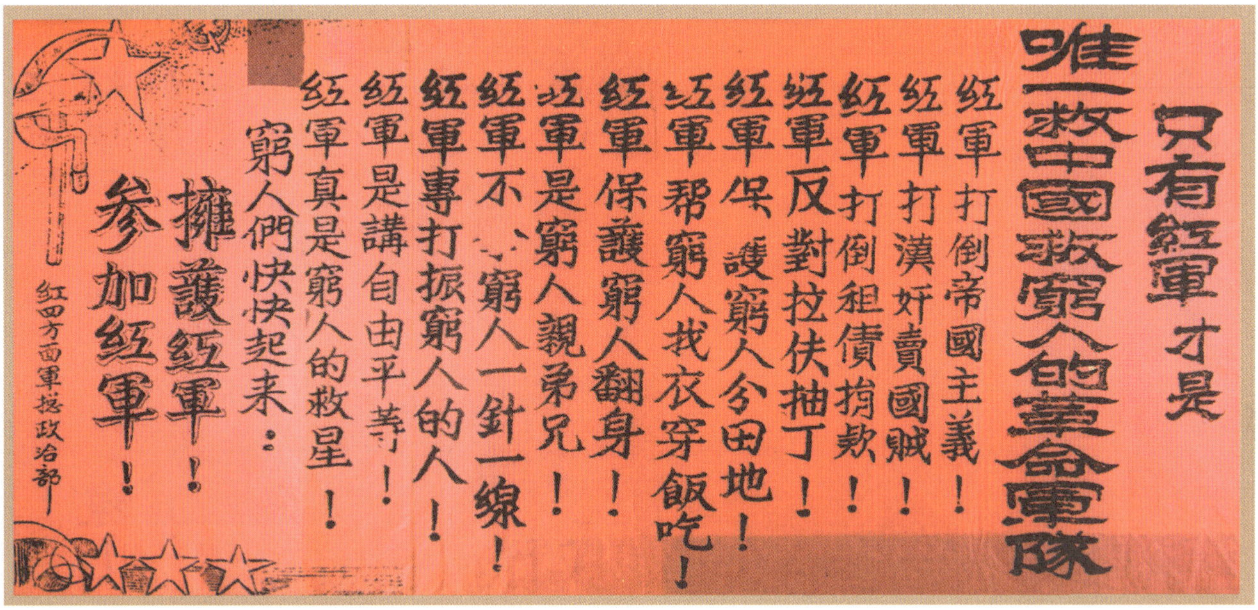


红四方面军政治部的宣传单“只有红军才是唯一救中国救穷人的革命军队”。

1928年5月，毛泽东主持召开党的湘赣边界第一次代表大会，并提出工农武装割据的思想。图为大会会址：慎公祠。

毛泽东率领秋收起义部队开辟了井冈山革命根据地，这是1929年初拍摄的井冈山荆竹山。

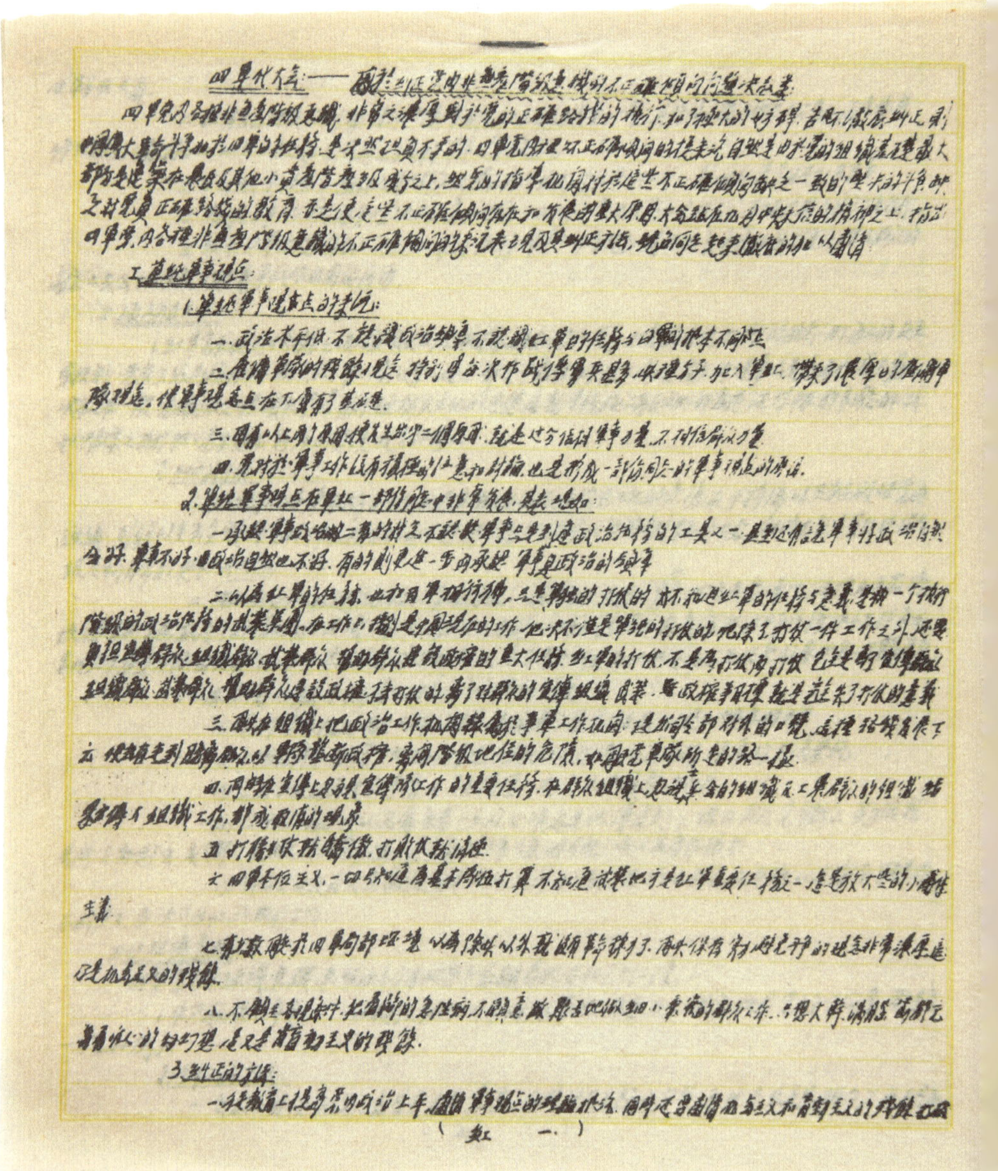

四军代表大会——关于纠正党内非无产阶级意识的不正确倾向问题决议案

（红 一）

关于纠正党内非无产阶级意识的不正确倾向问题决议案　红军第四军代表大会通过　1929年12月　复制品

1929年12月28日，中国工农红军第四军在福建上杭县的古田举行党的第九次代表大会，即“古田会议”。大会通过了毛泽东代表前委起草的三万余字的八个决议案，总称《中国共产党红军第四军第九次代表大会决议案》，即古田会议决议。八个决议案为“纠正党内非无产阶级意识的不正确倾向问题”、“党的组织问题”、“党内教育问题”、“红军宣传工作问题”、“士兵政治训练问题”、“废止肉刑问题”、“优待伤病兵问题”、“红军军事系统与政治系统关系问题”。

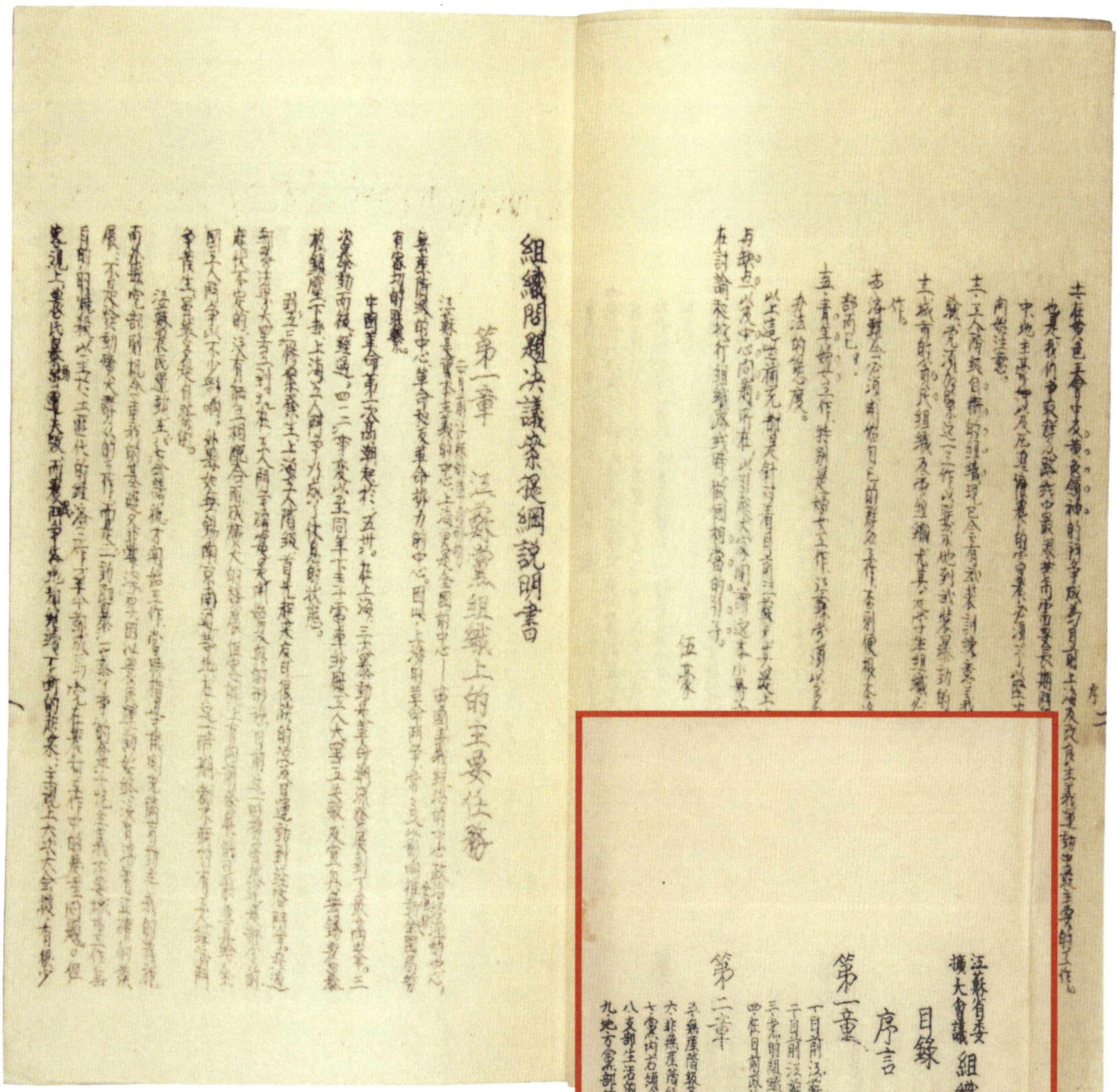


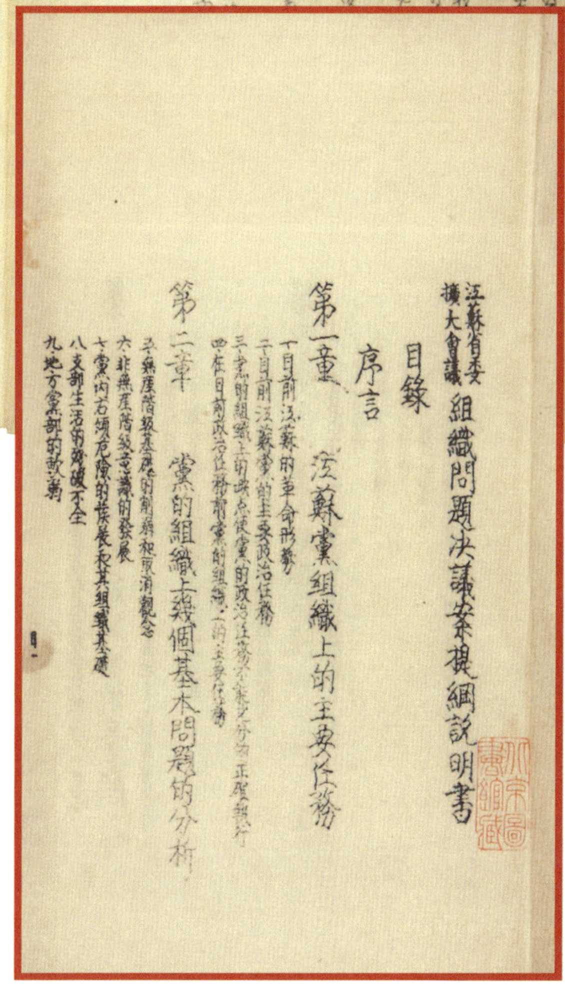


江苏省委扩大会议组织问题决议案提纲说明书　罗迈著
油印本　1929年6月

该文献由时任中共江苏省委兼上海市委组织部部长、书记的罗迈（即李维汉）撰写。书前序言由时任中共中央组织部部长、中央军委书记周恩来（署名“伍豪”）所作。

彭湃，1921年加入中国社会主义青年团，1924年初转为中共党员。

1927年12月1日，海丰县群众举行庆祝苏维埃政府成立大会的盛况。

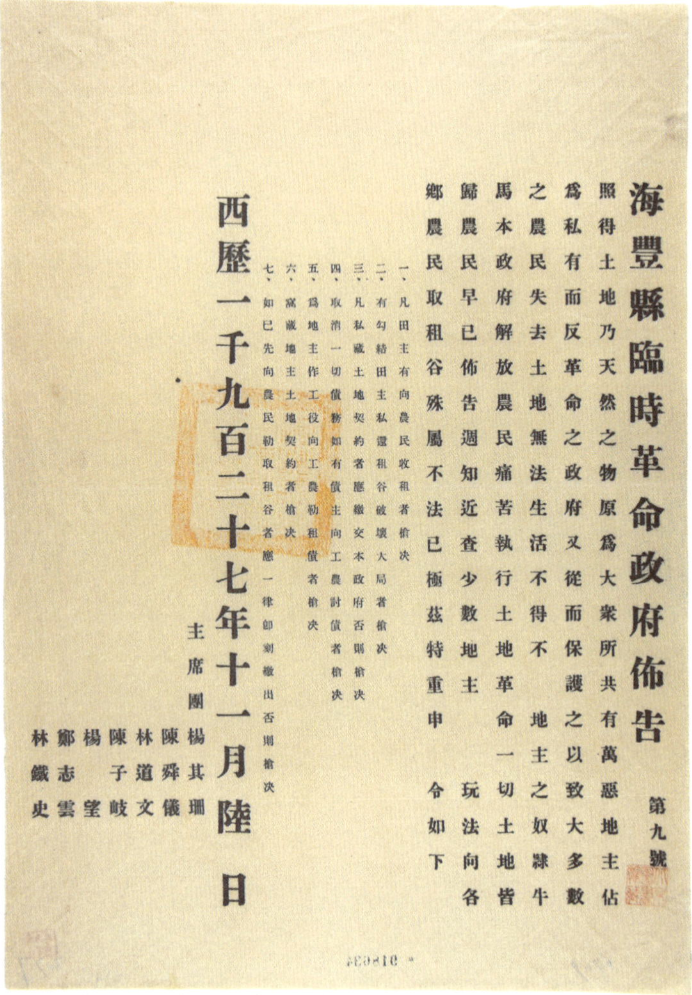

海豐縣臨時革命政府佈告 第九號

照得土地乃天然之物原爲大衆所共有萬惡地主佔爲私有而反革命之政府又從而保護之以致大多數之農民失去土地無法生活不得不地主之奴隸牛馬本政府解放農民痛苦執行土地革命一切土地皆歸農民早已佈告週知近查少數地主 玩法向各鄉農民取租谷殊屬不法已極茲特重申 令如下

一、凡田主有向農民收租者槍決
二、有勾結田主私還租谷破壞大局者槍決
三、凡私藏土地契約者應繳交本政府否則槍決
四、取消一切債務如有債主向工農討債者槍決
五、爲地主作工役向工農勒租債者槍決
六、窩藏地主土地契約者槍決
七、如已先向農民勒取租谷者應一律即刻繳出否則槍決

西歷一千九百二十七年十一月陸日

主席團 楊其珊 陳舜儀 林道文 陳子岐 楊望 鄭志雲 林鐵史

海丰县临时革命政府布告（第九号） 此布告由主席团成员杨其珊、陈舜义等7人发表 1927年11月6日 复制品

1927年9月，东江特委根据中央秋收起义计划，领导海陆丰第二次武装起义，在海城成立工农领导的海丰县临时革命政府，宣布没收地主土地分配给无地农民。这份海丰县临时革命政府布告（第九号）针对“近查少数地主玩法，向各乡农民取租谷”的情况，特地重申了农民对土地的所有权。

海陆丰的苏维埃　1928年3月

1927年11月21日，中国第一个工农政权——广东海陆丰苏维埃在海陆丰大地上正式成立。海陆丰，是由原海丰县和原陆丰县组成，即现在的整个汕尾市（地级），包括汕尾城区、海丰县、陆河县及陆丰市（还包括今揭西县的上砂、五云两镇）。

农村革命根据地的巩固和扩大与土地革命的开展犹如“星星之火，可以燎原”。大革命失败后，各地党组织发动群众，开展武装斗争，创建红军和红色政权，实行土地革命，极大地激发了农民革命的积极性。

1931年3月，鄂豫皖革命根据地的红军歼灭国民党军第三十四师，活捉师长岳维峻。这是当时画在墙上的宣传画。

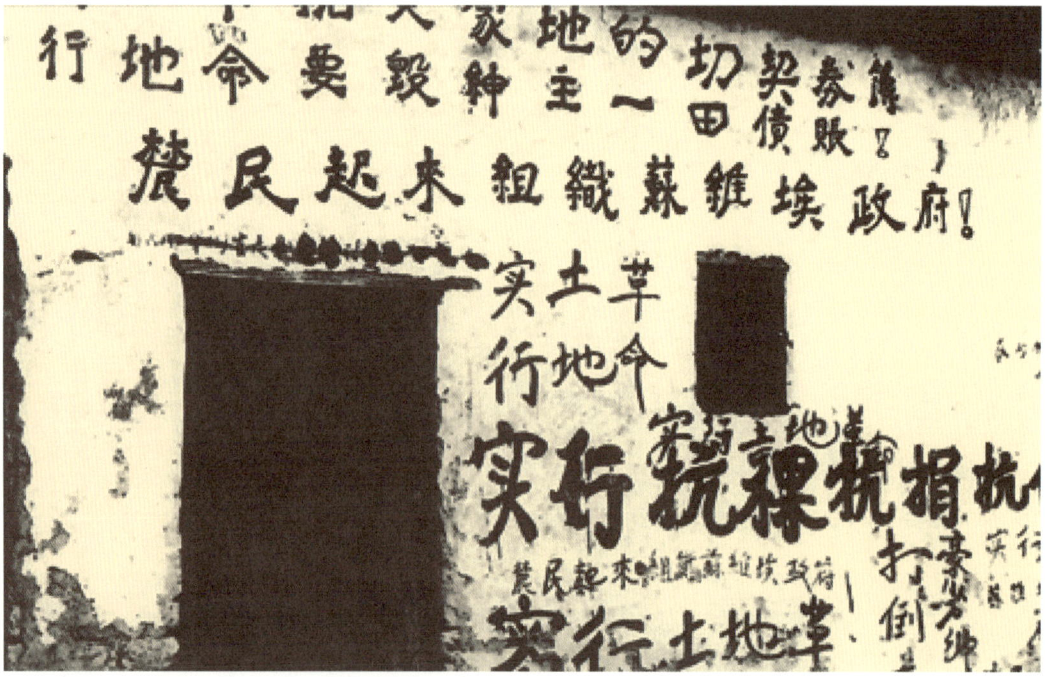


湘鄂西革命根据地宣传土地革命的标语。

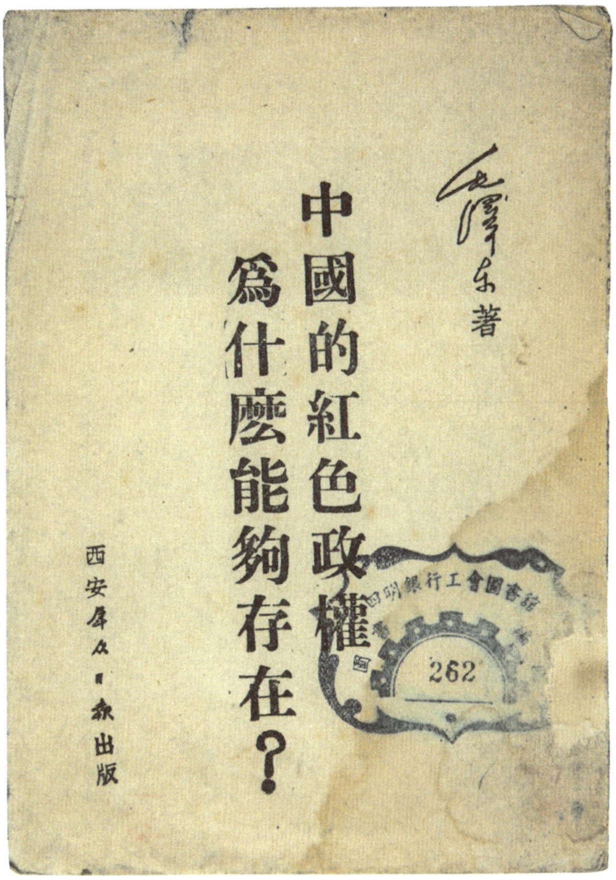

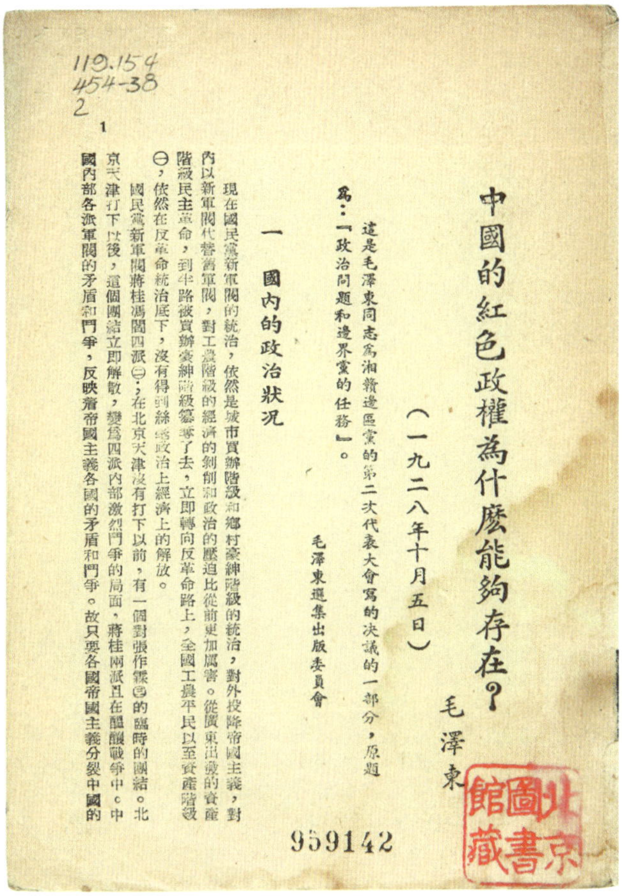

中国的红色政权为什么能够存在？　毛泽东著　西安 群众日报社出版

1928年，毛泽东在《中国的红色政权为什么能够存在？》一文中，阐明了在反动政权的包围中，农村革命根据地能够建立和发展的原因和条件。指出：由于中国地方的农业经济和帝国主义划分势力范围的分裂剥削政策，造成白色政权间的长期分裂和战争，因而“一小块或者若干小块的共产党领导的红色区域，能够在四周白色政权包围的中间发生和坚持下来”。毛泽东这篇文章是他“工农武装割据”思想的雏形，这一思想为农村包围城市，最后夺取全国胜利的道路奠定了重要的理论基础。

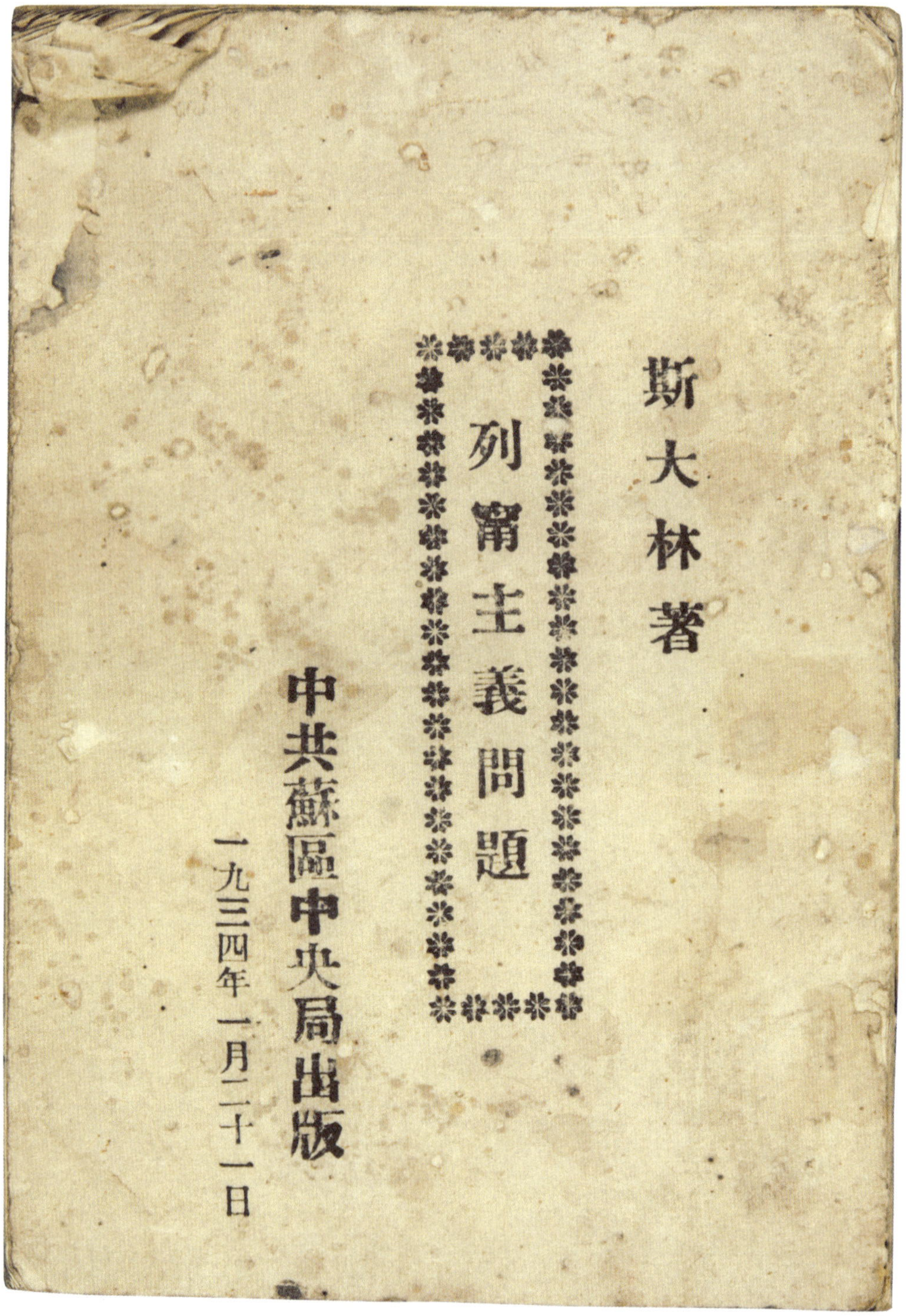


列宁主义问题　斯大林著　瑞金 中共苏区中央局　1934年1月

中共苏区中央局出版的苏联社会主义建设的资料书籍。共有28篇谈话记录、演讲稿和文章。该书系统介绍了苏联革命和建设的各个方面，文中有大量苏联社会主义早期建设及各五年计划建设的生产资料拥有量统计和国民经济发展各行业数据统计资料。

## 中国共产党第六次全国代表大会

1928年6月18日至7月11日，党的“六大”在苏联莫斯科召开。

“六大”总结了大革命失败以来的经验教训，集中解决了当时困扰党的两大问题：在中国社会性质和革命性质问题上，指出中国仍是半殖民地半封建社会，现阶段的中国革命依然是资产阶级性质的民主主义革命；在革命形势和党的任务问题上，明确了革命处于低潮，党的中心工作不是组织暴动，而是做艰苦的群众工作，积蓄力量。这两个问题的解决，基本上统一了全党思想，对克服“左”倾情绪，实现工作的转变起到积极的作用。

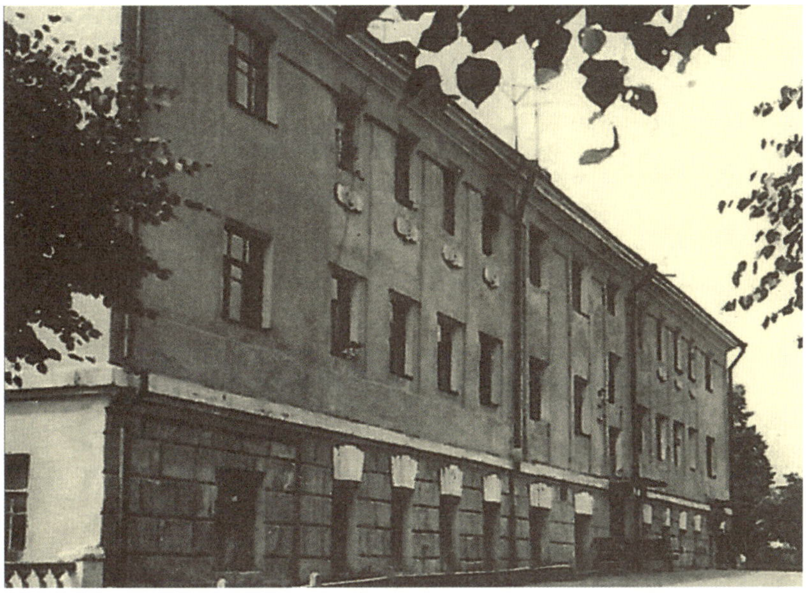

党的“六大”会址：莫斯科近郊兹维尼果罗德镇塞列布若耶别墅。

1931年4月，中央政治局候补委员、参与领导中央特科工作的顾顺章叛变。中共地下党将截获的情报及时转告党中央，使中央得以安全转移。图为潜伏在国民党内的中共党员钱壮飞。

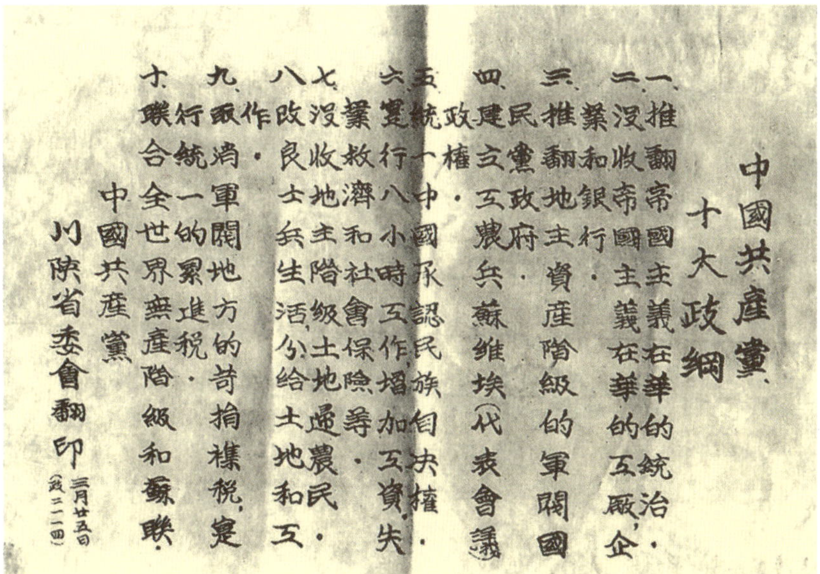

中國共產黨十大政綱

一、推翻帝國主義在華的統治·
二、沒收帝國主義在華的工廠，企業和銀行·
三、推翻地主資產階級的軍閥國民黨政府·
四、建立工農兵蘇維埃（代表會議政權·
五、統一中國承認民族自決權·
六、實行八小時工作，增加工資，失業救濟和社會保險等·
七、沒收地主階級土地歸農民
八、改良士兵生活，分給土地和工作·
九、取消軍閥地方的苛捐襍稅，寔行統一的累進稅·
十、聯合全世界無產階級和蘇聯·

中國共產黨
川陝省委會翻印 三月廿五日（政二一一四）

党的“六大”通过的《中国共产党十大政纲》。

“六大”以后，中共中央在上海领导全国各地党的工作。图为1928—1931年中共中央政治局机关所在地：上海云南路477号。

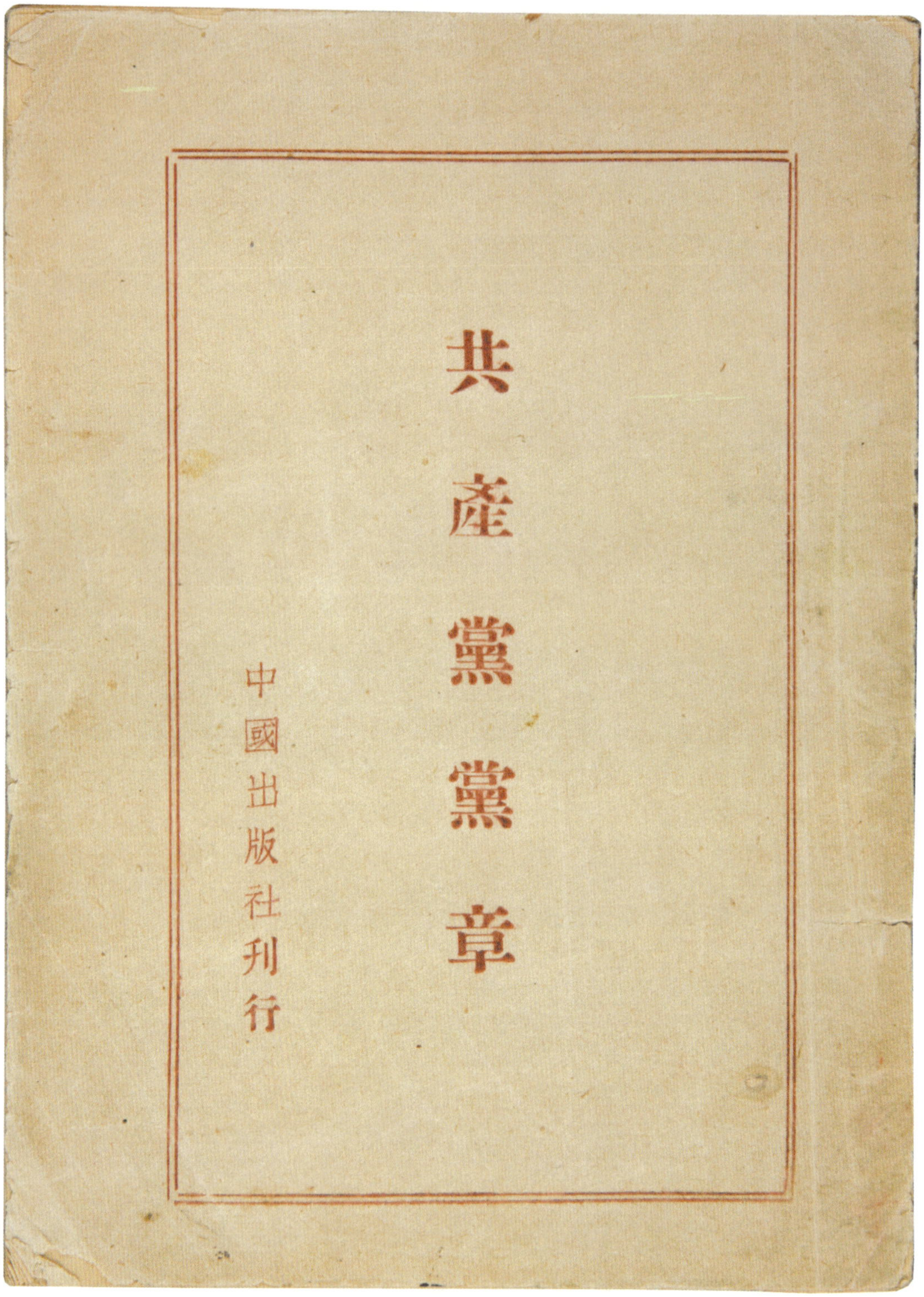


共产党党章——一九二八年中国共产党第六次代表大会提出的草案　中国出版社　1938年6月

该版本为现存最早的党章版本。本党章主要内容包括三个部分：中国共产党党章（15章）、苏联共产党（布尔塞维克）党章（12章）、共产国际章程（5章）。

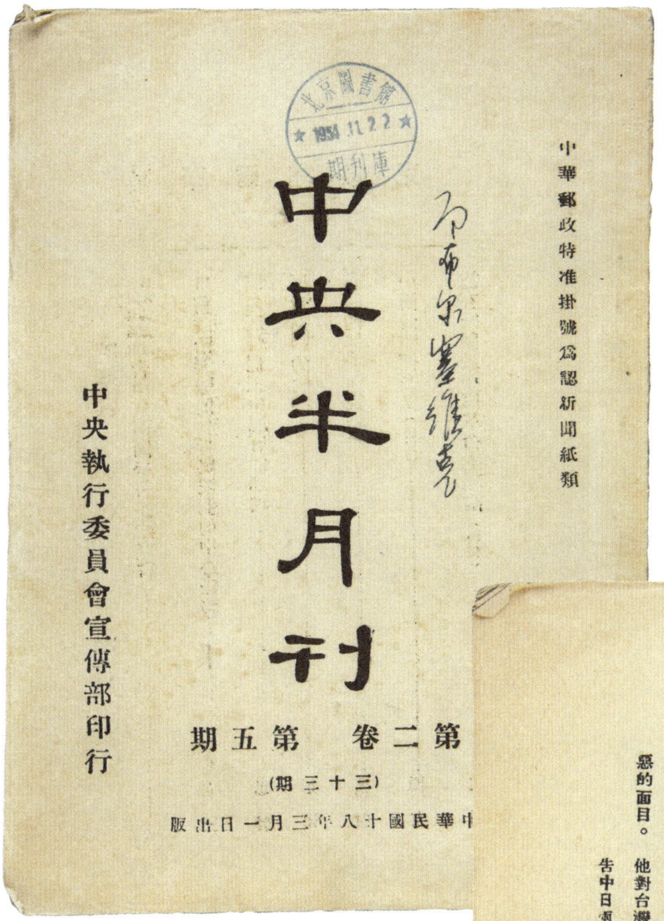


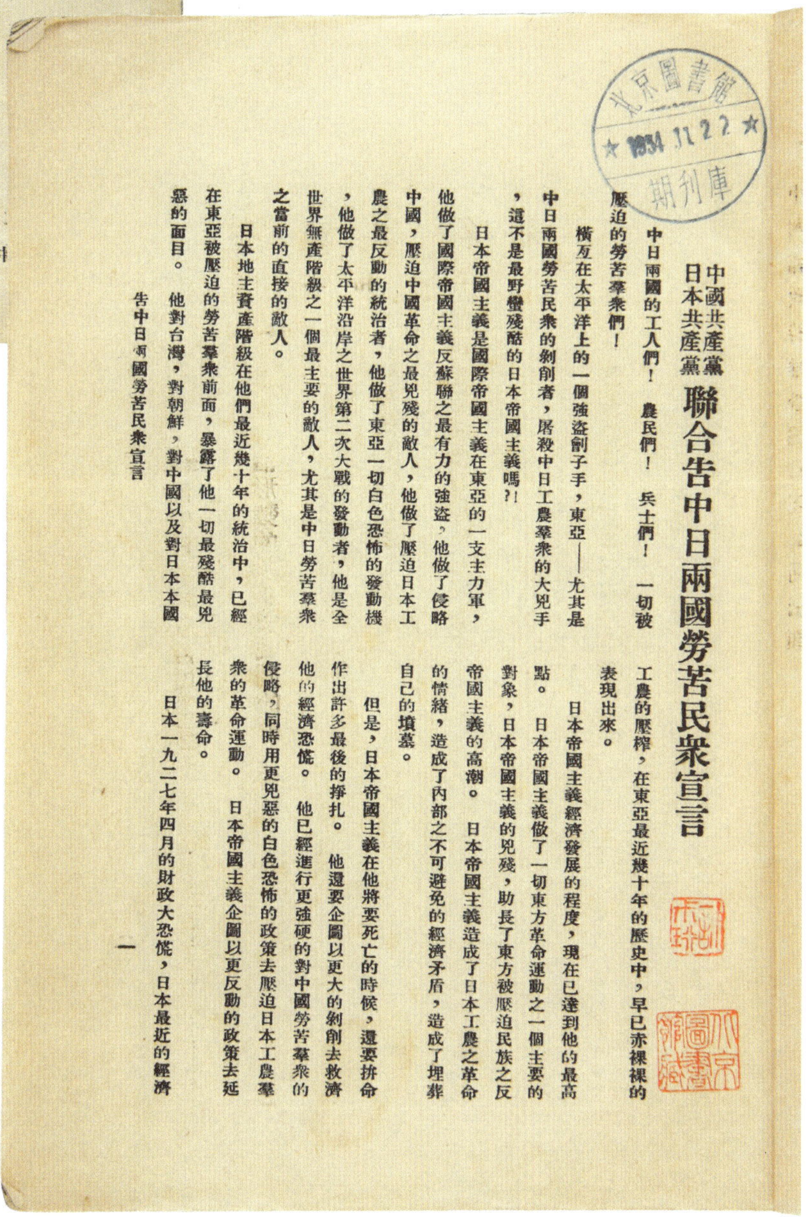

中國共產黨
日本共產黨
聯合告中日兩國勞苦民衆宣言

中日兩國的工人們！ 農民們！ 兵士們！ 一切被壓迫的勞苦羣衆們！

橫亙在太平洋上的一個強盜劊子手，東亞——尤其是中日兩國勞苦民衆的剝削者，屠殺中日工農羣衆的大兇手，這不是最野蠻殘酷的日本帝國主義嗎?!

日本帝國主義是國際帝國主義在東亞的一支主力軍，他做了國際帝國主義反蘇聯之最有力的強盜，他做了侵略中國，壓迫中國革命之最兇殘的敵人，他做了壓迫日本工農之最反動的統治者，他做了東亞一切白色恐怖的發動機，他做了太平洋沿岸之世界第二次大戰的發動者，他是全世界無產階級之一個最主要的敵人，尤其是中日勞苦羣衆之當前的直接的敵人。

日本地主資產階級在他們最近幾十年的統治中，已經在東亞被壓迫的勞苦羣衆前面，暴露了他一切最殘酷最兇惡的面目。 他對台灣，對朝鮮，對中國以及對日本本國工農的壓榨，在東亞最近幾十年的歷史中，早已赤裸裸的表現出來。

日本帝國主義經濟發展的程度，現在已達到他的最高點。 日本帝國主義做了一切東方革命運動之一個主要的對象，日本帝國主義的兇殘，助長了東方被壓迫民族之反帝國主義的高潮。 日本帝國主義造成了日本工農之革命的情緒，造成了內部之不可避免的經濟矛盾，造成了埋葬自己的墳墓。

但是，日本帝國主義在他將要死亡的時候，還要拚命作出許多最後的掙扎。 他還要企圖以更大的剝削去救濟他的經濟恐慌。 他已經進行更強硬的對中國勞苦羣衆的侵略，同時用更兇惡的白色恐怖的政策去壓迫日本工農羣衆的革命運動。 日本帝國主義企圖以更反動的政策去延長他的壽命。

日本一九二七年四月的財政大恐慌，日本最近的經濟

告中日兩國勞苦民衆宣言

一

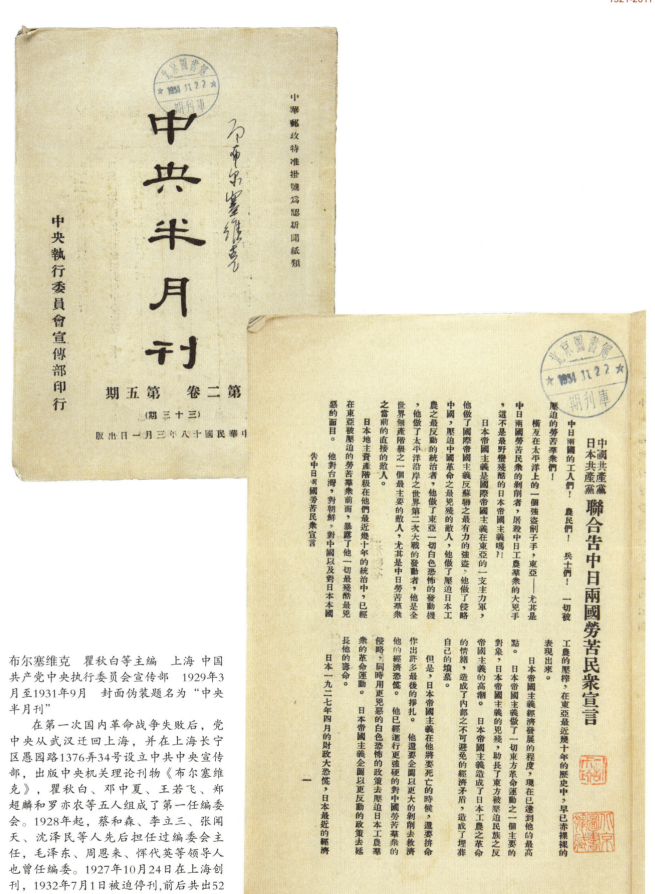

布尔塞维克　瞿秋白等主编　上海 中国共产党中央执行委员会宣传部　1929年3月至1931年9月　封面伪装题名为“中央半月刊”

在第一次国内革命战争失败后，党中央从武汉迁回上海，并在上海长宁区愚园路1376弄34号设立中共中央宣传部，出版中央机关理论刊物《布尔塞维克》，瞿秋白、邓中夏、王若飞、郑超麟和罗亦农等五人组成了第一任编委会。1928年起，蔡和森、李立三、张闻天、沈泽民等人先后担任过编委会主任，毛泽东、周恩来、恽代英等领导人也曾任编委。1927年10月24日在上海创刊，1932年7月1日被迫停刊，前后共出52期。为躲避国民党反动当局的检查，该刊采取伪装出版形式。

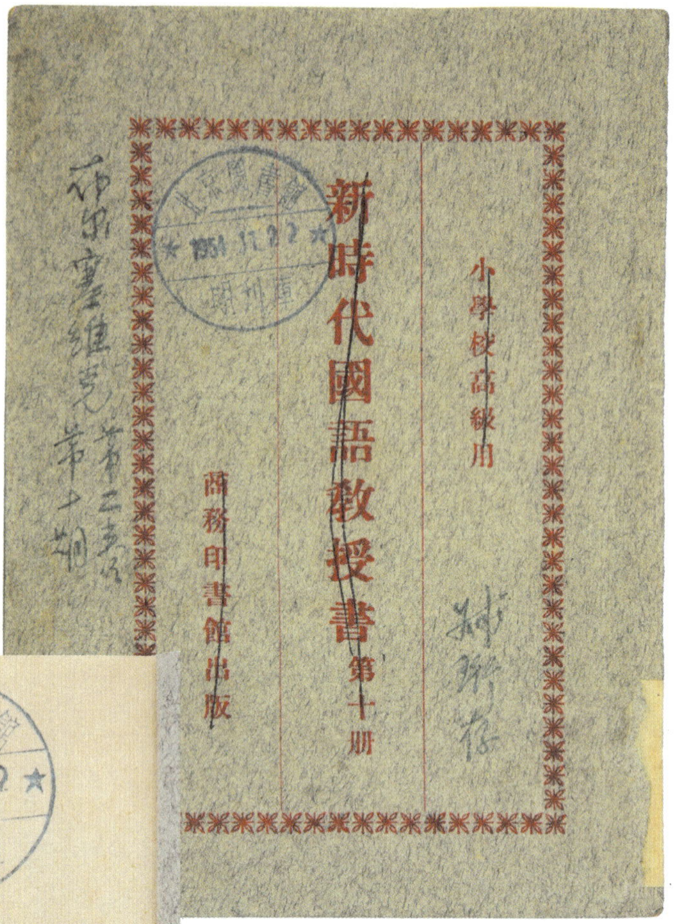
小學校高級用
新時代國語教授書 第十冊
商務印書館出版


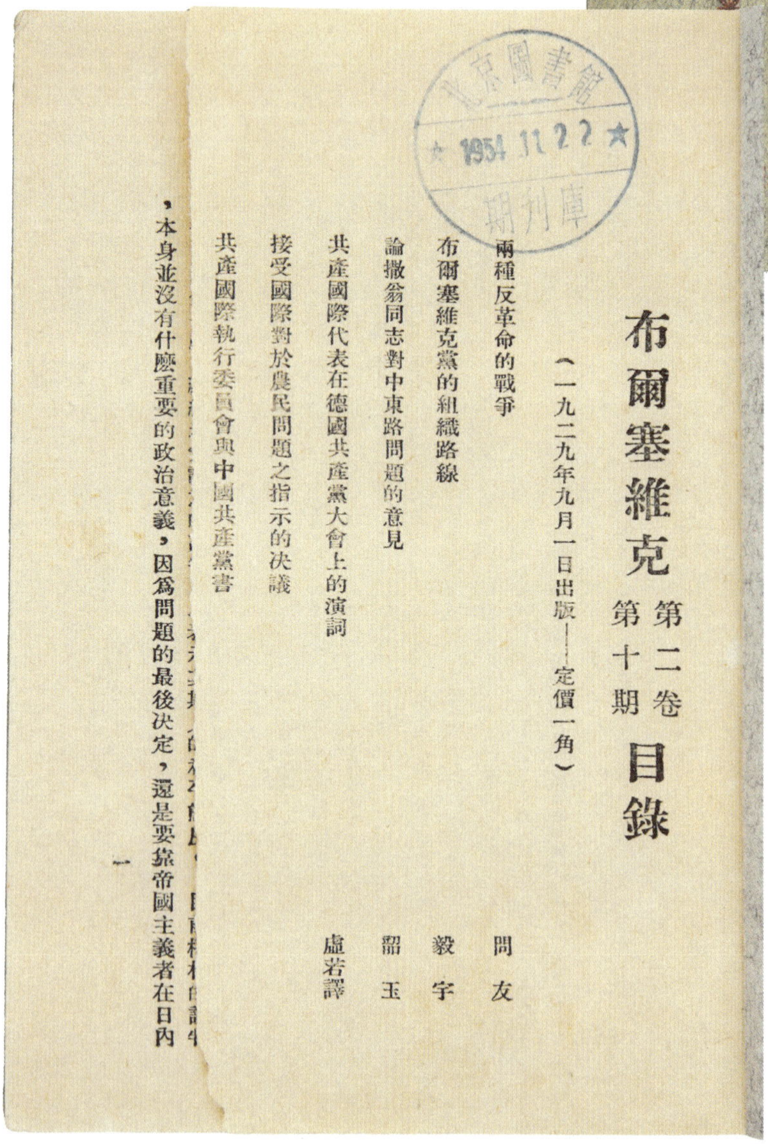
布爾塞維克 第二卷 第十期 目錄
（一九二九年九月一日出版——定價一角）

兩種反革命的戰爭　問友
布爾塞維克黨的組織路線　毅宇
論撤翁同志對中東路問題的意見　韜玉
共產國際代表在德國共產黨大會上的演詞　盧若譯
接受國際對於農民問題之指示的決議
共產國際執行委員會與中國共產黨書

，本身並沒有什麼重要的政治意義，因爲問題的最後決定，還是要猜帝國主義者在日內
一


布尔塞（什）维克　瞿秋白等主编　1929年3月至1931年9月　封面伪装题名为“新时代国语教授书第十册”。

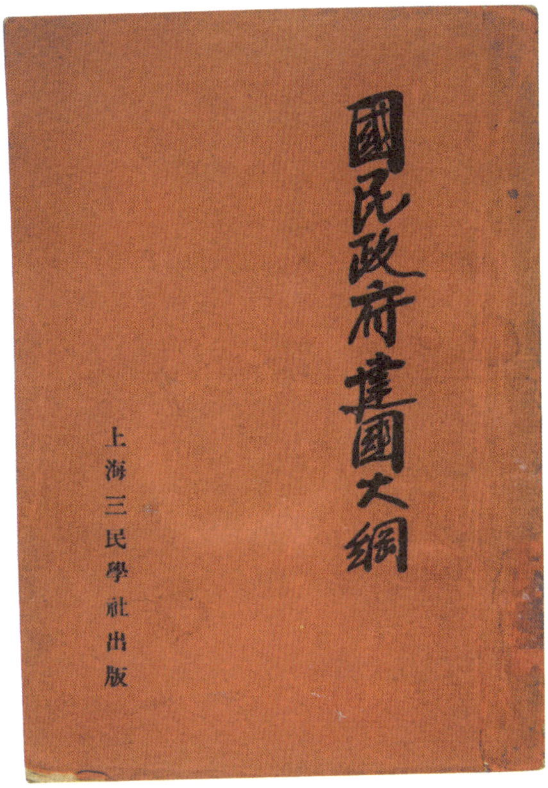


中国共产党第六次全国代表大会议决案　封面伪装题名“国民政府建国大纲”

中国共产党第六次全国代表大会于1928年6月18日在苏联莫斯科近郊兹维尼果罗德镇的塞列布若耶乡间别墅召开。大会通过了《政治决议案》、《土地问题决议案》、《农民问题决议案》、《职工运动决议案》、《组织决议案提纲》、《宣传工作决议案》、《军事工作决议案》等。

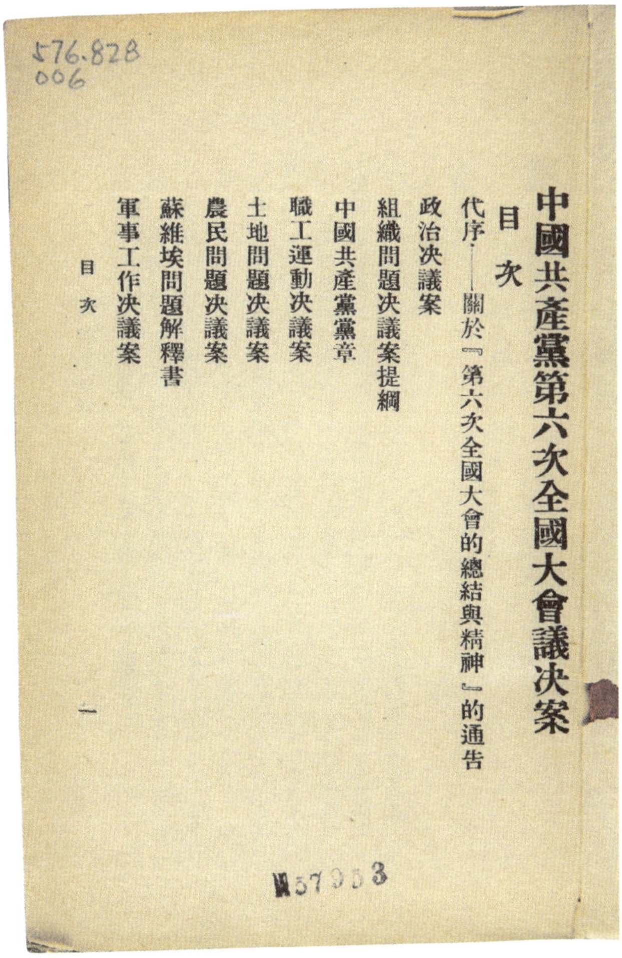


中國共產黨第六次全國大會議決案

目次

代序——關於『第六次全國大會的總結與精神』的通告
政治決議案
組織問題決議案提綱
中國共產黨黨章
職工運動決議案
土地問題決議案
農民問題決議案
蘇維埃問題解釋書
軍事工作決議案

目次　一



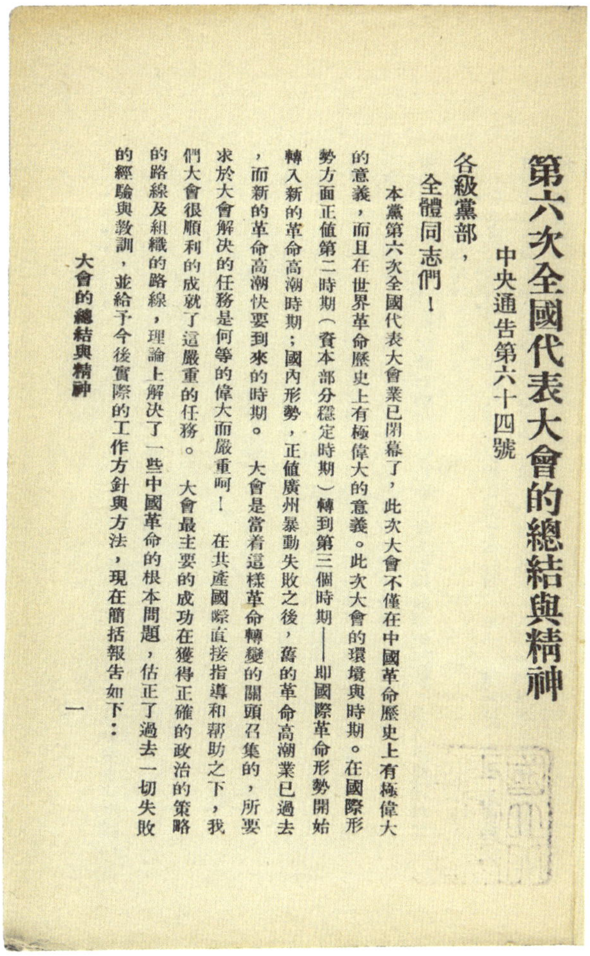
第六次全國代表大會的總結與精神

中央通告第六十四號

各級黨部，
全體同志們！

本黨第六次全國代表大會業已閉幕了，此次大會不僅在中國革命歷史上有極偉大的意義，而且在世界革命歷史上有極偉大的意義。此次大會的環境與時期。在國際形勢方面正值第二時期（資本部分穩定時期）轉到第三個時期——即國際革命形勢開始轉入新的革命高潮時期；國內形勢，正值廣州暴動失敗之後，舊的革命高潮業已過去，而新的革命高潮快要到來的時期。　大會是當着這樣革命轉變的關頭召集的，所要求於大會解決的任務是何等的偉大而嚴重呵！　在共產國際直接指導和幫助之下，我們大會很順利的成就了這嚴重的任務。　大會最主要的成功在獲得正確的政治的策略的路線及組織的路線，理論上解決了一些中國革命的根本問題，估正了過去一切失敗的經驗與教訓，並給予今後實際的工作方針與方法，現在簡括報告如下：

大會的總結與精神　一

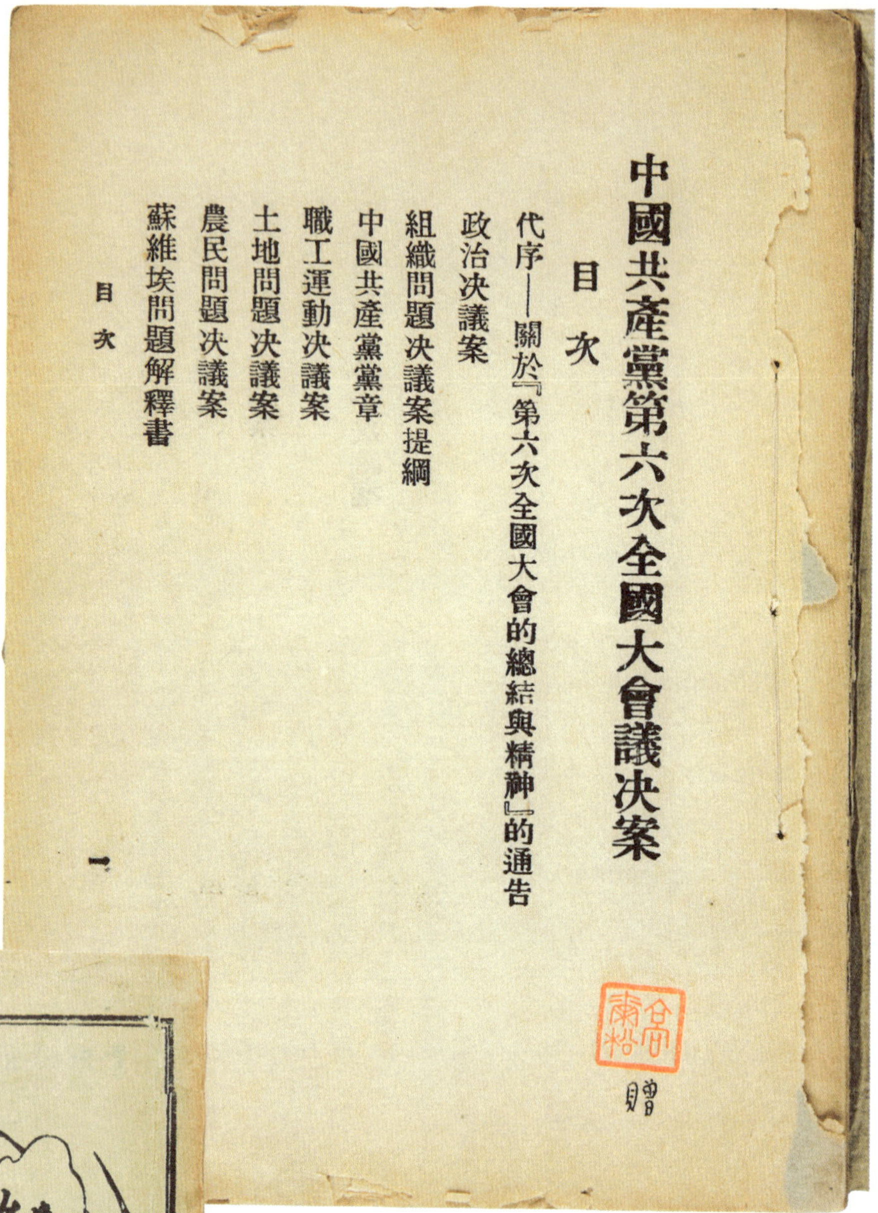
中國共產黨第六次全國大會議決案

目次

代序——關於『第六次全國大會的總結與精神』的通告

政治決議案

組織問題決議案提綱

中國共產黨黨章

職工運動決議案

土地問題決議案

農民問題決議案

蘇維埃問題解釋書

目次 一

中国共产党第六次全国大会议决案　封面伪装题名“新出绘图国色天香”

这是《中国共产党第六次全国大会议决案》的伪装本。本书目录页右下角有印文“高尔松”，印文下有一“赠”字，此书为出版家高尔松先生（1900–1986）所赠。

## 古田会议

1929年12月28日至29日，红四军党的第九次代表大会（即古田会议）在福建上杭县古田村召开。古田会议决议是中国共产党和红军建设的纲领性文献，其中心思想是用无产阶级思想进行军队和党的建设。

古田会议会址——福建上杭县古田曙光小学

## 苏区建设

1931年11月7日至20日，中华苏维埃第一次全国代表大会在江西瑞金召开，选举产生了同国民党政权性质根本不同的工农民主专政的新型政权——中华苏维埃共和国临时中央政府。此时，全国已在231个县1910万人中建立了县以上的苏维埃式政权。

1931年1月成立的中共苏区中央局委员合影。左起：顾作霖、任弼时、朱德、邓发、项英、毛泽东、王稼祥。

“苏区干部好作风，自带干粮去办公。日穿草鞋干革命，夜走山路访贫农。”这首民歌，表达了人民群众对干部身上反映出来的党的优良作风的赞誉。图为红一军团部分政工干部合影。

理日常政務，發佈一切法令和決議案。

一

四、在蘇維埃政權領域內的工人、農民、紅軍兵士及一切勞苦民众和他們的家屬，不分男女、種族（漢、滿、蒙、回、藏、苗、黎和在中國的台灣、高麗、安南人等）宗教，在蘇維埃法律前一律平等，皆為蘇維埃共和國的公民。為使工農兵勞苦民众真正掌握着自己的政權，蘇維埃選舉法特規定：凡上述蘇維埃公民在十六歲以上皆享有蘇維埃選舉權和被選舉權，直接選派代表參加各級工農兵会議（蘇維埃）的大会，討論和決定一切國家的地方的政治事務。代表產生方法是以產業工人的工廠和手工業工人、農民、城市貧民所居住的區域為選舉單位，這種基本單位選出的地方蘇維埃代表有一定的任期，參加城市或鄉村蘇維埃各種組織和委員会中工作，這種代表須按期向其選舉人報告，選舉人無論何時皆有撤回被選舉人及實行新選舉的權利。為着祇有無產階級才能領導廣大的農民與勞動群众走向社会主义，中國蘇維埃政權在選舉時給予無產階級以特別的權利，增多無產階級代表的比例名額。

五、中國蘇維埃政權以徹底的改善工人階級的生活狀況為目的，製定勞動法，宣佈八小時工作制，規定最低限度的工資標準，創立社会保險制度與國家的失業津貼，並宣佈工人有監督生產之權。

六、中國蘇維埃政權以消滅封建制度及徹底的改善農民生活為目的，頒佈土地法，主張沒收一切地主階級的土地，分配給貧農、中農，並以實現土地國有為目的。

七、中國蘇維埃政權以保障工農利益，限制資本主义的發展，更使勞苦群众脫離資本主义的剝削，走向社会主义制度去為目的，宣佈取消一切反革命統治時代的苛捐雜稅，徵收統一的累進稅，嚴厲的鎮壓一切中外資本家的怠工和破壞的陰謀，採取一切有利於工農群众並為工農群众了解的走向社会主义去的經濟政策。

八、中國蘇維埃政權以徹底的將中國從帝國主义壓迫之下解放出來為目的，宣佈中國民族的完全自主與獨立，不承認帝國主义在華的政治上經濟上的一切特權，宣佈一切與反革命政府訂立的不平等條約無效，否認反革命政府的一切外債。在蘇維埃領域內，帝國主义的海陸空軍絕不容

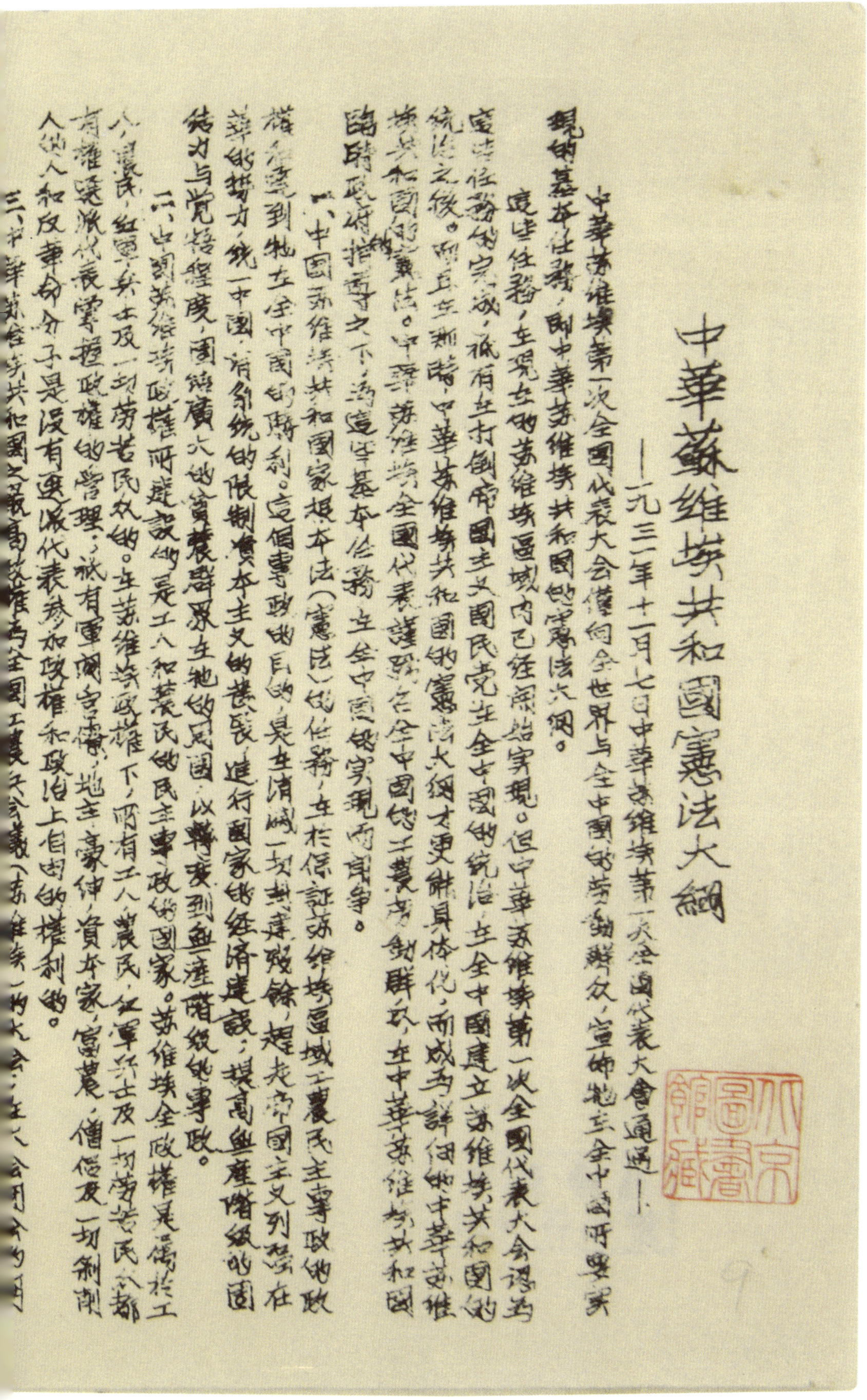


中华苏维埃共和国宪法大纲　中华苏维埃第一次全国代表大会通过　瑞金　1931年11月7日　复制品

《中华苏维埃共和国宪法大纲》，是中国第二次国内革命战争时期工农民主政权的根本法，是中国历史上由人民代表机关正式通过并公布实施的第一部人民的宪法性文件，体现了中国人民反帝反封建的革命意志和争取民主自由的愿望，为以后的民主建设和制宪工作提供了宝贵的历史经验。

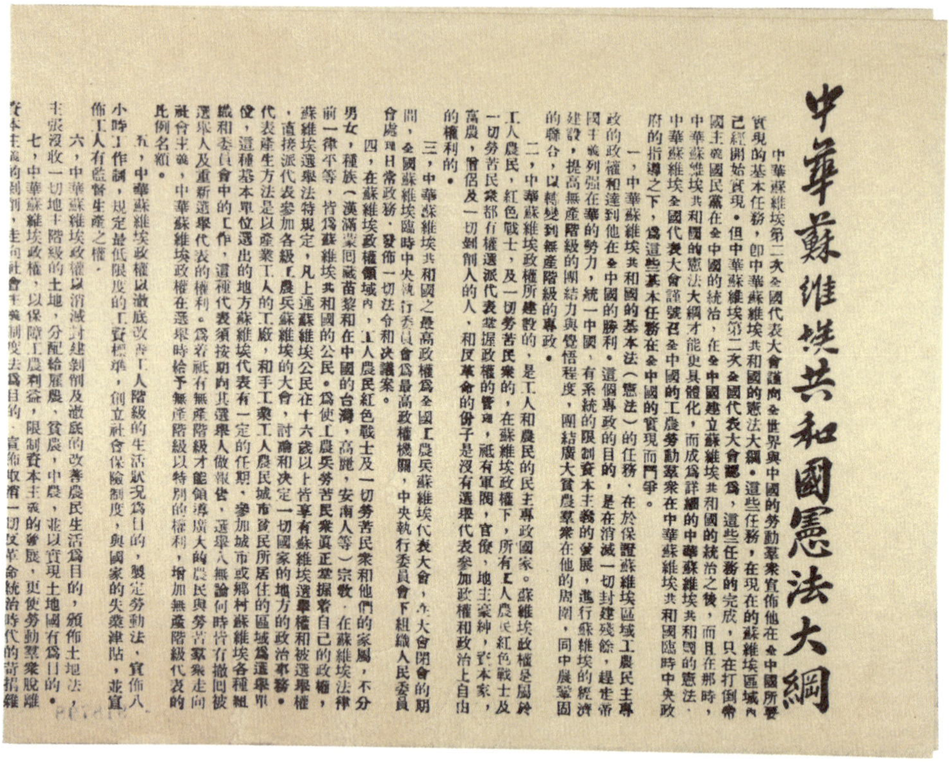

中華蘇維埃共和國憲法大綱

中華蘇維埃第二次全國代表大會謹向全世界與中國的勞動羣衆宣佈他在全中國所要實現的基本任務，即中華蘇維埃共和國的憲法大綱。這些任務，在現在的蘇維埃區域內已經開始實現。但中華蘇維埃第二次全國代表大會認爲，這些任務的完成，只在打倒帝國主義國民黨在全中國的統治，在全中國建立蘇維埃共和國的統治之後，而且在那時，中華蘇維埃共和國的憲法大綱才能更具體化，而成爲詳細的中華蘇維埃共和國的憲法。中華蘇維埃全國代表大會謹號召全中國的工農勞動羣衆在中華蘇維埃共和國臨時中央政府的指導之下，爲這些基本任務在全中國的實現而鬥爭。

一，中華蘇維埃共和國的基本法（憲法）的任務，在於保證蘇維埃區域工農民主專政的政權和達到他在全中國的勝利。這個專政的目的，是在消滅一切封建殘餘，趕走帝國主義列強在華的勢力，統一中國，有系統的限制資本主義的發展，進行蘇維埃的經濟建設，提高無產階級的團結力與覺悟程度，團結廣大貧農羣衆在他的周圍，同中農鞏固的聯合，以轉變到無產階級的專政。

二，中華蘇維埃政權所建設的，是工人和農民的民主專政國家。蘇維埃政權是屬於工人農民，紅色戰士，及一切勞苦民衆的，在蘇維埃政權下，所有工人農民紅色戰士及一切勞苦民衆都有權選派代表掌握政權的管理，祇有軍閥，官僚，地主豪紳，資本家，富農，僧侶及一切剝削人的人，和反革命的份子是沒有選舉代表參加政權和政治上自由的權利的。

三，中華蘇維埃共和國之最高政權爲全國工農兵蘇維埃代表大會，在大會閉會的期間，全國蘇維埃臨時中央執行委員會爲最高政權機關，中央執行委員會下組織人民委員會處理日常政務，發佈一切法令和決議案。

四，在蘇維埃政權領域內，工人農民紅色戰士及一切勞苦民衆和他們的家屬，不分男女，種族（漢滿蒙回藏苗黎和在中國的台灣，高麗，安南人等）宗教，在蘇維埃法律前一律平等，皆爲蘇維埃共和國的公民。爲使工農兵勞苦民衆眞正掌握着自己的政權，蘇維埃選舉法特規定，凡上述蘇維埃公民在十六歲以上皆享有蘇維埃選舉權和被選舉權，直接派代表參加各級工農兵蘇維埃的大會，討論和決定一切國家的地方的政治事務。代表產生方法是以產業工人的工廠，和手工業工人農民城市貧民所居住的區域爲選舉單位，這種基本單位選出的地方蘇維埃代表有一定的任期，參加城市或鄉村蘇維埃各種組織和委員會中的工作，這種代表須按期向其選舉人做報告，選舉人無論何時皆有撤回被選舉人及重新選舉代表的權利。爲着祇有無產階級才能領導廣大的農民與勞苦羣衆走向社會主義，中華蘇維埃政權在選舉時給予無產階級以特別的權利，增加無產階級代表的比例名額。

五，中華蘇維埃政權以徹底改善工人階級的生活狀況爲目的，製定勞動法，宣佈八小時工作制，規定最低限度的工資標準，創立社會保險制度，與國家的失業津貼，並宣佈工人有監督生產之權。

六，中華蘇維埃政權以消滅封建剝削及徹底的改善農民生活爲目的，頒佈土地法，主張沒收一切地主階級的土地，分配給雇農，貧農，中農，並以實現土地國有爲目的。

七，中華蘇維埃政權，以保障工農利益，限制資本主義的發展，更使勞動羣衆脫離資本主義的剝削，走向社會主義制度去爲目的，宣佈取消一切反革命統治時代的苛捐雜

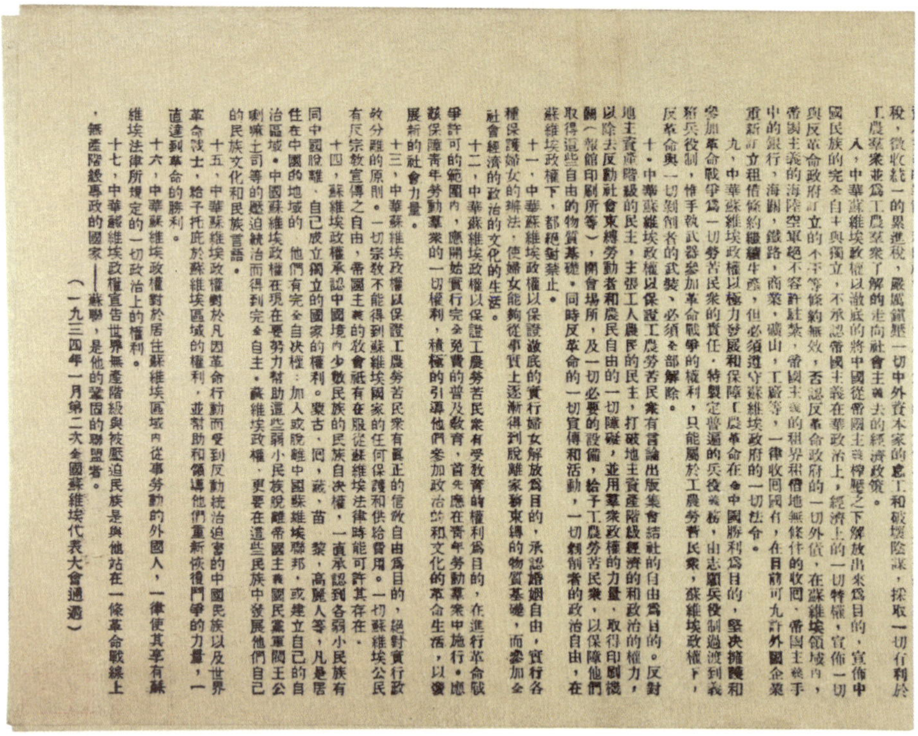

稅，徵收統一的累進稅，嚴厲鎮壓一切中外資本家的怠工和破壞陰謀，採取一切有利於工農羣衆並爲工農羣衆了解的走向社會主義去的經濟政策。

八，中華蘇維埃政權以徹底的將中國從帝國主義桎梏之下解放出來爲目的，宣佈中國民族的完全自主與獨立，不承認帝國主義在華政治上，經濟上的一切特權，宣佈一切與反革命政府訂立的不平等條約無效，否認反革命政府的一切外債，在蘇維埃領域內，帝國主義的海陸空軍絕不容許駐紮，帝國主義的租界租借地無條件的收回，帝國主義手中的銀行，海關，鐵路，商業，礦山，工廠等，一律收回國有，在目前可允許外國企業重新訂立租借條約繼續生產，但必須遵守蘇維埃政府的一切法令。

九，中華蘇維埃政權以極力發展和保障工農革命在全中國勝利爲目的，堅決擁護和參加革命戰爭爲一切勞苦民衆的責任，特製定普遍的兵役義務，由志願兵役制過渡到義務兵役制，惟手執武器參加革命戰爭的權利，只能屬於工農勞苦民衆，蘇維埃政權下，反革命與一切剝削者的武裝，必須全部解除。

十，中華蘇維埃政權以保證工農勞苦民衆有言論出版集會結社的自由爲目的，反對地主資產階級的民主，主張工人農民的民主，打破地主資產階級經濟的和政治的權力，以除去反動社會束縛勞動者和農民自由的一切障礙，並用羣衆政權的力量，取得印刷機關（報館印刷所等），開會場所，及一切必要的設備，給予工農勞苦民衆，以保障他們取得這些自由的物質基礎。同時反革命的一切宣傳和活動，一切剝削者的政治自由，在蘇維埃政權下，都絕對禁止。

十一，中華蘇維埃政權以保證徹底的實行婦女解放爲目的，承認婚姻自由，實行各種保護婦女的辦法，使婦女能夠從事實上逐漸得到脫離家務束縛的物質基礎，而參加全社會經濟的政治的文化的生活。

十二，中華蘇維埃政權以保證工農勞苦民衆有受教育的權利爲目的，在進行革命戰爭許可的範圍內，應開始實行完全免費的普及教育，首先應在青年勞動羣衆中施行。應該保障青年勞動羣衆的一切權利，積極的引導他們參加政治的和文化的革命生活，以發展新的社會力量。

十三，中華蘇維埃政權以保證工農勞苦民衆有眞正的信教自由爲目的，絕對實行政教分離的原則。一切宗教不能得到蘇維埃國家的任何保護和供給費用。一切蘇維埃公民有反宗教宣傳之自由，帝國主義的教會祇有在服從蘇維埃法律時能可許其存在。

十四，蘇維埃政權承認中國境內少數民族的民族自決權，一直承認到各弱小民族有同中國脫離，自己成立獨立的國家的權利。蒙古，回，藏，苗，黎，高麗人等，凡是居住在中國的地域的，他們有完全自決權：加入或脫離中國蘇維埃聯邦，或建立自己的自治區域。中國蘇維埃政權在現在要努力幫助這些弱小民族脫離帝國主義國民黨軍閥王公喇嘛土司等的壓迫統治而得到完全自主。蘇維埃政權，更要在這些民族中發展他們自己的民族文化和民族言語。

十五，中華蘇維埃政權對於凡因革命行動而受到反動統治迫害的中國民族以及世界革命戰士，給予托庇於蘇維埃區域的權利，並幫助和領導他們重新恢復鬥爭的力量，一直達到革命的勝利。

十六，中華蘇維埃政權對於居住蘇維埃區域內從事勞動的外國人，一律使其享有蘇維埃法律所規定的一切政治上的權利。

十七，中華蘇維埃政權宣告世界無產階級與被壓迫民族是與他站在一條革命戰線上，無產階級專政的國家——蘇聯，是他的鞏固的聯盟者。

（一九三四年一月第二次全國蘇維埃代表大會通過）

中华苏维埃共和国宪法大纲　1934年　复制品

《中华苏维埃共和国宪法大纲》，是中国第二次国内革命战争时期工农民主政权的根本法，1931年11月在江西瑞金由第一次全国苏维埃代表大会通过，1934年1月由第二次全国苏维埃代表大会修改，共十七条。其基本内容为：确定政权的性质是工农民主专政，“这个专政的目的，是在消灭一切封建残余，赶走帝国主义列强在华的势力，统一中国，有系统地限制资本主义的发展，进行苏维埃的经济建设，提高无产阶级的团结力和觉悟程度，团结广大贫农群众在他的周围，以转变到无产阶级专政”。

红军中的政治工作　[苏]捷克加了夫著　中华苏维埃共和国工农红军学校政治部翻印　1934年

该书从多个方面阐述了红军中开展思想政治工作的必要性和方式方法。该件仅存封面和目录页。

湘赣红旗　中国共产党湘赣苏区省委出版　复制品

《湘赣红旗》由党报委员会书记甘泗淇(中共湘赣省委宣传部部长)、王首道(省委书记)、林瑞笙(组织部部长)、张启龙(省苏维埃政府副主席)、易心平(共青团省委书记)等五人组织的党报委员会负责编辑。1931年11月下旬在永新创刊，半月刊，石印，16开本。每期8页，发行5000至6000份，至1933年6月终刊，共出33期。内容除转载中共中央、苏区中央局、中华苏维埃共和国临时中央政府、中央军事委员会的指示、通告、通令、训令以及马恩列斯论著之外，着重发表省委、省苏维埃政府、省军区、少共省委主要领导人的理论文章，省委有关党的建设的指示、训令，进行参战动员、报道经济建设等。该刊内容丰富，群众爱看，供不应求。

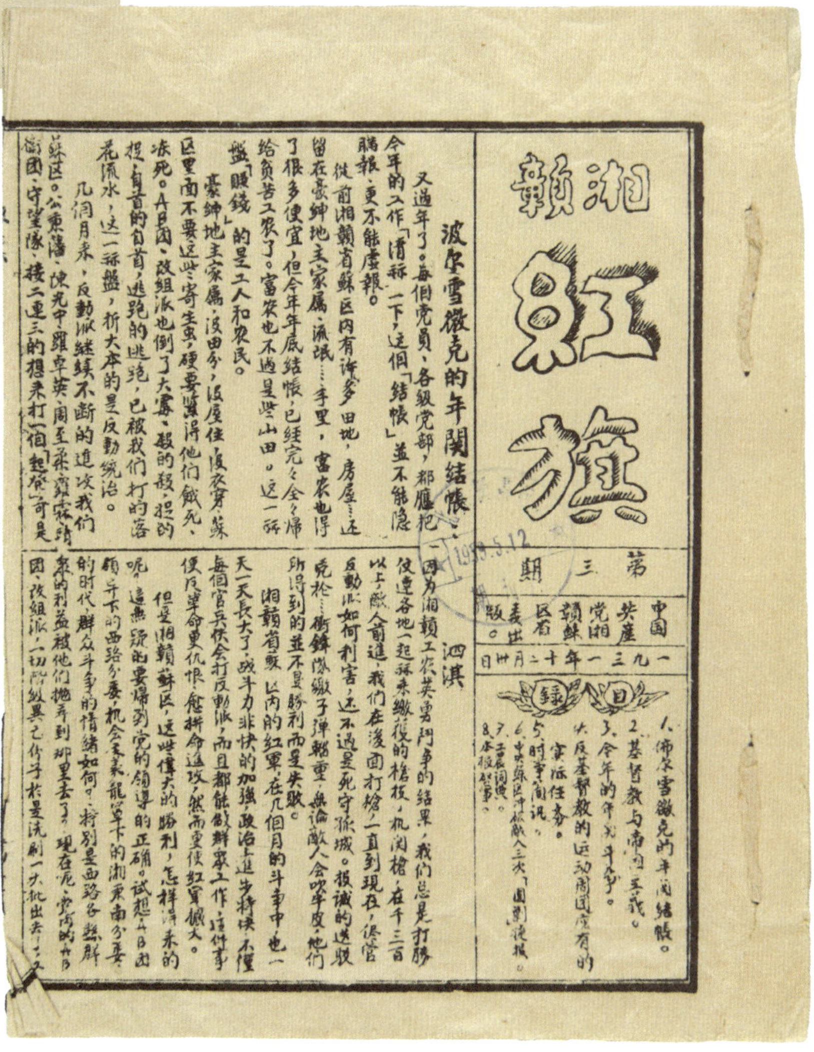
湘赣
紅旗
第三期
中国共産党湘赣省区出版。
一九三一年十二月廿日

録　目
1、佈尔雪微克的年関結帳。
2、基督教与帝国主義。
3、今年的年关斗争。
4、反基督教的运动周应有的实际任务。
5、时事简讯。
6、中央苏区冲破敌人三次「围剿」捷报。
7、工农园地。
8、本报启事。

波尔雪微克的年関結帳　泗淇

又過年了。每個党员、各级党部，都應把今年的工作「清理一下，这個「结帳」並不能隐瞞，更不能虚報。

從前湘赣省蘇区内有许多田地，房屋……还留在豪绅地主家属、流氓……手里，富农也得了很多便宜，但今年年底結帳，已經完全归给貧苦工农了。富农也不過是些山田。这一杀盘「賺錢」的是工人和农民。

豪绅地主家属，沒田分，沒屋住，沒衣穿，蘇区里面不要这些寄生虫，硬要嚐得他们餓死、冻死。AB团、改組派也倒了大霉，殺的殺，捉的捉，自首的自首，逃跑的逃跑，已被我们打的落花流水，这一杀盘，折大本的是反動统治。

几個月来，反動派继续不断的進攻我们蘇区。公秉藩、陳光中、羅卓英、周至柔、[illegible]……衞团、守望隊，接二連三的想来打「個」「翻身」，可是[illegible]

一　因为湘赣工农英勇鬥争的結果，我们总是打勝仗，從這各地一起来缴获的槍枝，机関槍，在千三百以上。敵人前進，我们在後面打槍，一直到現在，[illegible]反動派如何利害，还不過是死守孤城。极诚的送[illegible]……衛鋒隊繳子弹輜重，無論敵人会吹牛皮，他们所得到的並不是勝利而是失敗。

湘赣省蘇区内的紅軍，在几個月的斗争中也一天一天長大了，戰斗力非常的加強，政治上進步得快，不僅每個官兵会打反動派，而且都能做群衆工作，這件事使反革命更仇恨，能拼命進攻，然而更使紅軍擴大。

但是湘赣蘇区，這些偉大的勝利，怎样得来的呢？這無疑的要歸到党的領導的正确。試想4月4日[illegible]領导下的西路分委，机会主义[illegible]下的湘東南分委的时代，群众斗争的情緒如何？将别是西路各[illegible]群衆的利益被他们抛弃到那里去了？現在呢，党的[illegible]团、改組派，一切阶级異己分子，於是洗刷一大批出去[illegible]

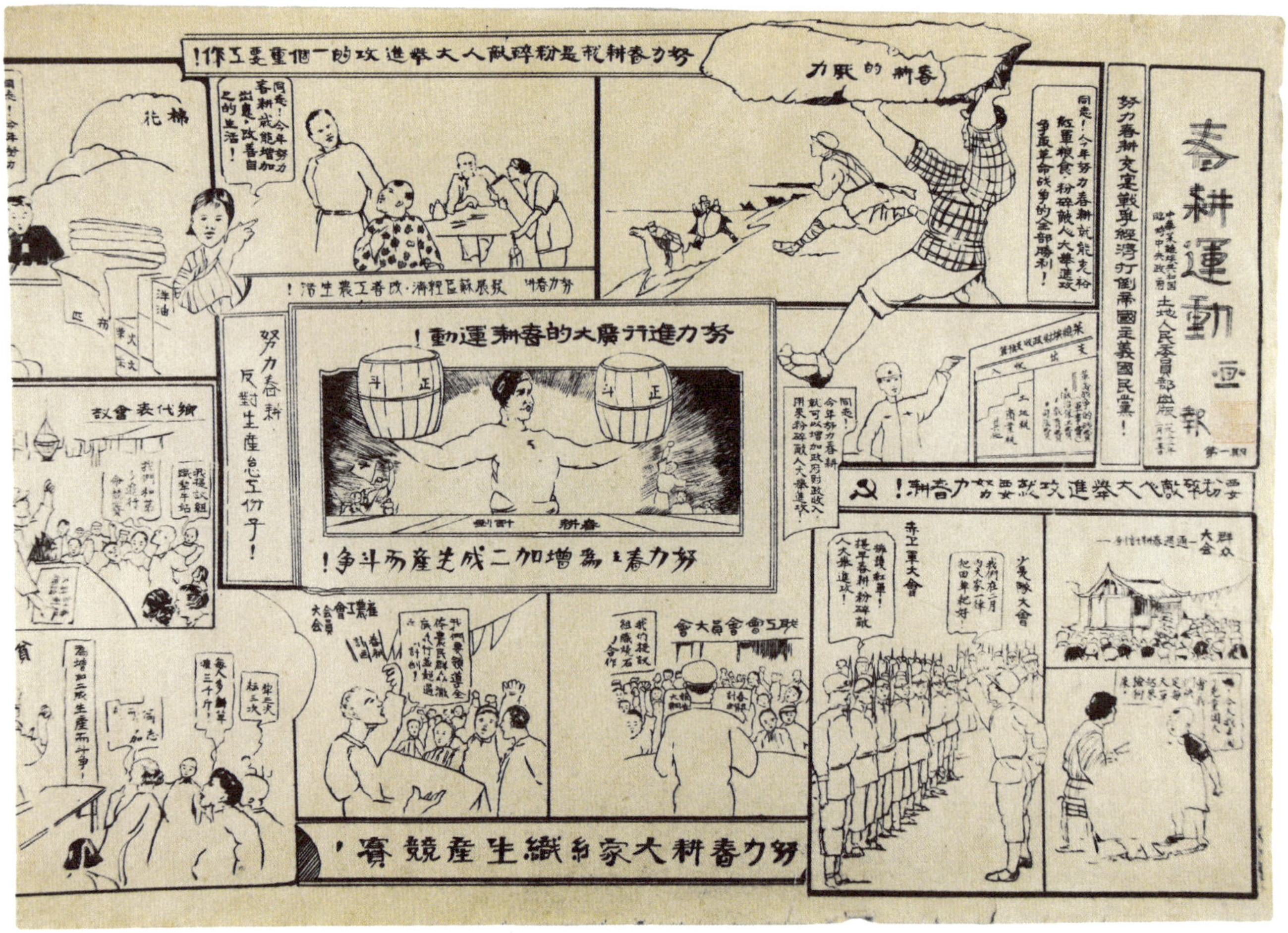


春耕运动画报　中华苏维埃共和国临时中央政府土地人民委员部编辑　1933年2月　复制品

该画报是中华苏维埃共和国临时中央政府土地人民委员部为粉碎国民党军队对中央苏区的第四次军事“围剿”，以及在经济上的封锁，发动广大人民群众自力更生、生产自救而进行宣传的画报。该画报共收入宣传画12幅，画面生动活泼，内容各不相同。画中写明了各种表现“努力发展生产”主题的口号。

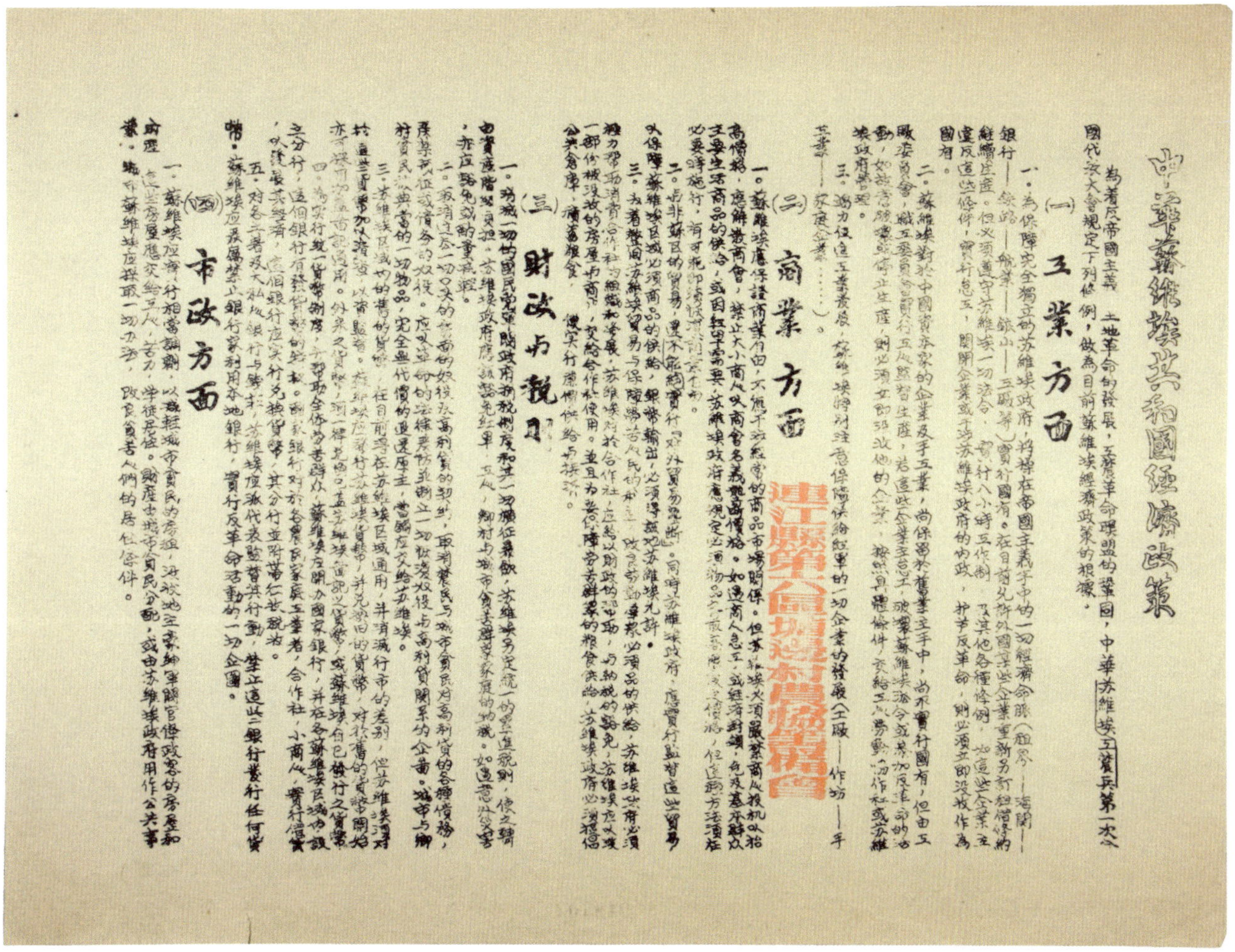

中華蘇維埃共和國經濟政策

為着反帝國主義　土地革命的發展，工農革命聯盟的鞏固，中華蘇維埃工農兵第一次全國代表大會規定下列條例，做為目前蘇維埃經濟政策的根據。

(一) 工業方面

一．為保障完全獨立的蘇維埃政府，將掉在帝國主義手中的一切經濟命脈（租界——海關——銀行——鐵路——航業——礦山——工廠等）實行國有。在目前允許外國資本企業重新另訂租借條約繼續生産。但必須遵守蘇維埃一切法令，實行八小時工作制，及其他各種條例。如這些企業主違反這些條件，實行怠工，關閉企業或幫助反革命，則必須立即沒收作為國有。

二．蘇維埃對於中國資本家的企業及手工業，尚保留於舊業主手中，尚不實行國有，但由工廠委員會，職工委員會實行工人監督生産，若這些企業主怠工，破壞蘇維埃法令或參加反革命的活動，如故意破壞或停止生産，則必須立即沒收他的企業，按照具體條件，交給工人，勞動合作社或蘇維埃政府管理。

三．盡力促進工業發展，蘇維埃特別注意保障供給紅軍的一切企業的發展（工廠——作坊——手工業——家庭企業……）。

(二) 商業方面

一．蘇維埃應保證商業自由，不應干涉經常的商品市場關係。但蘇維埃必須嚴禁商人投機以抬高價格，應解散商會，禁止大小商人以商會名義壟斷價格。如遇商人怠工，或經濟封鎖，以及基本群眾主要生活商品的缺乏，或因紅軍需要，蘇維埃政府應規定必須物品的最高價格，但這種方法須在必要時施行，有可能即須取消此辦法。

二．與非蘇區的貿易，還不能夠實行「對外貿易壟斷」。同時蘇維埃政府，應實行監督這些貿易以保障蘇維埃區域必須商品的供給，銀幣輸出，必須得蘇維埃允許。

三．為着發展蘇維埃貿易與保障勞苦人民的利益，蘇維埃對於必須品的供給，蘇維埃必須極力幫助消費合作社的組織和發展，蘇維埃對於合作社，應給以財政的幫助，與納稅的豁免，蘇維埃應以沒收一部分被沒收的房屋與商店，交給合作社使用。並且為要保障勞苦群眾的糧食供給，蘇維埃政府必須提倡公共倉庫，積蓄糧食，使實行糧價供給與救濟。

(三) 財政與稅則

一．廢除一切的國民黨軍閥政府的稅捐制度和其一切橫征暴斂，蘇維埃另定統一的累進稅則，使之轉由資產階級負担。蘇維埃政府應豁免紅軍士兵，鄉村與城市貧苦群眾家庭的納稅。如遇意外災害，亦應豁免或酌量減輕。

二．取消過去一切口頭的或書面的奴役及高利貸的契約，取消農民與城市貧民對高利貸的各種債務，廢除苛捐或債務的奴役。應以革命的法律禁止再訂立一切奴役及高利貸關係的企圖。城市與鄉村貧民以典當的一切物品，完全無代價的退還原主，當鋪應交給蘇維埃。

三．蘇維埃區域內的舊的貨幣，在目前得在蘇維埃區域通用，并消滅行市的差別，但蘇維埃須對於這些貨幣加以清查，以資監督。蘇維埃應發行蘇維埃貨幣，并兌換舊的貨幣，對於舊的貨幣開始亦可採用蘇維埃區域內通用。外來之貨幣，須一律兌換蘇維埃自己發行之貨幣，或蘇維埃自己發行之貨幣。

四．為實行統一貨幣制度，并幫助全體勞苦群眾，蘇維埃應開辦國家銀行，并在各蘇維埃區域內設立分行，這個銀行有發行貨幣的特權。國家銀行對於各農民家庭工業者，合作社，小商人，實行借貸，以發展其經濟，這個銀行應實行兌換貨幣，其分行並附帶征收稅收。

五．對各大資本家私人銀行與錢莊，蘇維埃應派代表監督其行動，禁止這些銀行發行任何貨幣。蘇維埃應嚴厲禁止銀行家利用本地銀行，實行反革命活動的一切企圖。

(四) 市政方面

一．蘇維埃應實行相當辦法，以減輕城市貧民的負担，沒收地主豪紳軍閥官僚政客的房屋和商店，這些房屋應交給工人，苦力，學徒居住。財產由城市貧民分配，或由蘇維埃政府用作公共事業。蘇維埃應採取一切辦法，改良貧苦人們的居住條件。

中华苏维埃共和国经济政策　中华工农兵苏维埃第一次全国代表大会制定　复制品

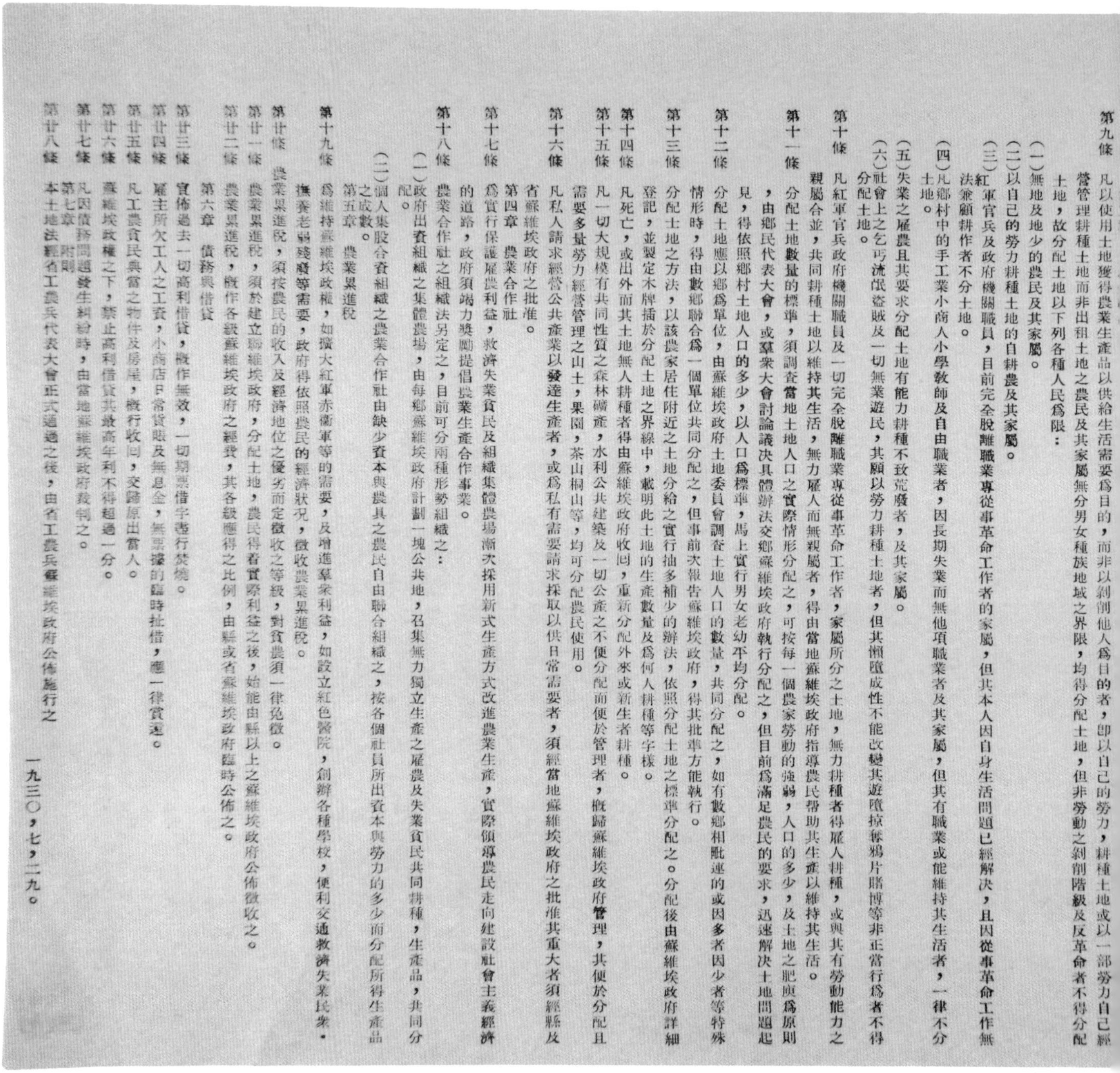

第九條　凡以使用土地獲得農業生產品以供給生活需要爲目的，而非以剝削他人爲目的者，即以自己的勞力，耕種土地或以一部勞力自己經營管理耕種土地而非出租土地之農民及其家屬無分男女種族地域之界限，均得分配土地，但非勞動之剝削階級及反革命者不得分配土地，故分配土地以下列各種人民爲限：

(一)無地及地少的農民及其家屬。

(二)以自己的勞力耕種土地的自耕農及其家屬。

(三)紅軍官兵及政府機關職員，目前完全脫離職業專從事革命工作者的家屬，但其本人因自身生活問題已經解決，且因從事革命工作無法兼顧耕作者不分土地。

(四)凡鄉村中的手工業小商人小學教師及自由職業者，因長期失業而無他項職業者及其家屬，但其有職業或能維持其生活者，一律不分土地。

(五)失業之雇農且其要求分配土地有能力耕種不致荒廢者，及其家屬。

(六)社會上之乞丐流氓盜賊及一切無業遊民，其願以勞力耕種土地者，但其懶墮成性不能改變其遊墮掠奪鴉片賭博等非正當行爲者不得分配土地。

第十條　凡紅軍官兵政府機關職員及一切完全脫離職業專從事革命工作者，家屬所分之土地，無力耕種者得雇人耕種，或與其有勞動能力之親屬合並，共同耕種土地以維持其生活，無力雇人而無親屬者，得由當地蘇維埃政府指導農民帮助其生產以維持其生活。

第十一條　分配土地數量的標準，須調查當地土地人口之實際情形分配之，可按每一個農家勞動的強弱，人口的多少，及土地之肥廋爲原則，由鄉民代表大會，或羣衆大會討論議決具體辦法交鄉蘇維埃政府執行分配之，但目前爲滿足農民的要求，迅速解決土地問題起見，得依照鄉村土地人口的多少，以人口爲標準，馬上實行男女老幼平均分配。

第十二條　分配土地應以鄉爲單位，由蘇維埃政府土地委員會調查土地人口的數量，共同分配之，如有數鄉相毗連的或因多者因少者等特殊情形時，得由數鄉聯合爲一個單位共同分配之，但事前次報告蘇維埃政府，得其批準方能執行。

第十三條　分配土地之方法，以該農家居住附近之土地分給之實行抽多補少的辦法，依照分配土地之標準分配之。分配後由蘇維埃政府詳細登記，並製定木牌插於分配土地之界線中，載明此土地的生產數量及爲何人耕種等字樣。

第十四條　凡死亡，或出外而其土地無人耕種者得由蘇維埃政府收回，重新分配外來或新生者耕種。

第十五條　凡一切大規模有共同性質之森林礦產，水利公共建築及一切公產之不便分配而便於管理者，概歸蘇維埃政府管理，其便於分配且需要多量勞力經營管理之山土，果園，茶山桐山等，均可分配農民使用。

第十六條　凡私人請求經營公共產業以發達生產者，或爲私有需要請求採取以供日常需要者，須經當地蘇維埃政府之批准其重大者須經縣及省蘇維埃政府之批准。

第四章　農業合作社

第十七條　爲實行保護雇農利益，救濟失業貧民及組織集體農場漸次採用新式生產方式改進農業生產，實際領導農民走向建設社會主義經濟的道路，政府須竭力獎勵提倡農業生產合作事業。

第十八條　農業合作社之組織法另定之，目前可分兩種形勢組織之：

(一)政府出資組織之集體農場，由每鄉蘇維埃政府計劃一塊公共地，召集無力獨立生產之雇農及失業貧民共同耕種，生產品，共同分配。

(二)個人集股合資組織之農業合作社由缺少資本與農具之農民自由聯合組織之，按各個社員所出資本與勞力的多少而分配所得生產品之成數。

第五章　農業累進稅

第十九條　爲維持蘇維埃政權，如擴大紅軍赤衞軍等的需要，及增進羣衆利益，如設立紅色醫院，創辦各種學校，便利交通救濟失業民衆．撫養老弱殘廢等需要，政府得依照農民的經濟狀況，徵收農業累進稅。

第廿條　農業累進稅，須按農民的收入及經濟地位之優劣而定徵收之等級，對貧農須一律免徵。

第廿一條　農業累進稅，須於建立縣維埃政府，分配土地，農民得着實際利益之後，始能由縣以上之蘇維埃政府公佈徵收之。

第廿二條　農業累進稅，概作各級蘇維埃政府之經費，其各級應得之比例，由縣或省蘇維埃政府臨時公佈之。

第六章　債務與借貸

第廿三條　宣佈過去一切高利借貸，概作無效，一切期票借字盡行焚燒。

第廿四條　雇主所欠工人之工資，小商店日常貨賬及無息金，無票據的臨時扯借，應一律償還。

第廿五條　凡工農貧民典當之物件及房屋，概行收回，交歸原出當人。

第廿六條　蘇維埃政權之下，禁止高利借貸其最高年利不得超過一分。

第廿七條　凡因債務問題發生糾紛時，由當地蘇維埃政府裁判之。

第七章　附則

第廿八條　本土地法經省工農兵代表大會正式通過之後，由省工農兵蘇維埃政府公佈施行之

一九三〇，七，二九。

湖南省工农兵苏维埃政府暂行土地法　湖南省工农兵苏维埃政府颁布　1930年7月29日　复制品

1930年7月27日，中国工农红军第三军团在彭德怀指挥下一举攻克湖南省会长沙，这是土地革命战争时期唯一的一次攻占省会城市。随后建立了湖南省工农兵苏维埃政府。30日，湖南省工农兵苏维埃政权成立。颁布《暂行劳动法》、《暂行土地法》和苏维埃政纲等文件。《暂行土地法》保障了农民获得土地的权利。《湖南省工农兵苏维埃政府暂行土地法》共有六章，分别是：第一章 总则；第二章 土地制度；第三章 土地分配法；第四章 农业合作社；第五章 农业累进税；第六章 债务与借贷。

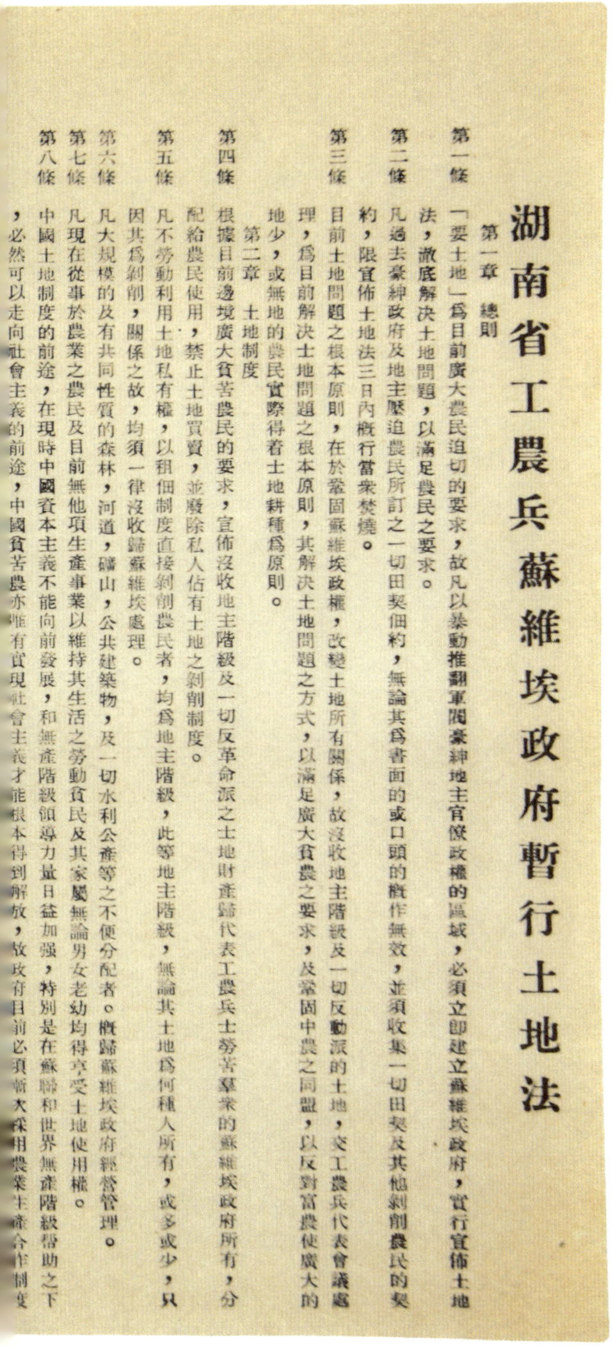

湖南省工農兵蘇維埃政府暫行土地法

第一章　總則

第一條　「要土地」爲目前廣大農民迫切的要求，故凡以暴動推翻軍閥豪紳地主官僚政權的區域，必須立即建立蘇維埃政府，實行宣佈土地法，澈底解决土地問題，以滿足農民之要求。

第二條　凡過去豪紳政府及地主壓迫農民所訂之一切田契佃約，無論其爲書面的或口頭的概作無效，並須收集一切田契及其他剝削農民的契約，限宣佈土地法三日內概行當衆焚燒。

第三條　目前土地問題之根本原則，在於鞏固蘇維埃政權，改變土地所有關係，故沒收地主階級及一切反動派的土地，交工農兵代表會議處理，爲目前解决土地問題之根本原則，其解决土地問題之方式，以滿足廣大貧農之要求，及鞏固中農之同盟，以反對富農使廣大的地少，或無地的農民實際得着土地耕種爲原則。

第二章　土地制度

第四條　根據目前邊境廣大貧苦農民的要求，宣佈沒收地主階級及一切反革命派之土地財產歸代表工農兵士勞苦羣衆的蘇維埃政府所有，分配給農民使用，禁止土地買賣，並廢除私人佔有土地之剝削制度。

第五條　凡不勞動利用土地私有權，以租佃制度直接剝削農民者，均爲地主階級，此等地主階級，無論其土地爲何種人所有，或多或少，只因其爲剝削，關係之故，均須一律沒收歸蘇維埃處理。

第六條　凡大規模的及有共同性質的森林，河道，礦山，公共建築物，及一切水利公產等之不便分配者。概歸蘇維埃政府經營管理。

第七條　凡現在從事於農業之農民及目前無他項生產事業以維持其生活之勞動貧民及其家屬無論男女老幼均得享受土地使用權。

第八條　中國土地制度的前途，在現時中國資本主義不能向前發展，和無產階級領導力量日益加强，特別是在蘇聯和世界無產階級帮助之下，必然可以走向社會主義的前途，中國貧苦農亦唯有實現社會主義才能根本得到解放，故政府目前必須漸次採用農業生產合作制度

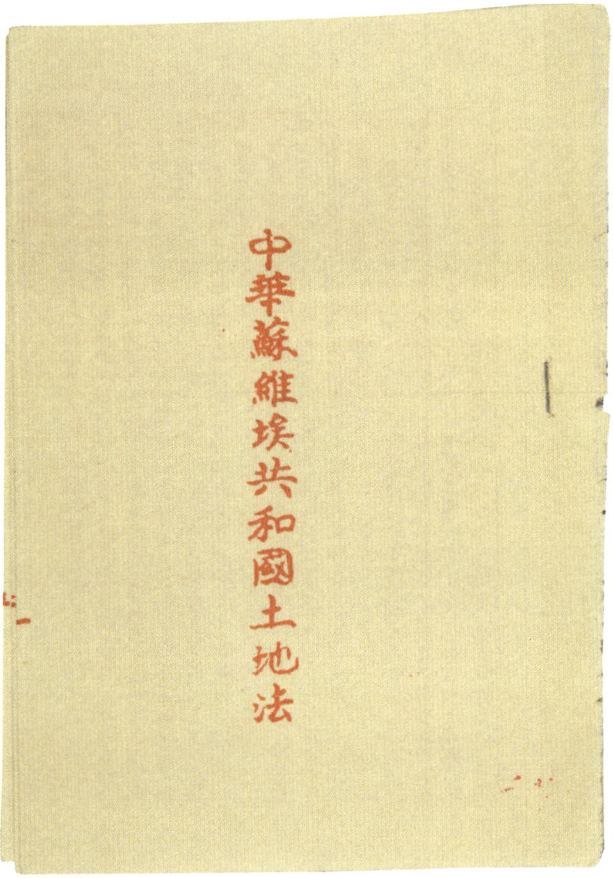


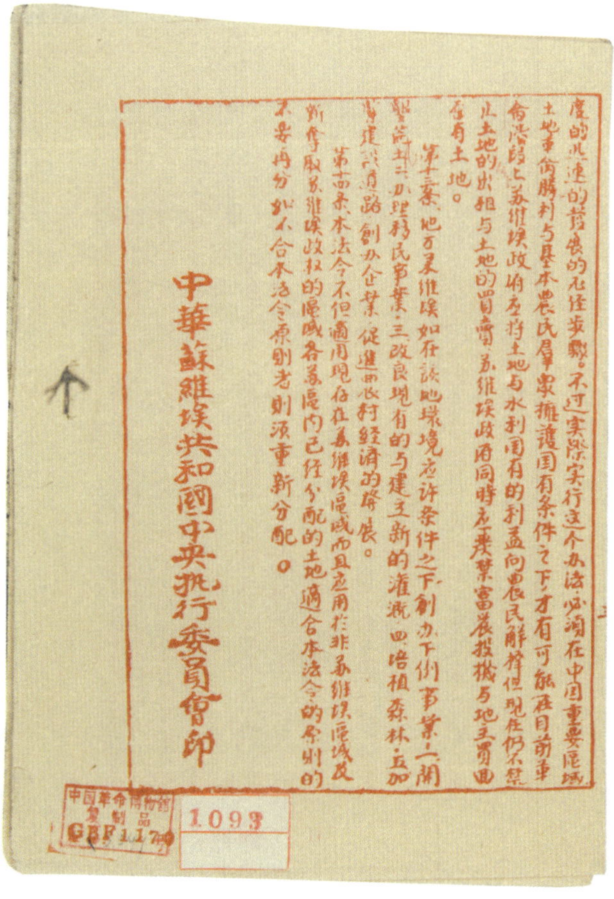

度的兴旺的发展的必经步骤。不过实际实行这个办法，必须在中国重要区域土地革命胜利与基本农民群众拥护国有条件之下，才有可能。在目前革命阶段上，苏维埃政府应将土地与水利国有的利益向农民解释，但现在仍不禁止土地的出租与土地的买卖，苏维埃政府同时应严禁富农投机与地主买田占有土地。

第十三条　地方苏维埃如在该地环境允许条件之下，创办下列事业：一、开垦荒地，二、办理移民事业，三、改良现有的与建立新的灌溉，四、培植森林，五、加紧建设道路，创办企业，促进农村经济的发展。

第十四条　本法令不但适用现在苏维埃区域，而且应用于非苏维埃区域及新夺取苏维埃政权的区域。各苏区内已经分配的土地适合本法令的原则的，不要再分；如不合本法令原则者，则须重新分配。

中華蘇維埃共和國中央執行委員會印

中国革命博物馆
复制品
GBF1170
1093

中华苏维埃共和国土地法　1931年11月　复制品

由中华工农兵苏维埃第一次全国代表大会通过。该法规规定没收地主、富农、反革命及农村公共土地；土地分配的原则是“地主不分田，富农分坏田”；以“最有利于贫农、中农利益的方法”按人口或按劳力平均分配；分配给农民的土地允许农民出租、买卖。该法扩大了土地革命的打击面。

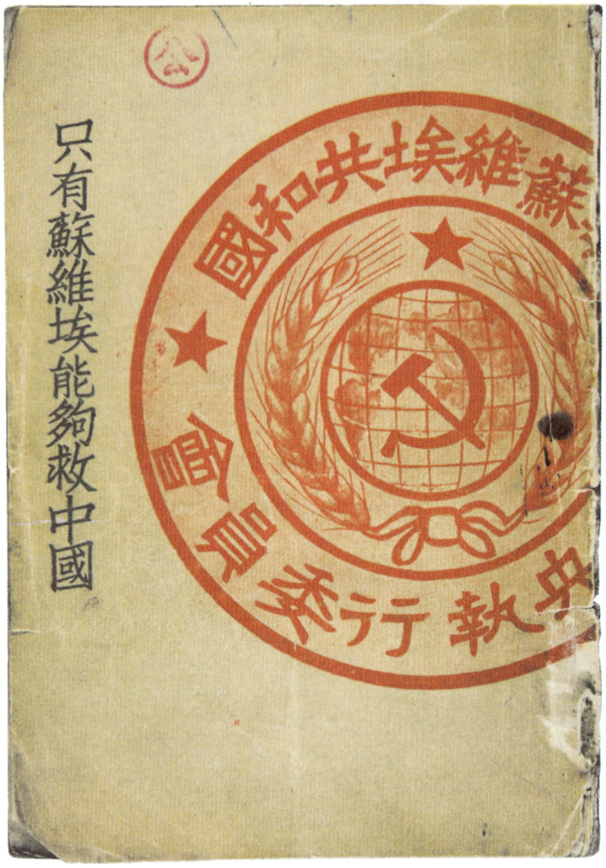


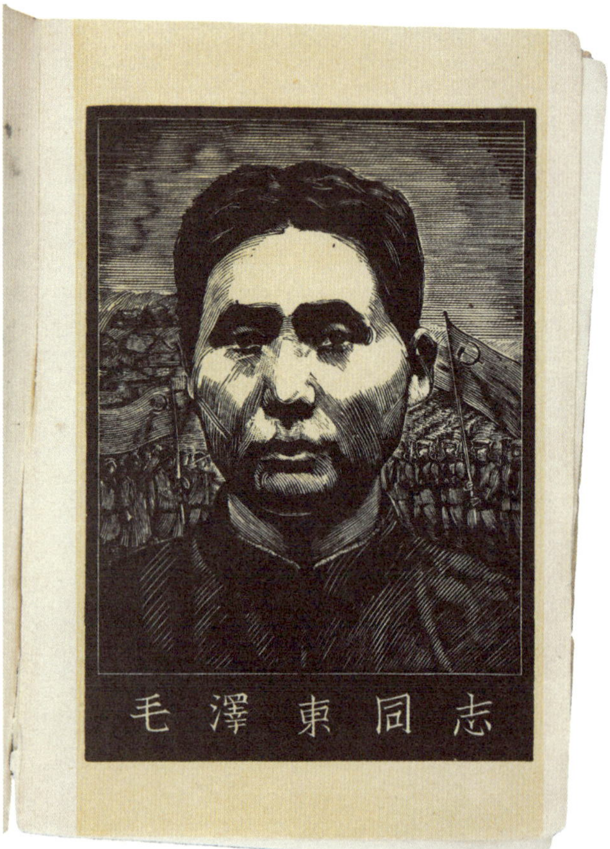


只有苏维埃能够救中国：1934年1月在江西瑞金召开的第二次工农代表大会上的报告　毛泽东著　莫斯科 列宁格勒 苏联外国工人出版社　1934年

该书包括两个部分：一、中华苏维埃共和国中央执行委员会与人民委员会对第二次全国苏维埃代表大会的报告；二、关于中央执行委员会与人民委员会报告的结论。该报告中“苏维埃的经济政策”一节，后被收入《毛泽东选集》，即《我们的经济政策》一文。

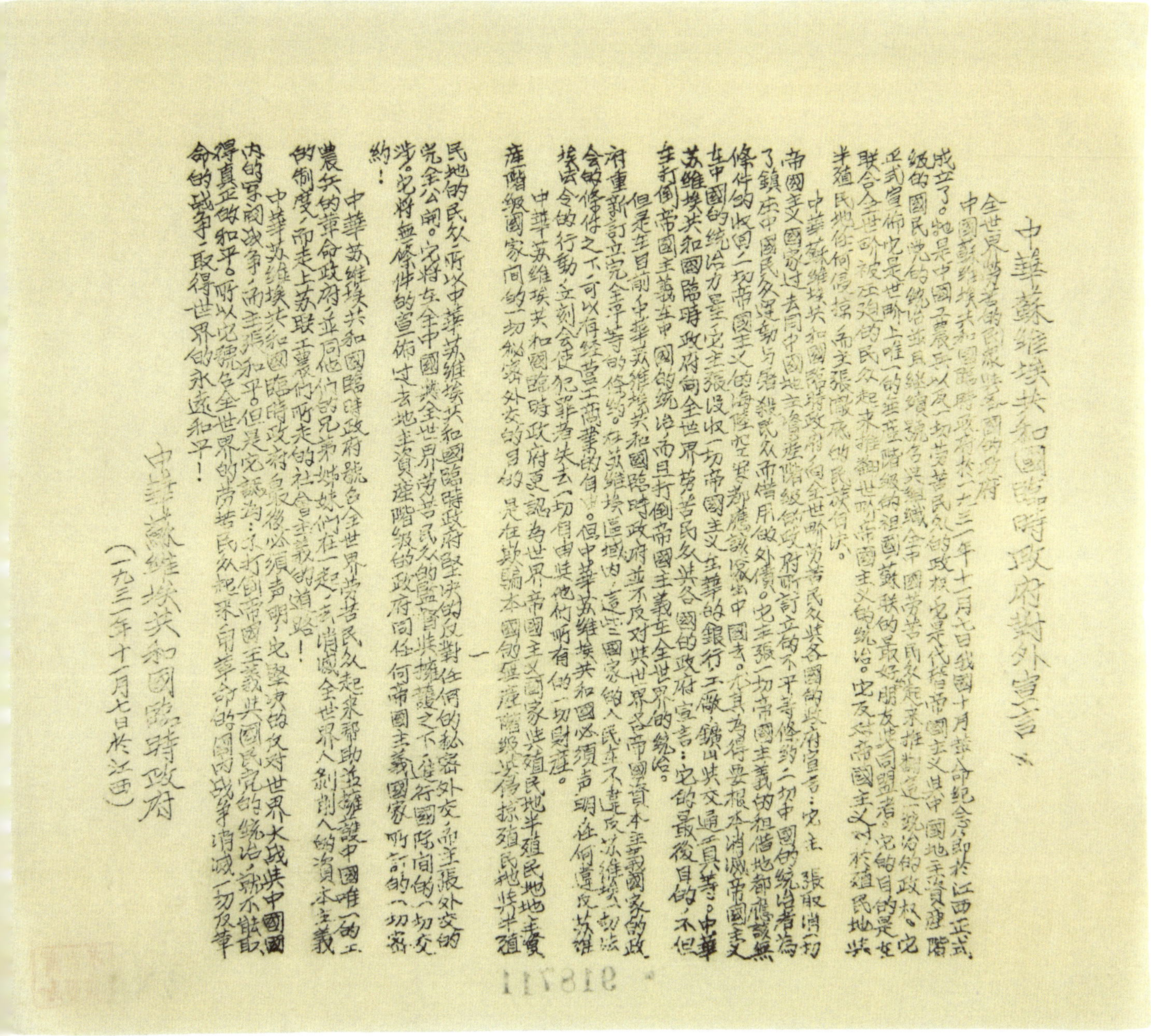

中華蘇維埃共和國臨時政府對外宣言

全世界勞苦的民眾們各國的政府

中國蘇維埃共和國臨時政府於一九三一年十一月七日我國十月革命紀念日即於江西正式成立了。牠是中國工農兵以及一切勞苦民眾的政權。牠是代替帝國主義與中國地主資產階級的國民黨的統治並且繼續號召與組織全中國勞苦民眾起來推翻帝國主義統治的政權。牠正式宣佈牠是世界上唯一的無產階級的祖國蘇聯的最好朋友與同盟者。牠的目的是在聯合全世界被壓迫的民眾起來推翻世界帝國主義的統治。牠反對帝國主義對於殖民地與半殖民地任何侵掠，而主張徹底的民族自決。

中華蘇維埃共和國臨時政府向全世界勞苦民眾與各國的政府宣言：牠主張取消一切帝國主義國家過去同中國地主資產階級政府所訂立的不平等條約，一切中國的統治者為了鎮壓中國民眾運動與屠殺民眾而借用的外債。牠主張一切帝國主義的租借地都應該無條件的收回，一切帝國主義的海陸空軍都應該撤出中國去。不但為得要根本消滅帝國主義在中國的統治力量，牠主張沒收一切帝國主義在華的銀行、工廠、礦山與交通工具等。中華蘇維埃共和國臨時政府向全世界勞苦民眾與各國的政府宣言：牠的最後目的，不但在打倒帝國主義在中國的統治，而且打倒帝國主義在全世界的統治。

但是在目前中華蘇維埃共和國臨時政府並不反對與世界各帝國資本主義國家的政府重新訂立完全平等的條約。在蘇維埃區域內，這些國家的人民只要不違反蘇維埃一切法令，能夠條件之下，可以有經營工商業的自由。但中華蘇維埃共和國必須聲明，任何違反蘇維埃法令的行動，立刻會使犯罪者失去一切自由與他們所有的一切財產。

中華蘇維埃共和國臨時政府更認為世界帝國主義國家與殖民地半殖民地地主資產階級國家間的一切秘密外交的目的是在欺騙本國勞苦群眾，侵掠殖民地與半殖民地的民眾，所以中華蘇維埃共和國臨時政府堅決的反對任何的秘密外交，而主張外交的完全公開。牠將在全中國與全世界勞苦民眾的監督與擁護之下，進行國際間的一切交涉。牠將無條件的宣佈過去地主資產階級的政府同任何帝國主義國家所訂的一切密約！

中華蘇維埃共和國臨時政府號召全世界勞苦民眾起來幫助與擁護中國唯一的工農兵的革命政府，並同他們的兄弟姊妹們在一起，去消滅全世界人剝削人的資本主義的制度，而走上蘇聯工農們所走的社會主義的道路！

中華蘇維埃共和國臨時政府最後必須聲明，牠堅決的反對世界大戰與中國國內的軍閥戰爭，而主張和平。但是牠認為：不打倒帝國主義與國民黨的統治，就不能取得真正的和平。所以牠號召全世界的勞苦民眾起來用革命的國內戰爭消滅一切反革命的戰爭，取得世界的永遠和平！

中華蘇維埃共和國臨時政府

（一九三一年十一月七日於江西）

**中华苏维埃共和国临时政府对外宣言**　中华苏维埃共和国临时政府　1931年11月7日　复制品

中华苏维埃共和国临时政府于1931年11月7日于江西正式成立。这是红色政权的第一份对外宣言。

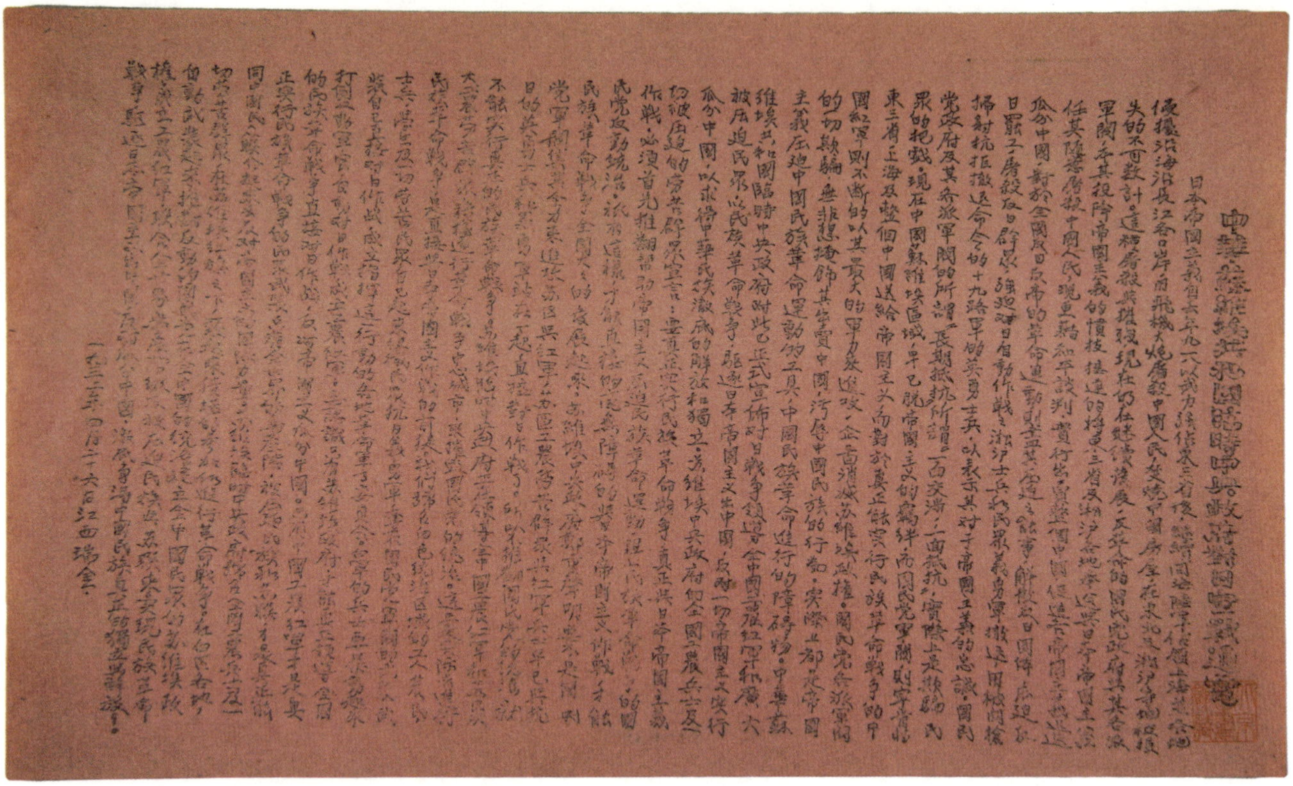


中华苏维埃共和国临时中央政府对日宣战通电　油印传单
1932年4月26日　复制品

“九一八事变”后，日军以武力强占东三省，又于1932年1月28日向上海发起进攻。为此，1932年4月15日，毛泽东以中华苏维埃共和国临时中央政府的名义，发表《中华苏维埃共和国临时中央政府宣布对日作战宣言》，正式决定对日本帝国主义宣战，领导全国红军与工农兵群众用民族革命战争把日本帝国主义驱逐出去。

1931年11月，中共苏区第一次代表大会在江西瑞金召开。

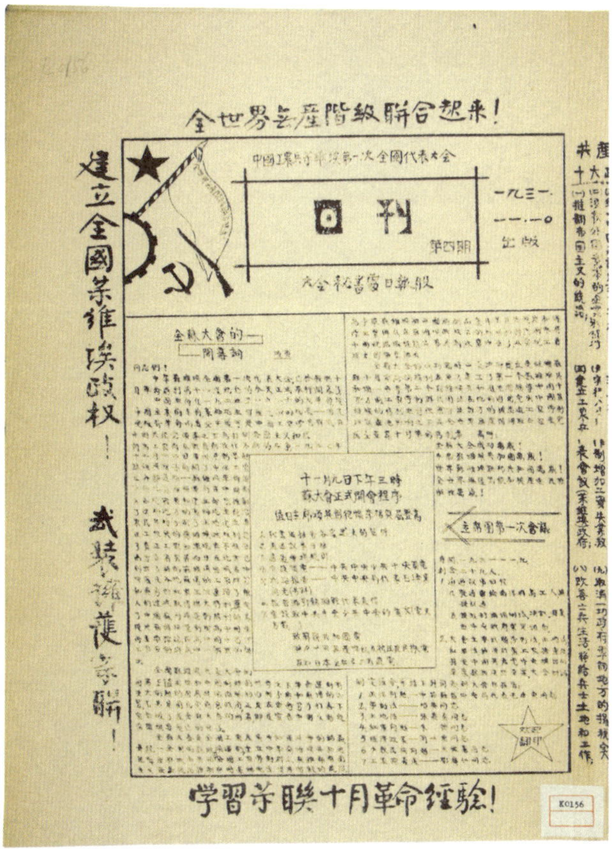


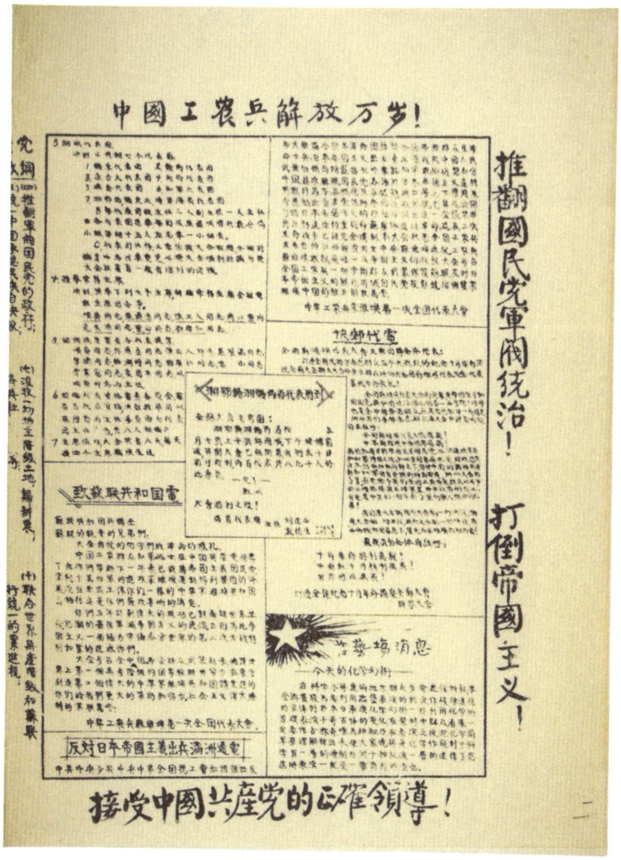


中国工农兵苏维埃第一次全国代表大会日刊

1931年11月7日至20日，在江西瑞金召开中华苏维埃第一次代表大会，到会代表600余人。大会宣布中华苏维埃共和国临时中央政府成立，制定了《宪法大纲》，成立了临时中央政府，选举毛泽东为临时主席，朱德为中央革命军事委员会主席，瑞金为首都。选出毛泽东、周恩来、朱德等63人为中央执行委员。毛泽东为主席，项英、张国焘为副主席。设立中华苏维埃中央革命军事委员会，朱德任主席，王稼祥、彭德怀任副主席。

## 左翼文化运动

30年代初，党在上海组成文化工作委员会，在其领导下，“中国左翼作家联盟”、“中国社会科学家联盟”等左翼文化团体相继成立，革命文化运动蓬勃开展起来。面对国民党反动派对进步文化进行的疯狂“围剿”，以鲁迅为旗手的革命文化工作者，创作和发表了大量为群众所欢迎的作品，传播进步思想，唤起民众觉悟，锻炼出一支坚强的革命文化队伍，有力地配合了革命的政治斗争。

1929年10月，中共中央宣传部成立了中央文化工作委员会（简称文委），领导左翼文化运动，图为中央文化工作委员会第一任书记潘汉年。

鲁迅

1930年3月2日，中国左翼作家联盟在上海成立。图为“左联”盟员王一榴创作的反映“左联”成立大会情景的漫画。

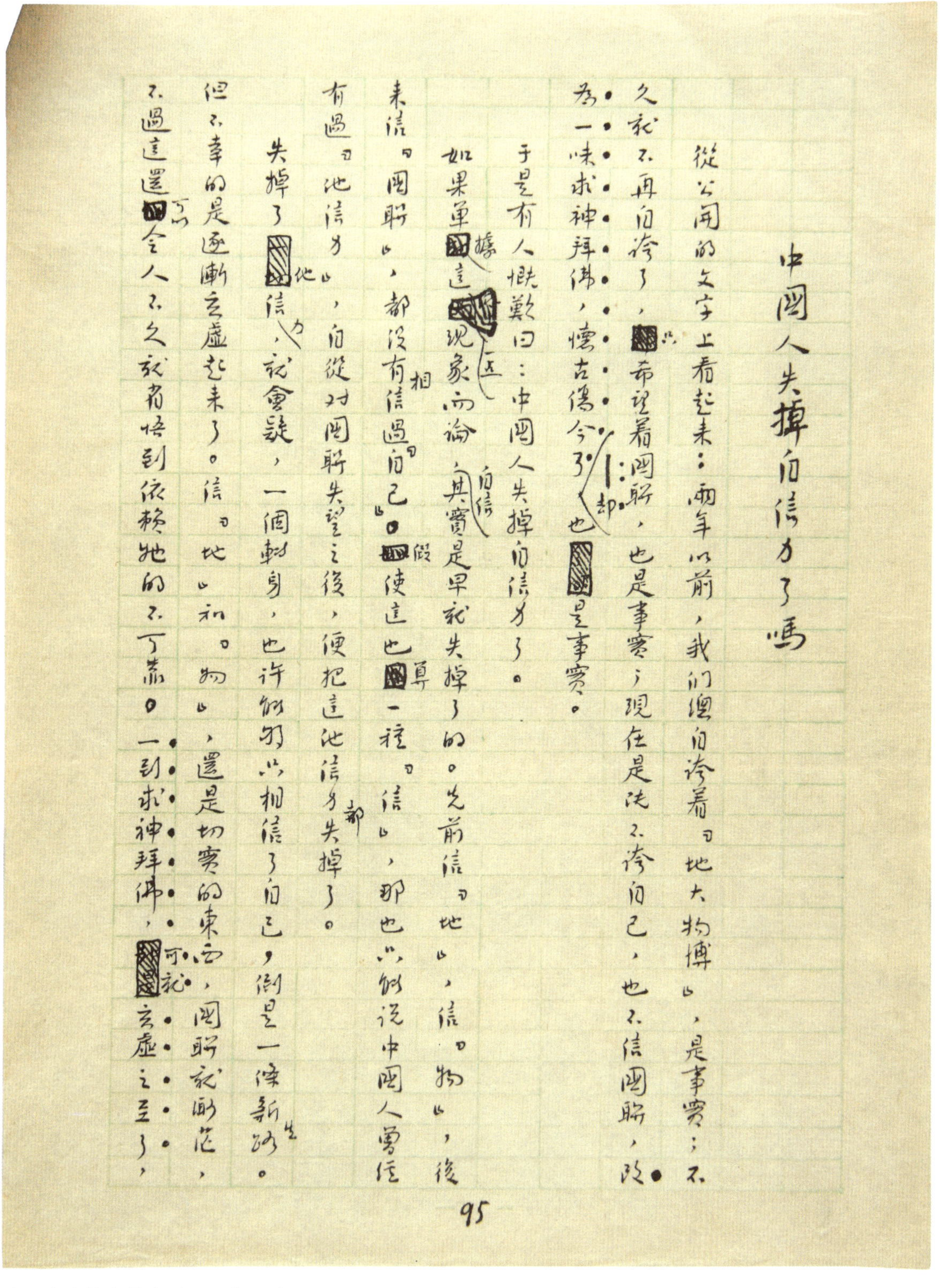

中國人失掉自信力了嗎

從公開的文字上看起來：兩年以前，我們總自誇着『地大物博』，是事實；不久就不再自誇了，只希望着國聯，也是事實；現在是既不誇自己，也不信國聯，改為一味求神拜佛，懷古傷今了——卻也是事實。

于是有人慨歎曰：中國人失掉自信力了。

如果單據這一點現象而論，自信其實是早就失掉了的。先前信『地』，信『物』，後來信『國聯』，都沒有相信過『自己』。假使這也算一種『信』，那也只能說中國人曾經有過『他信力』，自從對國聯失望之後，便把這他信力都失掉了。

失掉了他信力，就會疑，一個轉身，也許能夠只相信了自己，倒是一條新生路，但不幸的是逐漸玄虛起來了。信『地』和『物』，還是切實的東西，國聯就渺茫，不過這還可以令人不久就省悟到依賴它的不可靠。一到求神拜佛，可就玄虛之至了，

95

中国人失掉自信力了吗　鲁迅手稿

该文发表于1934年10月20日《太白》半月刊第1卷第3期，后收入《且介亭杂文》。文章驳斥了一些人散布“中国人失掉自信力”的论调，强调指出，此论“用以指一部分人则可，倘若加于全体，那简直是污蔑”。中国自古以来“就有埋头苦干的人，有拼命硬干的人，有为民请命的人，有舍身求法的人”，他们是“中国的脊梁”。

从百草园到三味书屋　鲁迅撰　1926年　毛笔手书原稿　许广平赠

《从百草园到三味书屋》作于1926年9月18日，当时鲁迅正在厦门大学任教。本文发表于1926年10月10日《莽原》第1卷第19期，后收入《朝花夕拾》。文章以优美抒情的笔调，描述了百草园新鲜活泼的孩提乐趣，对比描写了三味书屋枯燥乏味的书塾生活，表达了作者对自由生活的向往。鲁迅是中国左翼作家联盟的筹备者和领导者之一。“左联”五烈士被害之后，鲁迅写下了《中国无产阶级革命文学和前驱的血》、《为了忘却的记念》等文章，深刻揭露了国民党反动派的罪行，深情称颂了烈士们的革命精神和文学成就。

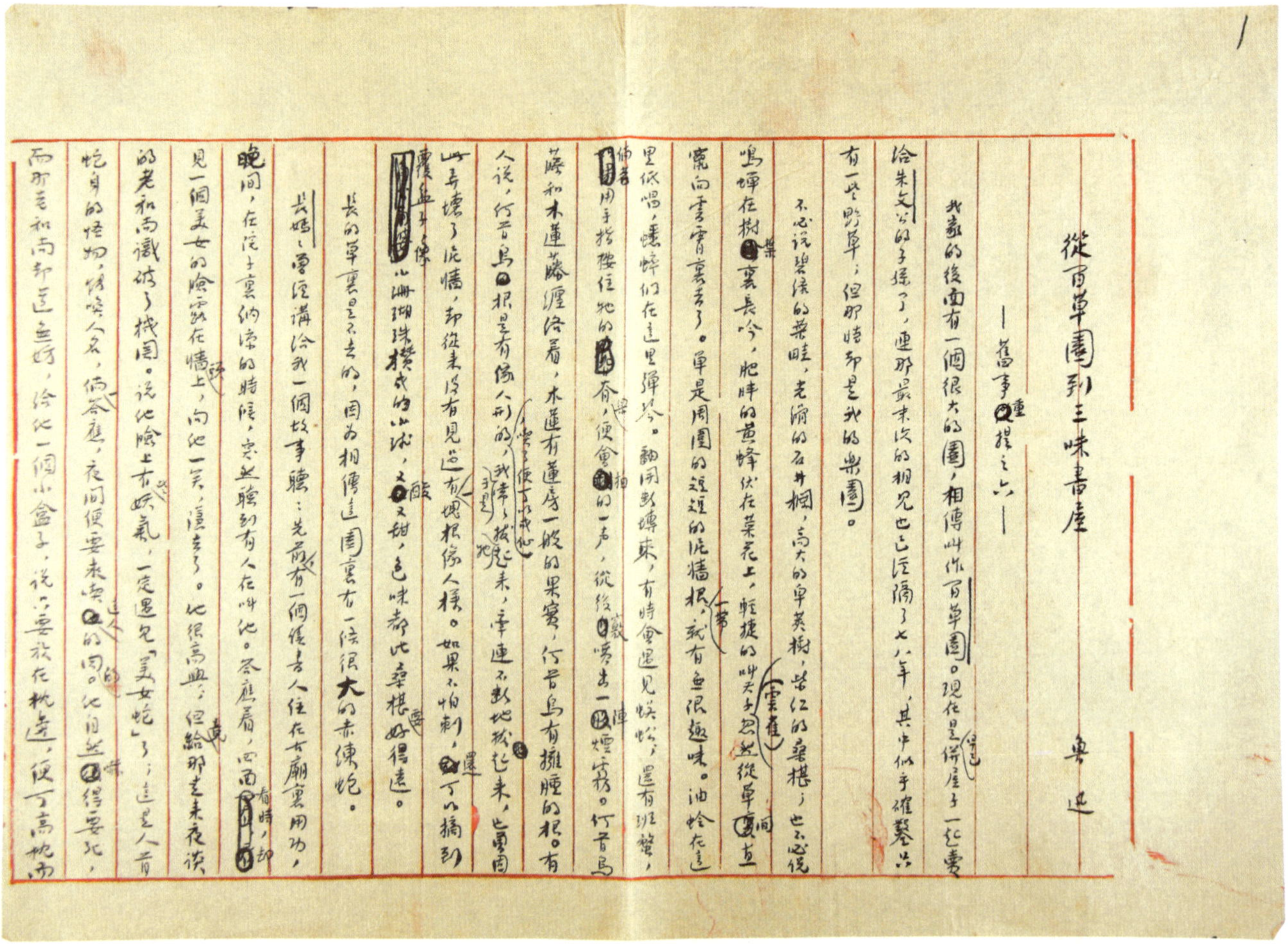
1

從百草園到三味書屋

—舊事重提之六—

魯迅

我家的後面有一個很大的園，相傳叫作百草園。現在是早已並屋子一起賣給朱文公的子孫了，連那最末次的相見也已經隔了七八年，其中似乎確鑿只有一些野草；但那時卻是我的樂園。

不必說碧綠的菜畦，光滑的石井欄，高大的皂莢樹，紫紅的桑椹；也不必說鳴蟬在樹葉裏長吟，肥胖的黃蜂伏在菜花上，輕捷的叫天子（雲雀）忽然從草間直竄向雲霄裏去了。單是周圍的短短的泥牆根一帶，就有無限趣味。油蛉在這裏低唱，蟋蟀們在這裏彈琴。翻開斷磚來，有時會遇見蜈蚣；還有斑蝥，倘若用手指按住牠的脊梁，便會拍的一聲，從後竅噴出一陣煙霧。何首烏藤和木蓮藤纏絡着，木蓮有蓮房一般的果實，何首烏有擁腫的根。有人說，何首烏根是有像人形的，吃了便可以成仙，我於是常常拔牠起來，牽連不斷地拔起來，也曾因此弄壞了泥牆，卻從來沒有見過有一塊根像人樣。如果不怕刺，還可以摘到覆盆子，像小珊瑚珠攢成的小球，又酸又甜，色味都比桑椹要好得遠。

長的草裏是不去的，因為相傳這園裏有一條很大的赤練蛇。

長媽媽曾經講給我一個故事聽：先前，有一個讀書人住在古廟裏用功，晚間，在院子裏納涼的時候，突然聽到有人在叫他。答應着，四面看時，卻見一個美女的臉露在牆上，向他一笑，隱去了。他很高興；但竟給那走來夜談的老和尚識破了機關。說他臉上有些妖氣，一定遇見「美女蛇」了；這是人首蛇身的怪物，能喚人名，倘一答應，夜間便要來吃這人的肉的。他自然嚇得要死，而那老和尚卻道無妨，給他一個小盒子，說只要放在枕邊，便可高枕而

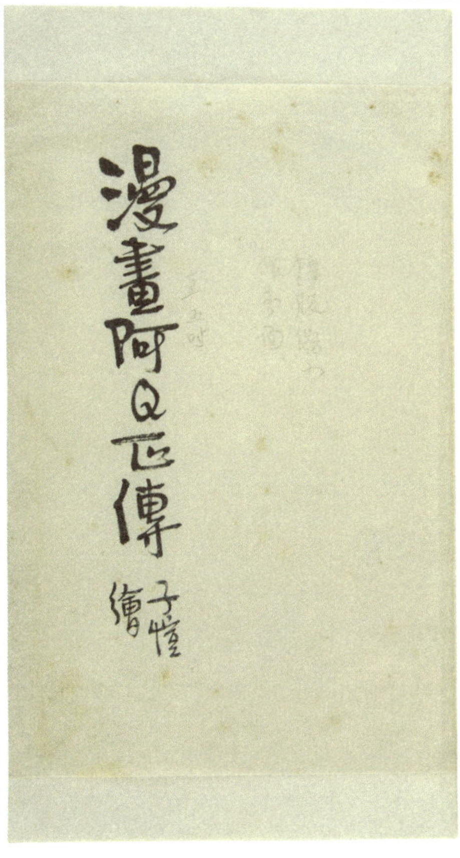


漫画阿Q正传　丰子恺绘　1939年3月　原画稿　54幅 1册　手书封面　徐调孚捐赠

丰子恺 (1898—1975)，现代作家，著名画家，文学翻译家。浙江省崇德县人。1925年郑振铎编辑的《文学周报》发表丰氏画稿，并加“子恺漫画”题头，中国“漫画”一词似始于此。同年12月文学周报社编成《子恺漫画》出版。这是中国最早的一本漫画册。郑振铎、夏丏尊、丁衍庸、朱自清、方光焘、刘薰宇、俞平伯为之作序。1939年3月创作漫画《阿Q正传》并作序。1939年7月，北京开明书店出版。

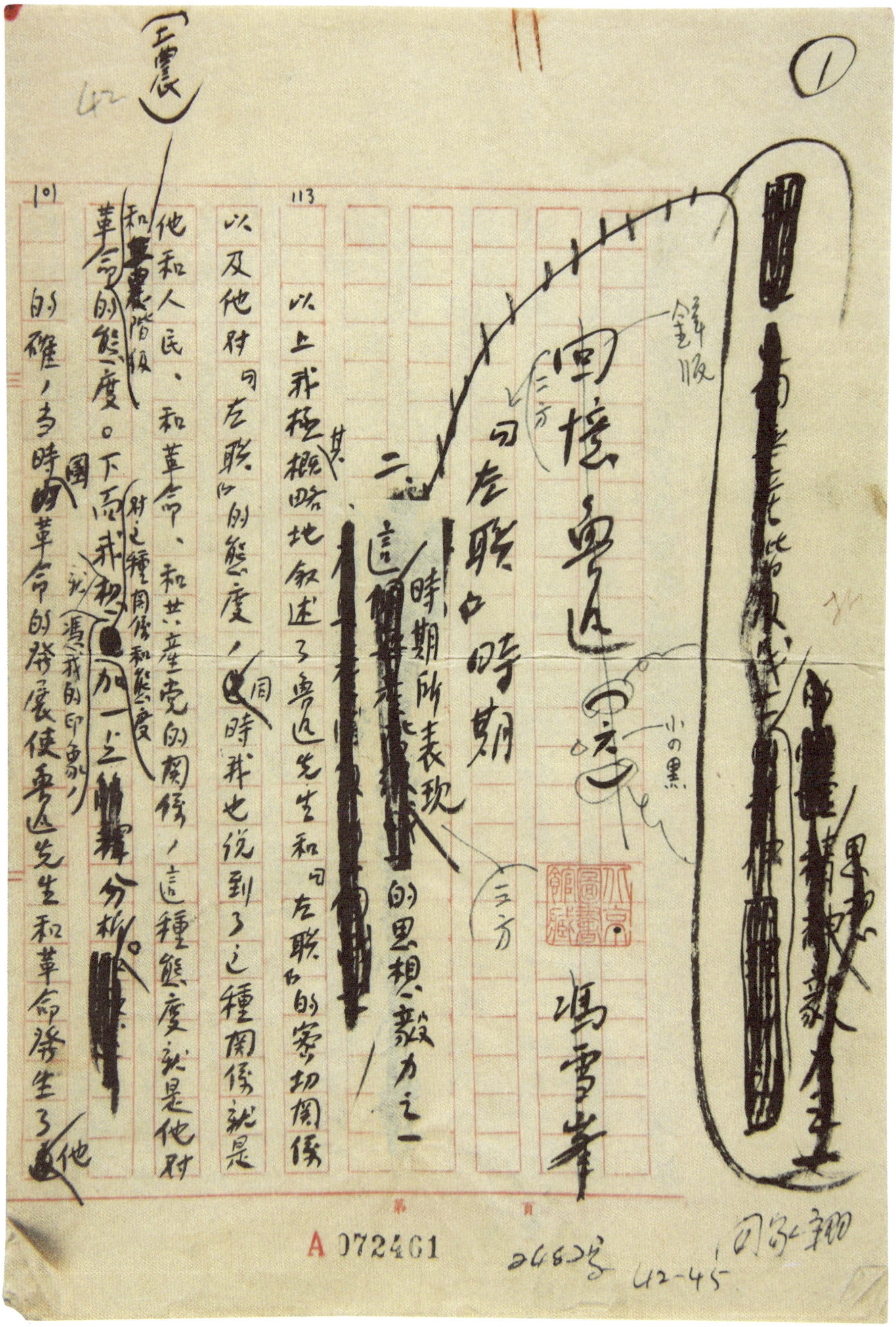

回忆鲁迅　冯雪峰撰　毛笔手书原稿　55页　林原捐赠

1928年，冯雪峰通过柔石的介绍认识了鲁迅。1930年与鲁迅、柔石、郁达夫等发起成立中国自由运动大同盟。1931年任中共“左联”党团书记。

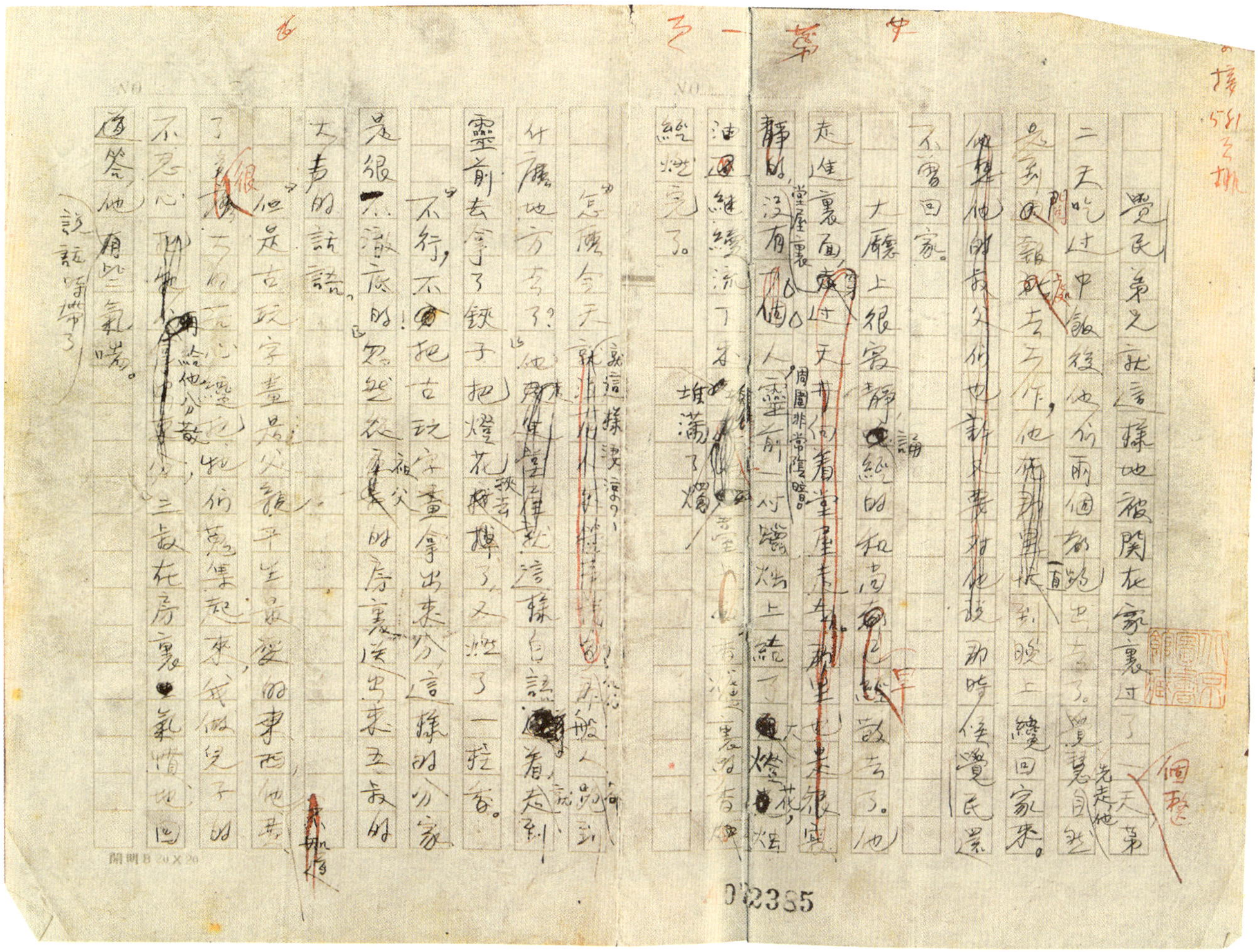

家　巴金著　1933年　钢笔手书原稿　2页　巴金本人捐赠

本稿是1933年作者看初排校样时补写的原稿。《激流三部曲》是巴金早期代表作，其中的《家》尤为突出。作品描写五四时期成都一个封建大家庭的生活内幕，深刻揭露了封建社会的腐朽和黑暗，歌颂了知识青年的觉醒及对封建势力的斗争。

1931年1月17日，“左联”五位作家胡也频、柔石、殷夫、冯铿、李伟森（李求实）在上海东方旅社被国民党当局逮捕。同年2月7日，被国民党反动派秘密枪杀于上海龙华，他们被称为“左联五烈士”。

胡也频

柔石

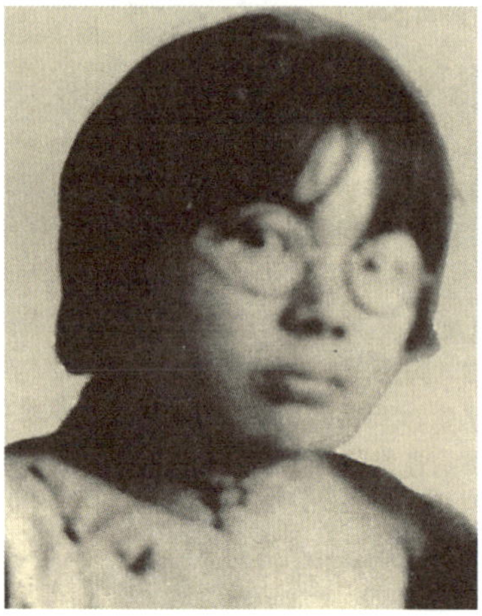

冯铿

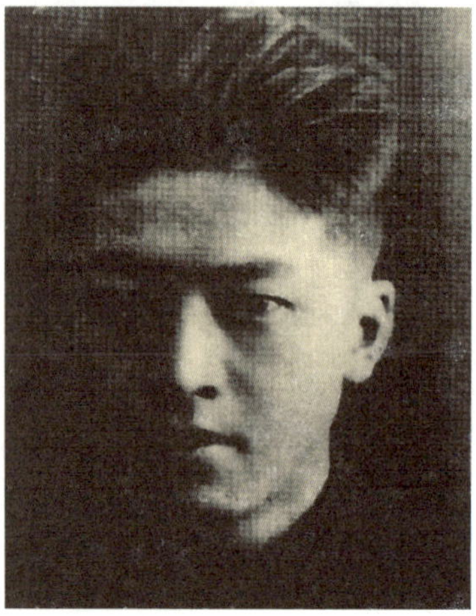

李伟森（李求实）

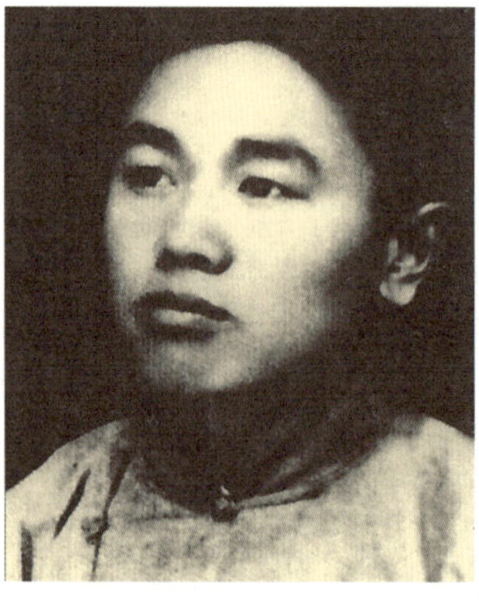

殷夫

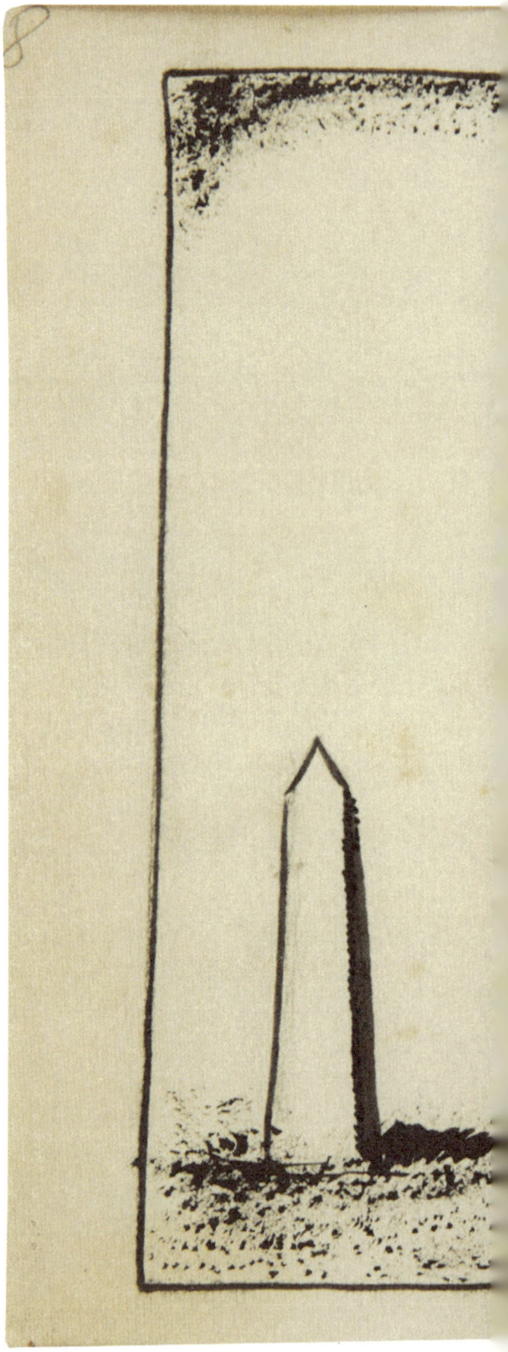

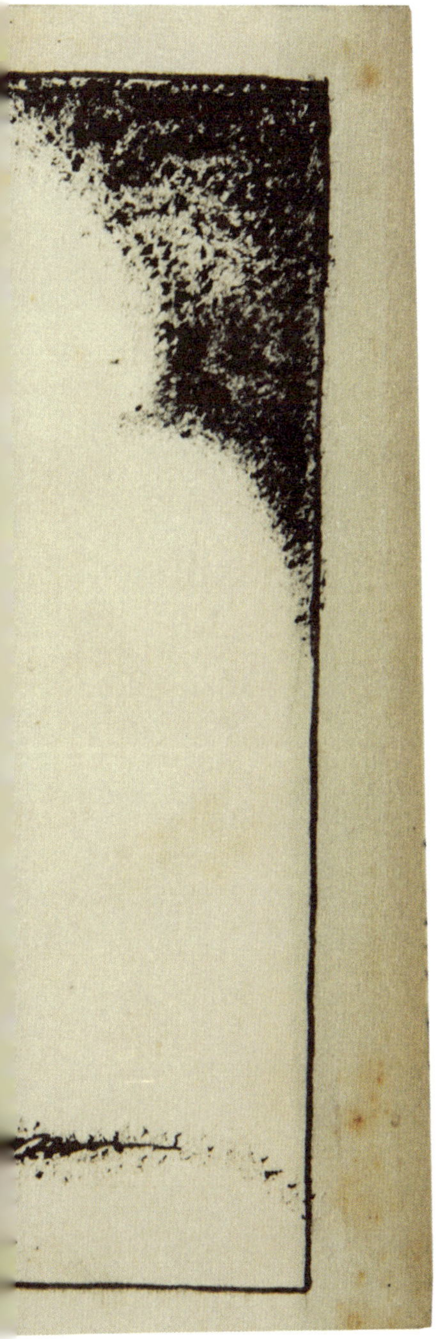

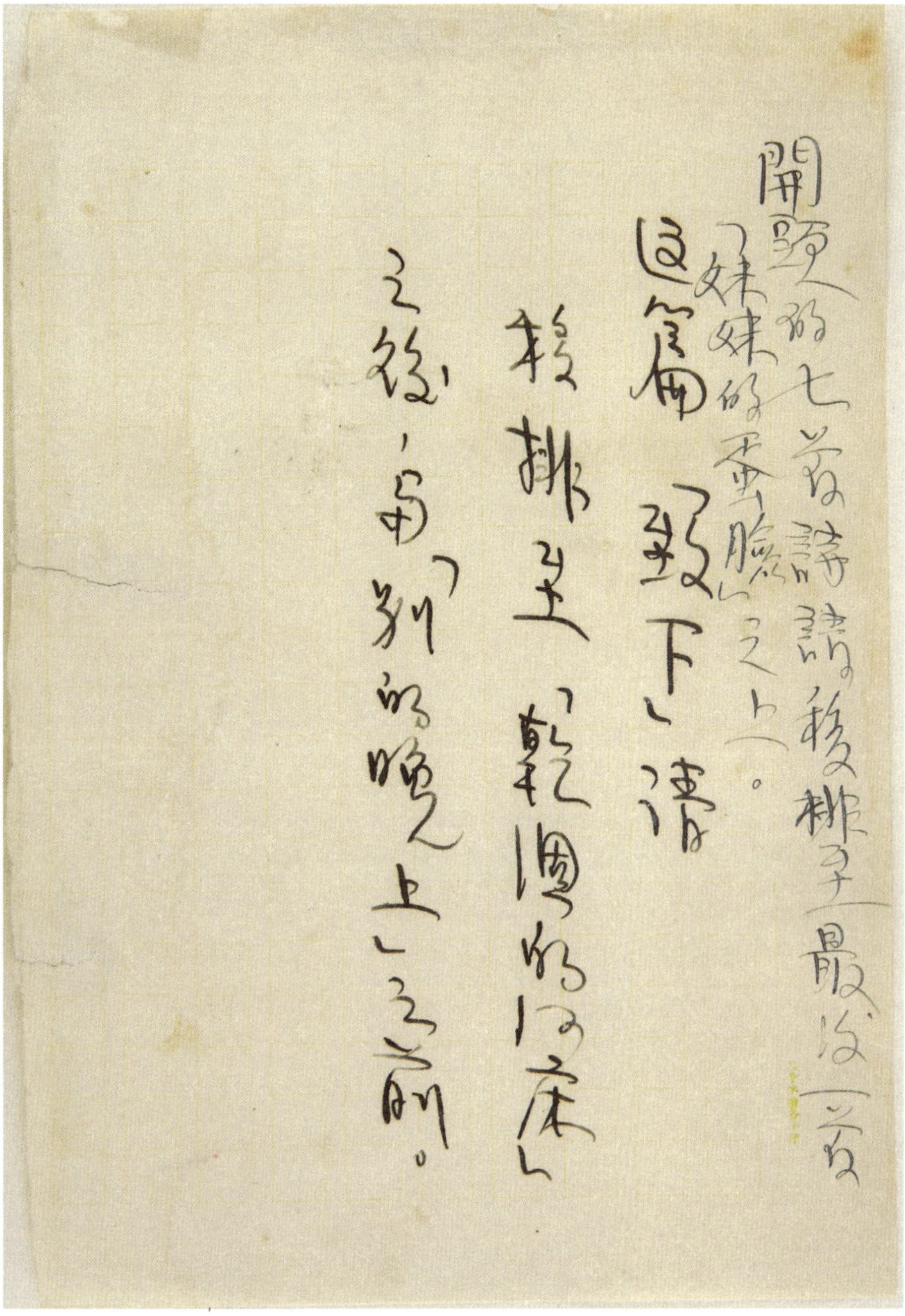

開頭的七首詩請移排至最後一首
「妹妹的蛋臉」之上。
這篇「致下」請
移排至「乾涸的河床」
之後，「別的晚上」之前。

孩儿塔　殷夫手稿　钢笔手书原稿　117页

作于1924年至1929年间。殷夫（1909—1931），原名徐祖华，1930年参加中国左翼作家联盟。《孩儿塔》收录了作者创作的65首诗，全书在作者生前并未出版，诗稿由鲁迅保存。

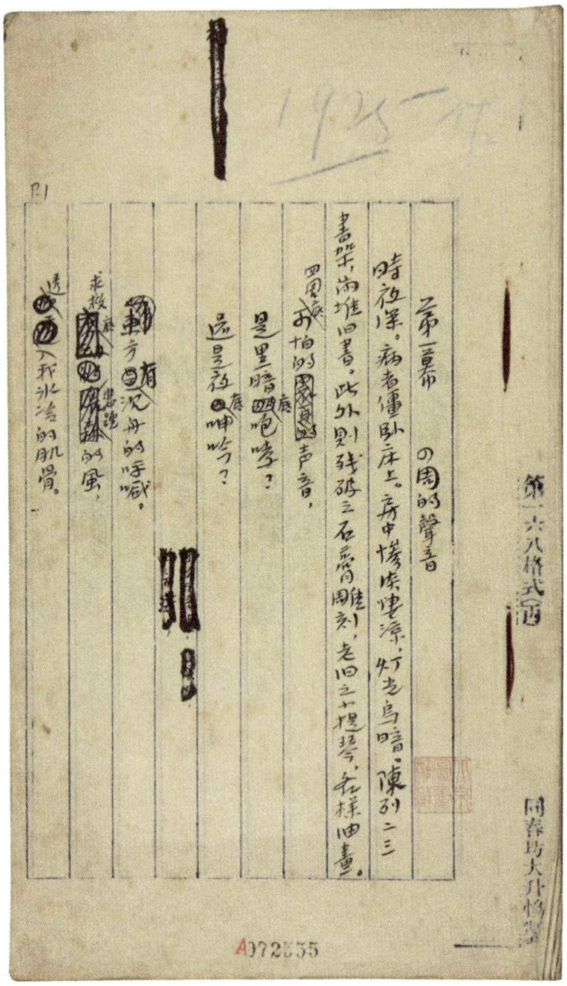

诗剧　柔石著　1925年　毛笔手书原稿　冯雪峰赠

柔石（1902-1931），原名赵平复，浙江宁海县人，“左联五烈士”之一。1924年出版第一本短篇小说集《疯人》。1928年到上海从事革命文学运动，曾任《语丝》编辑，并与鲁迅先生同办“朝花社”，于创作之外致力于介绍外国文学。1930年春参加中国左翼作家联盟，5月加入中国共产党。1931年1月17日被捕，2月7日晚被国民党反动当局秘密杀害于上海龙华。这部《诗剧》是以自由体诗的形式写成的四幕剧本。原稿题目已佚，可能就是鲁迅《柔石小传》中提及的《人间的喜剧》。该剧本以其独特的诗歌语言、戏剧的模式抒发了对人生、社会、生死的深刻感悟。

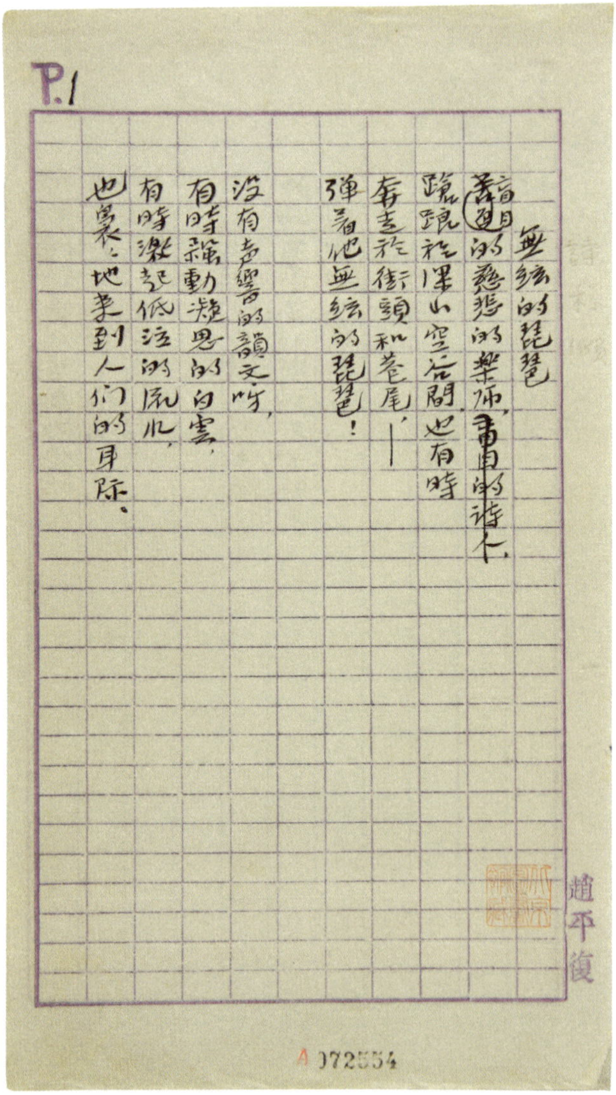

诗稿　柔石手稿

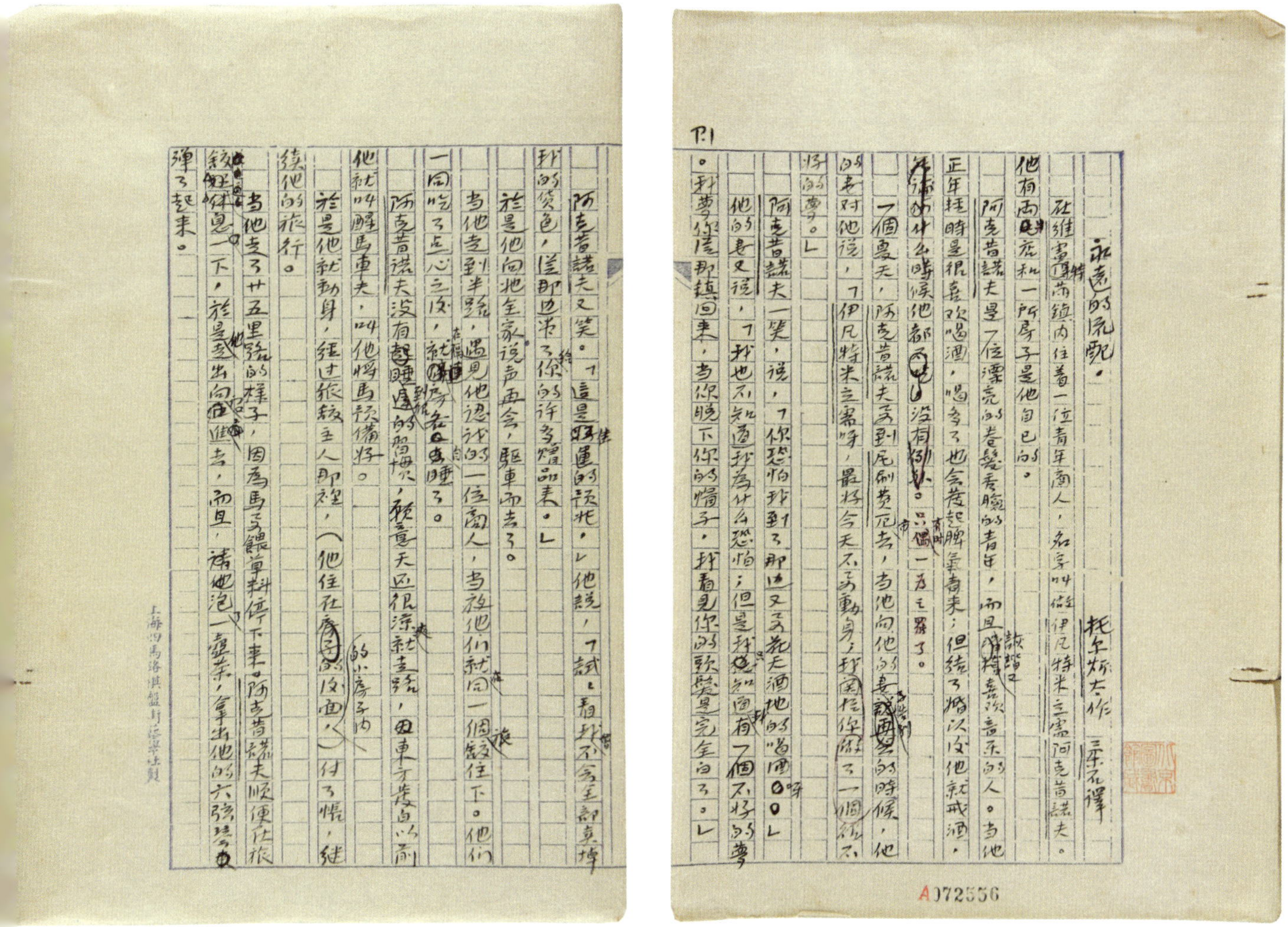

永远的流配　〔俄〕托尔斯泰著　柔石译　毛笔手书原件

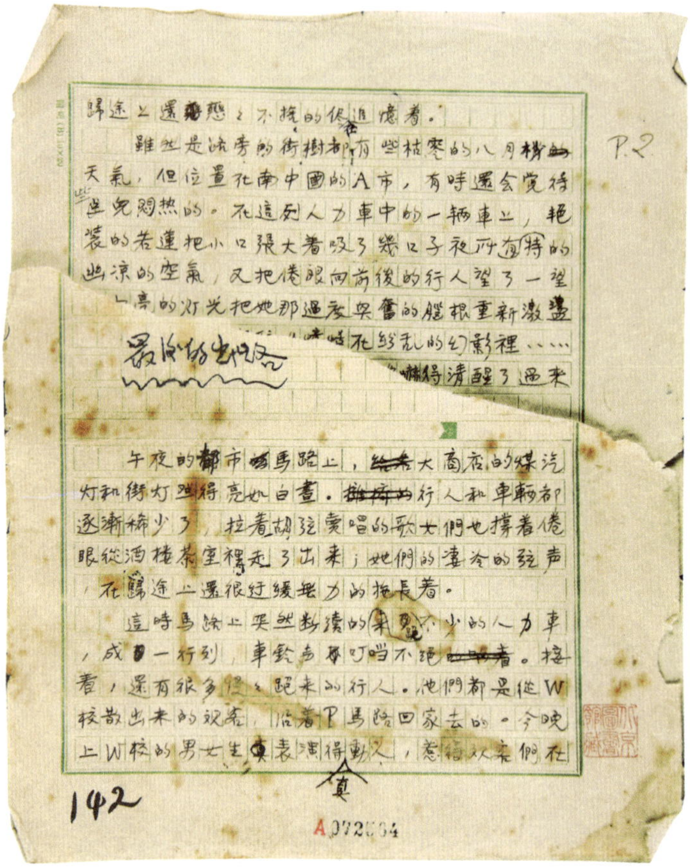
最后的出路

午夜的都市馬路上，大商店的煤汽灯和街灯照得亮如白晝。行人和車輛都逐漸稀少了，拉着胡弦賣唱的歌女們也撑着倦眼從酒楼茶室裡走了出来；她們的凄冷的弦声，在歸途上還很迂緩無力的拖長着。

這時馬路上突然斷續的小的人力車，成了一行列，車鈴声叮噹不絕。接着，還有很多跑来的行人。他們都是從W校散出来的观客，沿着P馬路回家去的。今晚上W校的男女生表演得動人，惹得观众們在

142

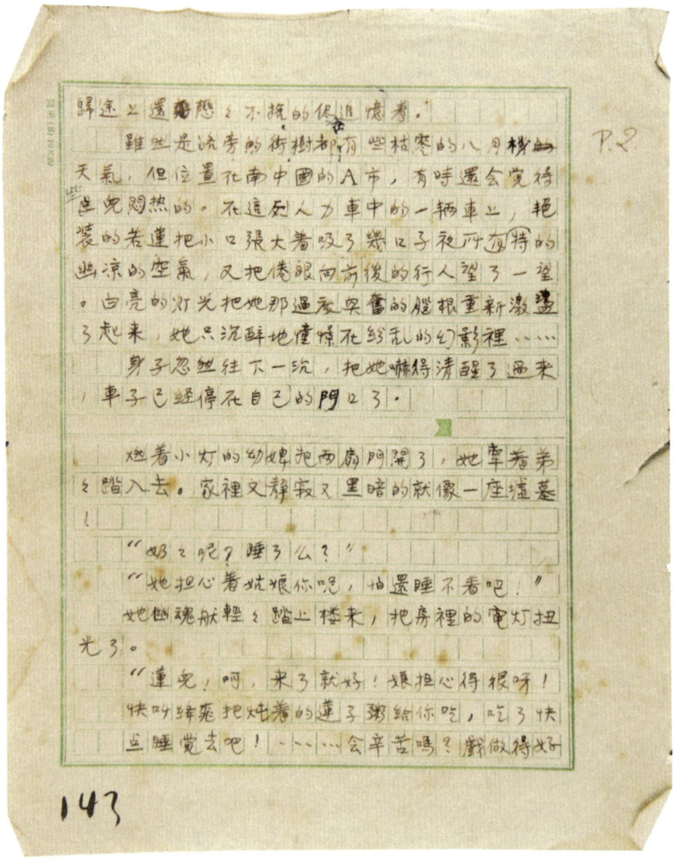
P.2

歸途上還懸懸的不捨的追憶着。

雖然是淡秀的街樹都有些枯寒的八月的天氣，但位置在南中國的A市，有時還会覺得些兒悶热的。在這列人力車中的一辆車上，艳装的若蓮把小口張大着吸了幾口子夜所有特的幽凉的空氣，又把倦眼向前後的行人望了一望。白亮的灯光把她那過度興奮的腦根重新激盪了起来，她只沉醉地溶烧在紛乱的幻影裡……

身子忽然往下一沉，把她嚇得清醒了過来，車子已經停在自己的門口了。

燃着小灯的幼婢把西房門開了，她拿着弟弟踏入去。家裡又静寂又黑暗的就像一座墳墓！

"奶奶呢？睡了么？"

"她担心着姑娘你呢，怕還睡不着吧！"

她幽魂般輕輕踏上楼来，把房裡的電灯扭光了。

"蓮兒，呵，来了就好！娘担心得很呀！快叫把炖着的蓮子粥給你吃，吃了快些睡覺去吧！……会辛苦嗎？戲做得好

143

最后的出路　冯铿手稿　1928年　钢笔手书原稿　共185页

冯铿（1907—1931），1929年加入中国共产党，翌年加入左翼作家联盟。

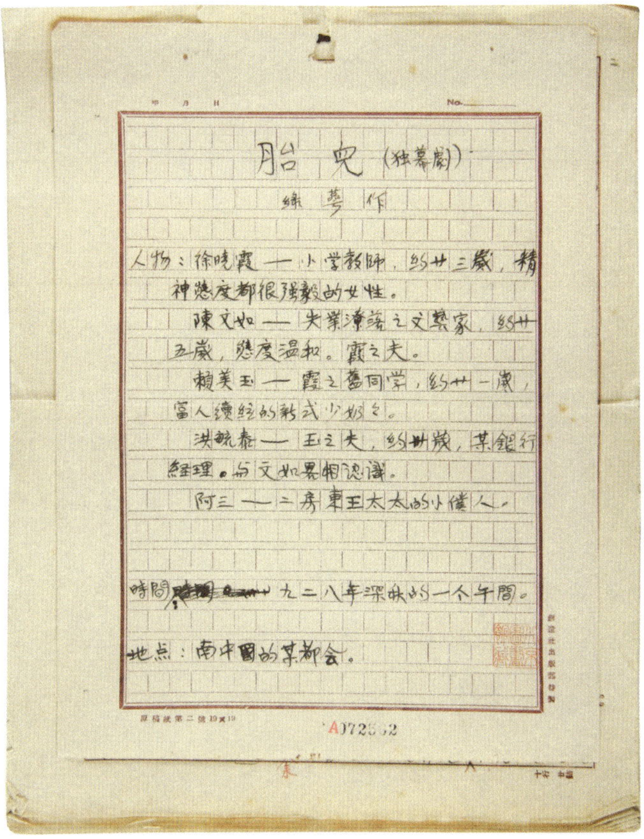
胎兒（独幕剧）

緑夢　作

人物：徐曉霞——小学教師，約廿三歲，精神態度都很強毅的女性。

陳文如——失業潦落之文藝家，約廿五歲，態度温和。霞之夫。

賴美玉——霞之舊同学，約廿一歲，富人續絃的新式少奶々。

洪毓春——玉之夫，約卅歲，某銀行經理。与文如曾相認識。

阿三——二房東王太太的小僕人。

時間：一九二八年深秋的一个午間。

地点：南中國的某都会。

原稿紙第二號19×19

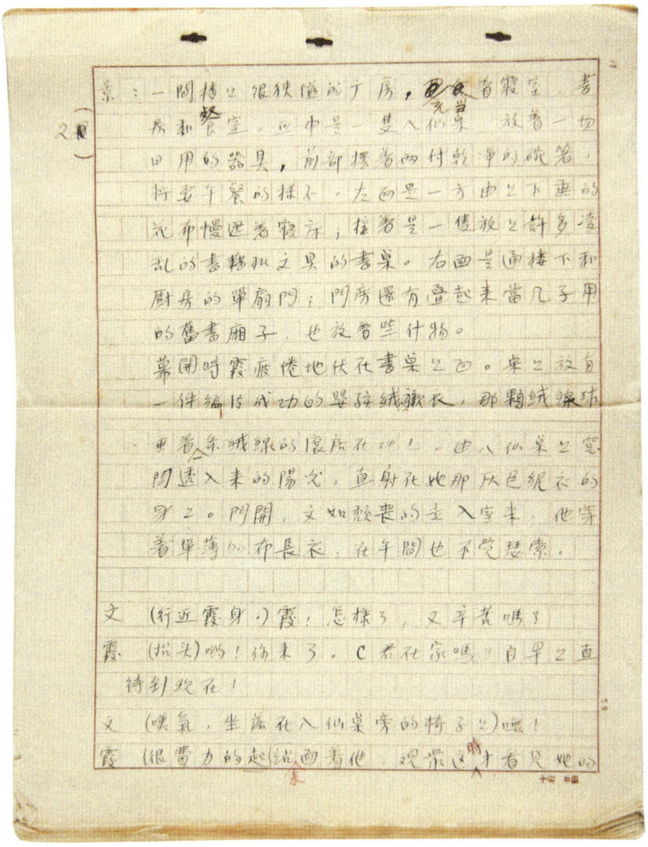
景：一間樓上很狹隘的亭子房，因為是寢室、書房和餐室，正中是一隻八仙桌，放着一切日用的器具，前部擺着兩付乾淨的碗箸，好象午餐的樣子。左面是一方由上下垂的花布幔遮着寢床；挨着是一張放々許多凌亂的書籍和文具的書桌。右面是通樓下和厨房的單扇門；門旁還有疊起来當几子用的舊書箱子，也放着些什物。

幕開時霞疲倦地伏在書桌上面。桌上放有一件編得成功的嬰孩絨線衣，那顆絨線球垂着一条絨線的滾落在地上。由八仙桌上窗間透入来的陽光，直射在她那灰色絨衣的身上。門開，文如頹喪的走入室来，他穿着单薄的布長衣，在午間也不覺禁寒。

文　（行近霞身。）霞！怎樣了，又辛苦嗎？

霞　（抬头）哟！你来了。C不在家嗎？自早々直待到現在！

文　（嘆氣，坐落在八仙桌旁的椅子上）唉！

霞　（很費力的起來面着他，現出這才看見他的

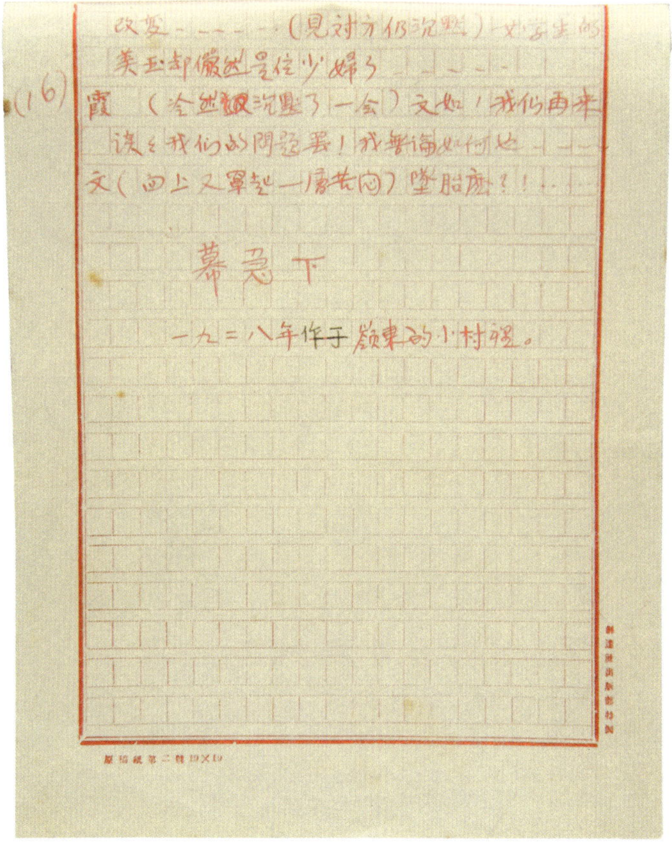
改變——（見対方仍沉默）——文如先的美玉却儼然是位少婦了——

（16）霞（冷然的沉默了一会）文如！我們再来談々我們的問題罷！我無論如何也——

文（面上又罩起一層苦悶）墮胎麼？！……

幕急下

一九二八年作于嶺東的小村裡。

原稿紙第二號19×19

胎儿　冯铿手稿

首末页用“创造社出版部特制”稿纸。从《冯铿著作系年目录》看，这篇剧作是一部未刊稿。

## 中央苏区反围剿

从1930年到1933年，蒋介石向中央苏区接连发动了四次大规模的“围剿”。其兵力分别是10万、20万、30万和近40万。在毛泽东、朱德等的正确指挥下，反“围剿”取得了巨大的胜利，中央红军也从3万余人发展到7万余人。

蒋介石（右2）亲自督战国民党军对中央苏区的第三次“围剿”。

1931年12月，被派到江西围剿红军的国民党第26路军在宁都起义，加入红军。图为1937年毛泽东等与宁都起义的部分参加者在延安合影。

1933年11月，周恩来和红一方面军部分领导在福建建宁合影。左起：叶剑英、杨尚昆、彭德怀、刘伯坚、张纯清、李克农、周恩来、滕代远、袁国平。

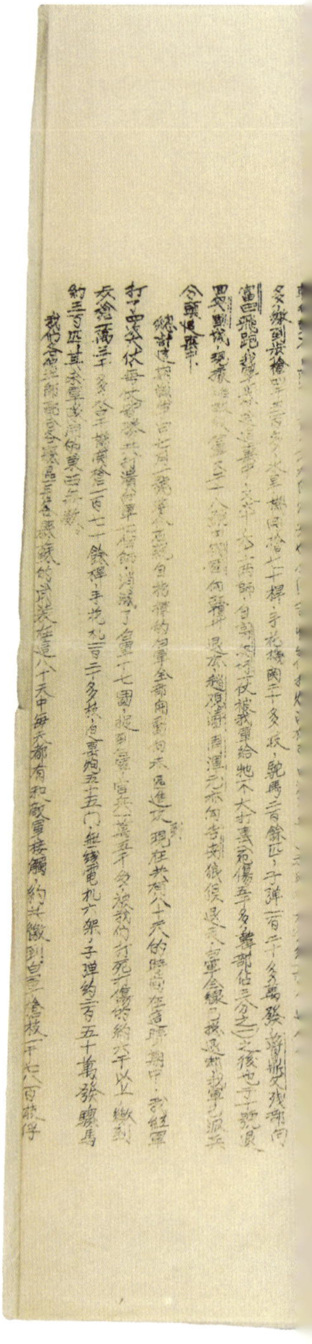

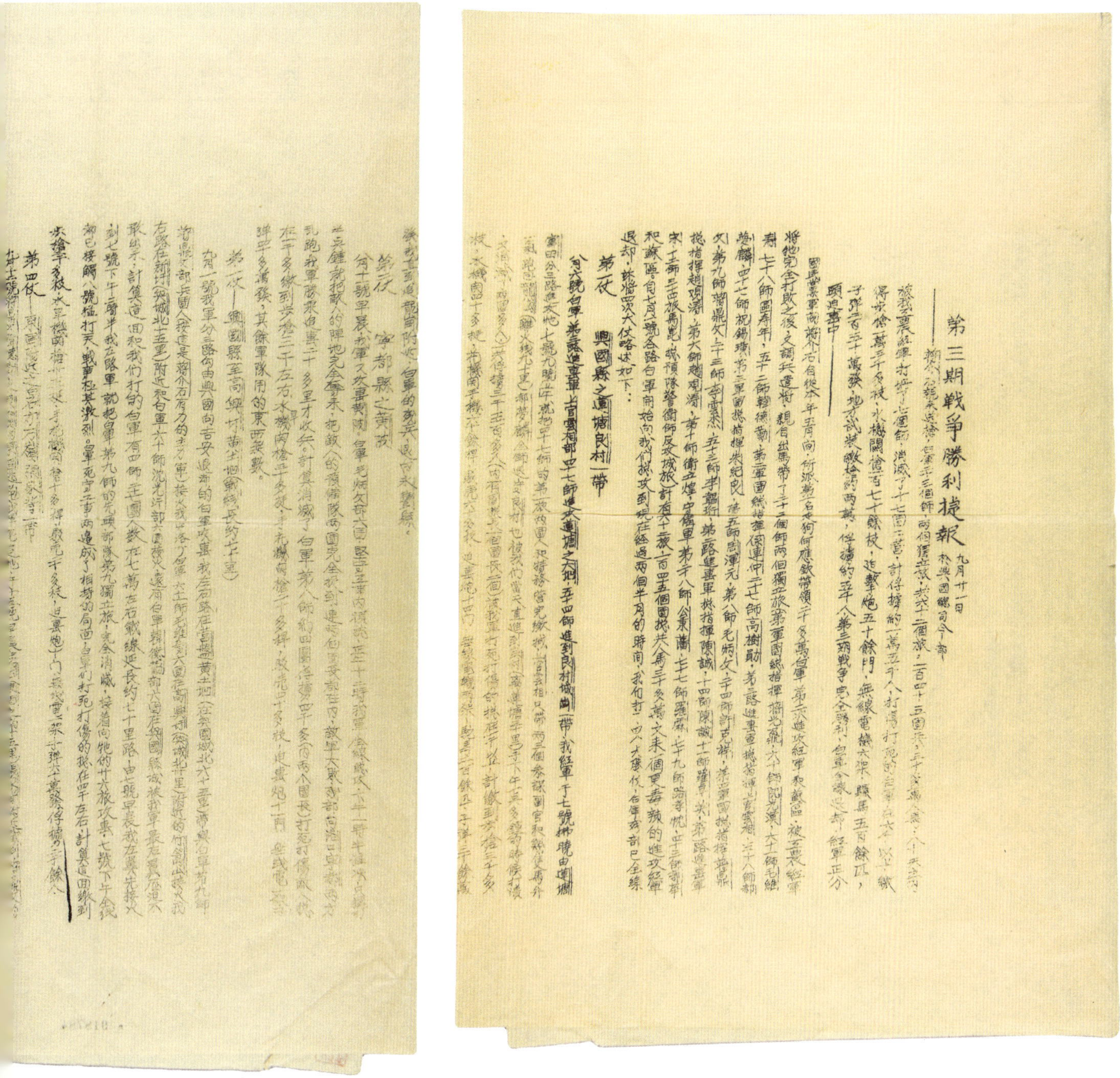
第三期戰爭勝利捷報
九月廿一日 於興國總司令部

第三期战争胜利捷报　红军第一方面军总司令部参谋处编　瑞金县苏维埃政府翻印　1931年10月　复制品

1931年7月至9月，红军经过两个多月的艰苦奋战，取得了第三次反“围剿”战争的最终胜利。9月21日，红军第一方面军总司令部在兴国发布了《第三期战争胜利捷报》，宣布了这次反“围剿”战争的辉煌战果。第三次反“围剿”战争胜利后，红军一鼓作气转入攻势作战，使红军和根据地都得到了很大的发展。赣南、闽西两块根据地连成一片，成为一个完整的中央革命根据地，中央苏区进入了鼎盛时期。

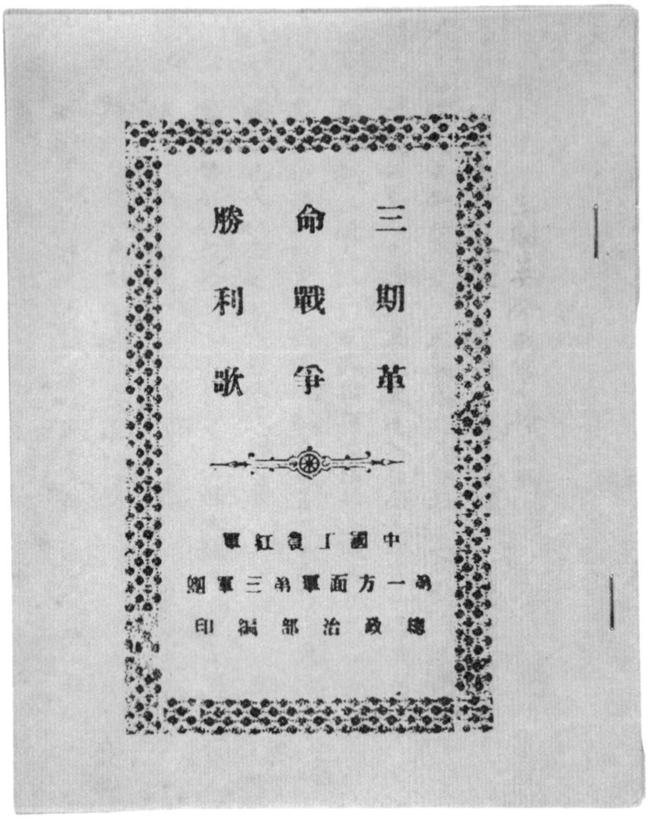

三期革命戰爭勝利歌

中國工農紅軍第一方面軍第三軍團總政治部編印

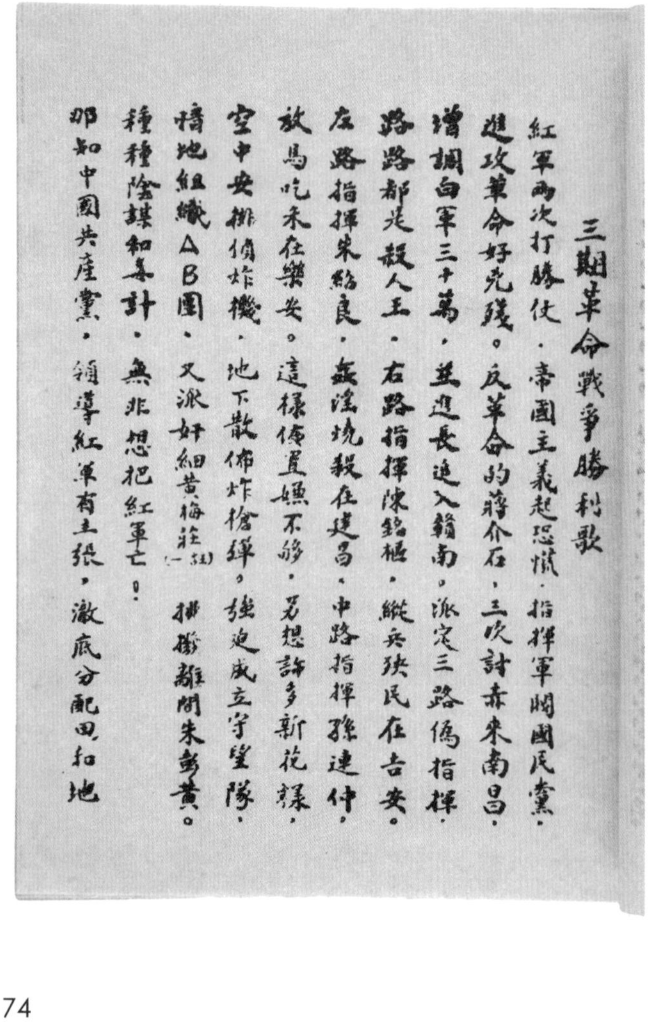

三期革命戰爭勝利歌

紅軍兩次打勝仗，帝國主義起恐慌，指揮軍閥國民黨，
進攻革命好兇殘。反革命的蔣介石，三次討赤來南昌，
增調白軍三十萬，並進長進入贛南。派定三路偽指揮，
路路都是殺人王。右路指揮陳銘樞，縱兵殃民在吉安。
左路指揮朱紹良，姦淫燒殺在建昌。中路指揮孫連仲，
放馬吃禾在樂安。這樣佈置嫌不夠，另想許多新花樣，
空中安排偵炸機，地下散佈炸擔彈。強迫成立守望隊，
特地組織AB團，又派奸細黃梅莊(一丑)挑撥離間朱彭黃。
種種陰謀和毒計，無非想把紅軍亡！
那知中國共產黨，領導紅軍有主張，澈底分配田和地

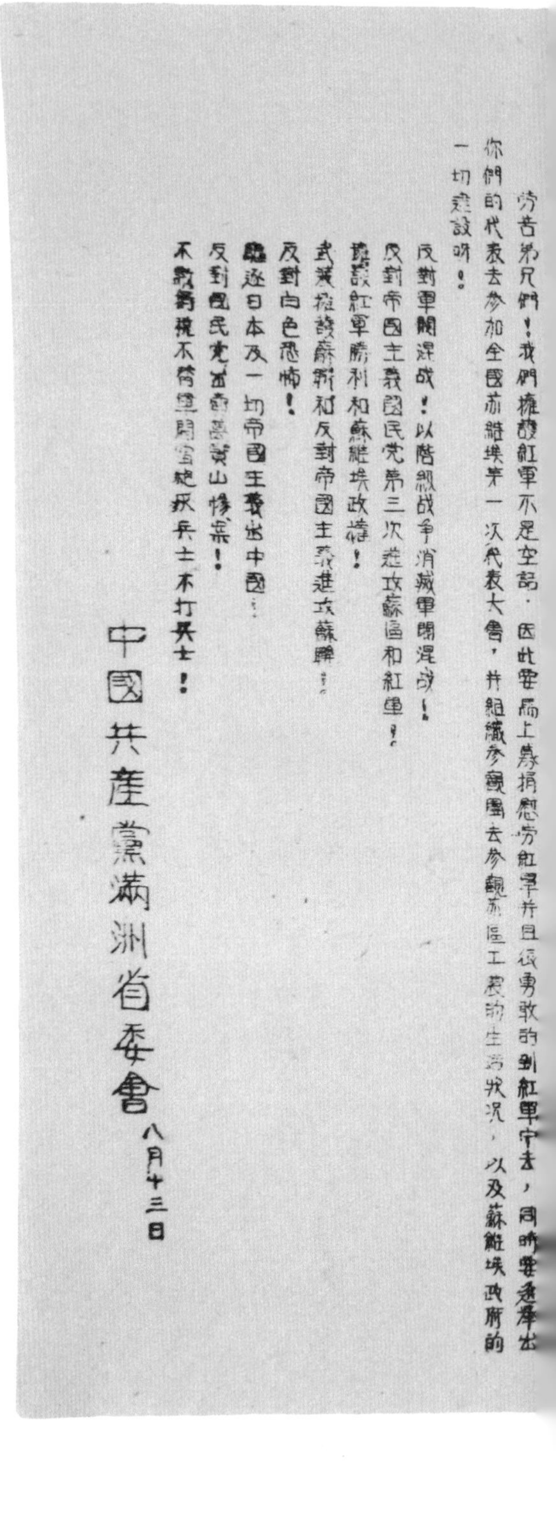

勞苦弟兄們！我們擁護紅軍不是空話，因此要馬上募捐慰勞紅軍并且很勇敢的到紅軍中去，同時要選舉出你們的代表去參加全國蘇維埃第一次代表大會，并組織參觀團去參觀蘇區工農的生活狀況，以及蘇維埃政府的一切建設呀！

反對軍閥混戰！以階級战爭消滅軍閥混戰！
反對帝國主義國民党第三次進攻蘇區和紅軍！
擁護紅軍勝利和蘇維埃政權！
武裝擁護蘇聯和反對帝國主義進攻蘇聯！
反對白色恐怖！
驅逐日本及一切帝國主義出中國！
反對國民党出賣萬寶山慘案！
不繳槍械不替軍閥當炮灰兵士不打兵士！

中國共產黨滿洲省委會
八月十三日

三期革命战争胜利歌　中国工农红军第一方面军第三军团总政治部编印　1931年9月　复制品

本书将苏区军民三次反“围剿”的经过用通俗易懂的诗歌形式予以表现，既便于在广大群众中传唱，又能起到焕发斗志、振奋精神的作用。

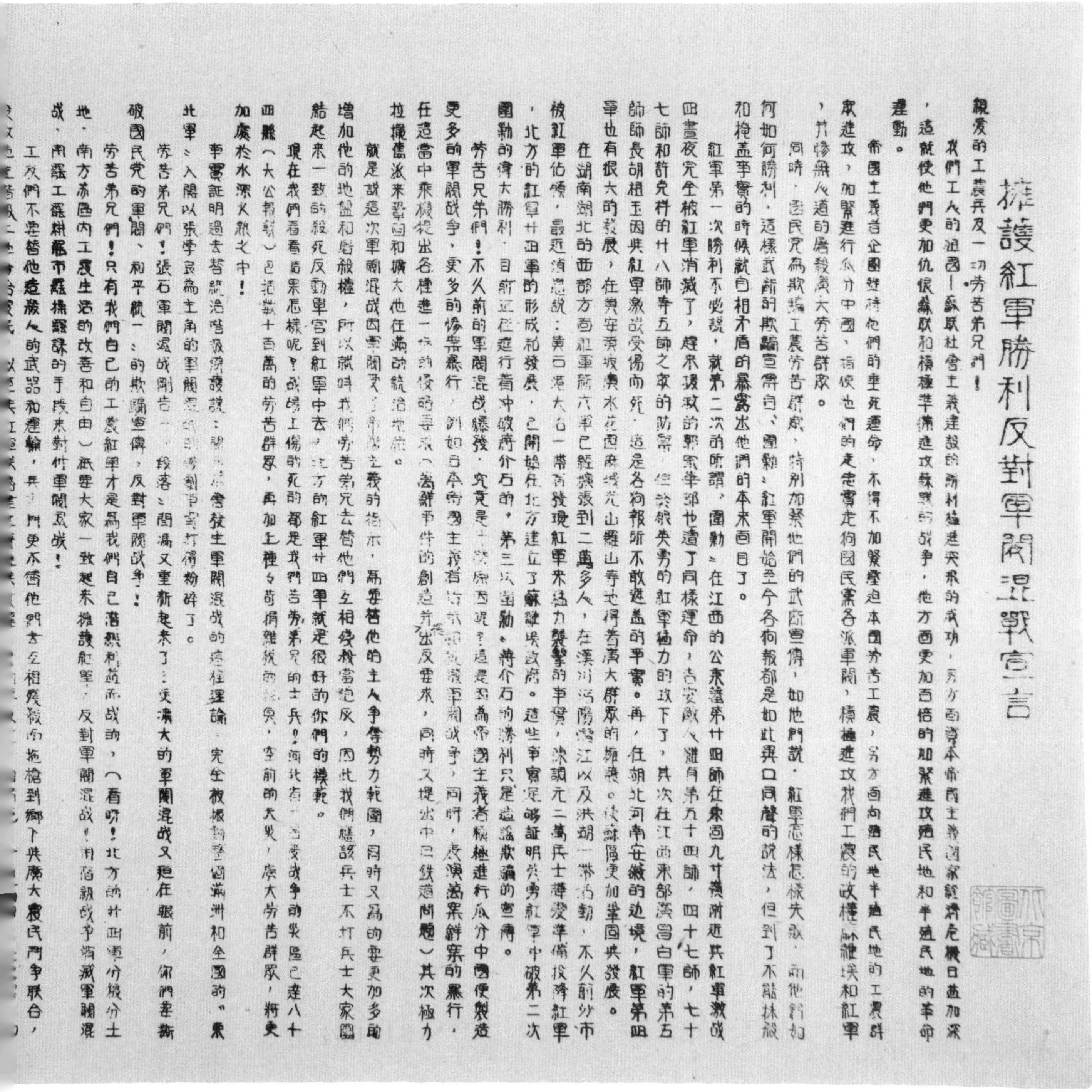

# 擁護紅軍勝利反對軍閥混戰宣言

親爱的工農兵及一切劳苦弟兄們！

我們工人的祖國——蘇联社會主義建設的勝利猛進突飛的成功，另方面資本帝國主義國家經濟危機日益加深，這就使他們更加仇恨蘇联和積極準備進攻蘇联的战争，他方面更加百倍的加緊進攻殖民地和半殖民地的革命運動。

帝國主義者企圖維持他們的垂死運命，不得不加緊壓迫本國劳苦工農，另方面向殖民地半殖民地的工農群衆進攻，加緊進行瓜分中國，指使他們的走狗國民黨各派軍閥，積極進攻我們工農的政權——蘇維埃和紅軍，尤慘無人道的屠殺廣大劳苦群衆。

同時，國民党為欺騙工農劳苦群衆，特別加緊他們的武断宣傳，如他們説，紅軍怎樣怎樣失敗，而他們如何如何勝利，這樣武断的欺騙宣傳自"圍勦"紅軍開始至今各狗報都是如此異口同聲的說法，但到了不能抹殺和掩蓋事實的時候就自相矛盾的暴露出他們的本來面目了。

紅軍第一次勝利不必說，就第二次的所謂"圍勦"在江西的公秉藩第廿四師在東固九寸嶺附近與紅軍激战四晝夜完全被紅軍消滅了，趕來援救的郭宗華部也遭了同樣運命，吉安敵人雖有第五十四師，四十七師，七十七師和許克祥的廿八師等五師之衆的防禦，但於英勇的紅軍猛力的攻下了，其次在江西東部[illegible]白軍的第五師師長胡祖玉因與紅軍激战受傷而死，這是各狗報所不敢遮蓋的事實。再，在湖北河南安徽的边境，紅軍第四軍也有很大的發展，在黃安黃陂麻城光山羅山等地得着廣大群衆的擁護。使蘇區更加鞏固與發展。

在湖南湖北的西部方面紅軍第六軍已經擴張到二萬多人，在漢川沔陽潛江以及洪湖一帶活動，不久前沙市被紅軍佔領，最近消息說：黃石港大冶一帶有發現紅軍來猛力襲擊的事實，染諶元二萬兵士譁變準備投降紅軍，北方的紅軍廿四軍的形成和發展，已開始在北方建立了蘇維埃政府。這些事實足够証明英勇紅軍中破第二次圍勦的偉大勝利，目前正在進行着沖破蔣介石的第三次圍勦，蔣介石的勝利只是造謠欺騙的宣傳。

劳苦兄弟們！不久前的軍閥混战爆發，究竟是什么原因呢？這是因為帝國主義者積極進行瓜分中國便製造更多的軍閥战争，更多的慘案暴行，例如日本帝國主義者[illegible]軍閥战争，同時，表演萬寶山慘案的暴行，在這當中乘機提出各種進一步的侵略要求（满蒙事件的創造并提出反要求，同時又提出中日铁道問題）其次極力拉攏舊派來鞏固和擴大他在滿的統治地位。

就是說這次軍閥混战因軍閥受了帝國主義的指示，為要替他的主人争奪勢力範圍，同時又為的要更加多的增加他的地盤和屠殺權，所以就叫我們劳苦弟兄去替他們互相殘殺當炮灰，因此我們應該兵士不打兵士大家團結起來一致的殺死反動軍官到紅軍中去，北方的紅軍廿四軍就是很好的你們的模範。

現在我們看看結果怎樣呢？战場上傷的死的都是我們劳苦弟兄的士兵！河北省[illegible]受战争的災區已達八十四縣（大公報載）包括數十百萬的劳苦群衆，再加上種々苛捐雜税的[illegible]，空前的大災，廣大劳苦群衆，將更加處於水深火熱之中！

事實証明過去替統治階級擁護說：[illegible]會發生軍閥混战的這種理論，完全被[illegible]滿洲和全國的"東北軍"入關以張學良為主角的軍閥混战[illegible]打得粉碎了。

劳苦弟兄們！張石軍閥混战剛告一段落，閻馮又重新起來了：更擴大的軍閥混战又延在眼前，你們要撕破國民党的軍閥、和平統一的欺騙宣傳，反對軍閥战争！

劳苦弟兄們！只有我們自己的工農紅軍才是為我們自己[illegible]而战的，（看呀！北方的[illegible]分土地，南方赤區內工農生活的改善和自由）祇要大家一致起來擁護紅軍，反對軍閥混战！消滅軍閥混战，用罷工罷耕罷市罷操罷課的手段來對付軍閥混战！

工友們不要替他殺人的武器和運輸，兵士們更不要替他們去互相殘殺而拖槍到鄉下與廣大農民鬥爭聯合，

拥护红军胜利反对军阀混战宣言　中共满洲省委发布　1931年8月13日　复制品

中国共产党满洲省委会针对1931年7月蒋介石所发动的国民党军队对中央苏区的第三次围剿，动员广大群众拥护红军反对军阀混战而进行的宣传。

中国苏维埃临时政府及工农红军革命军事委员会宣言　毛泽东、项英、朱德起草　中国苏维埃临时政府 工农红军革命军事委员会　1933年1月10日　复制品

该件为传单，该宣言由中国苏维埃中央临时政府主席毛泽东、副主席项英，中国工农红军革命军事委员会主席朱德起草签发。文章指出日本帝国主义已侵占东北、进攻上海，进而意图占领全华北、瓜分全中国的野心，而蒋介石国民党非但不抵抗，却用80万重兵来围剿苏区的事实。宣言号召中国民众与中国工农红军一起共同进行反对日本帝国主义的武装斗争，并宣布了三项条件：（一）立即停止进攻苏维埃区域；（二）立即保证民众的民主权利（集会结社出版言论之自由等等）；（三）立即武装民众，创立武装的义勇军队伍以保卫中国及争取中国的独立、统一与领土的完整。宣言指出，在上述三项条件之下，中国红军准备与任何武装队伍订立战争的作战协定，来反对日本帝国主义的侵略。

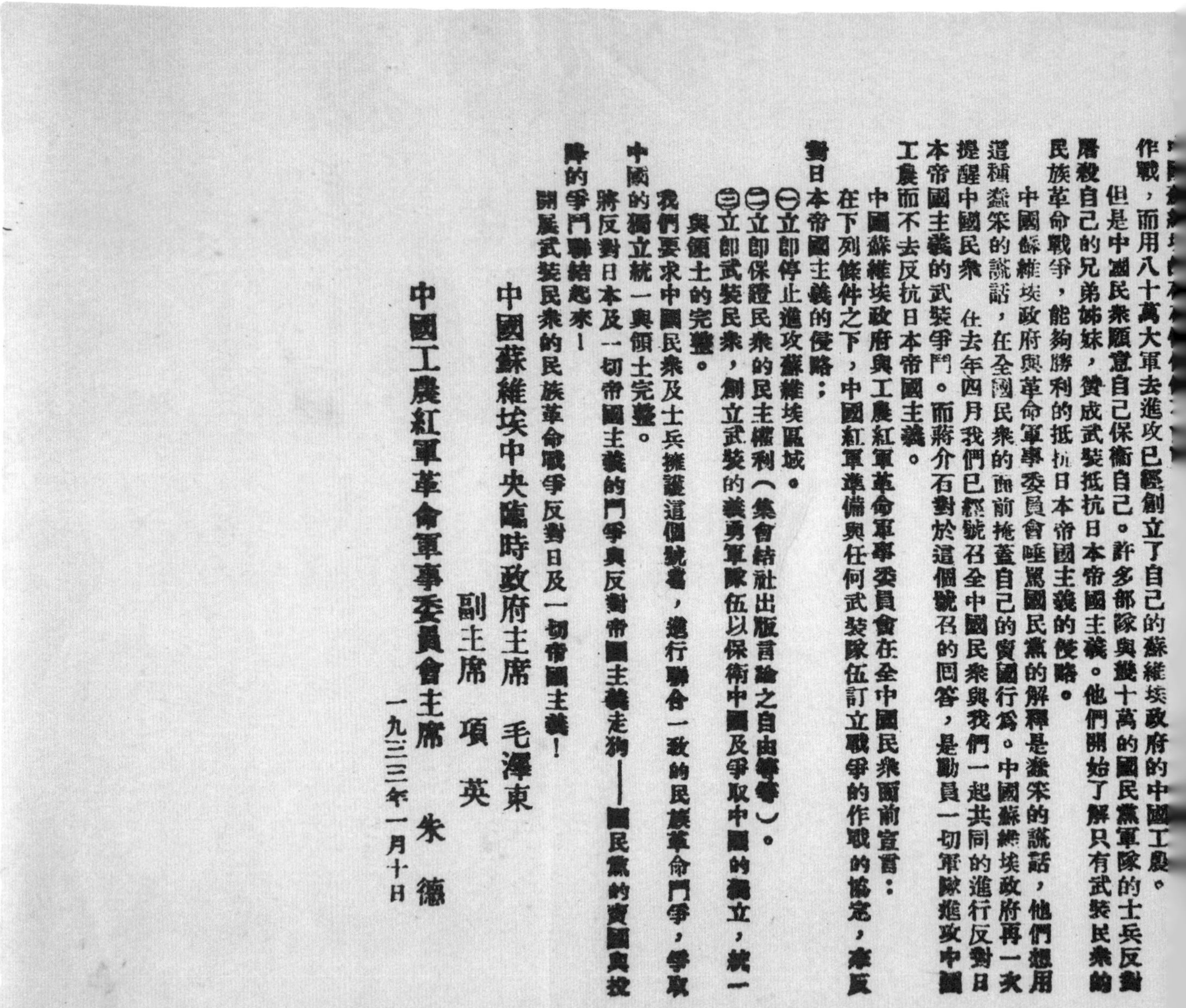

作戰，而用八十萬大軍去進攻已經創立了自己的蘇維埃政府的中國工農。

但是中國民衆願意自己保衛自己。許多部隊與幾十萬的國民黨軍隊的士兵反對屠殺自己的兄弟姊妹，贊成武裝抵抗日本帝國主義。他們開始了解只有武裝民衆的民族革命戰爭，能夠勝利的抵抗日本帝國主義的侵略。

中國蘇維埃政府與革命軍事委員會唾罵國民黨的解釋是蠢笨的謊話，他們想用這種蠢笨的謊話，在全國民衆的面前掩蓋自己的賣國行為。中國蘇維埃政府再一次提醒中國民衆　在去年四月我們已經號召全中國民衆與我們一起共同的進行反對日本帝國主義的武裝爭鬥。而蔣介石對於這個號召的回答，是動員一切軍隊進攻中國工農而不去反抗日本帝國主義。

中國蘇維埃政府與工農紅軍革命軍事委員會在全中國民衆面前宣言：在下列條件之下，中國紅軍準備與任何武裝隊伍訂立戰爭的作戰的協定，來反對日本帝國主義的侵略；

㈠立即停止進攻蘇維埃區域。

㈡立即保證民衆的民主權利（集會結社出版言論之自由等等）。

㈢立即武裝民衆，創立武裝的義勇軍隊伍以保衛中國及爭取中國的獨立，統一與領土的完整。

我們要求中國民衆及士兵擁護這個號召，進行聯合一致的民族革命鬥爭，爭取中國的獨立統一與領土完整。將反對日本及一切帝國主義的鬥爭與反對帝國主義走狗——國民黨的賣國與投降的爭鬥聯結起來！

開展武裝民衆的民族革命戰爭反對日及一切帝國主義！

中國蘇維埃中央臨時政府主席　毛澤東

副主席　項英

中國工農紅軍革命軍事委員會主席　朱德

一九三三年一月十日

1933年9月，蒋介石纠集50万军队，发动对中央苏区的第五次“围剿”。中共临时中央主要负责人博古和共产国际军事顾问李德逐步控制了红军的军事领导权，毛泽东则被剥夺了党和红军的领导权。在他们错误的“左倾”军事路线指挥下，中央苏区第五次反“围剿”失败，红军被迫实行战略转移。

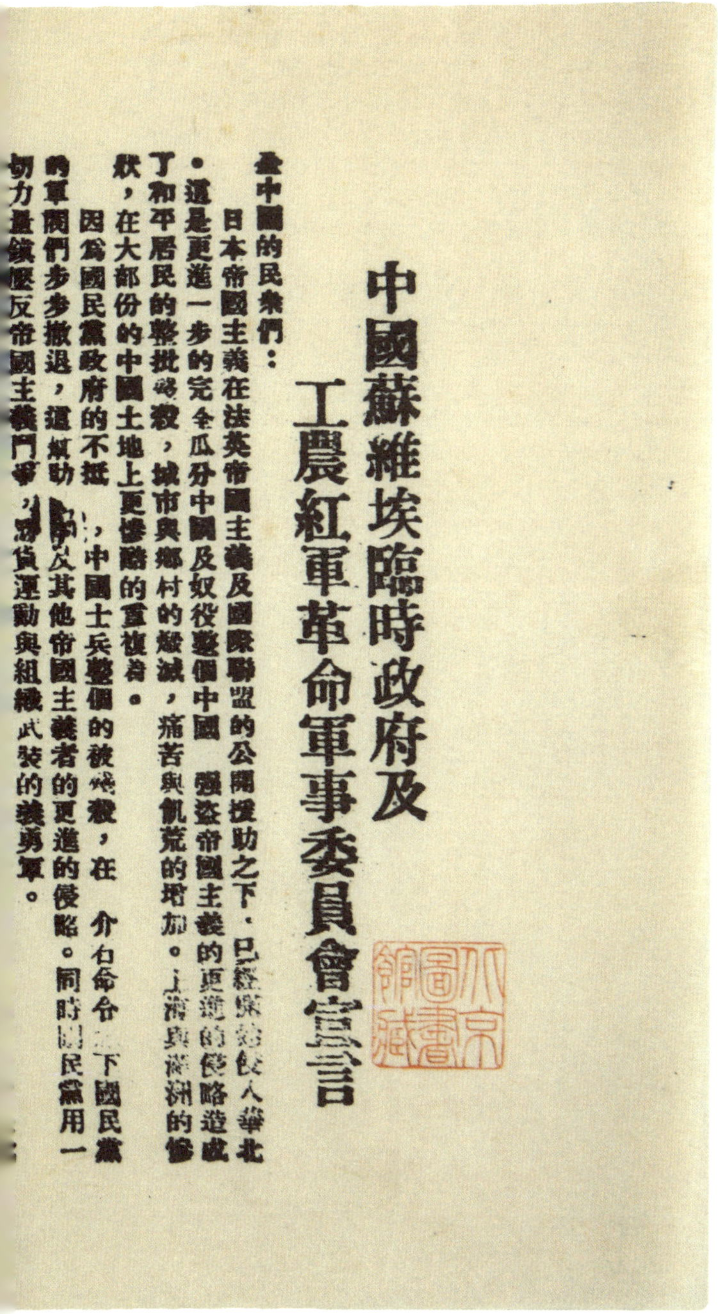
中國蘇維埃臨時政府及工農紅軍革命軍事委員會宣言

全中國的民衆們：

日本帝國主義在法英帝國主義及國際聯盟的公開援助之下，已經侵佔入華北。這是更進一步的完全瓜分中國及奴役整個中國。強盜帝國主義的更進的侵略造成了和平居民的整批屠殺，城市與鄉村的毀滅，痛苦與飢荒的增加。上海與滿洲的慘狀，在大部份的中國土地上更慘酷的重複着。

因爲國民黨政府的不抵抗，中國士兵整個的被屠殺，在蔣介石命令之下國民黨的軍閥們步步撤退，這幫助了日本及其他帝國主義者的更進的侵略。同時國民黨用一切力量鎮壓反帝國主義鬥爭，抵貨運動與組織武裝的義勇軍。

为围剿红军，国民党军实行“堡垒战术”，步步为营，以造成红军行动的困难。图为国民党军在临川至南丰的要道上修筑的碉堡。

方志敏牺牲前的留影。

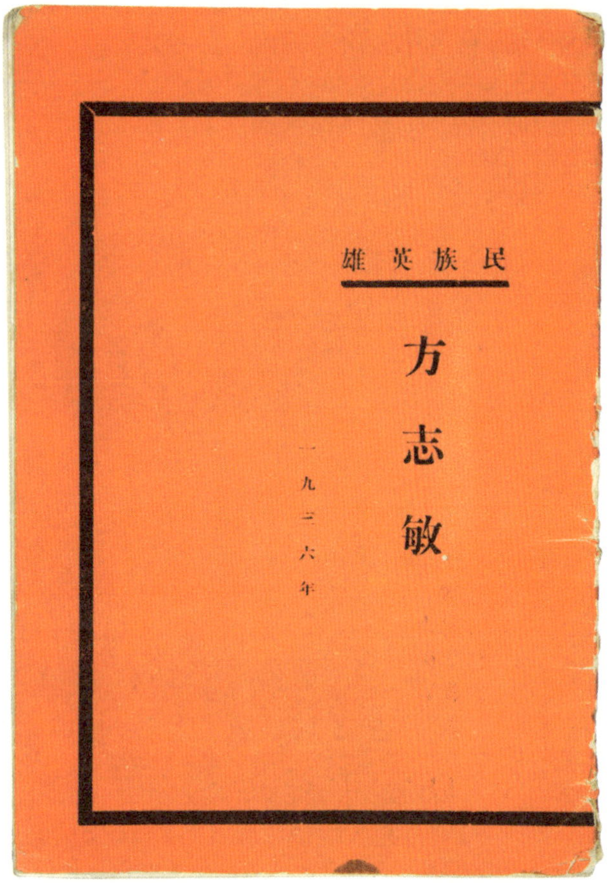


民族英雄方志敏　莫斯科外国工人出版局　1936年

方志敏，中国无产阶级革命家，赣东北革命根据地创建人之一。江西弋阳人。1922年加入中国社会主义青年团，1923年加入中国共产党，为江西最早的党员之一。1934年10月，由红七军团改组的北上抗日先遣队进入闽浙赣根据地，和红十军会合，组成红十军团，由方志敏任军政委员会主席。之后，方志敏率抗日先遣队继续北上，至皖南，遭国民党重兵围追堵截，苦战两月受挫。1935年1月，抗日先遣队在撤回赣东北途中被七倍之敌围困于江西怀玉山区，激战七昼夜，终因寡不敌众，除一部突围外，一部被俘，大部牺牲。方志敏被俘后被押往南昌，在狱中受尽酷刑，始终坚贞不屈，并以惊人的毅力写下了《可爱的中国》、《狱中纪实》等反映崇高爱国主义和革命英雄主义精神的作品。同年8月6日在南昌被秘密杀害。

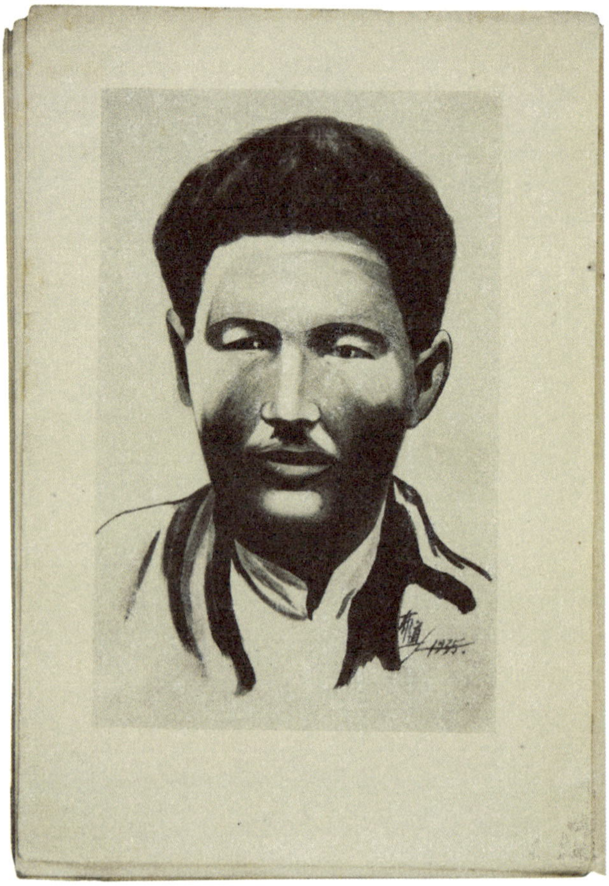

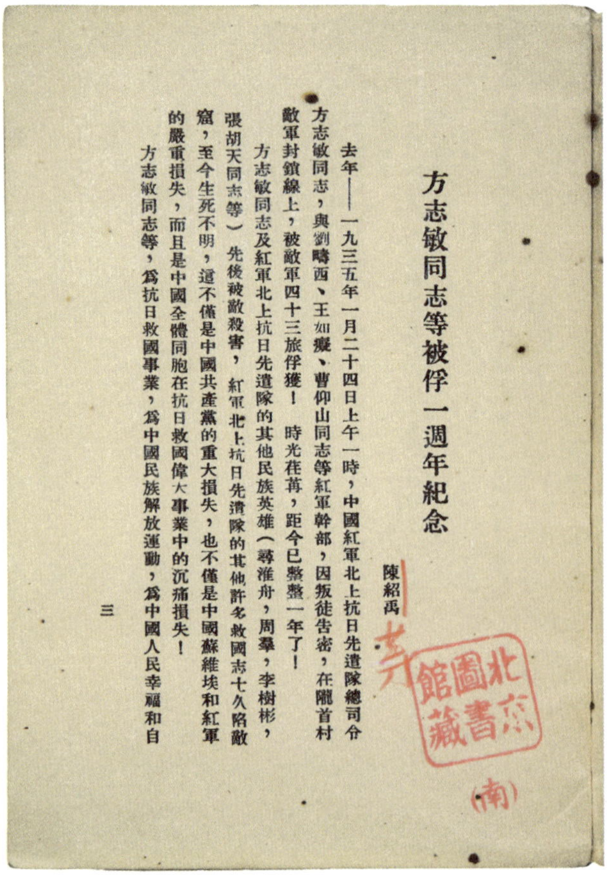
方志敏同志等被俘一週年紀念

陳紹禹

去年——一九三五年一月二十四日上午一時，中國紅軍北上抗日先遣隊總司令方志敏同志，與劉疇西、王如癡、曹仰山同志等紅軍幹部，因叛徒告密，在隴首村敵軍封鎖線上，被敵軍四十三旅俘獲！　時光荏苒，距今已整整一年了！

方志敏同志及紅軍北上抗日先遣隊的其他民族英雄（尋淮舟，周羣，李樹彬，張胡天同志等）先後被敵殺害，紅軍北上抗日先遣隊的其他許多救國志士久陷敵窟，至今生死不明，這不僅是中國共產黨的重大損失，也不僅是中國蘇維埃和紅軍的嚴重損失，而且是中國全體同胞在抗日救國偉大事業中的沉痛損失！

方志敏同志等，爲抗日救國事業，爲中國民族解放運動，爲中國人民幸福和自

三

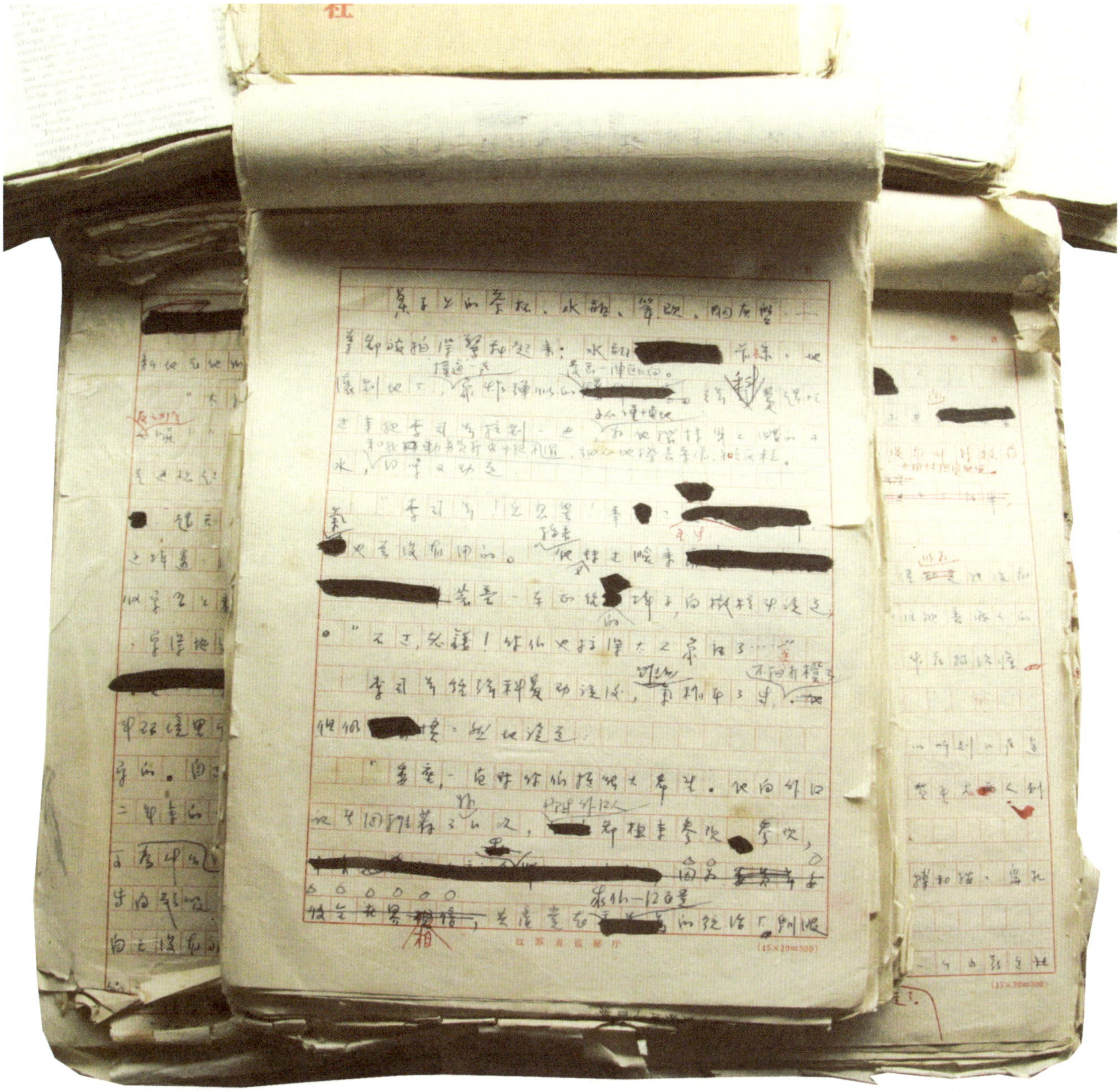

掩不住的阳光　乔信明、于玲　手稿

乔信明（1909−1963），湖北大冶人。1928年参加农民自卫军，1930年参加红军，1932年转为中共党员。于玲（1917−2010），江苏江阴人。1939年参加江南抗日义勇军，同年入党。

1954年前后，乔信明与方志敏夫人缪敏在通信中，回忆在方志敏领导下红军北上抗日先遣队最后浴血奋战和狱中斗争的往事。1956年，乔信明、于玲夫妇收到“解放军三十年”征文组的约稿信，他们根据早期创作剧本《狱中斗争》，开始撰写回忆方志敏的文稿，几易其稿，终于完成了长篇纪实小说《掩不住的阳光》初稿。

2010年8月，乔家子女将《掩不住的阳光》书稿送交了解放军文艺出版社编辑。2011年1月6日，解放军文艺出版社、空军政治部宣传部等单位联合举行长篇革命历史纪实小说《掩不住的阳光》首发式。

## 长征

1934年10月，中央红军主力离开中央革命根据地，实行战略转移，北上抗日，开始了著名的长征。同年11月和次年4月，红二十五军和红四方面军分别离开鄂豫皖、川陕革命根据地，开始长征。1935年11月，红二、六军团离开湘鄂西革命根据地，开始长征。

追剿红军的国民党部队穿过湖南一城镇。

红一方面军三渡赤水的渡口之一：茅台渡口。

红一方面军二渡、四渡赤水的渡口之一：太平渡。

泸定铁索桥。

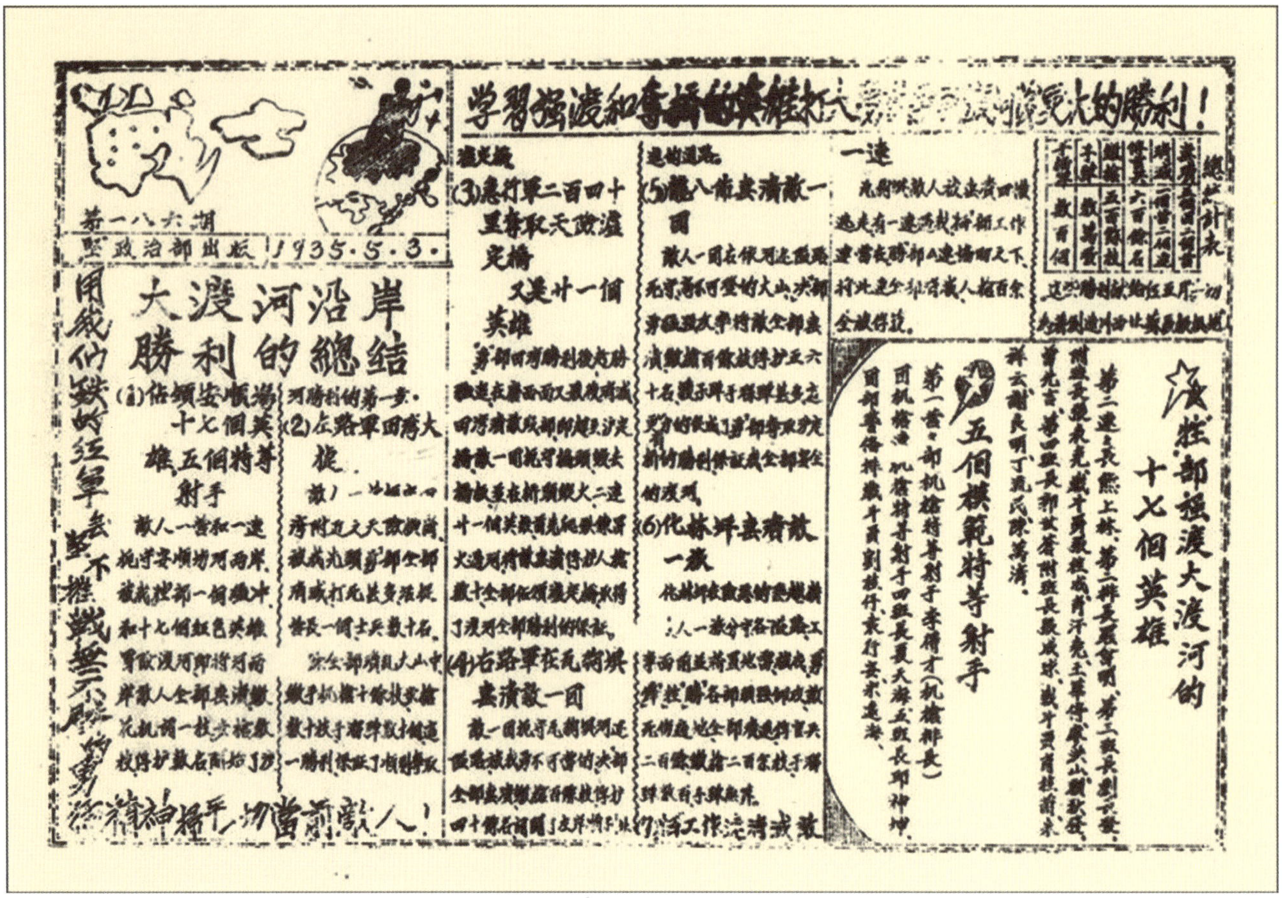
第一八六期
军政治部出版 1935.5.3.

大渡河沿岸胜利的总结

强渡大渡河的十七个英雄

五個模範特等射手

登载有“强渡大渡河的十七个英雄名单”的《战士报》。

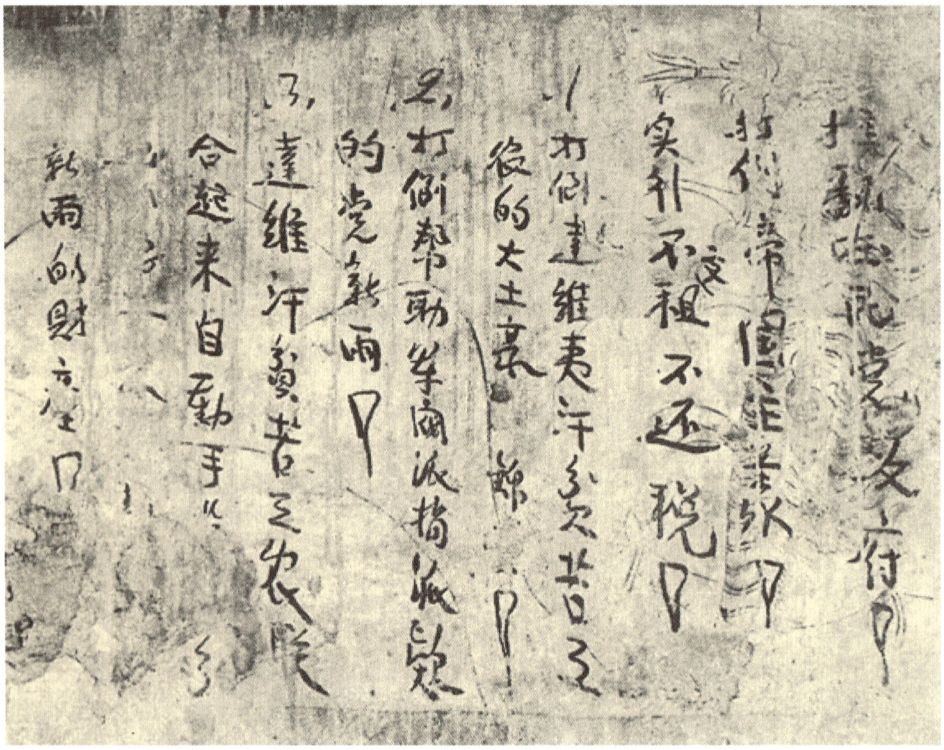

红军长征时留下的标语。

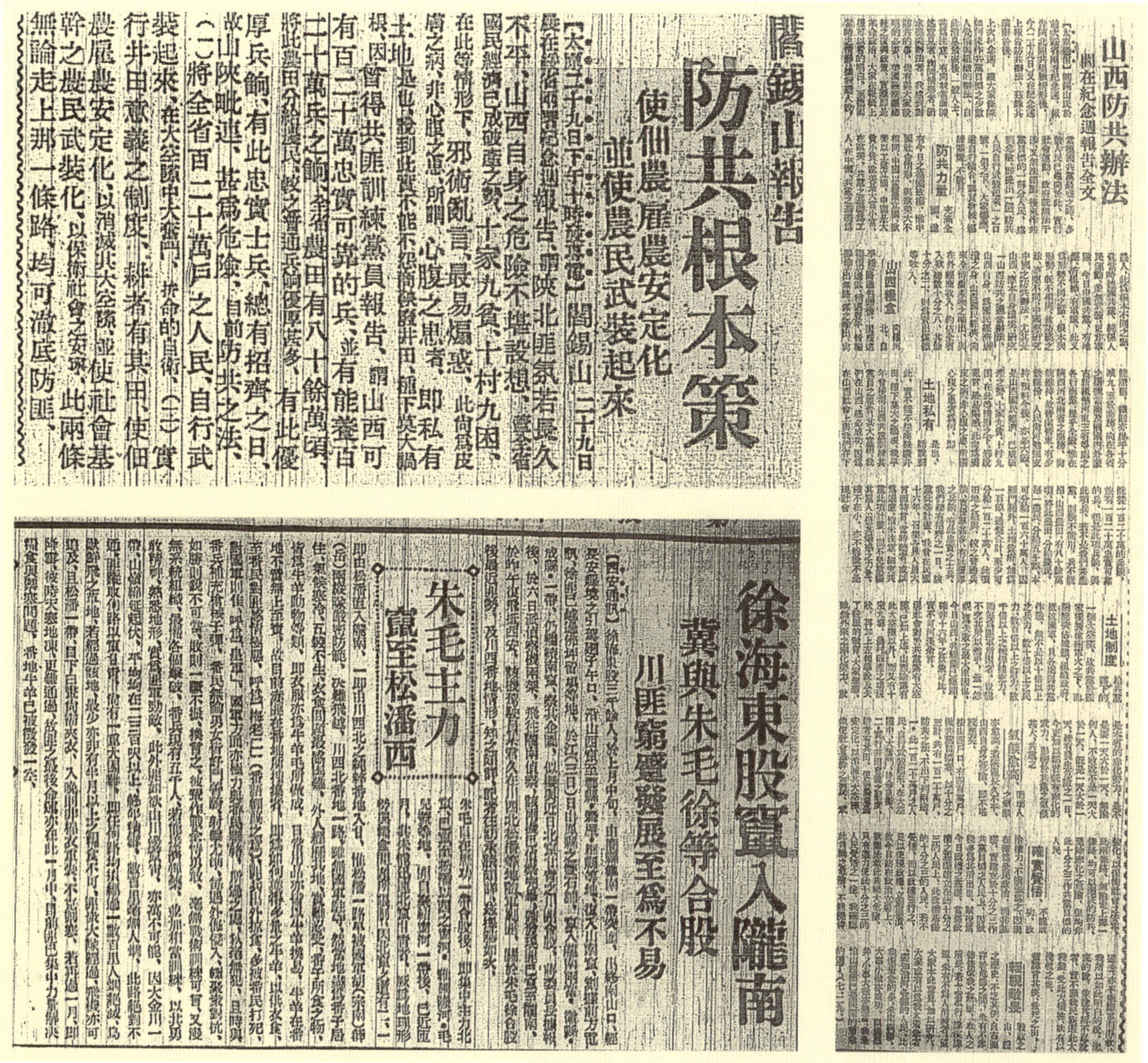


天津《大公报》对陕甘红军的报道。

1935年10月，中共中央、红一方面军主力到达陕甘根据地的吴起镇。1936年10月，红一、四方面军在会宁会师。10月下旬，红一、二方面军在将台堡会师。

红军三大主力会师，标志着中国工农红军胜利完成了从1934年秋开始的战略大转移的历史任务，宣告了国民党反动派围追堵截聚歼红军阴谋的破产，证明了任何险阻都无法阻挡红军北上抗日的步伐，并为后人留下了取之不尽的思想财富——长征精神。

参加红军的部分彝族战士长征到达陕北后合影。

长征到达陕北后，毛泽东、朱德、周恩来、秦邦宪合影。

红一方面军与红十五军团的部分领导人合影。前排左起：王首道、杨尚昆、聂荣臻、徐海东；后排左起：罗瑞卿、程子华、陈光、邓小平。

红二方面军部分干部合影。

长征到达陕北的红四方面军一部。

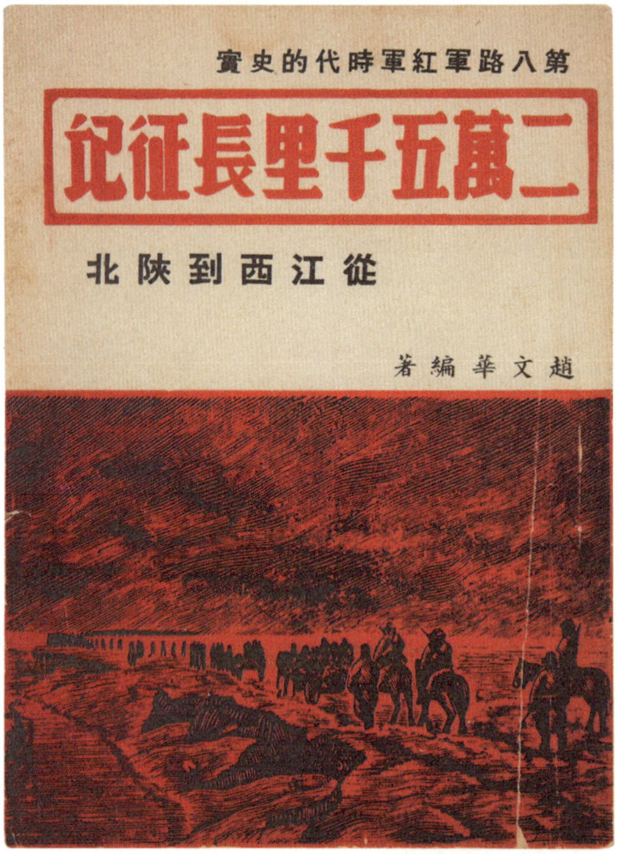


二万五千里长征记　赵文华著　上海 大众出版社　1937年12月

本书记录了从江西到陕北，第八路军红军时代的史实。全书共分为六章，包括红军大会合、艰苦而壮大的道路、围剿之突破与长征之准备、二万五千里长征计程、抢桥与长征闲话等内容。

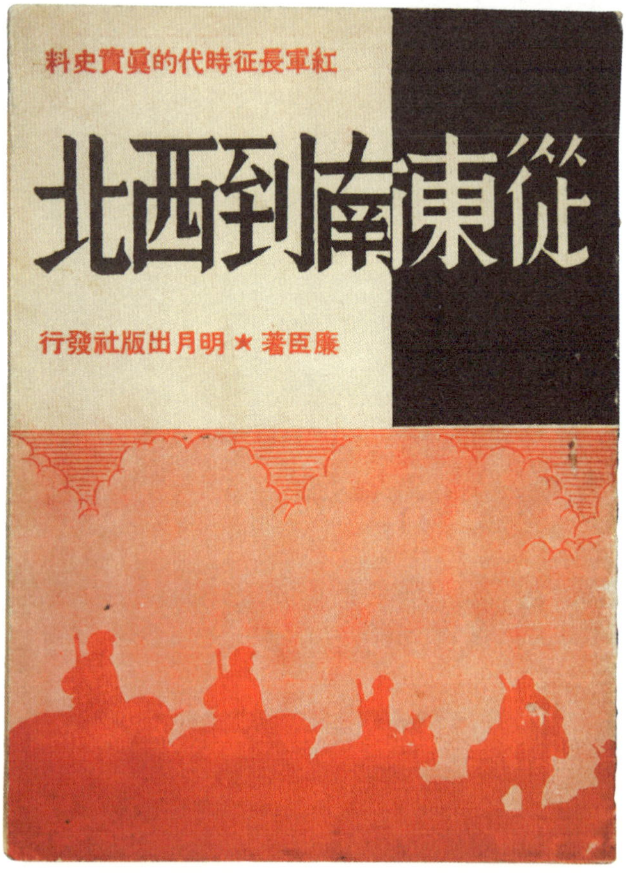


从东南到西北　廉臣（陈云）著　明月出版社　1938年1月

本书以一名被红军俘虏的国民党军医的视角记录了军医随红军长征过程中的所见所闻。包含以下几个章节的内容：做了红军的俘虏、冲开四道封锁线、在湘南、过西延山脉、桂边种种等。

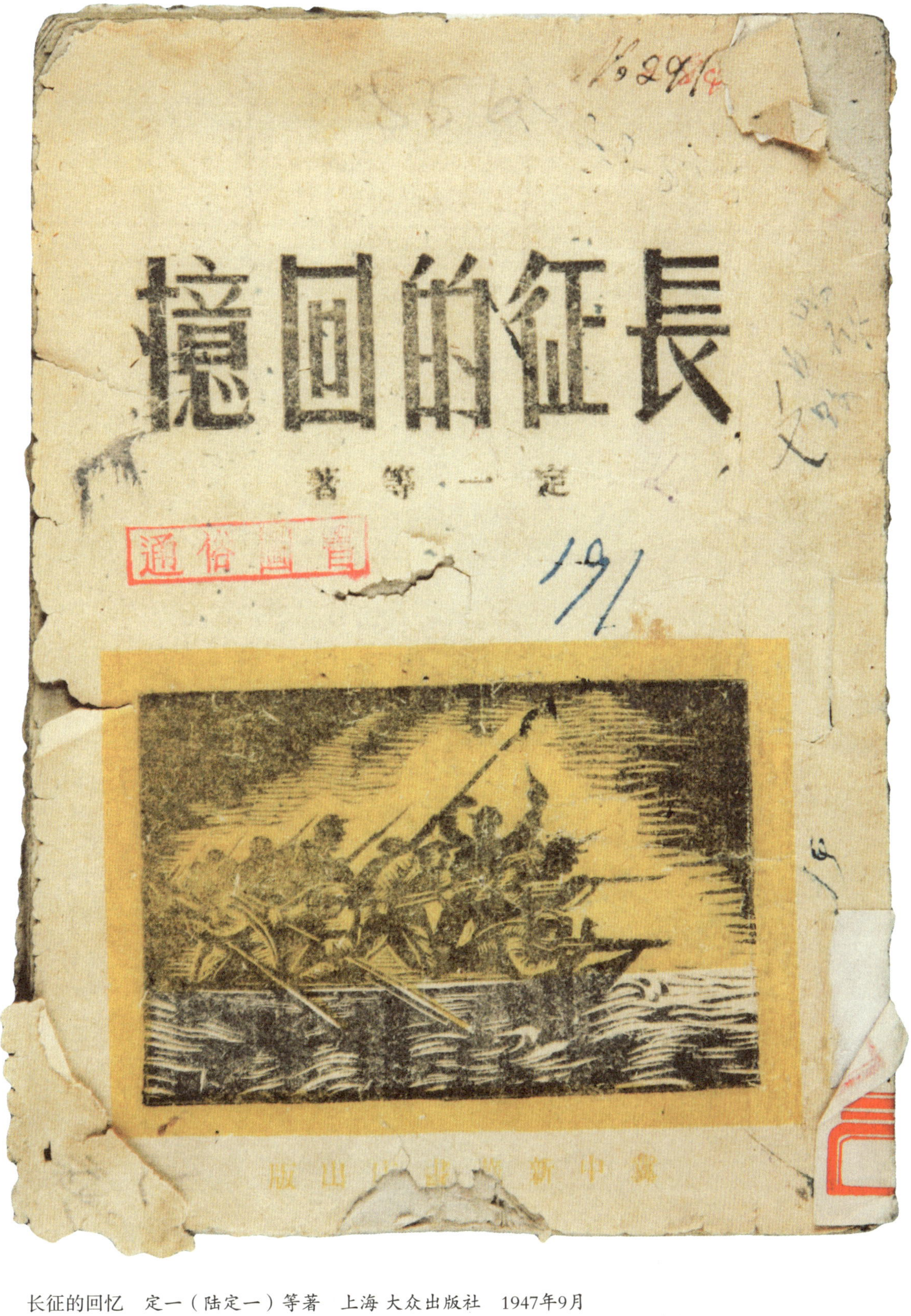


长征的回忆 定一（陆定一）等著 上海 大众出版社 1947年9月

本书收录了陆定一的《老山界》、莫文骅的《五一前夜》、潘自力的《我们怎么过的雪山和草地》、蔡前的《草地》、袁血卒的《红军的炊事员——老路》等文章。

红军长征故事　山东新华书店总店编　1947年9月

本书记录了红军长征中突破乌江天险、巧夺金沙江、强渡大渡河等事迹，并收录了陆定一的《老山界》、张政权的《长征中的几件事》、蔡前的《草地》等文章。

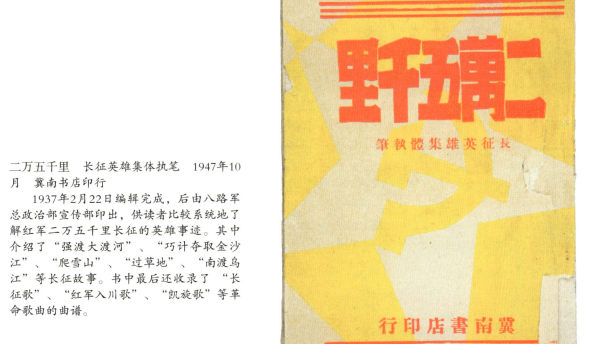

二万五千里　长征英雄集体执笔　1947年10月　冀南书店印行

1937年2月22日编辑完成，后由八路军总政治部宣传部印出，供读者比较系统地了解红军二万五千里长征的英雄事迹。其中介绍了“强渡大渡河”、“巧计夺取金沙江”、“爬雪山”、“过草地”、“南渡乌江”等长征故事。书中最后还收录了“长征歌”、“红军入川歌”、“凯旋歌”等革命歌曲的曲谱。

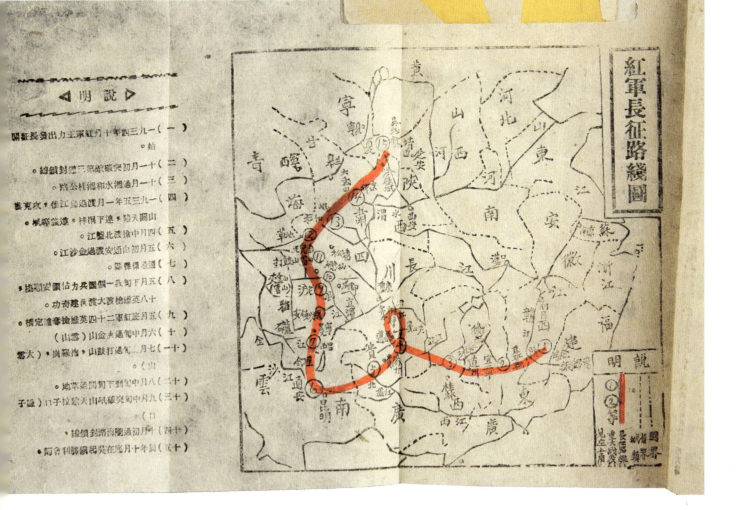

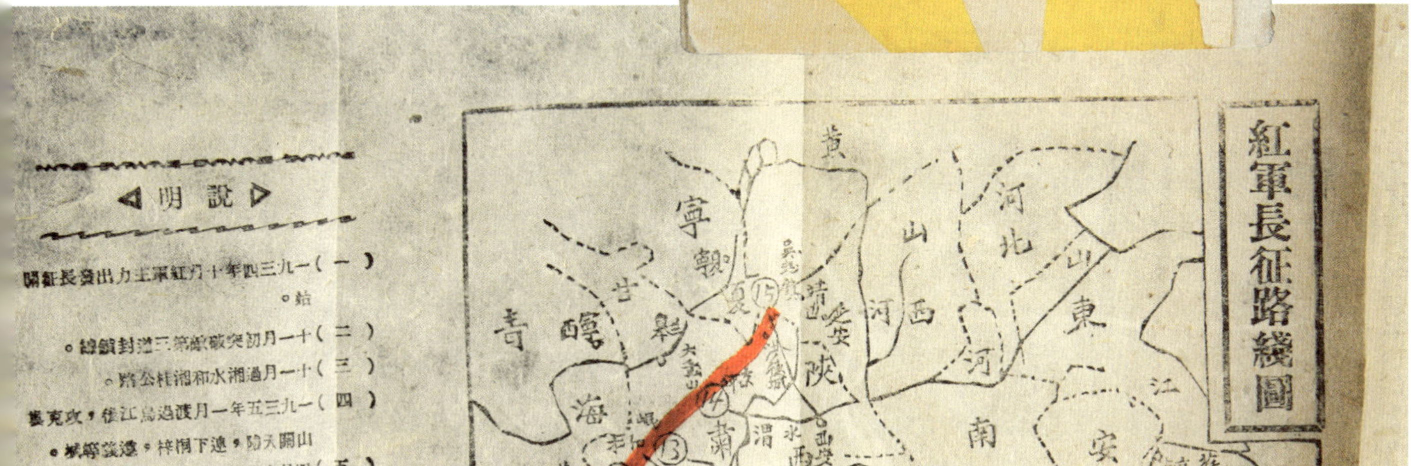

强渡大渡河，为红军打开北上道路的英雄们1936年与美国记者斯诺合影。

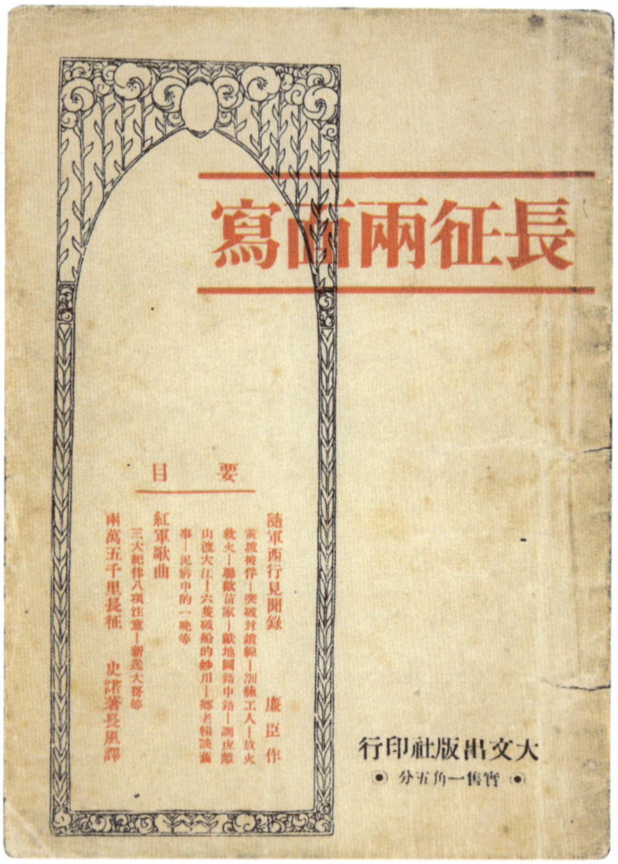


长征两面写 〔美〕斯诺、陈云著 大文出版社 1939年1月

本书为长征亲历者记录下来的长征经历，收录了陈云于1935年所作的《随军西行见闻录》，斯诺著、长风译的《两万五千里长征》等文章。书中还收录了红军歌曲。

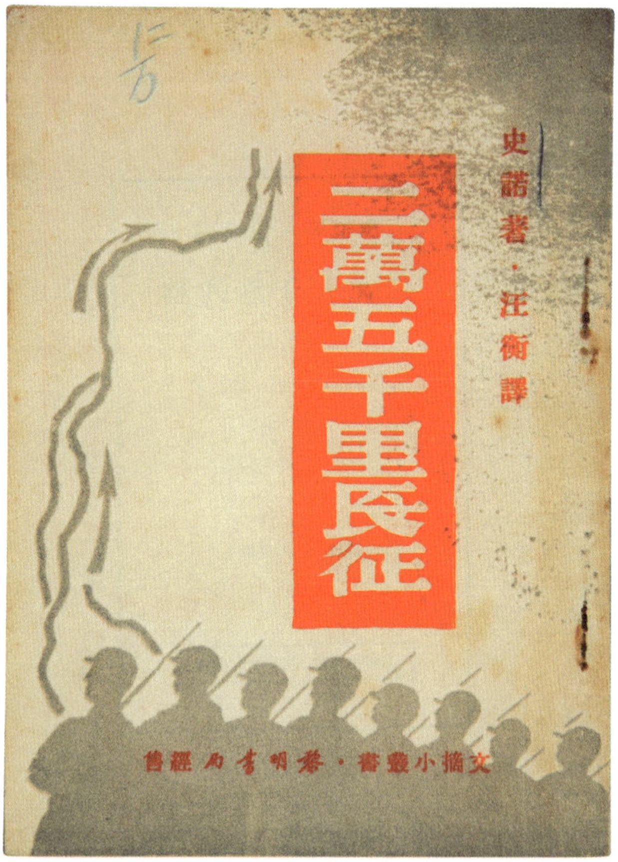


二万五千里长征 〔美〕史诺（斯诺）著 汪衡译 文摘社 1938年1月1日

内容分为8个部分：《写在前面》、《在长征以前》、《长征的第一阶段——从江西到贵州边境》、《长征的第二阶段——从黔边到遵义》、《长征的第三阶段——从遵义到扬子江》、《长征的第四阶段——从会理到四川》、《到达了新的根据地》。附录：《红军第一军团西征中经过地点及里程一览表》。

## 南方三年游击战争

中央红军主力即将离开根据地转移之际，决定成立以项英为书记的中共中央分局和中央军区；成立以陈毅为主任的中央政府办事处，领导南方各根据地的红军和游击队坚持斗争。他们在极其艰苦的条件下，以百折不挠的革命精神，坚持了长达三年之久的游击战争，在中国革命史上谱写了光辉的一页。

1938年，坚持南方三年游击战争的部分领导人在南昌合影。

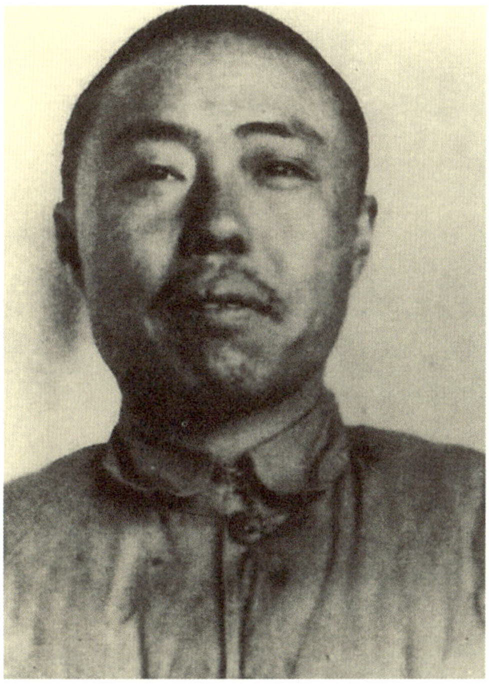

中共中央分局书记、中央军区司令员兼政治委员项英。

中华苏维埃共和国中央政府办事处主任陈毅。

中共早期主要领导人之一、中国革命文学事业的重要奠基者之一瞿秋白于1935年2月在福建长汀被捕。被押期间，瞿秋白写下了《多余的话》。6月18日，瞿秋白慷慨就义。临行时，他昂首高唱着自己翻译的《国际歌》，用歌声向敌人宣布："英特纳雄耐尔，一定要实现！"

1935年3月4日，赣南军区政治部主任刘伯坚率部突围时，不幸负伤被捕，同月21日慷慨就义。临刑前他写下著名的诗篇："带镣长街行，志气愈轩昂。拚作阶下囚，工农齐解放！"

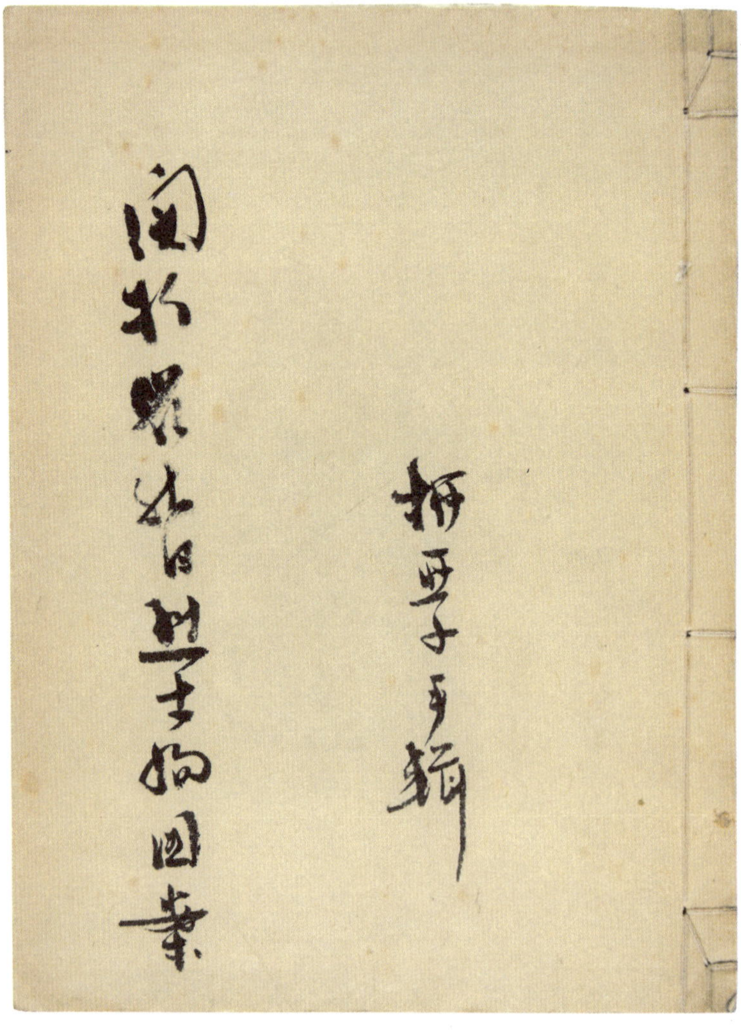


关于瞿秋白烈士殉国案　柳亚子辑　剪报 抄本　1935年

1935年2月，中国共产党早期主要领导人之一瞿秋白在福建长汀县被国民党军逮捕，6月18日慷慨就义，时年36岁。该抄本为柳亚子所辑当时报道瞿秋白被处决的剪报，以及瞿秋白的狱中绝笔《多余的话》，其正文共列7个标题：何必说——代序、"历史的误会"、脆弱的二元人物、我和马克思主义、盲动主义和立三路线、"文人"、告别。

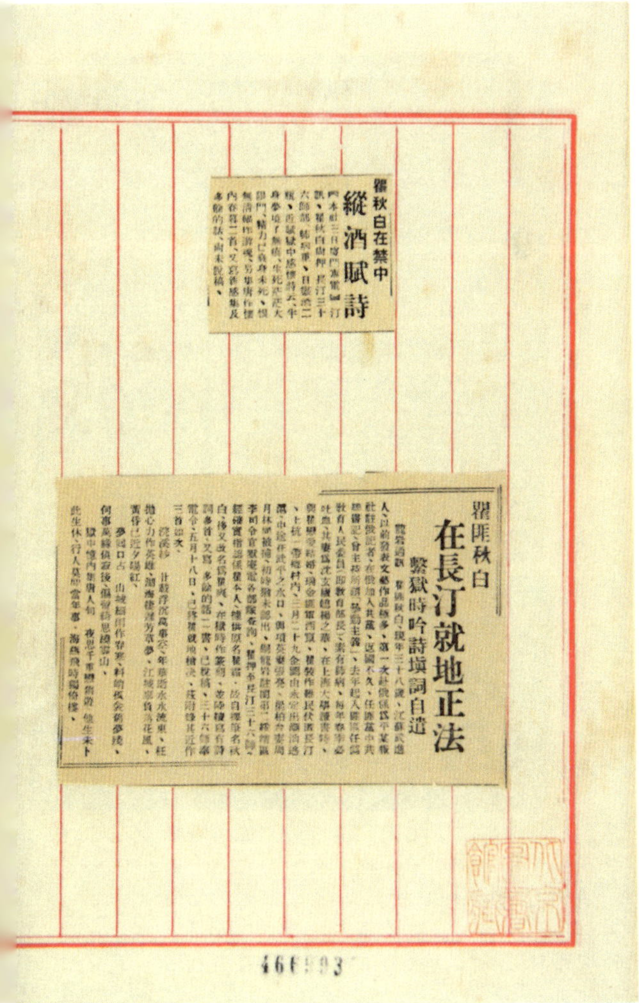
瞿秋白在禁中
縱酒賦詩
瞿匪秋白
在長汀就地正法
繫獄時吟詩填詞自遣

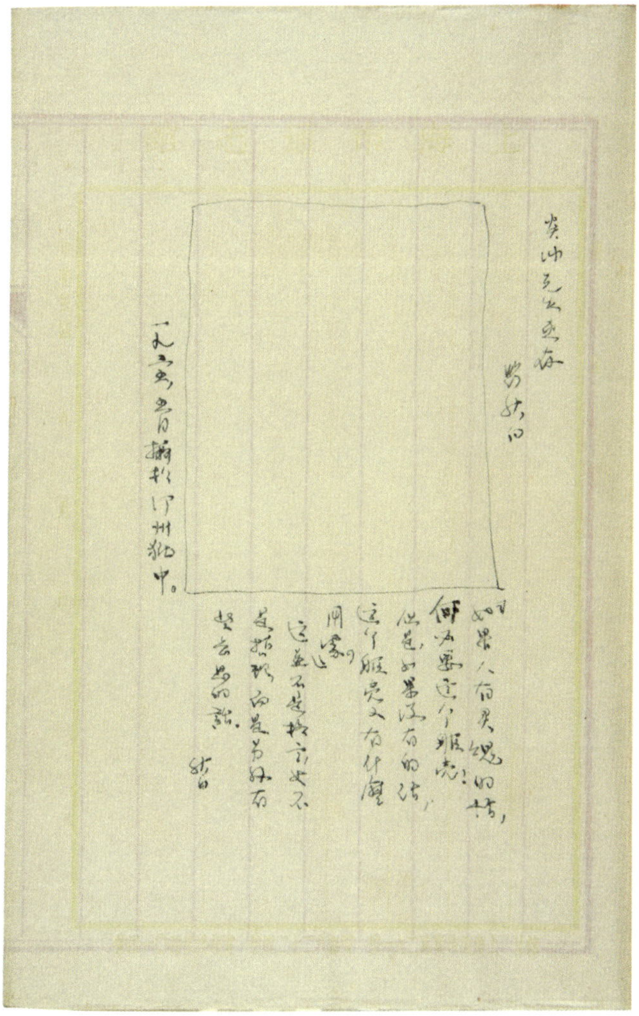

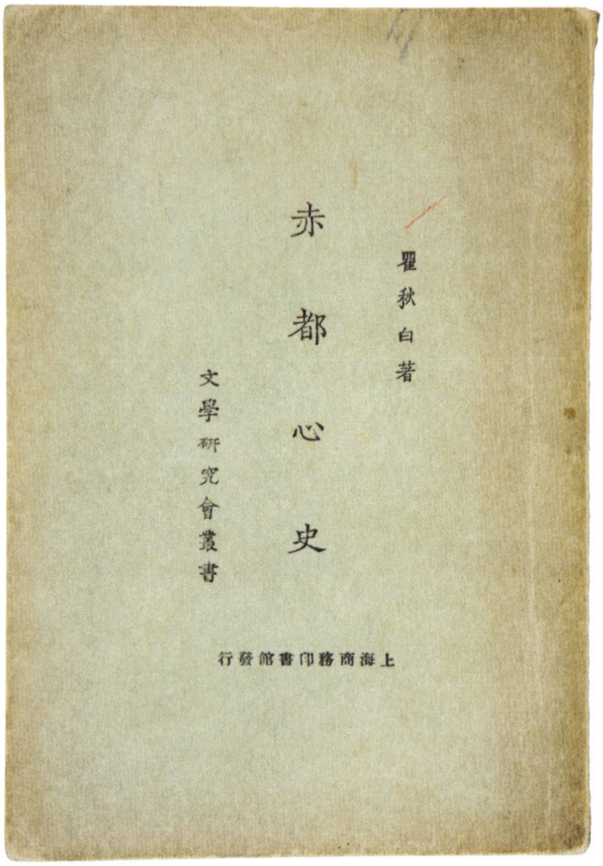

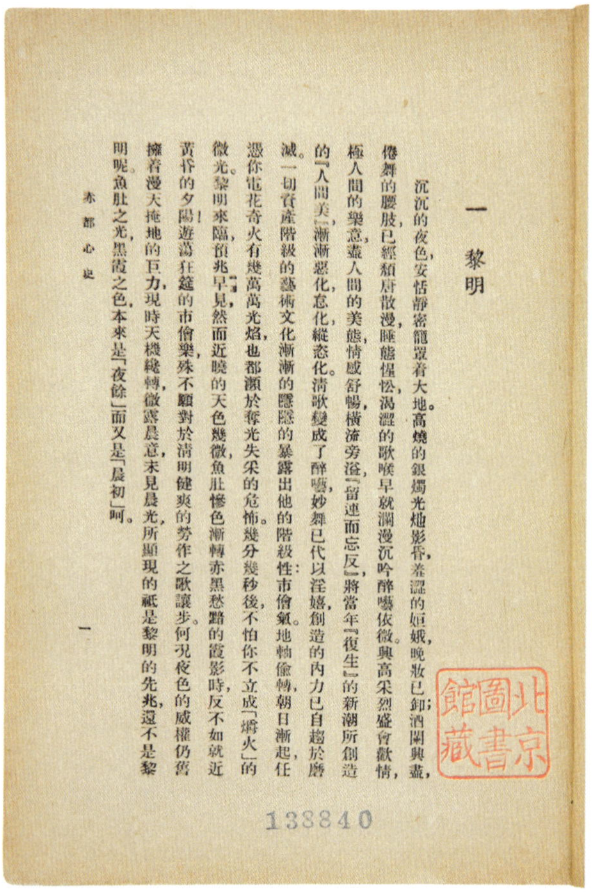

赤都心史　瞿秋白著　上海商务印书馆　1924年

被列为《文学研究会丛书》之一。全书收有《序》和《引言》各一篇，共辑诗文四十九篇，其中诗作五首，译诗五首。在序中，作者写道：“《赤都心史》将记我个人心理上之经过，在此赤色的莫斯科里，所闻所见所思所感。”全书各篇都是较为独立的，多侧面、全方位地记述了作者在莫斯科及其附近参观、调查时的感受，有着作者个人全新的见解。

海上述林　瞿秋白译　鲁迅编校　上海 诸夏怀霜社 1936年

本书是鲁迅为纪念被国民党反动派杀害的瞿秋白而编辑的。《海上述林》这部书，鲁迅是以“诸夏怀霜社”的名义，送交开明书店出版的。这样做一来使国民党反动派不知编者是何人，二来也表达了怀念瞿秋白的深刻含义。因为，瞿秋白幼年时曾用过“瞿霜”的名字，就连书中译者的署名也用了瞿秋白笔名“史铁儿”头三个字母“STR”。

1936年的春天，鲁迅的肺病一点也没有好转，但他仍然撑着病体继续工作。4月底，他写完了《海上述林》下卷的序言。6月以后，鲁迅的病日趋严重，为了催促开明书店抓紧时间出版《海上述林》，他写信给书店经理章锡琛，焦急地催问：“翻译的人老早就死了，著作家高尔基也于最近去世了，编者的我，如今也要死了。虽然如此，但书还没有校完，原来你们是在等候着读者的死亡吗？”

10月2日，鲁迅收到了在日本印刷的《海上述林》上卷。他认为：“我把他的作品出版，是一个纪念，也是一个抗议，一个示威！……人给杀掉了，作品是不能给杀掉的，也是杀不掉的！”在病榻上看着编辑精良、装帧优美的《海上述林》，鲁迅宽慰地对许广平说：“这一本书，中国没有这样讲究的出过，虽然是纪念‘何苦’（秋白笔名），其实也是纪念我。”

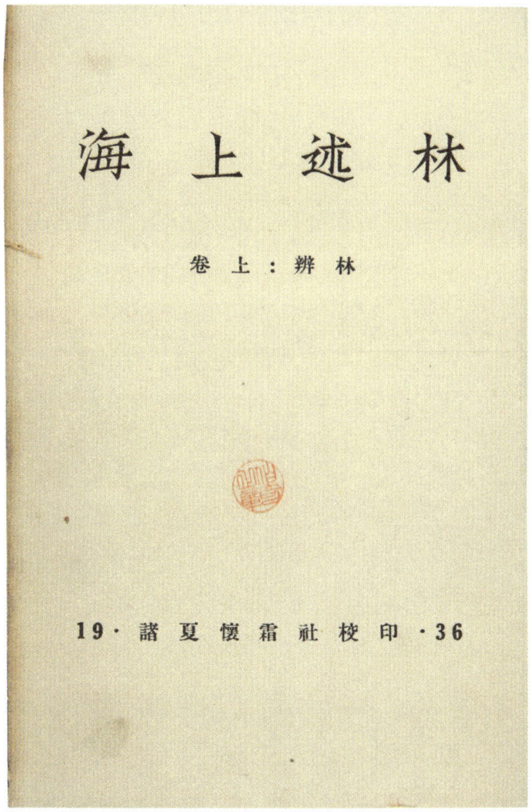


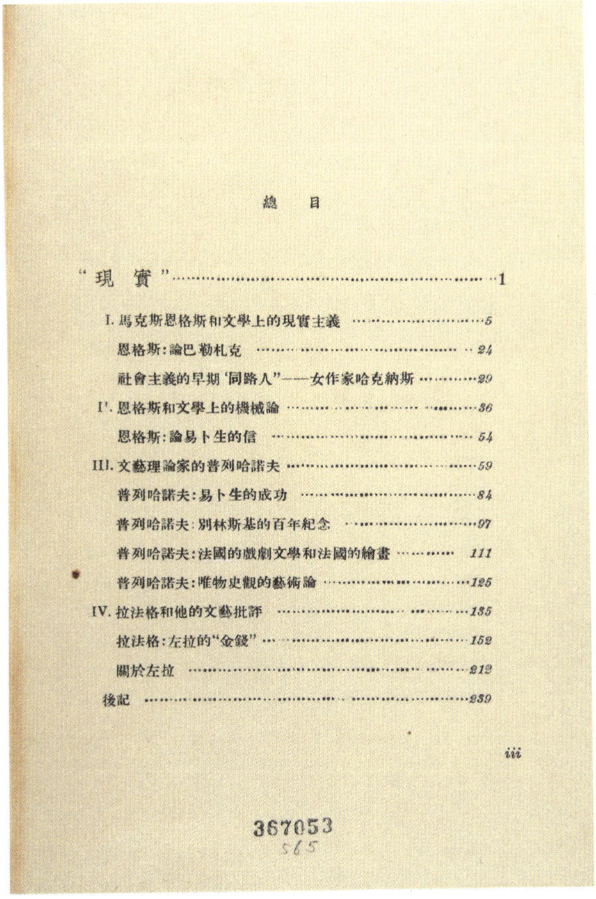
總　目



iii



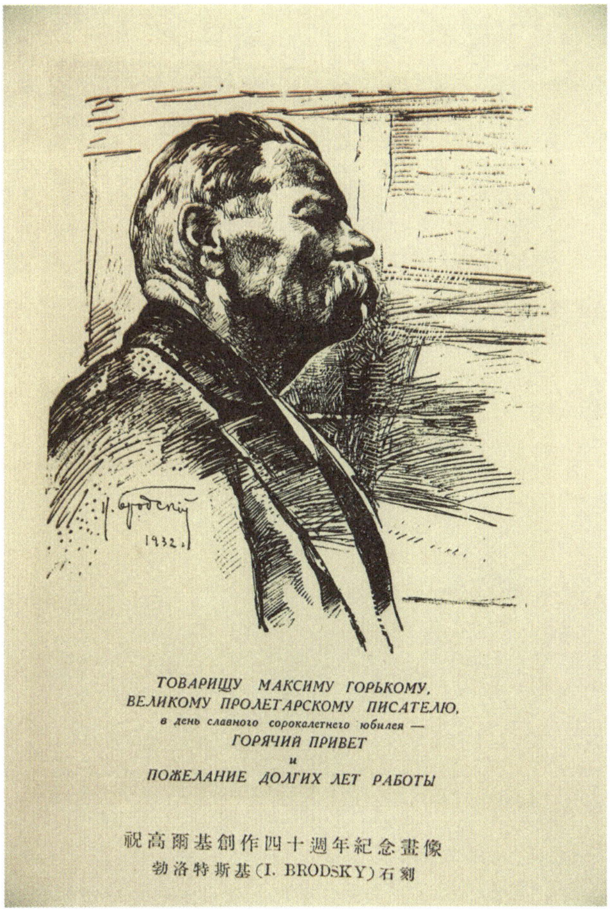

ТОВАРИЩУ МАКСИМУ ГОРЬКОМУ,
ВЕЛИКОМУ ПРОЛЕТАРСКОМУ ПИСАТЕЛЮ,
в день славного сорокалетнего юбилея —
ГОРЯЧИЙ ПРИВЕТ
и
ПОЖЕЛАНИЕ ДОЛГИХ ЛЕТ РАБОТЫ

祝高爾基創作四十週年紀念畫像
勃洛特斯基(I. BRODSKY)石刻

## 坚持国统区的斗争

1931年“九一八”事变后，日本侵略者侵占了中国东北，继而觊觎华北。国土沦丧，民族危亡，全国兴起了抗日救亡运动的高潮。中国共产党适时提出了关于建立抗日民族统一战线的建议，并为此进行了长期不懈的努力。

1931年9月19日，日军在沈阳城墙上向中国军队进攻。

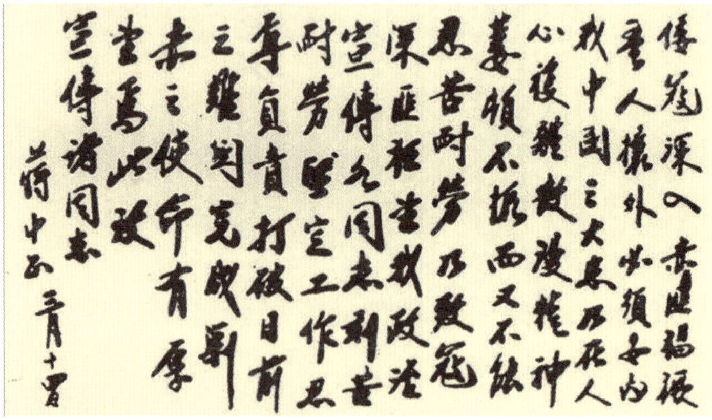

1932年3月14日，蒋介石写的坚持“攘外必先安内”政策的训示。

1934年，南京学生举行示威游行，要求国民政府对日宣战。

1936年10月，薄一波等受中共北方局的委派，到山西从事统战工作，接办了山西牺牲救国同盟会，培养了一大批领导抗日救亡工作的骨干。图为1937年牺盟会工作人员在太原晋祠聚会时的合影。

1936年，救国会主要领导人（左起前排）沈钧儒、史良、王造时、沙千里等参加上海各界群众的示威游行。

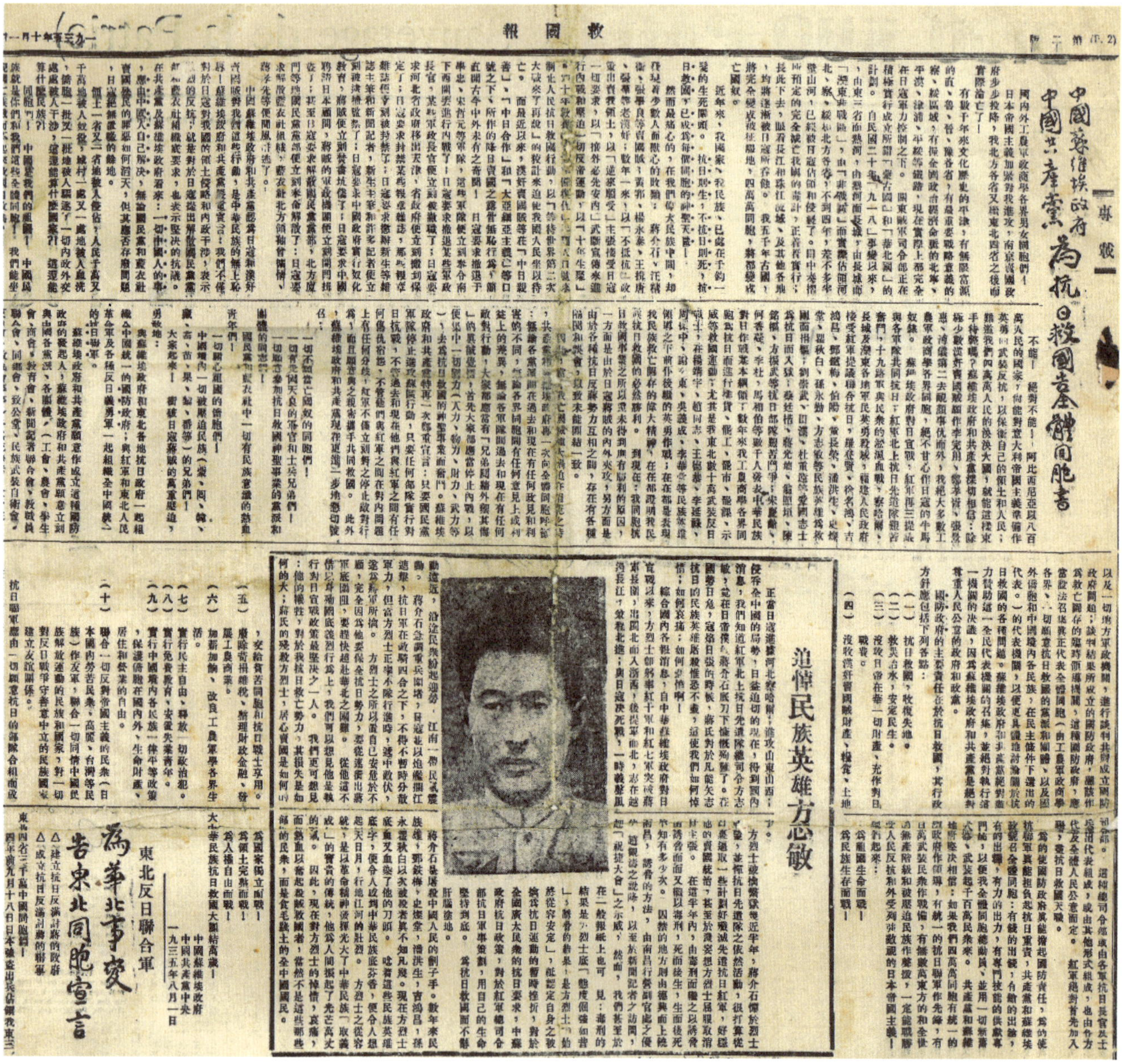
救國報

中國蘇維埃政府 中國共產黨 為抗日救國告全體同胞書

追悼民族英雄方志敏

為華北事變告東北同胞宣言

東北反日聯合軍

1935年10月1日，“为抗日救国告全体同胞书”即“八一宣言”在《救国报》发表。

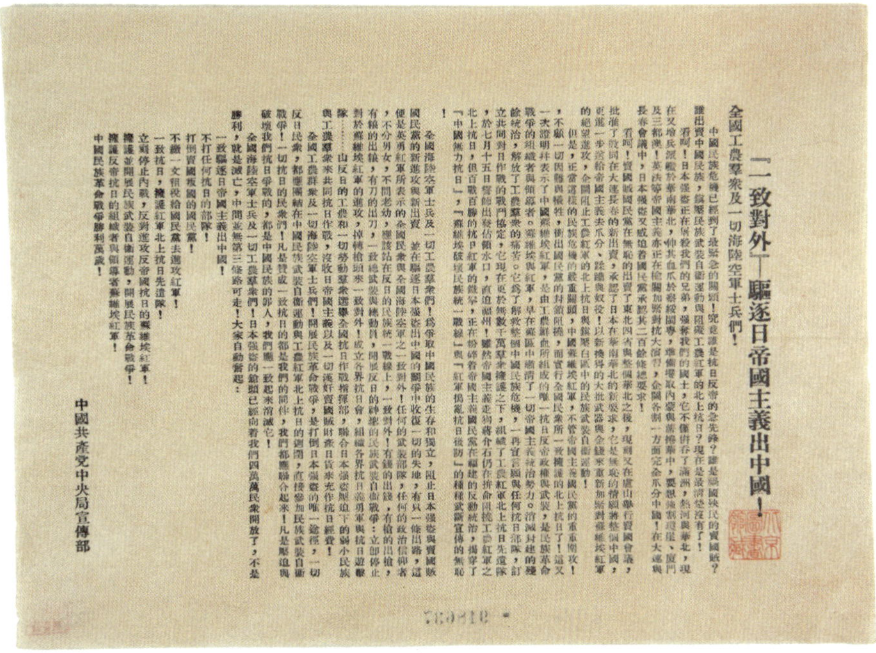

# 「一致對外」—驅逐日帝國主義出中國！

全國工農羣衆及一切海陸空軍士兵們！

中國民族危機已經到了最緊急的關頭！究竟誰是抗日反帝的急先鋒？誰是賣國殃民的賣國賊？誰出賣中國民族，鎮壓民族武裝自衛運動與阻礙工農紅軍的北上抗日？現在是最清楚沒有了！

看呵！日本強盜正在屠殺我們的兄弟，強奪我們的國土，它不僅併吞了滿洲，熱河與華北，現在又增兵派艦於華南華北，伸其血爪於蒙綏閩粵，準備奪取內蒙與[illegible]中，要想強割[illegible]、廈門及三都澳！英法等帝國主義亦正在拚命加緊對抗大備戰，企圖各割一方面完全瓜分中國！在大連與長春會議中，日本強盜又威迫着國民黨承認其二百餘條總要求！

看呵！賣國賊國民黨在無恥的出賣了東北四省與整個華北之後，現在又在廬山舉行賣國會議，批准了賣國在大連長春的新出賣，承認了日本在華南華北的新要求，它是無恥的情願將整個中國，更進一步送給帝國主義去瓜分、蹂躪與奴役！以新換得的大批武器與金錢來重新加緊對蘇維埃紅軍的絕望進攻，企圖阻止工農紅軍的北上抗日與鎮壓白區中的民族武裝自衛運動！

但是，正當這樣的民族危機的嚴重關頭，中國蘇維埃紅軍，不管帝國主義國民黨的重重圍攻，不顧一切困難與犧牲，衝出國民黨的封鎖與阻撓，而實行全國民衆所一致擁護的北上抗日了！這又一次證明并表示了中國蘇維埃紅軍，是由工農鮮血所組成的唯一抗日反帝政權與武裝，是民族革命戰爭的組織者與領導者。蘇維埃與紅軍，早在蘇區中肅清了一切帝國主義統治勢力。消滅封建的殘餘統治，解放了工農羣衆的痛苦。它爲了解救整個中國民族危機，一再宣言願與任何抗日部隊，訂立共同對日作戰的戰鬥協定，它現在更於無數千萬羣衆擁護之下，組織了工農紅軍北上抗日先遣隊，於七月十五日誓師出發佔領水口，直迫福州！雖然帝國主義走狗蔣介石仍在拚命阻撓工農紅軍之北上抗日，但百戰百勝的抗日紅軍的鐵拳，正在粉碎着帝國主義國民黨在福建的反動統治，揭穿了「中國無力抗日」，「蘇維埃破壞民族統一戰線」與「紅軍搗亂抗日後防」的種種武斷宣傳的無恥！

全國海陸空軍士兵及一切工農羣衆們！爲爭取中國民族的生存和獨立，阻止日本強盜與賣國賊國民黨的新進攻與新出賣　並在驅逐日本強盜出中國的鬥爭中收復一切的失地，有只一條出路，這便是英勇紅軍所表示的全國民衆與全國海陸空軍之一致對外！任何的武裝部隊，任何的政治信仰者，不分男女，不問老幼，應該站在反日的民族統一戰線上，一致對外！有錢的出錢，有槍的出槍，有糧的出糧，有刀的出刀，一致總武裝與總動員，開展反日的神聖的民族武裝自衛戰爭：立即停止對於蘇維埃紅軍的進攻，掉轉槍頭來一致對外！成立各界抗日會，組織各界抗日義勇軍與抗日遊擊隊……由反日的工農和一切勞動羣衆選舉全國抗日作戰指揮部，聯合日本強盜壓迫下的弱小民族與工農羣衆來共同抗日作戰，沒收日帝國主義以及一切漢奸賣國賊財產日貨來充作抗日經費！

全國工農羣衆及一切海陸空軍士兵們！開展民族革命戰爭，是打倒日本強盜的唯一途徑，一切反日民衆，都應團結在中國民族武裝自衛運動與工農紅軍北上抗日的週圍，直接參加民族武裝自衛戰爭！一切抗日的民衆們！凡是贊成一致抗日的都是我們的同伴，我們都應聯合起來！凡是壓迫與破壞我們抗日爭戰的，都是中國民族的罪人，我們應一致起來消滅它！

全國海陸空軍士兵及一切工農羣衆們！日本強盜的鎗頭已經向着我們四萬萬民衆開放了，不是勝利，就是滅亡，中間並無第三條路可走！大家自動奮起：

一致驅逐日帝國主義出中國！
不打任何抗日的部隊！
打倒賣國叛國的國民黨！
不繳一文捐稅給國民黨去進攻紅軍！
一致抗日，擁護紅軍北上抗日先遣隊！
立刻停止內戰，反對進攻反帝國抗日的蘇維埃紅軍！
擁護並開展民族武裝自衛運動，開展民族革命戰爭！
擁護反帝抗日的組織者與領導者蘇維埃紅軍！
中國民族革命戰爭勝利萬歲！

中國共產党中央局宣傳部

“一致对外”——驱逐日帝国主义出中国　中共中央宣传部　1934年8月　复制品

传单。中共中央宣传部向全国工农群众及一切海陆空军士兵发出呼吁：为争取中国民族的生存和独立，只有一条出路，便是红军与全国民众、全国海陆空军一致对外，任何武装、任何信仰、不分男女、不分老幼，应站在反日民族统一战线上，有钱出钱、有枪出枪、有粮出粮、有刀出刀、一致总武装总动员，开展反日的神圣的民族武装自卫战争。

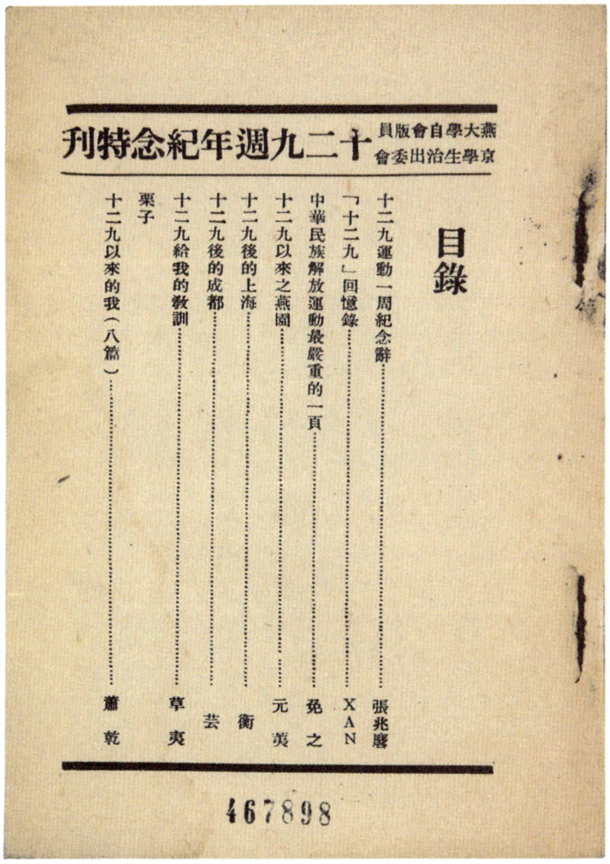

燕京大學學生自治會出版委員會

十二九週年紀念特刊

目錄



467898

十二九周年纪念特刊　燕京大学学生自治会出版委员会　1936年12月

1935年12月9日，北平数千名学生在中国共产党的领导下举行了抗日救国示威游行。燕京大学学生自治会在1936年12月发行的《十二九周年纪念特刊》中，编辑撰写了：十二九运动一周年的纪念词、十二九回忆录、十二九以后的上海、十二九给我的教训和十二九以来的我等文章。

救国无罪——“七君子”事件　时代文献社编辑　1937年8月

“九一八”事件发生后，中国各地掀起了抗日救国运动的浪潮。1936年5月31日，马相伯、宋庆龄、何香凝、沈钧儒、章乃器等人在上海宣布成立全国各界救国联合会，发表宣言，通过《抗日救国初步政治纲领》。1936年11月23日，南京国民政府以“危害民国罪”在上海逮捕了救国会领导人沈钧儒等7人。沈钧儒等人坚持抗日救国立场，在狱中和法庭上进行了不屈不挠的斗争。从事件开始之日起，中国共产党和国内外进步人士就开展了广泛的营救运动。七七事变爆发后，南京国民政府于7月31日宣布具保释放沈钧儒等7人，并于1939 年2月最后撤销了起诉书。本书中有七先生近影及其墨迹（十五帧），七先生出狱后为本书题字（七帧）。本书内容共分七章：救国七领袖被捕始末、起诉书与答辩状及开审记录、舆论一斑、情报、狱中人访问、狱中人家庭情况、附录。

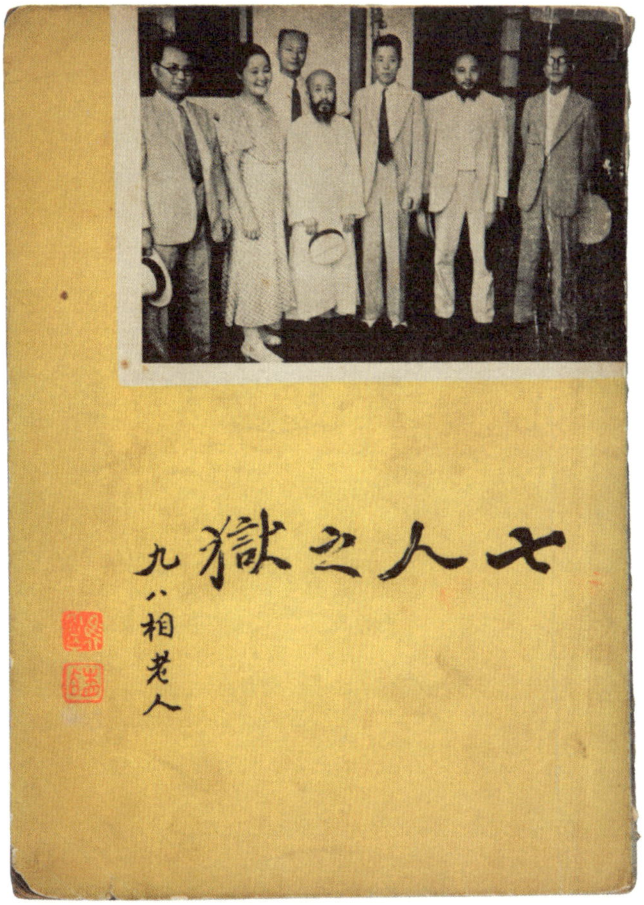


七人之狱　沙千里著　武汉 生活书店　1937年10月

这本书真实地记述了30年代中国人民和蒋介石反动派的一场斗争。这场斗争的中心问题是抗日救国还是继续内战。七人之狱虽然只是一个历史插曲，但它所反映的却是那个时代千百万中国人的心声，七人被捕，引起千万人的愤怒与不平。

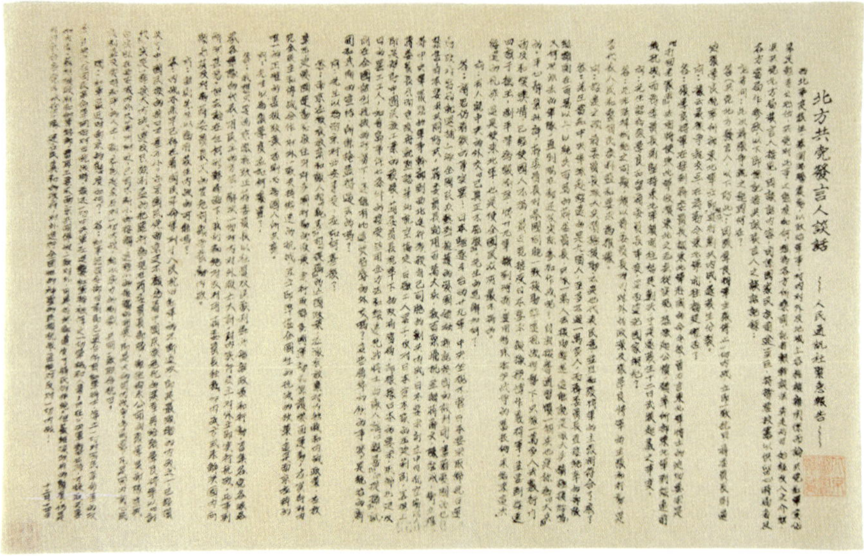
北方共党發言人談話
——人民通訊社緊急報告——

北方共产党发言人谈话　人民通讯社紧急报告　1936年12月14日　复制品

1936年春，刘少奇同志来到天津主持北方局工作，坚持执行了中央关于建立抗日民族统一战线的政策。“西安事变”后的第二天，即1936年12月14日，刘少奇以北方局书记身份对新闻记者发表《北方共产党发言人谈话》，阐述了中国共产党解决“西安事变”的方针，指出：只要南京政府彻底改正蒋介石以往对民族利益的错误政策和行动，对内实行民主，对外实行抗战，此事则解决甚易。

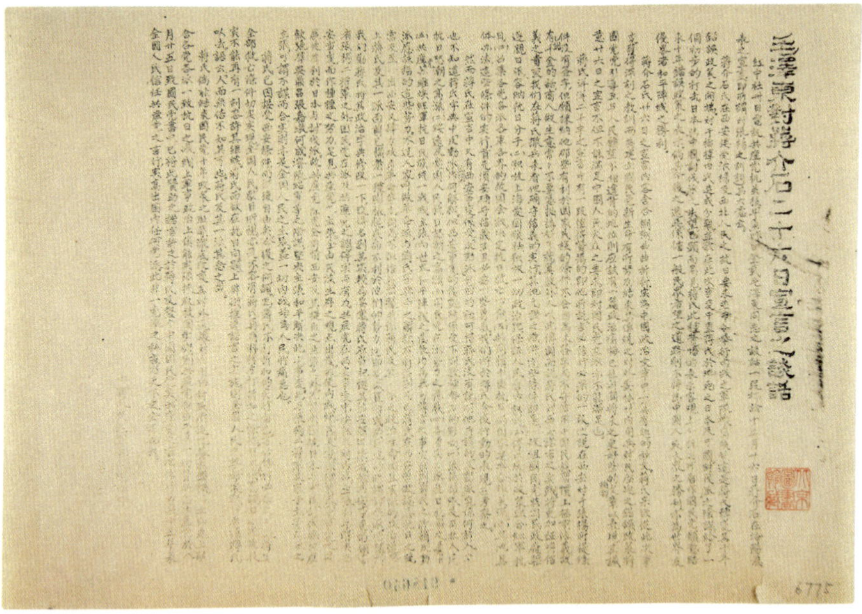
毛澤東對蔣介石二十六日宣言之談話

毛泽东对蒋介石二十六日宣言之谈话　毛泽东著　中国人民红军总政治部　1936年12月　复制品

传单。“西安事变”发生后，中国共产党反对内战，主张和平解决，经中共的有力调停，蒋介石得以被释出陕。12月26日，蒋在洛阳发表宣言（即所谓“对张杨之训词”），本文即毛泽东对蒋宣言的评论。文章对蒋介石谈话的内容进行剖析，指出蒋介石此次能够安然出陕的原因，除了“西安事变”的领导者张、杨二将军之外，与国民党左派及共产党的有力调停是分不开的。中国共产党在“西安事变”中，决然反对内战，主张和平解决，为此而作的种种努力，足见共产党的主张，全由民族生存的观点出发。

# 第四章

# 中流砥柱

（抗日战争时期　1937年7月—1945年8月）

抗日战争，是近百年来中国人民第一次取得完全胜利的伟大的民族解放战争。

中国共产党作为抗日战争的中流砥柱，是民族解放战争获取完全胜利的首要条件；抗日民族统一战线的建立、坚持和发展，是争取抗战胜利的基本保证；党提出全面抗战的路线和持久战的方针，领导人民武装坚持独立自主的抗日游击战争，放手发动人民群众，建立抗日根据地，开辟了广大的敌后战场，是取得抗战胜利的决定因素。

抗日战争，是党领导的新民主主义革命历程中一个重要的阶段。抗日战争的胜利，为新民主主义革命的彻底胜利奠定了坚实的基础。在抗日战争时期，党已形成以毛泽东为核心的中央领导集体，发展成为全国范围的群众性的马克思主义政党，成为中国人民革命事业当之无愧的领导核心。

## 争取实现全面抗战路线

1937年7月7日，日本侵略者制造卢沟桥事变，发动了全面侵华战争。翌日，中共中央发出通电，号召全国人民团结起来，抵抗日本帝国主义的侵略。1937年7月17日，蒋介石在庐山发表讲话：如果战端一开，那就地无分南北，人无分老幼，无论何人皆有守土抗战之责任。

七七事变后，中共中央将《为公布国共合作宣言》送交蒋介石。《宣言》提出发动全民族抗战、实行民主政治和改善人民生活等三项基本要求。

1937年 9 月22日，国民党中央通讯社发表了《中国共产党为公布国共合作宣言》，次日，蒋介石发表谈话，事实上承认了中共在全国的合法地位，标志着抗日民族统一战线正式形成，第二次国共合作开始。

朱德在延安号召八路军将抗战进行到底。

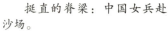

挺直的脊梁：中国女兵赴沙场。

卢沟桥上的第29军。

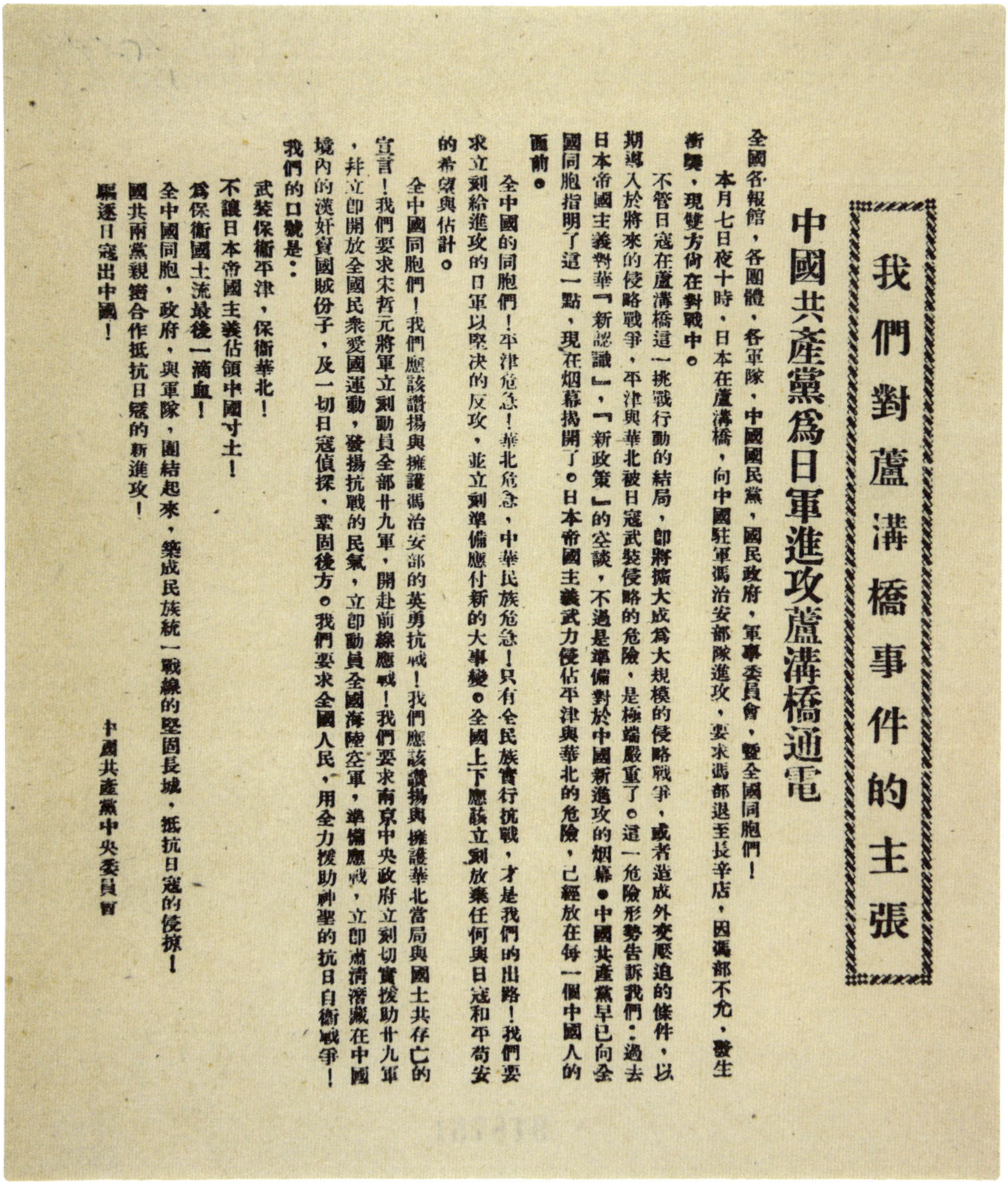

我們對蘆溝橋事件的主張

中國共產黨爲日軍進攻蘆溝橋通電

全國各報館，各團體，各軍隊，中國國民黨，國民政府，軍事委員會，暨全國同胞們！

本月七日夜十時，日本在蘆溝橋，向中國駐軍馮治安部隊進攻，要求馮部退至長辛店，因馮部不允，發生衝突，現雙方尚在對戰中。

不管日寇在蘆溝橋這一挑戰行動的結局，即將擴大成爲大規模的侵略戰爭，或者造成外交壓迫的條件，以期導入於將來的侵略戰爭，平津與華北被日寇武裝侵略的危險，是極端嚴重了。這一危險形勢告訴我們：過去日本帝國主義對華『新認識』，『新政策』的空談，不過是準備對於中國新進攻的烟幕。中國共產黨早已向全國同胞指明了這一點，現在烟幕揭開了。日本帝國主義武力侵佔平津與華北的危險，已經放在每一個中國人的面前。

全中國的同胞們！平津危急！華北危急，中華民族危急！只有全民族實行抗戰，才是我們的出路！我們要求立刻給進攻的日軍以堅決的反攻，並立刻準備應付新的大事變。全國上下應該立刻放棄任何與日寇和平苟安的希望與估計。

全中國同胞們！我們應該讚揚與擁護馮治安部的英勇抗戰！我們應該讚揚與擁護華北當局與國土共存亡的宣言！我們要求宋哲元將軍立刻動員全部廿九軍，開赴前線應戰！我們要求南京中央政府立刻切實援助廿九軍，並立即開放全國民衆愛國運動，發揚抗戰的民氣，立即動員全國海陸空軍，準備應戰，立即肅清潛藏在中國境內的漢奸賣國賊份子，及一切日寇偵探，鞏固後方。我們要求全國人民，用全力援助神聖的抗日自衛戰爭！

我們的口號是：

武裝保衛平津，保衛華北！

不讓日本帝國主義佔領中國寸土！

爲保衛國土流最後一滴血！

全中國同胞，政府，與軍隊，團結起來，築成民族統一戰線的堅固長城，抵抗日寇的侵掠！

國共兩黨親密合作抵抗日寇的新進攻！

驅逐日寇出中國！

中國共產黨中央委員會

中国共产党为日军进攻卢沟桥通电　中国共产党中央委员会 1937年7月　复制品

通电标题为：我们对卢沟桥事件的主张，署名为“中国共产党中央委员会”，对象为“全国各报馆、各团体、各军队、中国国民党、国民政府、军事委员会，暨全国同胞们”。通电对卢沟桥事件进行了介绍和描述，号召全国同胞团结起来，筑成民族统一战线的坚固长城，抵抗日寇的侵略，驱逐日寇出中国。

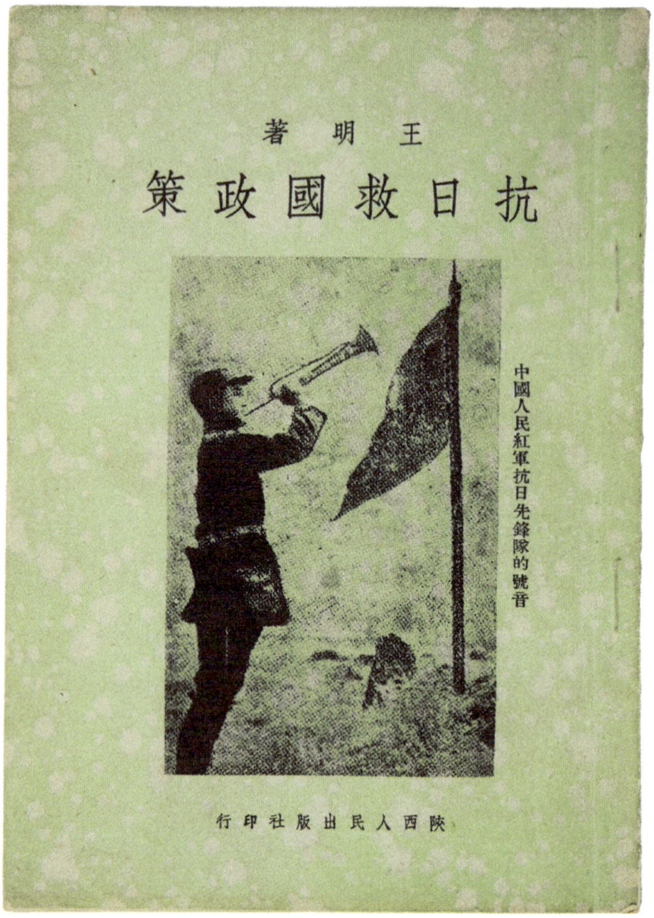


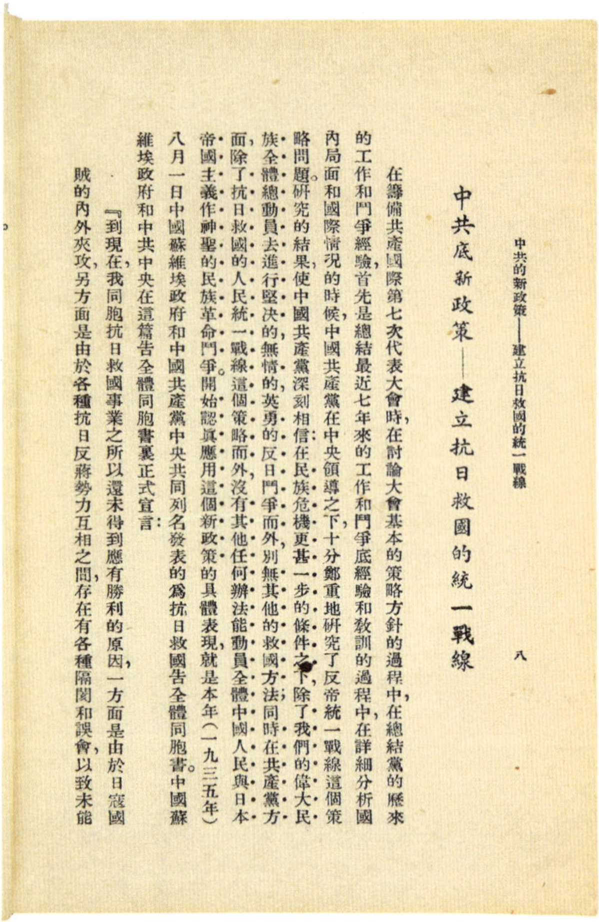
中共的新政策——建立抗日救國的統一戰線　八

中共底新政策——建立抗日救國的統一戰線

在籌備共產國際第七次代表大會時，在討論大會基本的策略方針的過程中，在總結黨的歷來的工作和鬥爭經驗，首先是總結最近七年來的工作和鬥爭底經驗和教訓的過程中，在詳細分析國內局面和國際情況的時候，中國共產黨在中央領導之下，十分鄭重地研究了反帝統一戰線這個策略問題。研究的結果，使中國共產黨深刻相信：在民族危機更甚一步的條件之下，除了我們的偉大民族全體總動員去進行堅決的，無情的，英勇的反日鬥爭而外，別無其他的救國方法；同時在共產黨方面，除了抗日救國的人民統一戰線這個策略而外，沒有其他任何辦法能動員全體中國人民與日本帝國主義作神聖的民族革命鬥爭。開始認眞應用這個新政策的具體表現，就是本年（一九三五年）八月一日中國蘇維埃政府和中國共產黨中央共同列名發表的爲抗日救國告全體同胞書。中國蘇維埃政府和中共中央在這篇告全體同胞書裏正式宣言：

『到現在，我同胞抗日救國事業之所以還未得到應有勝利的原因，一方面是由於日寇國賊的內外夾攻，另方面是由於各種抗日反蔣勢力互相之間，存在有各種隔閡和誤會，以致未能

抗日救国政策　王明著　陕西人民出版社　1937年10月

内有文章7篇：《新形势新政策》、《中共底新政策——建立抗日救国的统一战线》、《中共新政策产生的根据》、《驳覆反日统一战线的反对者》、《论苏维埃政府与国防政府之间，红军与抗日联军之间的相互关系》、《必须在工作各方面都起转变》、《中国共产党底新政策能战胜日本帝国主义底"新"政策》。

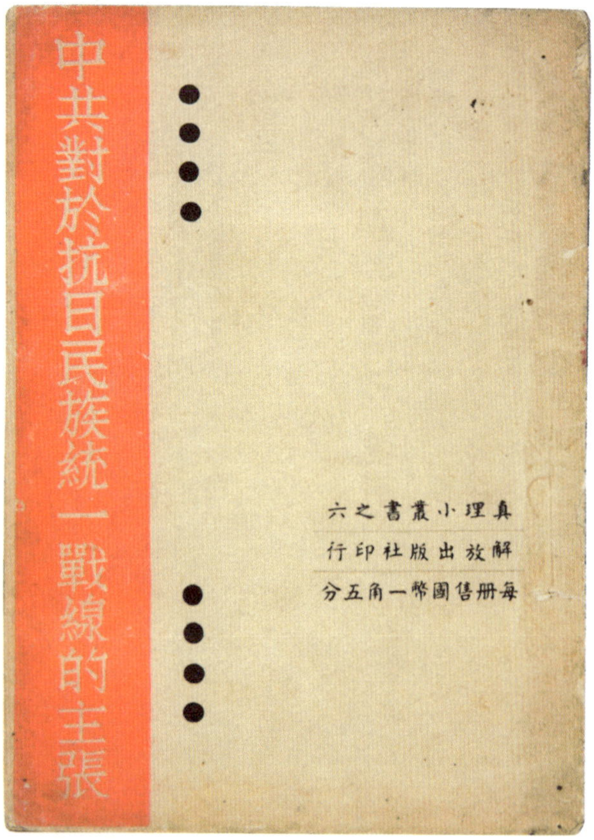


中共对于抗日民族统一战线的主张　延安解放社　1938年1月

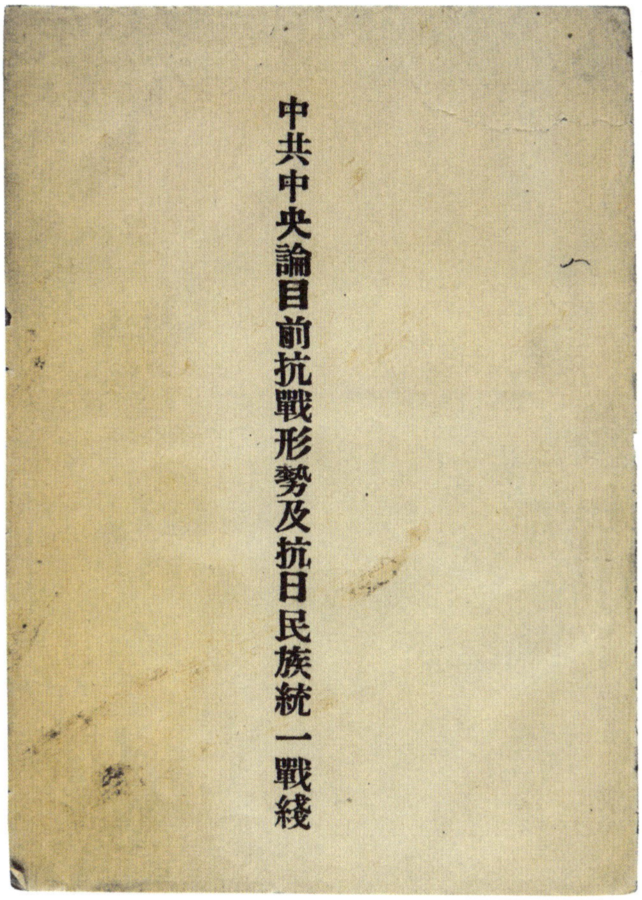


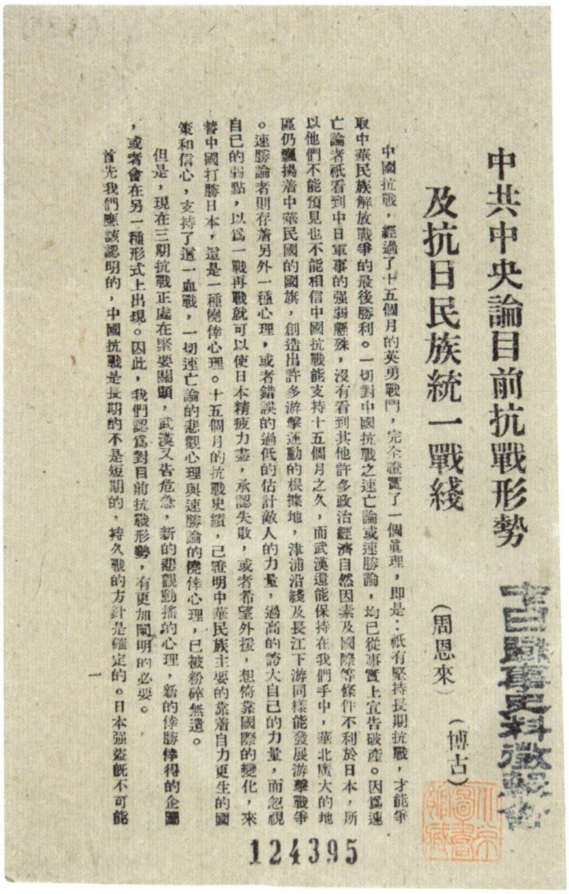

中共中央論目前抗戰形勢及抗日民族統一戰綫

（周恩來）（博古）

中國抗戰，經過了十五個月的英勇戰鬥，完全證實了一個眞理，即是：祇有堅持長期抗戰，才能爭取中華民族解放戰爭的最後勝利。一切對中國抗戰之速亡論或速勝論，均已從事實上宣告破產。因爲速亡論者祇看到中日軍事的強弱懸殊，沒有看到其他許多政治經濟自然因素及國際等條件不利於日本，所以他們不能預見也不能相信中國抗戰能支持十五個月之久，而武漢還能保持在我們手中，華北廣大的地區仍飄揚着中華民國的國旗，創造出許多游擊運動的根據地，津浦沿綫及長江下游同樣能發展游擊戰爭。速勝論者則存着另外一種心理，或者錯誤的過低的估計敵人的力量，過高的誇大自己的力量，而忽視自己的弱點，以爲一戰再戰就可以使日本精疲力盡，承認失敗，或者希望外援，想倚靠國際的變化，來替中國打勝日本，這是一種僥倖心理。十五個月的抗戰史績，已證明中華民族主要的靠着自力更生的國策和信心，支持了這一血戰，一切速亡論的悲觀心理與速勝論的僥倖心理，已被粉碎無遺。

但是，現在三期抗戰正處在緊要關頭，武漢又告危急，新的悲觀動搖的心理，新的倖勝僥得的企圖，或者會在另一種形式上出現。因此，我們認爲對目前抗戰形勢，有更加闡明的必要。

首先我們應該認明的，中國抗戰是長期的不是短期的，持久戰的方針是確定的。日本強盜既不可能

一

124395

中共中央论目前抗战形势及抗日民族统一战线　周恩来、博古执笔　1938年

书中收录了周恩来、博古执笔的《中共中央论目前抗战形势及抗日民族统一战线》和博古执笔的《抗日民族统一战线发展困难及前途》两篇文章，指出“只有坚持长期抗战，才能争取中华民族解放战争的最后胜利”。

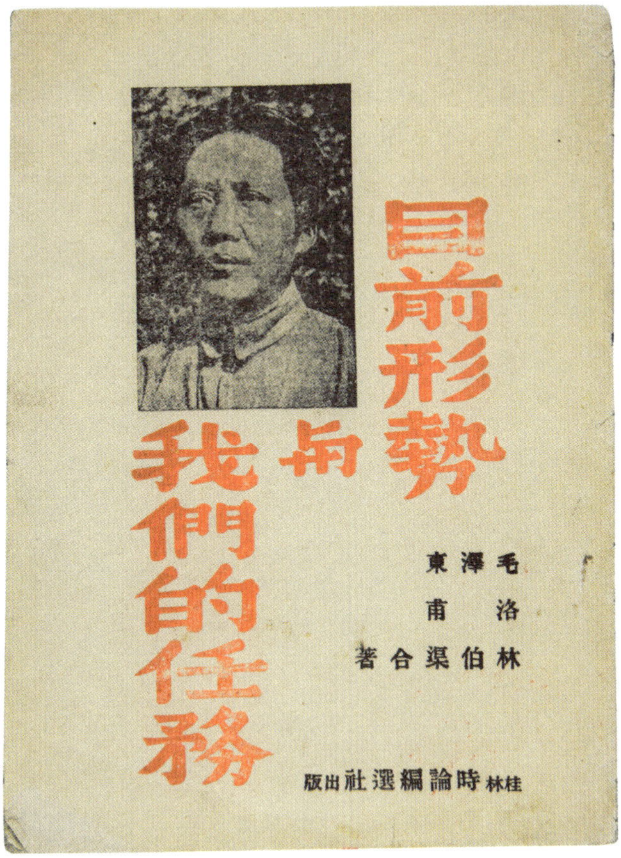


目前形势与我们的任务　毛泽东等著　桂林 时论编选社　1940年1月

该书属于《时论丛书》之一，主要分析了1940年前后的局势，明确了在当前形势下中共中央的任务，表明在民族自卫战最前线的岗位上，共产党的阶级立场与民族立场是一致的，需要不断巩固革命组织，开展反奸细斗争，同时号召群众准备反攻力量。

抗战歌声　上海救亡出版社编辑出版　1937年9月初版

书中收入多首抗战歌曲，其中包括田汉作词、聂耳谱曲的“义勇军进行曲”，歌曲表现了“九一八”事变后中国人民抗日救国的坚强意志。该曲曾是中华人民共和国代国歌，于1978年2月经中华人民共和国第五届全国人民代表大会第一次会议决议，正式成为中华人民共和国国歌。

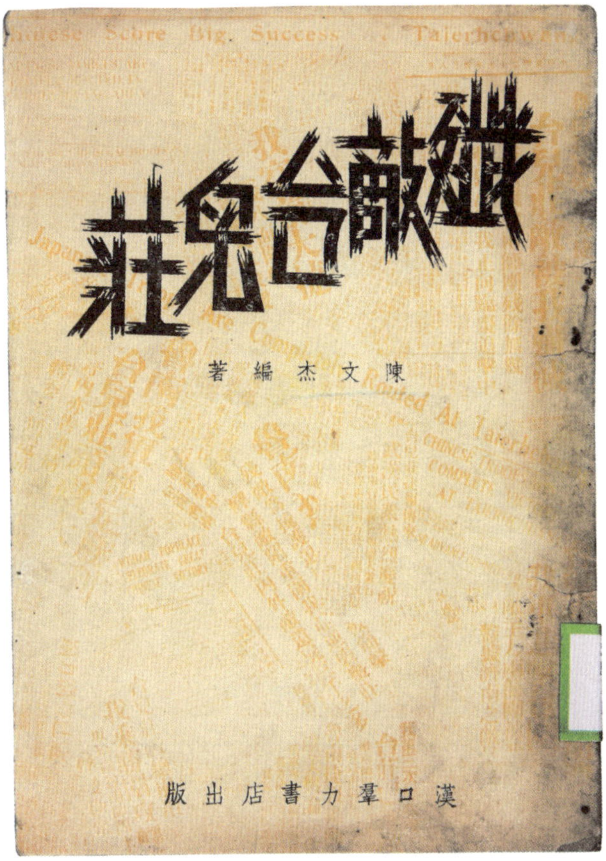


歼敌台儿庄　陈文杰编著　汉口 群力书店出版　1938年4月初版

1938年的台儿庄大捷是抗战爆发后中国军队在正面战场取得的首次重大胜利。中国军队参战部队40万人，伤亡、失踪近3万人，歼灭日军11984人，沉重打击了日本侵略者的嚣张气焰。本书详细记录了台儿庄大捷的战局背景、战役过程及战役收获。

忻口会战　陆军大学校印　1943年

忻口战役是抗日战争初期中国军队在晋北抗击日本侵略军的一次大规模的战役。战役从1937年10月13日至11月2日，历时二十一天。参加作战的部队有阎锡山的晋绥军、国民党的中央军和中国共产党领导的八路军。该战役创歼敌逾万的纪录，是国共两党团结合作、在军事上相互配合的一次成功范例。

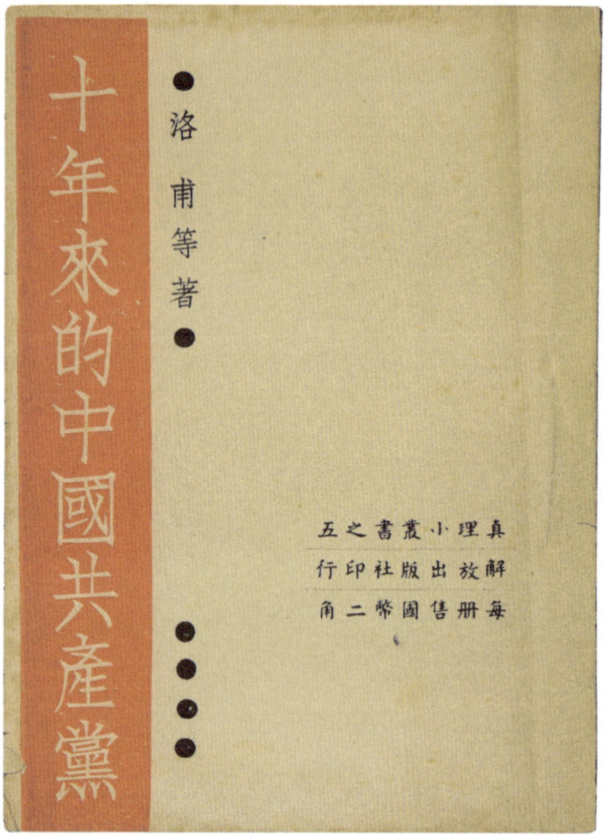


十年来的中国共产党　洛甫（张闻天）等著　解放社　1938年1月

书中收入张闻天《十年来的中国共产党》和季米特洛夫《中国共产党十五周年纪念》等5篇文章。其中《十年来的中国共产党》一文是张闻天于1937年6月20日所撰，内容叙述十年来中国共产党在革命征途上的经验教训及抵挡来自各种反动势力围攻的顽强战斗意志。

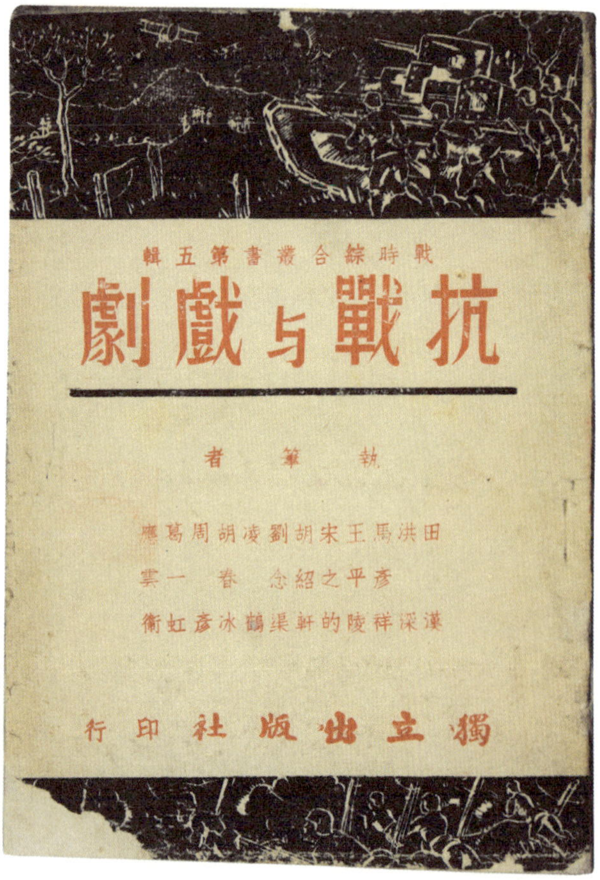


抗战与戏剧　田汉、马彦祥等执笔　上海　独立出版社　1939年

书前有编者1939年8月31日作的弁言，指出战争的炮声已经使许多剧作家从“象牙之塔”的沉思创作中走出来，去贴近现实、描写生活。内容包括：总论、战时戏剧的特殊任务、抗战剧运的实践、抗战剧本的写作、话剧的新形式、旧剧的运用、儿童剧论及结语等共8章。

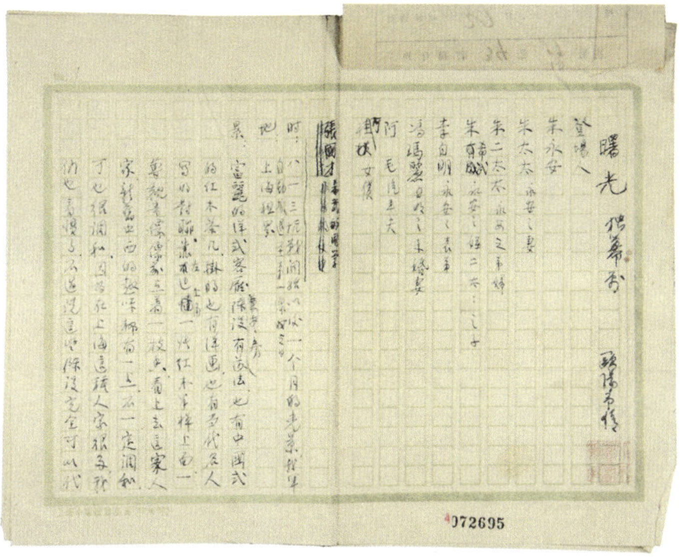


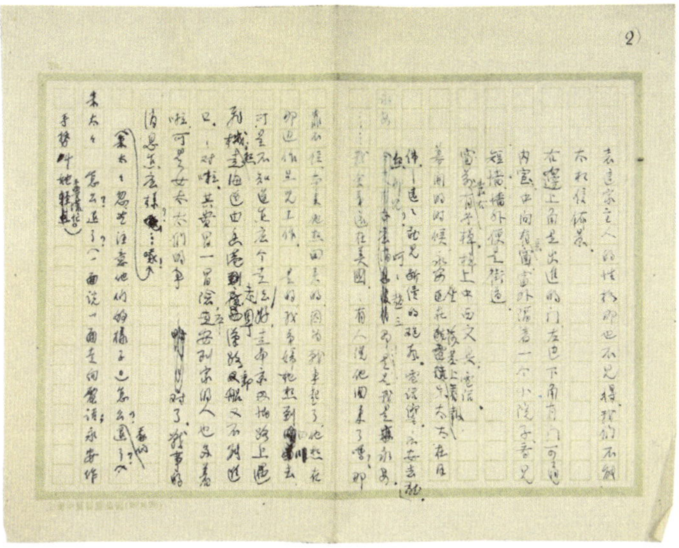

曙光　欧阳予倩著　1937年　钢笔手书原稿　商务印书馆捐赠

欧阳予倩（1889－1962），现代著名戏剧家，中国话剧运动创始人之一。1907年参加话剧团体春柳社并参演中国第一部完整话剧《黑奴吁天录》。1932年加入左翼剧联，写了《同住的三家人》、《不能忘》等优秀剧本。1937年抗战爆发后，为配合救亡运动，组织中华剧团，写了话剧《青纱帐里》、《团长之死》、《曙光》等。《曙光》这部独幕剧描写了在“八一三”抗战之后，上海租界里的小知识分子对战争形势彷徨不安的心绪，最后进步青年终于奔向抗日前线，决心为抗日救国捐躯的故事。

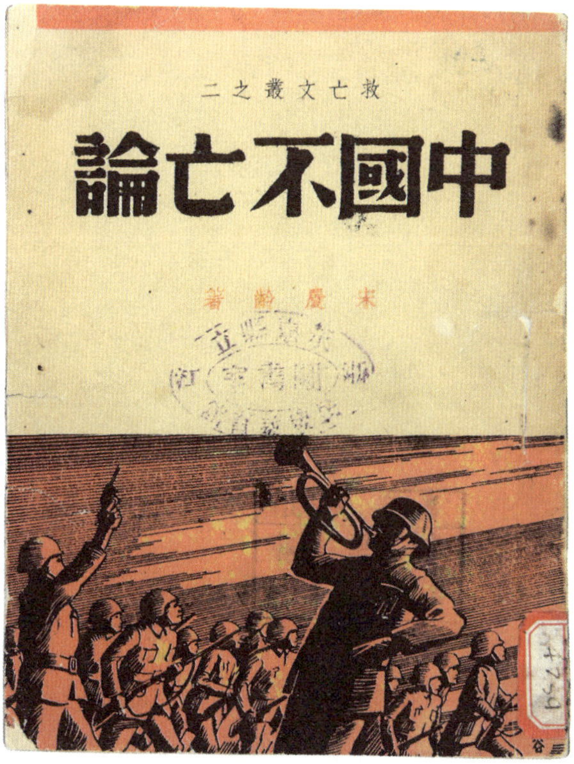


中国不亡论　宋庆龄著　上海 生活书店　1938年1月

邹韬奋主持的生活书店将宋庆龄在“八一三”淞沪抗战期间发表的大量号召民众抗日、抨击恐日言行、呼吁国际支援、批评英美“中立”主义和“不干涉”政策等演说和文章汇编出版，书名为《中国不亡论》。此书遭到国民党政府查禁。

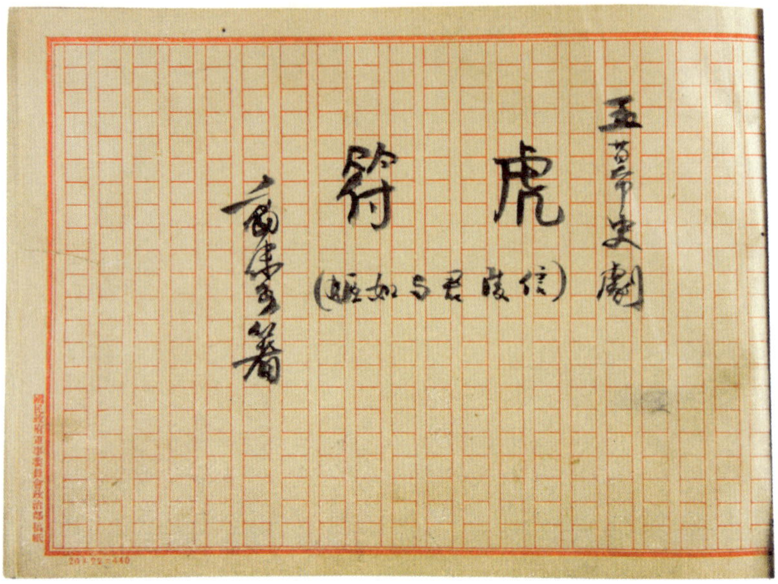


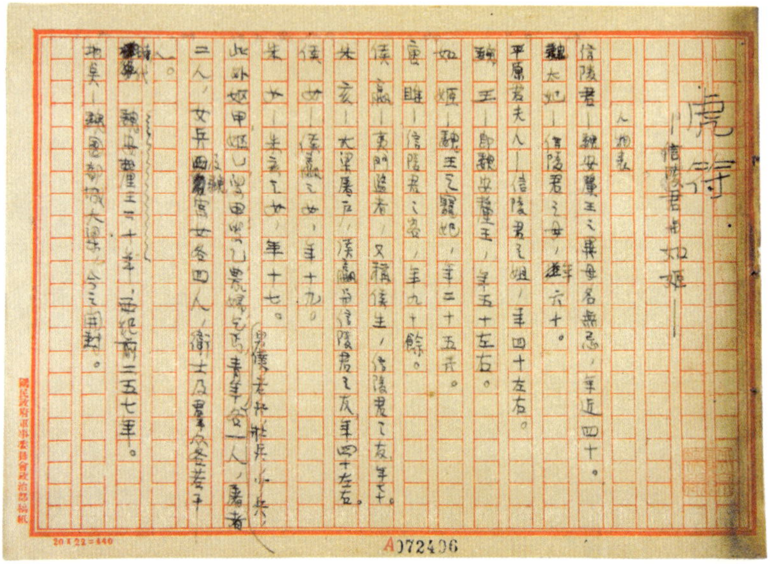

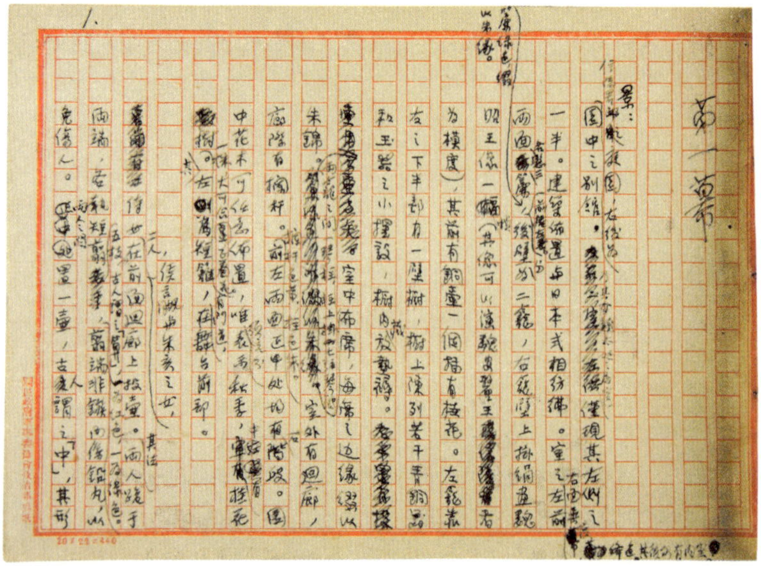

虎符　郭沫若著　钢笔手书毛笔修订稿

1942年2月11日创作完成，1册，钢笔手书毛笔修订稿。剧本描写了战国时代信陵君和魏妃如姬窃符救赵、抗击秦军的故事，表现了团结御敌，联合抗暴的主题。该手稿为郭沫若捐赠给国家图书馆。

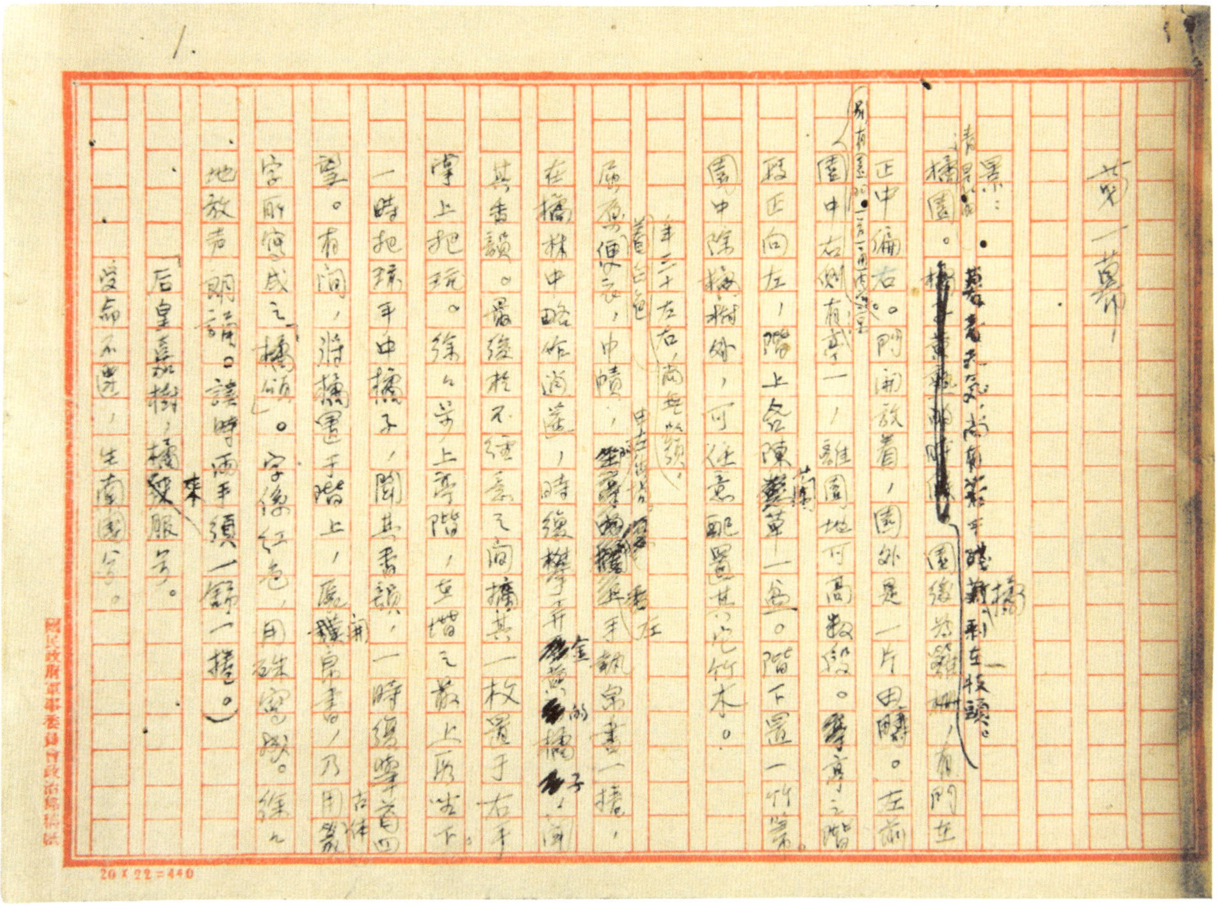

屈原　郭沫若手稿　共127页　作者本人捐赠

郭沫若不满国民党消极抗日、积极反共的策略，意欲借古讽今，表达内心的愤怒，以屈原的悲剧，抒写光明与黑暗、正义与邪恶、卖国与爱国之间尖锐激烈的斗争。

## 党的持久抗战理论

1938年，毛泽东集中全党的智慧，写了《论持久战》和《抗日游击战争的战略问题》两篇指导全国抗战的军事理论纲领，总结抗战以来的经验，批评了关于抗战的错误思想，进一步阐明了中国共产党关于抗战的战略方针和争取抗战胜利的正确道路，是运用马克思主义的理论从具体情况出发解决战争问题的典范。

毛泽东在延安撰写《论持久战》。

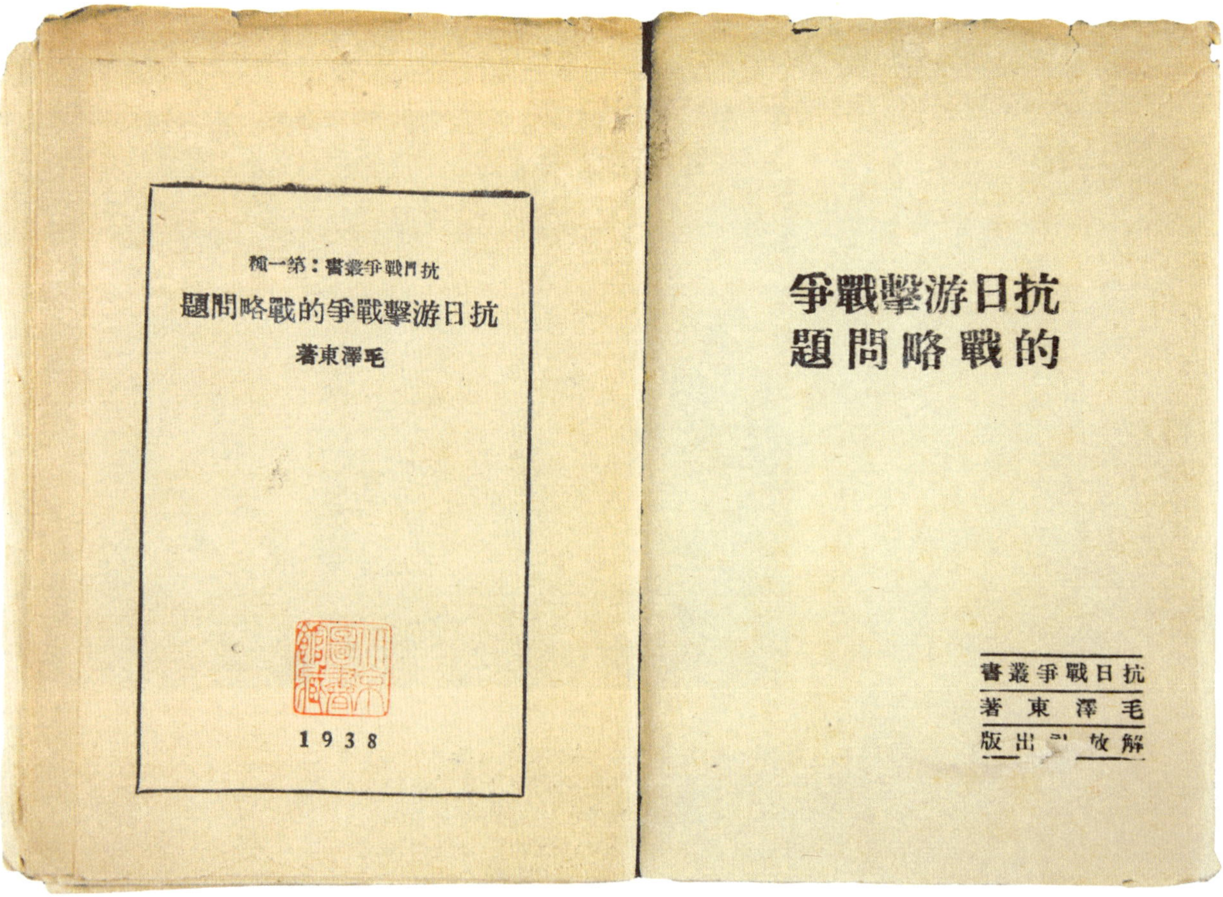


抗日游击战争的战略问题　毛泽东著　汉口新华时报馆　1938年6月

毛泽东撰写的重要军事论文。首次发表于1938年5月30日延安出版的《解放》周刊第40期。文章对统一我党我军对抗日游击战略地位的认识、促进抗日游击战争的顺利开展起到了重要的理论指导作用。1952年该文以原题编入《毛泽东选集》第二卷。

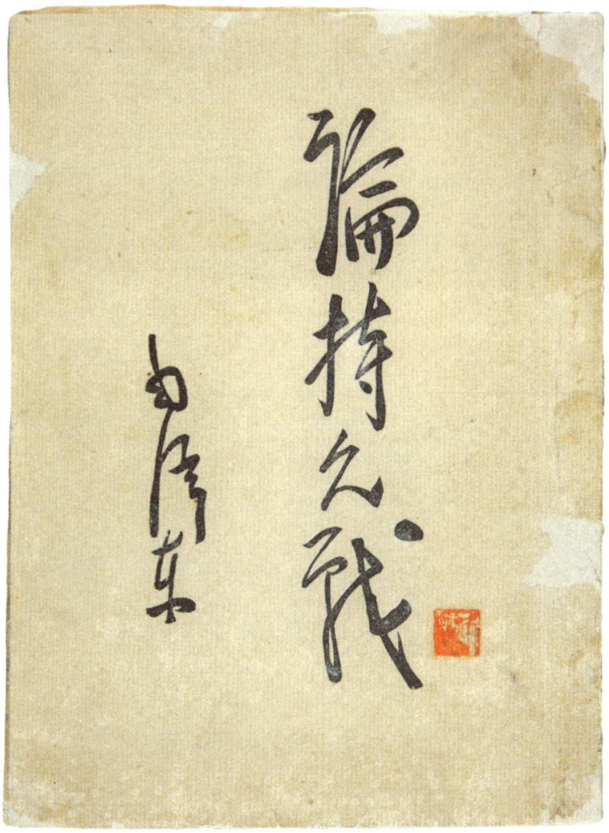


论持久战　毛泽东著　延安 解放社　1938年7月

《论持久战》原文为毛泽东在延安抗日战争研究会上的讲演稿，初步总结了全国抗战的经验，批驳了当时盛行的种种错误观点，系统阐明了党的抗日持久战方针。《论持久战》是中国共产党领导抗日战争的纲领性文献，是一部伟大的马列主义军事理论著作，是毛泽东军事思想的重要组成部分。

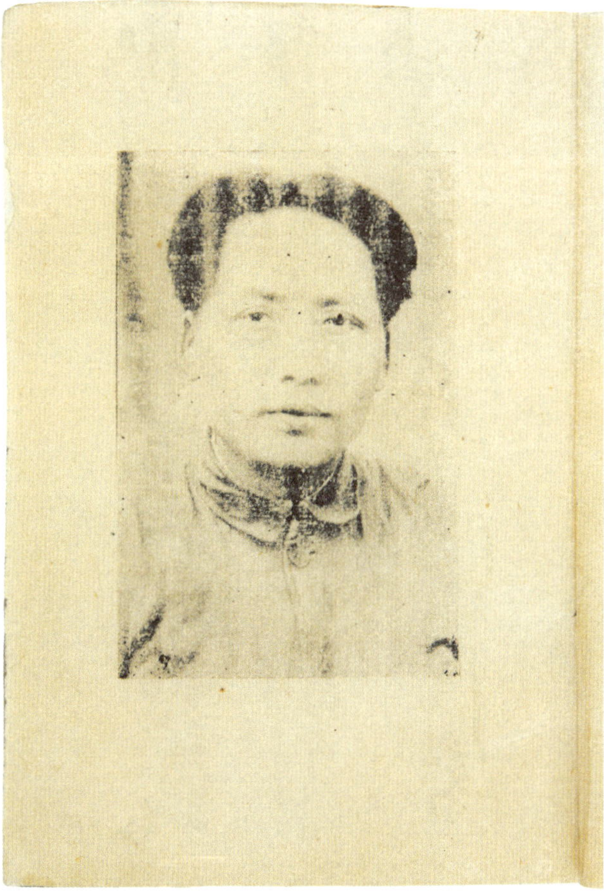

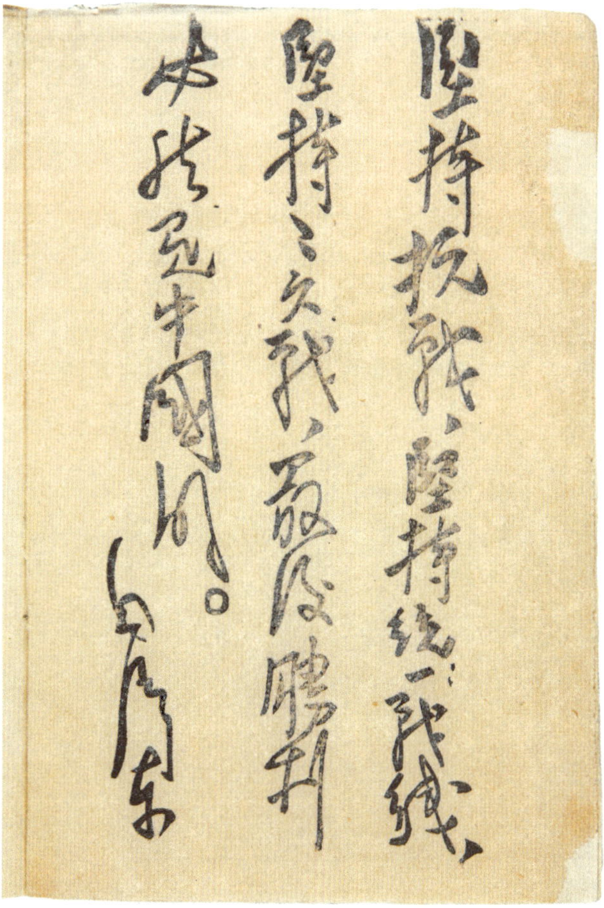

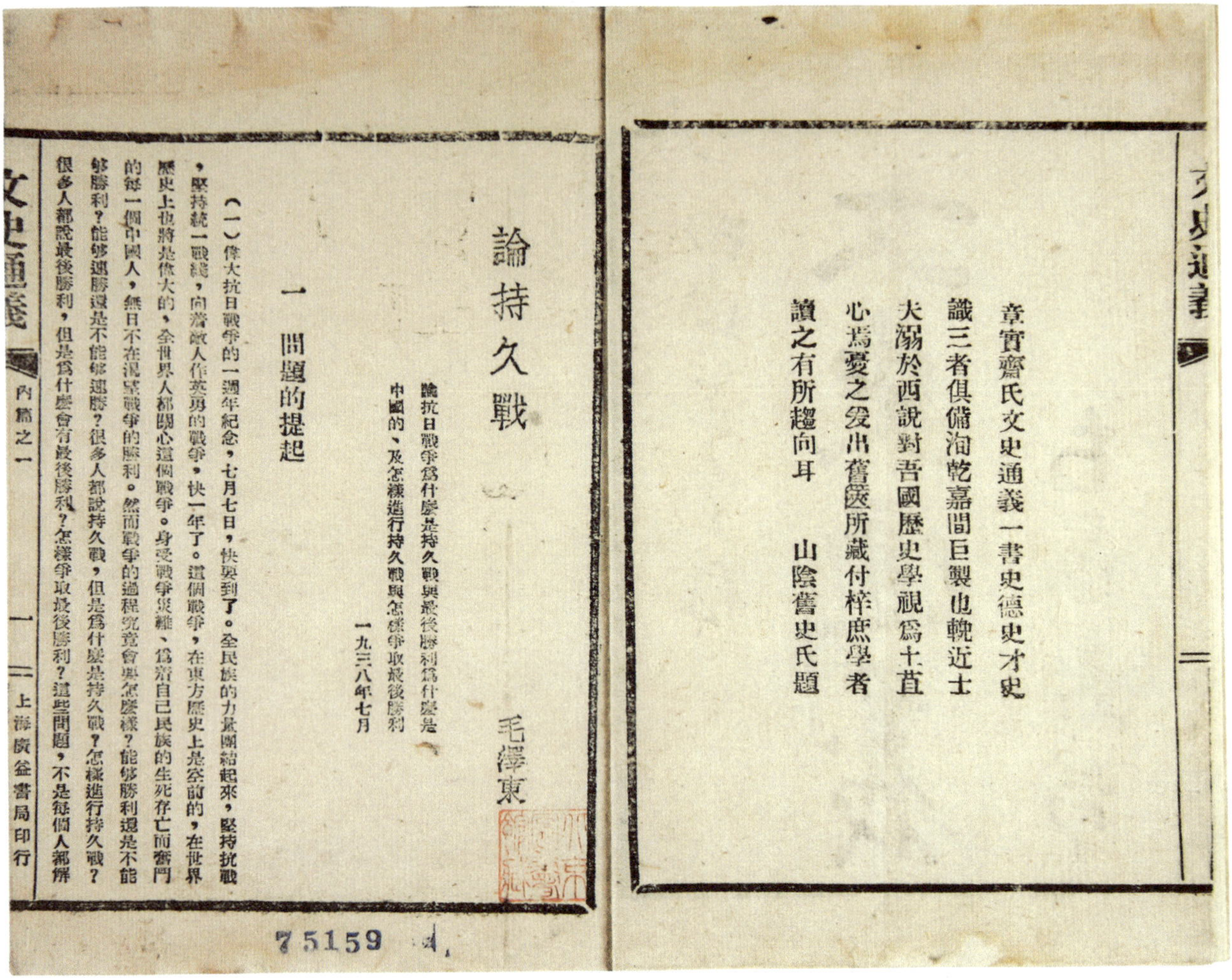
文史通義

章實齋氏文史通義一書史德史才史識三者俱備洵乾嘉間巨製也晚近士大夫溺於西說對吾國歷史學視爲土苴心焉憂之爰出舊篋所藏付梓庶學者讀之有所趨向耳　山陰舊史氏題

論持久戰

毛澤東

論抗日戰爭爲什麼是持久戰與最後勝利爲什麼是中國的、及怎樣進行持久戰與怎樣爭取最後勝利

一九三八年七月

一 問題的提起

（一）偉大抗日戰爭的一週年紀念，七月七日，快要到了。全民族的力量團結起來，堅持抗戰，堅持統一戰綫，向著敵人作英勇的戰爭，快一年了。這個戰爭，在東方歷史上是空前的，在世界歷史上也將是偉大的，全世界人都關心這個戰爭。身受戰爭災難、爲着自己民族的生存而奮鬥的每一個中國人，無日不在渴望戰爭的勝利。然而戰爭的過程究竟會是怎麼樣？能夠勝利還是不能夠勝利？能夠速勝還是不能夠速勝？很多人都說持久戰，但是爲什麼是持久戰？怎樣進行持久戰？很多人都說最後勝利，但是爲什麼會有最後勝利？怎樣爭取最後勝利？這些問題，不是每個人都解

文史通義　內篇之一　一　上海廣益書局印行

75159

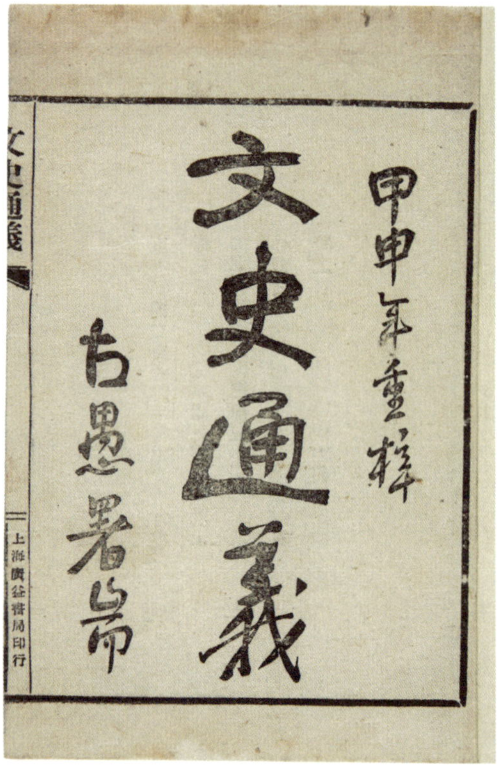
甲申年重梓

文史通義

古愚署耑

文史通義　上海廣益書局印行

论持久战　毛泽东著　封面伪装题名为“文史通义”。

毛泽东自传 [美]史诺（斯诺）笔录 汪衡译 上海文摘社 1937年11月1日初版

该书系当时上海的进步书社——文摘社出版的《文摘小丛书》之一。封面左上角有毛泽东侧面照片，扉页有毛泽东手书题词：“保卫平津、保卫华北、保卫全国，同日本帝国主义坚决打到底，这是今日对日作战的总方针。各方面的动员努力，这是达到此总方针的方法。一切动摇、游移和消极不努力都是要不得的。毛泽东 一九三七年七月十三日”。题词盖有毛泽东印章。书前有毛泽东本人在陕北农家小院的全身照片及他与夫人贺子珍的照片。封面题名由时任中共中央和八路军驻上海办事处主任潘汉年所题。

## 坚持敌后抗战的人民军队

八路军

1937年8月，党领导的中国工农红军一、二、四方面军改编为“国民革命军第八路军”，朱德、彭德怀为正、副总指挥。9月，改称国民革命军第十八集团军。八路军与中共地方组织配合，在敌后展开独立自主的游击战争，抗击日伪军，创建了晋绥、晋察冀、晋冀鲁豫和山东等敌后抗日根据地。

1937年9月至11月进行的太原会战，由国、共两党军队协同作战。115师的平型关伏击战打破了“日军不可战胜”的神话。图为从平型关战场胜利归来的八路军指战员。

1939年10月，日军向晋察冀地区进行大“扫荡”。八路军成功进行伏击围歼战，击毙日军阿部规秀中将。图为聂荣臻、杨成武慰问参战部队。

彭德怀在“百团大战”前线指挥作战。

冀中掃蕩空前殘酷

敵政治軍事新陰謀雙管齊下

我軍民合作廣泛開展游擊戰

【新華社晉察冀廿一日電】正在進行中的冀中掃蕩與反掃蕩戰，雙方鬥爭之尖銳與複雜，實展開華北戰史的新的一頁。敵人除使用強大兵力，並曾有長期準備，周密部署等特點外，其在戰役組織與戰術動作上也有了新的改革。在戰役開始的第一階段，戰爭重點在七、九分區，敵以優勢兵力，依據已築成之碉堡與公路網，普遍使用，在數小時或一兩小時之內，迅速組成或大或小之合擊圈，向我被敵公路網分裂成爲各個小塊之根據地，反覆進行合擊，企圖消滅或驅逐我主力部隊向東撤退，達到緊縮與封鎖軍區西境的目的，自十日起，敵乃以爲第一階段作戰目的已經達成，乃開始以優勢兵力，向我深縣、武強、獻縣、安平各地區合圍，先後組織四個合擊圈，各路均配合空軍與機械化快速部隊，捕捉我軍主力。至十五日，敵第一次向我中心區之合擊捕捉，已告失敗。但據估計，第二第三次大舉合圍與捕捉，將會繼續到來。其捕捉之中心，將會不斷轉移。由於平原區敵我犬牙交錯的形勢，敵人每一次大規模合擊與捕捉，不會甚也不能是一個「鐵壁合圍」，而是在同時期內一二個縣的幾個小合圍，或在同一地區延續四五天或六七之天數個合圍。這種同時實行與連續不斷的許多合圍，就構成整個掃蕩中綿長之高潮期，也由於這樣原因，將使敵掃蕩之高潮期與第三階段之清剿時期難有明顯的界限。各個地區在大規模合擊之後，清剿將會接踵而來，這就構成大規模合圍與分散清剿的互相滲透與此起彼落之特殊形態，這種錯綜復雜的戰爭形式，就是敵寇企圖摧毀我冀中區軍事上的全套新辦法。此外在政治上敵也有一套非常完備的所謂「重新建設」的陰謀花樣。敵人認爲冀中區人民的抗戰情緒，已達極高點，因之提出了「獲得人心」之「土地政策」、「金融政策」、「文化政策」等等。而其中尤以「土地政策」於爲無恥與毒辣，敵人知道在廣大農村中土地是農民的基本問題，和農民生死攸關。因此提出爲了「復歸在逃人民的土地，交還歸鄉農民的土地」的欺騙口號，陰謀分化我抗日營壘，而其實際無非想要我各階層人民的土地，準備大批移民，這也正是它想把冀中殖民地化的一個重要內容。其他如所謂「民運工作」等等，都是本其一貫之挑撥離間威脅利誘的作法，不過更

敵圖逐步縮小我根據地

冀中各綫大戰展開

晉察冀民兵使用地雷殲敵

【新華社冀中十一日電】軍息：冀中各地大戰，均已普遍展開，敵此次掃蕩與過去大規模之掃蕩頗多不同。至今各個戰鬥，未作大規模與全區性之奔襲合圍，多在各地區圍團，進行分區掃蕩，與逐步吞併，縮小我根據地，並有空軍配合作戰。某分區之敵，現於龍村、市莊鎮（無極北）及定縣東之莊田、衛南等十餘村，構築據點，獻縣敵驅密封鎖子牙河東岸，企圖割斷我聯系，周圍構築據點，逐步向內緊縮，壓迫我軍全部集於子牙河以西滹沱河以東之狹隘地區，使我無迴旋餘地，一舉殲滅。現我正有力的打擊敵人，破敵陰謀中。

【新華社晉察冀十一日電】自「一天打死一個敵人」的號召發出後，在全區地方武裝及民兵中，現已引起了熱烈的反響。他們以英勇的行動，到處予敵寇以慘重的打擊，在冀西上月十一日，我完縣民兵某村民兵埋設地雷，伏擊進擾仙人峪寨之敵偽，炸死敵小隊長一名，敵兵一名，炸傷敵五名。十六、十八兩日，我臨城獨立營，配合某區基幹隊，打擊進擾之敵，除炸傷敵兵八名外，並奪回耕牛十餘頭，棉花一担，解救民衆數十人。日前敵掃蕩贊皇川，我內邱獨立營聞訊，僅派一個排的兵力，由二十里以外之某地飛跑前往襲擊敵人，連續衝鋒四次，終將敵人擊潰，並擊斃敵八名、偽敵十名，解救壯丁十餘名，奪回牲口五十餘頭。又活躍在白香縣之我某地方武裝，於上月二十八日在潞城內堵城地方奇襲敵人，迫使敵人逃入窯洞內，退走不得。當擊斃敵一名，俘偽軍六名，繳獲駁殼槍三枝。此外和（順）東合山的民兵，他們紛向全縣報告，上月廿六日鄉屬沙四起，細雨濛濛的時候，根據他們以往的經驗，估計敵必定出擾，遂於路口埋置八型地雷四枚，且冒風雨設伏山頭，未幾果有敵偽八十餘奔來，觸雷爆炸，轟然一聲，山谷震驚。敵偽十餘名當即斃命。民兵齊出截殺，敵即狼狽回竄，我奪獲軍用品一部。

《解放日报》对日军大扫荡的报道。

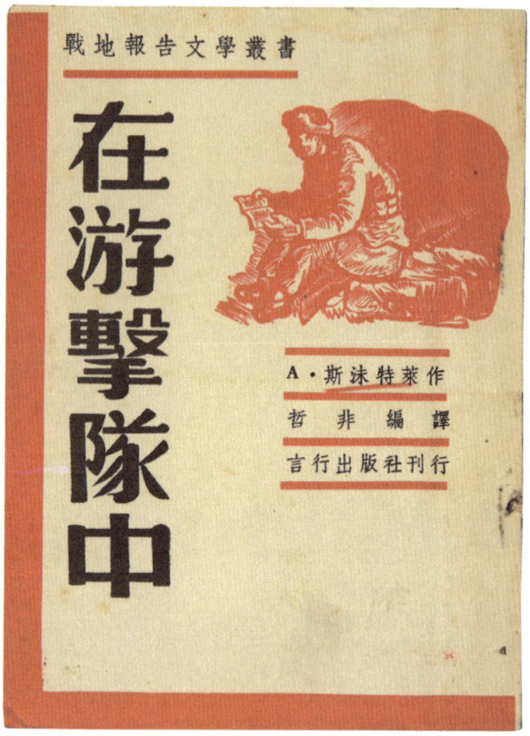


在游击队中　〔美〕斯沫特莱（史沫特莱）著　哲非（吴哲非）编译　上海 言行出版社　1939年4月

该书是《战地报告文学丛书》中的一部，表现了八路军、游击队艰苦抗敌的豪情斗志，同时也充分显示出中华民族的伟大力量及广泛动员民众起来奋战的必要性。该书封底有“1939.5.27. 购”及“国立北平图书馆”蓝印一枚，表明本馆在此书出版之后不久便通过有关途径及时购藏进馆。

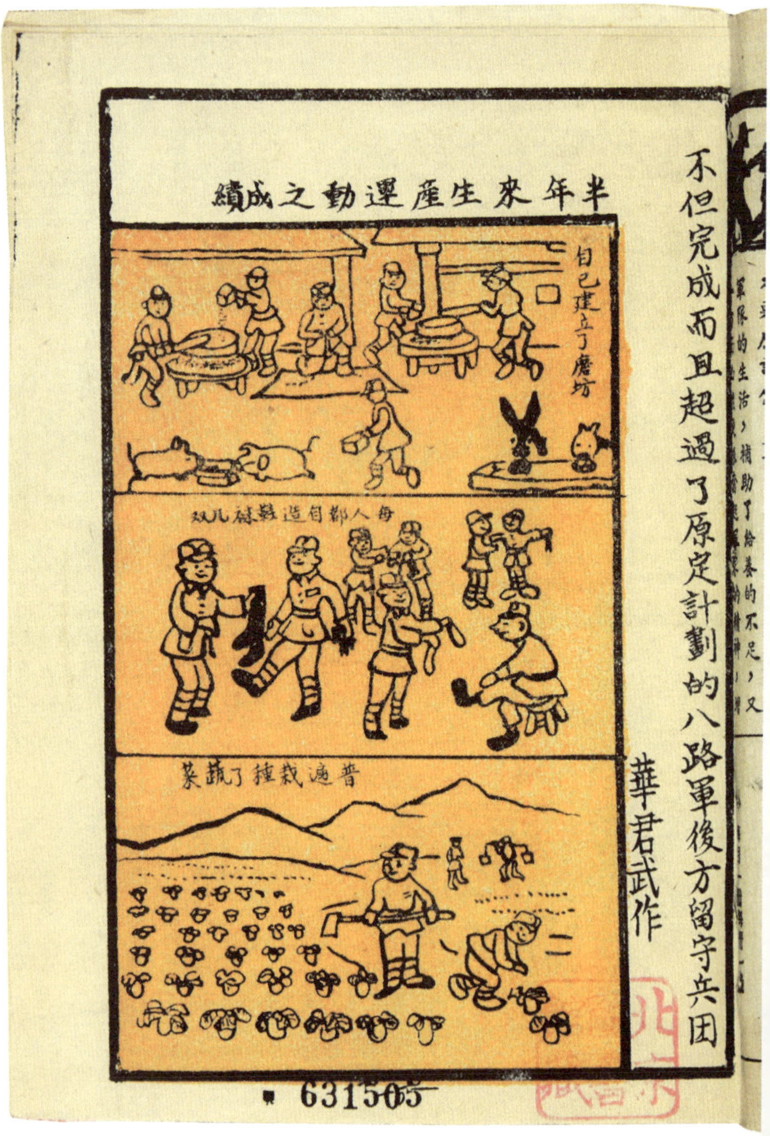


前线画报　前线画报社编辑　八路军政治部出版

对抗日革命根据地军民进行政治宣传的刊物。刊载前线将士的战绩以及他们与敌人英勇作战的故事，介绍敌后抗日根据地的创建经历，报道部队的生活情况，反映八路军的战斗生活。右图为刊载于1939年3月1日《前线画报》的华君武创作的漫画《半年来生产运动之成绩》。

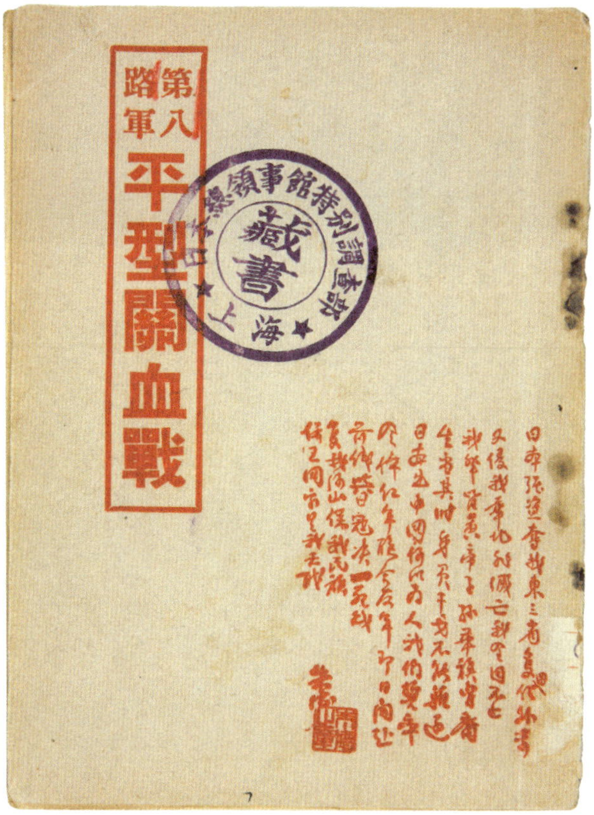


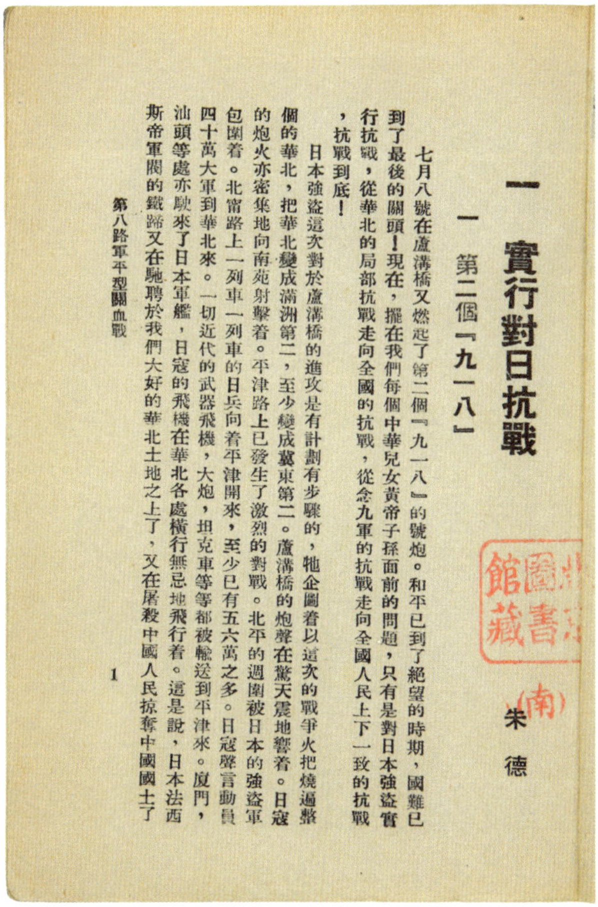
一　實行對日抗戰

一　第二個『九一八』

朱德

七月八號在盧溝橋又燃起了第二個『九一八』的號炮。和平已到了絕望的時期，國難已到了最後的關頭！現在，擺在我們每個中華兒女黃帝子孫面前的問題，只有是對日本強盜實行抗戰，從華北的局部抗戰走向全國的抗戰，從念九軍的抗戰走向全國人民上下一致的抗戰，抗戰到底！

日本強盜這次對於盧溝橋的進攻是有計劃有步驟的，牠企圖着以這次的戰爭火把燒遍整個的華北，把華北變成滿洲第二，至少變成冀東第二。盧溝橋的炮聲在驚天震地響着。日寇的炮火亦密集地向南苑射擊着。平津路上已發生了激烈的對戰。北平的週圍被日本的強盜軍包圍着。北甯路上一列車一列車的日兵向着平津開來，至少已有五六萬之多。日寇聲言動員四十萬大軍到華北來。一切近代的武器飛機，大炮，坦克車等等都被輸送到平津來。廈門，汕頭等處亦駛來了日本軍艦，日寇的飛機在華北各處橫行無忌地飛行着。這是說，日本法西斯帝軍閥的鐵蹄又在馳騁於我們大好的華北土地之上了，又在屠殺中國人民掠奪中國國土了

第八路軍平型關血戰　1

第八路军平型关血战　朱德等著　上海 抗战丛书出版社　1937年10月

1937年9月中旬，侵华日军占领大同后，分兵两路向雁门关、平型关一线进攻，企图进逼太原。八路军第115师在师长林彪、副师长聂荣臻指挥下，奉命开抵平型关地区集结待机。此役最终以八路军取得胜利告终，打破了日军不可战胜的神话。本书记录了此次战役的情况。

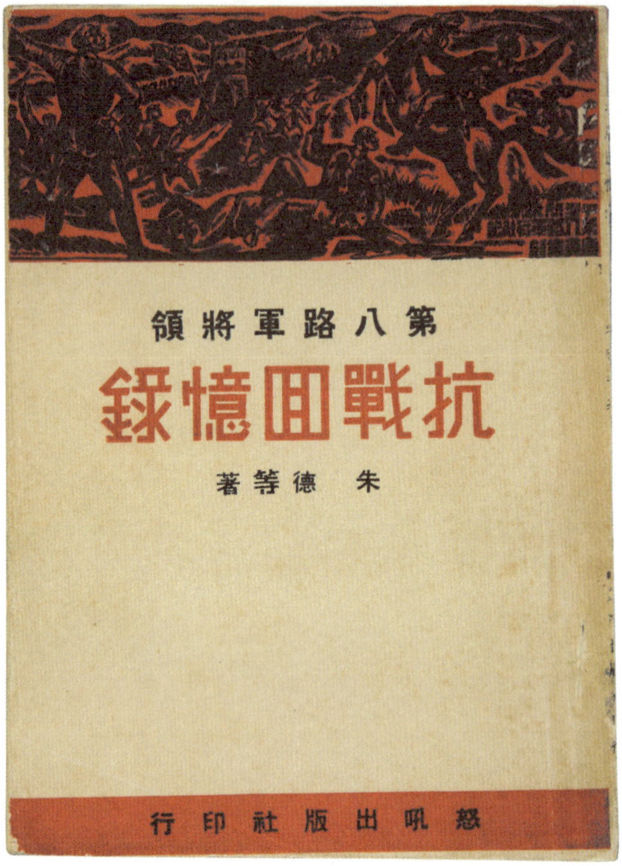


第八路军将领抗战回忆录　朱德等著　怒吼出版社　1938年3月

本书收录了数篇八路军将领抗战回忆文章，包括《八路军半年来抗战经验与教训》（朱德）、《抗日战争的经验》（林彪）、《山西抗战的回忆》（任弼时）、《我们怎样打退了正太路南进的敌人》（刘伯承）等。

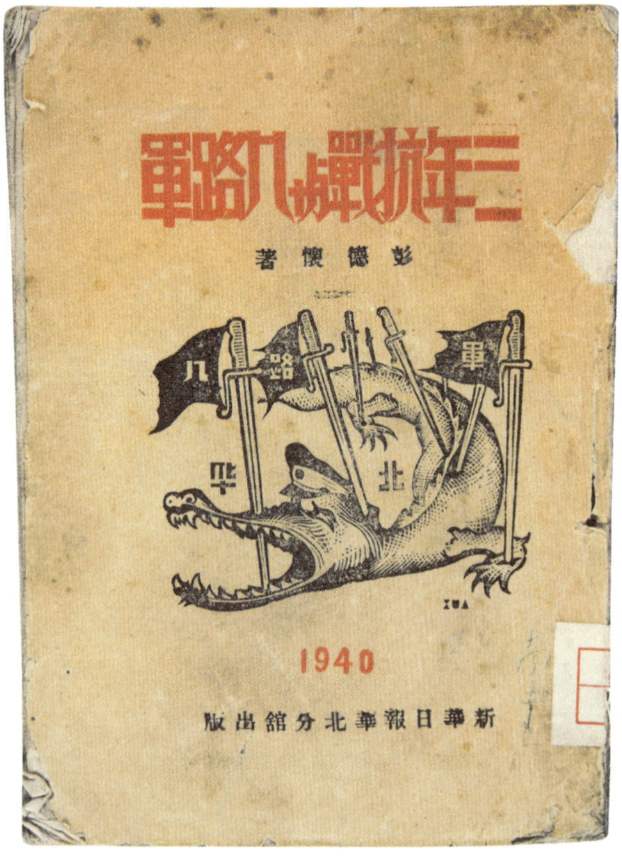


三年抗战与八路军　彭德怀著　新华日报华北分馆　1940年8月

本书是彭德怀为纪念“七七事变”三周年发表的报告。本书分三部分：抗战三年的国内环境、抗战三年中的八路军、国民革命军第十八集团军参加抗战三周年战斗统计。

八路军军政杂志

抗日战争时期八路军总政治部机关刊物。1939年1月15日创刊于延安。月刊。由毛泽东、王稼祥、萧劲光、郭化若、萧向荣组成编委会，萧向荣任主编。毛泽东在发刊词中指出，该刊是“为了提高八路军的抗战力量，同时也为了供给抗战友军与抗战人民关于八路军抗战经验的材料”。宗旨是坚持中国共产党的坚决抗战政策，为抗战服务，为争取抗战的最后胜利而斗争，周恩来、朱德、彭德怀、邓小平、刘伯承、叶剑英、陈毅等均是主要撰稿人。该刊辟有专栏、战地通讯、八路军、新四军战报、译丛等栏目。它对于提高八路军的军政素质，增强抗战力量，向全国人民宣传共产党的抗战方针，介绍八路军的英雄战绩起了重要作用。1942年3月停刊，共出版4卷39期。

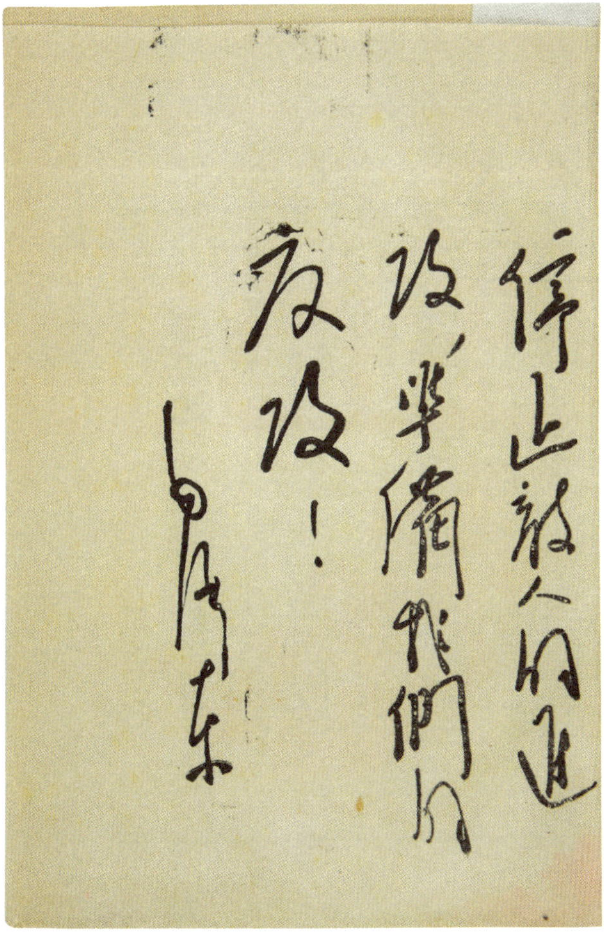


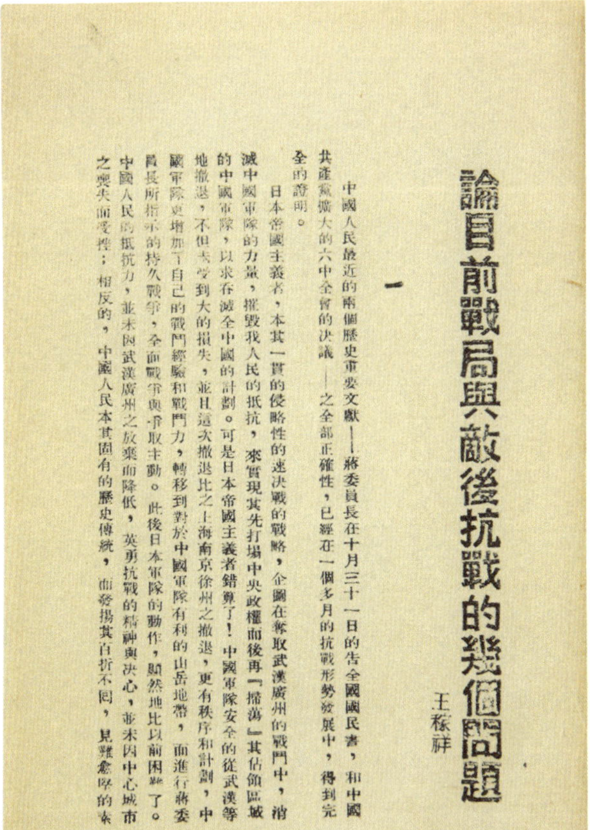

論目前戰局與敵後抗戰的幾個問題

王稼祥

一

中國人民最近的兩個歷史重要文獻——蔣委員長在十月三十一日的告全國國民書，和中國共產黨擴大的六中全會的決議——之全部正確性，已經在一個多月的抗戰形勢發展中，得到完全的證明。

日本帝國主義者，本其一貫的侵略性的速決戰的戰略，企圖在奪取武漢廣州的戰鬥中，消滅中國軍隊的力量，摧毀我人民的抵抗，來實現其先打塌中央政權而後再「掃蕩」其佔領區域的中國軍隊，以求吞滅全中國的計劃。可是日本帝國主義者錯算了！中國軍隊安全的從武漢等地撤退，不但未受到大的損失，並且這次撤退比之上海南京徐州之撤退，更有秩序和計劃，中國軍隊更增加了自己的戰鬥經驗和戰鬥力，轉移到對於中國軍隊有利的山岳地帶，而進行蔣委員長所指示的持久戰爭，全面戰爭與爭取主動。此後日本軍隊的動作，顯然地比以前困難了。中國人民的抵抗力，並未因武漢廣州之放棄而降低，英勇抗戰的精神與決心，並未因中心城市之喪失而受挫；相反的，中國人民本其固有的歷史傳統，而發揚其百折不回，見難愈堅的奮

7

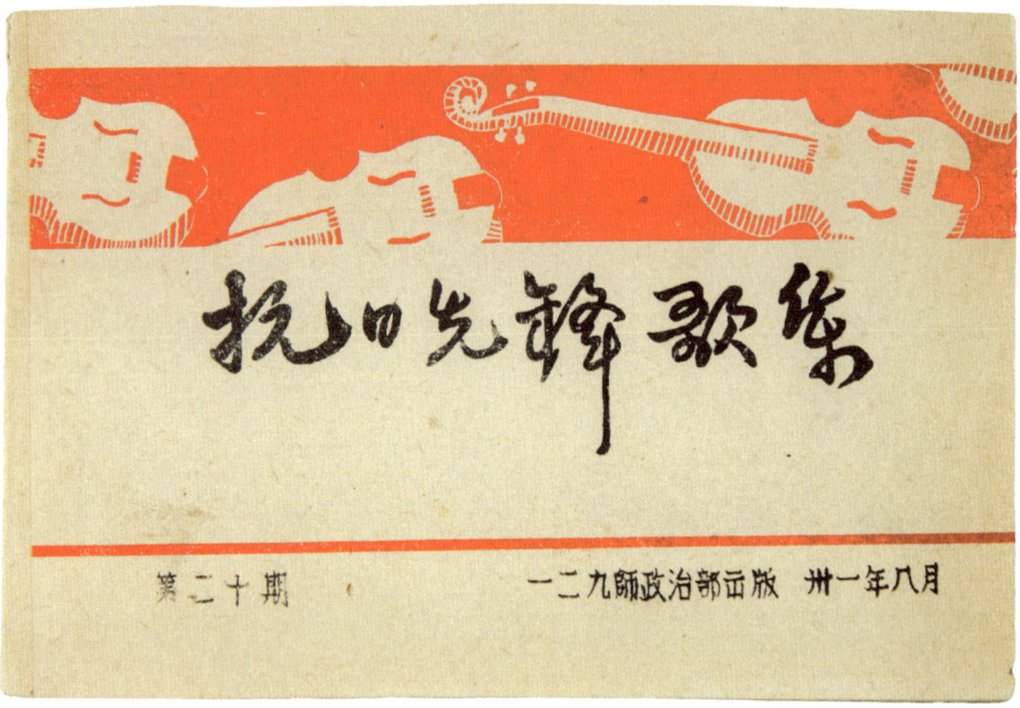


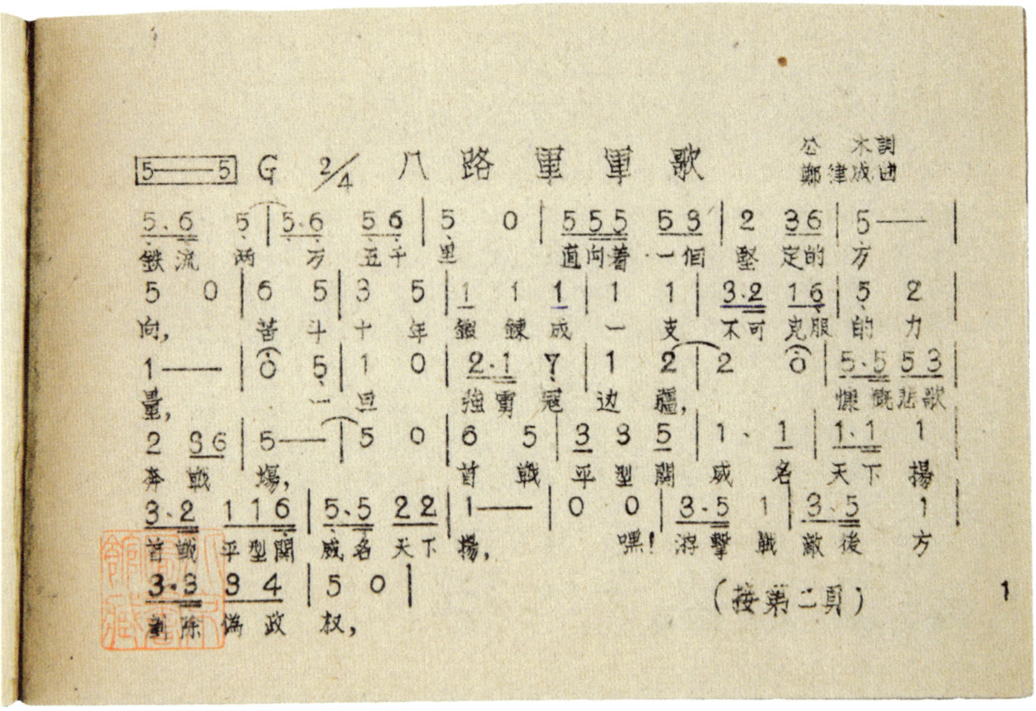


抗日先锋歌集　一二九师政治部　1942年8月　第二十期

内收《八路军军歌》、《青年共产党员进行曲》、《希特拉必失败》三首歌曲。歌集版式小巧，便于携带，使其中收录的歌曲广为传唱。

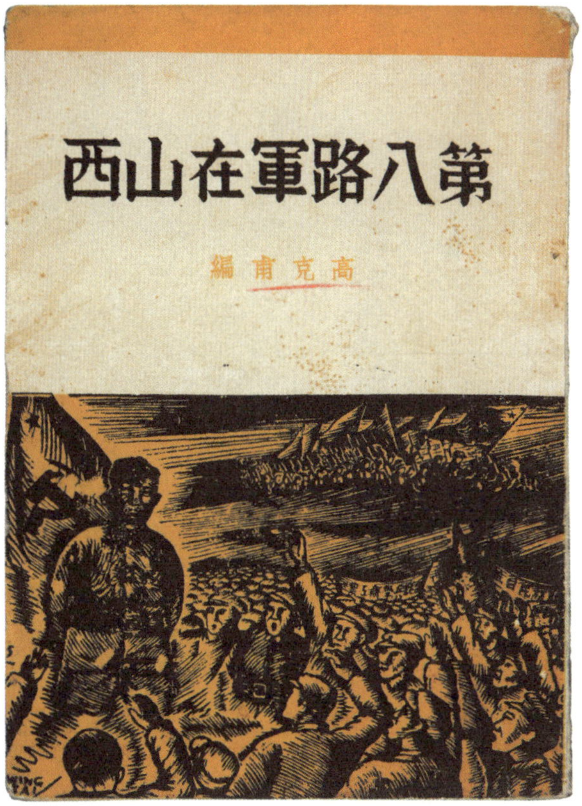


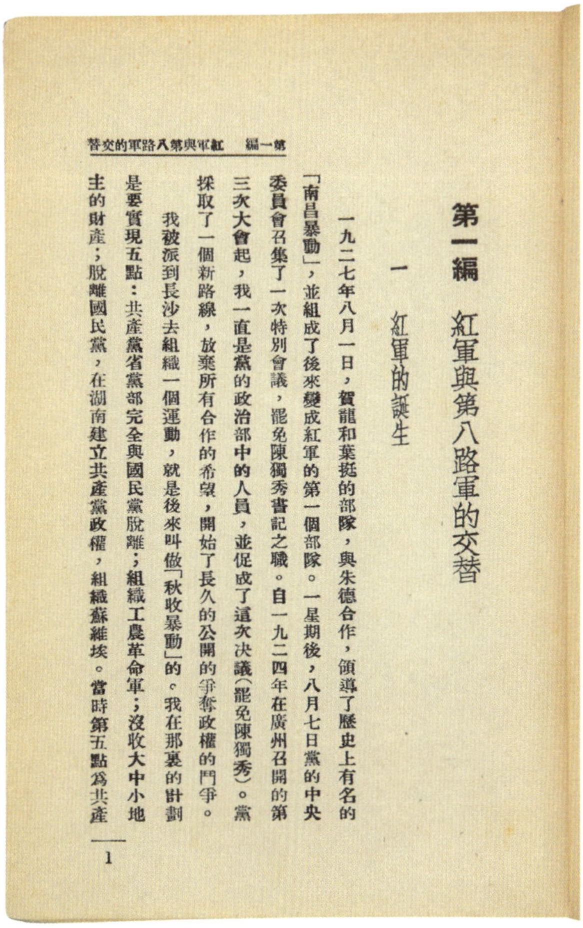
第一編　紅軍與第八路軍的交替

一　紅軍的誕生

一九二七年八月一日，賀龍和葉挺的部隊，與朱德合作，領導了歷史上有名的「南昌暴動」，並組成了後來變成紅軍的第一個部隊。一星期後，八月七日黨的中央委員會召集了一次特別會議，罷免陳獨秀書記之職。自一九二四年在廣州召開的第三次大會起，我一直是黨的政治部中的人員，並促成了這次決議（罷免陳獨秀）。黨採取了一個新路線，放棄所有合作的希望，開始了長久的公開的爭奪政權的鬥爭。

我被派到長沙去組織一個運動，就是後來叫做「秋收暴動」的。我在那裏的計劃是要實現五點：共產黨省黨部完全與國民黨脫離；組織工農革命軍；沒收大中小地主的財產；脫離國民黨，在湖南建立共產黨政權，組織蘇維埃。當時第五點爲共產

1

第八路军在山西　高克甫编　上海 南华出版社　1938年2月

全书共分六编：红军与第八路军的交替、东进途中歼敌的伟绩、游击战的展开、第八路军将领的风貌、战地工作团的行踪、战地动员与工作的实践。共收有关八路军在山西的对外战术和对内的政治技术的文章28篇。

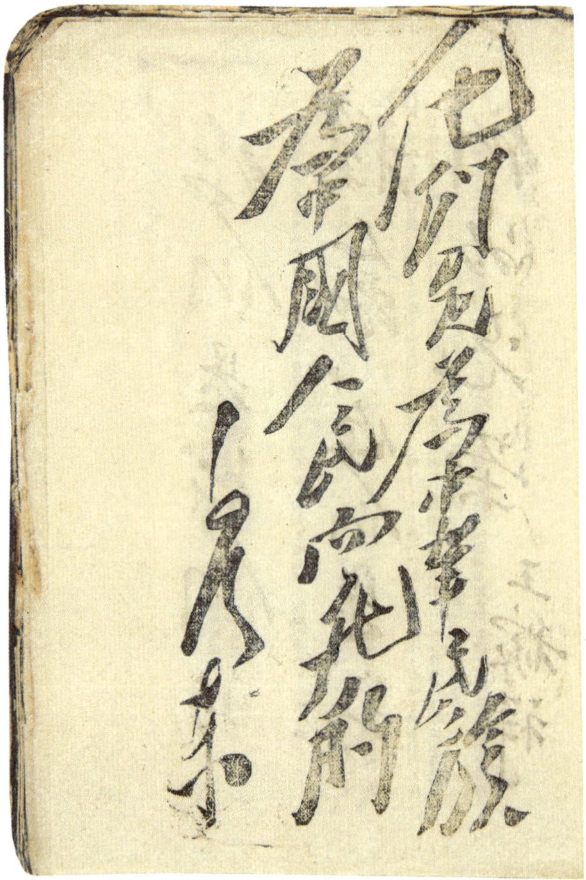

八路军抗战烈士纪念册　第十八集团军政治部宣传部编印　延安　1942年5月

本书收录邓小平、叶剑英、王震等所作悼念烈士的文章，八路军一一五师、一二〇师、一二九师及晋察冀军区为抗战牺牲的营级以上干部略历，连、排级干部题名。毛泽东、王稼祥为本书题词，朱德为本书作序。

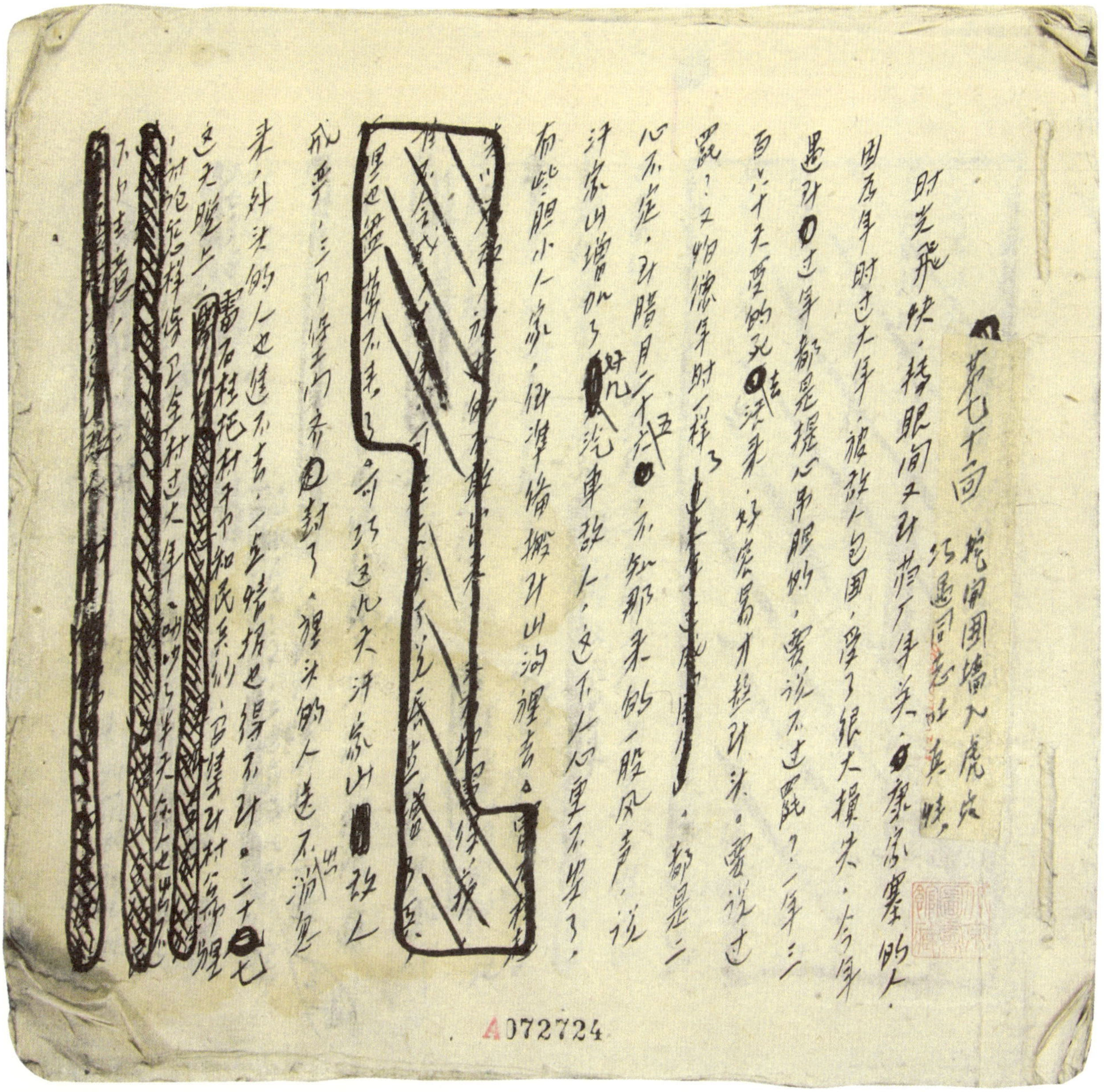

吕梁英雄传　马烽、西戎　毛笔手书　手稿　1945年

作品以晋绥吕梁山区为背景，描写农民在党的领导下不断觉醒，组织民兵与敌伪进行英勇而机智的斗争。作品采用传统的章回小说形式，故事性强，加上对英雄人物的传奇性的描写，深受广大群众喜爱，小说问世不久即获晋绥边区“七七七”文艺金奖。

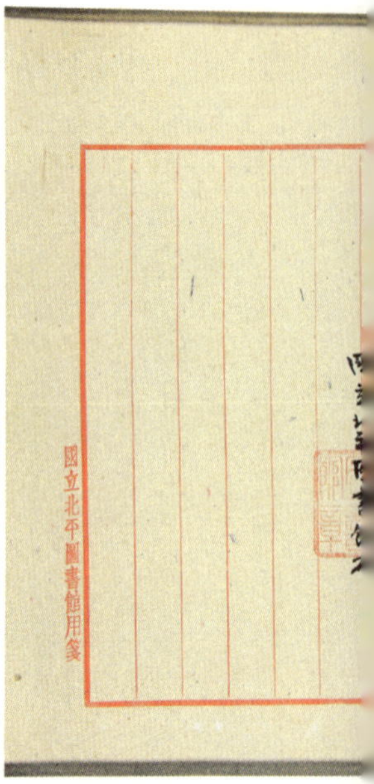


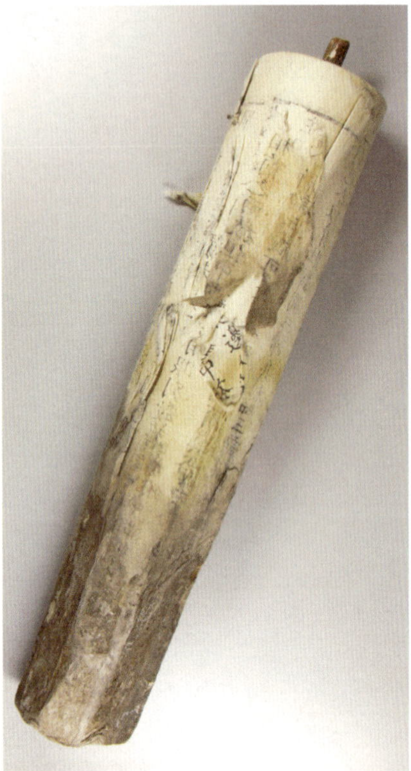

赵城金藏

《赵城金藏》是八路军在1942年五一大扫荡中保护下来的珍贵文献。1942年初春，日军意欲抢夺当时存放在山西洪洞县广胜寺的《赵城金藏》，中共党中央接报后立即指示太岳区全力保护《赵城金藏》。太岳区接到命令后紧急组织人员，秘密进入广胜寺，借助夜色的掩护，将5000卷藏经全部转移出寺庙。在接下来的5月反“扫荡”中，地委机关的同志背着经卷，在崇山峻岭中与敌人周旋，终使国宝未落入敌手。1949年北平解放后，《赵城金藏》运至北平，移交当时的北平图书馆（今国家图书馆）收藏。由于多年保存条件恶劣，多数经卷潮烂断缺，粘连成块，十之五六已经不能打开。政府专门调派四位富有经验的装裱老师傅帮助修复，历时近17年，终于在1965年修复完毕。

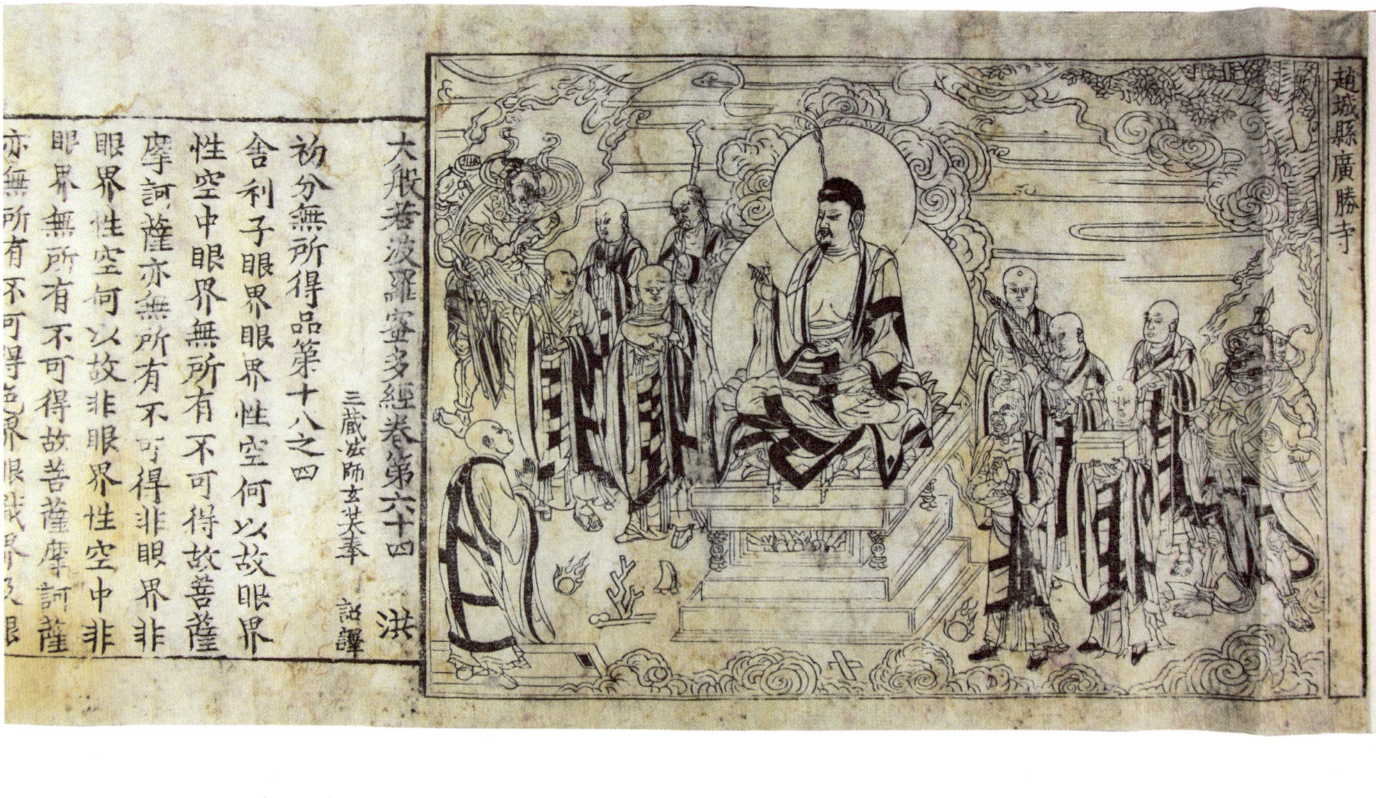

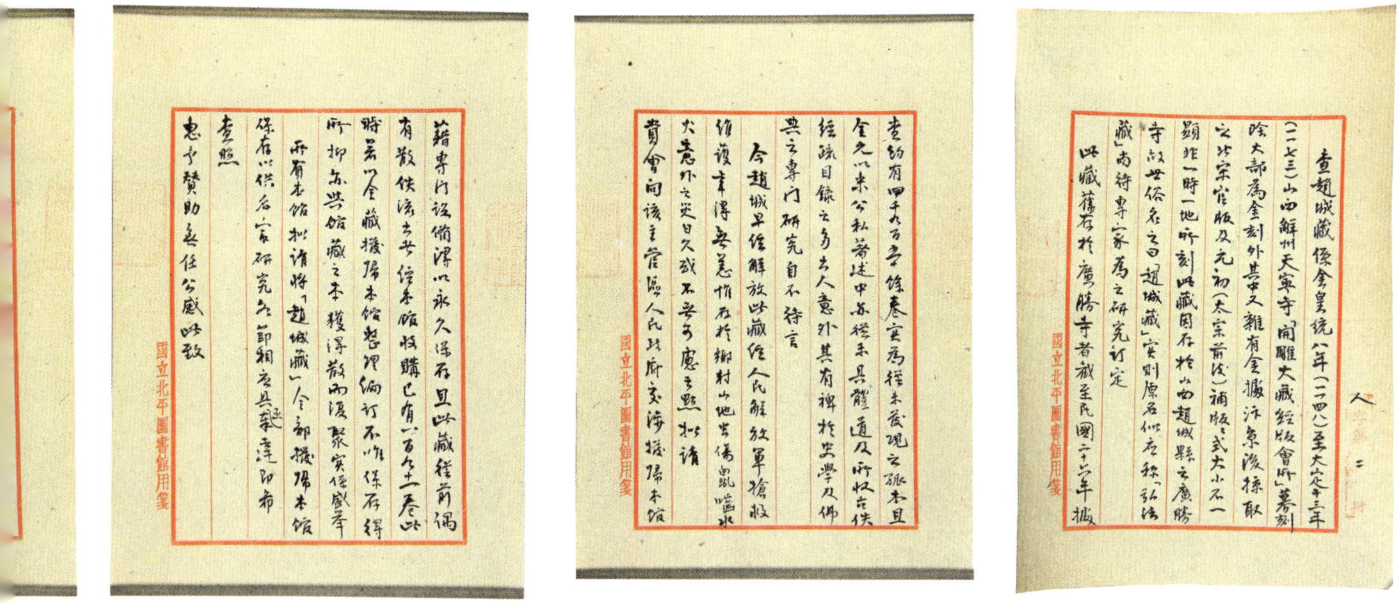

查趙城藏係金皇統八年（一一四八）至大定十三年（一一七三）山西解州天寧寺「開雕大藏經版會」募刻，除大部為金刻外，其中又雜有金人撮汴京後採取之北宋官版及元初（太宗前後）補版，版式大小不一，顯非一時一地所刻。此藏因存於山西趙城縣之廣勝寺，故世俗名之曰「趙城藏」，實則原名似應稱「弘法藏」，尚待專家為之研究訂定。

此藏舊存於廣勝寺者，截至民國二十六年擬……

查約有四千九百餘卷，實為從未發現之孤本，且全元以來公私著述中亦從未具體道及，所收古佚經疏目錄之多，出人意外，其有裨於史學及佛典之專門研究，自不待言。

今趙城早經解放，此藏經人民解放軍搶救維護，幸得無恙，惟存於鄉村山地，當……臨水火意外之災，日久或不無可慮之點，擬請

貴會向該主管區人民政府交涉撥歸本館，藉專門設備得以永久保存。且此藏從前偶有散佚，流出者經本館收購已有一百餘卷，此時若以全藏撥歸本館，整理編訂，不惟保存得所，抑亦與本館藏之本，獲得散而復聚，實係盛舉。

所有本館擬請將「趙城藏」全部撥歸本館保存，以供各家研究各節，相應具函，奉達即希

查照

惠予贊助，無任公感。此致

國立北平圖書館用箋

国立北平图书馆关于请求调拨《赵城金藏》的报告　薄小莹捐赠

北平和平解放后不久，国立北平图书馆鉴于《赵城金藏》在涉县的保存环境恶劣，大部分经卷已经受潮发霉，如不尽快改善保存环境，整理修复，将会受到更大的损失，因而于1949年2月16日向北平军事管制委员会文化接管委员会递交报告，请求调拨《赵城金藏》。

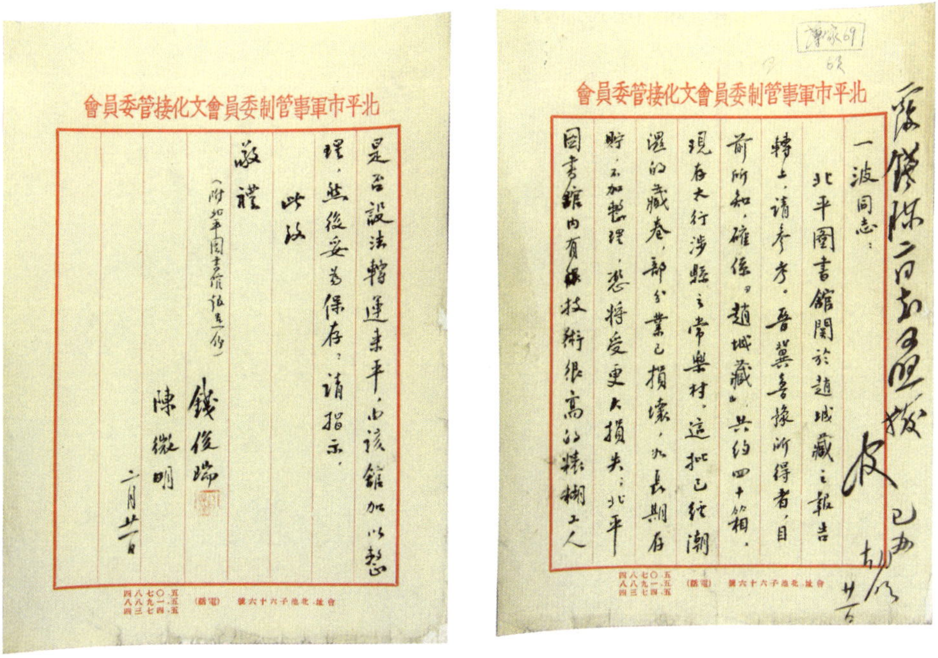

北平市軍事管制委員會文化接管委員會

一波同志：

北平圖書館關於趙城藏之報告轉上，請參考。晉冀魯豫所得者，目前所知，確係「趙城藏」，共約四十餘箱，現存太行涉縣之常樂村，這批已經潮濕的藏卷，部分業已損壞，如長期存貯，不加整理，恐將受更大損失；北平圖書館內有技術很高的裱糊工人，

已办　胡明　廿一

北平市軍事管制委員會文化接管委員會

是否設法轉運來平，由該館加以整理，然後妥為保存，請指示。

此致

敬禮

（附北平圖書館報告一份）

錢俊瑞

陳微明

二月廿一日

钱俊瑞、陈微明关于调拨《赵城金藏》的请示　薄小莹捐赠

北平市军事管制委员会文化接管委员会接到国立北平图书馆请求调拨《赵城金藏》的报告后，2月21日，文化接管委员会主任钱俊瑞、副主任陈微明立即请示时任中央华北局书记的薄一波同志，并将国立北平图书馆的报告转呈，薄一波同志当即批复同意。薄一波同志夫人胡明当日在请示上注明“已办”。

新四军

新四军全称“中国国民革命军陆军新编第四军”，1937年10月起，由江西、福建等南方八省的红军游击队陆续改编而成。军长叶挺，副军长项英。1941年皖南事变后，中共中央军委重建新四军军部，任命陈毅为代理军长，刘少奇为政治委员，张云逸为副军长。

抗日战争中，新四军抗击和牵制了日伪军，建立了地跨苏、浙、皖、豫、鄂、湘、赣七省的苏南、苏中、苏北、淮南、淮北、鄂豫皖湘赣、皖江和浙东八块抗日根据地。

新四军第2支队抗日誓师大会。

1938年，新四军在武汉设立办事处。图为新四军领导人在办事处合影。左起：周子昆、张云逸、叶挺、项英、曾山。

1940年10月19日，何应钦、白崇禧以国民政府军事委员会的名义，强令黄河以南的新四军、八路军在一个月内全部撤到江北。中国共产党从维护抗战大局出发，答应将皖南的新四军调离。1941年1月4日，新四军军部及所属的支队9000多人由云岭出发北移。6日，行至皖南泾县茂林时，遭到国民党军8万多人的伏击。新四军奋战七昼夜，弹尽粮绝，除约2000人突围外，大部分被俘或牺牲，叶挺与国民党军队谈判时被扣押，项英、周子昆被叛徒杀害，史称“皖南事变”。

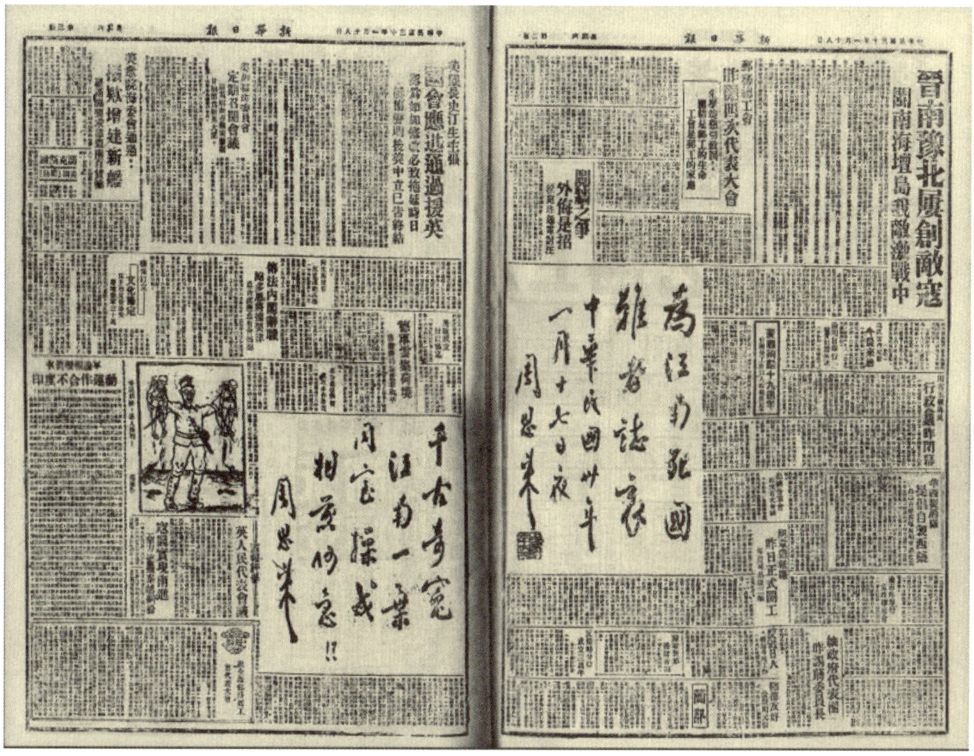

新華日報

晉南豫北屢創敵寇

为江南死国难者志哀

中华民国卅年一月十七日夜

周恩来

千古奇冤

江南一叶

同室操戈

相煎何急!!

周恩来

1941年1月18日，《新华日报》登载周恩来的题诗：“千古奇冤，江南一叶，同室操戈，相煎何急？！”诗上首题：“为江南死国难者志哀。”

新四军政委刘少奇。

新四军代理军长陈毅。

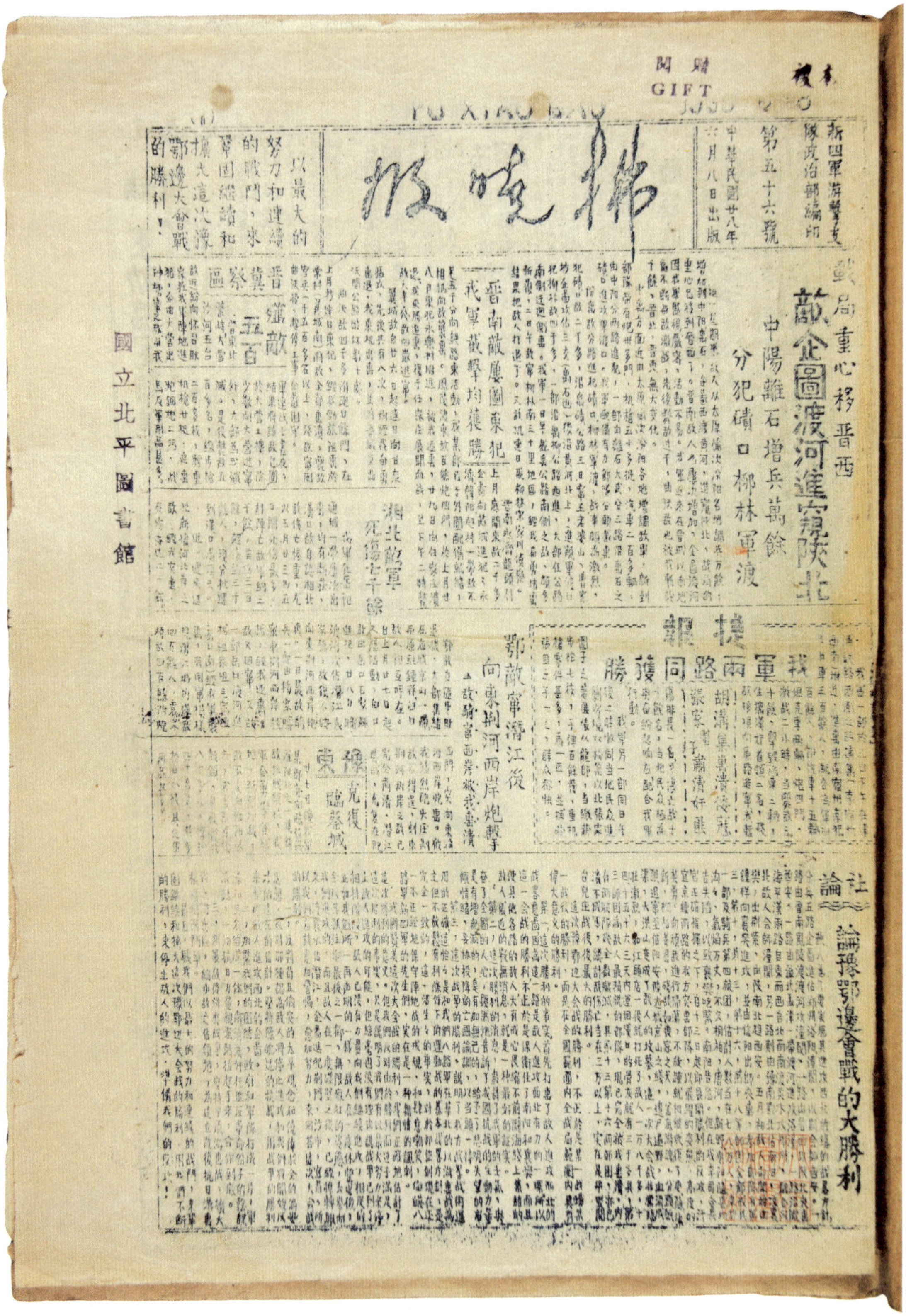


拂晓报　新四军游击支队政治部编　1939年6月

《拂晓报》是中国抗日战争时期新四军部队在淮北抗日民主根据地创办的油印报纸。1938年9月30日由新四军游击支队在河南省确山县竹沟镇创刊。由被毛泽东、朱德等誉为“共产党人的好榜样”的新四军烈士彭雪枫亲题报头。

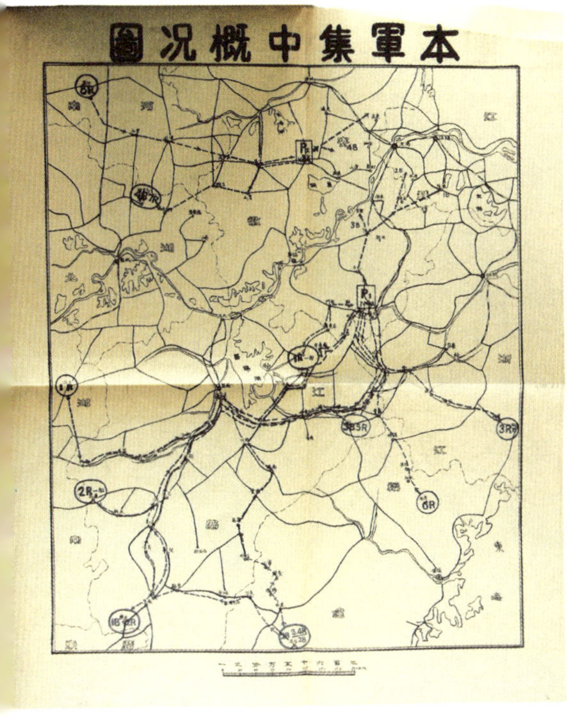


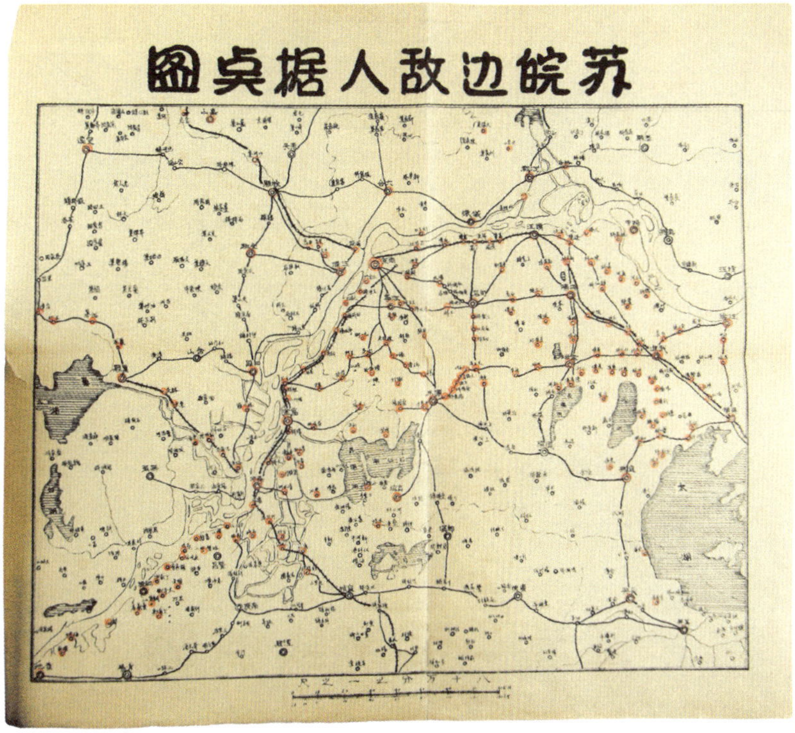

战斗详报　新四军司令部　1940年5月

由新四军司令部整理编辑的新四军战斗详报，详细记录了1940年5月前新四军开展的各场战役的各类情况，内附有多幅战图及图表，资料翔实。

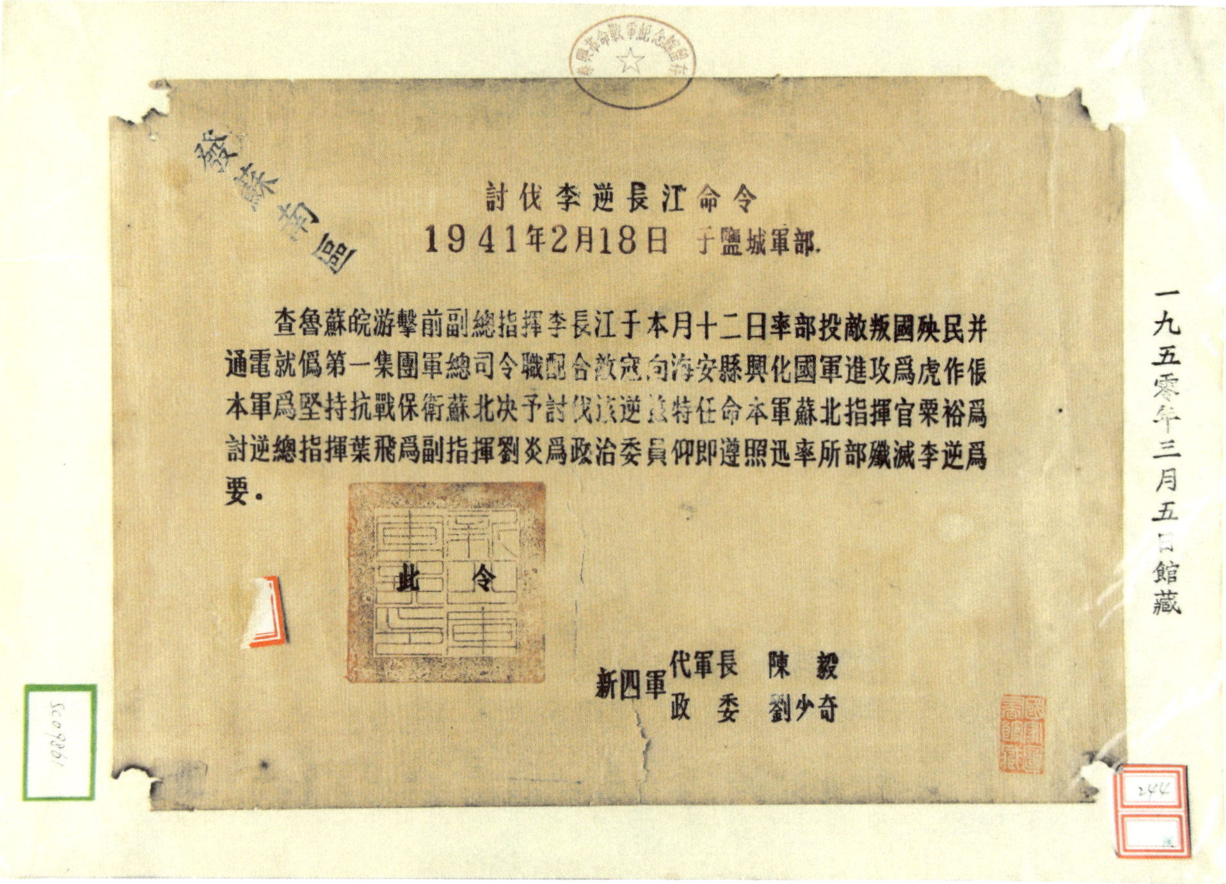

討伐李逆長江命令

1941年2月18日 于鹽城軍部.

查魯蘇皖游擊前副總指揮李長江于本月十二日率部投敵叛國殃民并通電就僞第一集團軍總司令職配合敵寇向海安縣興化國軍進攻爲虎作倀本軍爲堅持抗戰保衛蘇北決予討伐該逆茲特任命本軍蘇北指揮官粟裕爲討逆總指揮葉飛爲副指揮劉炎爲政治委員仰即遵照迅率所部殲滅李逆爲要。

此令

新四軍 代軍長 陳毅 政委 劉少奇

一九五零年三月五日館藏

讨伐李逆长江命令　新四军军部颁发　江苏盐城　1941年2月18日

1941年2月13日，国民党军鲁苏皖边区游击军副总指挥李长江在泰州率部公开降日。2月17日，陈毅在讨逆战役誓师大会上作了战斗动员，并正式颁发军长、政委签发的《讨伐李逆长江命令》，讨伐李长江。刚在盐城重建的新四军军部命令第1师对李长江部进行讨伐。第1师主力迅即沿海(安)泰(州)公路向西横扫，2月19日攻占姜堰镇，当日黄昏直逼泰州城郊。20日晨攻克泰州城。此次讨逆战役俘获伪军5000余人，并争取了伪军两个支队战场反正。

# 中共中央發言人對皖南事變談話

——一九四一年一月十八日——

此次慘變，並非偶然，實係親日派陰謀家及反共頑固派有計劃之作品。查自抗戰軍興，南方各省紅軍游擊隊不久即合編爲國民革命軍新編第四軍。三年餘以來，該軍轉戰大江南北，抗禦强敵，屢建奇功，不但國人所盡知，亦爲環球所共見。此等抗日有功之部隊，理應加以愛護。乃當局人員，於大敵當前國難益深之際，未能凛然於民族第一、抗戰第一之義，挾其十年反共之成見，對中國共產黨所領導之軍隊，始終視爲異己部隊，侮辱、虐待、包圍、襲擊之事，層出不窮，對新四軍當無例外。該軍在鄂中之李先念支隊，被程汝懷等攻擊多次；在蘇南之陳毅支隊，迭受冷欣壓迫；在蘇北之管文蔚部，則受韓德勤壓迫；在皖東之羅炳輝、淮北之彭雪楓部，則受李品仙壓迫。該軍在平江、在豫西之後方留守人員及受傷官兵，則迭被慘殺，曾發生有名之平江慘案與確山慘案。即該軍參謀長張雲逸之老妻幼子，亦被拘捕。此皆過去數年之事實，昭昭在人耳目者。近數月來，更變本加厲，蘇北、皖東、鄂中各地，大舉進攻，名曰剿匪，江淮一帶，早已鬧得烏烟瘴氣。不寧惟是，去年十月十九日何應欽、白崇禧以正副總參謀長之名義，致電十八集團軍朱彭總副司令及新四軍葉項軍長，不顧事實，强調所謂軍政、軍令，勒令新四軍八路軍各部限期集中黃河以北。朱彭葉項爲顧全大局起見，允將新四軍江南部隊北移，是以有佳電之答覆。至十二月底，新四軍葉軍長等，業將移動部隊準備就緒，正欲開動之際，不意國民黨各地言論機關，公開宣佈該部北移消息，實際上不啻向敵人告密；同時即聞當局已對顧祝同、上官雲相下達襲擊命令，有「一網打盡生擒葉項」之語。然外表則說已令各部協助通過，決無留難云云。葉軍長等以言出負責當局，料可置信，乃於本月四日毅然開動，計新四軍軍部及部隊共約萬人。不意甫經開動，即遭襲擊，行至涇縣、太平間之茂林村地區，即突被五十二師唐雲山、一〇八師戎紀五、七十九師段茂林、一四四師范子英、四十師詹忠言、新七師田鐘毅，第十師王勁修等七萬餘人，統受顧祝同、上官雲相指揮，分進合擊，大舉圍攻。葉軍長等一面倉促應戰，且戰且走；一面電告當局，質問理由。乃當局在該部被圍血戰七晝夜中，始終佯稱已電顧祝同詢問眞相，並詭稱已令顧氏撤圍放行，實則密令各部實行其聚殲計劃。至十三日，激戰已八晝夜，我遵令北移遭遇襲擊之新四軍，果已彈盡粮絕，全部犧牲，已達當局聚殲之目的矣！至昨十七日國民政府軍事委員會已正式發出通令，宣佈新四軍爲叛逆，並直認將皖南新四軍部隊殲滅，又謂該軍軍長葉挺負傷被俘，副軍長項英在逃，正緝獲中，並佈取稍新四軍番號，將葉挺交軍法審判等話。一篇堂皇文告，已將其陰謀消滅

中共中央发言人对皖南事变谈话　1941年1月18日　复制品

谈话详尽披露了亲日派阴谋家及反共顽固派制造皖南事变的经过，同时提出九点要求：严惩皖南事变的罪魁祸首；释放新四军被俘将士，保障叶挺军长等人的生命安全；抚恤死难将士家属；停止华中剿共战争；平毁西北反共封锁线；释放爱国政治犯；肃清一切亲日分子；反对破坏抗战破坏团结的阴谋；坚持抗日到底。谈话呼吁全国一切爱国军民以民族国家命运为重，团结一致共同奋斗，担起我们应该担负的责任。

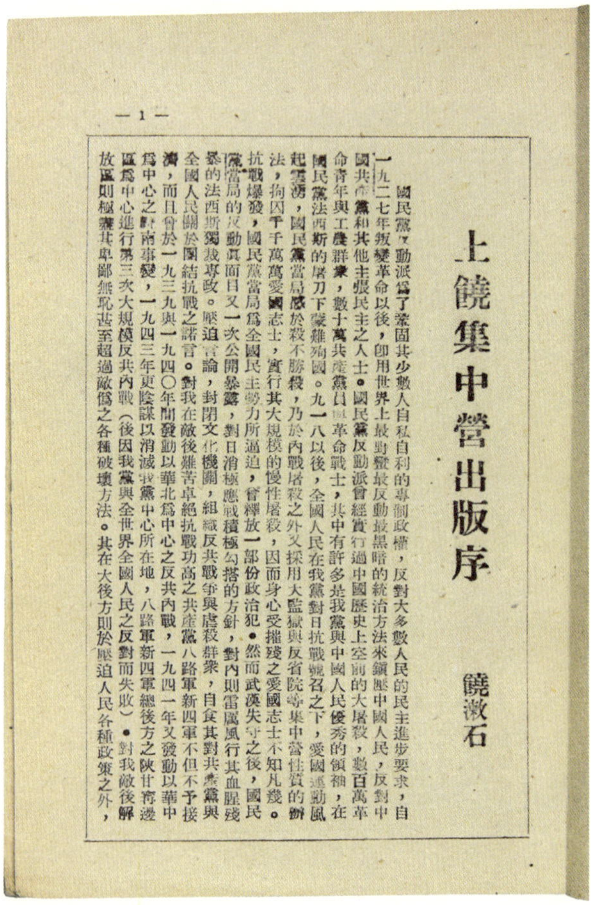
— 1 —

上饒集中營出版序

饒漱石

國民黨反動派爲了鞏固其少數人自私自利的專制政權，反對大多數人民的民主進步要求，自一九二七年叛變革命以後，卽用世界上最野蠻最反動最黑暗的統治方法來鎮壓中國人民，反對中國共產黨和其他主張民主之人士。國民黨反動派曾經實行過中國歷史上空前的大屠殺，數百萬革命青年與工農群衆，數十萬共產黨員與革命戰士，其中有許多是我黨與中國人民優秀的領袖，在國民黨法西斯的屠刀下蒙難殉國。九一八以後，全國人民在我黨對日抗戰號召之下，愛國運動風起雲湧，國民黨當局感於殺不勝殺，乃於內戰屠殺之外又採用大監獄與反省院等集中營性質的辦法，拘囚千千萬萬愛國志士，實行其大規模的慢性屠殺，因而身心受摧殘之愛國志士不知凡幾。抗戰爆發，國民黨當局爲全國民主勢力所逼迫，曾釋放一部份政治犯。然而武漢失守之後，國民黨當局的反動眞面目又一次公開暴露，對日消極應戰積極勾搭的方針，對內則雷厲風行其血腥殘暴的法西斯獨裁專政。壓迫言論，封閉文化機關，組織反共戰爭與虐殺群衆，自食其對共產黨與全國人民關於團結抗戰之諾言。對我在敵後艱苦卓絕抗戰功高之共產黨八路軍新四軍不但不予接濟，而且曾於一九三九與一九四〇年間發動以華北爲中心之反共內戰，一九四一年又發動以華中爲中心之皖南事變，一九四三年更陰謀以消滅我黨中心所在地，八路軍新四軍總後方之陝甘寧邊區爲中心進行第三次大規模反共內戰（後因我黨與全世界全國人民之反對而失敗）。對我敵後解放區則極盡其卑鄙無恥甚至超過敵僞之各種破壞方法。其在大後方則於壓迫人民各種政策之外，

上饶集中营　范长江等著　新华社华中分社编　辽东建国书社出版　1945年

上饶集中营是抗日战争时期国民党反动派囚禁与屠杀共产党员和革命人士的集中营之一。原称“第三战区长官司令部集训总队”，设在江西上饶的七峰岩、周田村、茅家岭、李村等处。被囚禁的有皖南事变中被俘的新四军干部和其他抗日爱国人士。1942年6月，日军侵占上饶时，迁往福建。本书为报告文学，收录了范长江等人的文章共19篇，这些文章均是描写被关押在上饶集中营中的仁人志士的悲惨境遇和国民党反动派的累累罪行。书前有饶漱石1945年1月13日皖南事变四周年时写的序言。

东北抗日联军

东北抗日联军是中国共产党领导的东北各族人民的抗日武装。它坚持抗战14年，经历了反日游击队、人民革命军和抗日联军三个阶段。作为中国共产党领导下的最早对日作战、条件最艰苦、历时最长的一支抗日武装，东北抗日联军为全民族抗战做出了 巨大的贡献。中共六届六中全会曾致电称之为“冰天雪地里与敌周旋7年多的不怕困苦艰难奋斗之模范”。

杨靖宇，东北抗日联军的主要创建人和领导人之一，1940年2月23日，在与敌作战时壮烈牺牲。日军将杨靖宇割头剖腹，发现他竟以军大衣中的棉花和树皮、草根为食，残暴的侵略者也为之震惊和折服。

赵尚志，东北抗联创建者和主要领导人之一。他曾两次被开除党籍，三次被撤销职权,三次被敌人逮捕，却从未丧失抗日的决心和信念。1942年，赵尚志受伤被俘，英勇牺牲。

战斗在白山黑水之间的东北抗日联军。

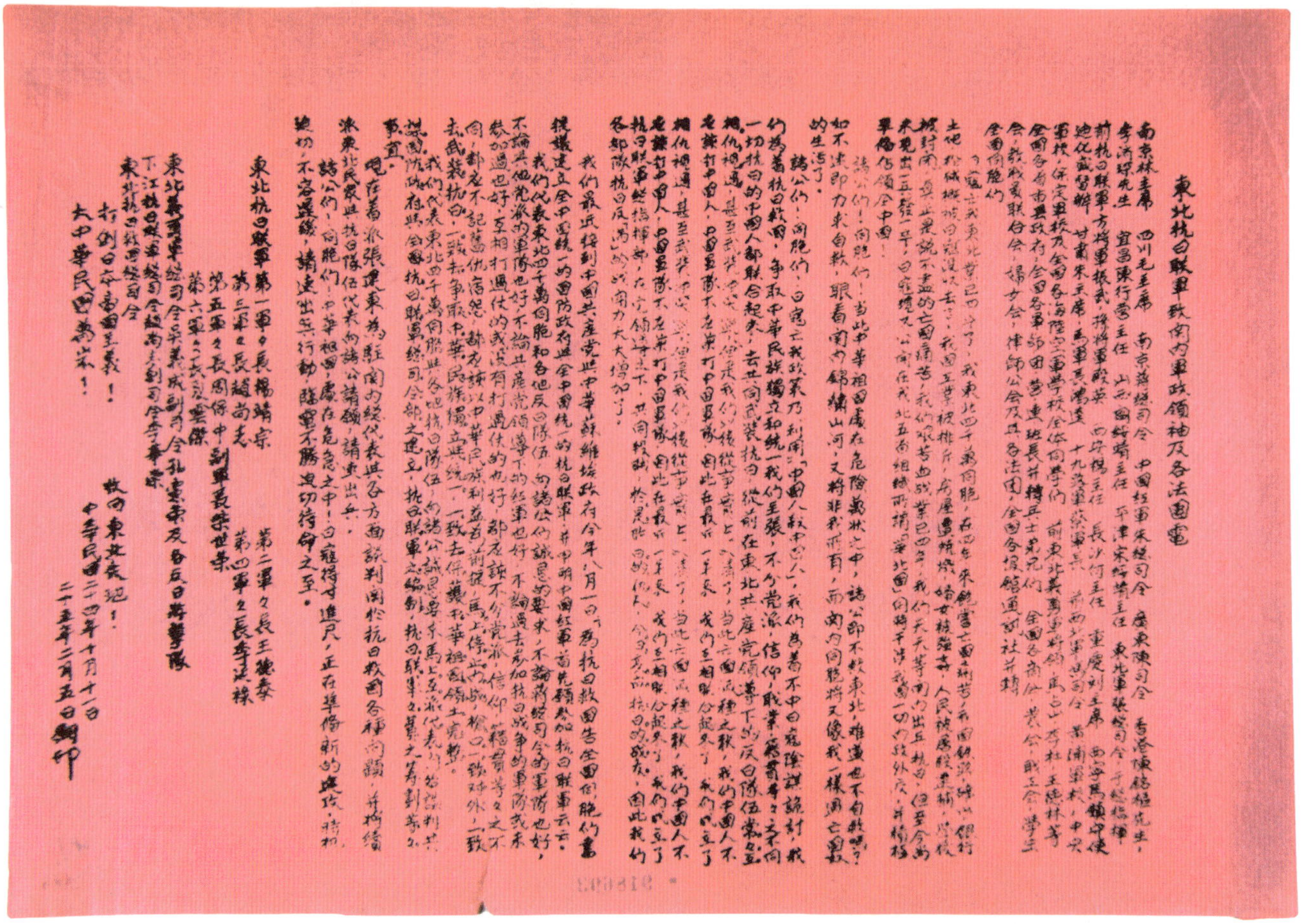

東北抗日聯軍致關內軍政領袖及各法團電

南京林主席　四川毛主席　南京蔣總司令　中國紅軍朱總司令　廣東陳司令　香港陳銘樞先生、李濟琛先生　宜昌陳行營主任　山西閻錫山主任　平津宋哲元主任　東北軍張總司令、于學忠總指揮　前抗日聯軍方將軍振武、孫將軍殿英　西安楊主任　長沙何主任　重慶劉主席　西寧馬鎮守使　迪化盛督辦　甘肅朱主席、馬軍長鴻逵　十九路軍蔡軍長　[illegible]　中央軍校、保定軍校及全國各海陸空軍學校全體同學們　前東北義勇軍將領馬占山、李杜、王德林等　全國各省市縣政府、全國各軍、師、團、營、連、排長并轉兵士兄弟們　全國各商會、農會、工會、學生會、教職員聯合會、婦女會、律師公會及其各法團、全國各報館通訊社并轉全國同胞們

日寇亡我東北業已四年了，我東北四千萬同胞，在四年來飽嘗亡國之痛苦，[illegible]土地、森林、城池被日寇沒收去了，我國工業被排斥，房屋遭燒毀，婦女被強奸，人民被屠殺，學校被封閉，真正是說不盡的亡國痛苦，我們艱苦血戰業已四年，我們天天等關內出兵抗日，但至今尚未見出一兵一卒，日寇繼又以[illegible]在我北五省組織所謂「華北國」，同時干涉我國一切內政外交，并積極準備佔領全中國。

諸公們！同胞們！當此中華祖國處在危險萬狀之中，諸公即不救東北，難道也不自救嗎？如不速即力求自救，眼看關內錦繡山河，又將非我所有，而關內同胞將又像我一樣過亡國奴的生活了。

諸公們、同胞們，日寇亡我政策乃利用「中國人殺中國人」，我們為着不中日寇陰謀詭計，我們為着抗日救國，爭取中華民族獨立和統一，我們主張，不分黨派、信仰、職業、[illegible]等等之不同，一切抗日的中國人都聯合起來，去共同武裝抗日。從前在東北共產黨領導下的反日隊伍常與[illegible]仇視過，甚至武裝[illegible]，但是我們後從事實上[illegible]了，當此亡國滅種之秋，我們中國人不應該打中國人，中國軍隊不應該打中國軍隊，因此在最近一年來我們互相聯合起來了，我們也立了抗日聯軍總指揮部，在它領導之下，共同殺敵，於是[illegible]抗日的成效，因此我們各部隊抗日反滿的戰鬥力大大增加了。

我們最近接到中國共產黨與中華蘇維埃政府今年八月一日「為抗日救國告全國同胞書」，提議建立全中國統一的國防政府與全中國統一的抗日聯軍，并申明中國紅軍首先願參加抗日聯軍云云。我們代表東北四千萬同胞和各個反日隊伍，向諸公們誠懇的要求，不論蔣總司令的軍隊也好，不論其他黨派的軍隊也好，不論共產黨領導下的紅軍也好，不論過去參加抗日戰爭的軍隊或未參加過也好，互相打過仗的或沒有打過仗的也好，都應該不分黨派、信仰、籍貫等等之不同，都應不記舊仇宿怨，都應該以中華民族利益為前提，馬上停止內戰，槍口一致對外，一致去武裝抗日，一致去爭取中華民族獨立與統一，一致去保護中華祖國領土完整。

我們代表東北四千萬同胞與各個抗日隊伍，向諸公誠懇要求馬上立派代表，共[illegible]與我們組織全國抗日聯軍總司令部之建立，抗日聯軍之編制，抗日聯軍之[illegible]等等[illegible]事宜。

現在着派張[illegible]為駐關內總代表與各方面談判關於抗日救國各種問題，并[illegible]東北民眾與抗日隊伍代表向諸公請願，請速出兵。

諸公們、同胞們！中華祖國，處在危急之中！日寇得寸進尺，正在準備新的進攻，務祈迫切，不容遲緩，請速出兵行動，臨電不勝迫切待命之至。

東北抗日聯軍第一軍々長楊靖宇　第二軍々長王德泰
第三軍々長趙尚志　第四軍々長李延祿
第五軍々長周保中　副軍長柴世榮
第六軍々長[illegible]
東北義勇軍總司令吳義成　副司令孔憲榮及各反日[illegible]部隊
下江抗日聯合總司令[illegible]　副司令李華堂
東北抗日救國總司令

打倒日本帝國主義！
大中華民國萬歲！

敬向東北表[illegible]！

中華民國二十四年十月十一日
二十五年二月五日翻印

东北抗日联军致关内军政领袖及各法团电　杨靖宇等发布　1935年10月11日　复制品

1935年夏，东北各路抗日武装战斗方酣，但由于缺乏统一指挥，基本上是各自为战，只能在一定时期、一定地区进行一定程度的配合。正当此时，中共中央在中国工农红军的长征路上，发表了著名的《八一宣言》，提出建立全国统一的国防政府和抗日联军的主张。消息传来，东北各路抗日武装纷纷响应，并着手进行组建东北抗日联军的准备工作。1935年9月，二军西征部队在蒙江那儿轰与一军会师。一、二军领导干部举行了联席会议，就联合作战和筹建抗日联军总司令部等问题交换了意见。1935年11月11日，东北各抗日武装以东北抗日联军的名义，发表了《致关内军政领袖及各法团电》。

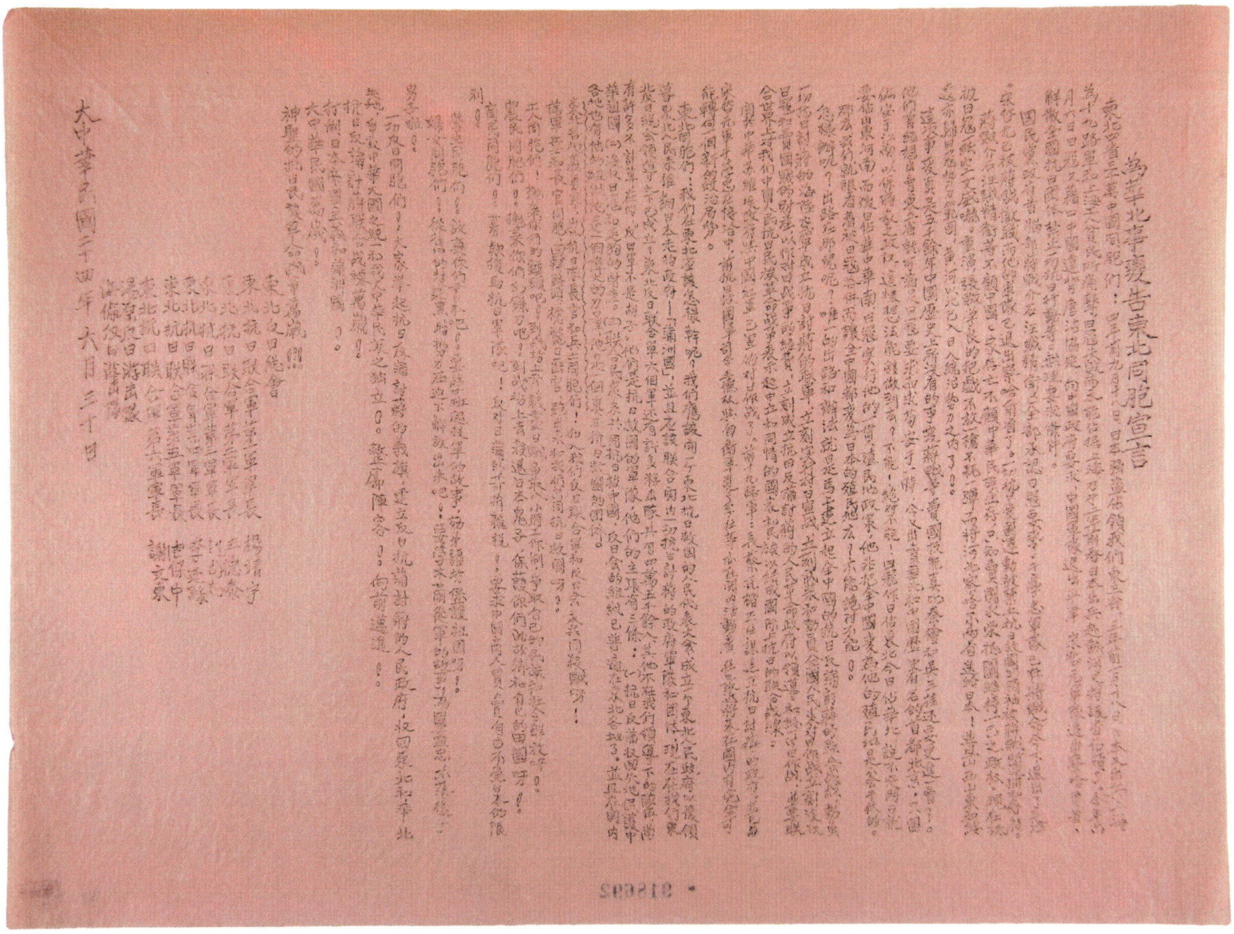
為華北事變告東北同胞宣言

大中華民國二十四年六月三十日

为华北事变告东北同胞宣言　东北反日总会、东北抗日联军等发布　1935年6月30日　复制品

1935年，驻华日军为了进一步侵略中国而意图策动华北各省脱离南京中央政府，史称“华北事变”。6月30日，东北反日总会、东北反日联军发表《为华北事变告东北同胞宣言》，号召东北同胞举起抗日反满讨蒋义旗，收复东北和华北失地，为中华民族的独立而斗争。

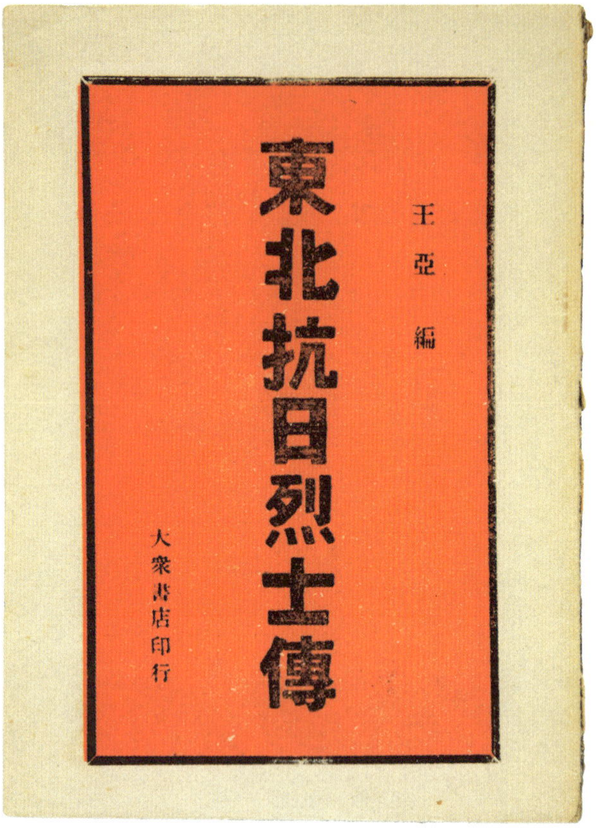


东北抗日烈士传　王亚编　大连 大众书店　1935年12月

九一八事变后，东北人民和一部分爱国军队在中国共产党的影响和领导之下，进行了极其艰苦英勇的抗日游击战争。本书记述了东北反日游击战争的情况，并对吉鸿昌等东北抗日烈士的英勇事迹进行了颂扬。

东北抗日联军游击实录　松五等著　上海杂志公司　1937年12月

本书主要介绍了东北抗日联军第一、二、三、四、五、七、八军的奋斗史和东北抗日烈士传略。

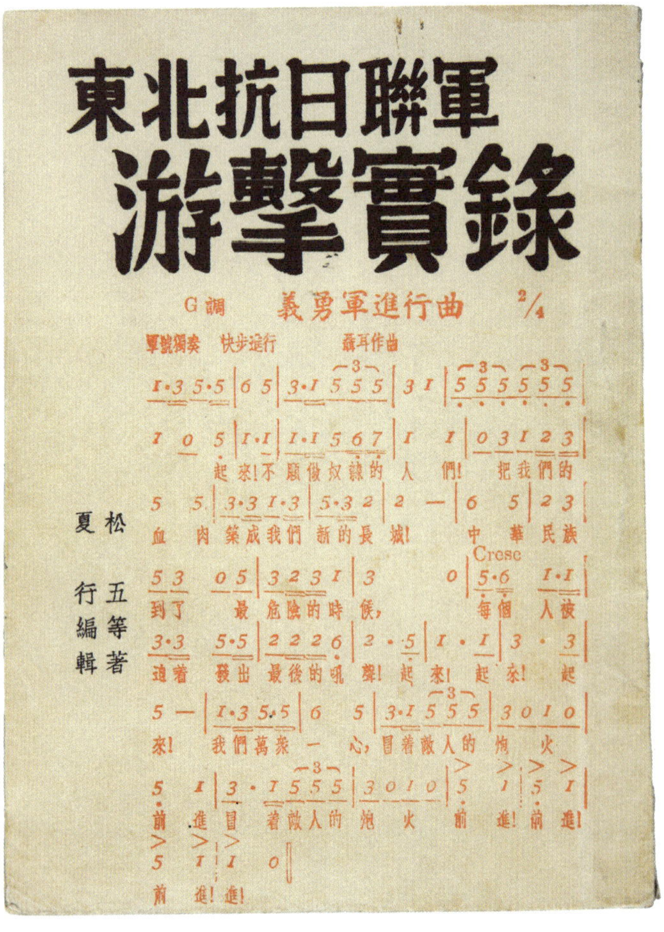


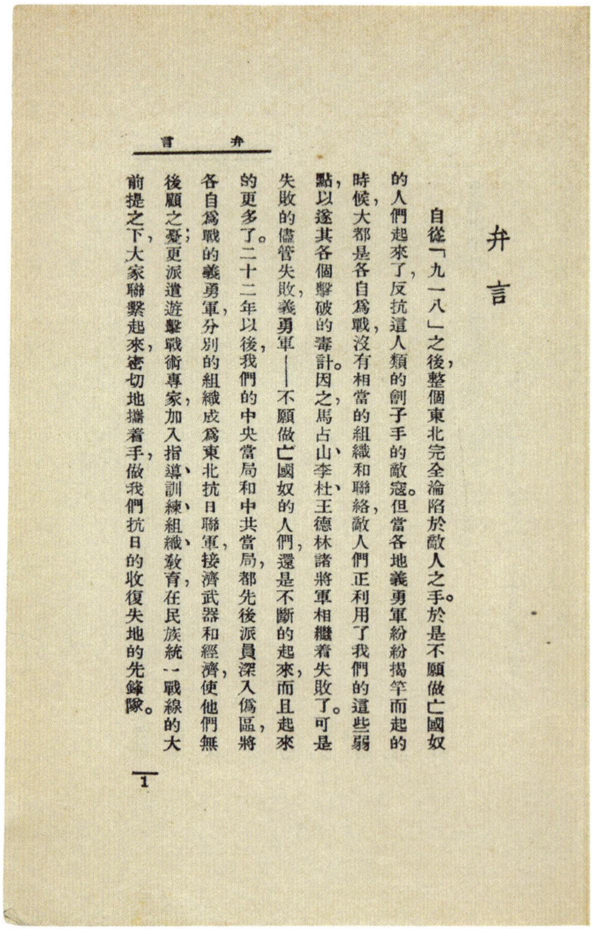
弁言

自從「九一八」之後，整個東北完全淪陷於敵人之手。於是不願做亡國奴的人們起來了，反抗這人類的劊子手的敵寇。但當各地義勇軍紛紛揭竿而起的時候，大都是各自爲戰，沒有相當的組織和聯絡，敵人們正利用了我們的這些弱點，以遂其各個擊破的毒計。因之，馬占山、李杜、王德林諸將軍相繼着失敗了。可是失敗的儘管失敗，義勇軍——不願做亡國奴的人們，還是不斷的起來，而且起來的更多了。二十二年以後，我們的中央當局和中共當局，都先後派員深入僞區，將各自爲戰的義勇軍，分別的組織成爲東北抗日聯軍，接濟武器和經濟，使他們無後顧之憂；更派遣遊擊戰術專家，加入指導、訓練、組織、敎育，在民族統一戰線的大前提之下，大家聯繫起來，密切地攜着手，做我們抗日的收復失地的先鋒隊。

1

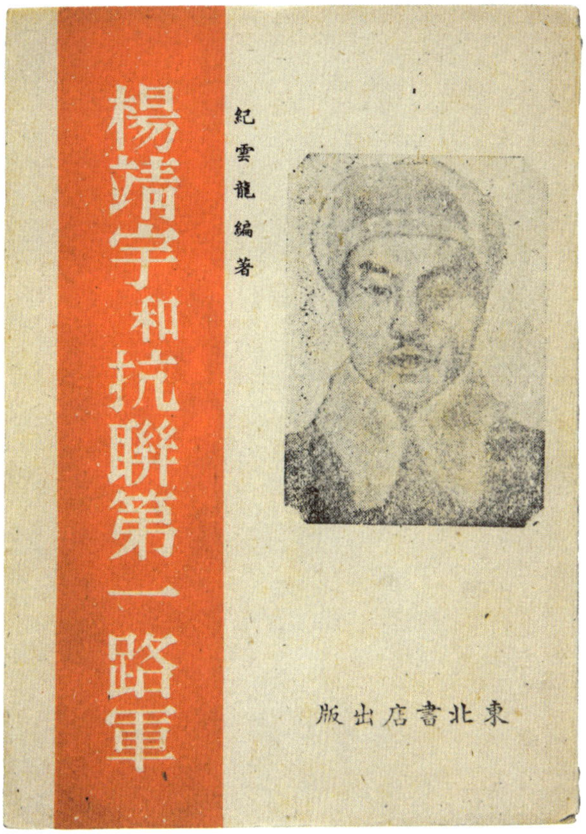


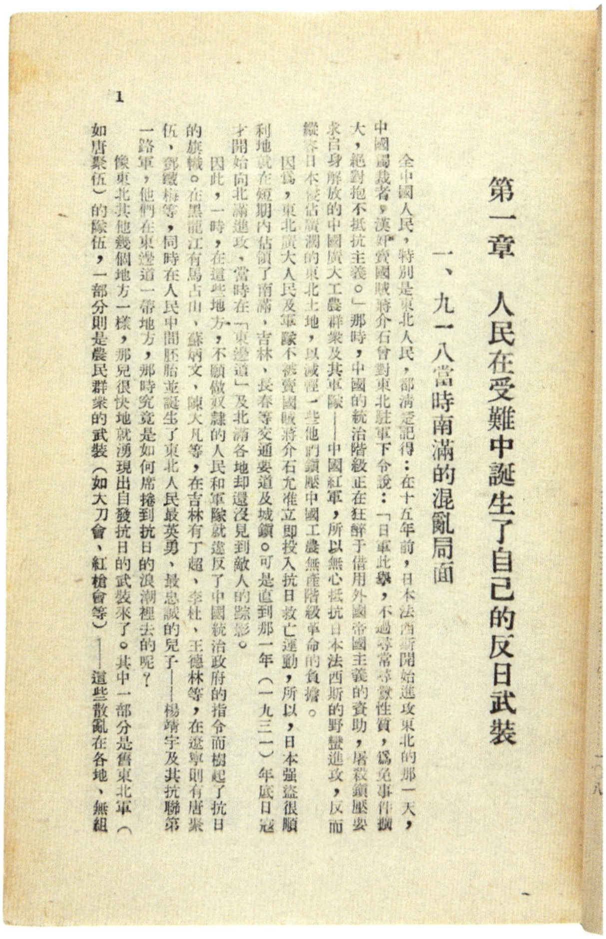

# 第一章　人民在受難中誕生了自己的反日武裝

## 一、九一八當時南滿的混亂局面

全中國人民，特別是東北人民，都清楚記得：在十五年前，日本法西斯開始進攻東北的那一天，中國獨裁者，漢奸賣國賊蔣介石曾對東北駐軍下令說：「日軍此舉，不過尋常尋釁性質，爲免事件擴大，絕對抱不抵抗主義。」那時，中國的統治階級正在狂醉于借用外國帝國主義的資助，屠殺鎮壓要求自身解放的中國廣大工農群衆及其軍隊——中國紅軍，所以無心抵抗日本法西斯的野蠻進攻，反而縱容日本侵佔廣濶的東北土地，以減輕一些他們鎮壓中國工農無產階級革命的負擔。

因爲，東北廣大人民及軍隊不蒙賣國賊蔣介石允准立即投入抗日救亡運動，所以，日本強盜很順利地就在短期內佔領了南滿，吉林，長春等交通要道及城鎮。可是直到那一年（一九三一）年底日寇才開始向北滿進攻，當時在「東邊道」及北滿各地却還沒見到敵人的踪影。

因此，一時，在這些地方，不願做奴隸的人民和軍隊就違反了中國統治政府的指令而樹起了抗日的旗幟。在黑龍江有馬占山、蘇炳文、陳大凡等，在吉林有丁超、李杜、王德林等，在遼寧則有唐聚伍、鄧鐵梅等，同時在人民中間胚胎並誕生了東北人民最英勇、最忠誠的兒子——楊靖宇及其抗聯第一路軍，他們在東邊道一帶地方，那時究竟是如何席捲到抗日的浪潮裡去的呢？

像東北其他幾個地方一樣，那兒很快地就湧現出自發抗日的武裝來了。其中一部分是舊東北軍（如唐聚伍）的隊伍，一部分則是農民群衆的武裝（如大刀會、紅槍會等）——這些散亂在各地、無組

1

杨靖宇和抗联第一路军　纪云龙编著　佳木斯 东北书店 1946年11月

纪云龙，天津人，1945年加入中国共产党。本书分为“人民在受难中诞生了自己的反日武装”、“抗日组织在残酷的斗争中的艰难成长”、“东北抗日斗争从战争走向胜利”等几部分，介绍了杨靖宇和抗联第一路军艰苦卓绝的抗日历程。

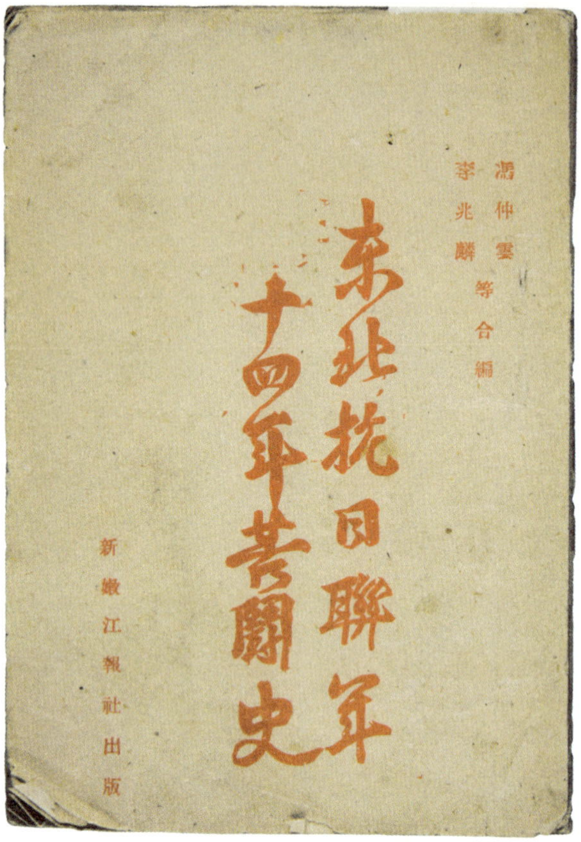


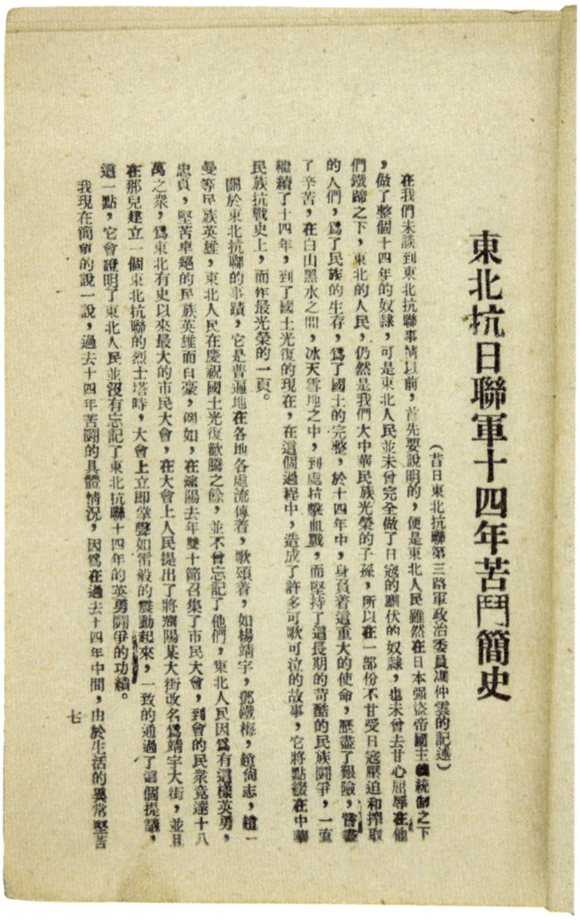

東北抗日聯軍十四年苦鬥簡史

（昔日東北抗聯第三路軍政治委員馮仲雲的記述）

在我們未談到東北抗聯事情以前，首先要說明的，便是東北人民雖然在日本强盜帝國主義統制之下，做了整個十四年的奴隸，可是東北人民並未曾完全做了日寇的馴伏的奴隸，也未曾去甘心屈辱在他們鐵蹄之下，東北的人民，仍然是我們大中華民族光榮的子孫，所以在一部份不甘受日寇壓迫和搾取的人們，爲了民族的生存，爲了國土的完整，於十四年中，身負着這重大的使命，歷盡了艱險，嘗盡了辛苦，在白山黑水之間，冰天雪地之中，到處抗擊血戰，而堅持了這長期的苛酷的民族鬪爭，一直繼續了十四年，到了國土光復的現在，在這個過程中，造成了許多可歌可泣的故事，它將點綴在中華民族抗戰史上，而作最光榮的一頁。

關於東北抗聯的事蹟，它是普遍地在各地各處流傳着，歌頌着，如楊靖宇，鄧鐵梅，趙尙志，趙一曼等民族英雄，東北人民在慶祝國土光復歡騰之餘，並不曾忘記了他們，東北人民因爲有這樣英勇，忠貞，堅苦卓絕的民族英雄而自豪，例如，在瀋陽去年雙十節召集了市民大會，到會的民衆竟達十八萬之衆，爲東北有史以來最大的市民大會，在大會上人民提出了將瀋陽某大街改名爲靖宇大街，並且在那兒建立一個東北抗聯的烈士塔時，大會上立即掌聲如雷般的震動起來，一致的通過了這個提議，這一點，它會證明了東北人民並沒有忘記了東北抗聯十四年的英勇鬪爭的功績。

我現在簡單的說一說，過去十四年苦鬪的具體情況，因爲在過去十四年中間，由於生活的異常堅苦

七

东北抗日联军十四年苦斗史　冯仲云、李兆麟合编　新嫩江报社　1950年

本书详细记录了东北抗日联军的创建，各军的组织、活动和变迁的情形，抗日的历史及情况，以及主要将领的事迹，记载了东北抗日联军自创建之后14年艰苦卓绝的抗战历程。李兆麟于1946年被国民党反动派杀害。冯仲云于1952年任北京图书馆（今国家图书馆）馆长。

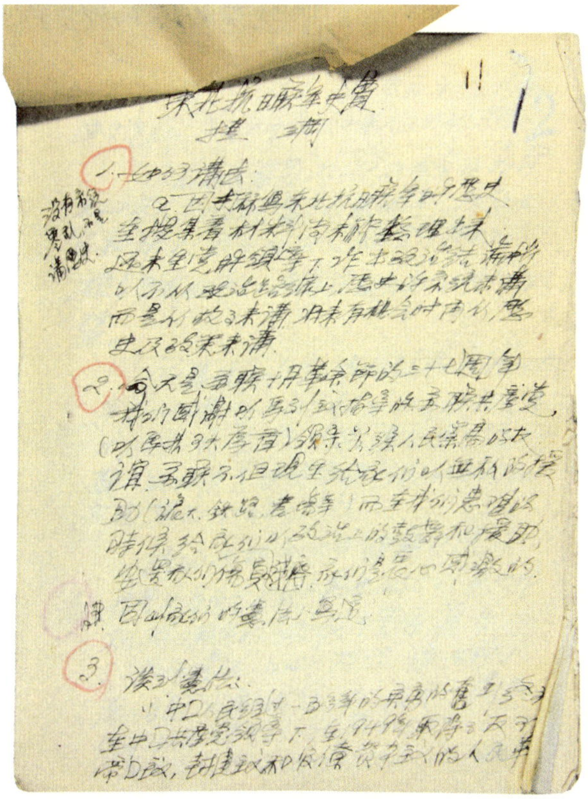
東北抗日聯軍史實
提綱

东北抗日联军史实提纲　冯仲云撰　1954年　钢笔手书原稿　8页

这很可能是一份演讲稿的提纲。提纲列出了十个要点，指出主要准备从故事的角度来讲东北抗日联军的历史、东北抗联的典型人物，以及抗日游击运动的兴起及发展情况。同时，提纲也列出了感谢苏联人民的崇高友谊及宪法巩固了革命胜利果实等要点。

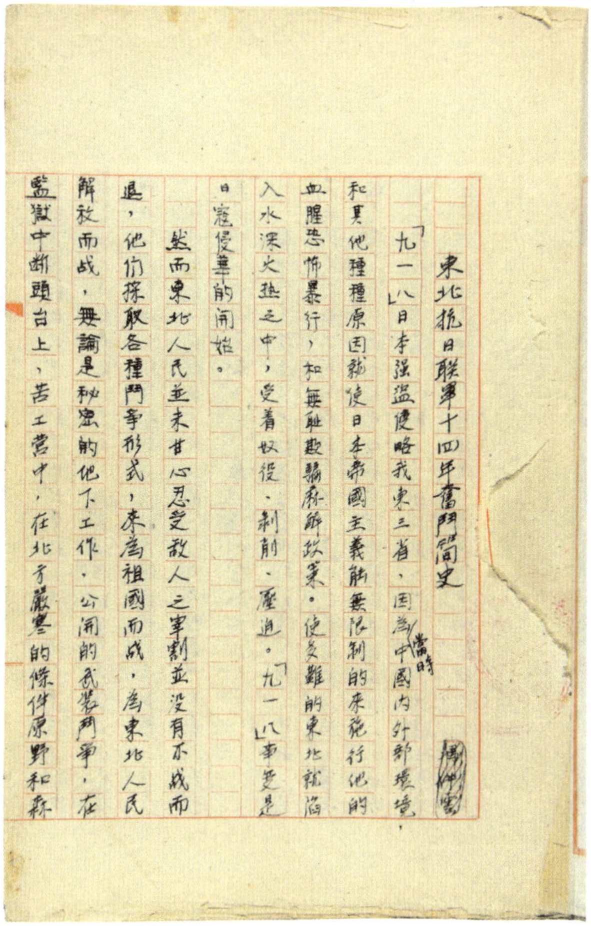
東北抗日聯軍十四年奮鬥簡史　馮仲雲

「九一八」日本強盜侵略我東三省，因為當時中國內外部環境，和其他種種原因就使日本帝國主義能無限制的來施行他的血腥恐怖暴行，和無恥欺騙麻醉政策，使多難的東北被陷入水深火熱之中，受着奴役、剝削、壓迫。「九一八」事变是日寇侵華的開始。

然而東北人民並未甘心忍受敵人之宰割並沒有不戰而退，他們採取各種鬥爭形式，來為祖國而戰，為東北人民解放而戰，無論是秘密的地下工作，公開的武裝鬥爭，在監獄中斷頭台上、苦工營中，在北方嚴寒的

东北抗日联军十四年苦斗简史（手稿）　冯仲云著　钢笔手书　抄本

中共中央宣传部为编印不定期《党史资料》，准备收录冯仲云《东北抗日联军十四年奋斗简史》，此稿为当时送呈冯仲云校正修改的抄本。

华南抗日游击队

华南抗日游击队是中国共产党领导的，坚持华南抗战的各地区游击队的统称。这些部队长期处在日伪军的分割封锁下，相互配合困难，斗争极其艰苦。但他们在党的领导下，紧密依靠群众，独立自主地坚持游击战争，创建和发展了琼崖、东江和珠江等抗日根据地，多次粉碎了日伪军的“扫荡”和国民党顽固派的进攻。

东江人民抗日游击纵队战士在牛王爷岭伏击敌人。

琼崖纵队女战士。

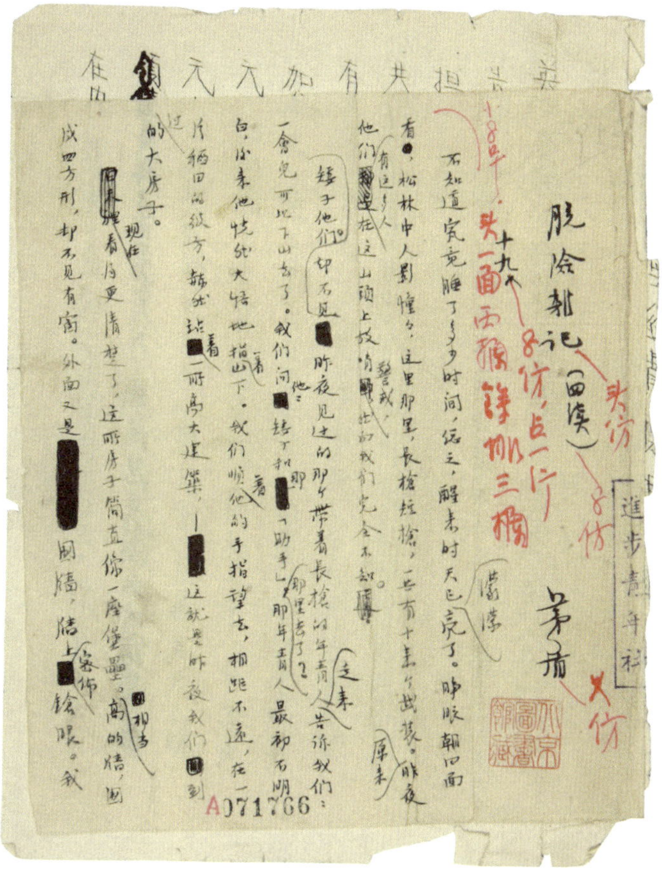


脱险杂记　茅盾著　毛笔手书　原稿　叶圣陶赠

1941年12月，日军偷袭美国海军基地珍珠港，太平洋战争爆发。不久，日本侵占港九地区，大肆搜捕所谓“敌性人物”。当此危难之际，中共中央南方局书记周恩来亲自部署，要求尽快把在香港的爱国民主人士和文化人士抢救出来。活跃在南粤一带的东江纵队具体实施大营救。1942年1月9日，茅盾夫妇、叶以群、戈宝权等文化界人士第一批秘密撤离香港，在游击队的护送之下，于2月安全抵达广东惠州，并由此北上老隆。《脱险杂记》生动翔实地记述了此次营救经过。茅盾曾高度评价营救活动是“抗战以来（简直可说是有史以来）最伟大的‘抢救’工作”。本稿1948年9月追记于香港，1949年8月修改于北平。

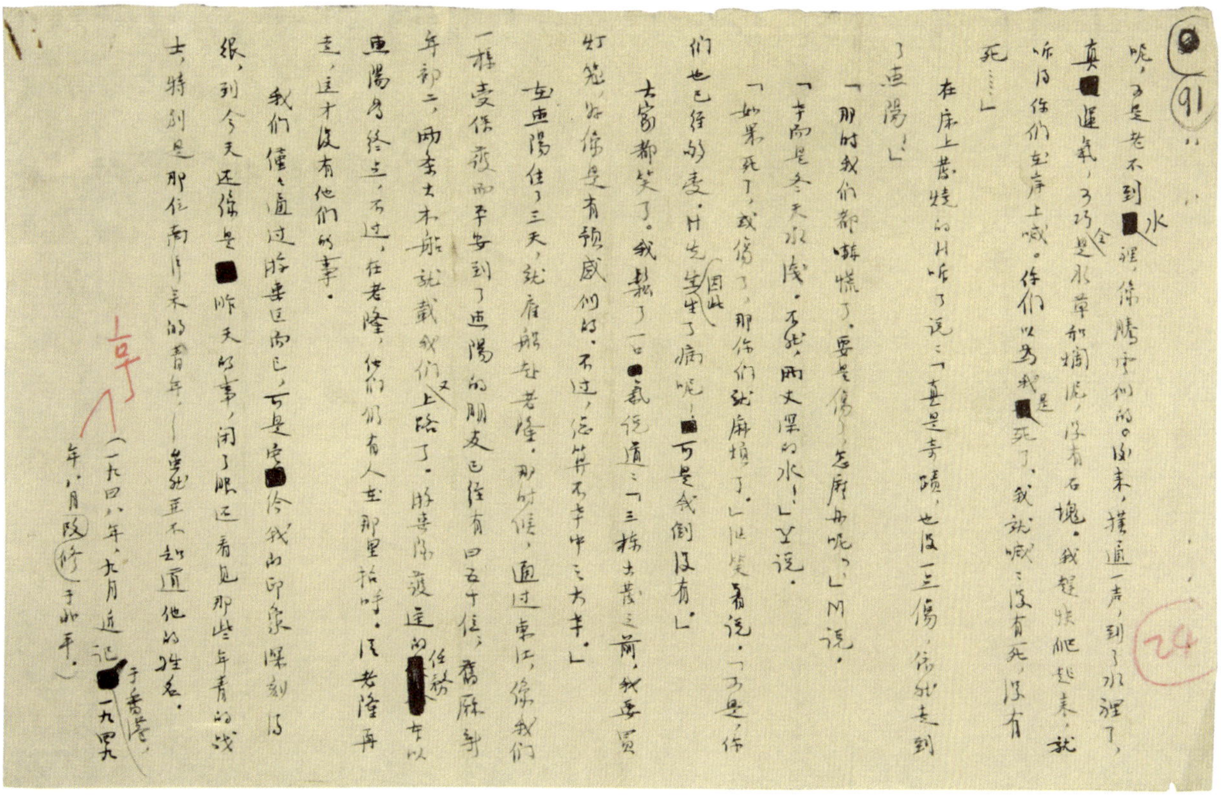

## 敌后抗日民主根据地的建设

中国共产党领导的人民抗日武装在缺乏武器和物资，又无外援的情况下，能够长期坚持极端残酷的抗日战争并使自己日益壮大起来，根本的原因就是建立了抗日根据地，并在根据地内实行了符合广大人民利益的政策和措施，使各项建设事业得到发展，从而真正发动和依靠人民群众，进行了一场广泛深入的人民战争。

延安是培养干部的基地。中共中央先后在这里开办了多所学校，培养了大批革命骨干力量。图为1939年，毛泽东在抗大成立三周年纪念大会上讲话。

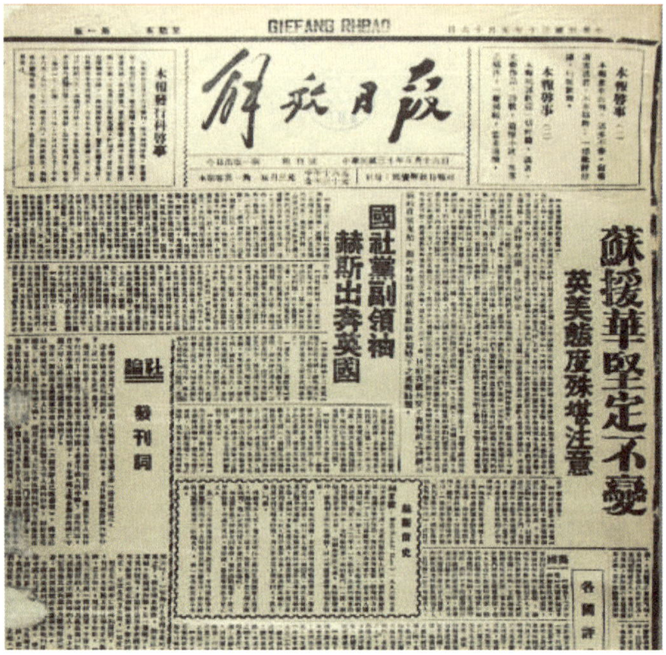

解放日報

蘇援華堅定不變

英美態度殊堪注意

國社黨副領袖赫斯出奔英國

社論

發刊詞

1941年5月，中共在抗日根据地出版的第一份大型中央机关报《解放日报》创刊。毛泽东题写了报头，并撰写了发刊词。

1938年，中共中央主要领导人在延安合影。前排左起：康生、毛泽东、王稼祥、朱德、项英、王明；后排左起：陈云、博古、彭德怀、刘少奇、周恩来、张闻天。

晋察冀根据地农民游行，拥护减租减息政策。

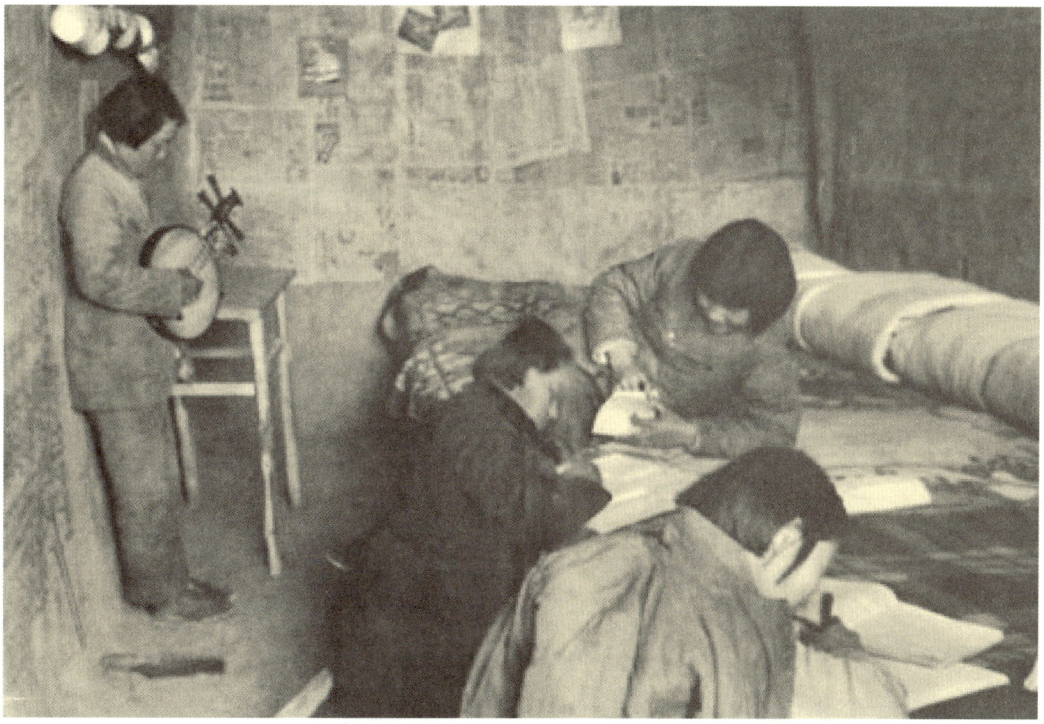

鲁迅艺术学院的同学们在刻苦学习。

增訂本
李蘅編●播種社版
ARANĜIS. LI HEN
ELDONIS. LA SEMANTO
陝北集影
SKIZOJ EL SOVETA ĈINIO

1
陝北特區政府所在地膚施城門.
La enirejo de la murigita urbo Fush (Jenan), kie estas la sidejo de la ĉina soveta registaro.
283184

2
毛澤東，特區政府主席.
Mao Tzetung, eksprezidanto de ĉina soveta registaro.
3
毛澤東之又一影.
Mao Tzetung.

4

毛澤東演說情形:

他每次演說總有許多令人發笑的地方.

Dum sia parolado, Mao Tzetung ofte kaŭzas ridegon de la aŭskultantoj per humorriĉaj esprimoj.

朱德，第八路軍總指揮.

Cu Te, ĉefkomandanto de la 8-voja armeo, eksrugarmeo.

陕北集影　李蘅编　重庆 播种社版　1938年5月1日

内有毛泽东像四幅、周恩来像二幅、朱德像二幅（铜版照片）。是一本弥足珍贵的延安影集，展示了我党、我军的一段珍贵历史，揭开了“西安事变”之后红军改编为国民革命军第八路军之初的历史面貌。

37

農友(中)送他的兩個兒子當紅軍.

Maljuna kamparano sendas siajn du filojn al la ruga armeo.

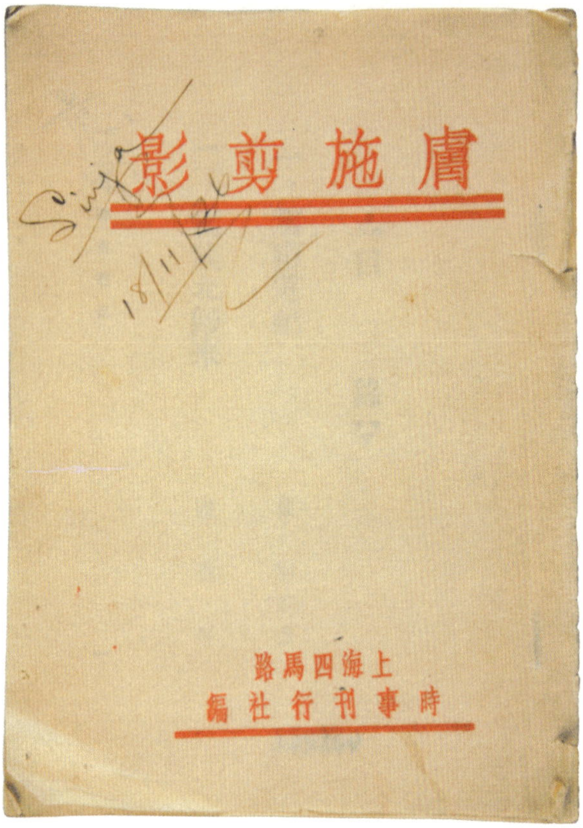


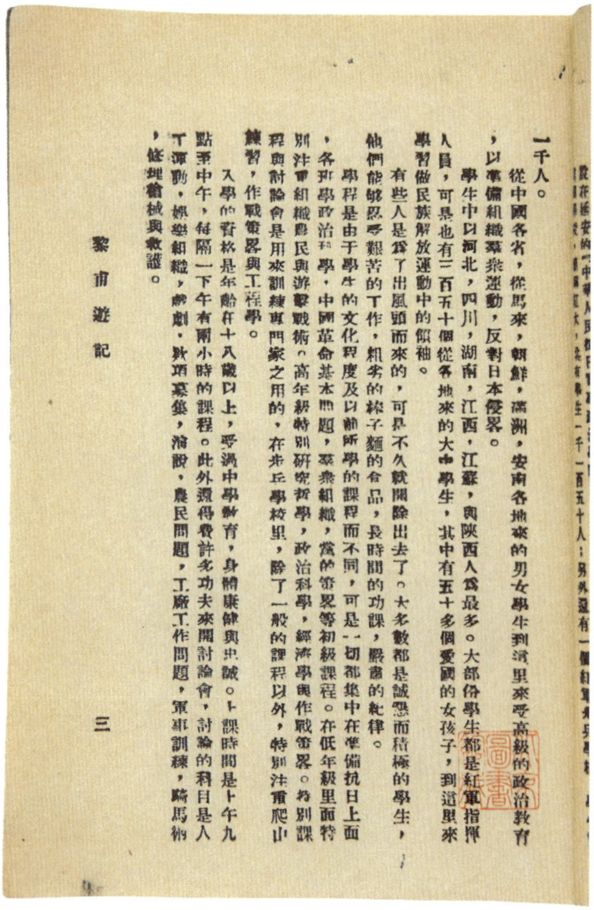

一千人。

從中國各省，從馬來，朝鮮，滿洲，安南各地來的男女學生到這里來受高級的政治教育，以準備組織羣衆運動，反對日本侵畧。

學生中以河北，四川，湖南，江西，江蘇，與陝西人為最多。大部份學生都是紅軍指揮人員，可是也有二百五十個從各地來的大中學生，其中有五十多個愛國的女孩子，到這里來學習做民族解放運動中的領袖。

有些人是為了出風頭而來的，可是不久就開除出去了。大多數都是誠懇而積極的學生，他們能夠忍受艱苦的工作，粗劣的棒子麵的食品，長時間的功課，嚴肅的紀律。

學程是由于學生的文化程度及以前所學的課程而不同，可是一切都集中在準備抗日上面，各班學政治科學，中國革命基本問題，羣衆組織，黨的策畧等初級課程。在低年級里面特別注重組織農民與游擊戰術。高年級特別研究哲學，政治科學，經濟學與作戰策畧。特別課程與討論會是用來訓練專門家之用的，在步兵學校里，除了一般的課程以外，特別注重爬山練習，作戰策畧與工程學。

入學的資格是年齡在十八歲以上，受過中學教育，身體康健與忠誠。上課時間是上午九點至中午，每隔一下午有兩小時的課程。此外還得費許多功夫來開討論會，討論的科目是人工運動，娛樂組織，戲劇，款項募集，演說，農民問題，工廠工作問題，軍事訓練，騎馬術，使用槍械與救護。

黎甫遊記　三

肤施剪影　上海　时事刊行社编

肤施即延安。此书内收时任天津《华北明星报》主笔的美联社记者黎甫的《黎甫游记》和丽亚著《从陕北归来》。内容均反映当时根据地的情况。

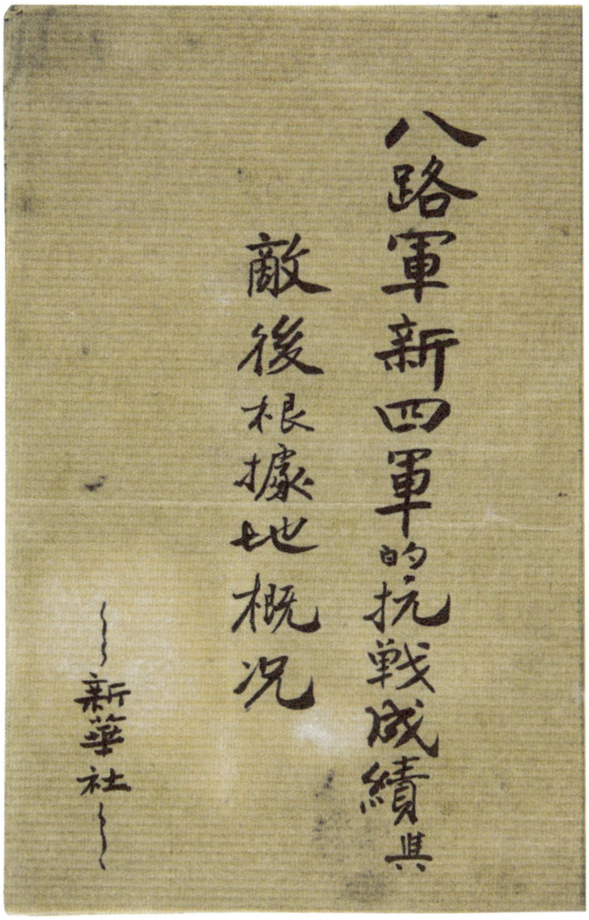


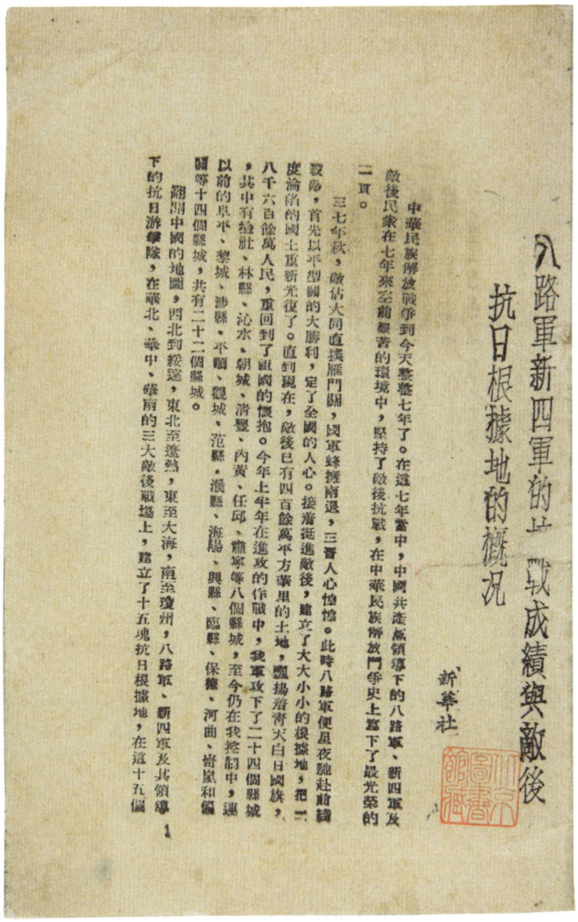
八路軍新四軍的抗戰成績與敵後抗日根據地的概況

新華社

中華民族解放戰爭到今天整整七年了。在這七年當中，中國共產黨領導下的八路軍、新四軍及敵後民衆在七年來空前艱苦的環境中，堅持了敵後抗戰，在中華民族解放鬥爭史上寫下了最光榮的一頁。

三七年秋，敵佔大同直撲雁門關，國軍蜂擁南退，三晉人心惶惶。此時八路軍便星夜馳赴前線殺敵，首先以平型關的大勝利，定了全國的人心。接着挺進敵後，建立了大大小小的根據地，把一度淪陷的國土重新光復了。直到現在，敵後已有四百餘萬平方華里的土地，飄揚着青天白日國旗，八千六百餘萬人民，重回到了祖國的懷抱。今年上半年在進攻的作戰中，我軍攻下了二十四個縣城，其中有榆社、林縣、沁水、朝城、清豐、內黃、任邱、肅寧等八個縣城，至今仍在我控制中，連以前的阜平、黎城、涉縣、平順、觀城、范縣、濮縣、海陽、興縣、臨縣、保德、河曲、岢嵐和偏關等十四個縣城，共有二十二個縣城。

翻開中國的地圖，西北到綏遠，東北至遼熱，東至大海，南至瓊州，八路軍、新四軍及其領導下的抗日游擊隊，在華北、華中、華南的三大敵後戰場上，建立了十五塊抗日根據地，在這十五個

1

八路军、新四军的抗战成绩与敌后根据地概况　延安 新华社

本书收录了新华社编写的《八路军、新四军的抗战成绩与敌后根据地概况》、《战斗中成长的晋绥边区》、《一二九师与晋冀鲁豫边区》、《新山东的成长》、《新四军和华中根据地》和孙元范作《百炼成钢的晋察冀边区》等六篇文章。

西北散记　〔美〕斯诺著　邱瑾译　汉口 战时读物编译社　1938年2月

该书译自斯诺的系列报道。内容包括：抗日大学参观记、人民抗日剧社的演剧、“小鬼”——少年先锋队、红军战斗员的生活、保安生活散记、红军唯一的外国顾问。其中“红军战斗员的生活”一章，讲述了作者亲眼所见红军战士的日常生活情况，以及他们与中国其他军队的不同之处，澄清了某些歪曲事实的污蔑之词。而在“红军唯一的外国顾问”一章中，描述了红军中的外国顾问李德其人，并指出他在指挥红军时所犯下的两大错误。

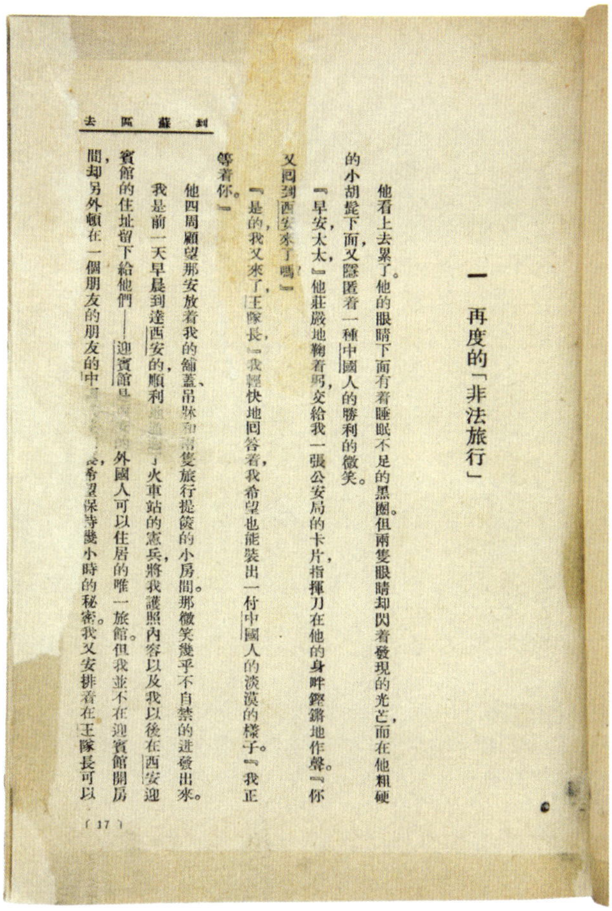

到蘇區去

一　再度的「非法旅行」

他看上去累了。他的眼睛下面有着睡眠不足的黑圈。但兩隻眼睛却閃着發現的光芒，而在他粗硬的小胡髭下面，又隱匿着一種中國人的勝利的微笑。

『早安，太太，』他莊嚴地鞠着躬，交給我一張公安局的卡片，指揮刀在他的身畔鏗鏘地作聲。『你又回到西安來了嗎？』

『是的，我又來了，王隊長，』我輕快地回答着，我希望也能裝出一付中國人的淡漠的樣子。『我正等着你。』

他四周顧望那安放着我的舖蓋、吊牀和那隻旅行提篋的小房間。那微笑幾乎不自禁的迸發出來。

我是前一天早晨到達西安的，順利[illegible]」火車站的憲兵將我護照內容以及我以後在西安迎賓館的住址留下給他們——迎賓館是[illegible]外國人可以住居的唯一旅館。但我並不在迎賓館開房間，却另外頓在一個朋友的朋友的中[illegible]，我希望保持幾小時的秘密。我又安排着在王隊長可以

〔17〕

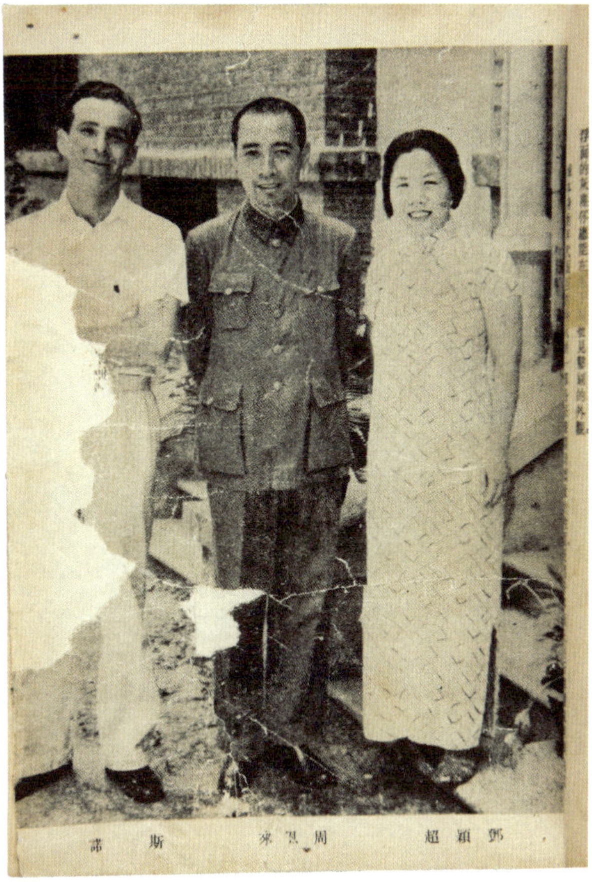

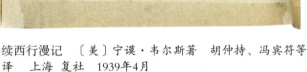

续西行漫记　〔美〕宁谟·韦尔斯著　胡仲持、冯宾符等译　上海　复社　1939年4月

1937年7月，埃德加·斯诺当时的妻子宁谟·韦尔斯冲破重重阻碍，从北平到西安，再辗转到达延安。在访问陕甘宁边区期间，她报道了毛泽东、周恩来、朱德、彭德怀、张闻天等中国共产党领导人，也报道了蔡畅、刘群先、康克清和丁玲等杰出女性，以较大篇幅介绍了中国妇女与革命。

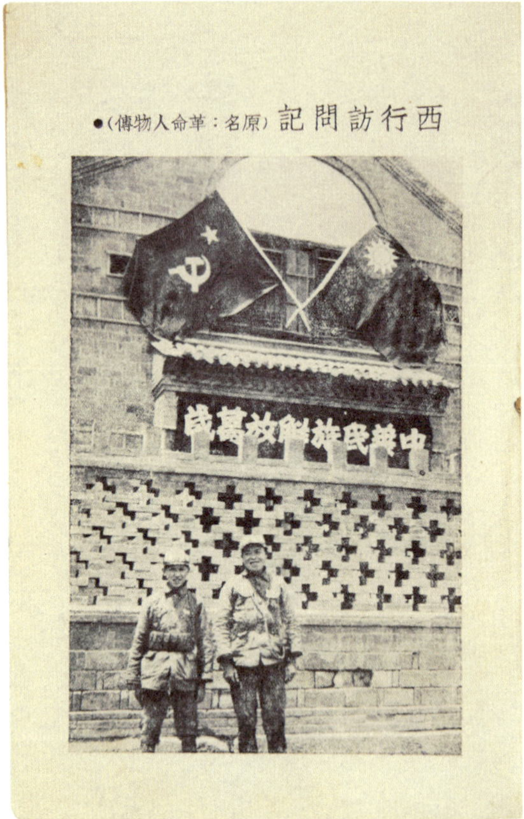


西行访问记　〔美〕宁谟·韦尔斯著　华侃译　上海译社独立出版公司　1939年4月

《西行访问记》原名《革命人物传》，作者宁谟·韦尔斯是埃德加·斯诺的夫人。韦尔斯在1937年5月到延安，在延安度过了一个夏天。在此期间，她与中共和红军高层领导人作了详细长谈。这部《西行访问记》是红军中许多重要领袖的自传，附加作者的印象和观感。

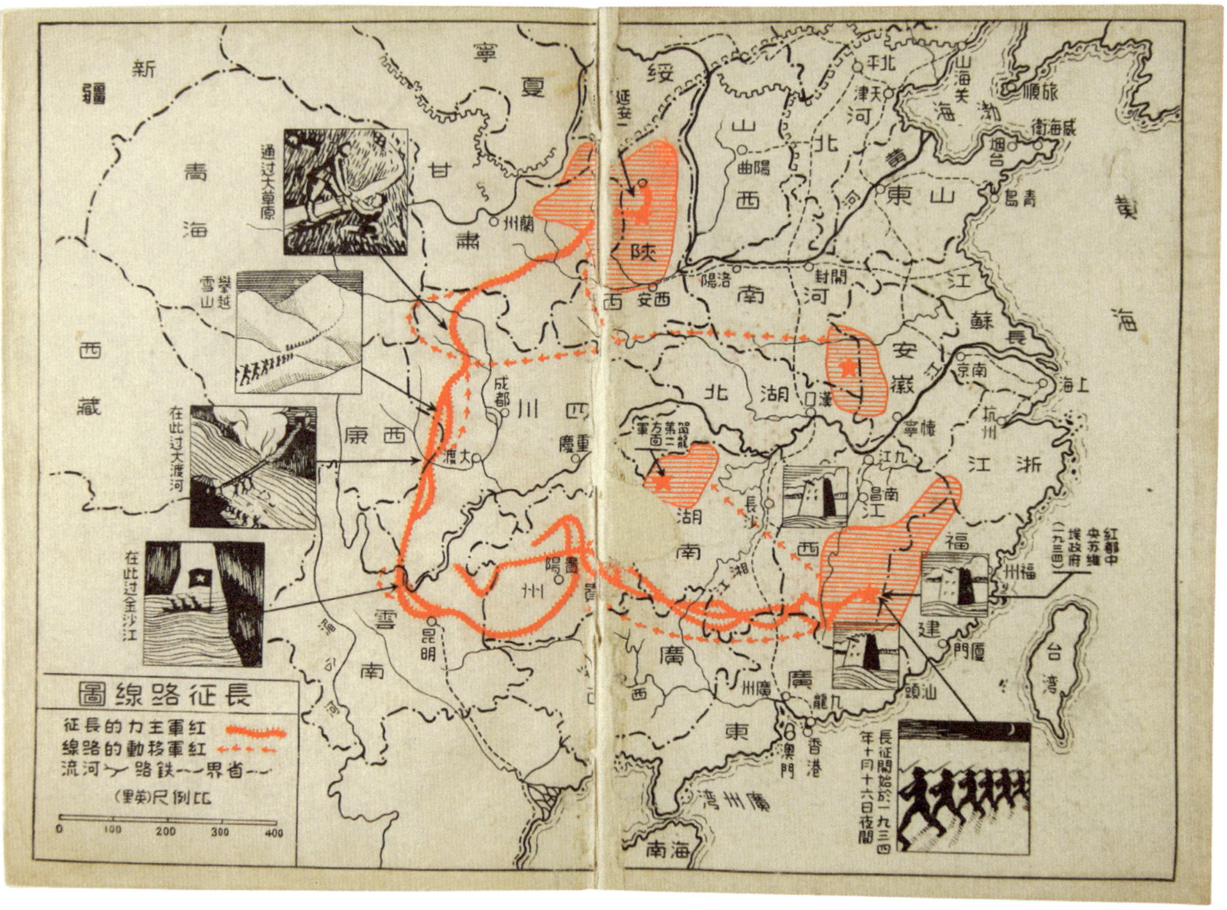

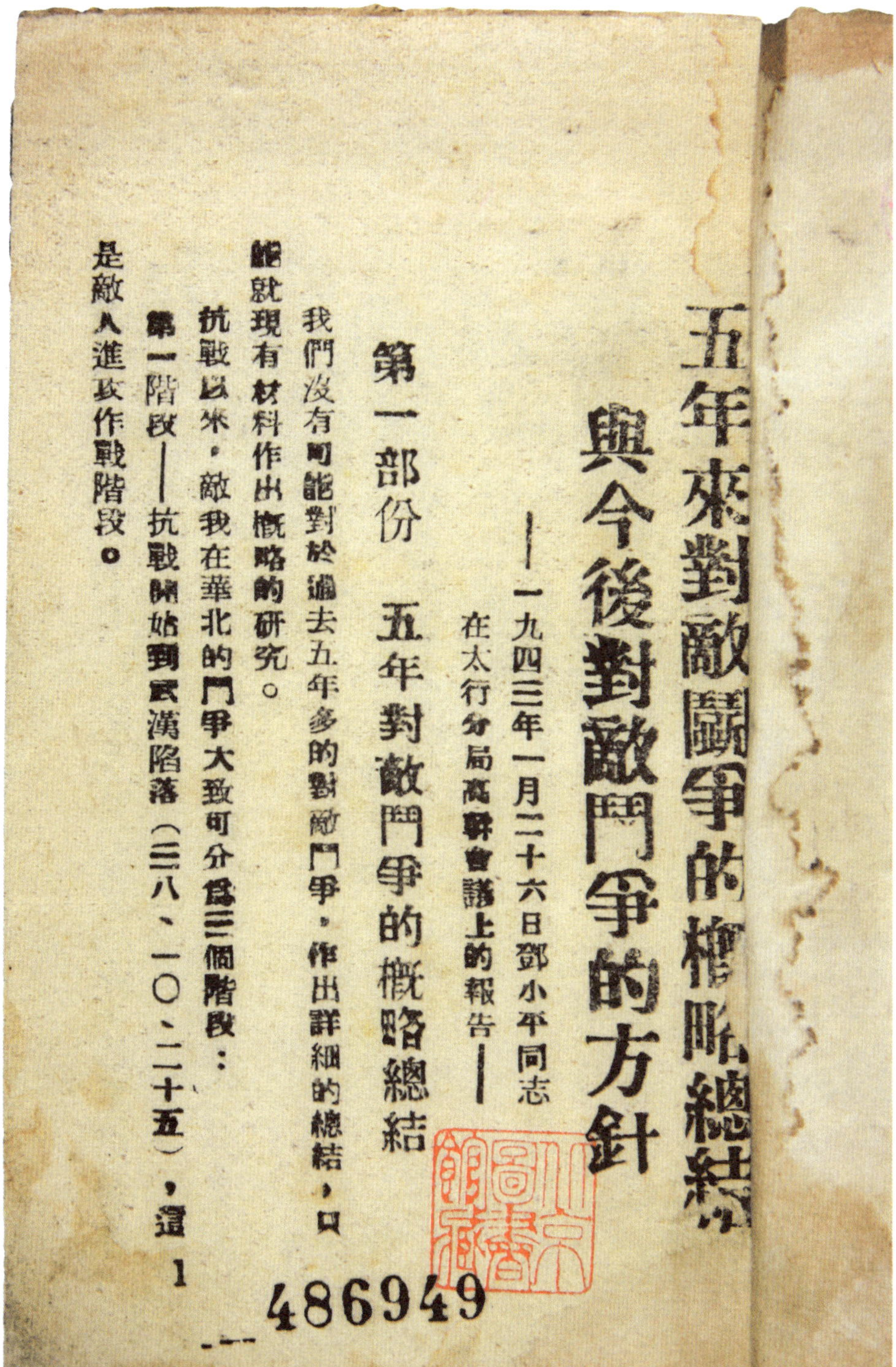
五年來對敵鬪爭的概略總結
與今後對敵鬥爭的方針
——一九四三年一月二十六日鄧小平同志
在太行分局高幹會議上的報告——

第一部份　五年對敵鬥爭的概略總結

我們沒有可能對於過去五年多的對敵鬥爭，作出詳細的總結，只能就現有材料作出概略的研究。

抗戰以來，敵我在華北的鬥爭大致可分爲三個階段：

第一階段——抗戰開始到武漢陷落（二八、一〇、二十五），這是敵人進攻作戰階段。

1

486949

五年来对敌斗争的概略总结与今后对敌斗争的方针：一九四三年一月二十六日邓小平同志在太行分局高干会议上的报告　邓小平　中共山东分局胶东第三区党委宣传部　1943年1月

报告提出了对敌斗争和根据地建设的主要任务是贯彻实行民主政治，深入发动群众运动，强化普遍的群众性的游击战争，发展生产，建设自给自足的经济，开展敌占区和游击区的工作，开展整风运动和加强一元化的领导。

翻身　任迁桥画　莒南 山东新华书店 1944年

1942年，任迁桥根据山东大店出鹰殡事件创作的连环画《翻身》，是山东解放区第一本连环画，荣获省文协“五月征文”、“七月征文”一等奖，中共滨海区党委宣传部部长王众音亲自在《滨海农村》报一期头版撰文褒扬。任迁桥还创作了连环画《一斤棉花发家》、《人间地狱》、《变工》、《连长何万祥》等。

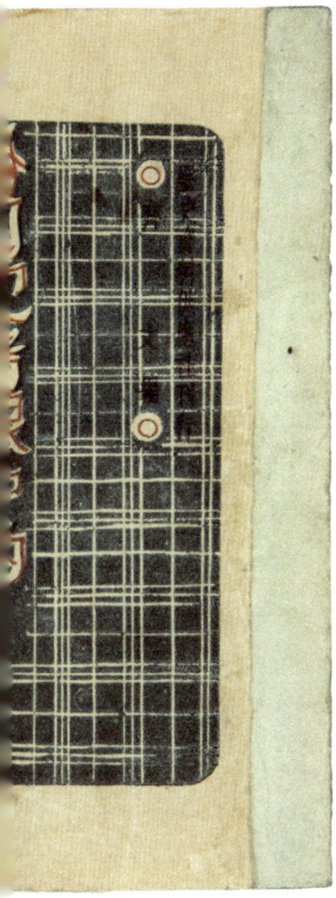

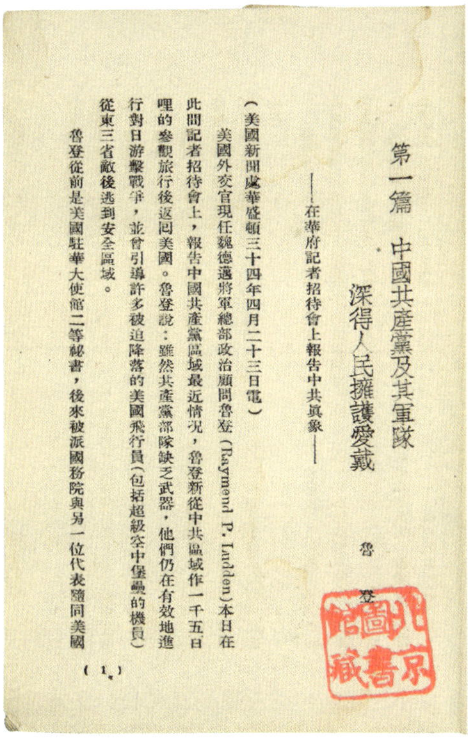

第一篇　中國共產黨及其軍隊深得人民擁護愛戴

魯登

——在華府記者招待會上報告中共真象——

（美國新聞處華盛頓三十四年四月二十三日電）

美國外交官現任魏德邁將軍總部政治顧問魯登（Raymend P. Ludden）本日在此間記者招待會上，報告中國共產黨區域最近情況，魯登新從中共區域作一千五百哩的參觀旅行後返回美國。魯登說：雖然共產黨部隊缺乏武器，他們仍在有效地進行對日游擊戰爭，並曾引導許多被迫降落的美國飛行員（包括超級空中堡壘的機員）從東三省敵後逃到安全區域。

魯登從前是美國駐華大使館二等祕書，後來被派國務院與另一位代表隨同美國

（1）



外国记者眼中的延安及解放区　〔美〕鲁登·爱波斯坦等著　齐文编　历史资料供应社　1946年1月

1944年5月，得到当局的允许，中外记者访问团从重庆出发，经过西安到达延安，先后在延安住了两三个月至五六个月不等，一部分外国记者还到了晋绥解放区。《外国记者眼中的延安及解放区》中搜集的即是外国记者对延安及解放区的报道，也有些是被解放区营救的盟国飞行员的感想。

中国解放区见闻　〔美〕福尔曼著　朱进译　重庆学术社　1946年2月

美国记者哈里森·福尔曼冲破重重阻碍，从国民党控制下的重庆一路北上，到达延安及中国共产党领导的华北抗日根据地进行战地采访，写下《中国解放区见闻》等文章。该书是福尔曼根据在解放区的所见所闻撰写的小说，书中内容包括：重庆的缄默、那是集中营吗、踏进赤区、延安、这是共产主义吗等文章。

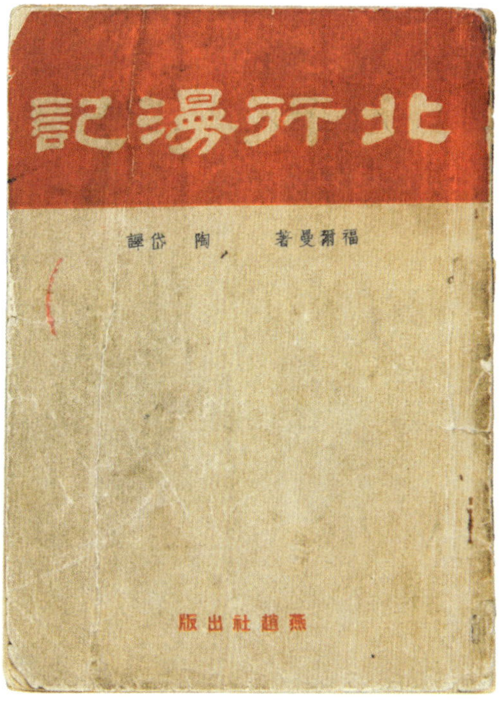


北行漫记　〔美〕福尔曼著　陶岱译　北平　燕赵社　1946年12月

原名《红色中国报道》，被誉为《西行漫记》的姊妹篇。1944年，美国记者哈里森·福尔曼从重庆北上到达延安及中国共产党领导的华北抗日根据地进行战地采访。其作品不仅描写了毛泽东、朱德、聂荣臻等政治人物，而且将目光投向普通八路军战士、少先队员和儿童团员。

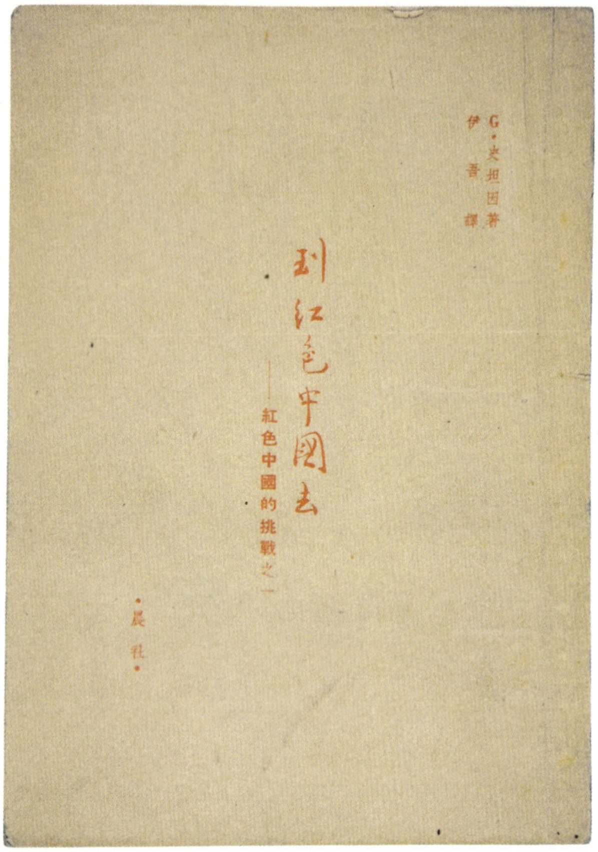


《红色中国的挑战》系列丛书　[美]冈瑟·斯坦（Gunther Stein）著　上海晨社　1946年

这套丛书是美国著名记者冈瑟·斯坦（Gunther Stein）报道抗日战争后期中国共产党领导的抗日根据地人民斗争和生活的作品集，较为真实地反映了当时外国记者眼中的中国革命根据地的现状，详细记述了延安的政治、经济、军事、文化、外交政策，以及农、工、商各业的状况，同时将延安和重庆、抗日根据地与国民党统治区、共产党与国民党等作了对比，以事实澄清了国民党许多造谣和歪曲宣传。此书于1945年在英美出版后，即引起人们的关注，使外界对中国共产党和中国革命有了正确了解。

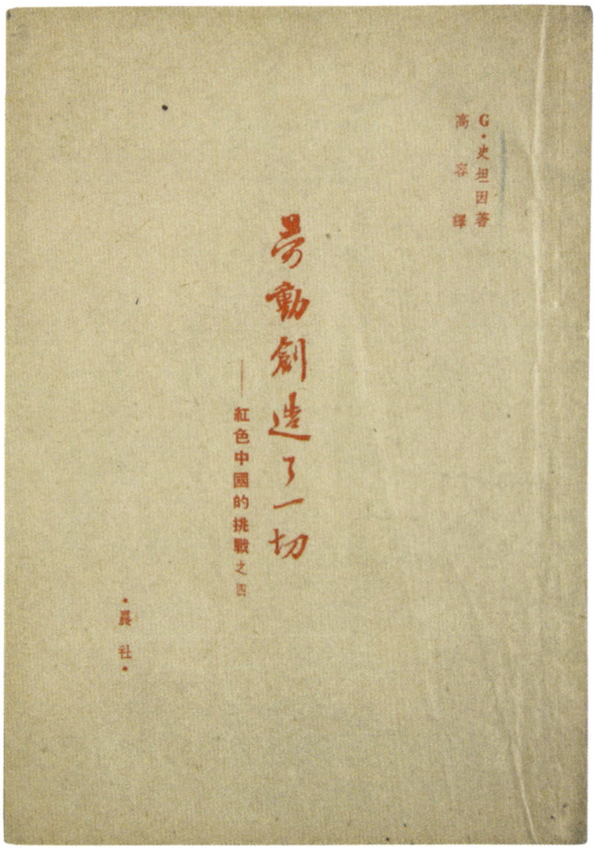


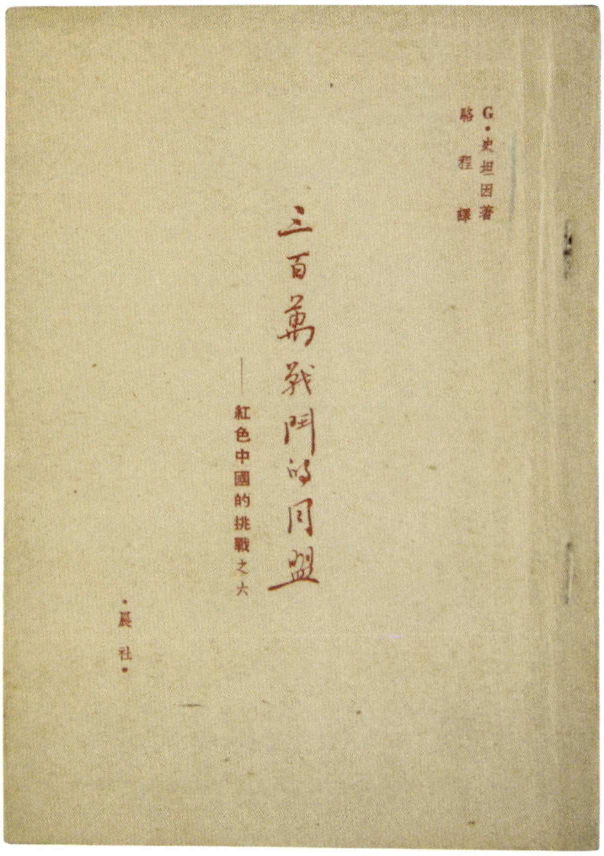

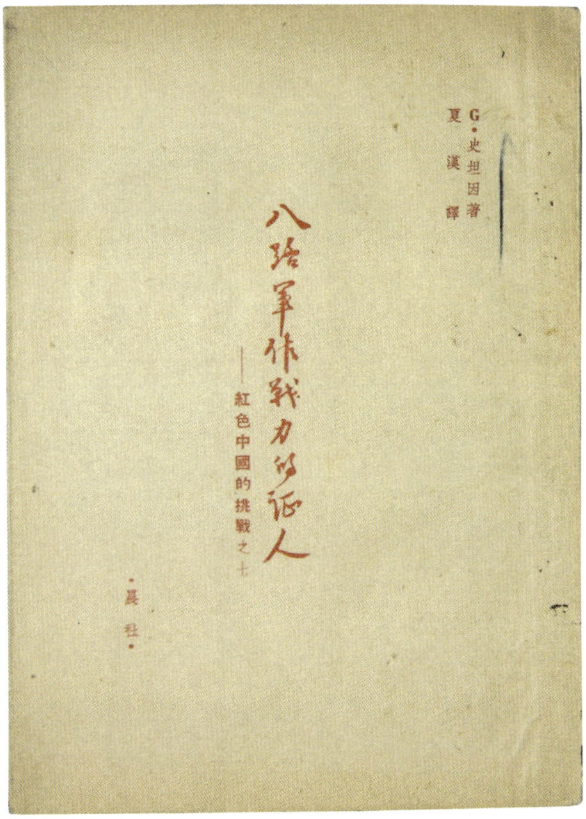
G·史坦因著
夏漢譯
八路軍作戰力的證人
——紅色中國的挑戰之七
·晨社·

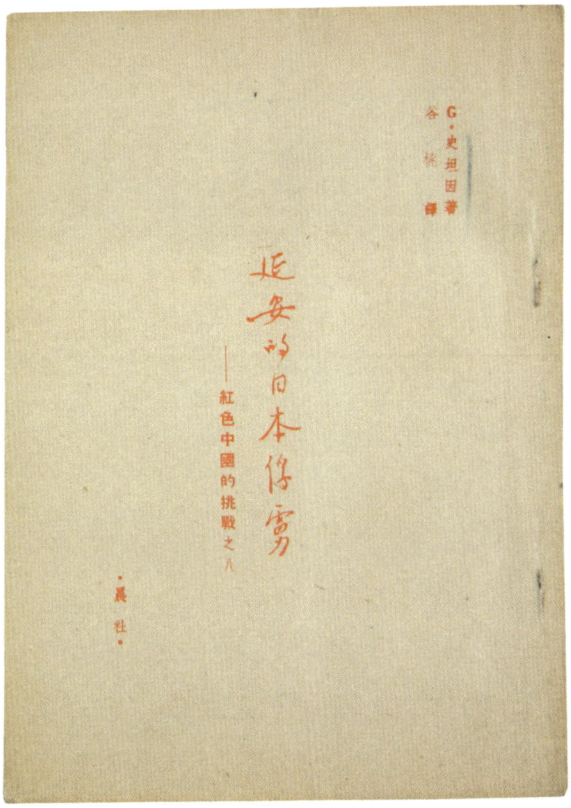
G·史坦因著
延安的日本俘虜
——紅色中國的挑戰之八
·晨社·

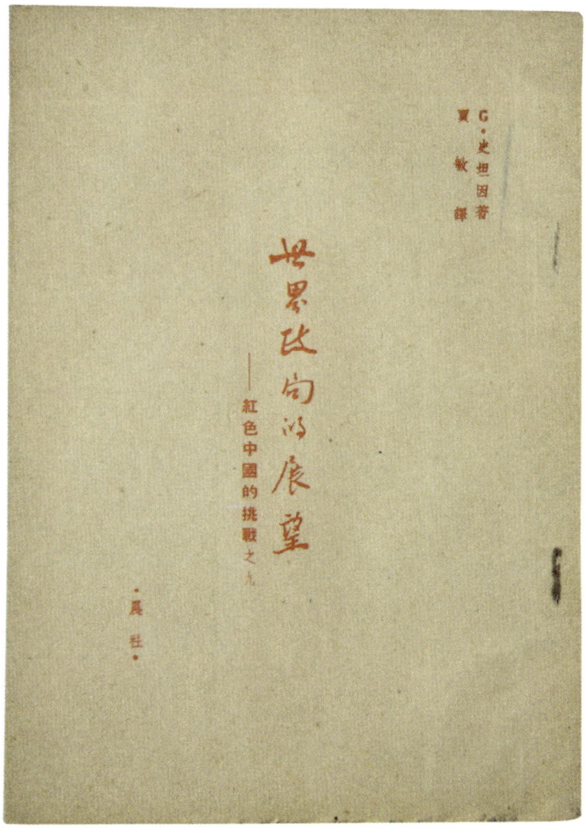
G·史坦因著
夏敏譯
世界政局的展望
——紅色中國的挑戰之九
·晨社·

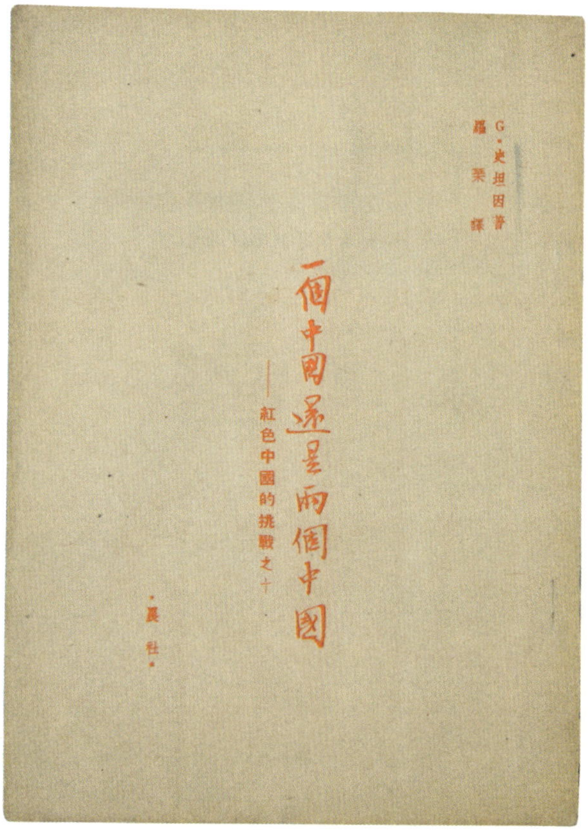
G·史坦因著
一個中國還是兩個中國
——紅色中國的挑戰之十
·晨社·

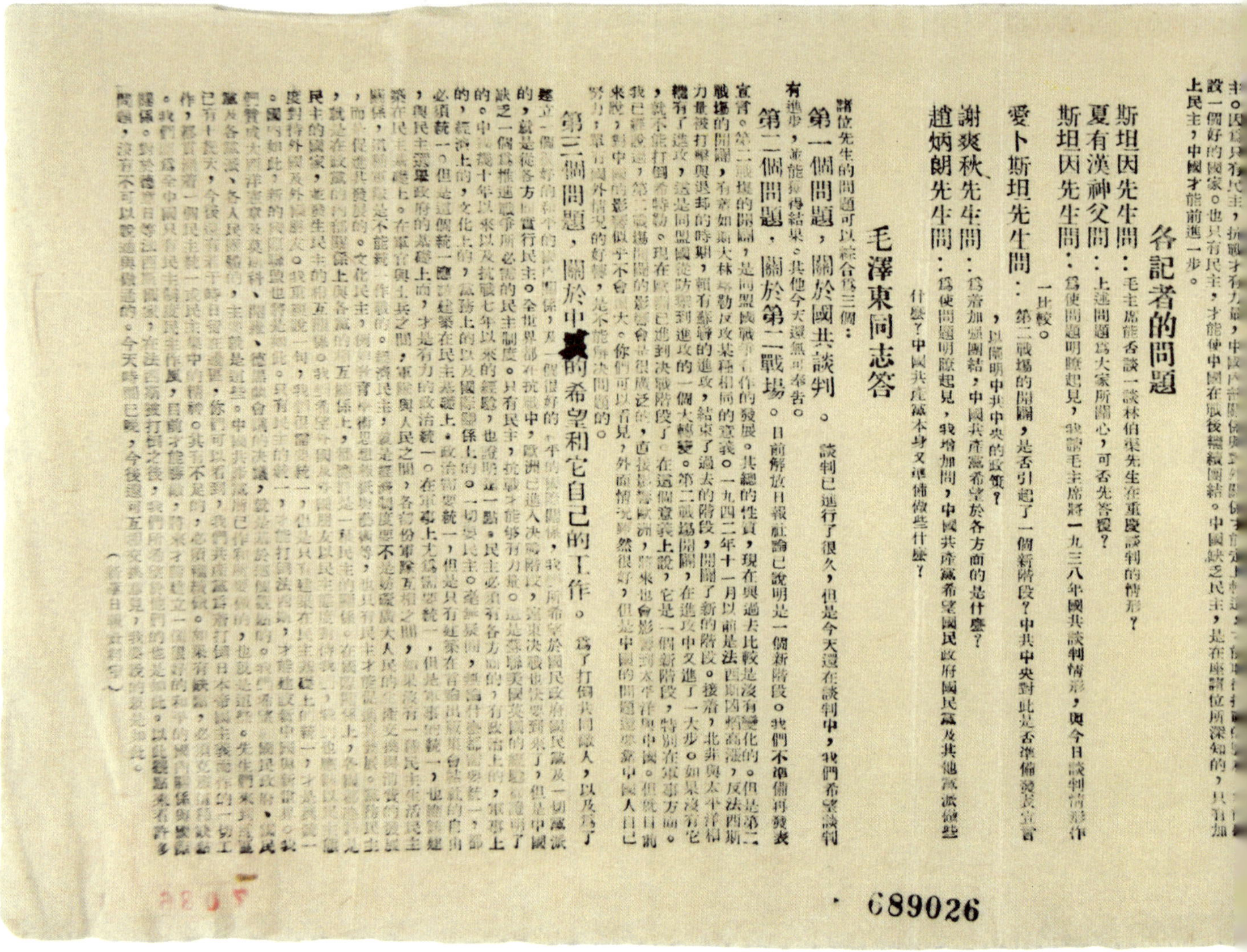
……主。因爲只有民主，抗戰才有力量，中國內部關係與對外關係才能走上軌道，才能打敗日本……建設一個好的國家。也只有民主，才能使中國在戰後繼續團結。中國缺乏民主，是在座諸位所深知的，只有加上民主，中國才能前進一步。

## 各記者的問題

斯坦因先生問：毛主席能否談一談林伯渠先生在重慶談判的情形？

夏有漢神父問：上述問題爲大家所關心，可否先答覆？

斯坦因先生問：爲使問題明瞭起見，我請毛主席將一九三八年國共談判情形，與今日談判情形作一比較。

愛卜斯坦先生問：第二戰場的開闢，是否引起了一個新階段？中共中央對此是否準備發表宣言，以闡明中共中央的政策？

謝爽秋先生問：爲着加强團結，中國共產黨希望於各方面的是什麼？

趙炳朗先生問：爲使問題明瞭起見，我增加問，中國共產黨希望國民政府國民黨及其他黨派做些什麼？中國共產黨本身又準備做些什麼？

## 毛澤東同志答

諸位先生的問題可以綜合爲三個：

第一個問題，關於國共談判。談判已進行了很久，但是今天還在談判中，我們希望談判有進步，並能獲得結果。其他今天還無可奉告。

第二個問題，關於第二戰場。日前解放日報社論已說明是一個新階段。我們不準備再發表宣言。第二戰場的開闢，是同盟國戰爭合作的發展。共總的性質，現在與過去比較是沒有變化的。但是第二戰場的開闢，有着如斯大林格勒反攻某種相同的意義。一九四二年十一月以前是法西斯猖獗的階段，反法西斯力量被打擊與退却的時期，經有蘇聯的進攻，結束了過去的階段，開闢了新的階段。接着，北非與太平洋相繼有了進攻，這是同盟國從防禦到進攻的一個大轉變。第二戰場開闢，在進攻中又進了一大步。如果沒有它，就不能打倒希特勒。現在歐洲已進到決戰階段了。在這個意義上說，它是一個新階段，特別在軍事方面。我已經說過，第二戰場開闢的影響會是很廣泛的，直接影響歐洲，將來也會影響到太平洋與中國。但就目前來說，對中國的影響似乎不會很大。你們可以看見，外面情況雖然很好，但是中國的問題還要靠中國人自己努力，靠有國外情況的好轉，是不能解決問題的。

第三個問題，關於中共的希望和它自己的工作。爲了打倒共同敵人，以及爲了建立一個[illegible]好的和平的[illegible]關係，我們所希望於國民政府國民黨及一切黨派的，就是從各方面實行民主。全世界都在抗戰中，歐洲已進入決戰階段，遠東決戰也快要到來了，但是中國缺乏一個爲推進戰爭所必需的民主制度。只有民主，抗戰才能夠有力量。這是蘇聯美國英國的經驗都證明了的。中國幾十年以來以及抗戰七年以來的經驗，也證明這一點。民主必須是各方面的，有政治上的，軍事上的，經濟上的，文化上的，黨務上的以及國際關係上的。一切要民主。毫無疑問，無論什麼都需要統一，都必須統一。但是這個統一應該建築在民主基礎上。政治需要統一，但是只有建築在言論出版集會結社的自由與民主選舉政府的基礎上面，才是有力的政治統一。在軍事上尤爲需要統一，但是軍事的統一，也應該建築在民主基礎上。在軍官與士兵之間，軍隊與人民之間，各部份軍隊互相之間，如果沒有一種民主生活民主關係，這種軍隊是不能統一作戰的。經濟民主，就是經濟制度要不是妨礙廣大人民的生產交換與消費的發展，而是促進其發展的。文化民主，例如教育學術思想新聞與藝術等，也只有民主才能促進其發展。黨務民主，就是在政黨的內部關係上與各黨的相互關係上，都應該是一種民主的關係。在國際關係上，各國都應該以民主的國家，並發生民主的相互關係。我們希望外國及外國朋友以民主態度對待我們，我們也以民主態度對待外國及外國朋友。我願意說一句，我們很需要統一，但是只有建築在民主基礎上的統一，才是真統一。國內如此，新的國際聯盟也[illegible]如此。只有民主的統一，才能打倒法西斯，才能建設新中國與新世界。我們贊成大西洋憲章及莫斯科、開羅、德黑蘭會議的決議，就是基於這個觀點的。我們希望國民政府、國民黨及各黨派、各人民團體的，主要就是這些。中國共產黨所已作和所要做的，也就是這些。先生們來到延安已有十幾天，今後還有若干時日留在邊區，你們可以看到，我們共產黨員看着打倒日本帝國主義而作的一切工作，都貫徹着一個民主統一或民主集中的精神。共有不足的，必須繼續做。如果有缺點，必須克服這種缺點。我們認爲全中國只有民主制度民主作風，目前才能勝敵，將來才能建立一個良好的和平的與內部關係與國際關係。對於德意日等法西斯國家，在法西斯被打倒之後，我們所希望於他們的也是如此。以此觀點來看許多問題，沒有不可以說通與做通的。今天時間已晚，今後還可互相交換意見，我要說的就是如此。

（新華日報資料室）

689026

接见中外记者参观团毛泽东论中国需要民主兼论第二战场的意义和影响　新华日报资料室编　1944年6月

1944年6月12日，毛泽东接见中外记者西北参观团并接受采访。毛泽东针对斯坦因、爱泼斯坦、谢爽秋、赵炳朗等人提出的问题进行了回答，主要涉及国共谈判、第二战场、关于中共的希望和它自己的工作等方面的问题，传达了中国共产党的民主、团结等各项政策。

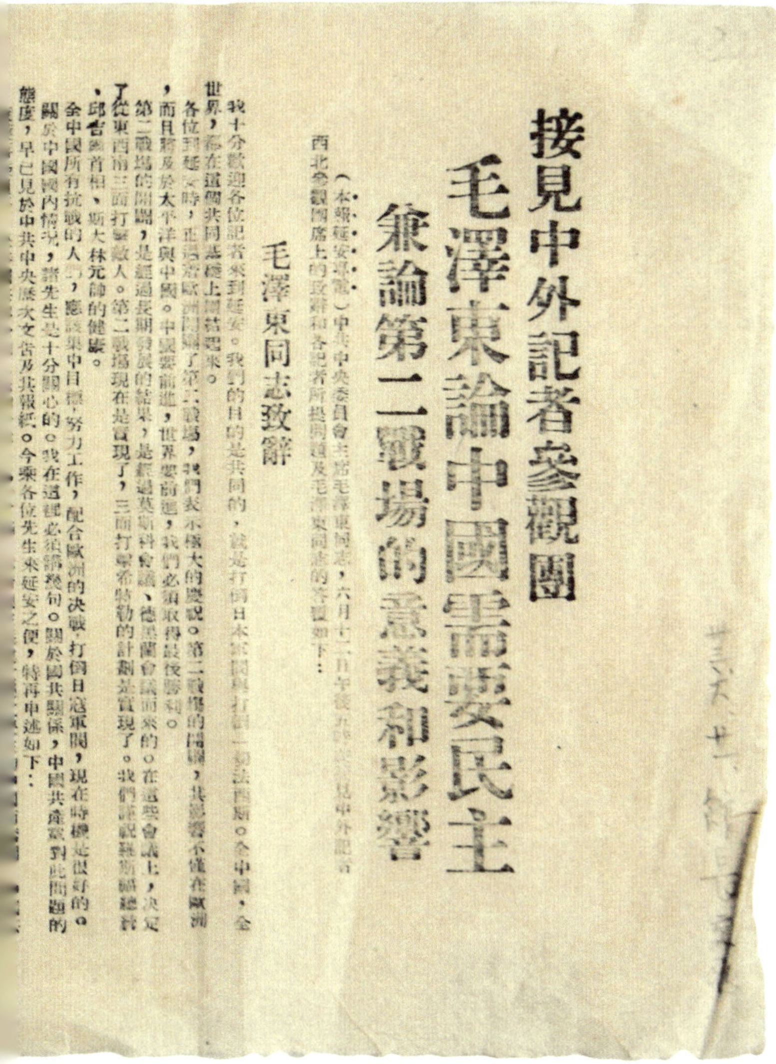

接見中外記者參觀團
毛澤東論中國需要民主
兼論第二戰場的意義和影響

（本報延安專電）中共中央委員會主席毛澤東同志，六月十二日午後五時[illegible]見中外記者西北參觀團席上的致辭和各記者所提問題及毛澤東同志的答覆如下：

毛澤東同志致辭

我十分歡迎各位記者來到延安。我們的目的是共同的，就是打倒日本帝國主義，打倒一切法西斯。全中國，全世界，都在這個共同基礎上團結起來。各位到延安時，正遇着歐洲開闢了第二戰場，我們表示極大的慶祝。第二戰場的開闢，其影響不僅在歐洲，而且將及於太平洋與中國。中國要前進，世界要前進，我們必須取得最後勝利。第二戰場的開闢，是經過長期發展的結果，是經過莫斯科會議、德黑蘭會議而來的。在這些會議上，決定了從東西南三面打擊敵人。第二戰場現在是實現了，三面打擊希特勒的計劃是實現了。我們請祝羅斯福總統、邱吉爾首相、斯大林元帥的健康。

全中國所有抗戰的人們，應該集中目標，努力工作，配合歐洲的決戰，打倒日寇軍閥，現在時機是很好的。關於中國國內情況，諸先生是十分關心的。我在這裡必須講幾句。關於國共關係，中國共產黨對此問題的態度，早已見於中共中央歷次文告及其報紙。今乘各位先生來延安之便，特再申述如下：

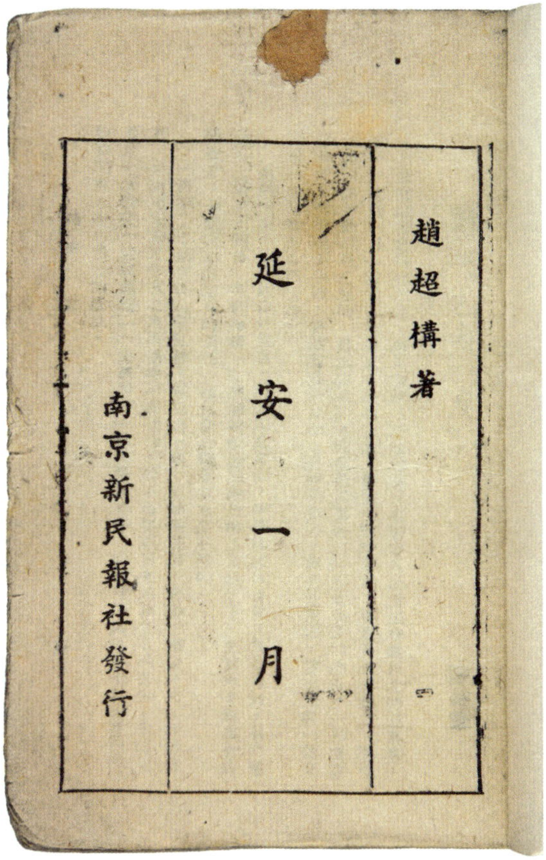

趙超構著

延安一月

南京新民報社發行

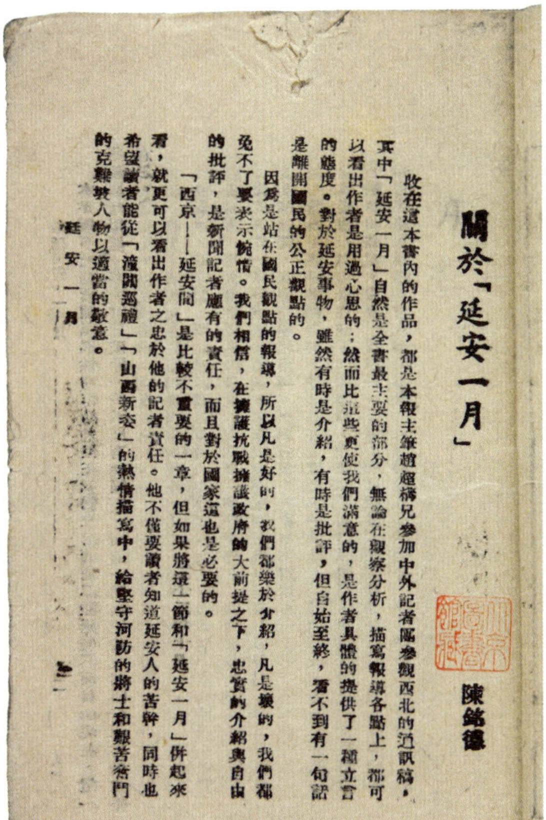

關於「延安一月」

陳銘德

收在這本書內的作品，都是本報主筆趙超構兄參加中外記者團參觀西北的通訊稿，其中「延安一月」自然是全書最主要的部分，無論在觀察分析，描寫報導各點上，都可以看出作者是用過心思的；然而比這些更使我們滿意的，是作者具體的提供了一種立言的態度。對於延安事物，雖然有時是介紹，有時是批評，但自始至終，看不到有一句話是離開國民的公正觀點的。

因為是站在國民觀點的報導，所以凡是好的，我們都樂於介紹，凡是壞的，我們都免不了要表示惋惜。我們相信，在擁護抗戰擁護政府的大前提之下，忠實的介紹與自由的批評，是新聞記者應有的責任，而且對於國家這也是必要的。

「西京——延安間」是比較不重要的一章，但如果將這一節和「延安一月」併起來看，就更可以看出作者之忠於他的記者責任。他不僅要讀者知道延安人的苦幹，同時也希望讀者能從「潼關遊禮」「山西新姿」的熱情描寫中，給堅守河防的將士和艱苦奮鬥的克難英人物以適當的敬意。

延安一月　一

延安一月　赵超构著　南京新民报社　1945年1月

《延安一月》是重庆《新民报》主笔赵超构于1944年发表的当时延安的见闻，客观真实地记录了“红色首都”的方方面面，以浓墨重彩介绍了毛泽东、朱德这两位风云人物。

毛泽东设宴欢迎黄炎培等六位国民参政会参政员。

延安归来　黄炎培著　威县 冀南书店 1945年

1945年访问延安期间，黄炎培与毛泽东等中共领导人作了十多个小时的长谈。其中与毛泽东关于历史上兴亡周期率的著名对话，意义深远，被人们称为“延安窑洞对”。为了向民众介绍他们在延安访问时的所见所闻和所思所想，黄炎培返渝后出版了《延安归来》一书。

## 新民主主义理论体系的形成

1939年底至1940年初，毛泽东先后发表《〈共产党人〉发刊词》、《中国革命和中国共产党》、《新民主主义论》等重要著作，提出新民主主义的科学概念，并进行了系统阐述，标志着马克思列宁主义基本原理同中国革命具体实践相结合的毛泽东思想有了进一步的发展。

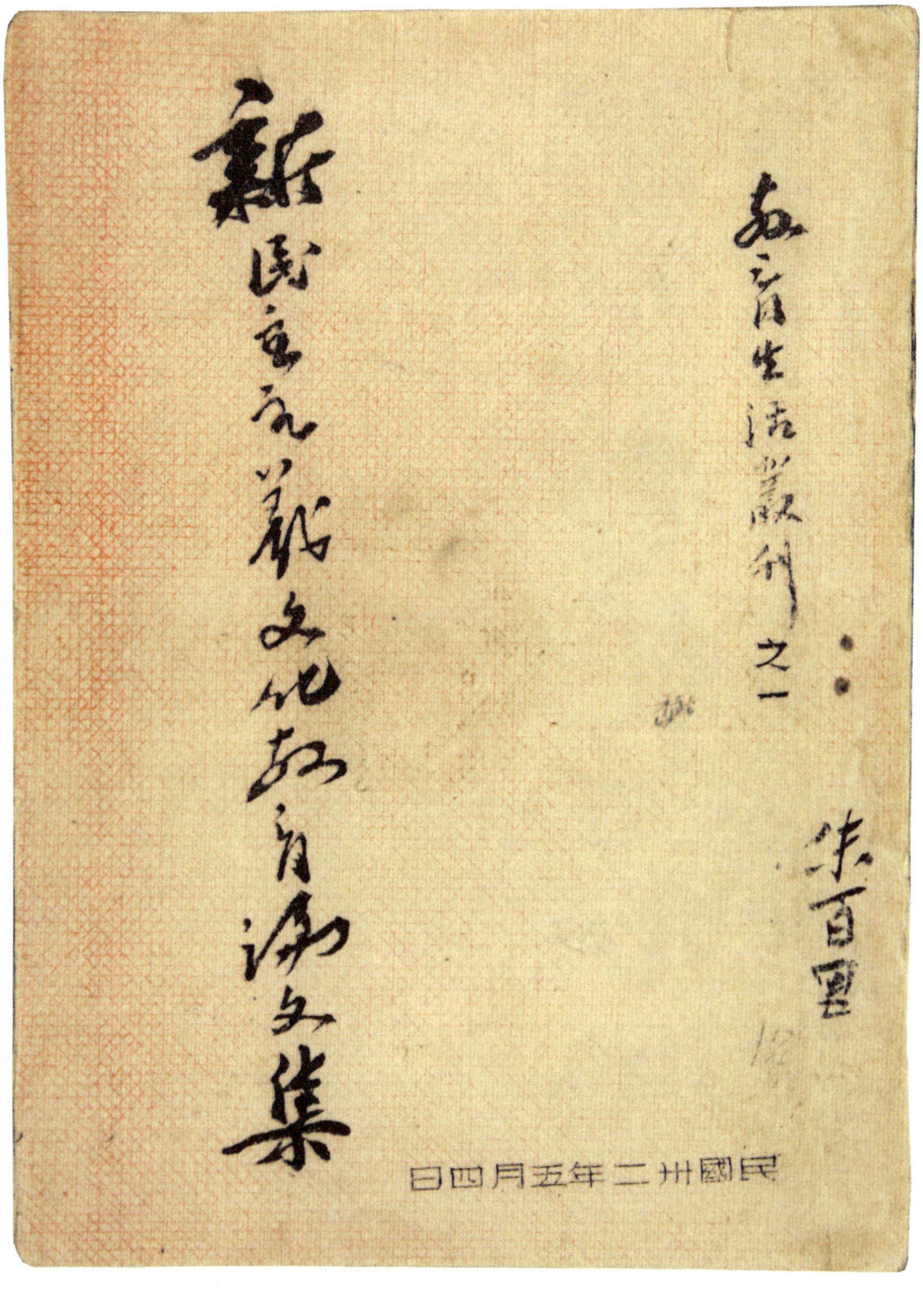


新民主主义文化教育论文集　毛泽东、张闻天等著　1943年5月

内容包括：1、毛泽东《论新民主主义文化》；2、张闻天《抗战以来中华民族的新文化运动与今后任务》；3、《中共中央关于开展抗日民主根据地国民教育的指示》；4、陈毅《关于文化运动的意见》；5、彭康《新民主主义文化运动》；6、刘少奇《华北文化协会的任务》。

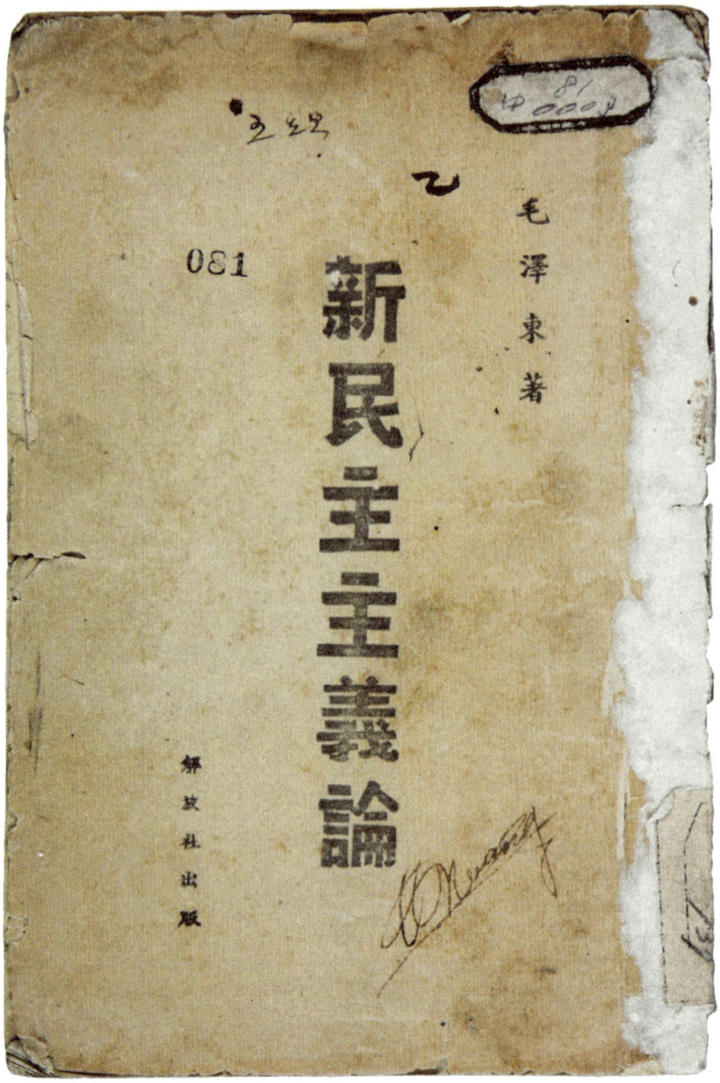

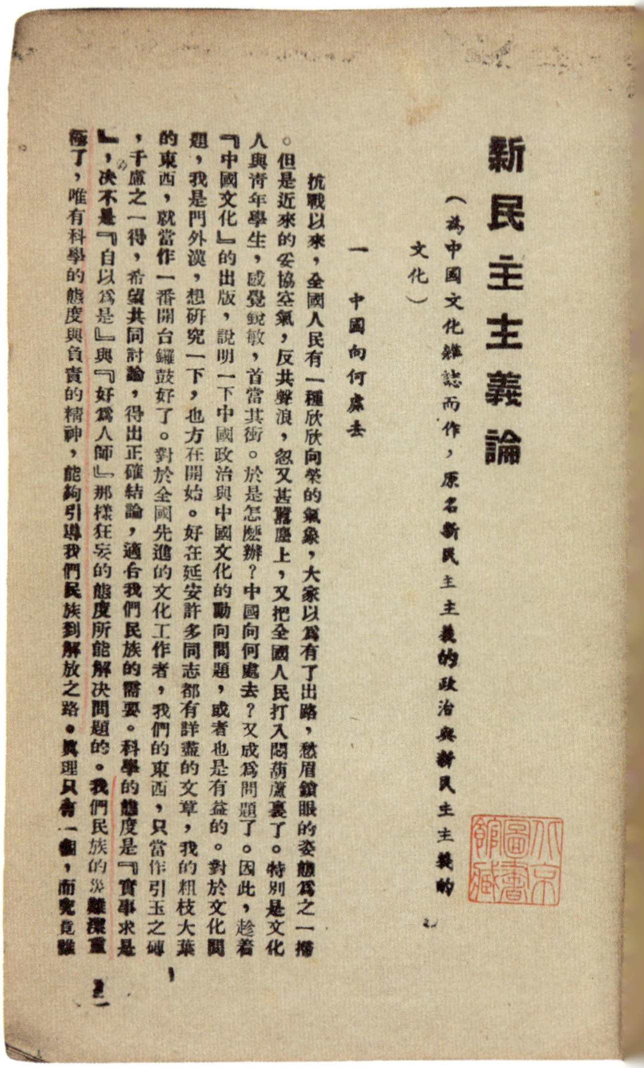

新民主主义论　毛泽东著　延安 解放社　1940年3月

《新民主主义论》是毛泽东思想的重要篇章，是我党重要思想理论，包括“中国向何处去”、“新民主主义的政治”等15个短篇。《新民主主义论》提出了新民主主义革命论。书中强调当时的中国革命是特殊的新式的资产阶级民主革命，即新民主主义革命。认为“中国革命分为两个历史阶段，而其第一阶段是新民主主义的革命，这是中国革命的新的历史特点”。在书中，毛泽东运用马克思主义关于经济基础和上层建筑的辩证关系的原理，根据中国国情，全面制定了新民主主义的政治、经济和文化纲领，阐明了它们之间的辩证关系，对于如何正确认识社会主义的政治、经济和文化的关系，以及物质文明与精神文明建设的关系，都有重大的指导作用。本书收入的是各时期的版本及伪装本。

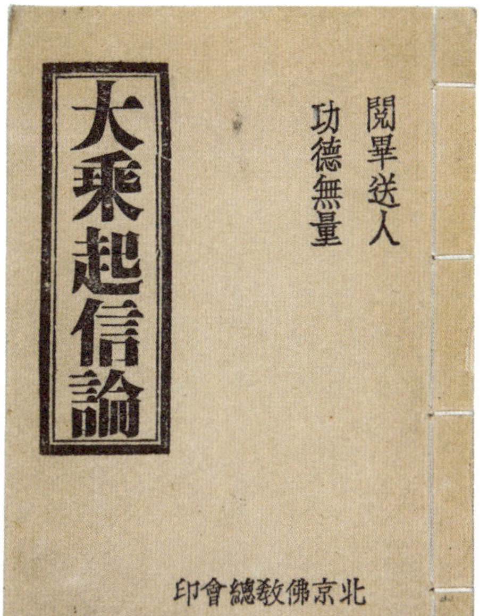


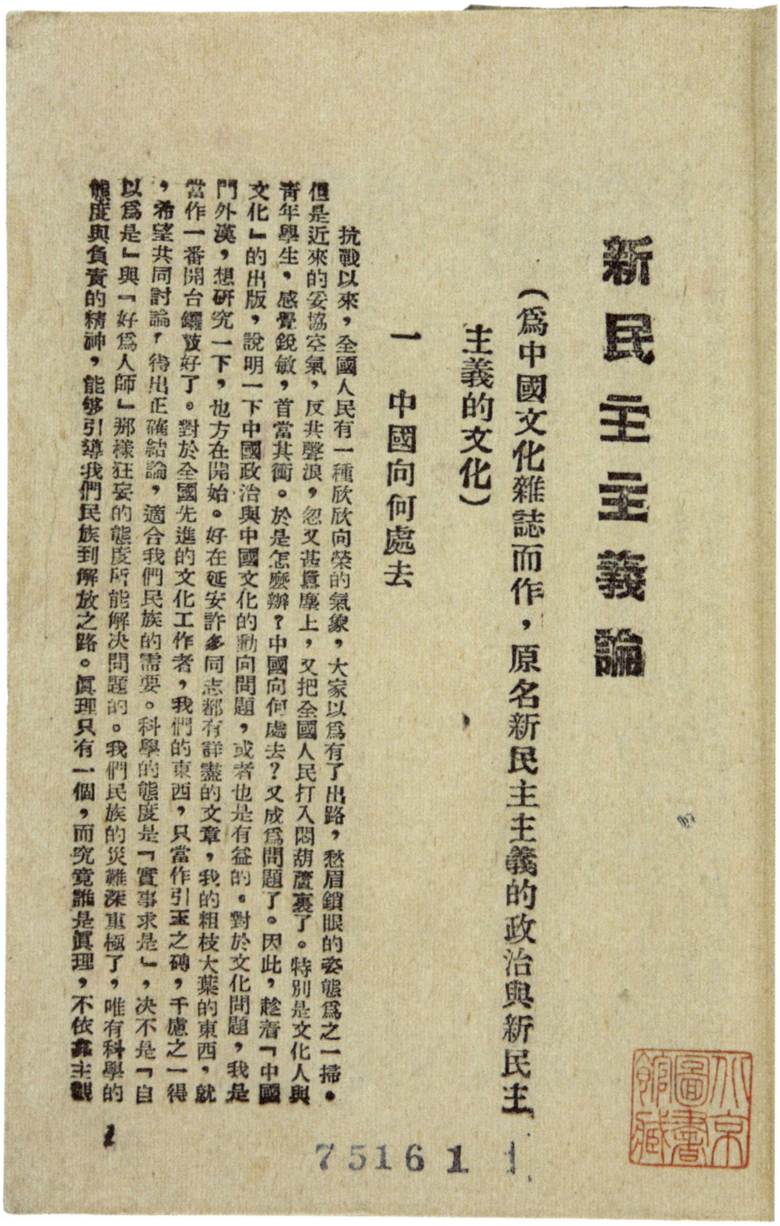

# 新民主主義論

（爲中國文化雜誌而作，原名新民主主義的政治與新民主主義的文化）

## 一　中國向何處去

抗戰以來，全國人民有一種欣欣向榮的氣象，大家以爲有了出路，愁眉鎖眼的姿態爲之一掃。但是近來的妥協空氣，反共聲浪，忽又甚囂塵上，又把全國人民打入悶葫蘆裏了。特別是文化人與青年學生，感覺銳敏，首當其衝。於是怎麽辦？中國向何處去？又成爲問題了。因此，趁着「中國文化」的出版，說明一下中國政治與中國文化的動向問題，或者也是有益的。對於文化問題，我是門外漢，想研究一下，也方在開始。好在延安許多同志都有詳盡的文章，我的粗枝大葉的東西，就當作一番開台鑼鼓好了。對於全國先進的文化工作者，我們的東西，只當作引玉之磚，千慮之一得，希望共同討論，得出正確結論，適合我們民族的需要。科學的態度是「實事求是」，決不是「自以爲是」與「好爲人師」那樣狂妄的態度所能解決問題的。我們民族的災難深重極了，唯有科學的態度與負責的精神，能够引導我們民族到解放之路。眞理只有一個，而究竟誰是眞理，不依靠主觀

1



新民主主义论　毛泽东著　封面伪装题名为“大乘起信论”，伪托“北京佛教总会印”

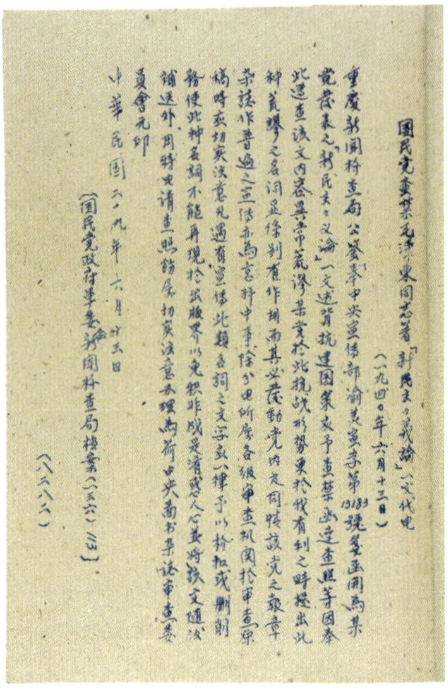
国民党查禁毛泽东同志著「新民主主义论」一文代电
（一九四〇年六月十三日）
重庆新闻检查局公鉴：奉中央宣传部渝吏宣字第13183号笺函开：为共党发表之「新民主主义论」一文，违背抗建国策，妄争查禁，函送查照等因。奉此。查该文内容异常荒谬，共党于此抗战形势更于我有利之时，提出此种荒谬之名词，显系别有作用，而其必欲动党内又同情该党之报章杂志作普遍之宣传，亦为意料中事。除分电所属各级审查机关于审查宗稿时，应切实注意，凡遇有宣传此类名词之文字，一律予以扣扣或删削，务使此种名词不能再现于出版界，以免积非成是，淆惑人心，并将该文随文铺送外，用特电请查照，饬属切实注意办理为荷。中央图书杂志审查委员会元卯
中华民国二十九年六月十五日
〔国民党政府军委会新闻检查局档案（一五六）2113〕

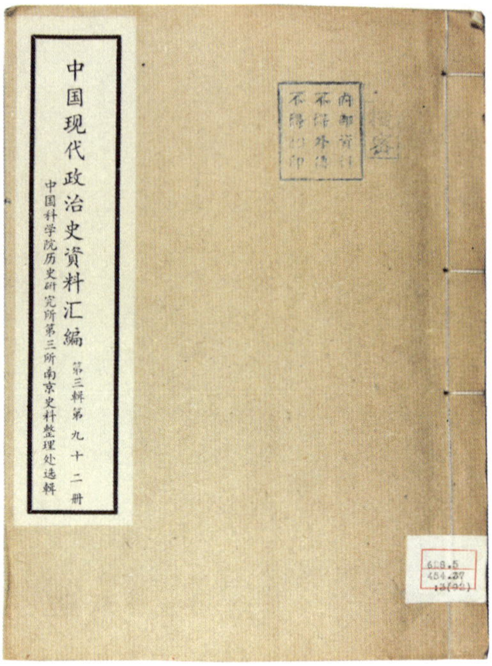


国民党查禁毛泽东同志著《新民主主义论》一文代电　中国科学院历史研究所第三所南京史料整理处选辑　打字油印本　线装

本书为《中国现代政治史资料汇编》第三辑第九十二册（1937−1945）。本册选辑史料主要反映国民党进行反动教育、查禁抗日革命进步书刊和摧残进步文化等内容。

毛泽东救国言论选集　毛泽东著　重庆 新华日报馆 1939年5月

书前有毛泽东照片一幅。在该书的“报告与论文”部分，收入了毛泽东《中国抗日民族统一战线在目前阶段的任务》、《论持久战》及《论新阶段》等六篇文章。在“谈话和演说”部分中，收入作者《与英国记者贝特兰之谈话》、《与合众社记者的谈话》和《在纪念孙中山先生逝世十三周年及迎接抗敌阵亡将士大会上的演说》等五篇文章。书名页右下角盖有“中日战事史料征辑会”蓝色印章。

## 整风和大生产运动

抗日战争时期，党在延安和各抗日根据地开展了整顿党的作风，进行马列主义教育的运动。1941年5月和1942年2月，毛泽东分别作了“改造我们的学习”、“整顿党的作风”和“反对党八股”的报告，号召全党反对主观主义以整顿学风、反对宗派主义以整顿党风、反对党八股以整顿文风。通过整风运动，全党达到空前的团结和统一，为夺取抗日战争的胜利奠定了思想基础。

毛泽东为高级干部作整风问题的报告。

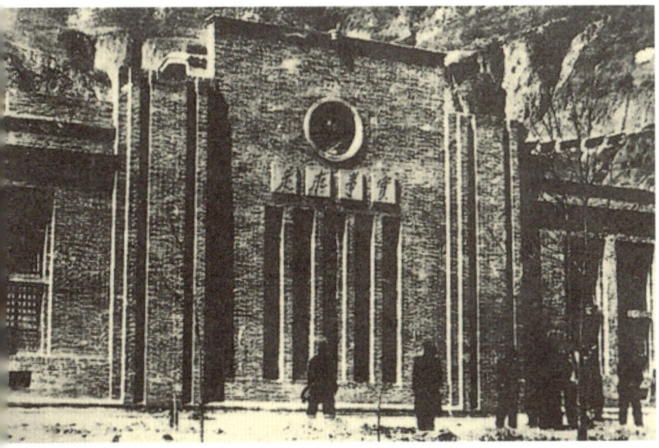

延安中共中央党校大礼堂，正面墙上镌刻着毛泽东的题词“实事求是”。

战士们在学习整风文件。

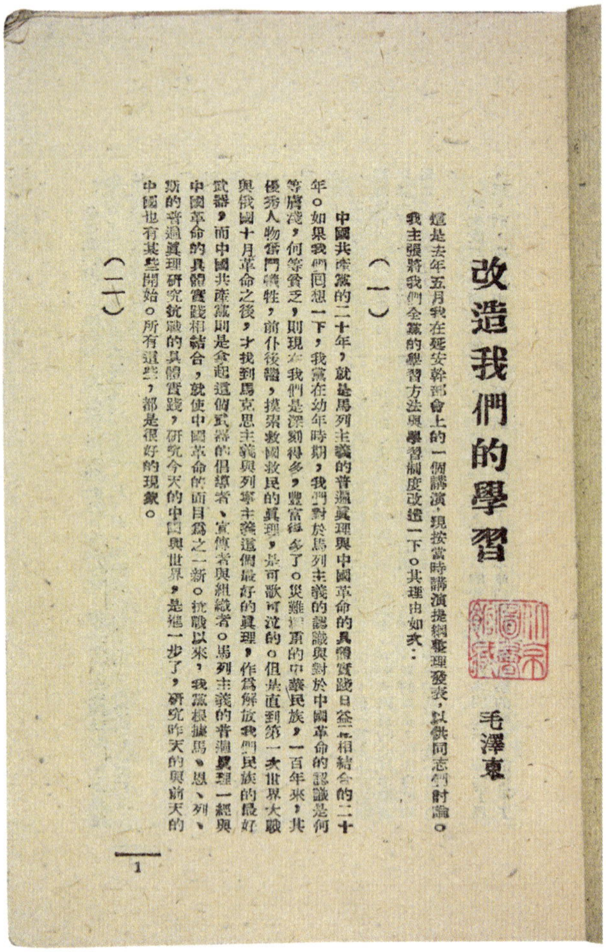

# 改造我們的學習

毛澤東

這是去年五月我在延安幹部會上的一個講演，現按當時講演提綱整理發表，以供同志們討論。我主張將我們全黨的學習方法與學習制度改造一下。其理由如次：

（一）

中國共產黨的二十年，就是馬列主義的普遍真理與中國革命的具體實踐日益相結合的二十年。如果我們回想一下，我黨在幼年時期，我們對於馬列主義的認識與對於中國革命的認識是何等膚淺，何等貧乏，則現在我們是深刻得多，豐富得多了。災難深重的中華民族，一百年來，其優秀人物奮鬥犧牲，前仆後繼，摸索救國救民的真理，是可歌可泣的。但是直到第一次世界大戰與俄國十月革命之後，才找到馬克思主義與列寧主義這個最好的真理，作為解放我們民族的最好武器，而中國共產黨則是拿起這個武器的倡導者、宣傳者與組織者。馬列主義的普遍真理一經與中國革命的具體實踐相結合，就使中國革命的面目為之一新。抗戰以來，我黨根據馬、恩、列、斯的普遍真理研究抗戰的具體實踐，研究今天的中國與世界，是進一步了，研究昨天的與前天的中國也有某些開始。所有這些，都是很好的現象。

（二）

1

改造我们的学习　毛泽东著　延安　解放社　1942年2月

毛泽东于1941年5月19日在延安干部会议上所作的报告。主要是针对党内在学风中存在的问题，号召全党坚持理论联系实际，反对主观主义。

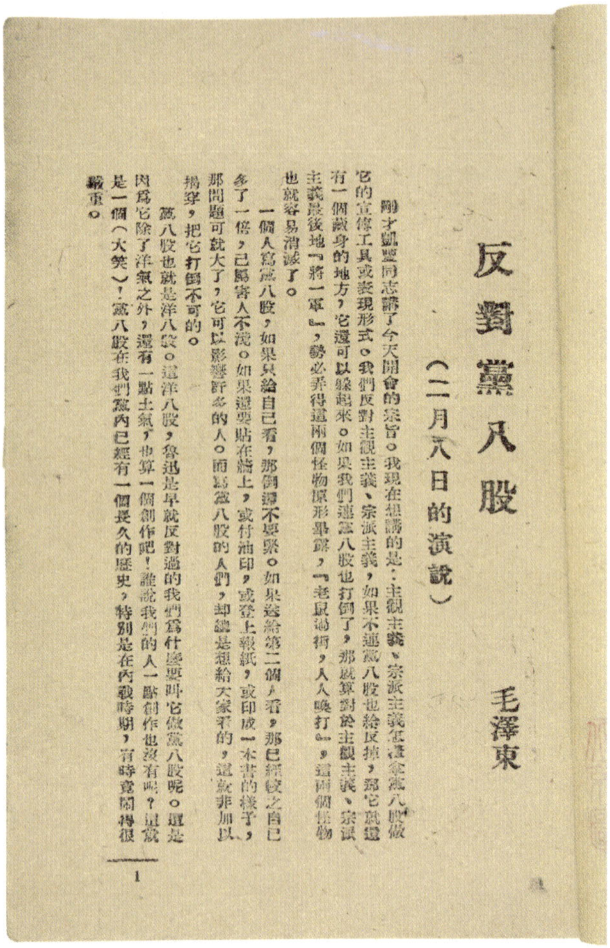

# 反對黨八股

（二月八日的演說）

毛澤東

剛才凱豐同志講了今天開會的宗旨。我現在想講的是：主觀主義、宗派主義怎樣拿黨八股做它的宣傳工具或表現形式。我們反對主觀主義、宗派主義，如果不連黨八股也給反掉，那它們就還有一個藏身的地方，它還可以躲起來。如果我們連黨八股也打倒了，那就算對於主觀主義、宗派主義最後地「將一軍」，弄得這兩個怪物原形畢露，「老鼠過街，人人喊打」，這兩個怪物也就容易消滅了。

一個人寫黨八股，如果只給自己看，那倒還不要緊。如果送給第二個人看，那已經較之自己多了一倍，已屬害人不淺。如果還要貼在牆上，或付油印，或登上報紙，或印成一本書的樣子，那問題可就大了，它可以影響許多的人。而寫黨八股的人們，卻總是想給大家看的，這就非加以揭穿，把它打倒不可的。

黨八股也就是洋八股。這洋八股，魯迅是早就反對過的，我們為什麼要叫它做黨八股呢？這是因為它除了洋氣之外，還有一點土氣，也算一個創作吧！誰說我們的人一點創作也沒有呢？這就是一個（大笑）！黨八股在我們黨內已經有一個長久的歷史，特別是在內戰時期，有時竟鬧得很嚴重。

1

反对党八股　毛泽东著　延安　解放社　1942年7月

毛泽东于1942年2月28日在延安干部会上的讲演。毛泽东认为党八股是主观主义和宗派主义的宣传工具和表现形式，反对主观主义和宗派主义必须消灭党八股。

反对自由主义　毛泽东著　1937年

1937年9月7日毛泽东写的一篇文章。毛泽东在这篇文章中列举了自由主义的十一种表现，剖析了自由主义的危害、来源以及自由主义者的思想方法。号召共产党员要用马克思主义的积极精神，克服消极的自由主义。另附《批评与自我批评》、《小资产阶级的思想改造》两篇文章。

整顿三风文献　延安 解放社　1942年4月

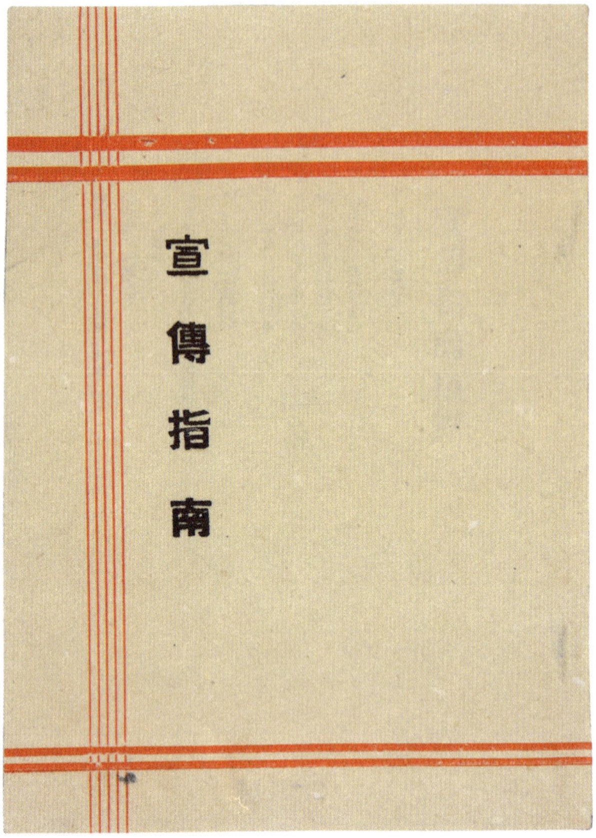

宣传指南　延安　解放社编　1942年2月

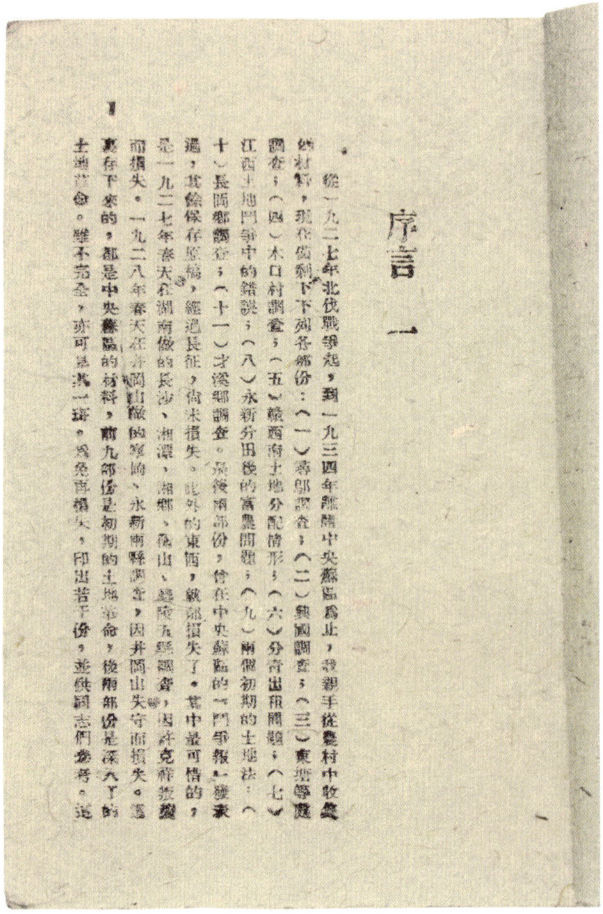

序言一

從一九二七年北伐戰爭起，到一九三四年離開中央蘇區為止，我親手從農村中收集的材料，現在僅剩下下列各部份：（一）尋鄔調查；（二）興國調查；（三）東塘等處調查；（四）木口村調查；（五）贛西南土地分配情形；（六）分青出租問題；（七）江西土地鬥爭中的錯誤；（八）永新分田後的富農問題；（九）兩個初期的土地法；（十）長岡鄉調查；（十一）才溪鄉調查。最後兩部份，曾在中央蘇區的「鬥爭報」上發表過，其餘保存原稿，經過長征，尚未損失。此外的東西，就都損失了。其中最可惜的，是一九二七年春天在湖南做的長沙、湘潭、湘鄉、衡山、醴陵五縣調查，因許克祥叛變而損失。一九二八年春天在井岡山做的寧岡、永新兩縣調查，因井岡山失守而損失。這裏存下來的，都是中央蘇區的材料，前九部份是初期的土地革命，後兩部份是深入了的土地革命。雖不完全，亦可見其一斑。為免再損失，印出若干份，並供同志們參考。這

1

农村调查　毛泽东著　1941年

该书是毛泽东所作的农村调查报告，其序言被定为整风运动必须研究的二十二个文件之一。毛泽东在序言中强调了了解中国各个社会阶级的实际情况的重要性，并指出调查工作的重要性。

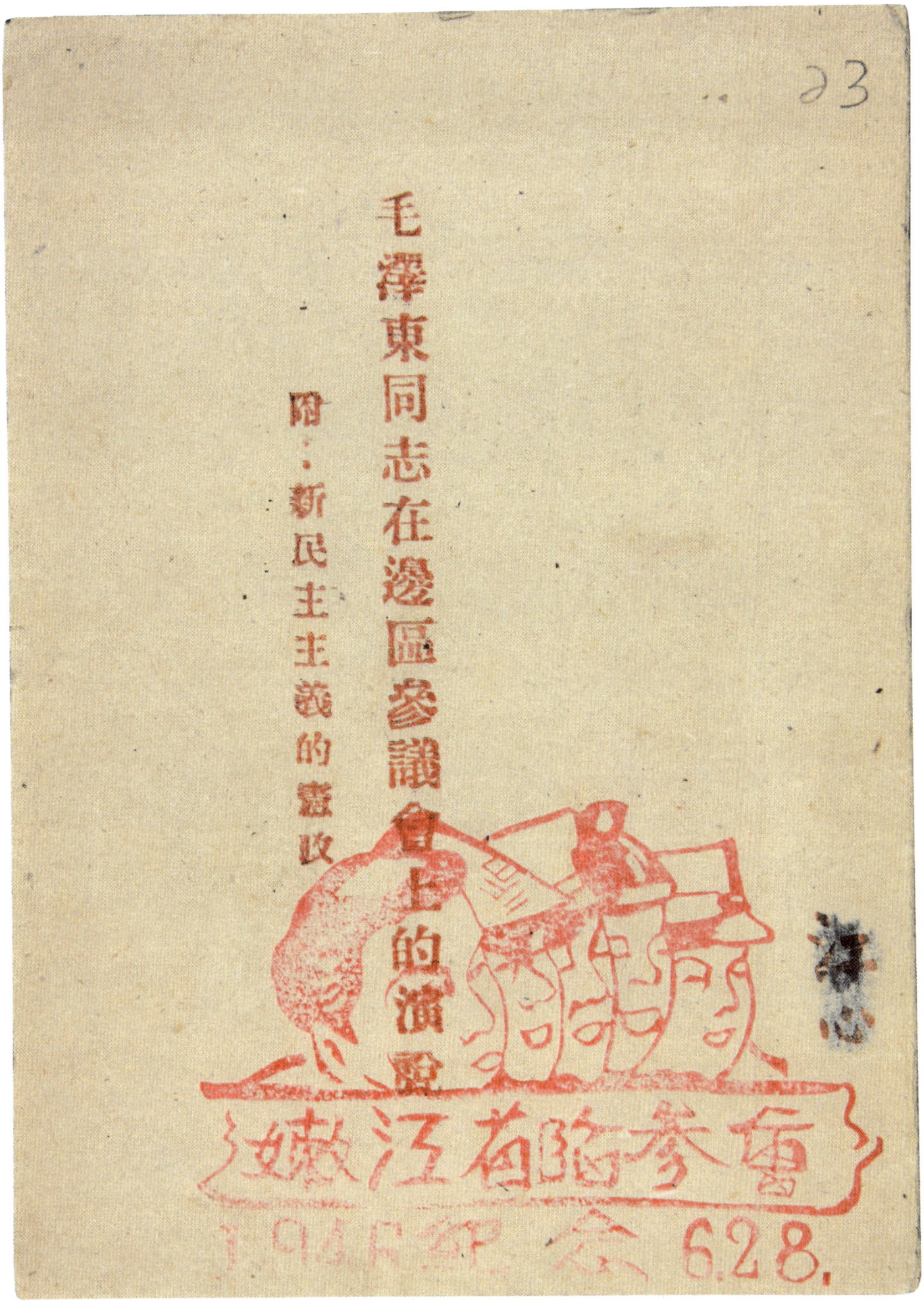


毛泽东同志在边区参议会上的演说　毛泽东著　嫩江省临参会　1946年6月

毛泽东于1941年11月6日在边区参议会上发表的演说。毛泽东在发言中，说明当时总的政治任务是反对德意日法西斯及实行三民主义与“三三制”；实行“三三制”，要克服党内的关门主义与宗派主义。

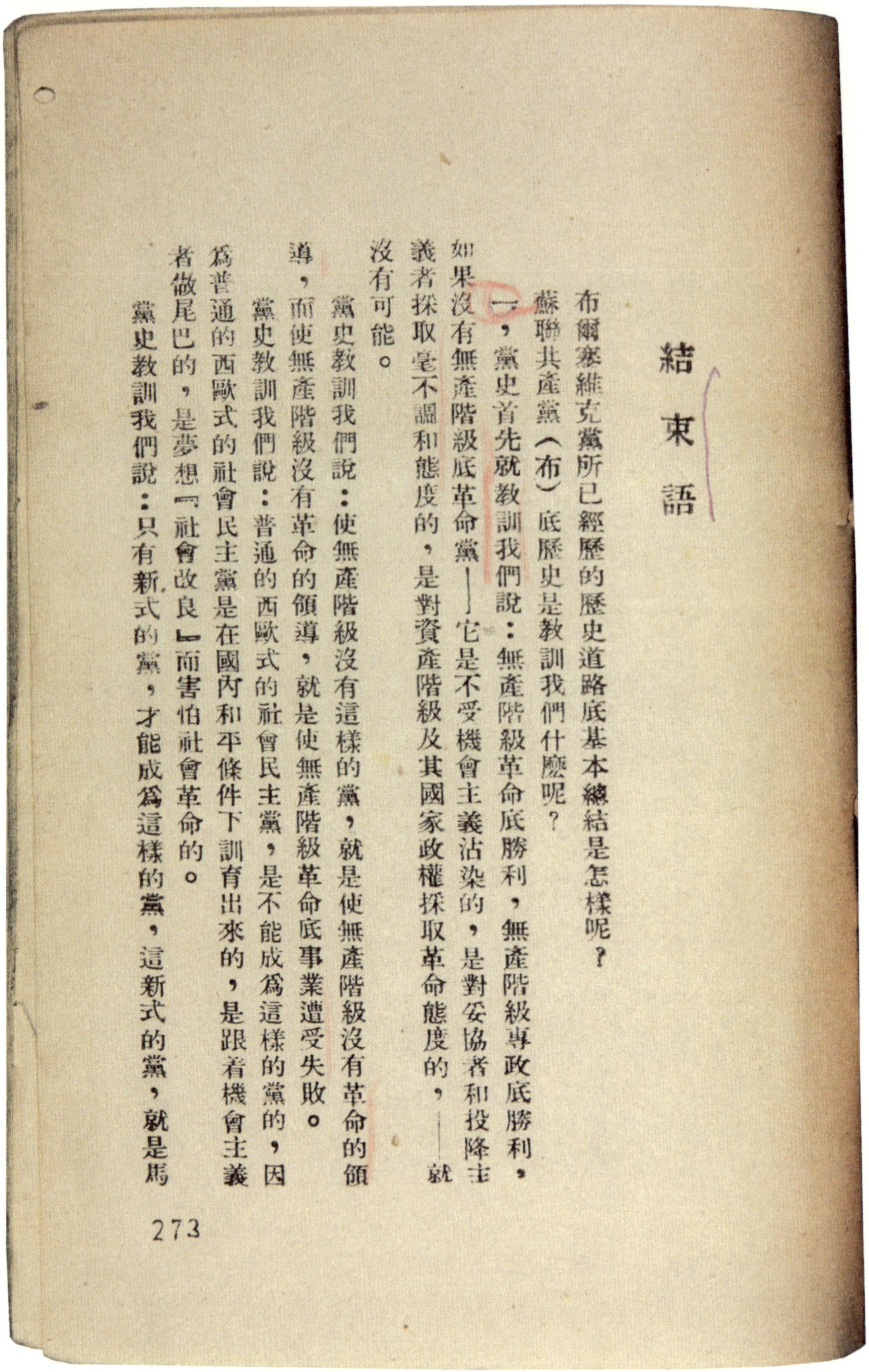

結束語

布爾塞維克黨所已經歷的歷史道路底基本總結是怎樣呢？

蘇聯共產黨（布）底歷史是教訓我們什麼呢？

一，黨史首先就教訓我們說：無產階級革命底勝利，無產階級專政底勝利，如果沒有無產階級底革命黨——它是不受機會主義沾染的，是對妥協者和投降主義者採取毫不調和態度的，是對資產階級及其國家政權採取革命態度的，——就沒有可能。

黨史教訓我們說：使無產階級沒有這樣的黨，就是使無產階級沒有革命的領導，而使無產階級沒有革命的領導，就是使無產階級革命底事業遭受失敗。

黨史教訓我們說：普通的西歐式的社會民主黨，是不能成爲這樣的黨的，因爲普通的西歐式的社會民主黨是在國內和平條件下訓育出來的，是跟着機會主義者做尾巴的，是夢想『社會改良』而害怕社會革命的。

黨史教訓我們說：只有新式的黨，才能成爲這樣的黨，這新式的黨，就是馬

273

联共（布）党史简明教程　延安 解放社　1939年5月

联共（布）中央特设委员会编著，经联共（布）中央审定的联共（布）党史正式课本。斯大林亲自撰写第四章第二节辩证唯物主义和历史唯物主义。此书的结束语被定为延安整风运动必须研究的二十二个文件之一。

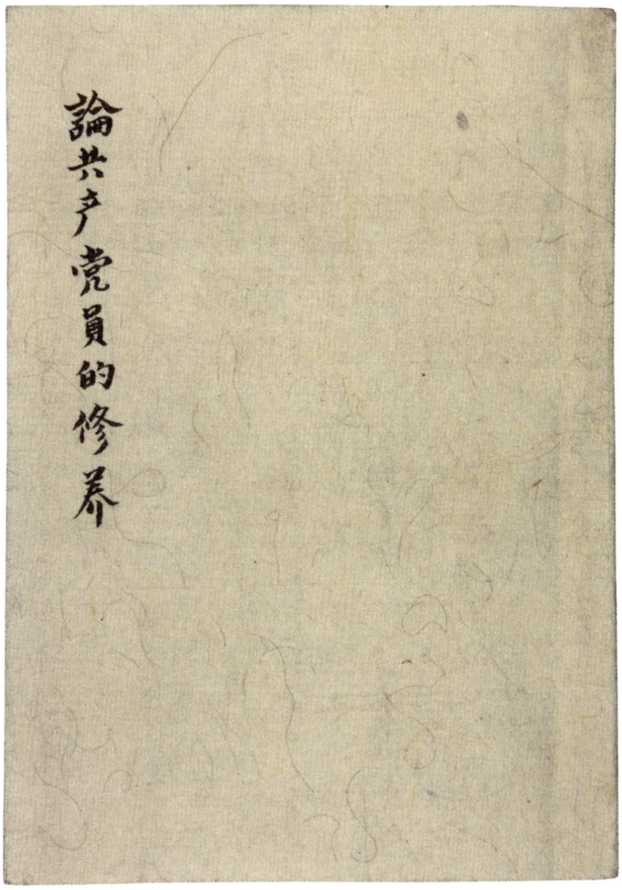


论共产党员的修养　刘少奇著　淮阴 华中新华书店 1949年2月

《论共产党员的修养》是刘少奇1939年7月在延安马列学院所的作公开演讲。同年8月在延安《解放》周刊上连载。文章在总结中国革命和中国共产党建设历史经验的基础上，联系抗日战争的实际，全面论述了共产党员思想修养的内容，共产党员修养的标准、方法和目的。

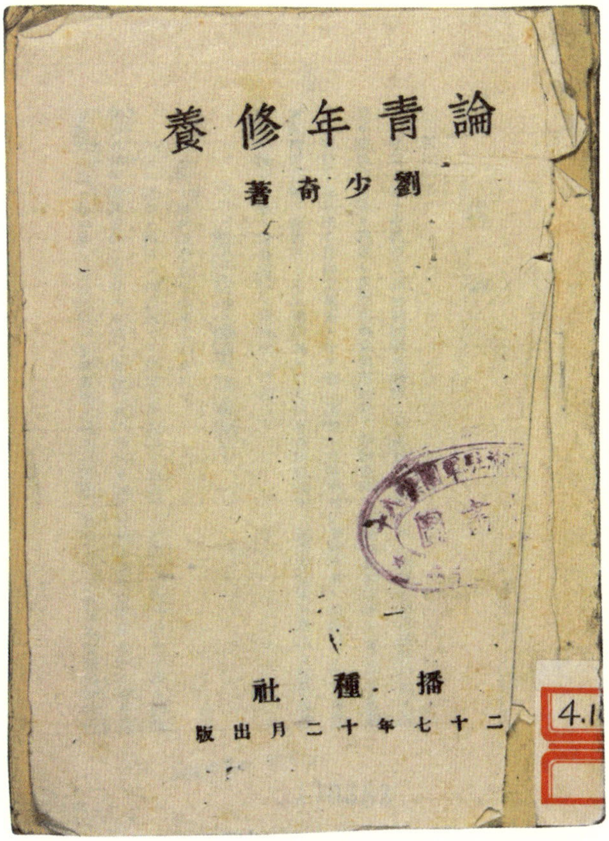


论共产党员的修养　刘少奇著

封面上半部自右向左横题书名“论青年修养”，题名之下自右向左题署作者“刘少奇著”；封面下半部题署出版社“播种社”，以及出版时间“二十七年十二月出版”。

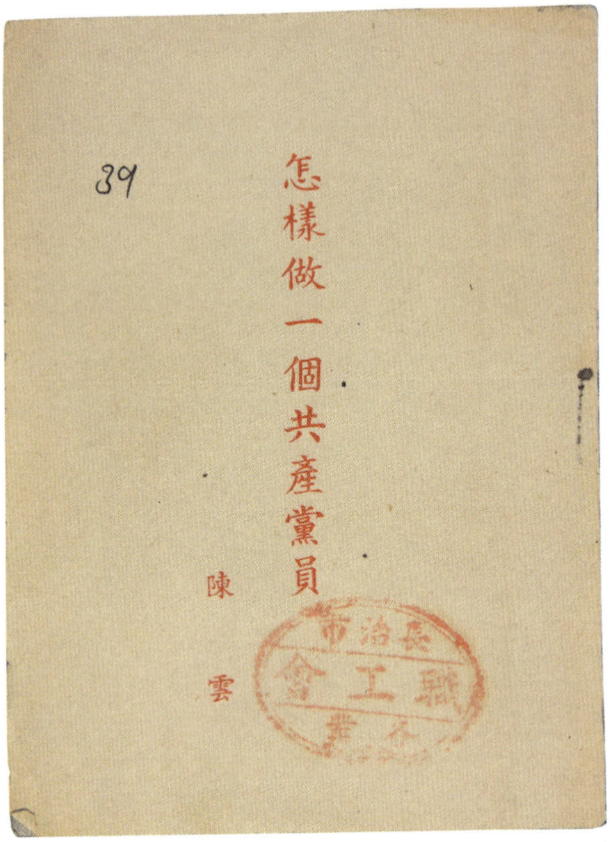


怎样做一个共产党员　陈云著

1939年5月30日，陈云在《解放》第72期上发表《怎样做一个共产党员》一文，提出了共产党员必须具备的六个条件：第一，终身为共产主义奋斗；第二，革命的利益高于一切；第三，遵守党的纪律，严守党的秘密；第四，百折不挠地执行决议；第五，群众模范；第六，学习。

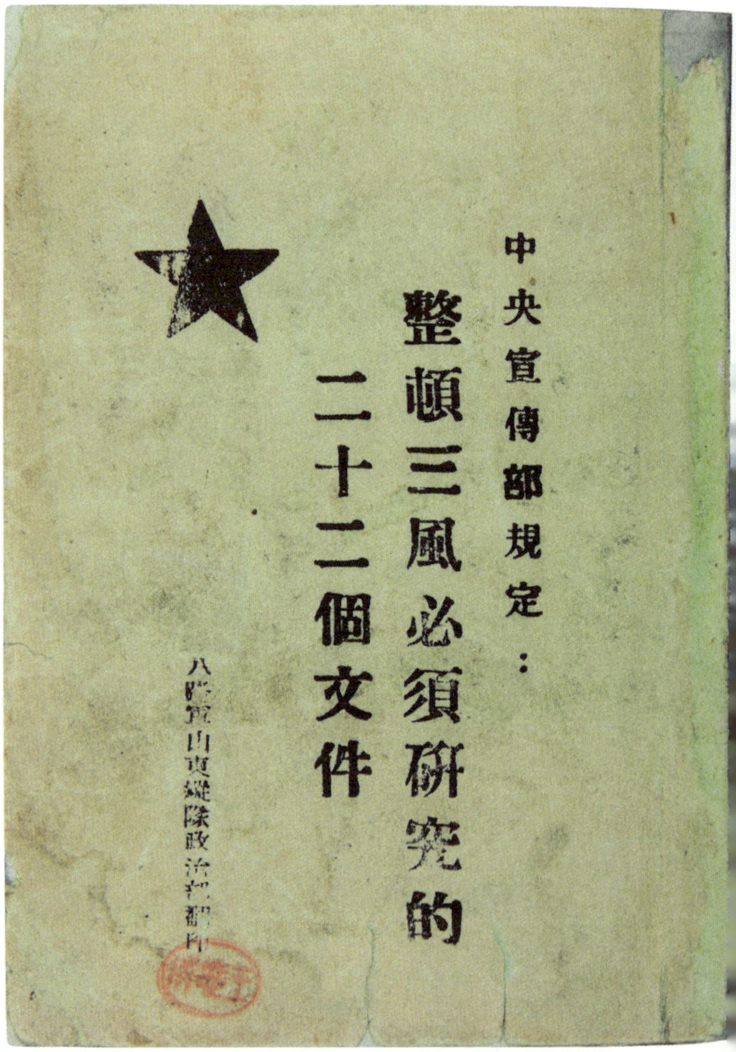


整顿三风必须研究的二十二个文件　八路军山东纵队政治部　1946年4月

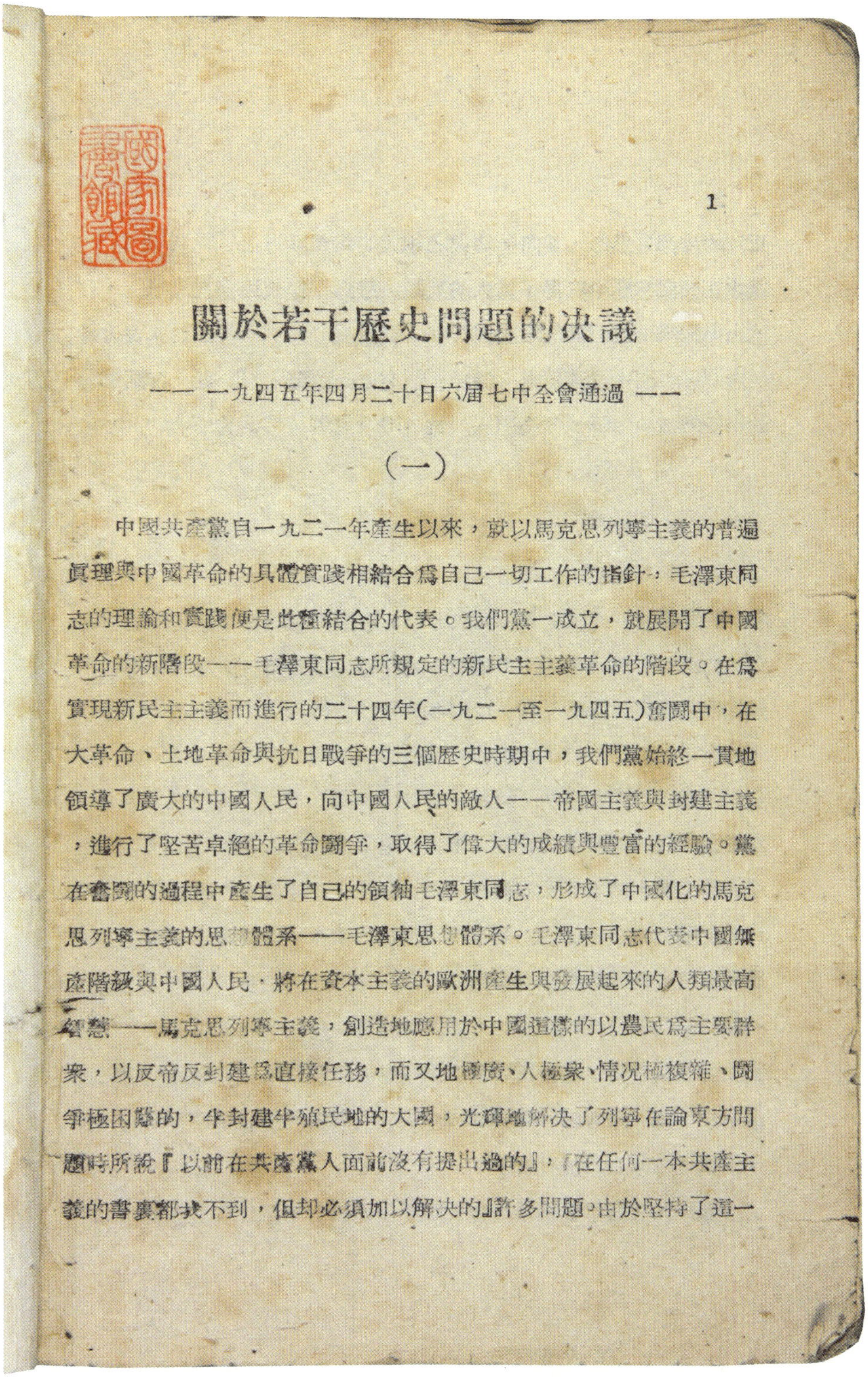

1

關於若干歷史問題的決議

—— 一九四五年四月二十日六屆七中全會通過 ——

（一）

中國共產黨自一九二一年產生以來，就以馬克思列寧主義的普遍眞理與中國革命的具體實踐相結合爲自己一切工作的指針，毛澤東同志的理論和實踐便是此種結合的代表。我們黨一成立，就展開了中國革命的新階段——毛澤東同志所規定的新民主主義革命的階段。在爲實現新民主主義而進行的二十四年(一九二一至一九四五)奮鬪中，在大革命、土地革命與抗日戰爭的三個歷史時期中，我們黨始終一貫地領導了廣大的中國人民，向中國人民的敵人——帝國主義與封建主義，進行了堅苦卓絕的革命鬪爭，取得了偉大的成績與豐富的經驗。黨在奮鬪的過程中產生了自己的領袖毛澤東同志，形成了中國化的馬克思列寧主義的思想體系——毛澤東思想體系。毛澤東同志代表中國無產階級與中國人民，將在資本主義的歐洲產生與發展起來的人類最高智慧——馬克思列寧主義，創造地應用於中國這樣的以農民爲主要群衆，以反帝反封建爲直接任務，而又地極廣、人極衆、情況極複雜、鬪爭極困難的，半封建半殖民地的大國，光輝地解決了列寧在論東方問題時所說『以前在共產黨人面前沒有提出過的』，『在任何一本共產主義的書裏都找不到，但却必須加以解決的』許多問題。由於堅持了這一

关于若干历史问题的决议：一九四五年四月二十日六届七中全会通过　1945年8月12日

1945年4月20日中共六届七中全会在延安闭幕。全会通过了《关于若干历史问题的决议》。它是在延安整风运动的基础上形成的。《决议》对党在历史上的若干问题，特别是对以王明为代表、以教条主义为特征的“左”倾错误作了详细结论。至此，全党整风运动胜利结束。

在日、伪、顽的军事包围和经济封锁下，抗日民主根据地的经济发生了严重的困难。为了战胜困难，坚持斗争，1942年底，党中央提出了“发展经济，保障供给”的方针，号召军民自力更生，开展大生产运动。大生产运动的开展，使解放区克服了严重的物质困难，粉碎了日、伪、顽的封锁，密切了党政军民关系，树立了自力更生、艰苦奋斗的精神，积累了经济建设的经验，为争取抗战胜利奠定了物质基础。

毛泽东为陕甘宁边区工农业生产成绩展览会写“自己动手，丰衣足食”的题词。

八路军三五九旅指战员在南泥湾开荒。

大生产运动中涌现的英雄模范。

1944年9月5日，战士张思德（左）在陕北安塞县山中烧木炭时，因炭窑崩塌，不幸牺牲。

1942年5月，中共中央在延安召开文艺座谈会，毛泽东在会上作重要讲活，总结了中国革命文艺运动的基本历史经验，明确提出了文艺为人民大众，首先是为工农兵服务的方向。延安文艺座谈会是革命文艺发展的里程碑。

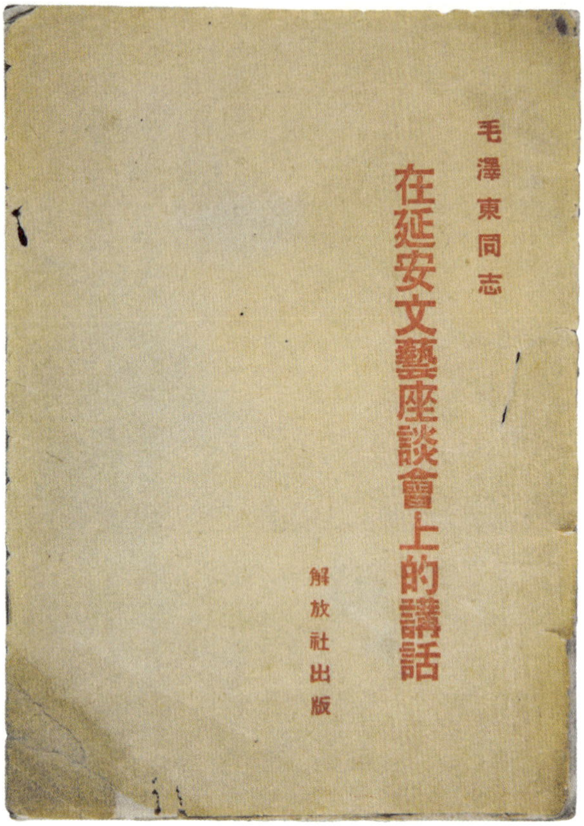
毛澤東同志
在延安文藝座談會上的講話
解放社出版

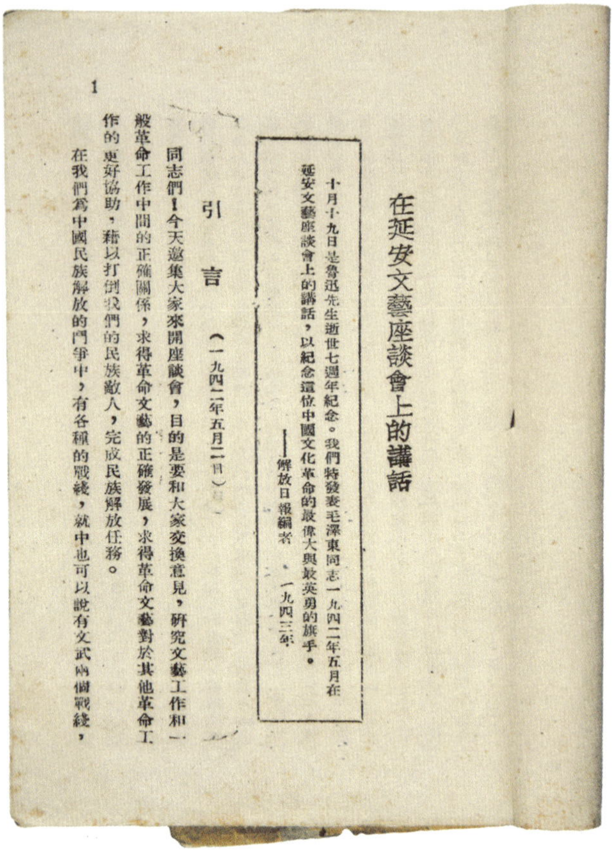
1

在延安文藝座談會上的講話

十月十九日是魯迅先生逝世七週年紀念。我們特發表毛澤東同志一九四二年五月在延安文藝座談會上的講話，以紀念這位中國文化革命的最偉大與最英勇的旗手。

——解放日報編者 一九四三年。

引言

（一九四二年五月二日）

同志們！今天邀集大家來開座談會，目的是要和大家交換意見，研究文藝工作和一般革命工作中間的正確關係，求得革命文藝的正確發展，求得革命文藝對於其他革命工作的更好協助，藉以打倒我們的民族敵人，完成民族解放任務。

在我們爲中國民族解放的鬥爭中，有各種的戰綫，就中也可以說有文武兩個戰綫，

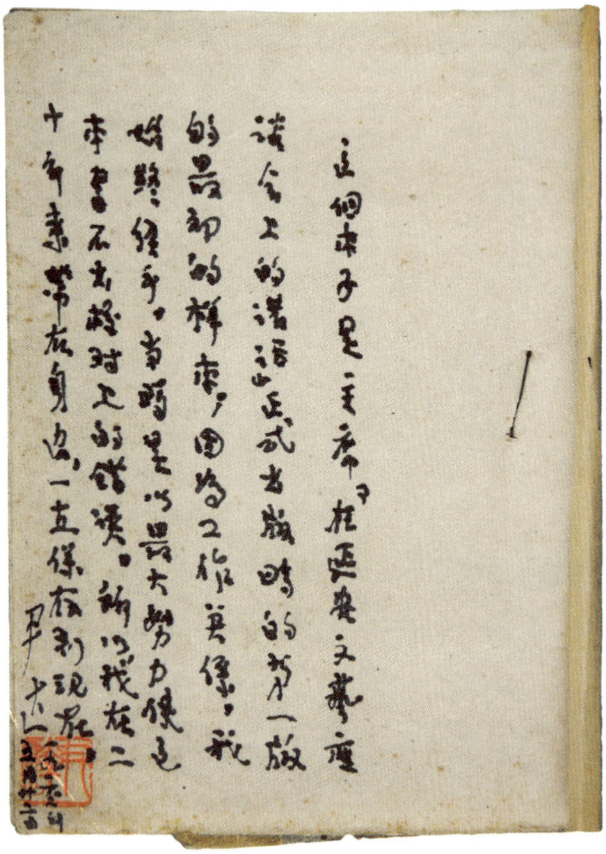

在延安文艺座谈会上的讲话　毛泽东著　延安 解放社 1943年

毛泽东于1942年5月在延安文艺座谈会上发表的重要讲话，深刻阐明了革命文艺为工农兵服务的根本方向，系统回答了近代文艺运动中许多有争论的问题。此书为初版样书，是国家图书馆藏《在延安文艺座谈会上的讲话》众多版本中最早的一种。扉页有尹达钢笔题字。

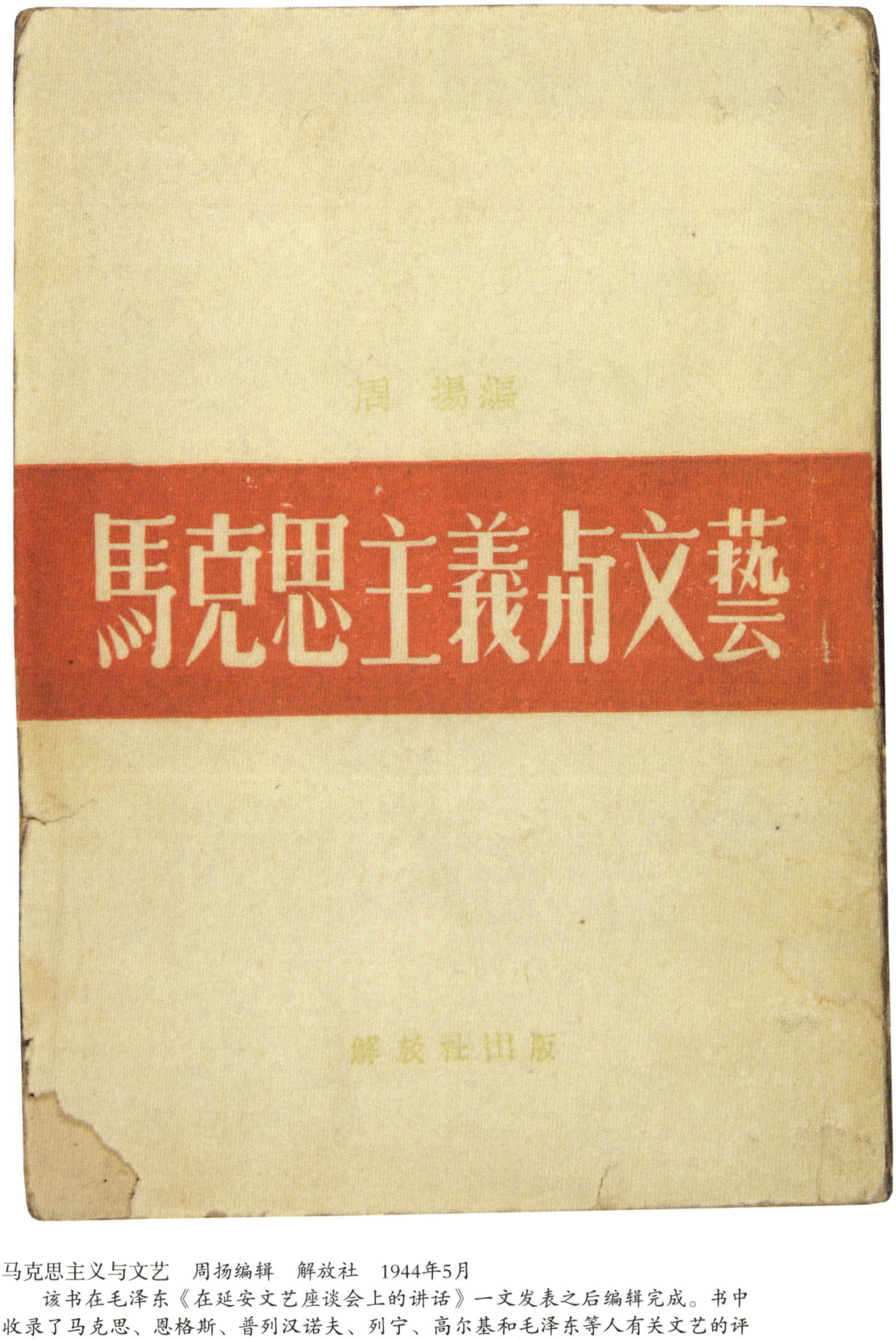


马克思主义与文艺　周扬编辑　解放社　1944年5月

该书在毛泽东《在延安文艺座谈会上的讲话》一文发表之后编辑完成。书中收录了马克思、恩格斯、普列汉诺夫、列宁、高尔基和毛泽东等人有关文艺的评论和意见。全书分为意识形态的文艺、文艺的特质、文艺与阶级、无产阶级文艺、作家批评家等五辑。

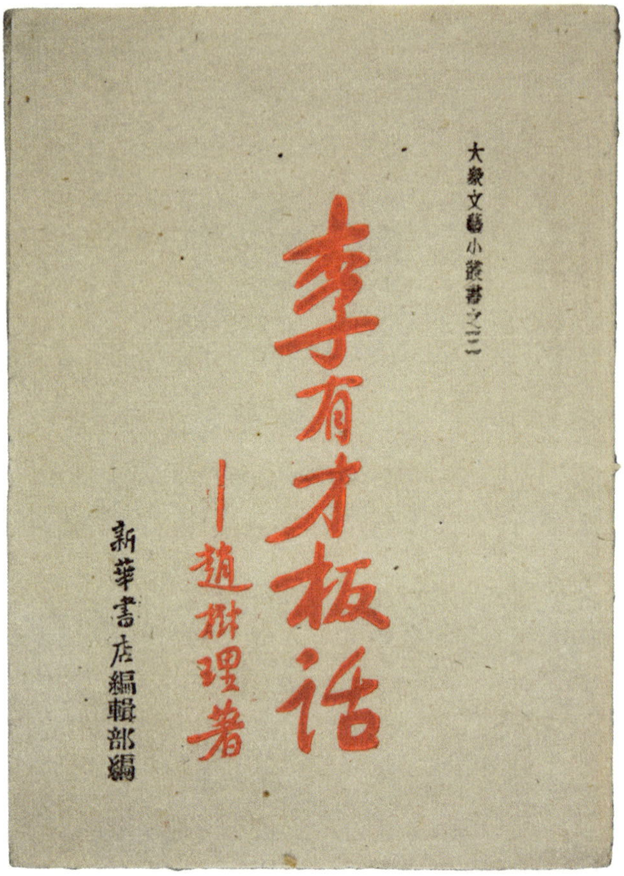


李有才板话　赵树理著　延安 新华书店　1943年12月

小说讲述抗战时期，地主阎恒元把持了敌后根据地阎家山的村政权，村干部贪污盗窃，营私舞弊，欺压群众，却居然骗取了“模范村”荣誉。李有才带领小字辈，以“快板诗”为武器，同他们进行智斗，并取得胜利。作品被称为解放区文艺的代表作。

小二黑结婚　赵树理著　延安 新华书店　1944年2月

此书是赵树理的成名作。作品通过边区农村青年农民小二黑和小芹争取婚姻自主的故事，描写了农村中新生的进步力量同落后愚昧的迷信思想及封建反动势力之间的尖锐斗争。以主人公在新政权支持下突破阻碍获得幸福婚姻，显示出民主政权的力量和新思想的胜利。

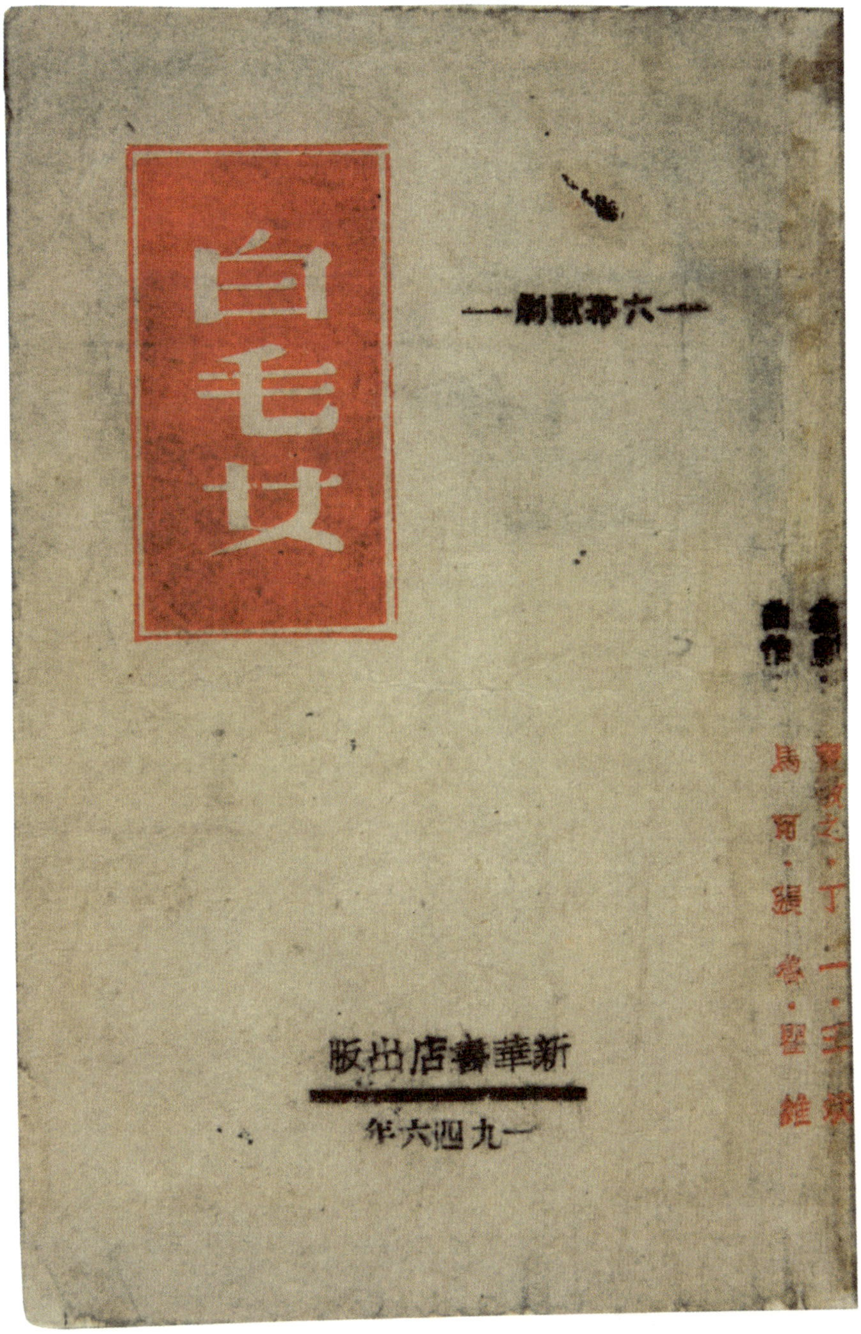


白毛女　贺敬之等编　陕西 新华书店　1946年

六幕歌剧，贺敬之、丁毅执笔，马可、张鲁、瞿维、焕之、向隅、陈紫、刘炽等作曲。1942年5月2日，毛泽东在陕西延安发表《在延安文艺座谈会上的讲话》，提出文艺要和工农兵群众结合。1945年中共“七大”准备召开之际，延安的鲁迅艺术学院的一些艺术家在院长周扬的指示下，根据“白毛仙姑”的传说，创作出歌剧《白毛女》。《白毛女》将强烈的浪漫主义精神和共产党的阶级斗争理论结合在一起，成为解放区文艺标志物，迅速风靡各个解放区。之后，这出歌剧还在国统区演出，广受赞誉。

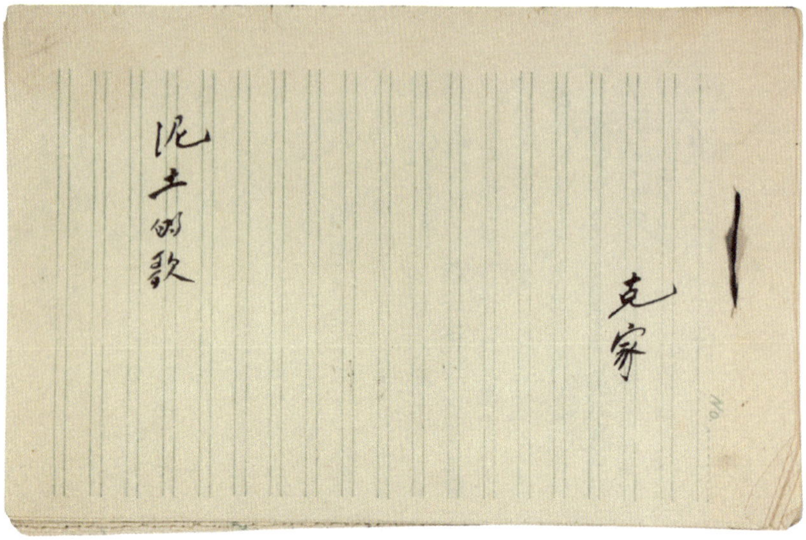


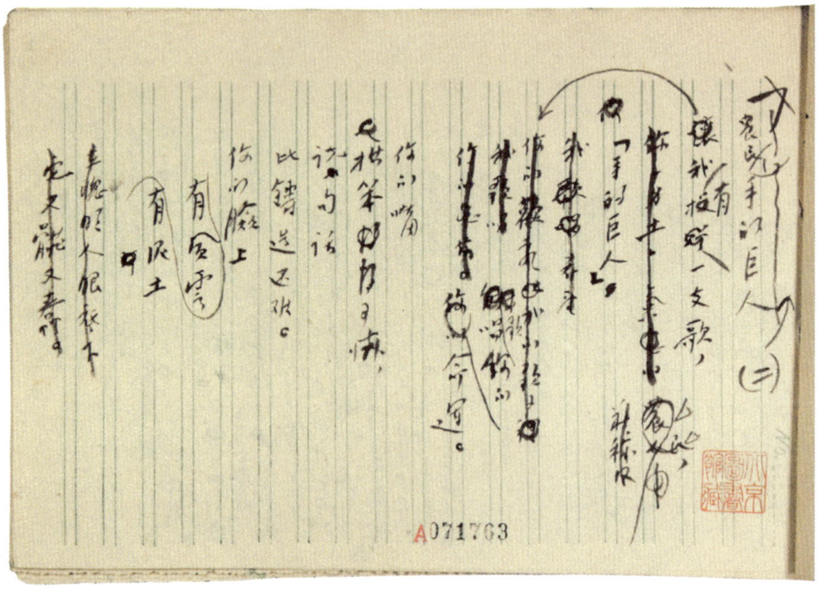

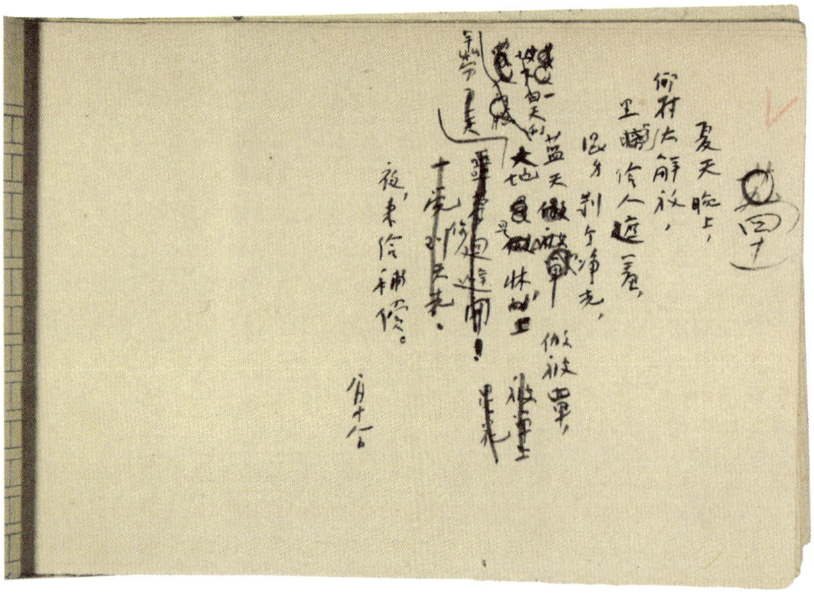

泥土的歌　臧克家著　毛笔手书原稿
臧克家赠

《泥土的歌》是诗人臧克家（1905—2004）隐居重庆歌乐山时写就的，是诗人一生中最重要的作品。臧克家在自白中曾说过“《烙印》和《泥土的歌》是我的一双宠爱”。从开始写作《泥土的歌》到1943年6月由桂林今日文艺出版社初版，历时一年有余。整个诗集包括“序句”、“土气息”、“人型”、“大自然的风貌”四个部分，收诗52首。诗集中大多是描写农民悲惨命运、赞美农民优良品质、号召农民反抗命运的诗篇，也有反映抗日战争背景下军人探亲和农民踊跃送粮支军的篇什。

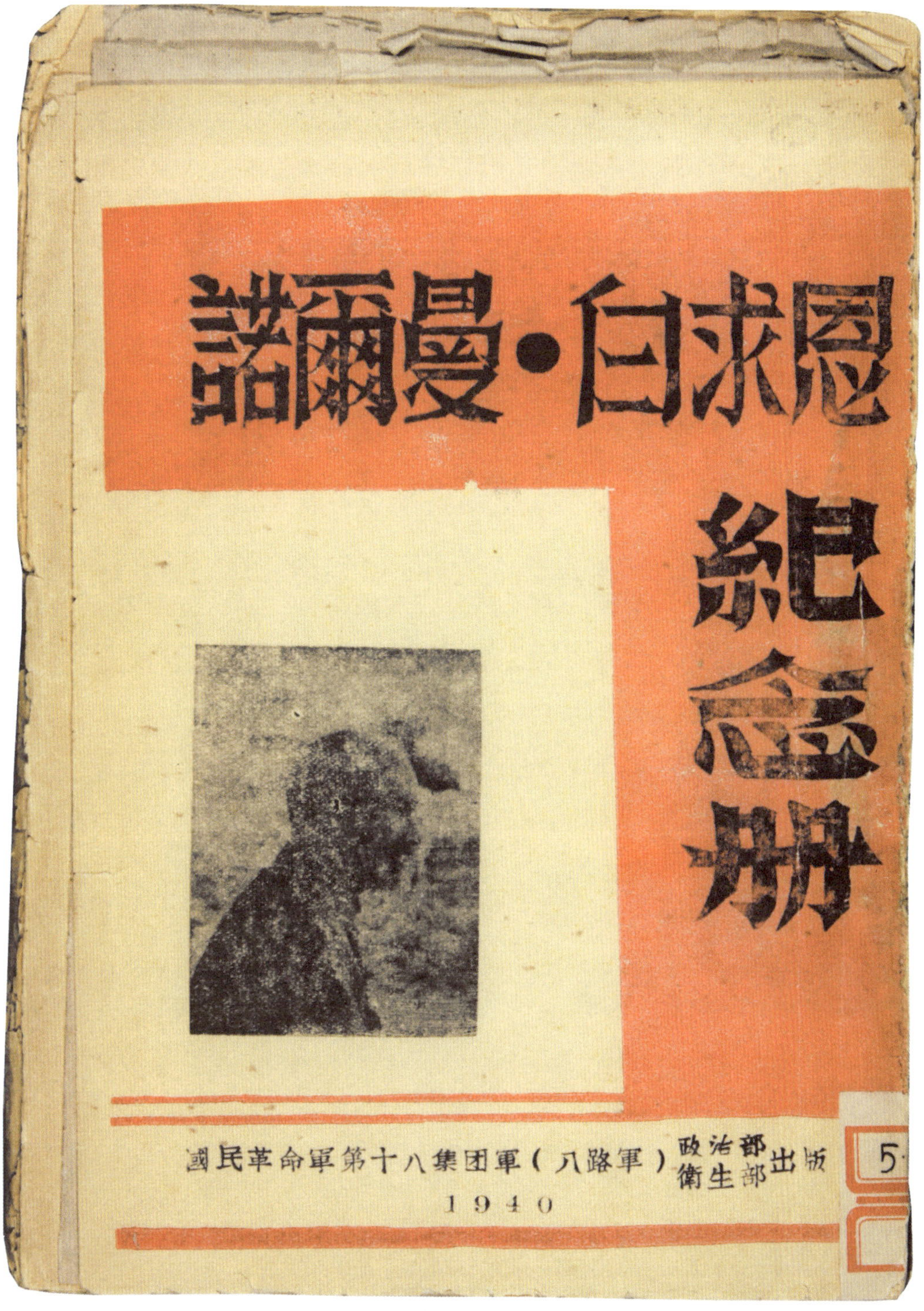


诺尔曼·白求恩纪念册　国民革命军第十八集团军（八路军）政治部、卫生部编印　1940年

内有1939年12月21日毛泽东为纪念诺尔曼·白求恩撰写的《学习白求恩》一文（建国后编入《毛泽东选集》第二卷时，题目改为《纪念白求恩》）。毛泽东在文中高度赞扬白求恩的共产主义、国际主义精神，号召每一个共产党员向他学习。

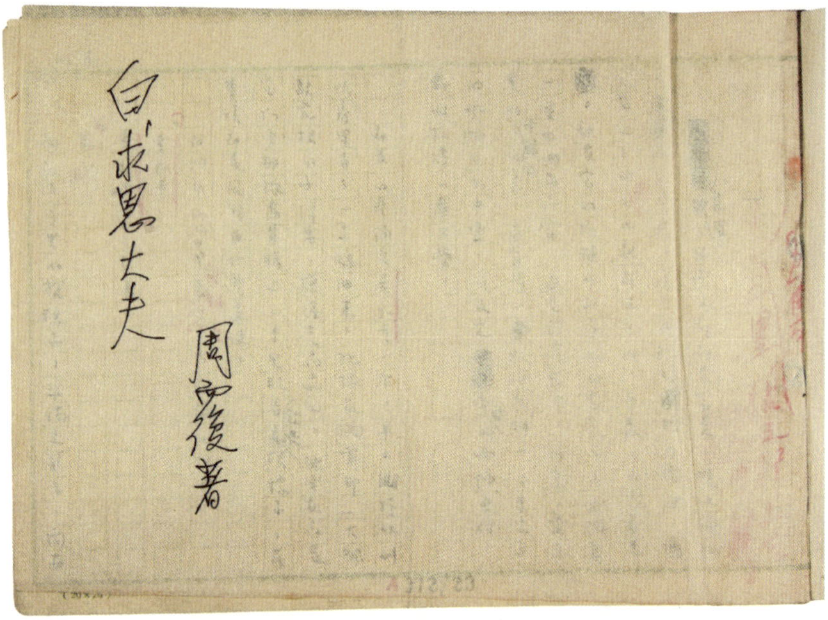
白求恩大夫
周而復著

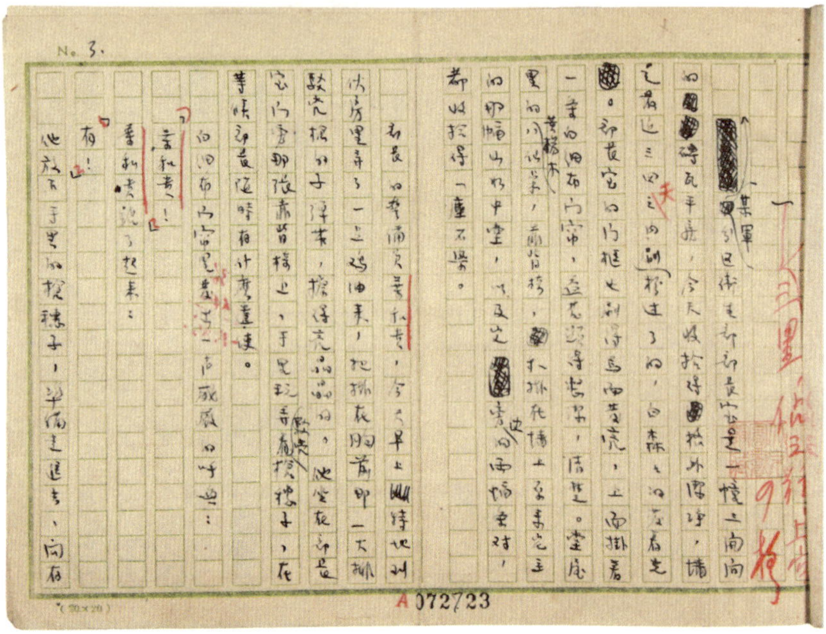
No. 3.

白求恩大夫　周而复著　1946年　钢笔手书原稿　周而复捐赠

诺尔曼·白求恩（Norman Bethune，1890—1939），加拿大共产党员，国际共产主义战士，著名胸外科医师。1938年1月，白求恩受加拿大共产党和美国共产党派遣，率领一支由加拿大人和美国人组成的医疗队奔赴中国，支援中国人民的抗日战争。在八路军晋察冀军区近两年的时间里，他致力于改进部队的医疗工作和战地救治，组织制作各种医疗器材，编写医疗图解手册，加速训练卫生干部，组织战地流动医疗队出入火线救死扶伤。后因给一位外科传染病伤员做手术时受感染，不幸以身殉职。1939年12月，毛泽东为《诺尔曼·白求恩纪念册》撰写《学习白求恩》一文（编入《毛泽东选集》第二卷时，题目改为《纪念白求恩》）。1943年，周而复（1914-2004）在毛泽东延安文艺座谈会讲话的鼓舞下，创作了报告文学《诺尔曼·白求恩片断》。1946年，周而复在香港从事文化界统一战线工作期间，在这篇报告文学的基础上创作了长篇小说《白求恩大夫》，连载于香港出版的《小说月刊》，产生了广泛影响。

## 中国共产党第七次全国代表大会

1945年4月23日至6月11日，中国共产党第七次全国代表大会在延安召开。

“七大”作为“团结的大会、胜利的大会”载入史册。确立毛泽东思想为党的指导思想，是“七大”的历史性贡献。“七大”为党领导人民去争取抗日战争的胜利和新民主主义革命在全国的胜利，奠定了政治上、思想上和组织上的深厚基础。

毛泽东在大会上致开幕词并作《论联合政府》的政治报告。

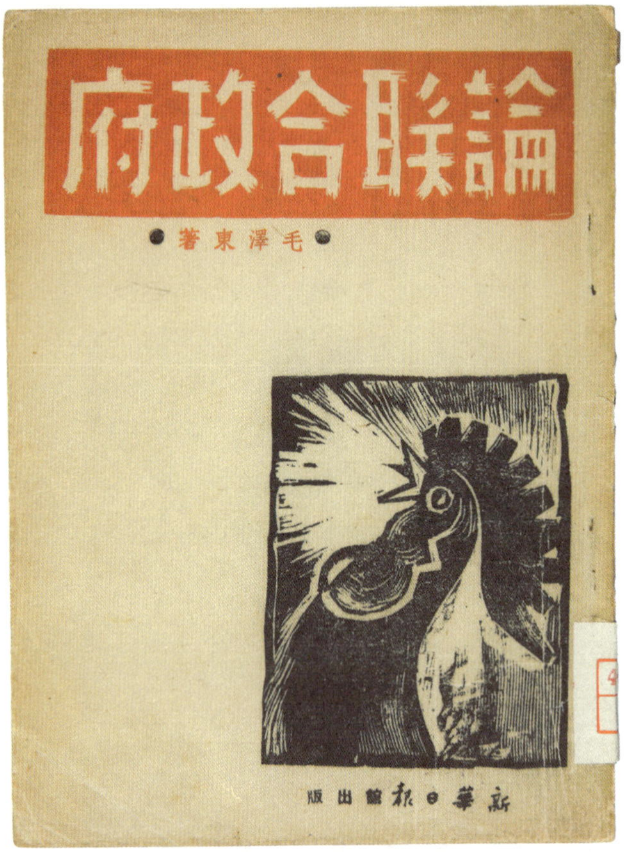


论联合政府　毛泽东著　延安 解放社　1945年6月

本书系1945年4月24日毛泽东在中共“七大”所作的政治报告。报告深刻分析了国内外形势，总结了党成立以来领导人民民主革命的经验，特别是抗战以来国共两条抗战路线斗争的经验，提出了党必须实行“放手发动群众，壮大人民力量，在我们党领导之下，打败侵略者，建设新中国”的政治路线。

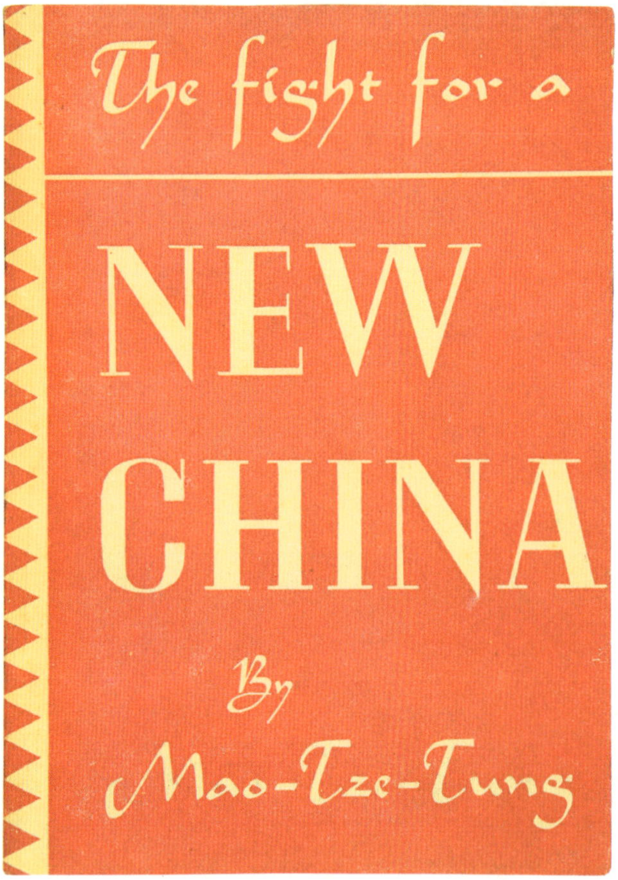


论联合政府　毛泽东著　英文版　1945年

扉页附美国共产党中央委员会主席福斯特·威廉·泽布伦（1881—1961）于1945年11月10日所作序言。

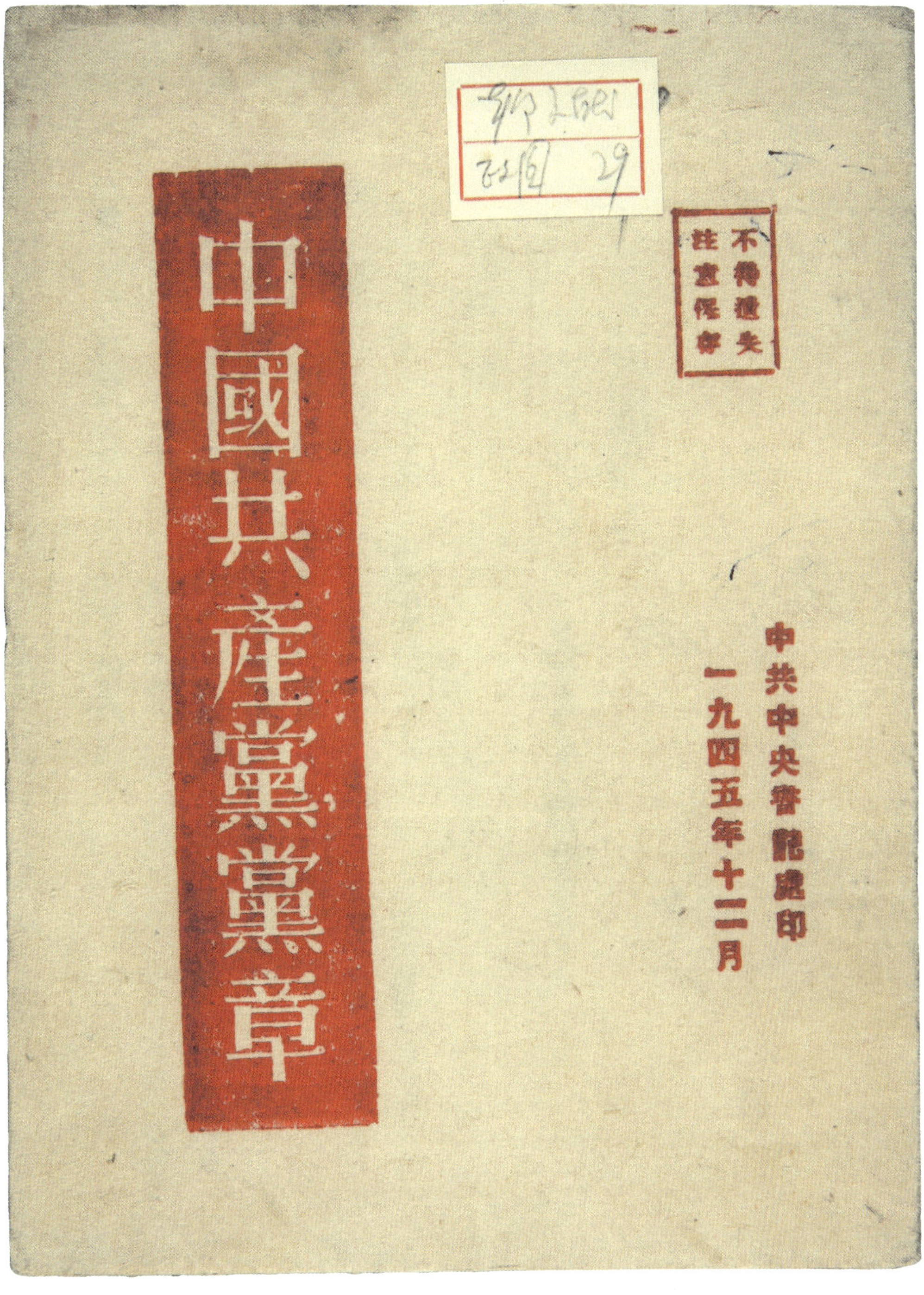


中国共产党党章　中共中央书记处　延安　1945年12月

本书系党的“七大”通过的党章，共十一章七十条，是民主革命时期最完备的一部党章，也是党第一部完全独立自主制定的党章，具有鲜明的中国特色。历史证明，“七大”通过的党章是一部保证党能够领导中国民族和中国人民获得胜利和解放的党章。

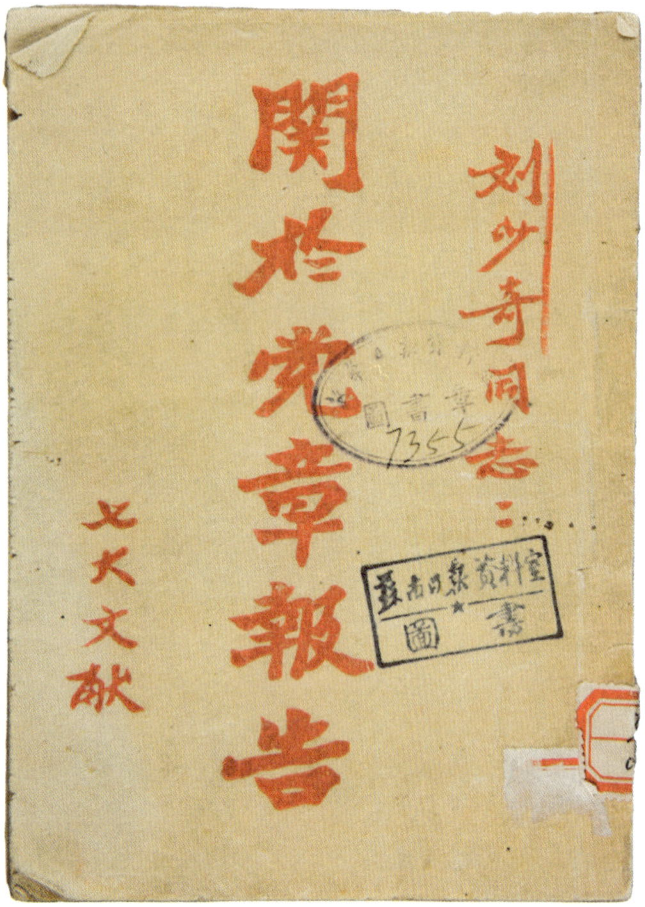


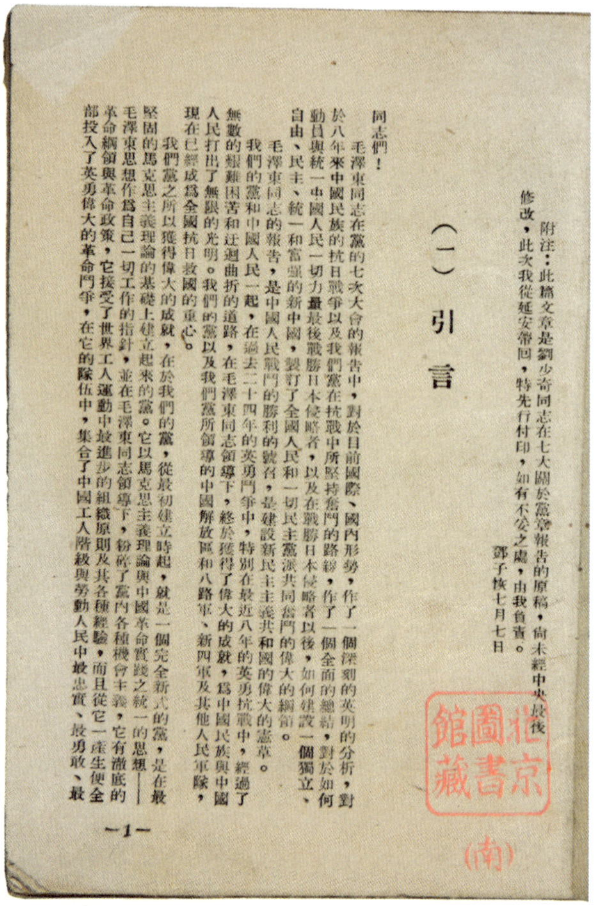

附注：此篇文章是劉少奇同志在七大關於黨章報告的原稿，尚未經中央最後修改，此次我從延安帶回，特先行付印，如有不妥之處，由我負責。

鄧子恢七月七日

（一）引言

同志們！

毛澤東同志在黨的七次大會的報告中，對於目前國際、國內形勢，作了一個深刻的英明的分析，對於八年來中國民族的抗日戰爭以及我們黨在抗戰中所堅持奮鬥的路線，作了一個全面的總結，對於如何動員與統一中國人民一切力量最後戰勝日本侵略者，以及在戰勝日本侵略者以後，如何建設一個獨立、自由、民主、統一和富強的新中國，製訂了全國人民和一切民主黨派共同奮鬥的偉大的綱領。

毛澤東同志的報告，是中國人民戰鬥的勝利的號召，是建設新民主主義共和國的偉大的憲章。

我們的黨和中國人民一起，在過去二十四年的英勇鬥爭中，特別在最近八年的英勇抗戰中，經過了無數的艱難困苦和迂迴曲折的道路，在毛澤東同志領導下，終於獲得了偉大的成就，爲中國民族與中國人民打出了無限的光明。我們的黨以及我們黨所領導的中國解放區和八路軍、新四軍及其他人民軍隊，現在已經成爲全國抗日救國的重心。

我們黨之所以獲得偉大的成就，在於我們的黨，從最初建立時起，就是一個完全新式的黨，是在最堅固的馬克思主義理論的基礎上建立起來的黨。它以馬克思主義理論與中國革命實踐之統一的思想——毛澤東思想作爲自己一切工作的指針，並在毛澤東同志領導下，粉碎了黨內各種機會主義，它有澈底的革命綱領與革命政策，它接受了世界工人運動中最進步的組織原則及其各種經驗，而且從它一產生便全部投入了英勇偉大的革命鬥爭，在它的隊伍中，集合了中國工人階級與勞動人民中最忠實、最勇敢、最

—1—



关于修改党章的报告　刘少奇著　1945年7月

本书系刘少奇在党的“七大”上所作的报告。作者在报告中深入论述了毛泽东和毛泽东思想在中国革命中的地位和作用，对毛泽东思想作了较为全面、系统和科学的概括，揭示了毛泽东思想的丰富内涵和本质特征，使全党对毛泽东思想有了比较完整的认识和深刻的理解。本书封面题名《关于党章报告》。

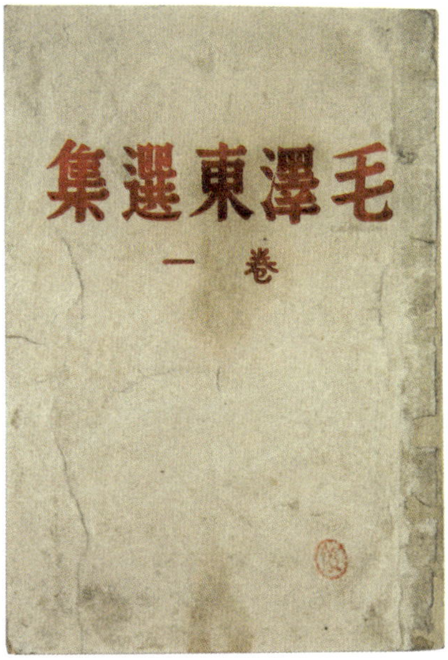


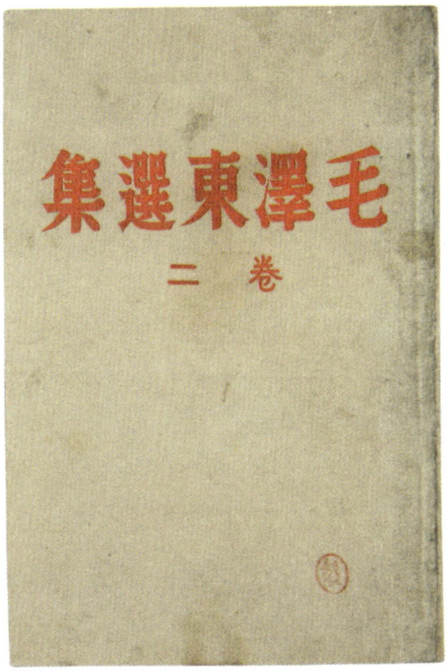


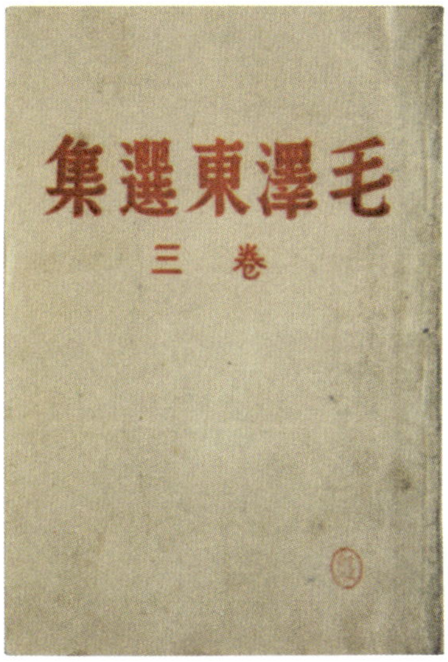


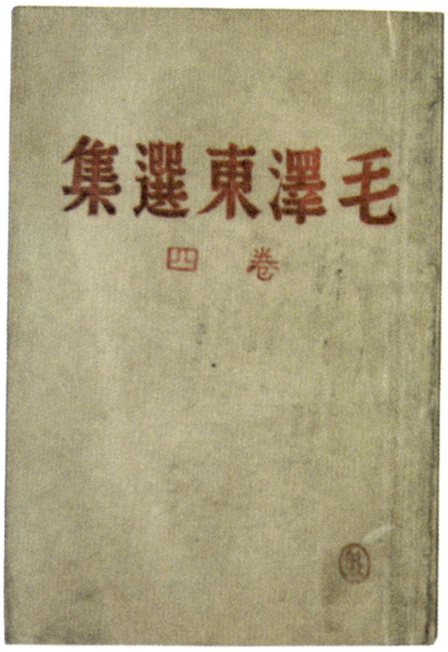


毛泽东选集（1-5卷）　毛泽东著　晋察冀出版社　1944年5月

这是我国出版的第一部《毛泽东选集》。1944年，中共中央晋察冀分局为了系统地宣传和学习毛泽东思想，决定出版《毛泽东选集》。晋察冀日报社社长兼总编辑邓拓主持了编选和出版工作。其选目经毛泽东、王稼祥等领导及中共中央宣传委员会审定并得到批准。全书共800多页，约50万字，选收了29篇文章。

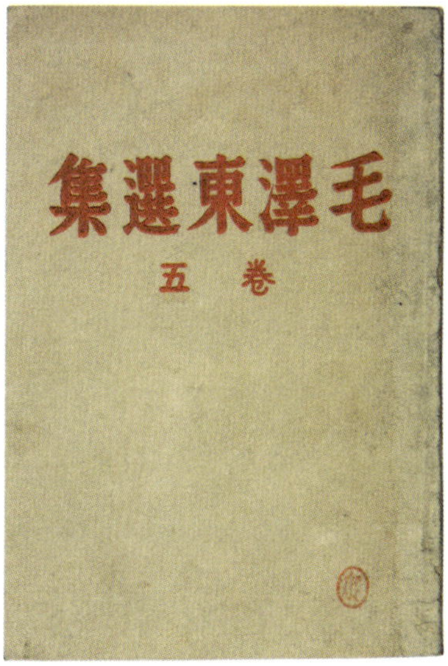

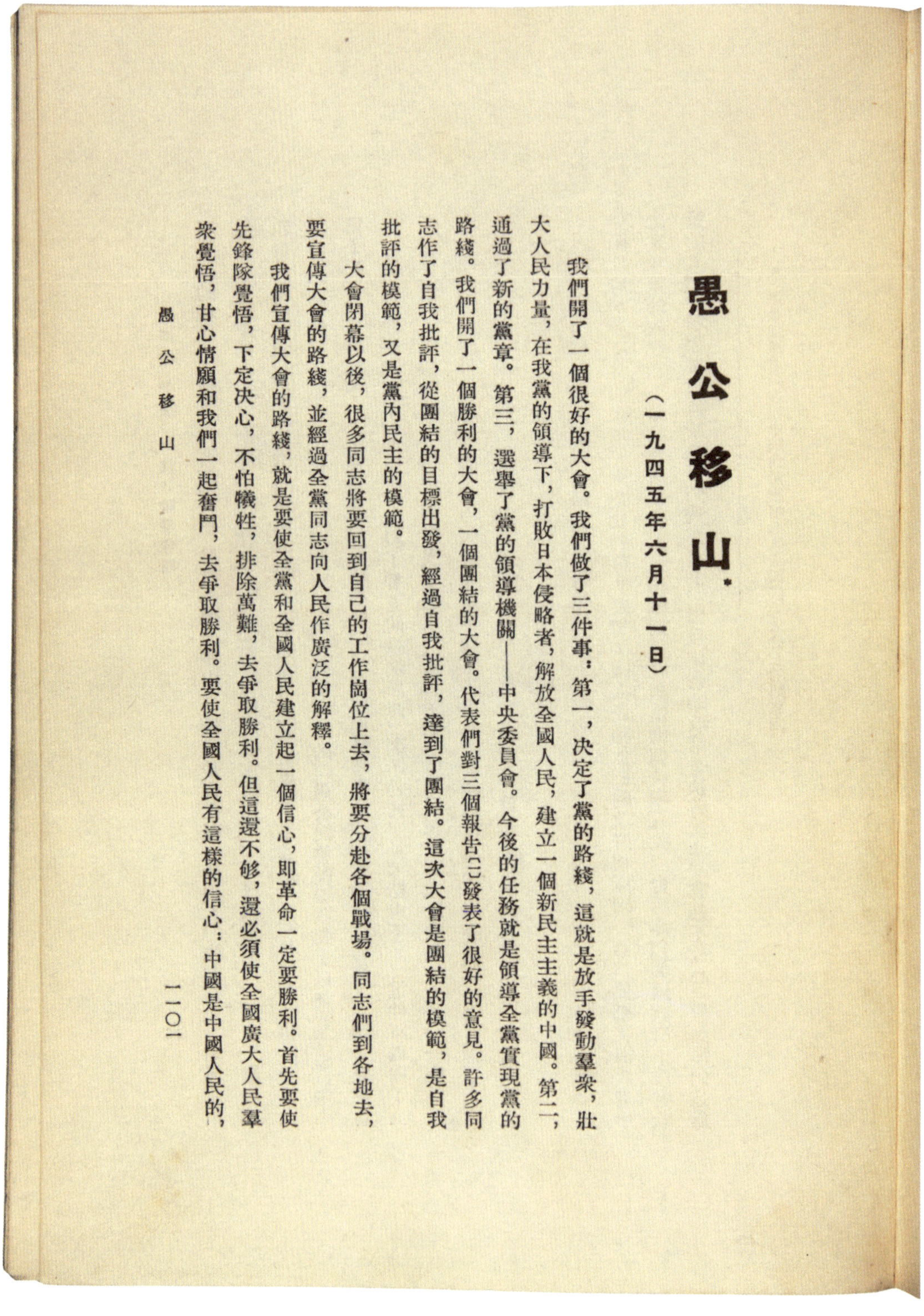

# 愚公移山*

（一九四五年六月十一日）

我們開了一個很好的大會。我們做了三件事：第一，決定了黨的路綫，這就是放手發動羣衆，壯大人民力量，在我黨的領導下，打敗日本侵略者，解放全國人民，建立一個新民主主義的中國。第二，通過了新的黨章。第三，選舉了黨的領導機關——中央委員會。今後的任務就是領導全黨實現黨的路綫。我們開了一個勝利的大會，一個團結的大會。代表們對三個報告〔1〕發表了很好的意見。許多同志作了自我批評，從團結的目標出發，經過自我批評，達到了團結。這次大會是團結的模範，是自我批評的模範，又是黨內民主的模範。

大會閉幕以後，很多同志將要回到自己的工作崗位上去，將要分赴各個戰場。同志們到各地去，要宣傳大會的路綫，並經過全黨同志向人民作廣泛的解釋。

我們宣傳大會的路綫，就是要使全黨和全國人民建立起一個信心，即革命一定要勝利。首先要使先鋒隊覺悟，下定決心，不怕犧牲，排除萬難，去爭取勝利。但這還不够，還必須使全國廣大人民羣衆覺悟，甘心情願和我們一起奮鬥，去爭取勝利。要使全國人民有這樣的信心：中國是中國人民的，

愚公移山　一一〇一

愚公移山　毛泽东撰　1945年6月11日

1945年6月11日，中共“七大”胜利闭幕。毛泽东致闭幕词，其中用了“愚公移山”这个典故。他说：“现在也有两座压在中国人民头上的大山，一座叫做帝国主义，一座叫做封建主义。中国共产党早就下了决心，要挖掉这两座山。我们一定要坚持下去，一定要不断工作。我们也会感动上帝的。这个上帝不是别人，就是全中国的人民大众。”《愚公移山》后收于《毛泽东选集》第三卷。

## 抗日战争的最后胜利

1945年8月，人民军队遵照党中央的指示，向日伪军发动了全面反攻。8月15日，日本政府宣布无条件投降。9月2日，在美国“密苏里”号军舰上，举行了日本向盟国无条件投降的签字仪式。中国人民抗日战争和世界反法西斯战争至此胜利结束。

1945年8月，热河各界人民欢庆抗战胜利。

1945年10月，中国军队重新驻守卢沟桥。

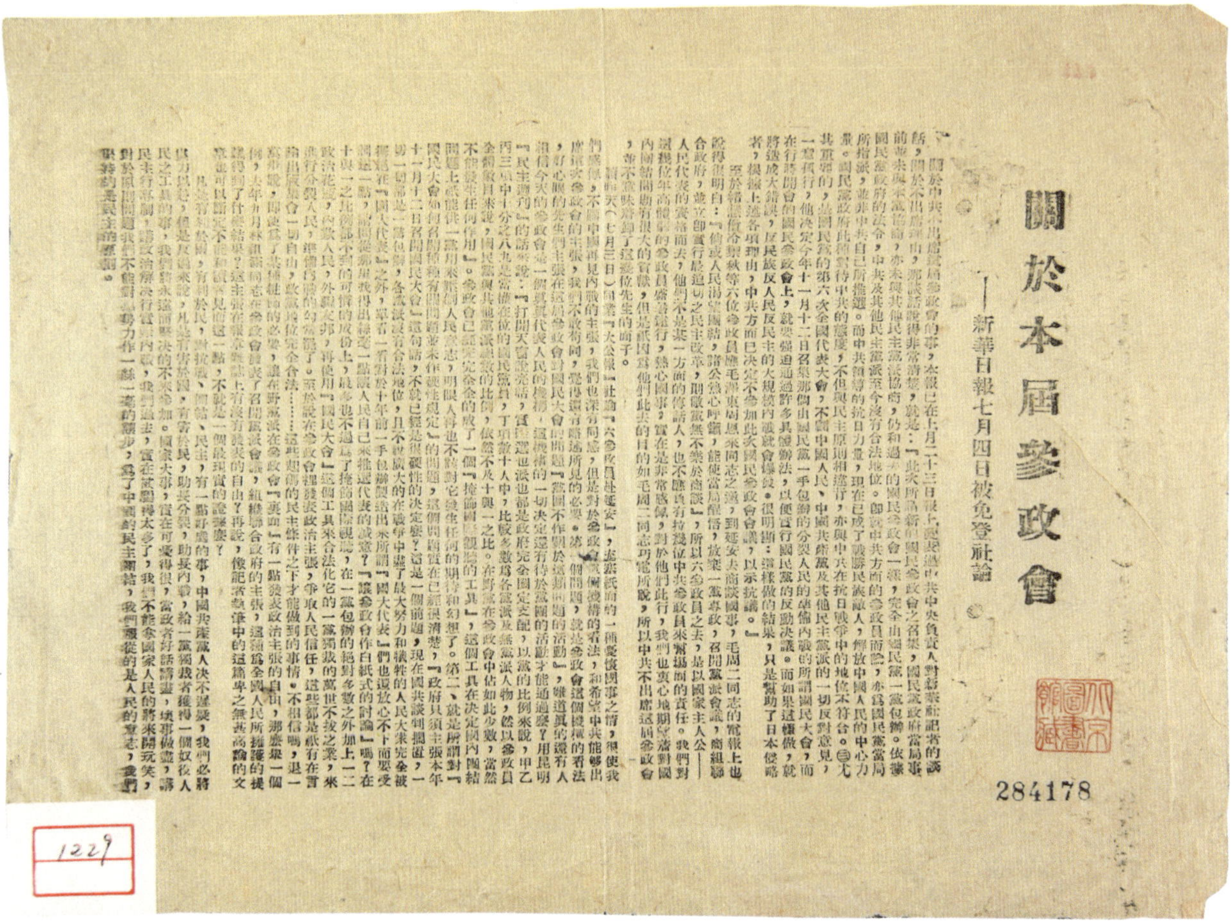
關於本屆參政會
——新華日報七月四日被免登社論

关于本届参政会——新华日报七月四日被免登社论　1945年7月4日　新华日报

抗战即将胜利之际，国民党修改参政会《组织条例》，使国民参政会几乎为国民党一党独占。蒋介石不顾民意，悍然宣布1945年11月12日召开“国民大会”，并决定提交第四届国民参政会审议通过。为表示抗议，中共决定不参加1945年7月召开的第四届国民参政会，而通过会外活动揭露国民党的反动政策，阐明自己的主张，争取中间势力。此为《新华日报》7月4日发表的揭露国民党行径的社论，被国民党政府所禁。

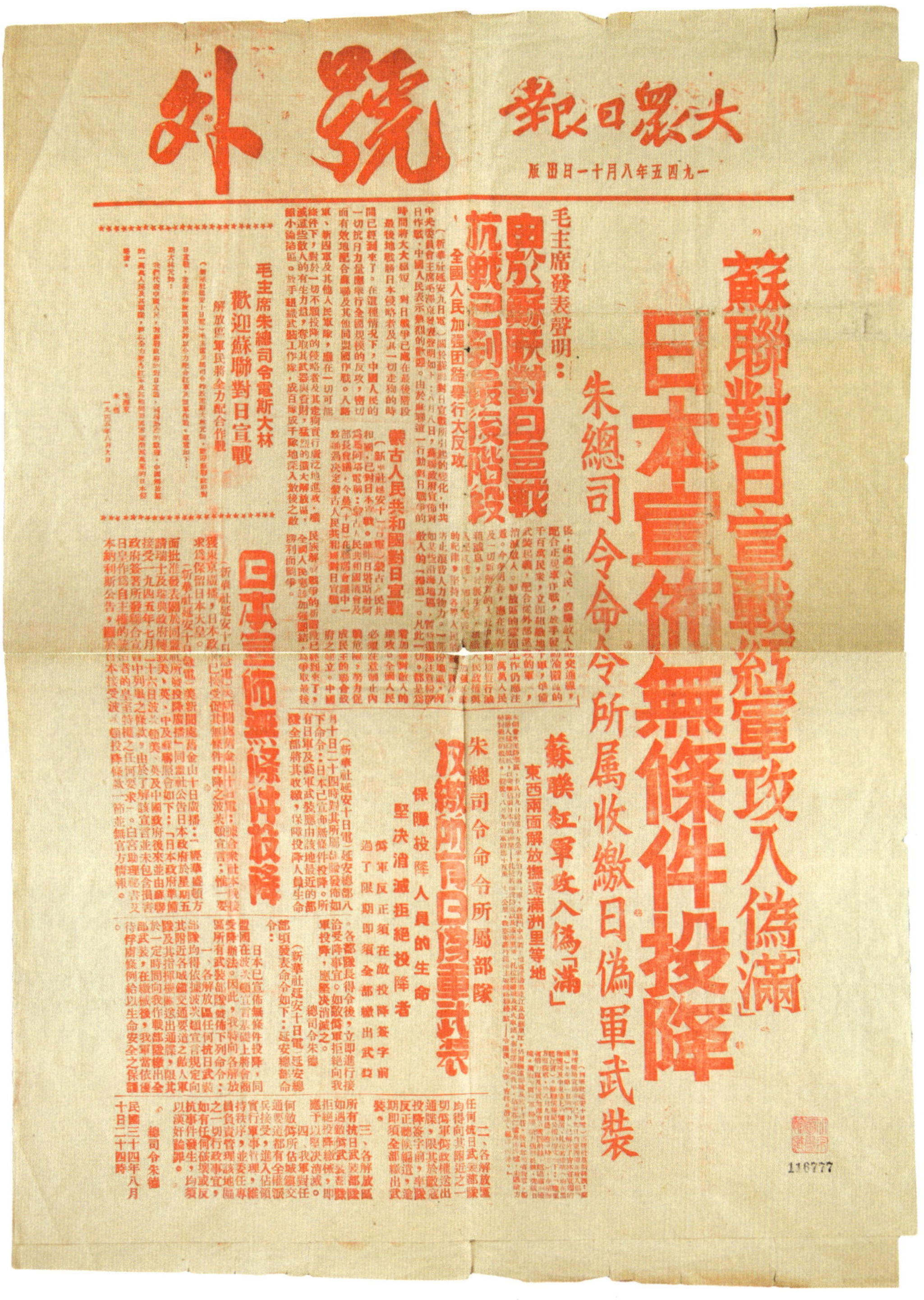


大众日报号外 沂水 大众日报社 1945年8月11日

《大众日报》是我国报业史上连续出版时间最长的中共党报。1939年1月1日创刊于山东省沂水县王庄。在抗日战争和解放战争时期，《大众日报》曾先后作为中共中央山东分局机关报、中共中央华东机关报，在山东解放区农村出版发行。本期号外内容有：苏联对日宣战，红军攻入伪满，日本宣布无条件投降等。

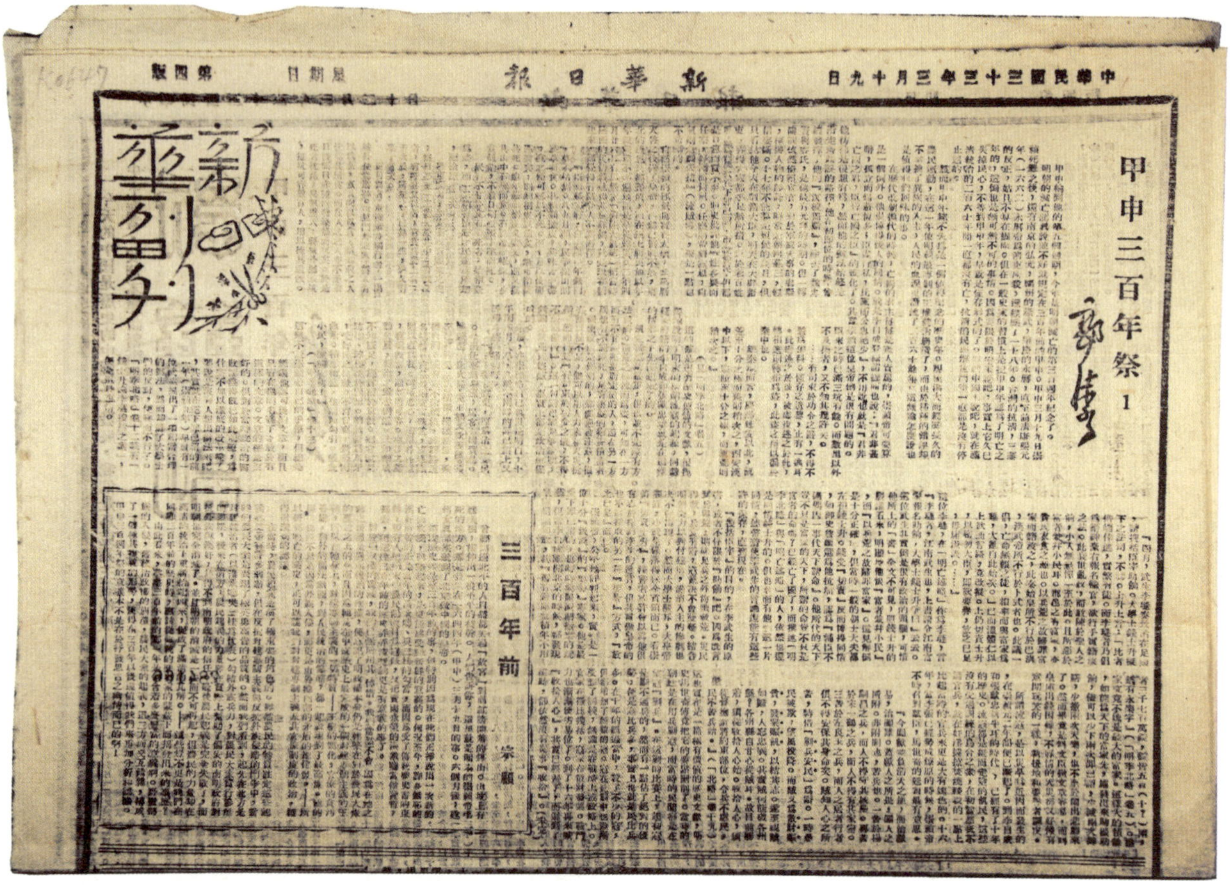


甲申三百年祭　郭沫若撰　重庆 新华日报馆编印　1944年3月19日刊

1944年3月，为纪念李自成领导的农民起义胜利三百周年，郭沫若撰写了《甲申三百年祭》，3月19日至22日在重庆《新华日报》上连续刊出。该文以马克思主义的观点对李自成领导的农民起义的原因、经验和教训作了总结。文章发表后，立即受到了毛泽东和中共中央的重视，毛泽东多次指出要从李自成起义的历史中吸取经验教训，并批示将《甲申三百年祭》作为中共整风的文件之一。该文献对于确保夺取抗战胜利，克服革命队伍中滋长的骄傲自满情绪，起了很好的教育作用。

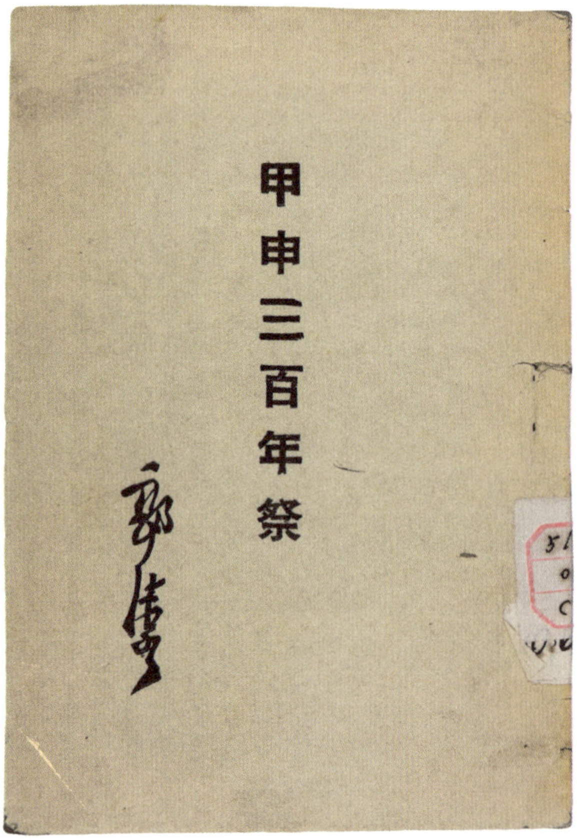


甲申三百年祭　郭沫若撰　新华书店　1944年5月

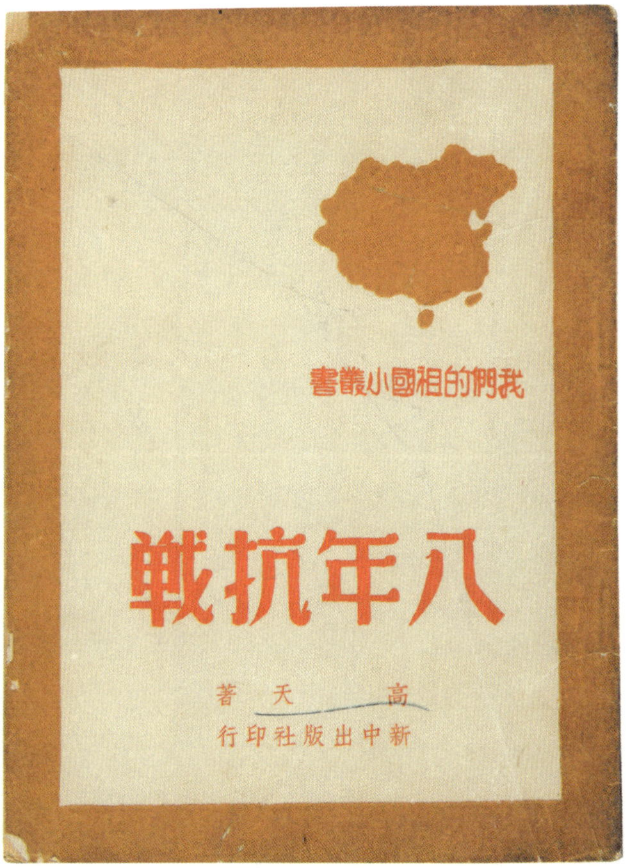


八年抗战　高天著　新中出版社　1946年12月

本书系《我们的祖国小丛书》之一，全书分抗战的意义、抗战的历史背景、“七七”事变到全面抗战、抗战初期的高潮、妥协投降的危机、相持阶段的低潮、重庆抗战阵营的动摇、“反共第一”“抗日第二”、人民抗日武力的成长、民主保障了胜利、胜利巩固了民主等十一章。

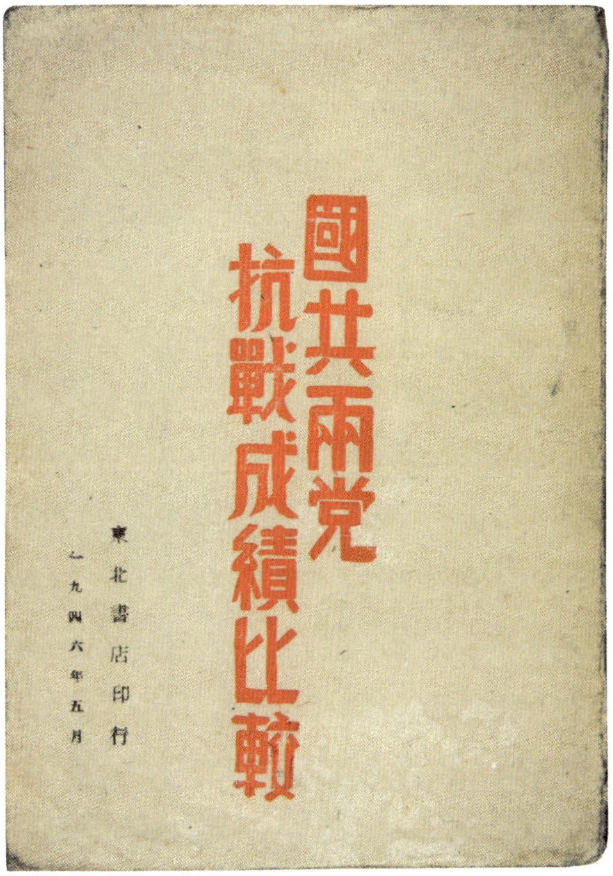


国共两党抗战成绩比较　八路军留守兵团政治部编　沈阳东北书店　1946年5月

本书系八路军留守兵团政治部宣传部于1943年10月编辑，汇集了《解放日报》1943年8、9月间发表的《国共两党抗战成绩比较》、《没有共产党就没有中国》、《三年来国民党九次应战的研究》、《两年来国民党六十七个叛国将领概观》等十篇社论、专论和消息。

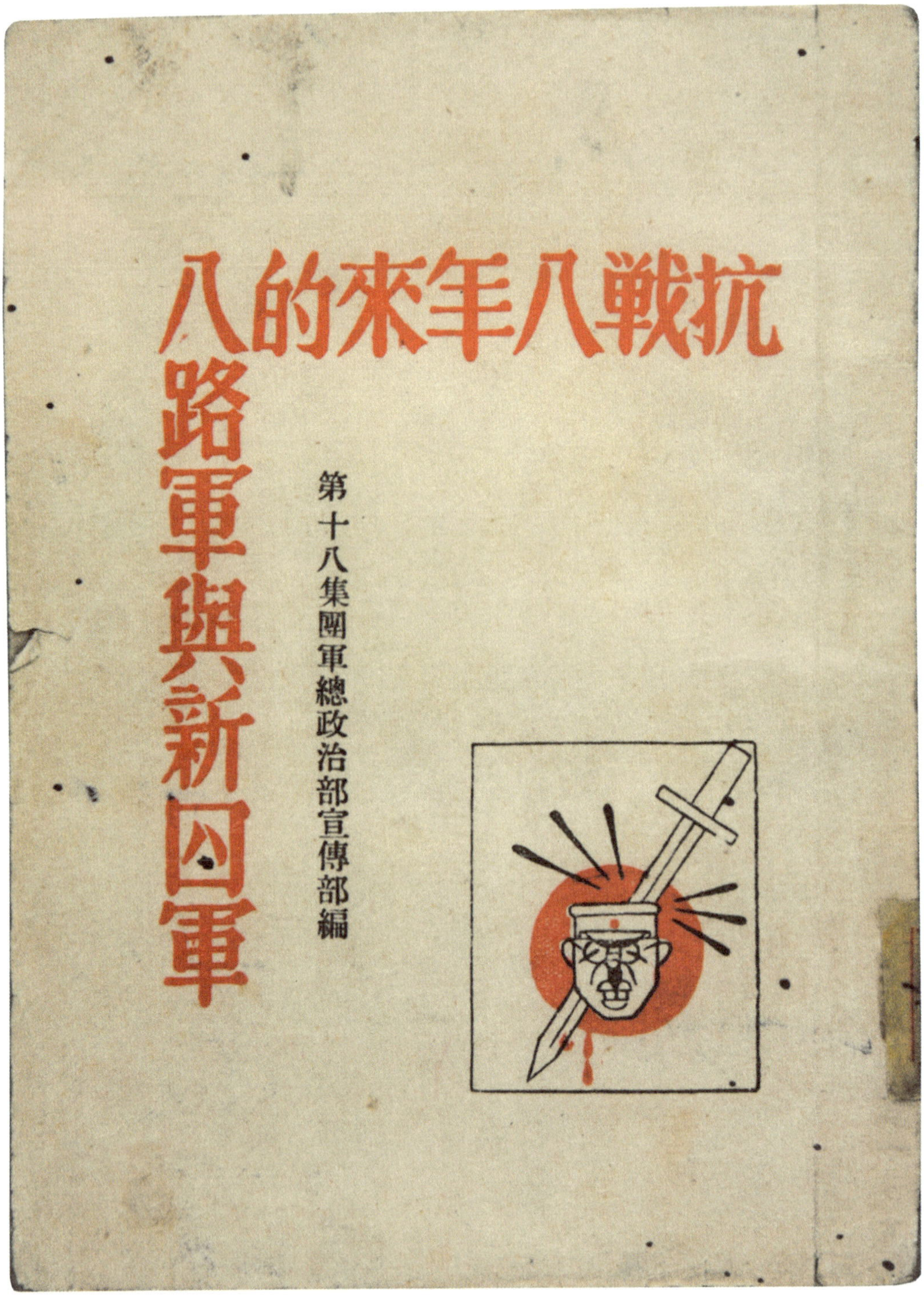


抗战八年来的八路军与新四军　第十八集团军总政治部宣传部编印　1945年

本书分为回顾、出师抗战到保卫大武汉、武汉失守到百团大战、百团大战到抗战五周年、抗战五周年到现在、简单的总结和展望等六章，较系统地介绍了抗战八年来八路军、新四军和抗日游击队作战的情形。

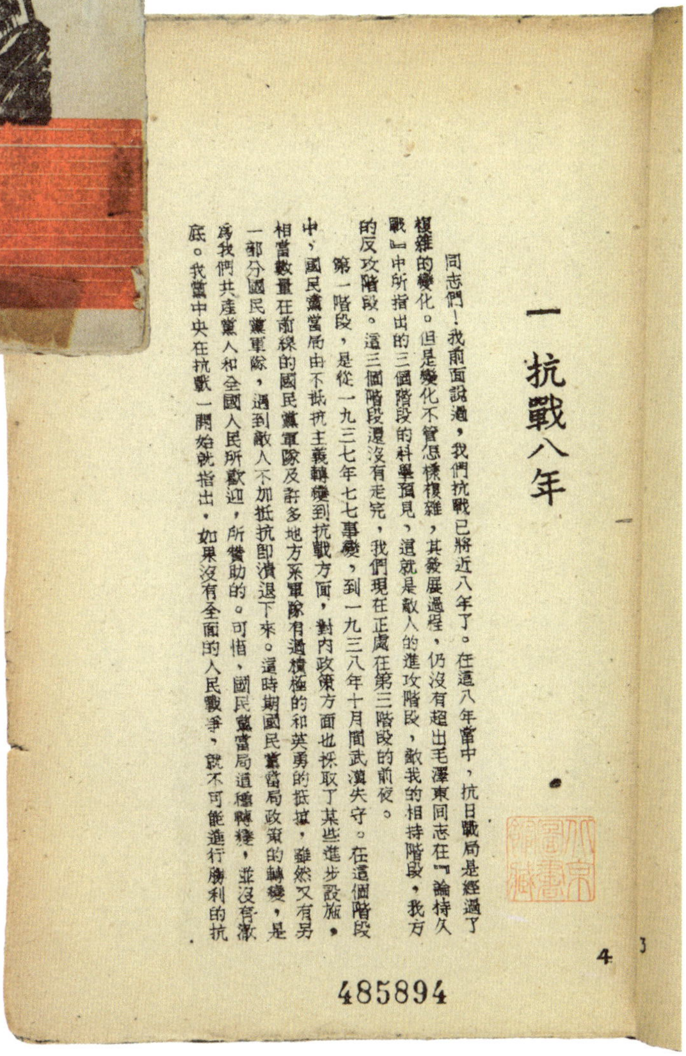

一 抗戰八年

同志們！我前面說過，我們抗戰已將近八年了。在這八年當中，抗日戰局是經過了複雜的變化。但是變化不管怎樣複雜，其發展過程，仍沒有超出毛澤東同志在『論持久戰』中所指出的三個階段的科學預見，這就是敵人的進攻階段，敵我的相持階段，我方的反攻階段。這三個階段還沒有走完，我們現在正處在第三階段的前夜。

第一階段，是從一九三七年七七事變，到一九三八年十月間武漢失守。在這個階段中，國民黨當局由不抵抗主義轉變到抗戰方面，對內政策方面也採取了某些進步設施，相當數量在前線的國民黨軍隊及許多地方系軍隊有過積極的和英勇的抵抗，雖然又有另一部分國民黨軍隊，遇到敵人不加抵抗即潰退下來。這時期國民黨當局政策的轉變，是為我們共產黨人和全國人民所歡迎，所贊助的。可惜，國民黨當局這種轉變，並沒有澈底。我黨中央在抗戰一開始就指出，如果沒有全面的人民戰爭，就不可能進行勝利的抗

4

485894

论解放区战场 朱德著 冀中导报社 1945年9月

这是朱德1945年4月25日在党的“七大”上所作的军事报告。作者在报告中论述了人民军队和解放区的创立及其发展过程，正确评价了人民军队和解放区的伟大作用，总结了解放区战场的经验，指明了解放区战场要逐步地实现从游击战到正规战的转变，迎接抗日大反攻的战略任务，并对党的军事路线进行了全面的论述。

# 第五章
# 天翻地覆

（全国解放战争时期　1945年8月—1949年9月）

全国解放战争时期是中国新民主主义革命取得全国性胜利的重要历史阶段。中国共产党领导全国人民，仅用了三年多的时间，就以摧枯拉朽之势，推翻了蒋介石为代表的帝国主义、封建主义和官僚资本主义的反动统治，实现了“解放全中国，建立一个新民主主义的中国”的奋斗目标。

全国解放战争的胜利，是中国共产党领导的人民革命力量长期奋斗的结果，是马克思主义在中国的胜利，是毛泽东思想的胜利，是人民的胜利。

## 争取实现国内和平民主

抗日战争胜利后，中国面临向何处去的历史抉择。中国共产党提出“和平、民主、团结”的方针，争取和平建国。以蒋介石为首的国民党则妄图利用“和谈”，争取时间发动全面内战。在蒋介石连续三次电邀毛泽东赴重庆和谈的情况下，为争取和平民主，中央决定，毛泽东、周恩来、王若飞赴重庆同国民党谈判。

经过43天的艰苦谈判，国共两党于1945年10月10日签署了《双十协定》，为中国赢得了和平的历史瞬间。

毛泽东与专程到延安陪同他前往重庆的美国大使赫尔利、国民党政府代表张治中等在一起。

蒋介石宴请毛泽东。

毛泽东返回延安时，重庆各界人士到机场送行。左起：张澜、邵力子、郭沫若、傅学文、张治中、毛泽东。

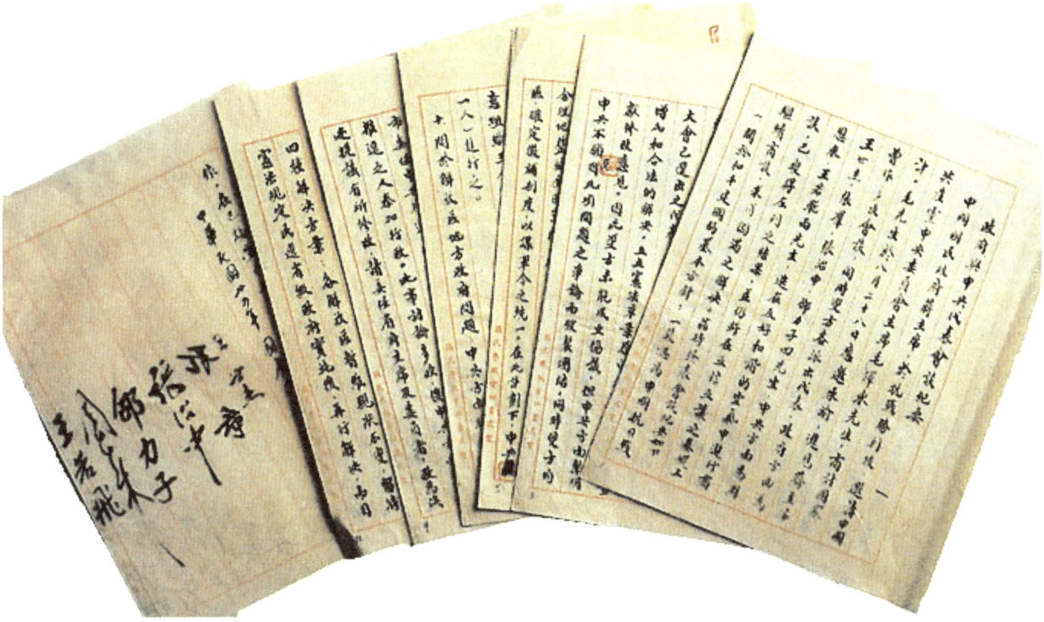

双十协定。

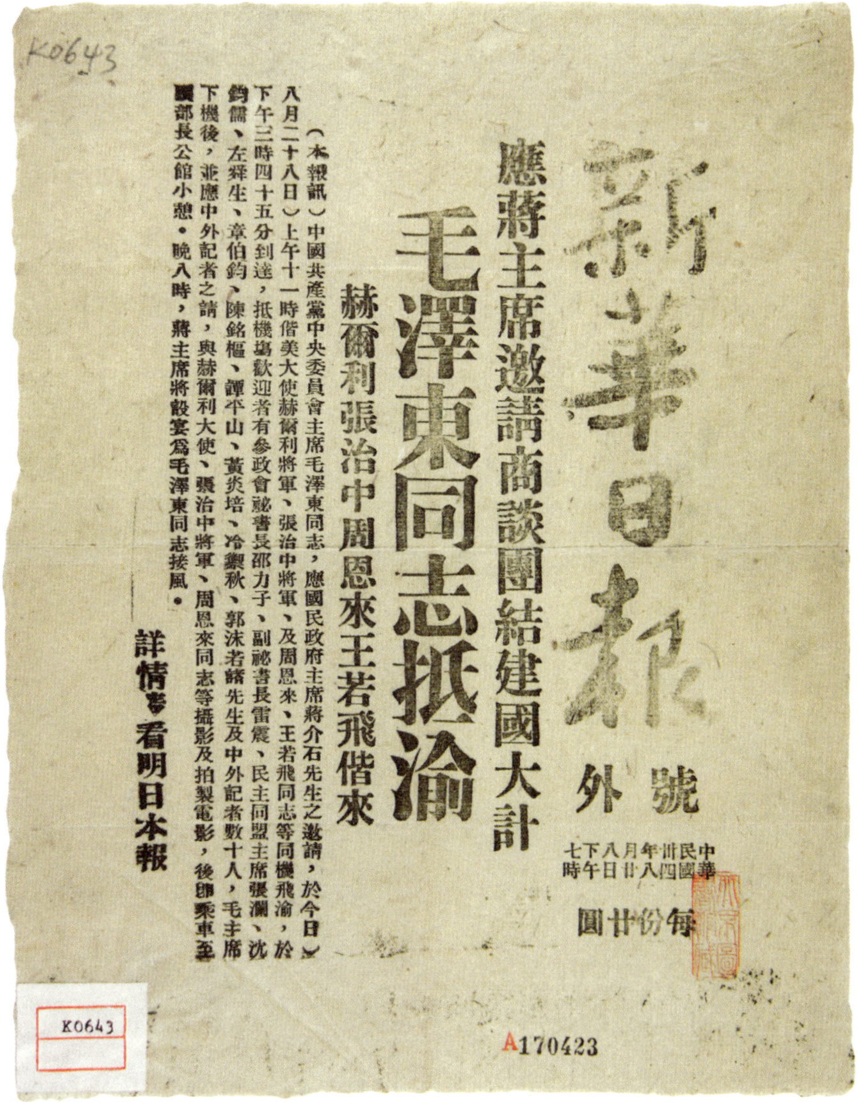

新華日報 號外

中華民國卅四年八月廿八日下午七時

每份廿圓

應蔣主席邀請商談團結建國大計

# 毛澤東同志抵渝

赫爾利張治中周恩來王若飛偕來

（本報訊）中國共產黨中央委員會主席毛澤東同志，應國民政府主席蔣介石先生之邀請，於今日（八月二十八日）上午十一時偕美大使赫爾利將軍、張治中將軍、及周恩來、王若飛同志等同機飛渝，於下午三時四十五分到達，抵機場歡迎者有參政會祕書長邵力子、副祕書長雷震、民主同盟主席張瀾、沈鈞儒、左舜生、章伯鈞、陳銘樞、譚平山、黃炎培、冷禦秋、郭沫若諸先生及中外記者數十人，毛主席下機後，並應中外記者之請，與赫爾利大使、張治中將軍、周恩來同志等攝影及拍製電影，後即乘車至[illegible]部長公館小憩。晚八時，蔣主席將設宴爲毛澤東同志接風。

詳情參看明日本報

A170423



毛泽东同志抵渝　重庆 新华日报馆　1945年8月28日

1945年8月28日，应蒋介石邀请，毛泽东、周恩来、王若飞在美国驻华大使赫尔利、国民党政府代表张治中的陪同下从延安乘飞机抵达重庆，开始国共两党谈判。毛泽东不顾个人安危亲赴重庆这一行为，向国内外宣告：中国共产党是真诚谋求和平的，是真正地代表全国人民的利益和愿望的。民主人士柳亚子曾赋诗称颂毛泽东亲临重庆实在是“弥天大勇”。

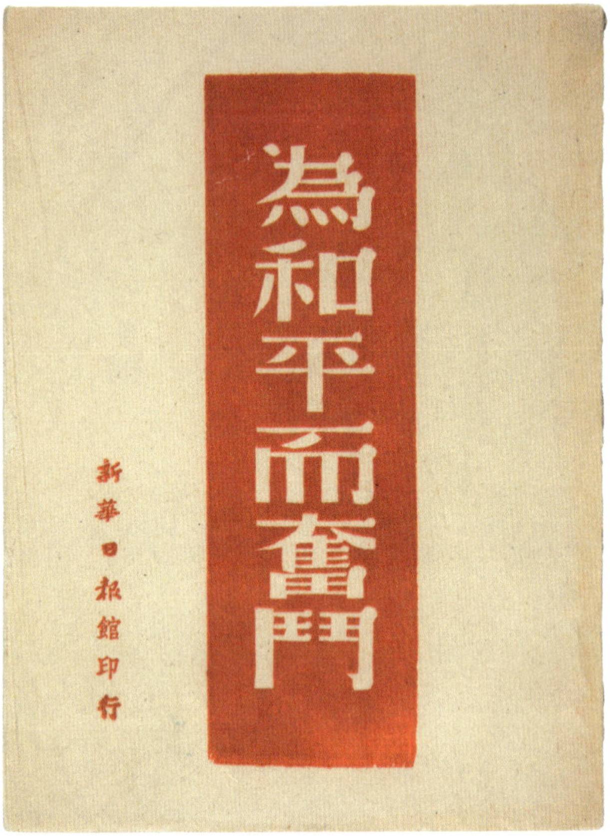


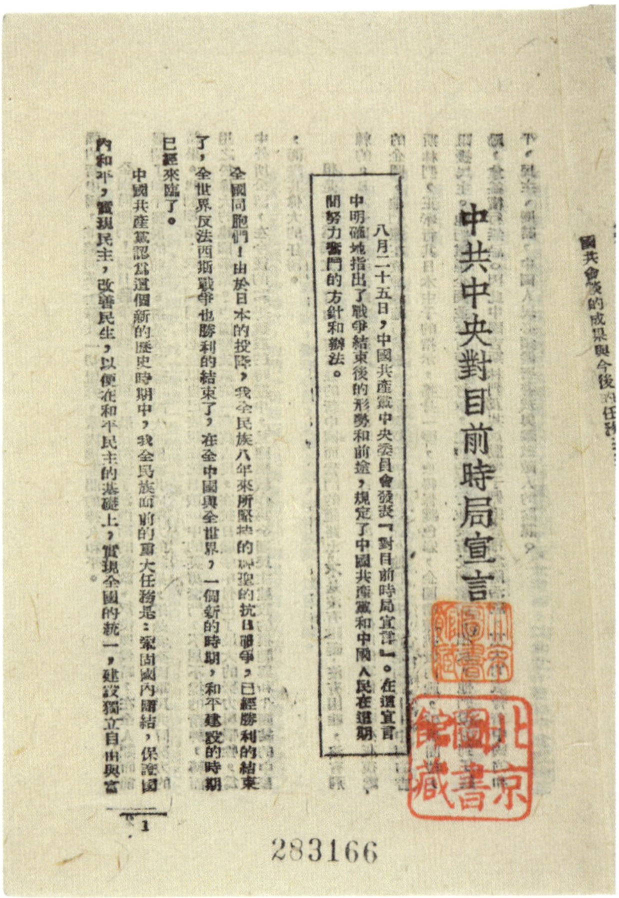
國共會談的成果與今後的任務

中共中央對目前時局宣言

八月二十五日，中國共產黨中央委員會發表『對目前時局宣言』。在這宣言中明確地指出了戰爭結束後的形勢和前途，規定了中國共產黨和中國人民在這期間努力奮鬥的方針和辦法。

全國同胞們！由於日本的投降，我全民族八年來所堅持的艱苦的抗日戰爭，已經勝利的結束了，全世界反法西斯戰爭也勝利的結束了，在全中國與全世界，一個新的時期，和平建設的時期已經來臨了。

中國共產黨認為這個新的歷史時期中，我全民族面前的重大任務是：鞏固國內團結，保證國內和平，實現民主，改善民生，以便在和平民主的基礎上，實現全國的統一，建設獨立自由與富

1

283166



为和平而奋斗　重庆 新华日报馆　1945年11月

本书收录“中共中央对目前时局宣言”；中共中央主席毛泽东在渝言论六篇：“到重庆在飞机场的谈话”、“对大公报记者的谈话”、“答路透社记者问”、“国共会谈纪要”及“解放日报和新华日报言论”等。

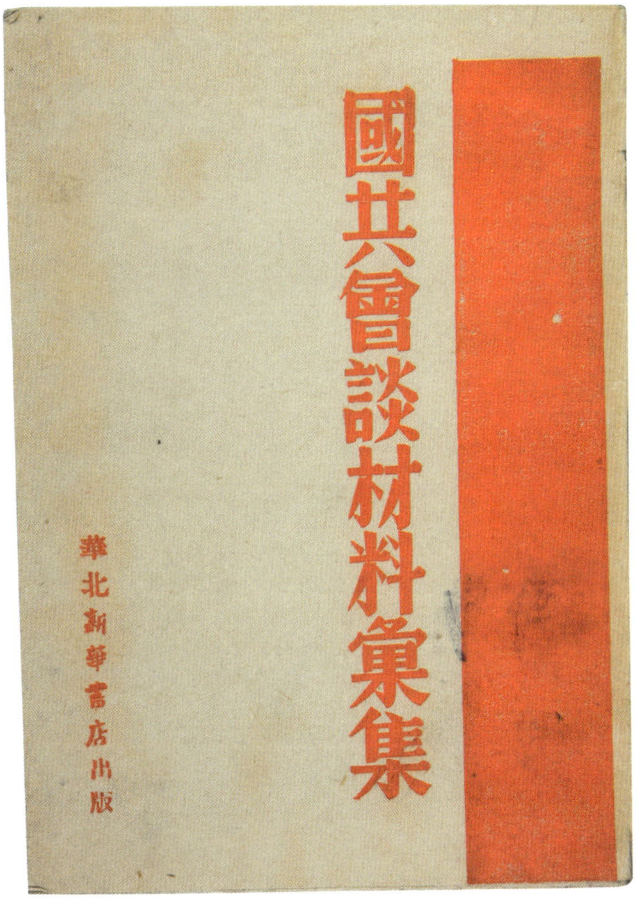


国共会谈材料汇集　黎城 华北新华书店 1945年11月

本书收录“中国共产党中央委员会对于目前时局的宣言”、“新时期的路标”（《解放日报》社论）、“毛主席答路透社记者问”、“政府与中共代表会谈纪要”（新华社）、“国共会谈的成果与今后的任务”（《解放日报》社论）等六篇。

和平建国纲领草案　新华书店晋西北分店　1946年1月

1946年1月10日，政治协商会议在重庆国民政府礼堂开幕。中国国民党、中国共产党、中国民主同盟、中国青年党等党派以及社会贤达代表共38人出席。中共代表团提交《和平建国纲领草案》，提出“以和平、民主、团结、统一为基础，迅速结束训政，实施宪政，彻底实行三民主义，建设独立、自由、富强的新中国”等主张，得到与会各方代表的赞同。经数十次讨论、争辩，终于通过了关于改组政府、整编军队、召开国民大会、和平建国纲领和宪法草案等五项决议案。

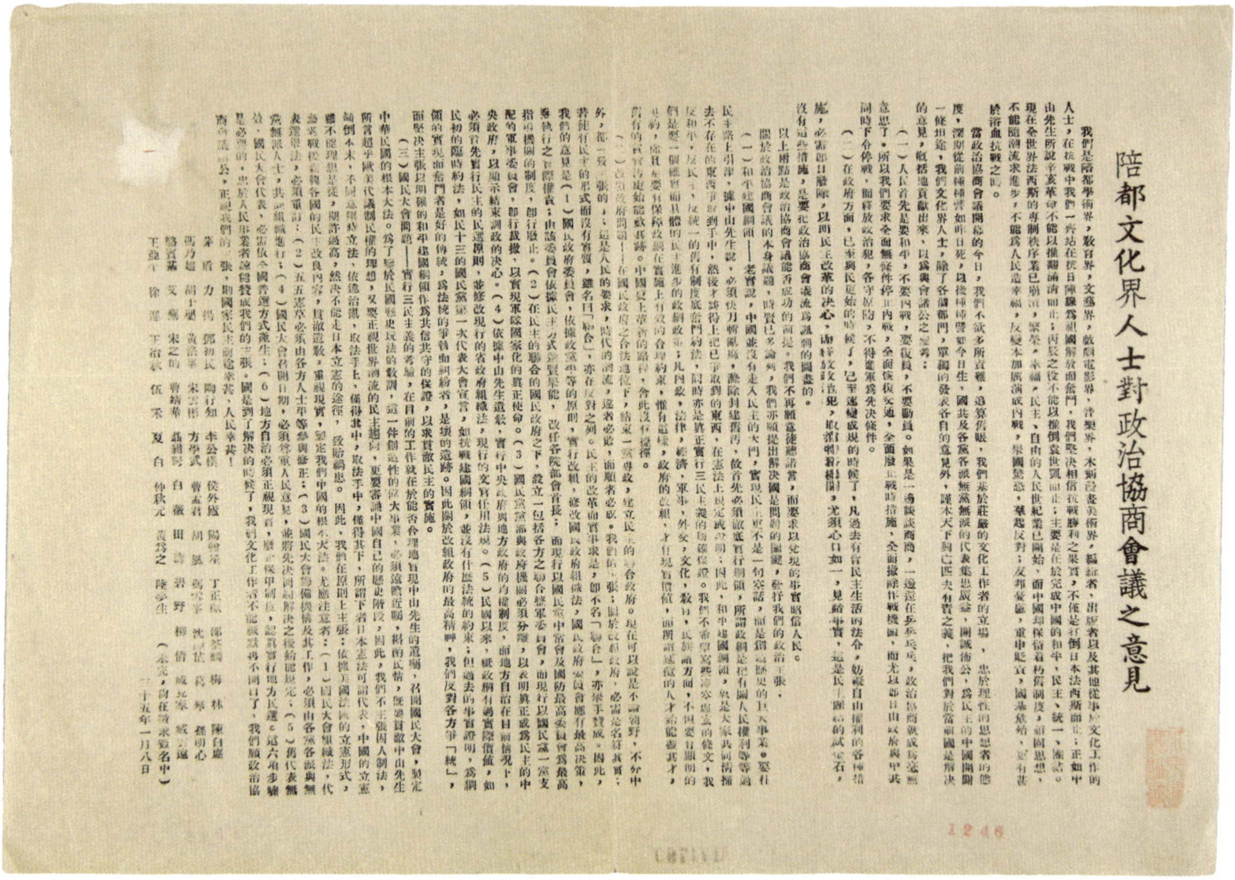

陪都文化界人士對政治協商會議之意見

陪都文化界人士对政治协商会议之意见　茅盾等著　1946年1月8日

1946年1月8日，茅盾、陶行知、李公朴等文化界、教育界名人一同发表《陪都文化界人士对政治协商会议之意见》，要求结束国民党一党专政，制定和平建国纲领，施行民主政治，废止文化统治政策。

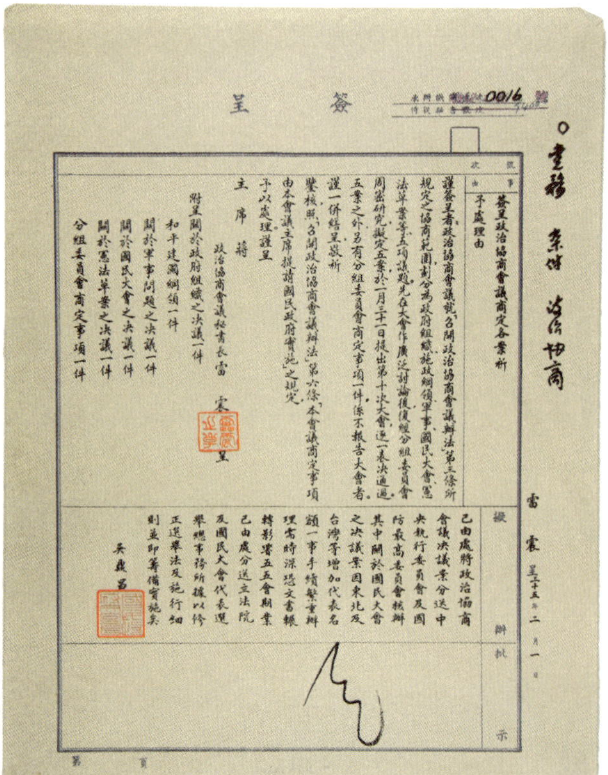

簽呈

政治协商会议商定各案签呈　1946年2月1日　复制品

此呈件由政治协商会议秘书长雷震呈交，1946年2月1日国民政府文官长吴鼎昌拟办。内容包括“关于政府组织之决议”、“和平建国纲领”、“关于军事问题之决议”、“关于国民大会之决议”、“关于宪法草案之决议”、“分组委员会商定事项”六个部分。

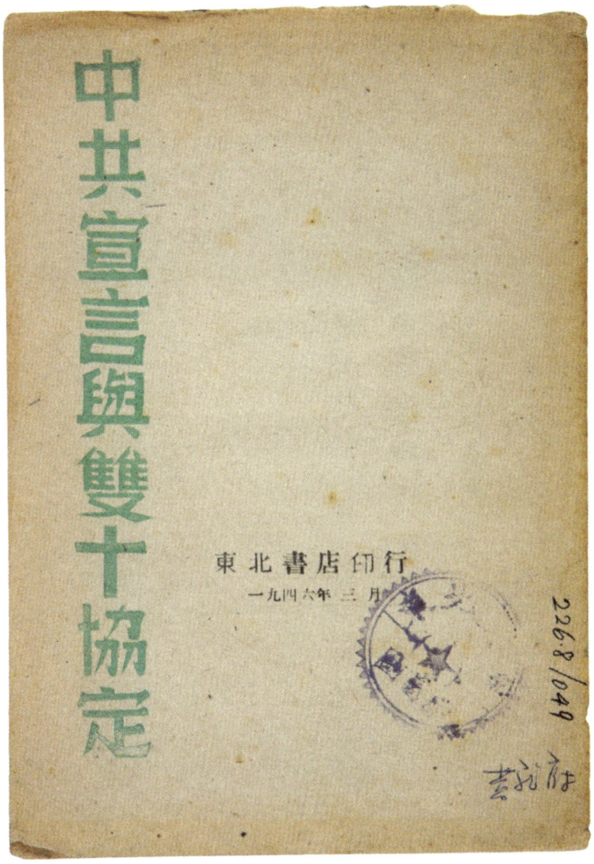
中共宣言與雙十協定

東北書店印行

一九四六年三月

中共宣言与双十协定　东北书店　1946年3月

《双十协定》，全称《政府与中共代表会谈纪要》，是一个旨在结束国共分裂局面，建立民主政权而发表的会谈纪要，签订于1945年10月10日。内容包括：确定召开各党派代表和无党派人士参加的政治协商会议，迅速结束国民党的“训政”，实现政治民主化、各党派平等合法、取消特务机关、实行自下而上的普选等。虽然该纪要并未解决具体问题，但它是国共谈判的意向书，为几个月后召开的政治协商会议做出了铺垫。

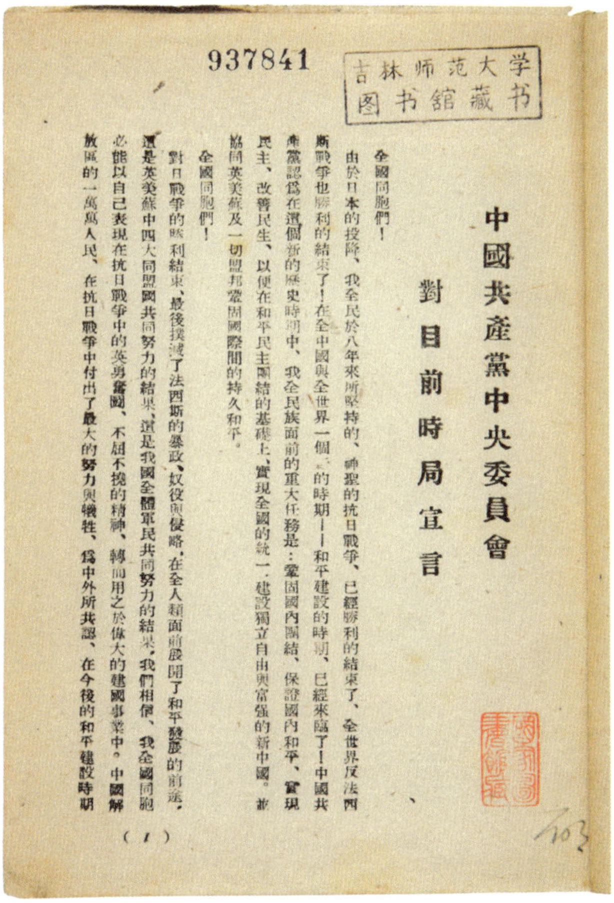


中國共產黨中央委員會
對目前時局宣言

全國同胞們！

由於日本的投降、我全民於八年來所堅持的、神聖的抗日戰爭、已經勝利的結束了、全世界反法西斯戰爭也勝利的結束了！在全中國與全世界一個新的時期——和平建設的時期、已經來臨了！中國共產黨認爲在這個新的歷史時期中、我全民族面前的重大任務是：鞏固國內團結、保證國內和平、實現民主、改善民生、以便在和平民主團結的基礎上、實現全國的統一、建設獨立自由與富强的新中國。並協同英美蘇及一切盟邦鞏固國際間的持久和平。

全國同胞們！

對日戰爭的勝利結束，最後撲滅了法西斯的暴政、奴役與侵略，在全人類面前展開了和平發展的前途，這是英美蘇中四大同盟國共同努力的結果，這是我國全體軍民共同努力的結果，我們相信、我全國同胞必能以自己表現在抗日戰爭中的英勇奮鬪、不屈不撓的精神、轉而用之於偉大的建國事業中。中國解放區的一萬萬人民、在抗日戰爭中付出了最大的努力與犧牲、爲中外所共認、在今後的和平建設時期

（1）

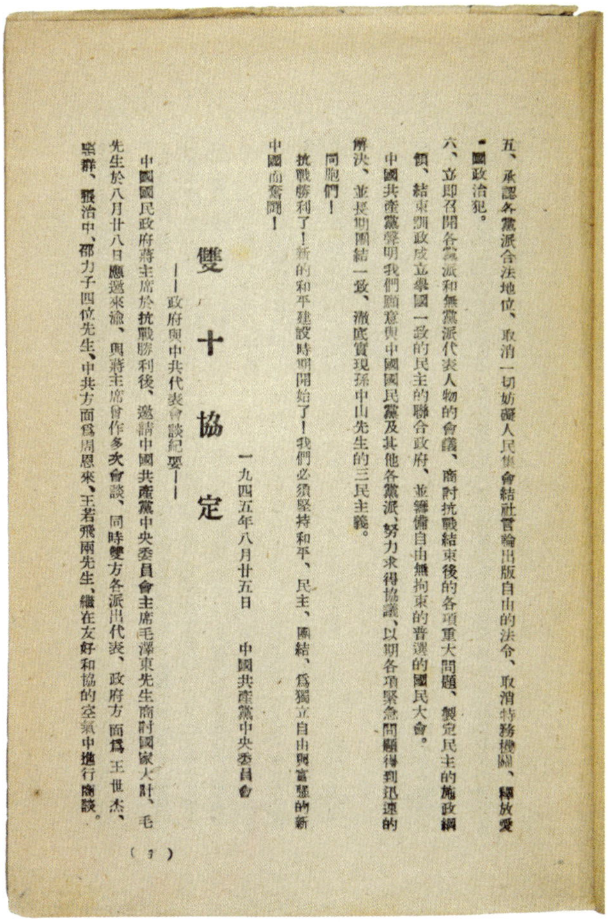
五、承認各黨派合法地位、取消一切妨礙人民集會結社言論出版自由的法令、取消特務機關、釋放愛國政治犯。

六、立即召開各黨派和無黨派代表人物的會議、商討抗戰結束後的各項重大問題、製定民主的施政綱領、結束訓政成立舉國一致的民主的聯合政府、並籌備自由無拘束的普選的國民大會。

中國共產黨聲明我們願意與中國國民黨及其他各黨派，努力求得協議，以期各項緊急問題得到迅速的解決、並長期團結一致、徹底實現孫中山先生的三民主義。

同胞們！

抗戰勝利了！新的和平建設時期開始了！我們必須堅持和平、民主、團結、爲獨立自由與富强的新中國而奮鬪！

一九四五年八月廿五日　中國共產黨中央委員會

雙十協定

——政府與中共代表會談紀要——

中國國民政府蔣主席於抗戰勝利後、邀請中國共產黨中央委員會主席毛澤東先生商討國家大計、毛先生於八月廿八日應邀來渝、與蔣主席曾作多次會談、同時雙方各派出代表、政府方面爲王世杰、張群、張治中、邵力子四位先生、中共方面爲周恩來、王若飛兩先生，繼在友好和協的空氣中進行商談。

（7）

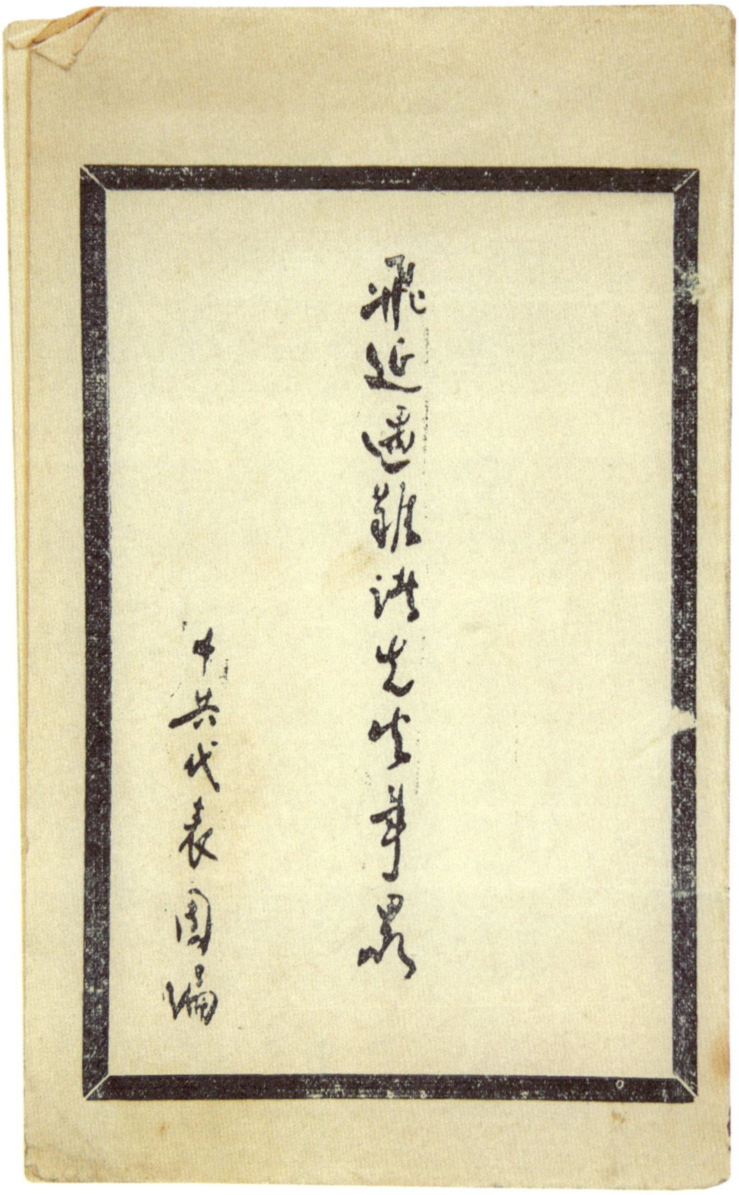


飞延遇难诸先生事略　中共代表团编
1946年4月

1946年4月8日，出席重庆国共谈判与政治协商会议的中共代表王若飞、秦邦宪，为了向中共中央汇报请示，和新四军军长叶挺、中共中央职工委员会书记邓发、进步教育家黄齐生等冒着恶劣天气飞返延安。当日下午，飞机在山西省兴县的黑茶山遇浓雾失事，机上人员全部罹难。4月19日，刘少奇等中央领导和延安各界群众三万余人，在飞机场举行追悼大会，悼念死难的烈士。周恩来题写书名《飞延遇难诸先生事略》，书名页题“王若飞、叶挺、黄齐生、秦邦宪、邓发、李绍华诸先生事略”。

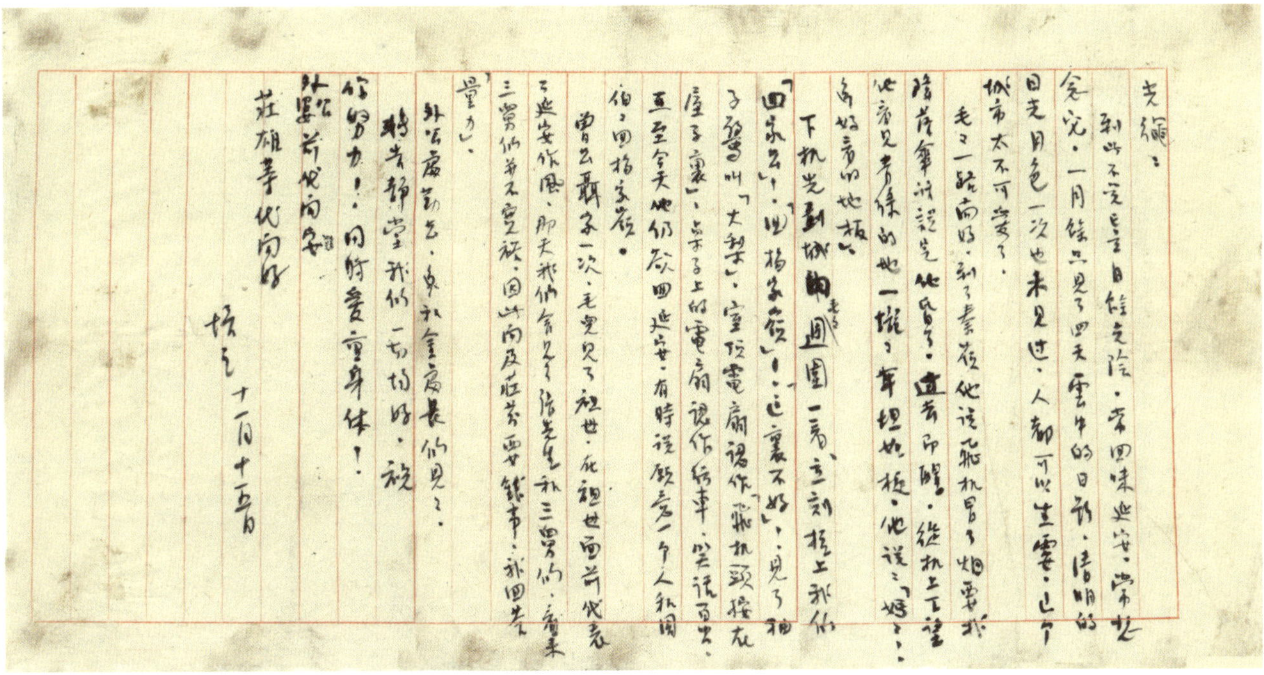

光绳：
到此不觉已是自离开延安，常常想
念它。一月余只见了四天云中的日头，清明的
日光月色一次也未见过，人都可以生霉，这个
城市太不可爱了。
毛毛一路尚好，到了秦岭他说飞机冒了烟要我
给他拿着说是他晕了。过秦岭以后从机上下望
他看见青绿的地一块块有埋地板，他说“好好”，
像好看的地板。
下机先到城内周围一看，立刻提上我们
“回家去”！“回杨家岭”！“这里不好”！见了柚
子，毛毛叫“大梨”，室顶电扇认作飞机头按在
屋子里，桌子上的电扇认作纺车，笑说可笑。
直至今天他仍要回延安，有时说愿意一个人和周
伯伯回杨家岭。
曾去看了一次毛先见了祖世，和祖世面前代表
了延安作风，那天我们会见了张先生和三舅们，看来
三舅们并不宽裕，因此向及庄芳要钱事，我回来
量力。
外公康爸去，身体全家长们见之。
将来静堂我们一切均好，祝
你努力！同时爱重身体！
外公
婆并代问安
莊雄等代问好
培之　十一月十五日

李培之致李光绳信　李培之撰　1945年11月15日　毛笔手书　王兴、张延忠夫妇捐赠

李培之（1904-1994），河北赤城县人，革命家，1925年与王若飞结为夫妻。李光绳是王若飞舅父黄齐生的外孙。1945年10月，李培之带着儿子王兴（信中的“毛毛”）从延安飞赴重庆参加审查干部的工作。此信描写了沿途以及刚到重庆时的趣闻和一些家庭生活情况。信中，毛毛把“柚子”叫“大梨”，“把室顶电扇认作飞机头按（安）在屋子里”，“把桌子上的电扇认作纺车”，而且还一心想着回延安，“有时说愿意一个人和周伯伯回杨家岭”，实在令人忍俊不禁。

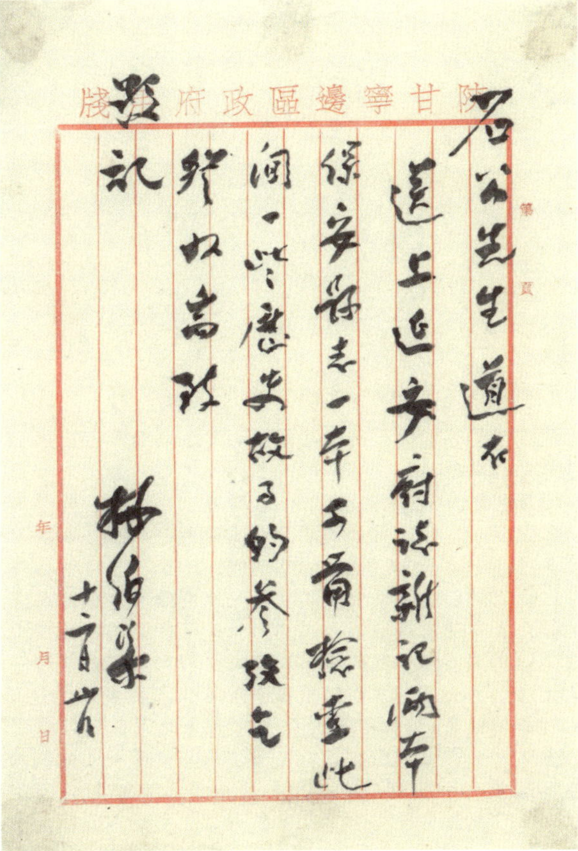

陕甘宁边区政府笺
石公先生道右：
送上延安府志新纪两本
保安县志一本于翻检当此
间一些历史故事的参考
聊以当致
敬礼
林伯渠
十二月　日

林伯渠致黄齐生信　林伯渠撰　毛笔手书原稿　王兴、张延忠夫妇捐赠

林伯渠（1886-1960），名祖涵，湖南临澧人，革命家。1904年春留学日本，次年加入同盟会。1921年1月在上海加入共产主义小组。1927年参加南昌起义，任革命委员会委员兼财务委员会主席。1932年从苏联回国，进入江西中央苏区，历任中央工农民主政府国民经济部部长、财政部部长等职。1937至1948年，担任陕甘宁边区政府主席，领导边区政权建设和经济建设。新中国成立后，历任中央人民政府委员兼秘书长、全国人民代表大会常务委员会副委员长等职。此函述及林伯渠向黄齐生赠送《延安府志》、《保安县志》二书，以备翻检延安的历史故事。

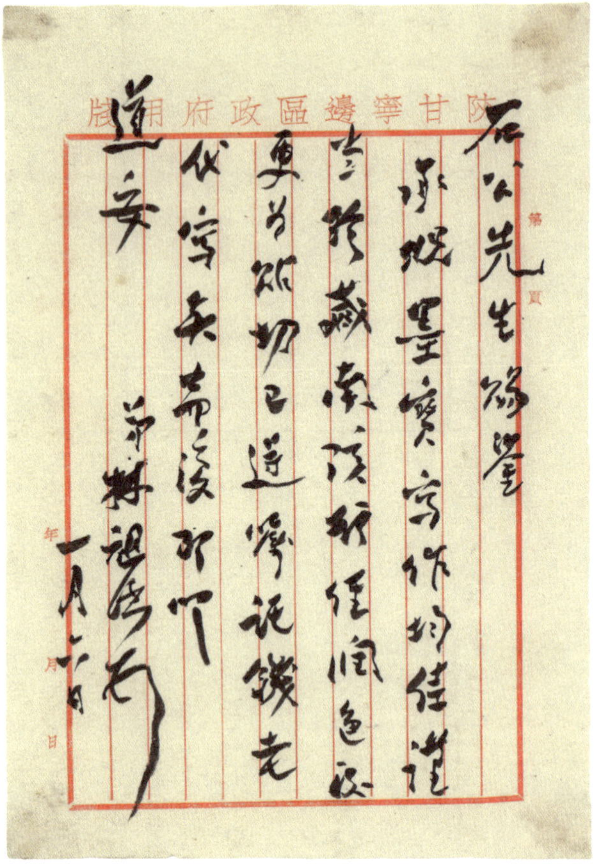
陕甘宁边区政府用笺

石公先生鉴：

承赐墨宝，写作均佳，谨当珍藏。[illegible]更为贴切，已送[illegible]代写矣。[illegible]

道安

弟林祖涵

一月六日

林伯渠致黄齐生信　林伯渠撰　毛笔手书原稿　王兴、张延忠夫妇捐赠

此函述及林伯渠与黄齐生之间的翰墨往来。

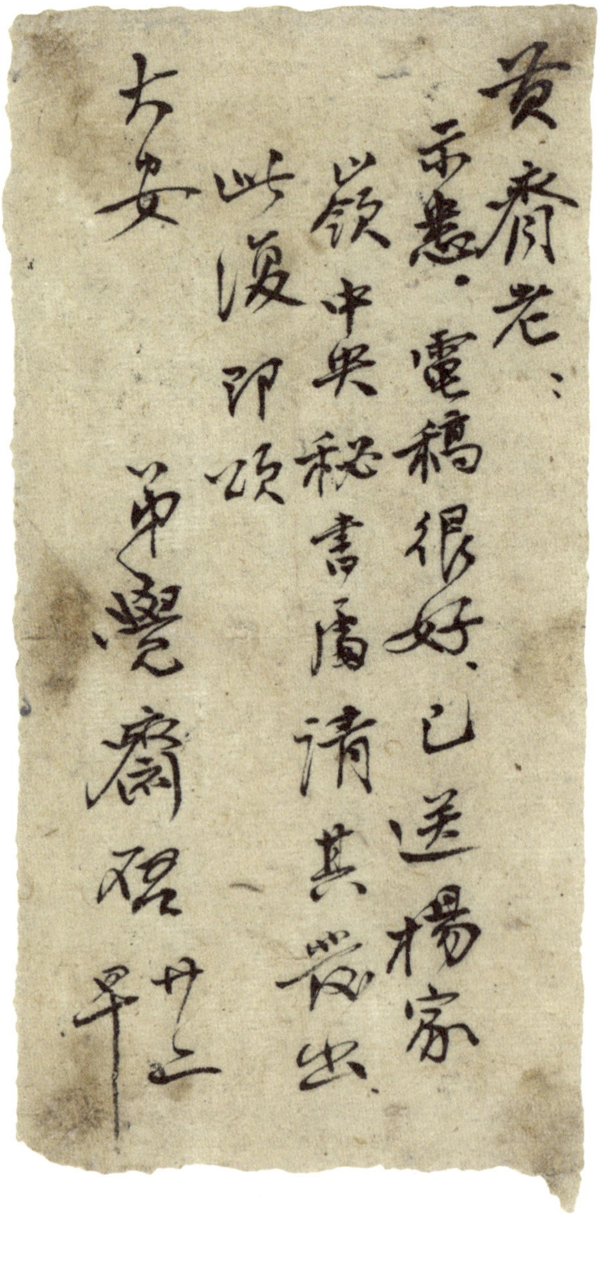
黄齐老：

示悉。电稿很好，已送杨家岭中央秘书处，请其发出。此复，即颂

大安

弟觉哉启

廿二早

谢觉哉致黄齐生信　谢觉哉撰　毛笔手书原稿　王兴、张延忠夫妇捐赠

谢觉哉（1883—1971），名维鋆，字焕南，号觉斋，湖南宁乡人。我国司法制度的奠基者之一。1925年加入中国共产党，早期从事党的宣传教育工作。1934年参加长征。抗战爆发后，任中央工农民主政府西北办事处司法部部长，兼陕甘宁边区高等法院院长、代理最高人民法院院长。1940年，任中共陕甘宁边区中央局副书记兼陕甘宁边区政府秘书长。1942年起，当选为第二、三届陕甘宁边区参议会副议长。1948年8月，当选为华北人民政府委员兼司法部部长。新中国成立后，历任内务部部长、最高人民法院院长、中国政治法律学会副会长、第四届全国政协副主席。此函提道，黄齐生曾代中共中央秘书处草拟电报稿。

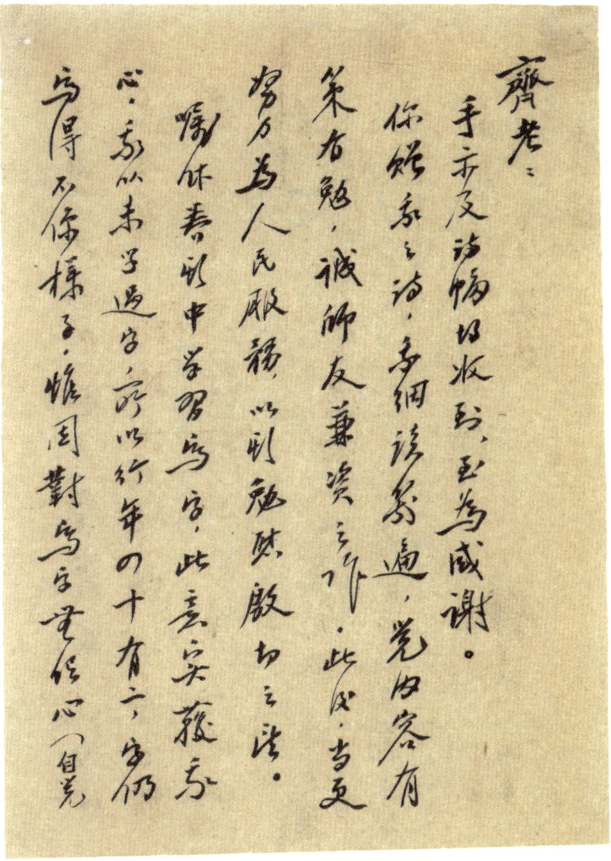

齊老：
手示及詩幅均收到，至為感謝。
你給我之詩，多細讀幾遍，覺內容有
策有勉，誠師友兼資之作。此後當更
努力為人民服務，以副勉勵殷切之誼。
囑休養期中學習寫字，此意實獲我
心。我從未學過字，所以行年四十有六，字仍
寫得不像樣子。惟因對寫字無信心（自覺

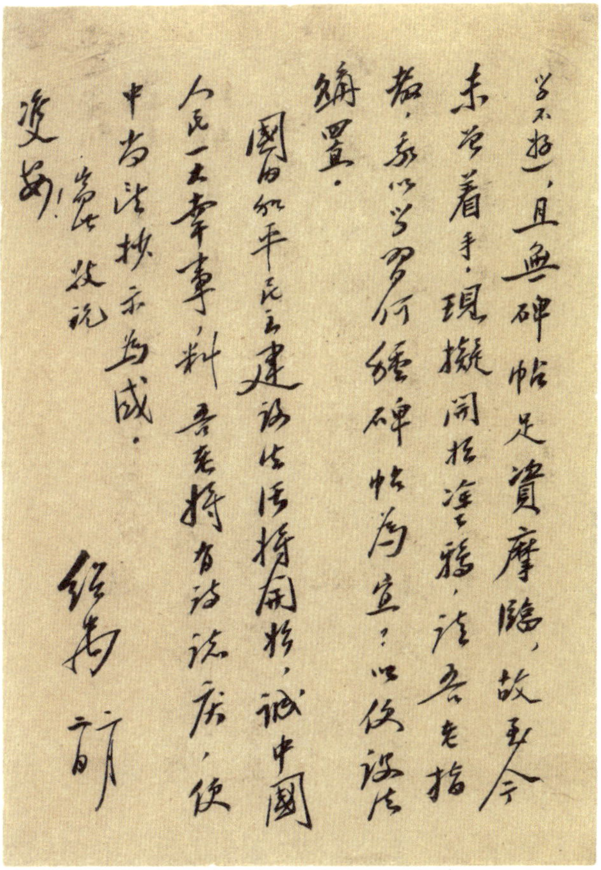

學不好），且無碑帖足資摹臨，故至今
未曾着手。現擬開始遵囑，請吾老指
教，我以學習何種碑帖為宜？以便設法
購置。
國內和平民主建設時期，誠中國
人民一大幸事，料吾老將有詩詞慶，便
中當請抄示為感。
此祝
近安！
紹禹 謹

王明致黄齐生信　王明撰　毛笔手书原稿　王兴、张延忠夫妇捐赠

王明（1904–1974），原名陈绍禹，安徽六安人。1925年赴莫斯科留学，加入中国共产党。1930年回国，次年在中共六届四中全会上补选为中央政治局委员常委，兼任江苏省委书记，同年6月后代理总书记。不久赴莫斯科，任中共驻共产国际代表团团长。1937年11月回延安，12月任中共中央书记处书记、长江局书记。1938年9月中共六届六中全会后，任中共中央书记处书记、统一战线工作部部长、南方工作委员会主任等职。1947年任中共中央法制委员会主任。新中国成立后，历任中苏友好协会总会理事、最高人民法院委员等职。据此函，黄齐生曾写诗赠与王明，并勉励他休养期间练字。

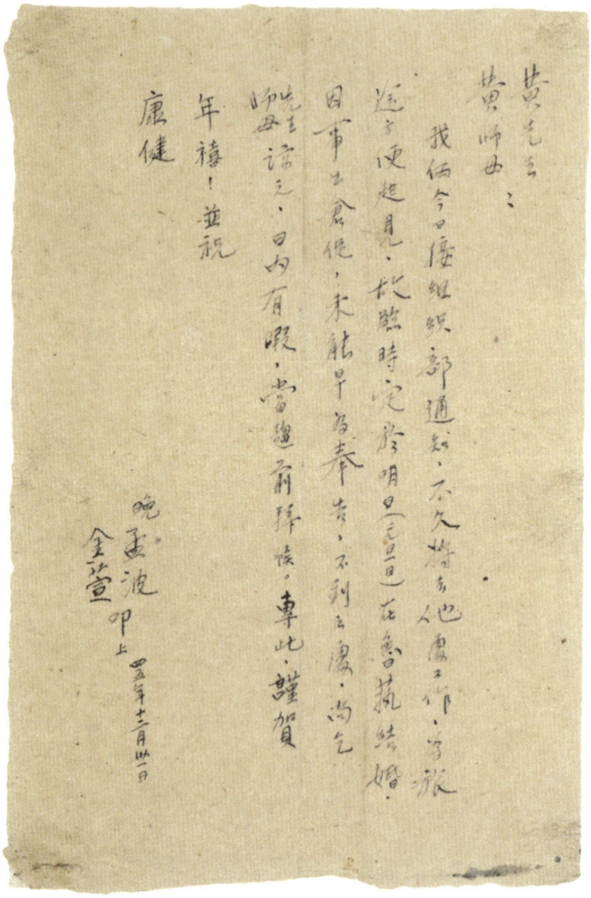

黄先生
黄师母：
我俩今日接组织部通知，不久将去他处工作，为旅途方便起见，故临时决于明日（元旦）在鲁艺结婚，因事出仓促，未能早为奉告，不到之处，尚乞
先生师母谅之，日内有暇，当趋前拜候，专此，谨贺
年禧！并祝
康健
晚 孟波 金萱 叩上
四五年十二月卅一日

孟波、严金萱致黄齐生信　孟波、严金萱撰　钢笔手书原稿　王兴、张延忠夫妇捐赠

孟波（1916－　），原名绶曾，作曲家。江苏常州人。1939年加入中国共产党，曾任新四军抗敌剧团团长、延安鲁艺教员、延安中央管弦乐团指导员。新中国成立后历任中国音协天津分会主席，天津市、广州市、上海市文化局局长，中国音协秘书长，上海音乐学院副院长，中共上海市委宣传部副部长等职。

严金萱（1924－　），贵州贵阳人，作曲家、教育家。1937年参加革命工作，次年加入中国共产党。1939年赴延安，先后在抗日军政大学、鲁迅艺术学院学习，并在冲锋剧社、中央管弦乐团等单位任作曲、歌剧演员和研究员。新中国成立后先后担任天津曲艺工作团、广州华南歌舞团、中国儿童艺术剧院、上海越剧院和上海舞蹈学校的领导工作。

此函为孟波和严金萱结婚前夕写给黄齐生的信函。信中说，组织上派他们二人去别处工作，为了旅途方便，决定在1946年元旦在延安鲁迅艺术学院结婚。

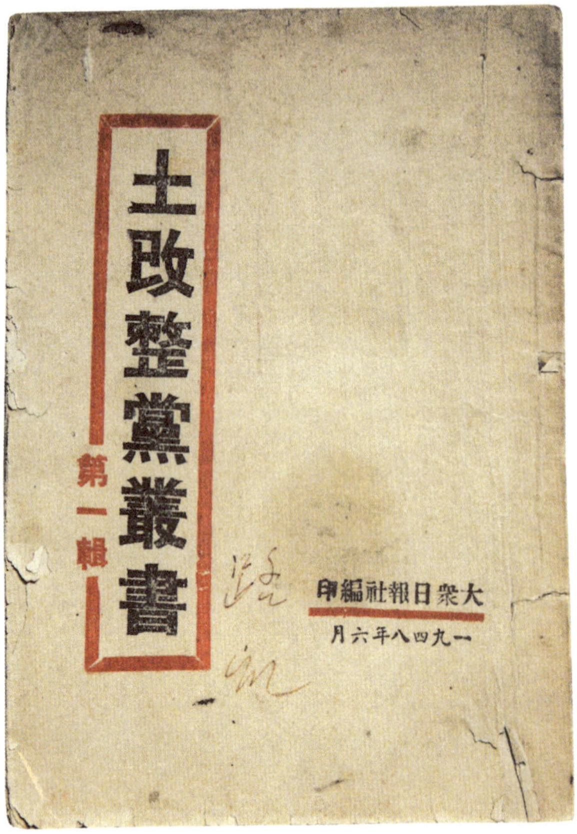


土改整党丛书（第一辑）　1948年6月　大众日报社编印　王兴、张延忠夫妇捐赠

封面有张延忠母亲路凯的签名，内有路凯阅读本书时的勾画笔迹。

## 粉碎国民党军队的战略进攻

1946年6月，国民党政府公然撕毁政协决议和停战协定，发动了全面内战。人民军队在中国共产党的领导下，奋起自卫反击，经过一年的作战，歼敌112万余人。国民党军队被迫由进攻转为全面防御，中国革命战争达到了一个新的历史转折点。

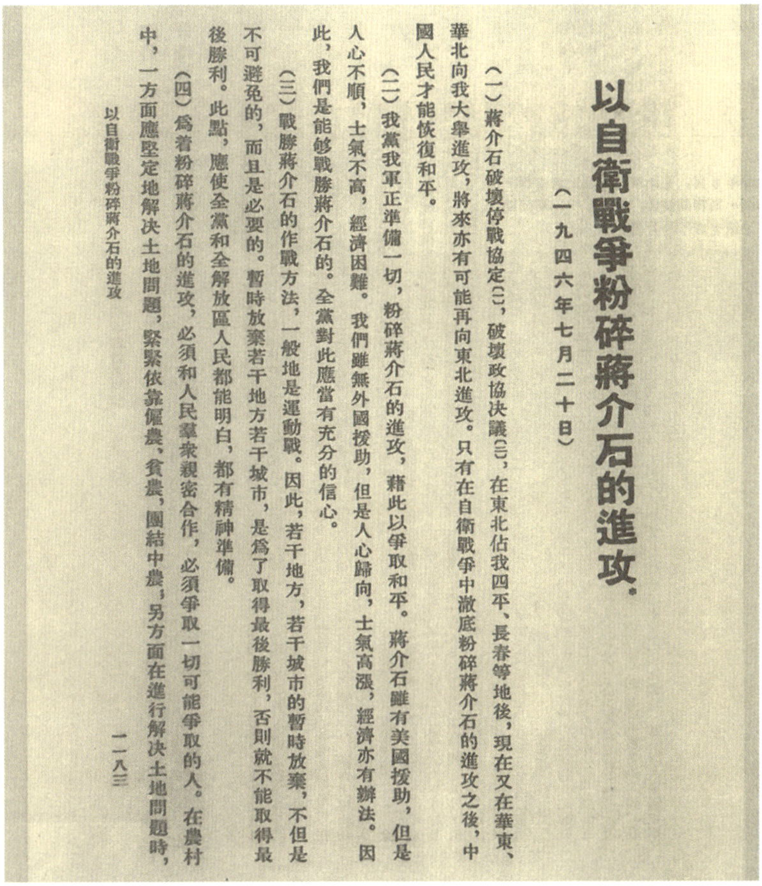

以自衛戰爭粉碎蔣介石的進攻

（一九四六年七月二十日）

（一）蔣介石破壞停戰協定[1]，破壞政協決議[2]，在東北佔我四平、長春等地後，現在又在華東、華北向我大舉進攻，將來亦有可能再向東北進攻。只有在自衛戰爭中澈底粉碎蔣介石的進攻之後，中國人民才能恢復和平。

（二）我黨我軍正準備一切，粉碎蔣介石的進攻，藉此以爭取和平。蔣介石雖有美國援助，但是人心不順，士氣不高，經濟困難。我們雖無外國援助，但是人心歸向，士氣高漲，經濟亦有辦法。因此，我們是能夠戰勝蔣介石的。全黨對此應當有充分的信心。

（三）戰勝蔣介石的作戰方法，一般地是運動戰。因此，若干地方，若干城市的暫時放棄，不但是不可避免的，而且是必要的。暫時放棄若干地方若干城市，是為了取得最後勝利，否則就不能取得最後勝利。此點，應使全黨和全解放區人民都能明白，都有精神準備。

（四）為着粉碎蔣介石的進攻，必須和人民羣衆親密合作，必須爭取一切可能爭取的人。在農村中，一方面應堅定地解決土地問題，緊緊依靠僱農，貧農，團結中農，另方面在進行解決土地問題時，

以自衛戰爭粉碎蔣介石的進攻　一一八三

中共中央于1946年7月20日，向全党发出了《以自卫战争粉碎蒋介石的进攻》的指示。

1946年，周恩来在南京梅园新村召开中外记者招待会，揭露蒋介石发动内战的事实。

“敌人在哪里进攻，我们就在哪里消灭他们”，解放军战士宣誓保卫解放区。

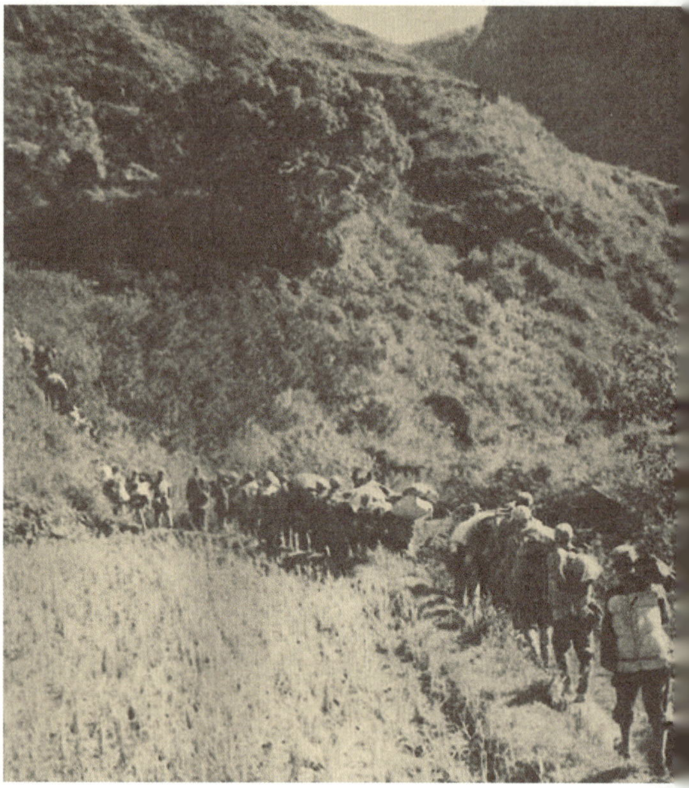

人民解放军挺进大别山。

1947年8月，刘邓大军根据中央军委指示挺进大别山，图为刘伯承登上大别山三角峰。

邓小平在河南光山县召开的干部会议上作报告。

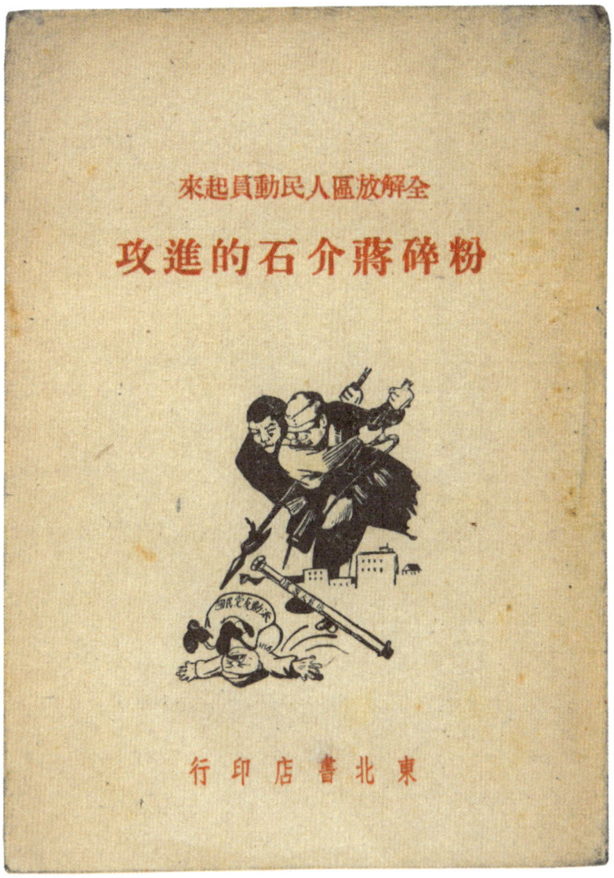


全解放区人民动员起来粉碎蒋介石的进攻 佳木斯 东北书店 1946年9月

1946年7月20日，中共中央发出“以自卫战争粉碎蒋介石的进攻”的指示，从本质上分析敌我形势，指出：我们是能够战胜蒋介石的。指示从军事、政治和经济三方面，为我党我军规定战胜敌人进攻的方针、原则和方法。在党中央领导下，全解放区军民紧张地动员起来，英勇地抗击蒋介石的军事进攻。

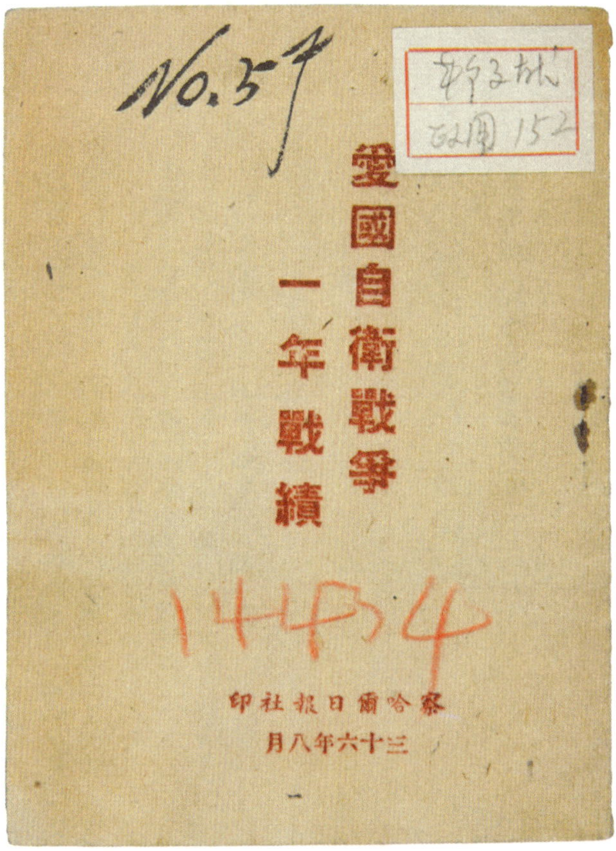


爱国自卫战争一年战绩 察哈尔日报社编 察哈尔日报社 1947年8月

1947年7月21日，周恩来在中共中央前委扩大会议上总结了解放战争第一年（1946年7月至1947年6月）的战绩。他指出：一年中，歼敌112万，国民党军从建制、人员、武器来说都损失了大约1/3。1947年3月至6月，敌人的攻势已成弩末，除山东、陕北两地外，人民解放军都转入了反攻。

一年来的一笔总账

封面左半部竖向题写书名“朱柏庐先生治家格言”，右半部画一人坐像，左下角为伪托出版者“上海山东路文昌书局印”。

本书前14 页为《朱柏庐先生治家格言》，文言文，有墨格，隶楷抄写。文章以一般通俗的“治家格言”开头，随着文章的深入，其内容渐渐触及当时形势：“四大家族，实淫盗之魁。打垮蒋贼，享和平之福。反对狼心帝美，援蒋接济武装。祖国要得解放，侵略不可不防。子孙若要翻身，民主不可不讲”等等。后12 页为《一年来的一笔总账》，内容包括：全年主要战绩统计、歼敌分区统计、歼敌分期统计、城市得失统计及“去年一月停战令迄今解放区的变化”。

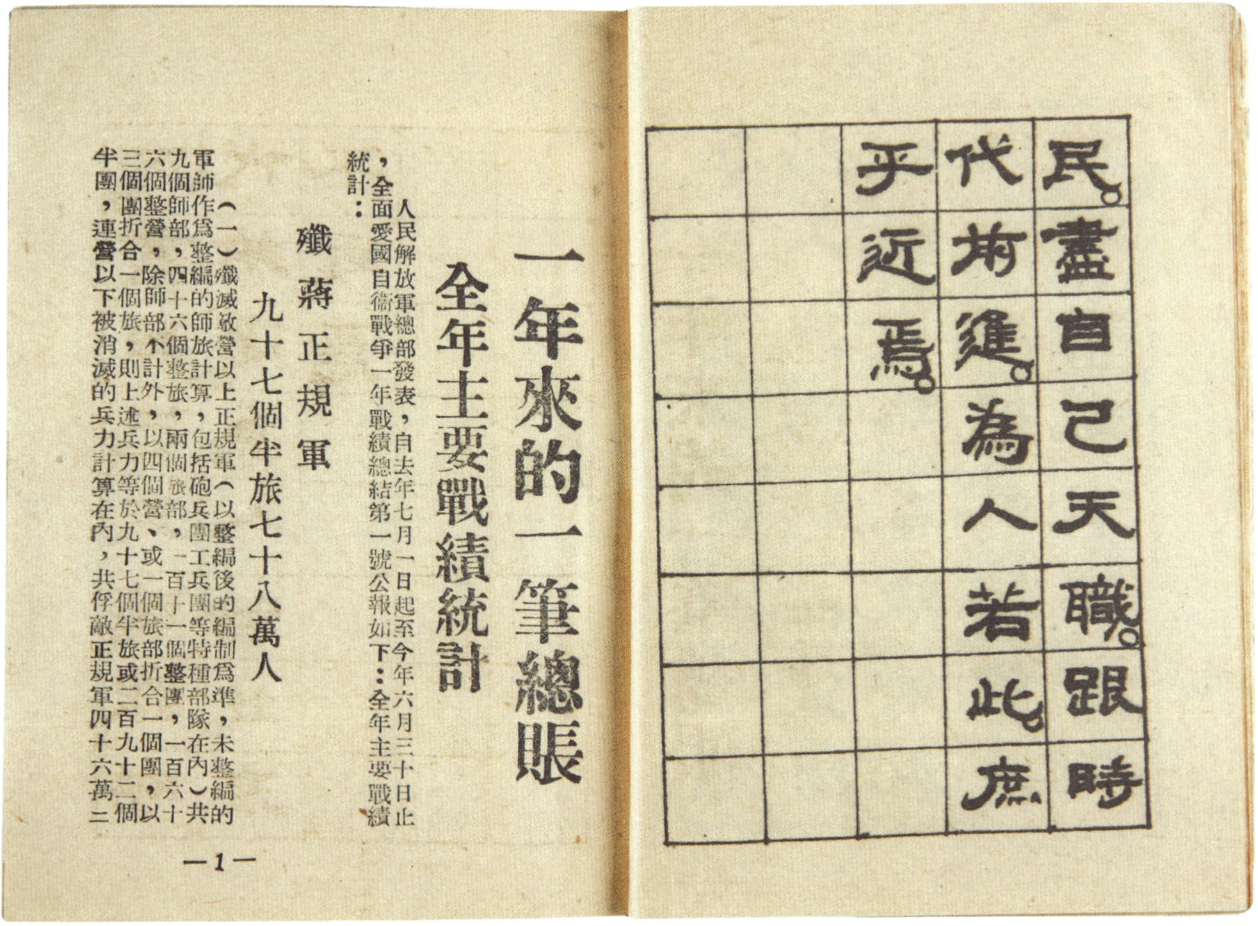

民。盡自己天職。跟時代前進。為人若此。庶乎近焉。

一年來的一筆總賬

全年主要戰績統計

人民解放軍總部發表，自去年七月一日起至今年六月三十日止，全面愛國自衛戰爭一年戰績總結第一號公報如下：全年主要戰績統計：

殲蔣正規軍

九十七個半旅七十八萬人

（一）殲滅敵營以上正規軍（以整編後的編制為準，未整編的軍師作為整編的師旅計算，包括砲兵團工兵團等特種部隊在內）共九個師部，四十六個整旅，兩個旅部，一百十一個整團，一百六十六個整營，除師部不計外，以四個營、或一個旅部折合一個團，以三個團折合一個旅，則上述兵力等於九十七個半旅或二百九十二個半團，連營以下被消滅的兵力計算在內，共俘敵正規軍四十六萬二

—1—

中国人民爱国自卫战争华东战场第一年画刊　大众日报社、华东新华社　1947年10月

1947年7月，为展示爱国自卫战争一年间，华野人民解放军在各战场所取得的辉煌战绩，中共华东分局宣传部决定集中各部门力量，采用边区最好的印刷制版技术，出版一份名为《中国人民爱国自卫战争华东战场第一年画刊》的大型画册，这份画册原计划一年出版一册，后出版一期即终刊。内容以著名的孟良崮战役、莱芜战役为主线，刊载前线记者拍摄的大量珍贵图片。

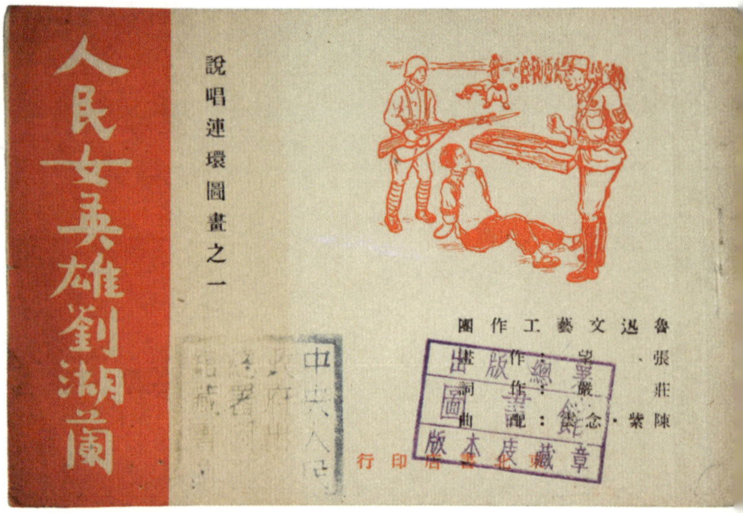

人民女英雄刘胡兰　张望等编著　哈尔滨 东北书店 1947年8月

刘胡兰是山西省文水县云周西村人，1946年任云周西村妇救会秘书，同年任五区妇救会干事，并成为中国共产党候补党员。翌年1月12日，她的家乡突遭军阀阎锡山的部队袭击，不幸被捕。面对敌人她坚贞不屈，视死如归，后在敌人的铡刀下英勇就义，牺牲后被中共晋绥分局追认为中共正式党员。毛泽东亲笔为她题词："生的伟大，死的光荣"，高度评价和赞扬了她短暂而光辉的一生。

刘胡兰　战斗剧社编　沁源 太岳新华书店　1948年12月

歌剧版《刘胡兰》，1948年由战斗剧社集体创作，魏风、刘莲池等执笔并首演。本剧根据共产党员刘胡兰的英雄事迹改编，以山西民歌为基调，并吸取了山西梆子的音乐特点，成功地表现了刘胡兰多方面的思想感情，塑造了英雄对党和人民无限忠诚的光辉形象。1954年中央实验歌剧院重新创作演出，成为永恒的红色经典。

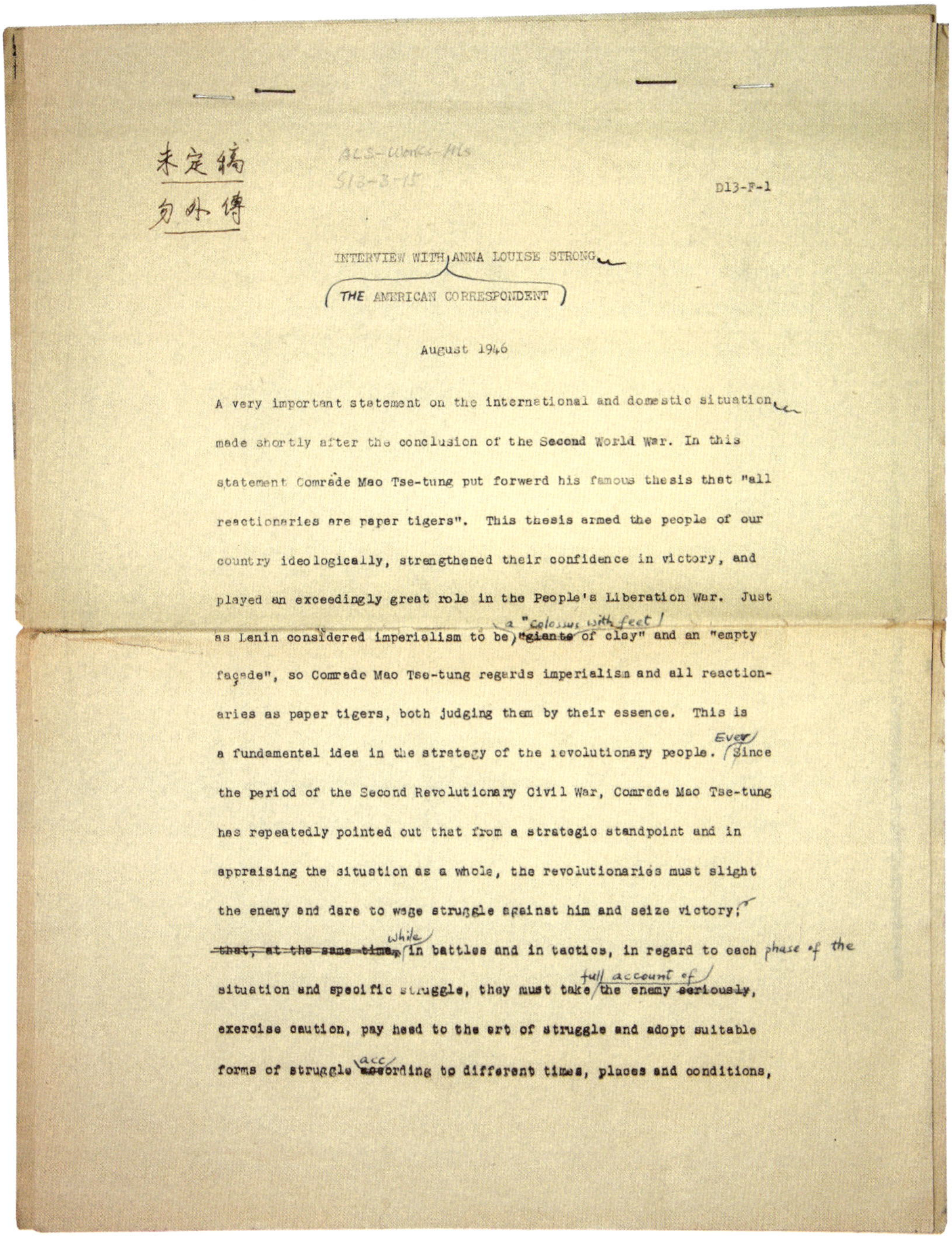
未定稿
勿外传

ALS-Works-Mss
S13-3-15

D13-F-1

INTERVIEW WITH ANNA LOUISE STRONG

THE AMERICAN CORRESPONDENT

August 1946

A very important statement on the international and domestic situation, made shortly after the conclusion of the Second World War. In this statement Comrade Mao Tse-tung put forward his famous thesis that "all reactionaries are paper tigers". This thesis armed the people of our country ideologically, strengthened their confidence in victory, and played an exceedingly great role in the People's Liberation War. Just as Lenin considered imperialism to be a "colossus with feet ~~giants~~ of clay" and an "empty façade", so Comrade Mao Tse-tung regards imperialism and all reactionaries as paper tigers, both judging them by their essence. This is a fundamental idea in the strategy of the revolutionary people. Ever since the period of the Second Revolutionary Civil War, Comrade Mao Tse-tung has repeatedly pointed out that from a strategic standpoint and in appraising the situation as a whole, the revolutionaries must slight the enemy and dare to wage struggle against him and seize victory; ~~that, at the same time,~~ while in battles and in tactics, in regard to each phase of the situation and specific struggle, they must take full account of the enemy ~~seriously~~, exercise caution, pay heed to the art of struggle and adopt suitable forms of struggle according to different times, places and conditions,

斯特朗访问稿打印件　1946年

安娜·路易斯·斯特朗（1885—1970），美国著名女记者和作家，曾六次来华。1946年访问延安期间，毛泽东会见了她，提出了“帝国主义和一切反动派都是纸老虎”的著名论断。打印稿中记录如下：In this statement comrade Mao Tse-tung put forward his famous thesis that all reactionaries are paper tigers.

经过斯特朗的报道，毛主席关于“纸老虎”的主张在全世界得到广泛的传播。

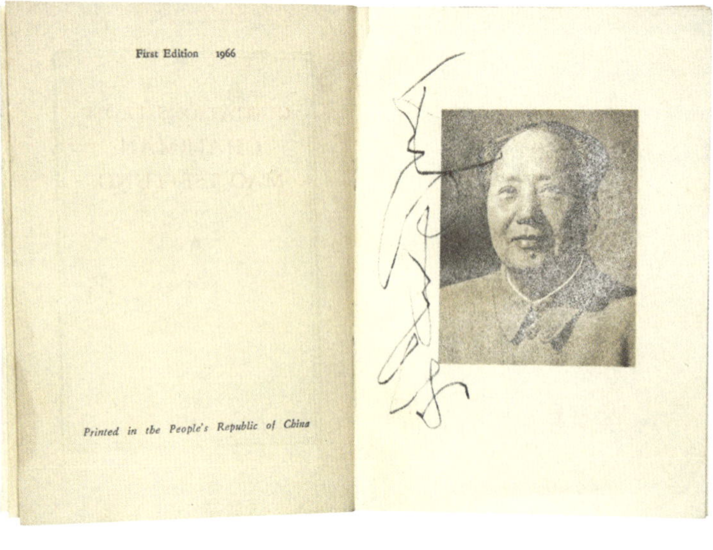


毛主席的签名

“文革”初期，毛泽东在英文本《毛主席语录》为斯特朗的签名和相应的照片。1958年，斯特朗拿到旅居中国的护照，并决定在中国定居。1970年3月29日，斯特朗逝世后被葬在北京八宝山革命烈士公墓，墓碑上铭刻着郭沫若的手迹：“美国进步作家和中国人民的朋友。”

## 土改运动的发展与解放区的建设

1946年5月4日，中共中央发布《关于土地问题的指示》，决定实现“耕者有其田”。1947年7月至9月，中央在河北平山县西柏坡召开全国土地会议，制定并颁布施行《中国土地法大纲》，极大地推动了解放区的土地改革运动，激发了农民革命和生产的积极性。为了保卫胜利果实，翻身农民踊跃参军，积极支援前线，成为解放战争迅速取得胜利的一个可靠保障。

《中国土地法大纲》被抄写在墙壁上，向农民广泛宣传。

翻身农民在分到的土地上插界标。

晋察冀解放区的农民热烈拥护党的土地政策。

老贫农分到了土地，喜气洋洋。

# 中國共產黨中央委員會關於公佈中國土地法大綱的決議

中國的土地制度極不合理。就一般情況來說，佔鄉村人口不到百分之十的地主富農，佔有約百分之七十至八十的土地，殘酷地剝削農民。而佔鄉村人口百分之九十以上的僱農、貧農、中農及其他人民，卻總共只有約百分之二十至三十的土地，終年勞動，不得溫飽。這種嚴重情況，是我們民族被侵略、被壓迫、窮困及落後的根源，是我們國家民主化、工業化、獨立、統一及富強的基本障礙。爲了改變這種情況，必須根據農民的要求，消滅封建以及半封建性剝削的土地制度，實行耕者有其田的制度。二十年以來，特別是最近兩年以來，中國農民在中國共產黨領導之下，實行土地改革，已有巨大的成績及豐富的經驗。今年九月，中國共產黨召集了全國土地會議，在這個會議上，詳細地研究了中國土地制度的情況，土地改革的經驗，製定了中國土地法大綱，作爲向各地民主政府、各地農民大會、農民代表會及其委員會的建議。中國共產黨中央委員會完全同意這個土地法大綱，並予以公佈。希望各地民主政府，各地農民大會，農民代表會及其委員會，對於這個建議，加以討論及採納，並訂出適合於當地情況的具體辦法，展開及貫澈全國的土地改革運動，完成中國革命的基本任務。

中國共產黨中央委員會

一九四七年十月十日

# 中國土地法大綱

（中國共產黨全國土地會議一九四七年九月十三日通過）

第一條：廢除封建性及半封建性剝削的土地制度，實行耕者有其田的土地制度。

第二條：廢除一切地主的土地所有權。

第三條：廢除一切祠堂、廟宇、寺院、學校、機關及團體的土地所有權。

第四條：廢除一切鄉村中在土地制度改革以前的債務。

第五條：鄉村農民大會及其選出的委員會，鄉村無地少地的農民所組織的貧農團大會及其選出的委員會，區、縣、省等級農民代表大會及其選出的委員會，爲改革土地制度的合法執行機關。

第六條：除本法第九條乙項所規定者外，鄉村中一切地主的土地及公地，由鄉村農會接收，連同鄉村中其他一切土地，按鄉村全部人口，不分男女老幼，統一平均分配，在土地數量上抽多補少，質量上抽肥補瘦，使全鄉村人民均獲得同等的土地，並歸各人所有。

第七條：土地分配，以鄉或等於鄉的行政村爲單位。但區或縣農會得在各鄉或等於鄉的各行政村之間作某些必要的調劑。在地廣人稀地區，爲便於耕種起見，得以鄉以下的較小單位分配土地。

第八條：鄉村農會接收地主的牲畜、農具、房屋、糧食及其他財產，並徵收富農的上述財產的多餘部份，分給缺乏這些財產的農民及其他貧民，並分給地主同樣的一份。分給各人的財產歸本人所有，使全鄉村人民均獲得適當的生產資料及生活資料。

第九條：若干特殊的土地及財產之處理辦法，規定如下：

（甲）山林、水利、蘆葦地、果園、池塘、荒地及其他可分土地，按普通土地的標準分配之。

（乙）大森林、大水利工程、大礦山、大牧場、大荒地及湖沼等，歸政府管理。

（丙）名勝古蹟，應妥爲保護。被接收的有歷史價值或學術價值的特殊的圖書、古物、美術品等，應開具清單，呈交各地高級政府處理。

（丁）軍火武器及滿足農民需要後餘下的大宗貨幣、貨財、糧食等物，應開具清單，呈交各地高級政府處理。

第十條：土地分配中的若干特殊問題之處理辦法，規定如下：

（甲）只有一口或兩口人的貧苦農民，得由鄉村農民大會酌量分給等於兩口或三口人的土地。

（乙）一般的鄉村工人、自由職業者及其家庭，分給與農民同樣的土地。但其職業足以經常維持生活費用之全部或大部者，不分土地，或分給部份土地，由鄉村農民大會及其委員會酌量處理。

（丙）家居鄉村的一切人民解放軍、民主政府及人民團體的人員，其本人及其家庭，分給與農民同樣的土地及財產。

（丁）地主及其家庭，分給與農民同樣的土地及財產。

（戊）家居鄉村的國民黨軍隊官兵、國民黨政府官員、國民黨黨員及敵方其他人員，其家庭分給與農民同樣的土地及財產。

（己）漢奸、賣國賊及內戰罪犯，其本人不得分給土地及財產。其家庭在鄉村，未參與犯罪行爲，並願自己耕種者，分給與農民同樣的土地及財產。

第十一條：分配給人民的土地，由政府發給土地所有證，並承認其自由經營、買賣及在特定條件下出租的權利。土地制度改革以前的土地契約及債約，一律繳銷。

第十二條：保護工商業者的財產及其合法的營業，不受侵犯。

第十三條：爲貫澈土地改革的實施，對於一切違抗或破壞本法的罪犯，應組織人民法庭予以審判及處分。人民法庭由農民大會或農民代表會所選舉的及由政府所委派的人員組成之。

第十四條：在土地制度改革期間，爲保持土地改革的秩序及保護人民的財富，應由鄉村農民大會或其委員會指定人員，經過一定手續，採取必要措施，負責接收、登記、清理及保管一切轉移的土地及財產，防止破壞、損失、浪費及舞弊。農會應禁止任何人爲着妨礙公平分配之目的，而任意宰殺牲畜，砍伐樹木，破壞農具、水利、建築物、農作物或其他物品，及進行偷竊、强佔、私下贈送、隱瞞、埋藏、分散、販賣這些物品的行爲。違者應受人民法庭的審判及處分。

第十五條：爲保證土地改革中一切措施符合於絕大多數人民的利益及意志，政府負責切實保障人民的民主權利，保障人民及其代表有全權得在各種會議上自由批評及彈劾各方各級的一切幹部，有全權得在各種相當會議上自由撤換及選舉政府及農民團體中的一切幹部。侵犯上述人民民主權力者，應受人民法庭的審判及處分。

第十六條：在本法公佈以前土地業已平均分配的地區，如農民不要求重分時，可不重分。

中国共产党中央委员会关于公布中国土地法大纲的决议　中国共产党中央委员会颁布　平山 中国共产党中央委员会　1947年10月10日　复制品

全国土地会议于1947年7月15日开预备会，7月17日正式开幕，到9月13日结束。这次会议是中共中央委托中央工委主持召开的。会议分两个阶段，前一段集中讨论党内问题及农民的组织与民主问题，后一段集中讨论土地政策问题，并制定和通过了《中国土地法大纲》。

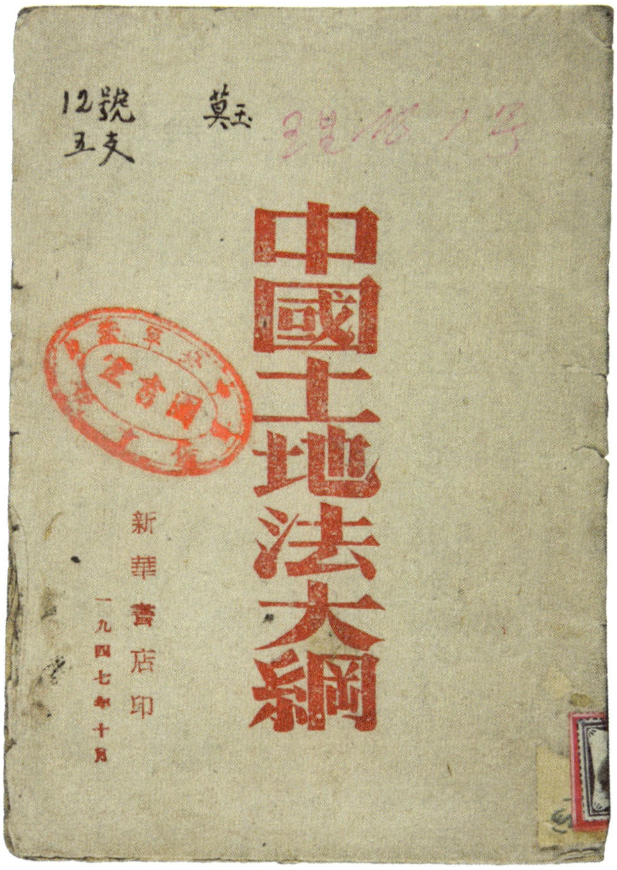


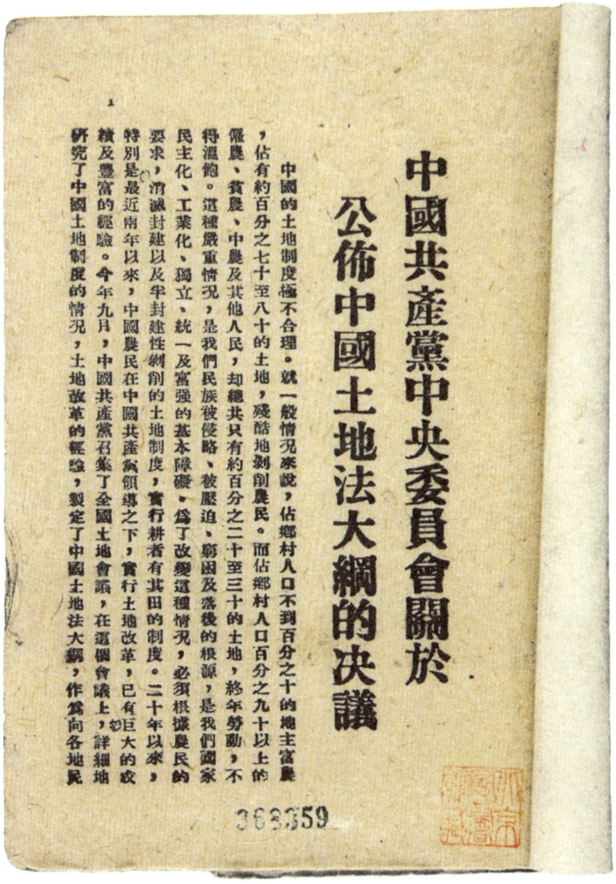

# 中國共產黨中央委員會關於公佈中國土地法大綱的决議

中國的土地制度極不合理。就一般情况來說，佔鄉村人口不到百分之十的地主富農，佔有約百分之七十至八十的土地，殘酷地剝削農民。而佔鄉村人口百分之九十以上的僱農、貧農、中農及其他人民，却總共只有約百分之二十至三十的土地，終年勞動，不得溫飽。這種嚴重情况，是我們民族被侵略、被壓迫、窮困及落後的根源，是我們國家民主化、工業化、獨立、統一及富强的基本障礙。爲了改變這種情况，必須根據農民的要求，消滅封建以及半封建性剝削的土地制度，實行耕者有其田的制度。二十年以來，特別是最近兩年以來，中國農民在中國共產黨領導之下，實行土地改革，已有巨大的成績及豐富的經驗。今年九月，中國共產黨召集了全國土地會議，在這個會議上，詳細地研究了中國土地制度的情况，土地改革的經驗，製定了中國土地法大綱，作爲向各地民

中国土地法大纲　平山 新华书店　1947年10月

《中国土地法大纲》于1947年9月13日由中国共产党全国土地会议通过，同年10月10日公布施行。规定废除封建剥削的土地制度，实行耕者有其田。没收地主的土地财产，征收富农多余的土地财产；废除一切祠堂、庙宇、寺院、学校、机关团体的土地所有权和乡村在土地改革以前的一切债务；以乡或村为单位统一分配土地，数量上抽多补少，质量上抽肥补瘦，所有权归农户所有。“土改”前的土地契约、债约一律缴销；工商业者的财产及其他营业受法律保护，不受侵犯。

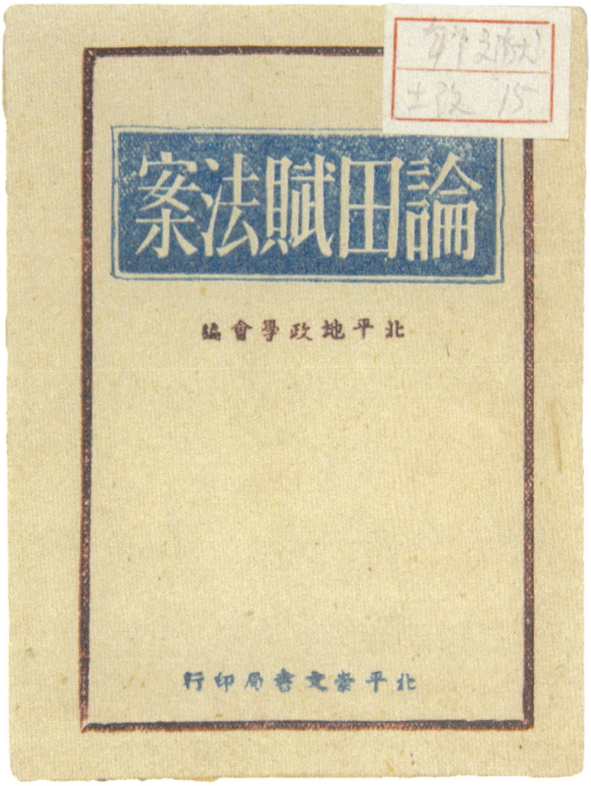
論田賦法案
北平地政學會編
北平崇文書局印行

中国土地法大纲

伪装题名为“论田赋法案”，伪托编者“北平地政学会编”，伪托出版者“北平崇文书局印行”。书名页书名、编者、出版者同封面，另有出版时间“一九四七年十月”。翻过书名页，即为该书的正文（竖排）：1–3 页，《中国共产党中央委员会关于公布中国土地法大纲的决议》；4–13 页，《中国土地法大纲》（中国共产党全国土地会议一九四七年九月十三日通过）。

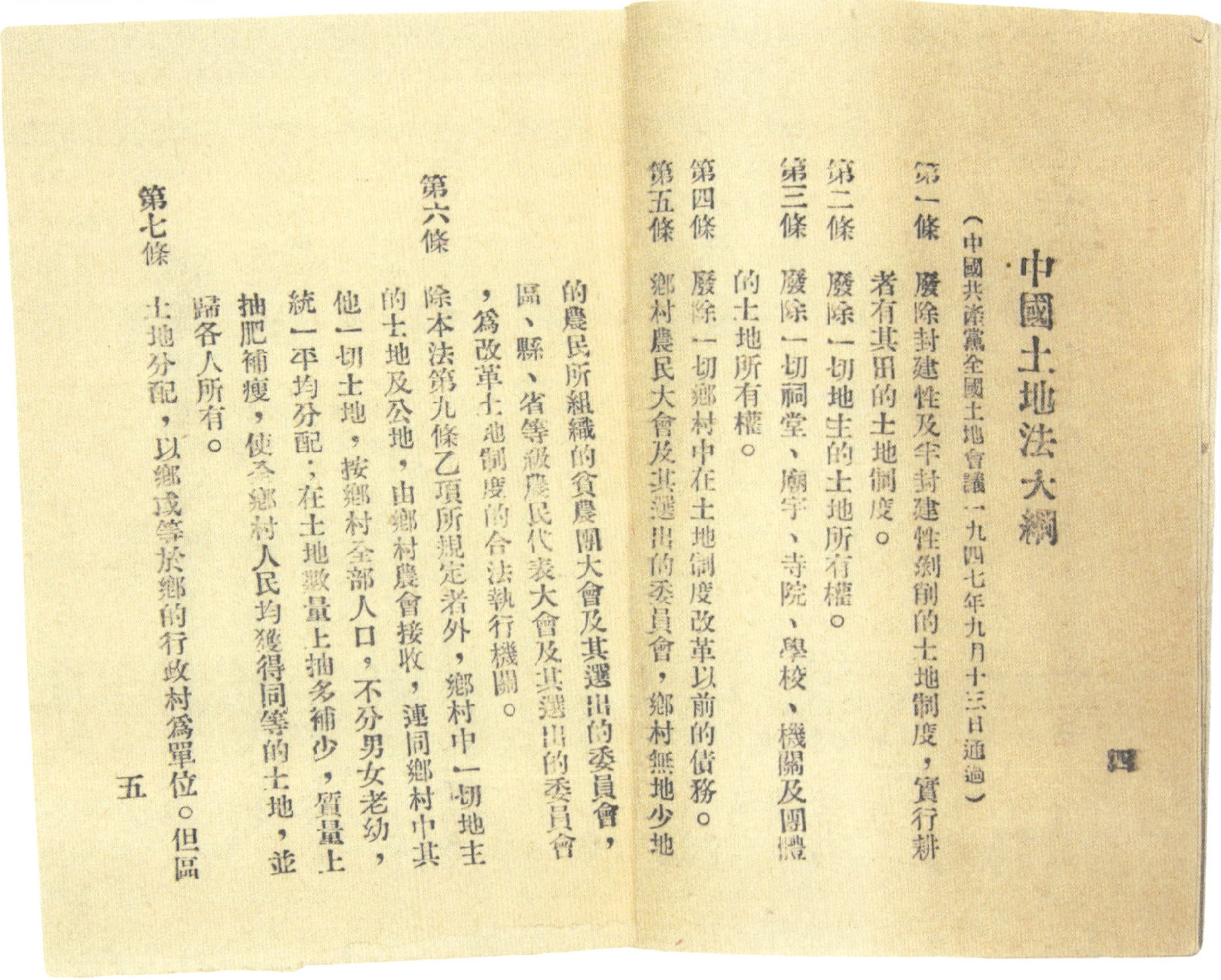
中國土地法大綱
（中國共產黨全國土地會議一九四七年九月十三日通過）
第一條　廢除封建性及半封建性剝削的土地制度，實行耕者有其田的土地制度。
第二條　廢除一切地主的土地所有權。
第三條　廢除一切祠堂、廟宇、寺院、學校、機關及團體的土地所有權。
第四條　廢除鄉村中在土地制度改革以前的債務。
第五條　鄉村農民大會及其選出的委員會，鄉村無地少地
四
的農民所組織的貧農團大會及其選出的委員會，區、縣、省等級農民代表大會及其選出的委員會，爲改革土地制度的合法執行機關。
第六條　除本法第九條乙項所規定者外，鄉村中一切地主的土地及公地，由鄉村農會接收，連同鄉村中其他一切土地，按鄉村全部人口，不分男女老幼，統一平均分配；在土地數量上抽多補少，質量上抽肥補瘦，使全鄉村人民均獲得同等的土地，並歸各人所有。
第七條　土地分配，以鄉或等於鄉的行政村爲單位。但區
五

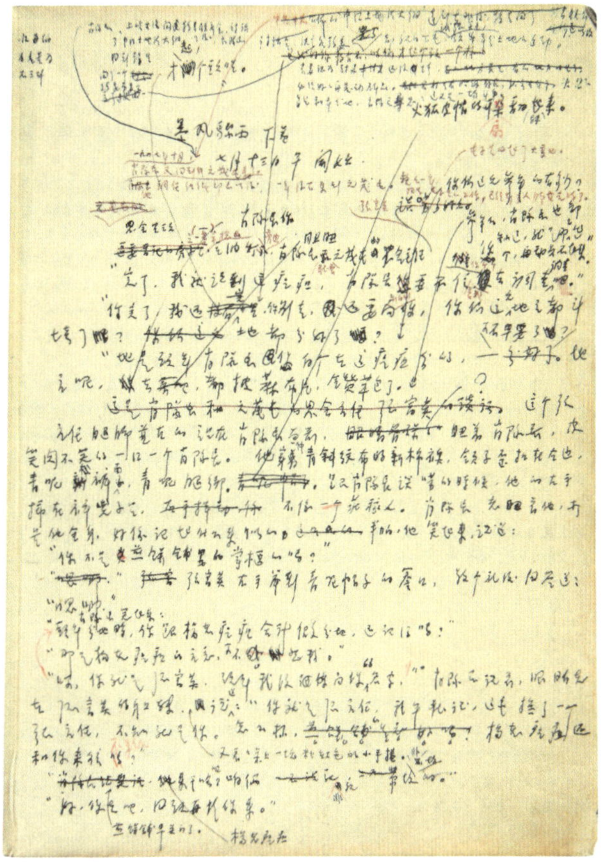

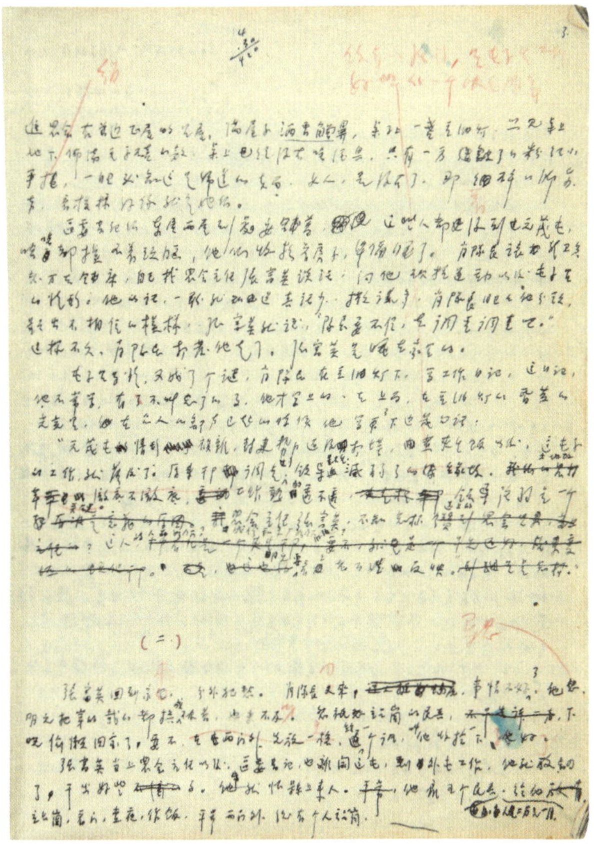

暴风骤雨 周立波著 钢笔手稿 333页

1948年创作完成的《暴风骤雨》是与丁玲《太阳照在桑干河上》并驾齐驱的反映解放区土地改革的经典著作。小说成功再现了新民主主义革命时期农村暴风骤雨般的阶级斗争图景，后荣获1951年度斯大林文学奖金三等奖。此份手稿系罗烽捐赠国家图书馆。

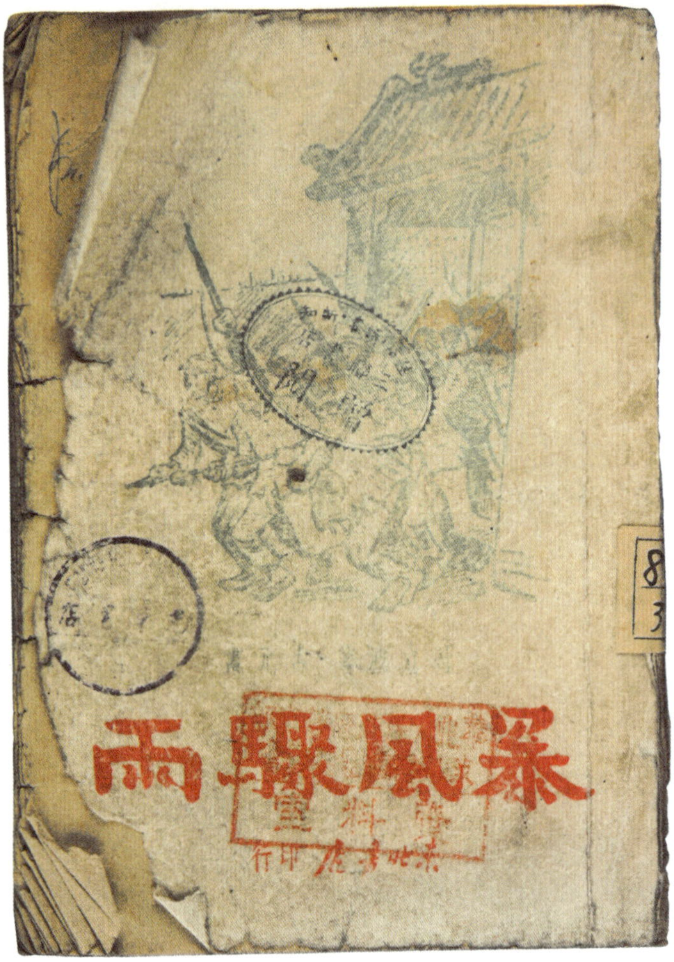


暴风骤雨　周立波著　哈尔滨 东北书店　1948年4月

1948年4月，《暴风骤雨》上卷由东北书店出版发行。上卷完成后，周立波又先后深入到呼兰长岭区、拉林和苇河等地村屯访问。1948年7月13日，周立波开始《暴风骤雨》下卷的写作。中共中央东北局领导王首道非常支持周立波创作，专门借给他一间房子，让他安心写作。在短短46天时间里，周立波奋笔疾书，对农民兄弟的热爱和对共产党的拥护跃然纸上。1949年5月，东北书店正式出版发行《暴风骤雨》下卷。

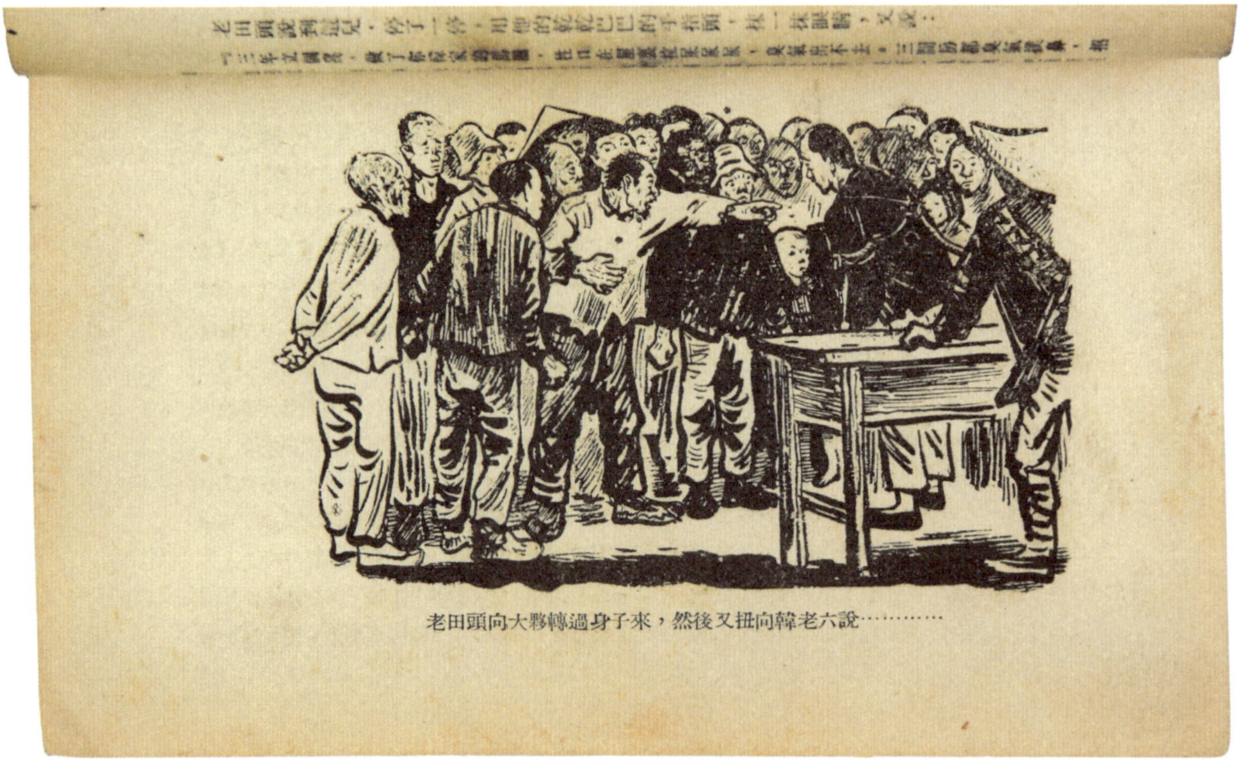

老田頭向大夥轉過身子來，然後又扭向韓老六說…………

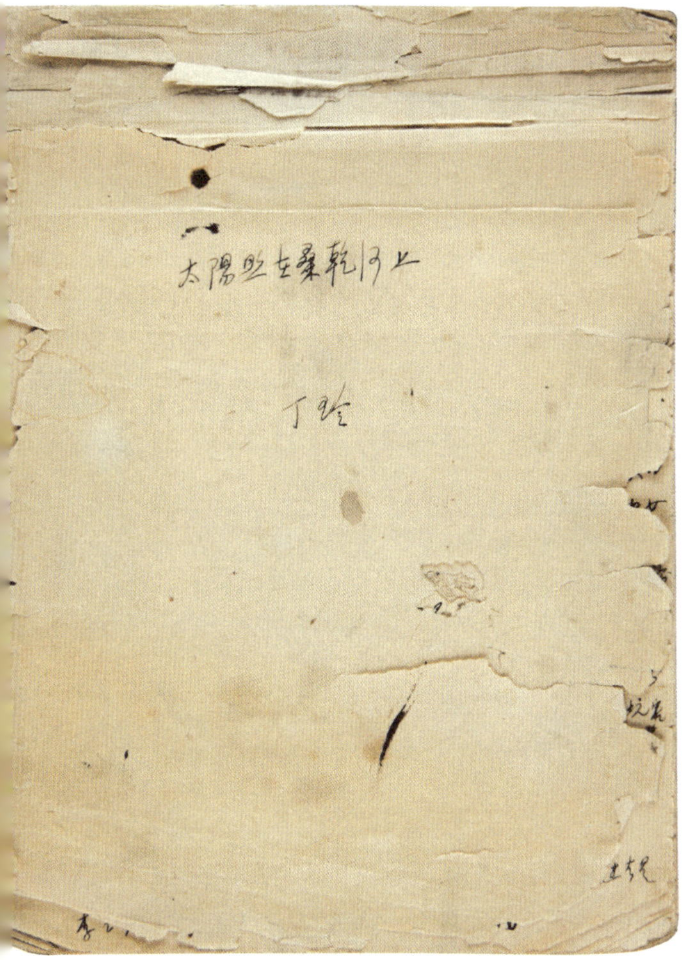


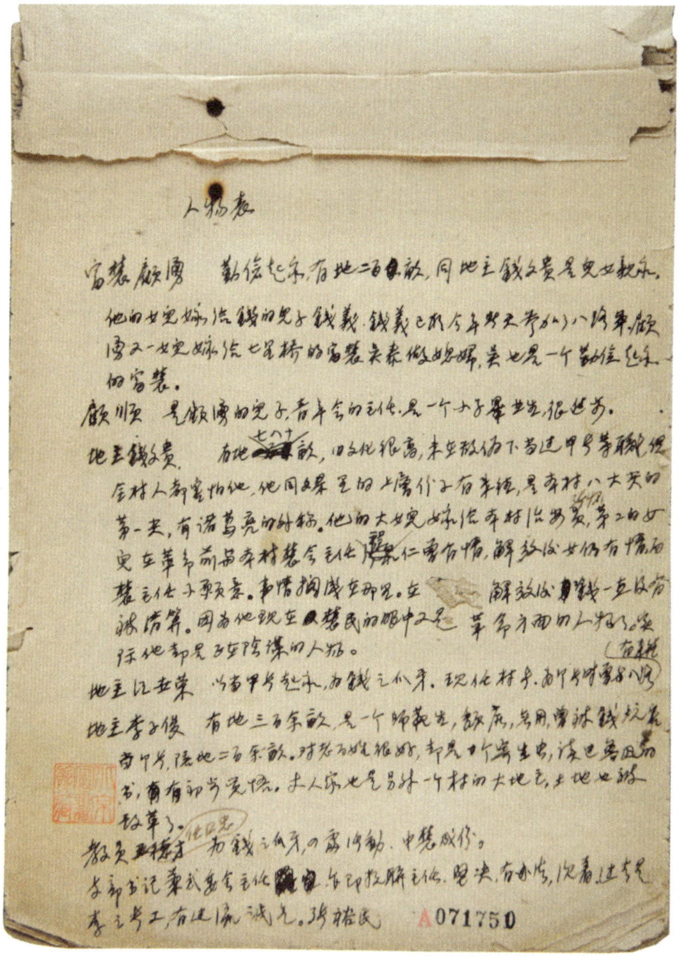


太阳照在桑干河上　丁玲著　钢笔手书稿　181页

1946年至1948年，丁玲在解放区农村深入生活，参加了数次“土改”活动，创作了这部描写华北地区土地改革运动的史诗性长篇小说，后荣获1951年度斯大林文学奖金二等奖。此份手稿系罗烽捐赠国家图书馆。

太阳照在桑干河上　丁玲著　人民文学出版社　1952年

始作于1946年9月，1948年6月脱稿。曾在《时代青年》、《文学战线》、《小说》等刊物上选载过。全书于1948年9月，由东北光华书店出版发行。1949年5月中国人民文艺丛书社出版时，书名印作《桑干河上》。1952年4月人民文学出版社出版时，更为原名。

宝山参军　边区群众剧社编　阜平　晋察冀新华书店　1947年11月

1947年在晋察冀一个小乡村，刘金莲和小姑子小香正在比赛做军鞋，丈夫王宝山回来了，说作为村干部要带头报名参军。金莲犹豫不舍，宝山进行耐心劝说，一席话感动了金莲，与小香一起送丈夫赴前线。此剧创作于1947年5月深入边区土改运动中，9月由华北群众剧社在晋察冀土地会议上演出。该剧深受罗瑞卿、邓颖超同志和党中央领导的好评。

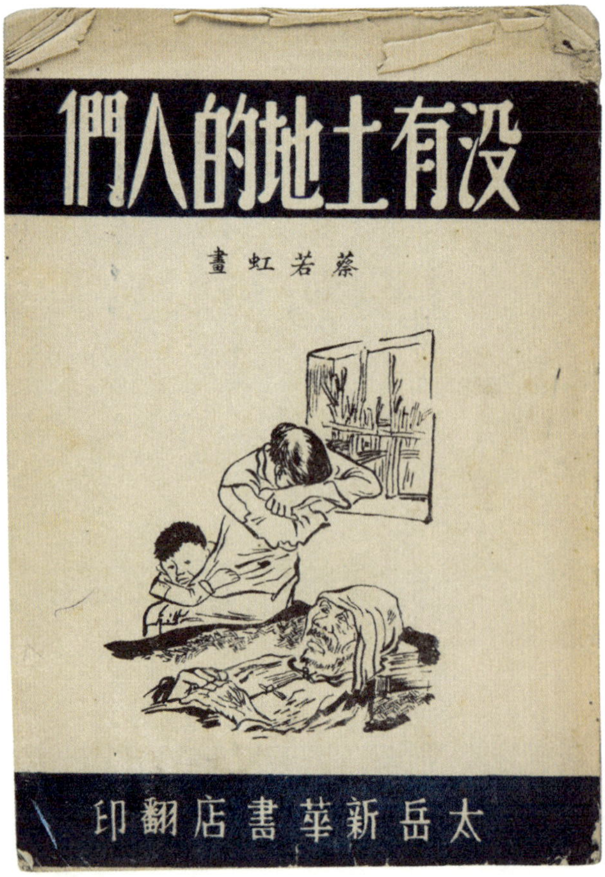


没有土地的人们　蔡若虹画　沁源　太岳新华书店　1948年7月

《晋察冀日报》为了充分配合1947至1948年的解放区土改工作,加大土改宣传力度，先后三次刊出蔡若虹的以土地改革为主题的漫画。《没有土地的人们》就是其中的代表性作品，最初刊登在1947年12月20日至30日的《晋察冀日报》上。《苦从何来》、《心里的疙瘩解开了》分别为之后的两批作品。

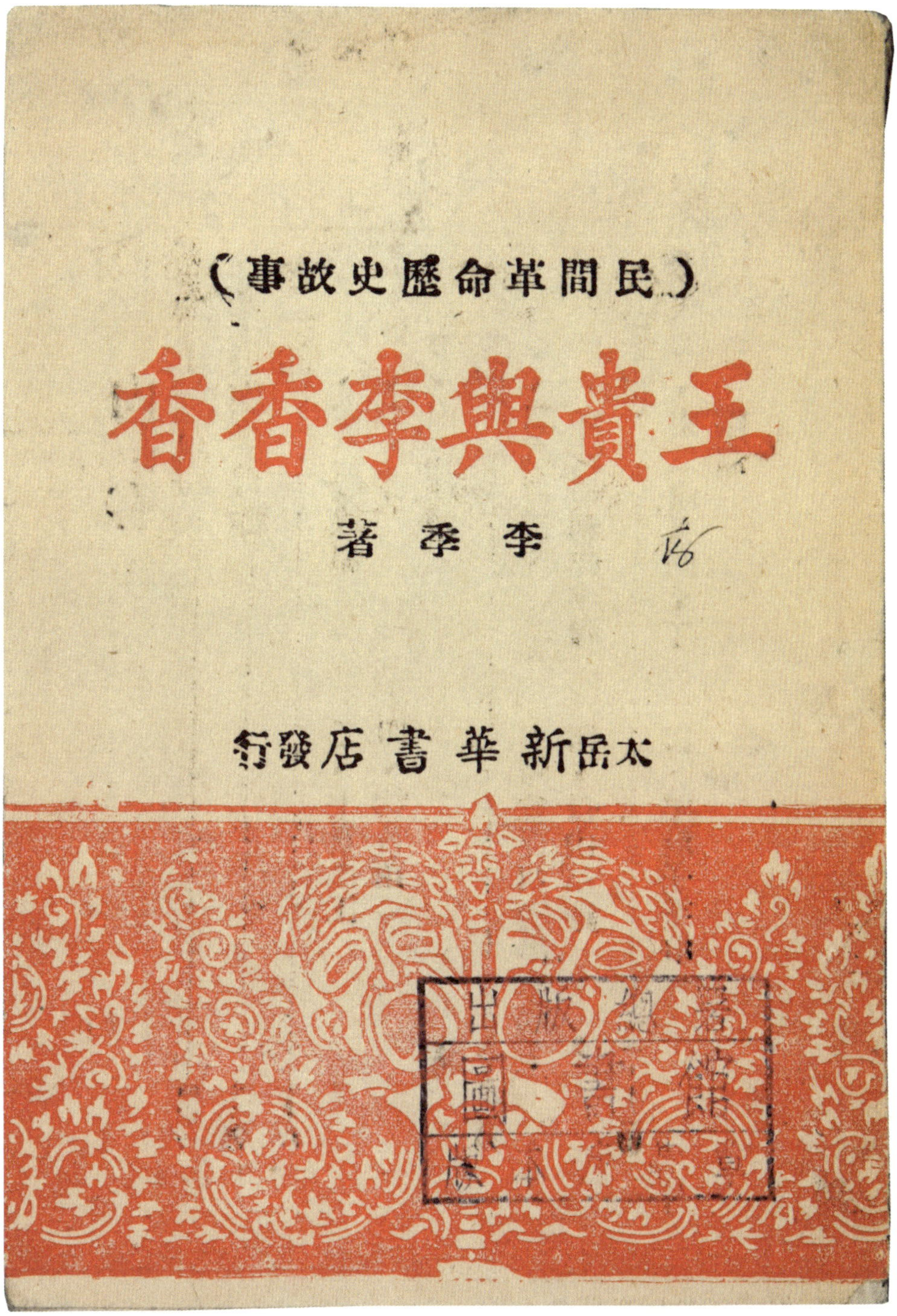


王贵与李香香　李季著　太岳新华书店　1946年

长篇叙事诗，李季作，1946年发表。土地革命在三边地区获得成功后，相爱已久的王贵与李香香终于结婚。但游击队转移后，恶霸地主崔二爷抓走了王贵，并逼李香香改嫁。游击队打回后，活捉崔二爷，王贵与李香香重逢。作品采用陕北“信天游”形式以及比、兴手法，塑造了敢于反抗、争取自由幸福的青年形象，得到各方面的好评，为我国新诗运动打开了新局面。后被改编为舞剧、江淮剧等，还被翻译为外语版本。

北方文化　成仿吾主编　张家口 北方文化社　1946年

《北方文化》是由晋察冀解放区出版的综合性文化刊物。1946年3月在张家口创刊。编委会由丁玲、成仿吾、艾青、沙可夫、吕骥、周扬、杨献珍、邓拓、刘皑风、萧三、萧军等组成。该刊发表了许多评论文章，涉及政治、经济、文化、教育诸方面。小说有丁玲的《我在霞村的时候》、孙犁的《碑》等；散文有陆定一的《老山界》、萧三的《西线漫记》等；诗歌有艾青的《人民的城》、蔡其矫的《街上》、朱子奇的《在草原上》等。

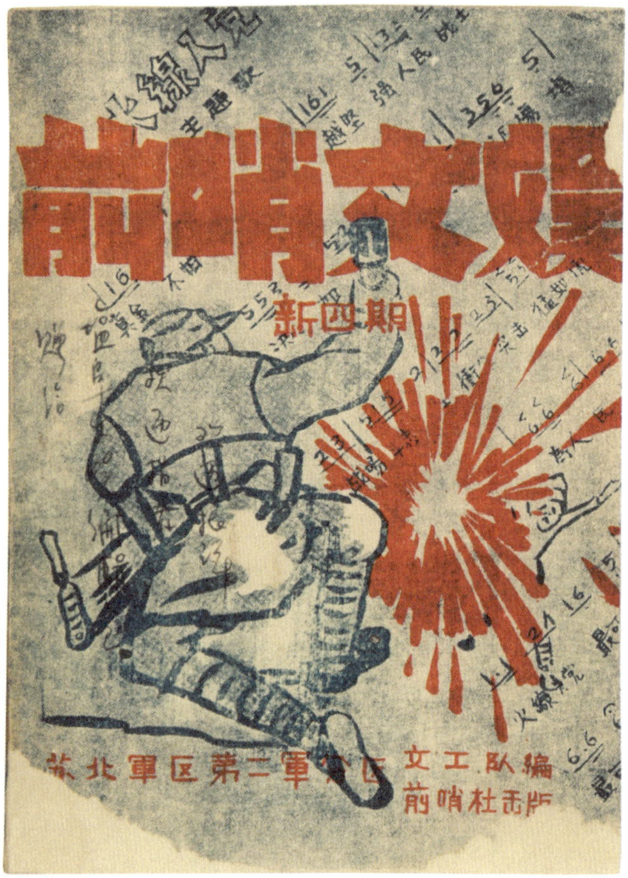


前哨文娱　苏北军区第二军分区文工队前哨社编印　1948年9月

该刊系苏北军区第二军分区文工队编辑的文娱性刊物。内容有连队文艺工作经验介绍及戏剧、歌曲、美术等文艺活动材料。其丰富的文娱形式为开展部队的文化生活，鼓舞士气以及赢得解放战争的最后胜利起到了很好的推动作用。

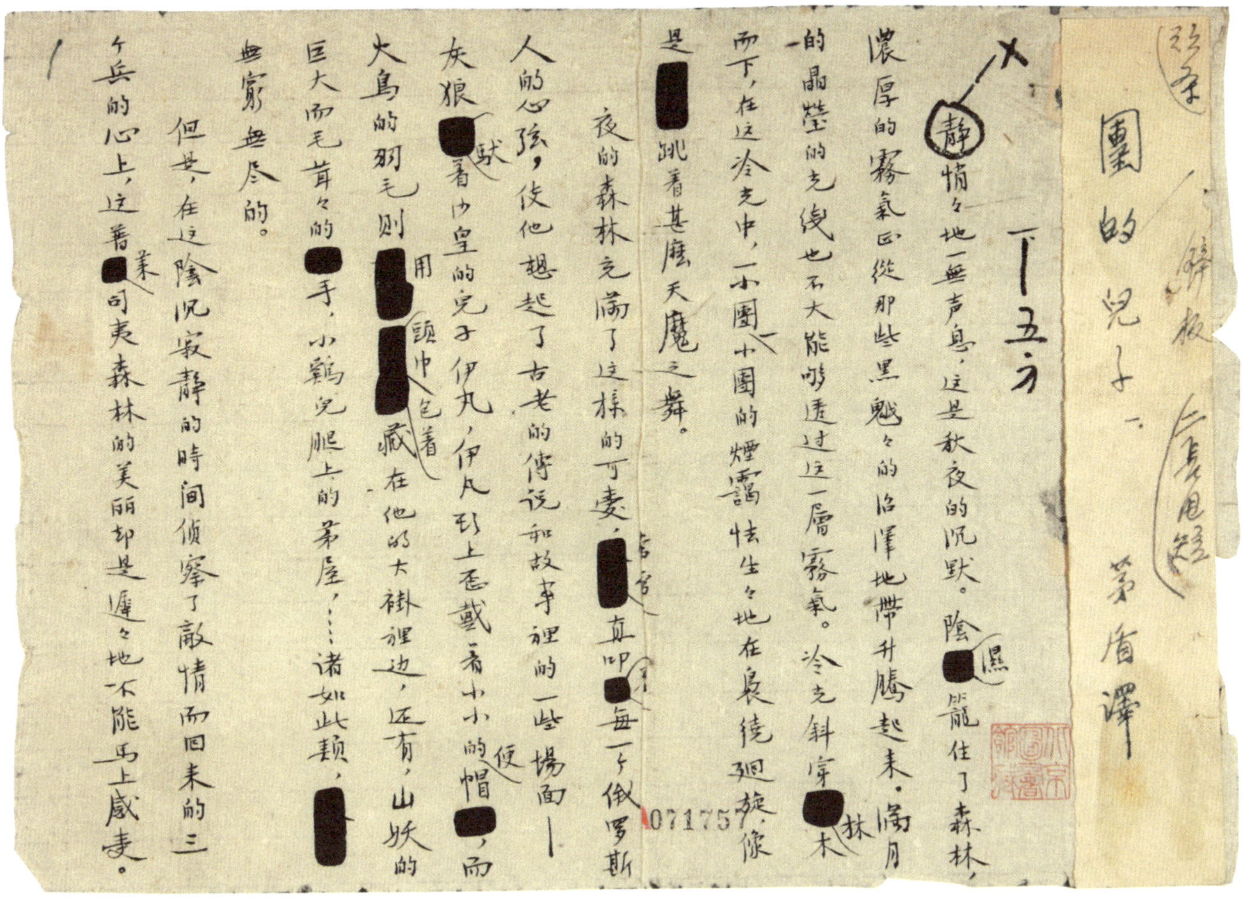
團的兒子
茅盾譯

靜悄悄地一無声息，这是秋夜的沉默。陰[redacted]黑籠住了森林，濃厚的霧氣正從那些黑魆魆的沼澤地帶升騰起來。滿月的晶瑩的光綫也不大能够透过这一層霧氣。冷光斜穿[redacted]林木而下，在这冷光中，一小團小團的煙靄怯生生地在裊繞迴旋，像是[redacted]跳着甚麼天魔之舞。

夜的森林充滿了这樣的可愛，[redacted]真叩[redacted]每一个俄罗斯人的心弦，使他想起了古老的傳說和故事裡的一些場面——灰狼[redacted]馱着沙皇的兒子伊凡，伊凡頭上戴着小小的帽[redacted]，而大鳥的羽毛則[redacted]用頭巾包着藏在他的大褂裡边，还有，山妖的巨大而毛茸茸的[redacted]手，小鷄兒腿上的茅屋，……诸如此類，[redacted]無窮無尽的。

但是，在这陰沉寂靜的時間偵察了敵情而回来的三个兵的心上，这善[redacted]美司夷森林的美丽却是遲遲地不能马上感受。

团的儿子　〔俄〕卡达耶夫著　茅盾译　茅盾捐赠

卡达耶夫（1897-1986），俄近现代著名作家，《团的儿子》是其代表作。获1945年斯大林文学奖。这部小说于1945年发表后，1946年即被茅盾译介到中国，受到中国读者的热烈欢迎，影响了一代又一代人的成长。小说描写了一个在沦陷区受尽苦难的孤儿万尼亚，在被苏联红军战士拯救之后，通过与苏军战士一起生活、战斗，终于成长为一个忠诚、勇敢、机智、活泼的战士。茅盾称赞这部小说“又是现实的，又富有传奇色彩”。

团的儿子　〔苏〕卡达耶夫著　韬奋书店　1946年12月

《团的儿子》是一部长期在我国传播的苏联名著。作者卡达耶夫（1897—1986）。俄近现代著名作家。生于教师家庭。14岁发表第一篇作品，并受过著名作家布宁和马雅可夫斯基的指导。他在第一次世界大战期间从军，写有不少通讯和特写。1922年定居莫斯科，正式开始创作，写作了大量描写国内战争和讴歌社会主义建设的作品。1974年被授予“社会主义劳动英雄”。本书在半个多世纪以前通过著名文学家茅盾的译笔被介绍到中国，影响着一代又一代人的成长，至今仍受到读者的热烈欢迎。

鹰之歌 〔苏〕高尔基 冀鲁豫边区文化出版社

苏联作家高尔基著，铁弦译。后附瞿秋白译《海燕》。《鹰之歌》作于1894年，作品采用寓言的形式，反映了作者激荡的革命情绪。同《海燕》一样，号召人们创造革命的功业。本书出版后，对中国青年投身革命事业产生了积极的影响。

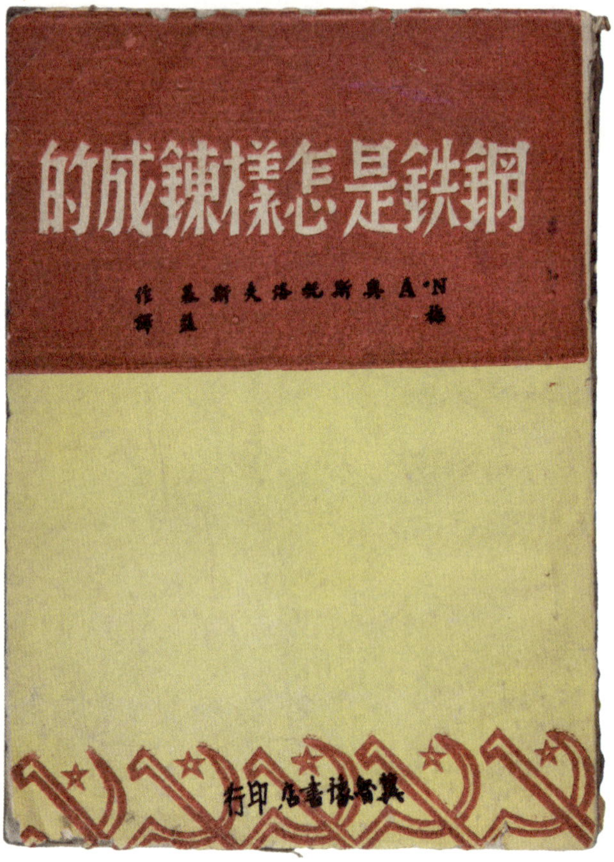


钢铁是怎样炼成的 〔苏〕奥斯特洛夫斯基 冀鲁豫书店 1947年9月

苏联作家奥斯特洛夫斯基的著名长篇小说，作品根据他自己的经历写成。小说通过保尔·柯察金的生活历程，展现了乌克兰人民保卫苏维埃政权和战后建设社会主义的广阔图景，显示了青年一代在斗争中献身革命的精神。此书为国家图书馆现藏最早的中文译本。

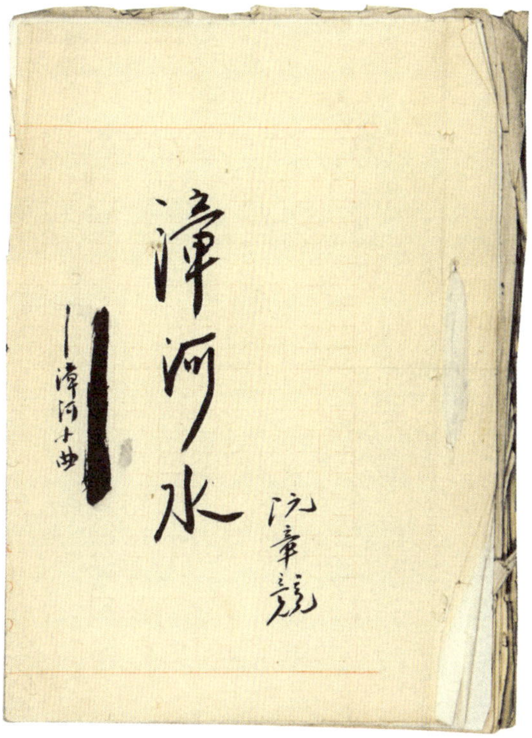


漳河水　阮章竞著　作者本人捐赠

阮章竞（1914–2000），诗人、剧作家，笔名洪荒。他出生于广东省中山县一个贫农家庭，只上了4年小学，13岁当徒工，20岁失业后到了上海。曾在冼星海指导下，参加抗日救亡歌咏活动。在整个抗日战争和解放战争时期，他一直在太行山区。1943年发表了剧本《未熟的庄稼》、《糠菜夫妻》等，描写根据地人民抗日斗争和大生产运动。1947年，在参加土改、深入生活的基础上，创作出大型歌剧《赤叶河》。1950年发表长篇叙事诗《漳河水》，作品以洗练的手法，成功塑造了荷荷、苓苓、紫金英三个性格鲜明的妇女形象，写出了她们解放前不同的悲苦遭遇、翻身斗争的经历和解放后的幸福生活。他创造性地运用民歌形式，在章法、句法、语言上都具有独特的风格，为广大群众所喜爱。

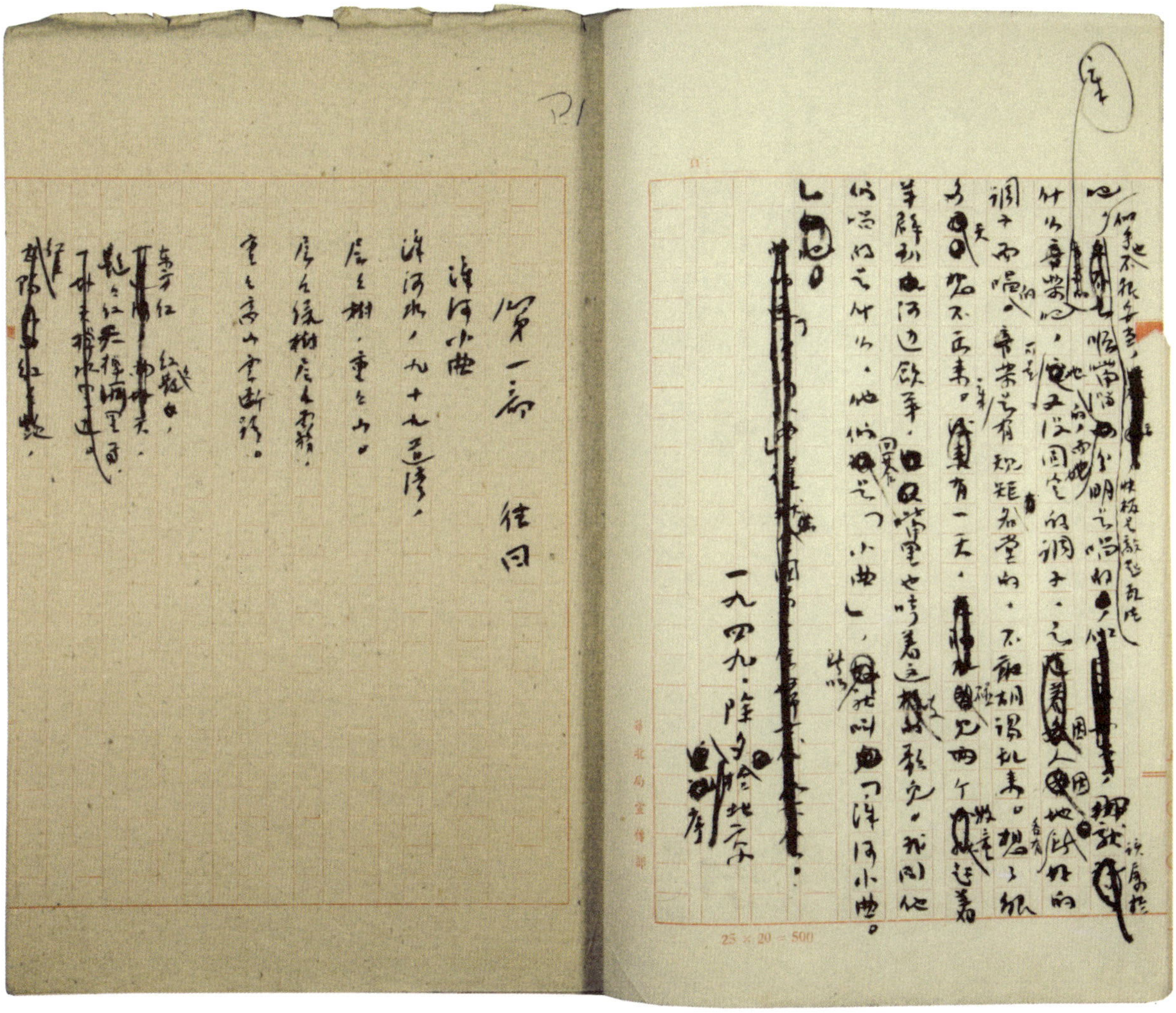

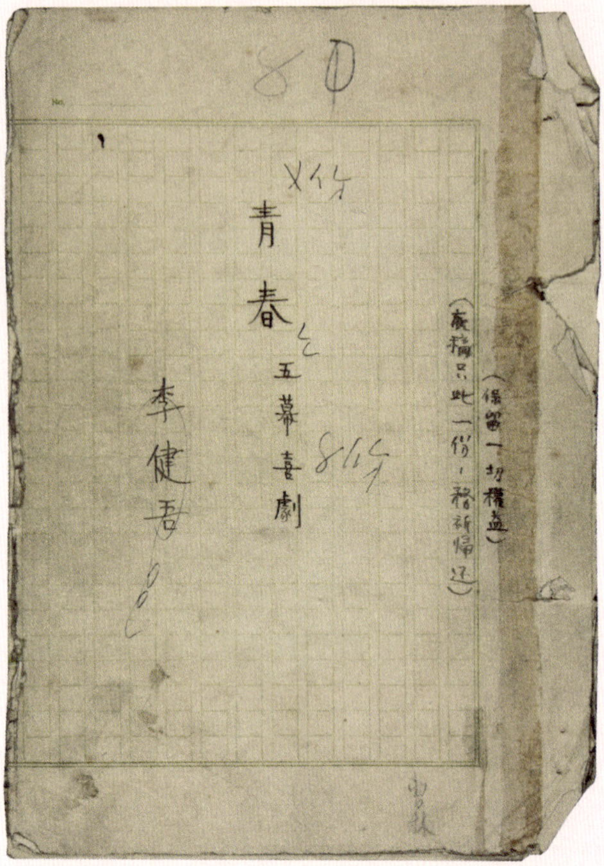

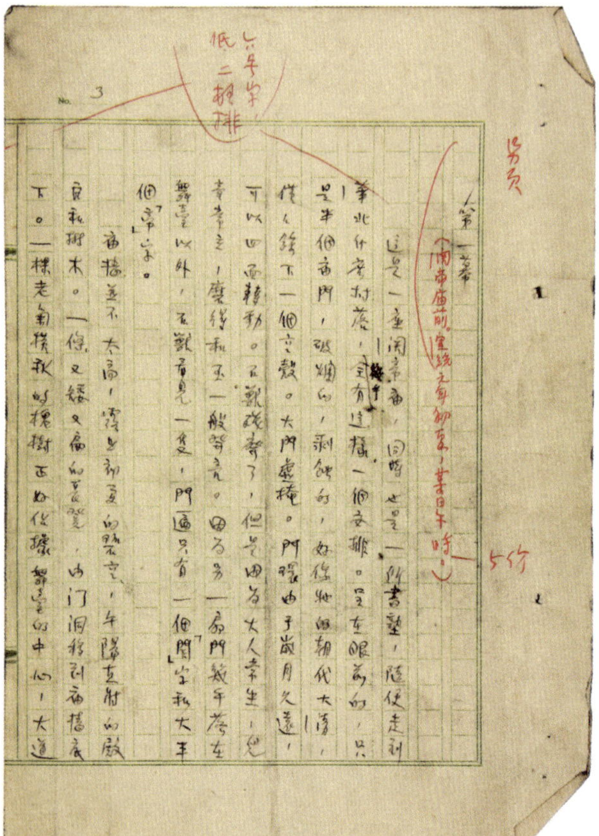

青春　李健吾著　巴金捐赠

李健吾（1906–1982），曾用笔名刘西渭，山西运城人，戏剧家、翻译家。《青春》是一部以爱情和婚姻为主题的五幕剧，1948年11月由上海文化出版社出版。《青春》描写了清末华北农村青年田喜儿和香草真挚纯洁、坚贞不屈的爱情。村长的女儿香草和贫农田寡妇的独生子喜儿互相爱悦，触犯了礼教与门第的禁忌。两人私奔没有成功，香草被父亲强迫嫁给了邻村罗举人十一岁的儿子。后田喜儿借罗举人探访亲家的机会，跑去与香草见面。这件事被罗举人看到，于是把香草休掉。杨村长为了保持自己的脸面，维持封建礼教和宗法制度，逼着女儿拿一根绳子去自杀。后来在田寡妇的帮助下，挽救了香草，成全了她的爱情。这是一部含泪的喜剧，具有浓郁的牧歌情调。

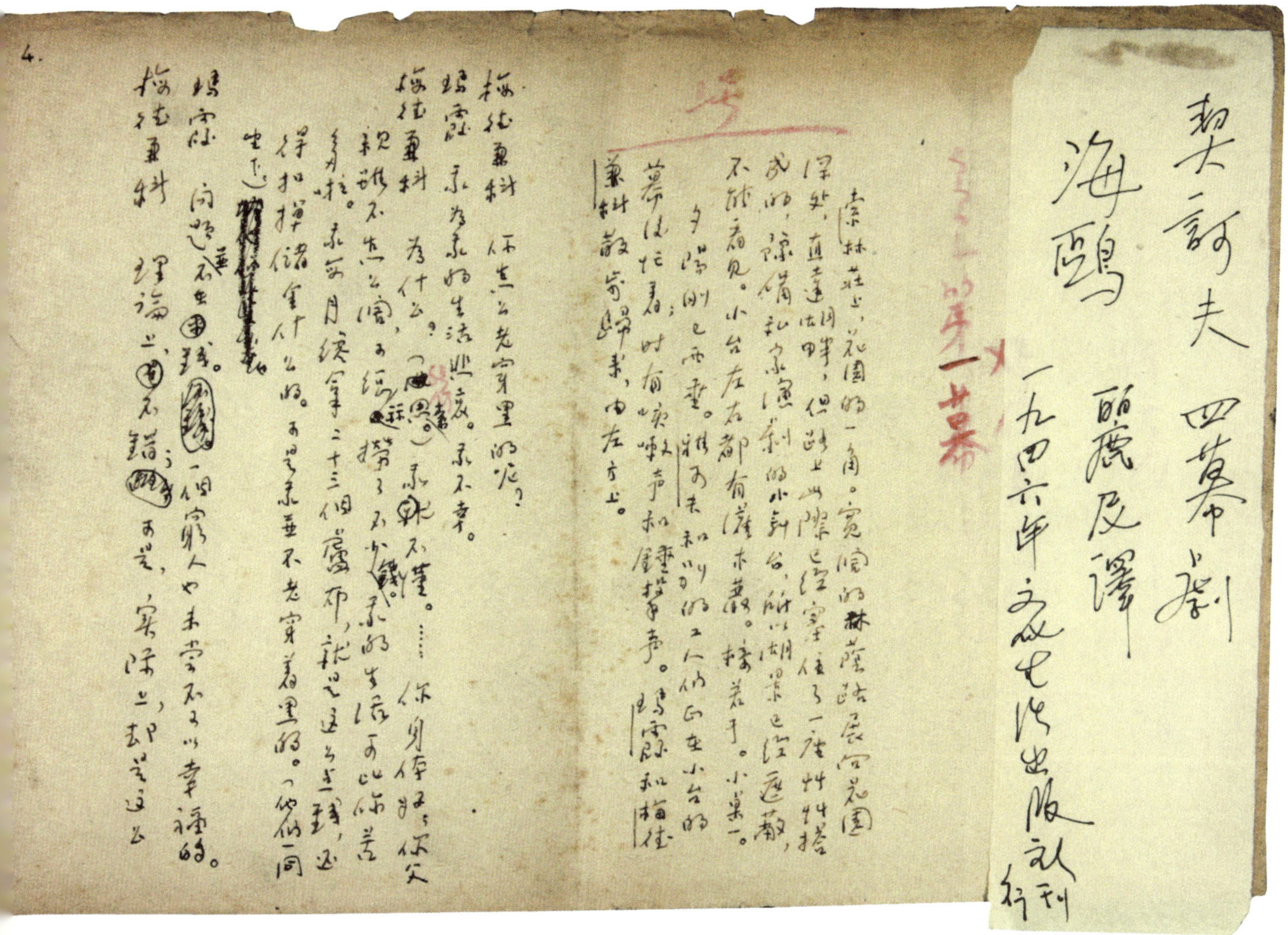


海鸥　〔俄〕契诃夫著　丽尼译　巴金捐赠

丽尼（1909–1968），原名郭安仁，湖北省孝感县人，翻译家。20世纪30年代参加左翼作家联盟，从事创作和文学翻译等进步文化活动。《海鸥》是俄国作家契诃夫创作的富有新意的四幕喜剧，描写了一个以痛苦的代价换得信任和生活目标的青年女演员尼娜·扎列奇纳娅的生活经历。该剧主题在于：只有真正献身于人民的艺术家，才是生活的强者，才能冲破一切障碍，成为在艺术的广阔天空中自由飞翔的海鸥。该剧1896年10月17日在圣彼得堡演出。中文剧本于1946年由巴金创办的文化生活出版社出版。

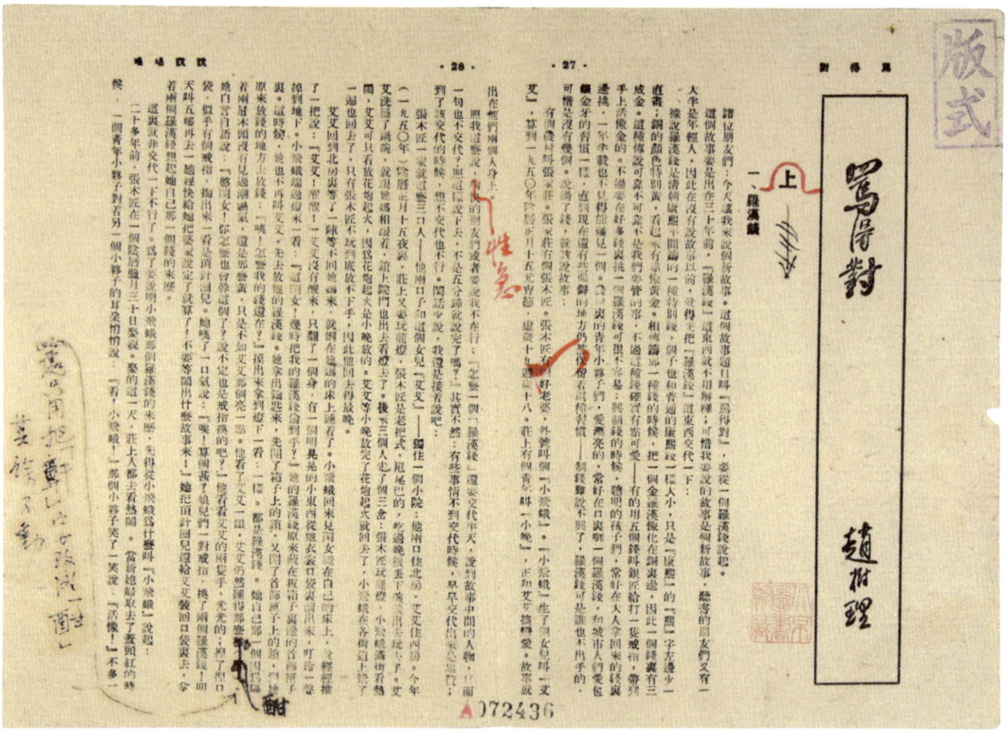
版式

骂得对

赵树理

一、罗汉钱

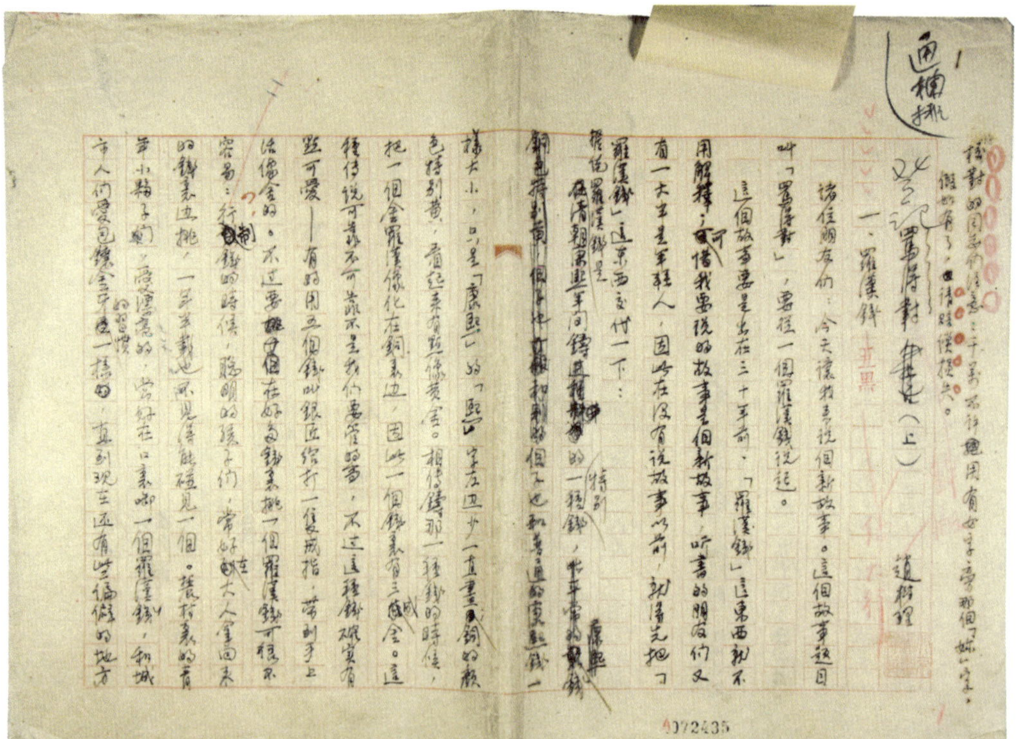
骂得对（上）

赵树理

一、罗汉钱

骂得对　赵树理著　清样　钢笔修改稿　说说唱唱社赠

赵树理（1906-1970）是中国现当代文学史上“山药蛋派”的代表人物，其作品具有新鲜朴素的民族形式、生动活泼的群众语言、清新浓郁的乡土气息。《登记》是为配合我国第一部婚姻法的出台而创作的短篇小说，1950年6月发表于《说说唱唱》月刊。作品通过叙述艾艾和其母亲小飞蛾两代人的爱情婚姻经历，揭露了农村包办婚姻思想的危害。小说后被改编为《罗汉钱》搬上银幕和各种戏剧舞台。小说原稿原题“骂得对”，后改为“登记”。

## 中国革命战争的历史转折

1947年10月10日，中国人民解放军发表宣言，提出“打倒蒋介石、解放全中国”的口号，宣布了解放军也就是中国共产党的八项基本政策，给全国人民指明了彻底解放全中国的总目标。

1947年12月25日至28日，中共中央在陕北米脂县杨家沟召开会议（即十二月会议）。这是党在中国革命战争的历史转折关头召开的一次具有重大意义的会议。毛泽东在会上作了《目前形势和我们的任务》的报告，提出了十大军事原则、新民主主义革命的三大经济纲领和中国共产党“打倒蒋介石，建立新中国”的基本政治纲领。

毛泽东与陆定一（左二）、徐特立（左九）、陈绍禹（右四）、安子文（右一）等在杨家沟。

解放军指战员在阅读《目前形势和我们的任务》。

1947年10月10日，解放军总部重新颁布“三大纪律八项注意”。图为战士们严格执行纪律，露宿房门外。

被国民党军抓的劳工得到解放，高高兴兴地准备返回家园。

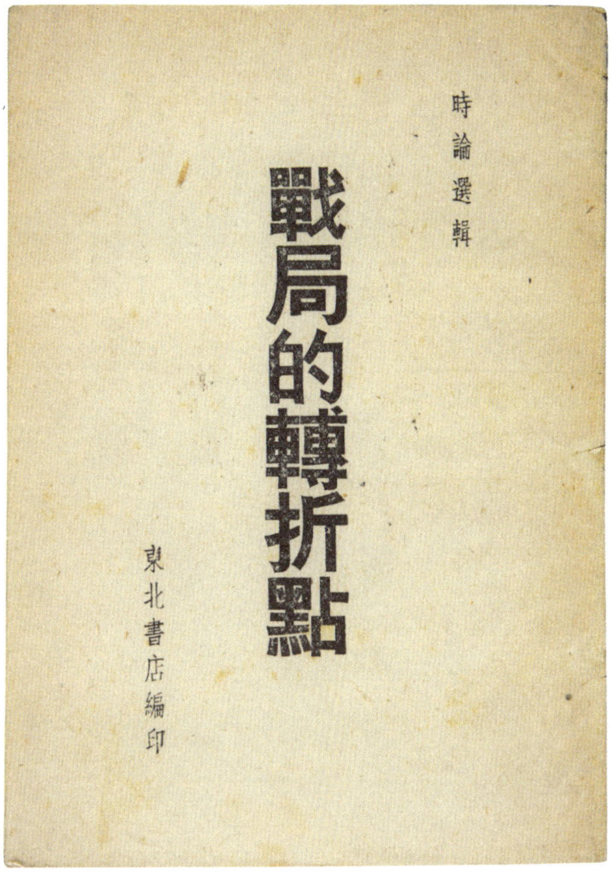


战局的转折点 哈尔滨 东北书店 1947年6月

本书为时论选辑，32开，共31页。全书共收文六篇，包括新华社社论《战局的转折点》、《全力准备反攻》、《东北一年》，林彪《林总司令谈战局》，东北日报社社论《论东北战局》等。另有人民解放军总部公布十个月自卫战绩等两篇附录。

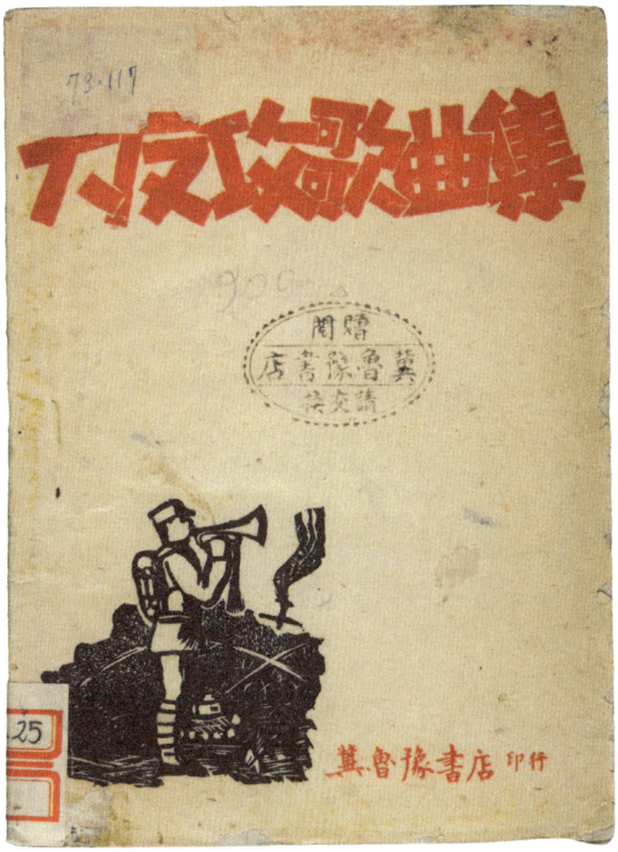


大反攻歌曲集 战友剧社编 冀鲁豫书店 1947年9月

这本歌曲集内收录的歌曲、小调、快板都是由战友剧社的同志自己创作的，反映了人民解放军大举反攻的态势，以歌曲的形式鼓舞人心，将解放战争进行到底。代表歌曲有：《大踏步进军》、《迎接最后胜利的明天》、《百战百胜》、《太阳出来了》等等。

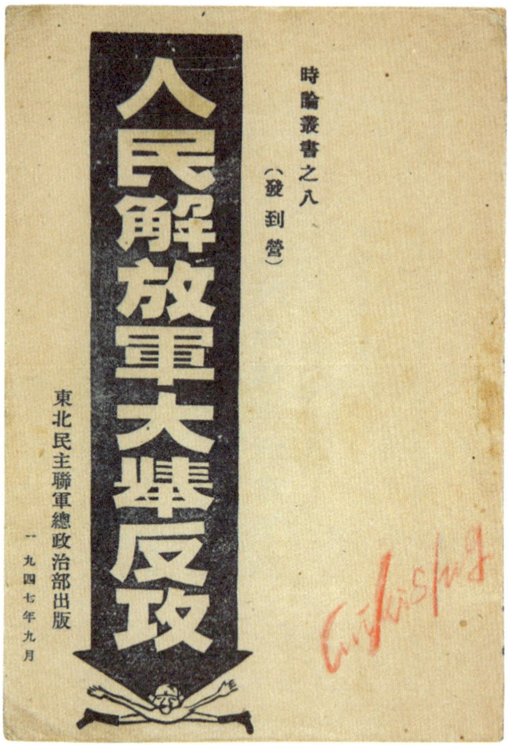


人民解放军大举反攻　东北民主联军总政宣传部　1947年9月

本书属于《时论丛书》之八。包括“八一”建军纪念、土地改革运动中的立场和作风问题、战局和战绩等三部分。收新华社、东北日报社社论及有关文章、文件12篇。附：《蒋贼秘密讲话痛哭流泪自供损失惨重末日临近》。

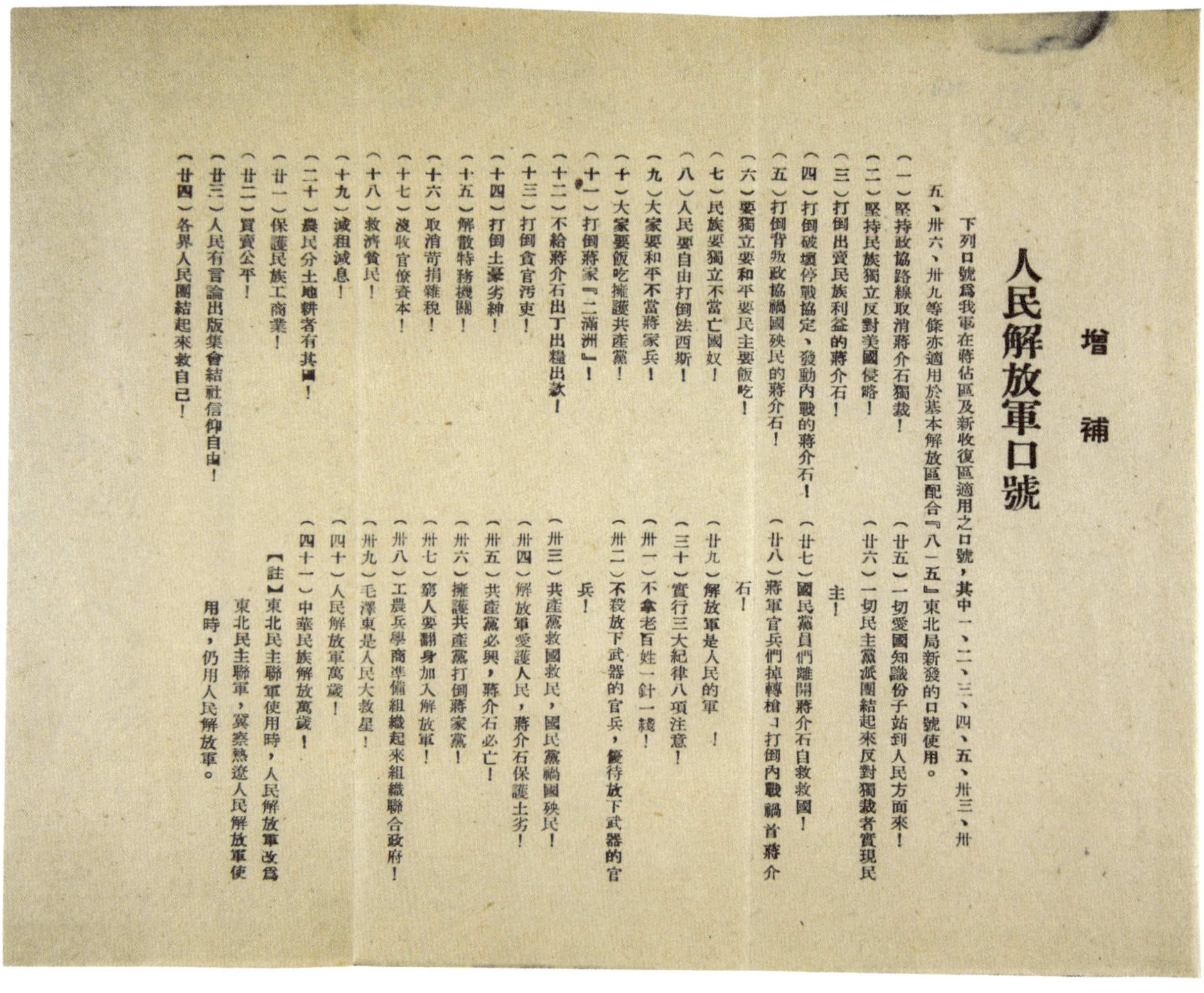

增補

人民解放軍口號

下列口號爲我軍在蔣佔區及新收復區適用之口號，其中一、二、三、四、五、卅三、卅五、卅六、卅九等條亦適用於基本解放區配合『八一五』東北局新發的口號使用。

（一）堅持政協路線取消蔣介石獨裁！
（二）堅持民族獨立反對美國侵略！
（三）打倒出賣民族利益的蔣介石！
（四）打倒破壞停戰協定、發動內戰的蔣介石！
（五）打倒背叛政協禍國殃民的蔣介石！
（六）要獨立要和平要民主要飯吃！
（七）民族要獨立不當亡國奴！
（八）人民要自由打倒法西斯！
（九）大家要和平不當蔣家兵！
（十）大家要飯吃擁護共產黨！
（十一）打倒蔣家『二滿洲』！
（十二）不給蔣介石出丁出糧出款！
（十三）打倒貪官汚吏！
（十四）打倒土豪劣紳！
（十五）解散特務機關！
（十六）取消苛捐雜稅！
（十七）沒收官僚資本！
（十八）救濟貧民！
（十九）減租減息！
（二十）農民分土地耕者有其田！
（廿一）保護民族工商業！
（廿二）買賣公平！
（廿三）人民有言論出版集會結社信仰自由！
（廿四）各界人民團結起來救自己！
（廿五）一切愛國知識份子站到人民方面來！
（廿六）一切民主黨派團結起來反對獨裁者實現民主！
（廿七）國民黨員們離開蔣介石自救救國！
（廿八）蔣軍官兵們掉轉槍口打倒內戰禍首蔣介石！
（廿九）解放軍是人民的軍　！
（三十）實行三大紀律八項注意！
（卅一）不拿老百姓一針一綫！
（卅二）不殺放下武器的官兵，優待放下武器的官兵！
（卅三）共產黨救國救民，國民黨禍國殃民！
（卅四）解放軍愛護人民，蔣介石保護土劣！
（卅五）共產黨必興，蔣介石必亡！
（卅六）擁護共產黨打倒蔣家黨！
（卅七）窮人要翻身加入解放軍！
（卅八）工農兵學商準備組織起來組織聯合政府！
（卅九）毛澤東是人民大救星！
（四十）人民解放軍萬歲！
（四十一）中華民族解放萬歲！

【註】東北民主聯軍使用時，人民解放軍改爲東北民主聯軍，冀察熱遼人民解放軍使用時，仍用人民解放軍。

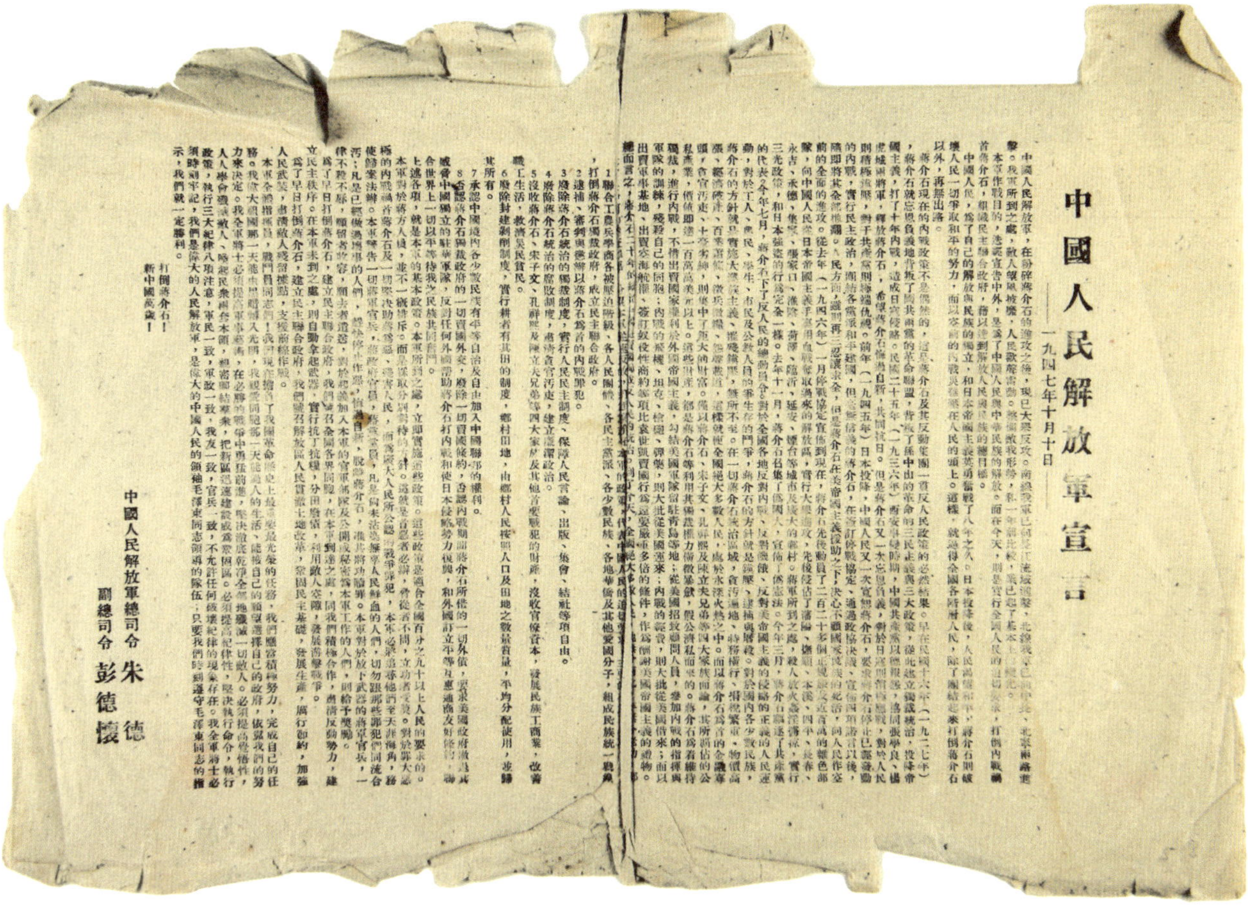

# 中國人民解放軍宣言

一九四七年十月十日

中國人民解放軍，在粉碎蔣介石的進攻之後，現已大舉反攻。南線我軍已向長江流域進擊，北線我軍已向中長、北寧兩路進擊。我軍所到之處，敵人望風披靡，人民歡聲雷動。整個敵我形勢，和一年前比較，業已起了基本上的變化。

本軍作戰目的，迭經宣告中外，是為了中國人民與中華民族的解放。而在今天，則是實行全國人民的迫切要求，打倒內戰禍首蔣介石，組織民主聯合政府，藉以達到解放人民與民族的總目標。

中國人民，為了自己的解放與民族的獨立，和日本帝國主義英勇奮戰了八年之久。日本投降後，人民渴望和平，蔣介石則破壞人民一切爭取和平的努力，而以空前的內戰災難壓在人民的頭上。這樣，就逼得全國各階層人民，除了團結起來打倒蔣介石以外，再無出路。

蔣介石現在的內戰政策不是偶然的，這是蔣介石及其反動集團一貫反人民政策的必然結果。早在民國十六年（一九二七年），蔣介石就忘恩負義地背叛了國共兩黨的革命聯盟，背叛了孫中山的革命的三民主義與三大政策，從此建立獨裁統治，投降帝國主義，打了十年內戰，造成日寇侵略。民國二十五年（一九三六年）西安事變時期，中國共產黨以德報怨，協同張學良、楊虎城兩將軍，釋放蔣介石，希望蔣介石悔過自新，共同抗日。但是蔣介石又一次忘恩負義，對於日寇則消極抗戰，對於人民則積極鎮壓，對于共產黨則極端仇視。前年（一九四五年）日本投降，中國人民又一次寬恕蔣介石，要求蔣介石停止已經發動的內戰，實行民主政治，團結各黨派和平建國，但毫無信義的蔣介石，在簽訂停戰協定、通過政協決議、宣佈四項諾言以後，隨即將其全部推翻。人民方面，雖則再三忍讓求全，但是蔣介石在美帝國主義援助之下，決心不顧國家民族的死活，向人民作空前的全面的進攻。從去年（一九四六年）一月停戰協定宣佈到現在，蔣介石先後動員了二百二十多個正規旅及近百萬的雜色部隊，向中國人民從日本帝國主義手裏用血戰奪取過來的解放區，實行大舉進攻，先後侵佔了瀋陽、撫順、本溪、四平、長春、永吉、承德、集寧、張家口、淮陰、菏澤、臨沂、延安、煙台等城市及廣大的鄉村。蔣軍所到之處，殺人放火姦淫擄掠，實行三光政策，和日本強盜的行為完全一樣。去年十一月，蔣介石召集了偽國大，宣佈了偽憲法。今年三月，蔣介石驅逐了共產黨的代表。今年七月，蔣介石下了反人民的總動員令。對於全國各地反對內戰、反對饑餓、反對美帝國主義的侵略的正義的人民運動，對於工人、農民、學生、市民及公教人員的爭生存的鬥爭，蔣介石的方針就是鎮壓、逮捕與屠殺。對於國內各少數民族，蔣介石的方針就是實施大漢族主義、摧殘鎮壓，無所不至。在一切蔣介石統治區域，貪污遍地，特務橫行，捐稅繁重，物價高漲，經濟破產，百業蕭條，徵兵徵糧，怨聲載道，這樣就使全國絕大多數人民，處於水深火熱之中。而以蔣介石為首的金融寡頭，貪官污吏，土豪劣紳，則集中了巨大的財富。僅以蔣介石、宋子文、孔祥熙及陳立夫兄弟等四大家族而論，其所霸佔的公私產業，價值即達一百萬萬美元以上。這些財產，都是蔣介石等利用其獨裁權力[illegible]聚斂，假公濟私而來的。蔣介石為著維持獨裁，進行內戰，不惜出賣國家權利於外國帝國主義，勾結美國軍隊留駐青島等地，從美國招致顧問人員，參加內戰的指揮與軍隊的訓練，殘殺自己的同胞；內戰的飛機、坦克、槍砲、彈藥，則大批從美國借來；而以出賣軍事基地、出賣空海航權、簽訂奴役性商約等項比袁世凱賣國行為還要嚴重多倍的條件，作為酬謝美國帝國主義的禮物。

總而言之，蔣介石二十年的[illegible]本軍的政策，代表中國人民的[illegible]全國絕大多數人[illegible]

1 聯合工農兵學商各被壓迫階級、各人民團體、各民主黨派、各少數民族、各地華僑及其他愛國分子，組成民族統一戰線，打倒蔣介石獨裁政府，成立民主聯合政府。

2 逮捕、審判與懲辦以蔣介石為首的內戰罪犯。

3 廢除蔣介石統治的獨裁制度，實行人民民主制度，保障人民言論、出版、集會、結社等項自由。

4 廢除蔣介石統治的腐敗制度，肅清貪官污吏，建立廉潔政治。

5 沒收蔣介石、宋子文、孔祥熙及陳立夫兄弟等四大家族及其他首要戰犯的財產，沒收官僚資本，發展民族工商業，改善職工生活，救濟災民貧民。

6 廢除封建剝削制度，實行耕者有其田的制度，鄉村田地，由鄉村人民按照人口及田地之數量質量，平均分配使用，並歸其所有。

7 承認中國境內各少數民族有平等自治及自由加入中國聯邦的權利。

8 否認蔣介石獨裁政府的一切賣國外交，廢除一切賣國條約，否認內戰期間蔣介石所借的一切外債，要求美國政府撤退其威脅中國獨立的駐華軍隊，反對任何外國幫助蔣介石打內戰和使日本侵略勢力復興，和外國訂立平等互惠通商友好條約，聯合世界上一切以平等待我之民族共同奮鬥。

上述各項，就是本軍的基本政策。本軍所到之處，立即實施這些政策。這些政策是適合全國百分之九十以上人民的要求的。

本軍對於蔣方人員，並不一概排斥，而是採取分別對待的方針。這就是首惡者必辦，脅從者不問，立功者受獎。對於罪大惡極的內戰禍首蔣介石及一切堅決助蔣為惡、殘害人民，而為廣大人民所公認的戰爭罪犯，本軍必須追尋他們至天涯海角，務使歸案法辦。本軍警告一切蔣軍官兵，蔣政府官員，蔣黨黨員，凡是尚未[illegible]人民鮮血的人們，切勿跟那些罪犯們同流合污；凡是已經做過壞事的人們，趕快停止作惡，悔過自新，脫離蔣介石，准其將功贖罪。本軍對於放下武器的蔣軍官兵，一律不殺不辱，願留者收容，願去者遣送。對於起義加入本軍的官軍部隊及公開或秘密為本軍工作的人們，則給予獎勵。

為了早日打倒蔣介石，建立民主聯合政府，我們號召全國各界同胞，在本軍到達之處，同我們積極合作，肅清反動勢力，建立民主秩序。在本軍未到之處，則自動拿起武器，實行抗丁抗糧，分田廢債，利用敵人空隙，發展游擊戰爭。

為了早日打倒蔣介石，建立民主聯合政府，我們號召解放區人民貫徹土地改革，鞏固民主基礎，發展生產，厲行節約，加強人民武裝，肅清敵人殘留據點，支援前線作戰。

本軍全體指揮員、戰鬥員同志們！我們現在擔負了我國革命歷史上最重要最光榮的任務。我們應當積極努力，完成自己的任務。我偉大祖國那一天能由黑暗轉入光明，我親愛同胞那一天能過人的生活，能按自己的願望選擇自己的政府，依靠我們的努力來決定。我全軍將士必須提高軍事藝術，在必勝的戰爭中勇猛前進，堅決徹底乾淨全部地殲滅一切敵人。必須提高覺悟性，人人學會殲滅敵人、喚起民眾兩套本領，緊密團結群眾，把新區迅速建設成為鞏固區。必須提高紀律性，堅決執行命令，執行政策，執行三大紀律八項注意，軍民一致，軍政一致，官兵一致，我友一致，不允許任何破壞紀律的現象存在。我全軍將士必須時刻牢記，我們是偉大的人民解放軍，是偉大的中國人民的領袖毛澤東同志領導的隊伍，只要我們時刻遵守毛澤東同志的指示，我們就一定勝利。

打倒蔣介石！
新中國萬歲！

中國人民解放軍總司令　朱德
副總司令　彭德懷

中国人民解放军宣言　毛泽东起草　朱德、彭德怀发布　1947年10月10日

“解放军宣言”在1947年10月10日公布，被称为“双十宣言”，是毛泽东为中国人民解放军总部所起草的政治宣言。在这个宣言里，分析了当时的国内政治形势，提出了“打倒蒋介石，解放全中国”的口号，宣布了中国人民解放军的也就是中国共产党的八项基本政策。

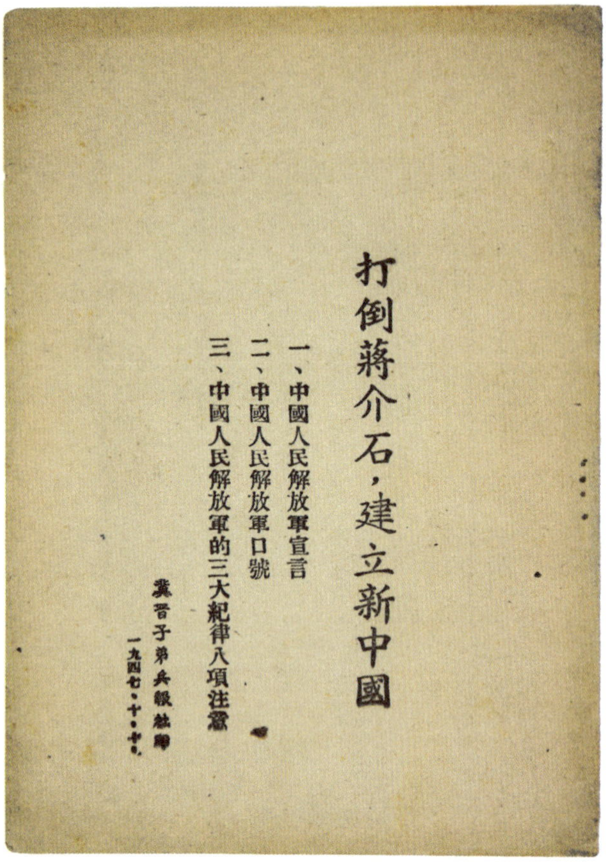
打倒蔣介石，建立新中國

一、中國人民解放軍宣言
二、中國人民解放軍口號
三、中國人民解放軍的三大紀律八項注意

冀晉子弟兵報社翻印
一九四七・十・十。

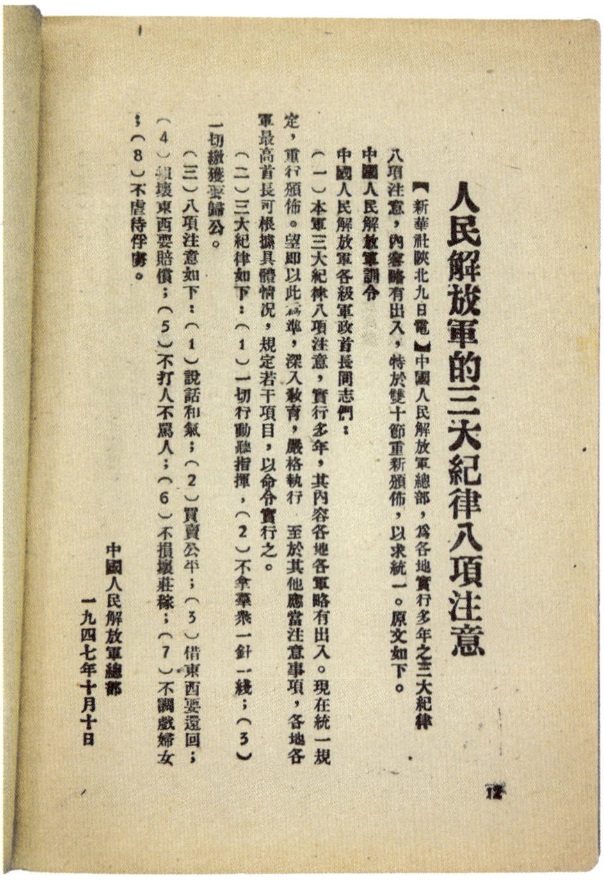
## 人民解放軍的三大紀律八項注意

【新華社陝北九日電】中國人民解放軍總部，爲各地實行多年之三大紀律八項注意，內容略有出入，特於雙十節重新頒佈，以求統一。原文如下。

中國人民解放軍訓令

中國人民解放軍各級軍政首長同志們：

（一）本軍三大紀律八項注意，實行多年，其內容各地各軍略有出入。現在統一規定，重行頒佈。望即以此爲準，深入教育，嚴格執行。至於其他應當注意事項，各地各軍最高首長可根據具體情況，規定若干項目，以命令實行之。

（二）三大紀律如下：（1）一切行動聽指揮，（2）不拿羣衆一針一綫；（3）一切繳獲要歸公。

（三）八項注意如下：（1）說話和氣；（2）買賣公平；（3）借東西要還回；（4）損壞東西要賠償；（5）不打人不駡人；（6）不損壞莊稼；（7）不調戲婦女；（8）不虐待俘虜。

中國人民解放軍總部
一九四七年十月十日

12

打倒蒋介石，建立新中国　冀晋区党委辑　河北冀晋日报社　1947年10月10日

本文献包括：《中国人民解放军宣言》（中国人民解放军总司令朱德及副总司令彭德怀签发）、《中国人民解放军口号》（共计67条口号）、《人民解放军的三大纪律八项注意》。

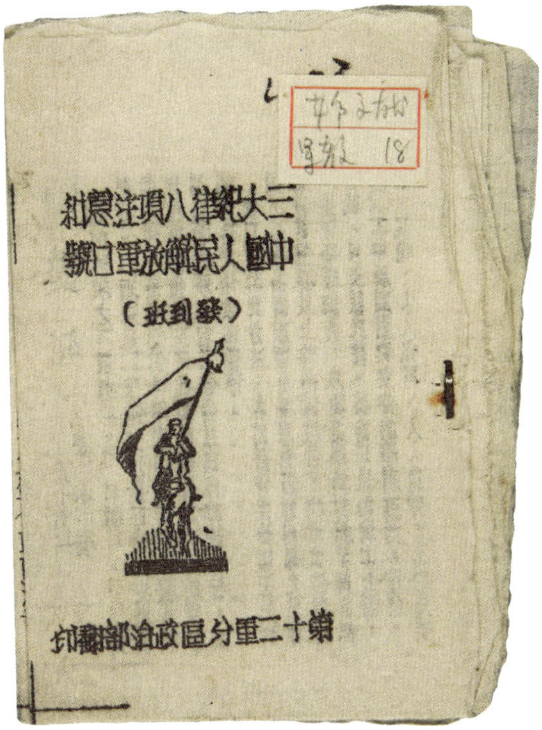

三大纪律八项注意和中国人民解放军口号　第十二军分区政治部　1947年10月

本册子包括三部分内容：通知、中国人民解放军总部训令、中国人民解放军口号。其中，三大纪律是：（1）一切行动听指挥；（2）不拿群众一针一线；（3）一切缴获要归公；八项注意是：（1）说话和气；（2）买卖公平；（3）借东西要还回；（4）损坏东西要赔偿；（5）不打人不骂人；（6）不损坏庄稼；（7）不调戏妇女；（8）不虐待俘虏。

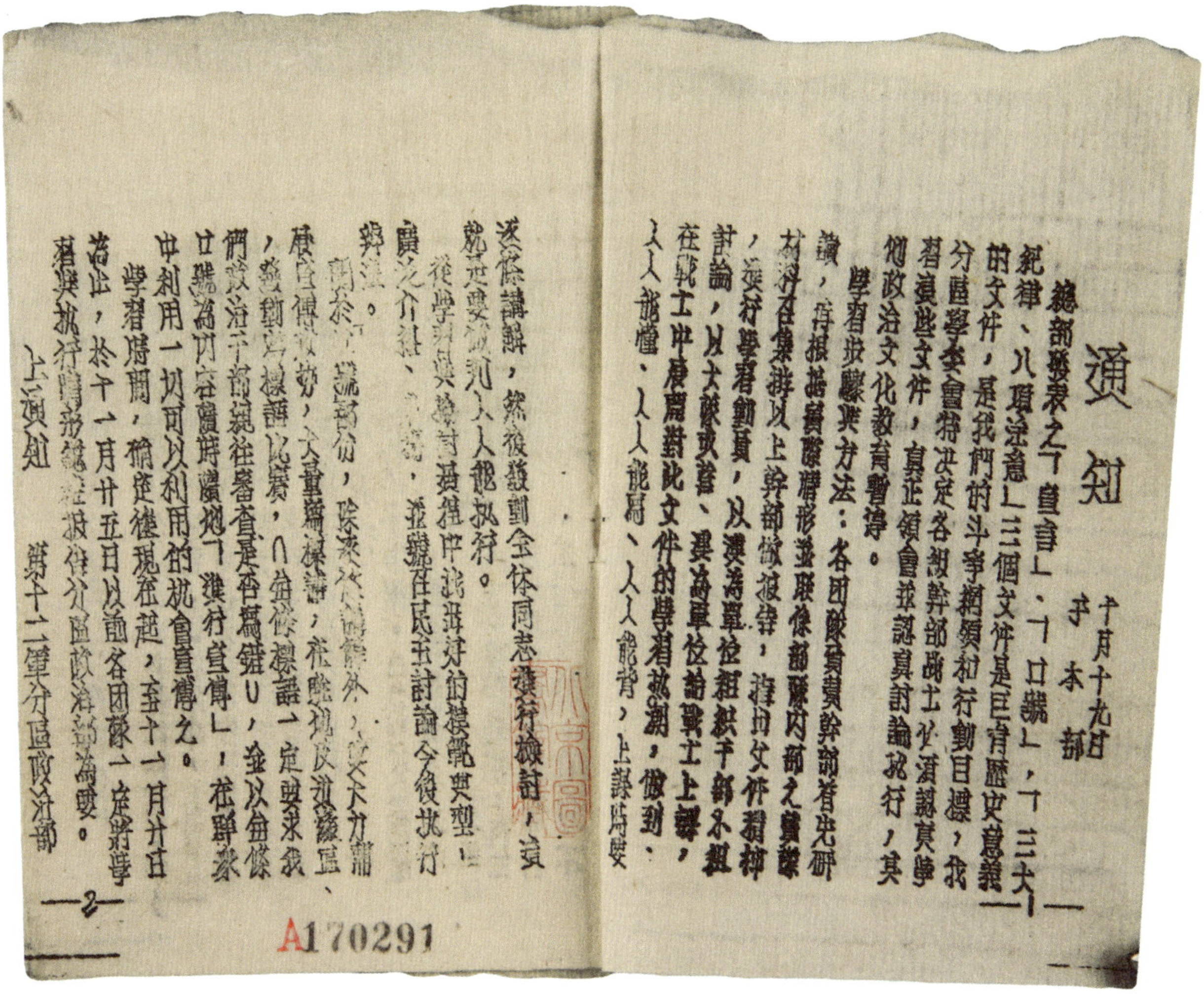

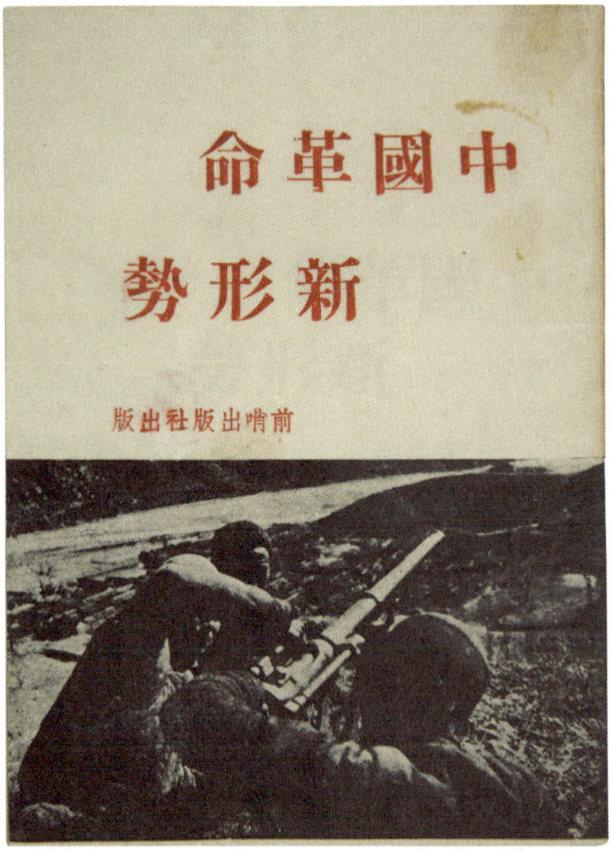


中国革命新形势　前哨出版社　1947年10月

本书第一篇“人民解放军大举反攻——一九四七年七月十二日新华社社论”充分说明当前中国革命已处于解放军大举反攻，国民党军队节节败退，解放战争已进入中后期。书中还收录了朱德、彭德怀两位司令签发的《中国人民解放军宣言》、《中国人民解放军口号》、《解放军南征部队发布口号》和《中共中央公布中国土地法大纲及其决议》，向普通群众宣传人民解放军打倒推翻蒋介石统治的决心，以及中共中央进行土地改革的有关决策。

目前形势和我们的任务　毛泽东著　沁源 太岳新华书店 1948年1月

此书原为1947年12月25日毛泽东在陕北米脂县杨家沟召集的中共中央会议上所作的报告。在中国革命浪潮空前高涨的形势下，为准备夺取全国胜利，中共中央举行会议，分析和总结全国形势。《目前形势和我们的任务》就是对当时形势的分析和判断。

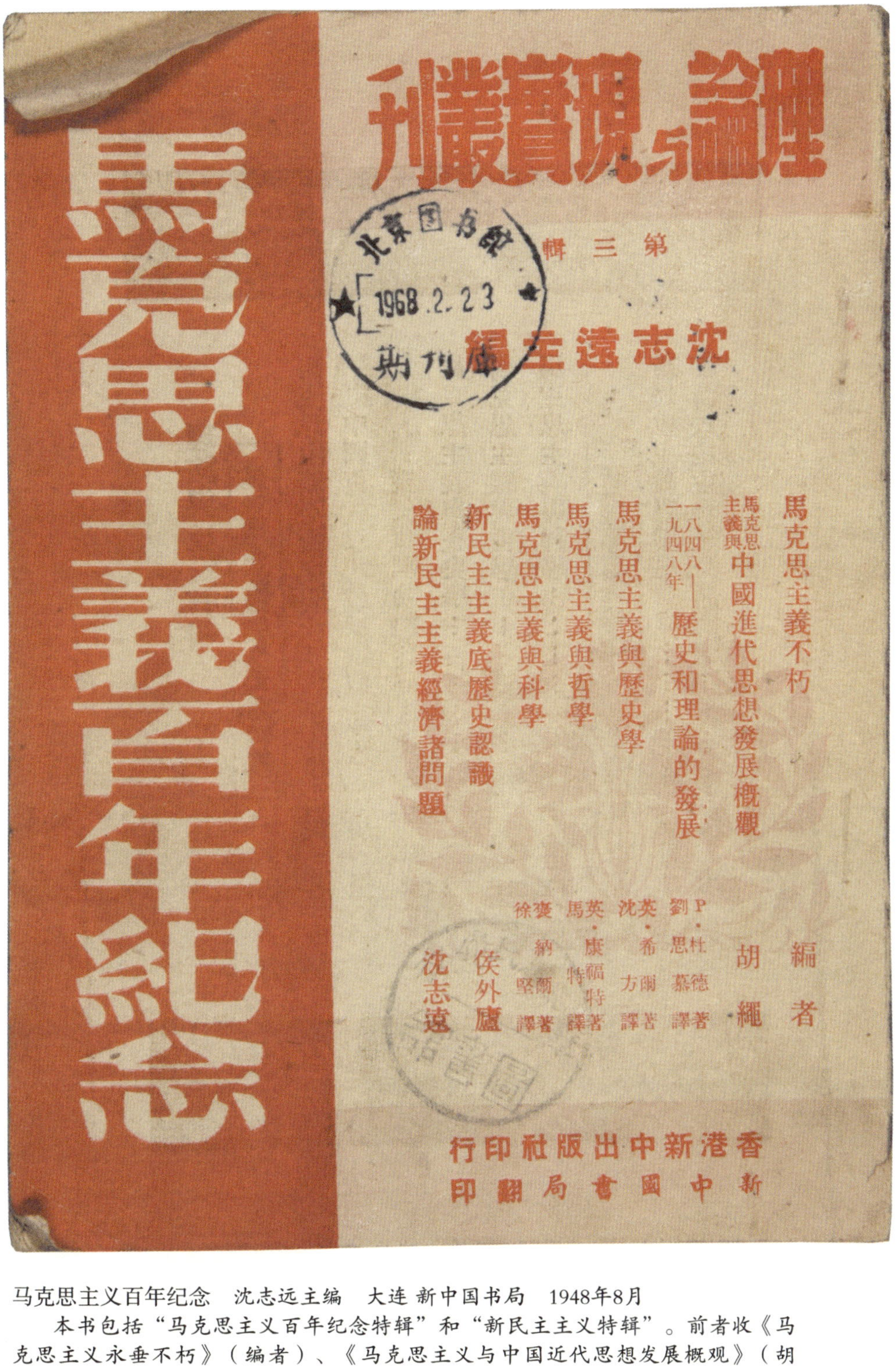


马克思主义百年纪念　沈志远主编　大连 新中国书局　1948年8月

本书包括“马克思主义百年纪念特辑”和“新民主主义特辑”。前者收《马克思主义永垂不朽》（编者）、《马克思主义与中国近代思想发展概观》（胡绳）等六篇；后者收《新民主主义底历史认识》（侯外庐）、《论新民主主义经济诸问题》（沈志远）等两篇。

## 第二条战线

抗日战争胜利后，人民强烈要求和平民主，而以蒋介石为首的国民党政府，却在美帝国主义的支持下，实行反动卖国的独裁统治，激起了全国人民的义愤。

在党的统一战线政策的号召下，国民党统治区的爱国民主运动日益高涨，反饥饿、反迫害、反内战斗争遍及全国多个城市，形成了反美、反蒋的第二条战线，有力地配合了人民解放军直接打击国民党军队的第一条战线，使蒋介石集团陷入全民的包围之中。

1947年5月20日，南京学生举行反饥饿、反内战游行，图为高呼口号的女学生队伍。

1947年5月，国统区学生掀起了反饥饿、反内战、反迫害的民主运动。图为北平学生的游行队伍通过天安门。

1948年9月，上海电力公司工人、共产党员王孝和因领导罢工被国民党政府杀害。图为王孝和高呼口号，走向刑场。

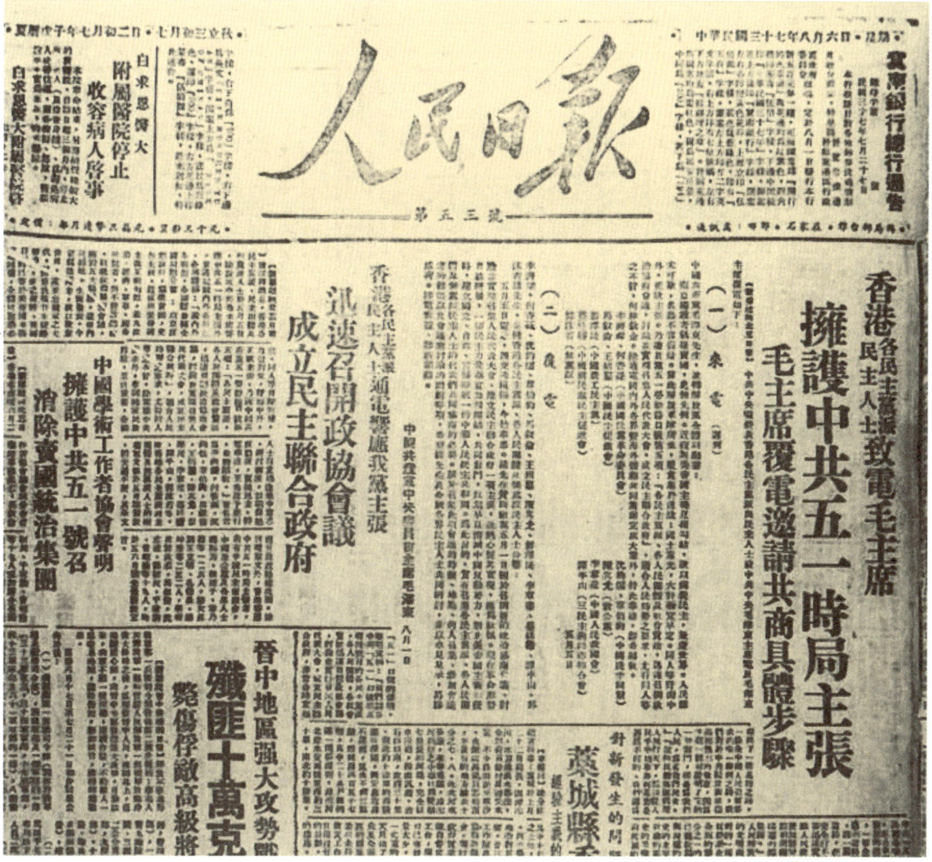

人民日報

第三五號

冀南銀行總行通告

自來恩醫大附屬醫院停止收容病人啓事

香港各民主黨派民主人士致電毛主席

擁護中共五一時局主張

毛主席覆電邀請共商具體步驟

（一）來電

（二）覆電

香港各民主黨派民主人士通電響應我黨主張

迅速召開政協會議 成立民主聯合政府

中國學術工作者協會聲明

擁護中共五一號召 消除賣國統治集團

晉中地區強大攻勢

殲匪十萬克

1948年8月6日，《人民日报》刊登“香港各民主党派民主人士致电毛主席拥护中共五一时局主张”和“毛主席覆电邀请共商具体步骤”两篇电文。

1949年2月，前往解放区的部分民主人士在轮船上合影。一排左起：方瑞、郑小箴、包启亚；二排左起：包达三、柳亚子、陈叔通、马寅初；三排左起：傅彬然、沈体兰、宋云彬、张絅伯、郑振铎、叶圣陶、王芸生。

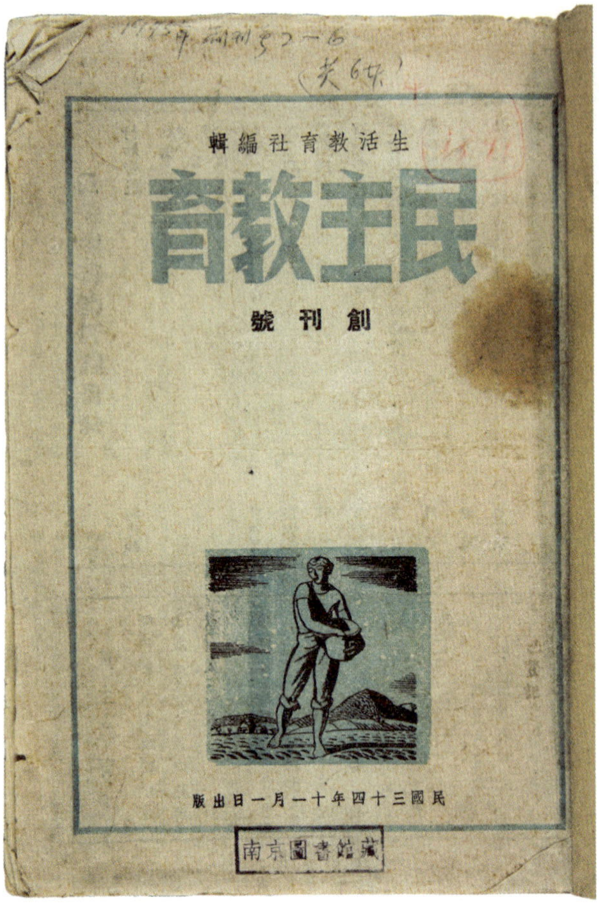


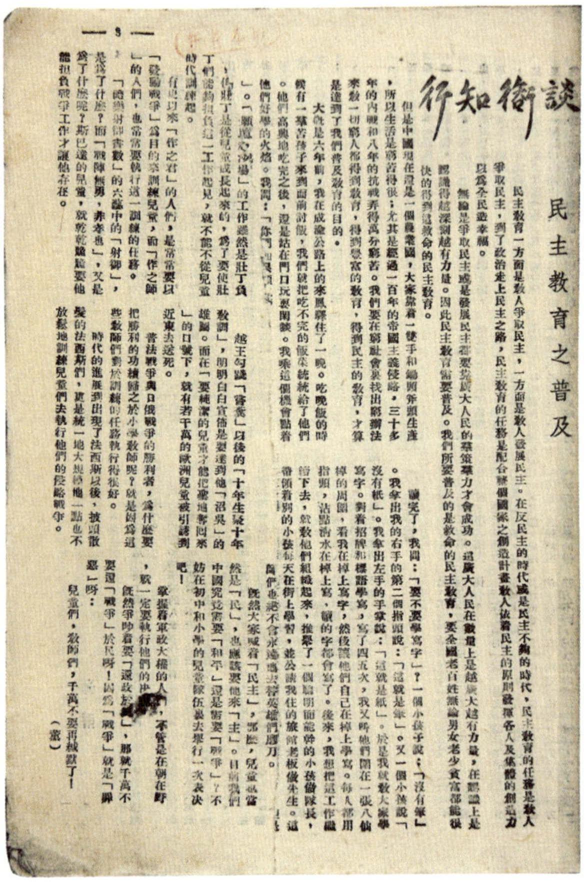


民主教育　李公朴主编　重庆 生活教育社　1945年

1945年，李公朴在重庆创办并主编《民主教育》月刊。1946年初，他与陶行知在重庆共同创办了“社会大学”，实施民主教育的理论与实践相结合的方针。他提出知识教育、技术教育、组织教育、人格教育四者并重。认为人格教育是一切教育的核心。

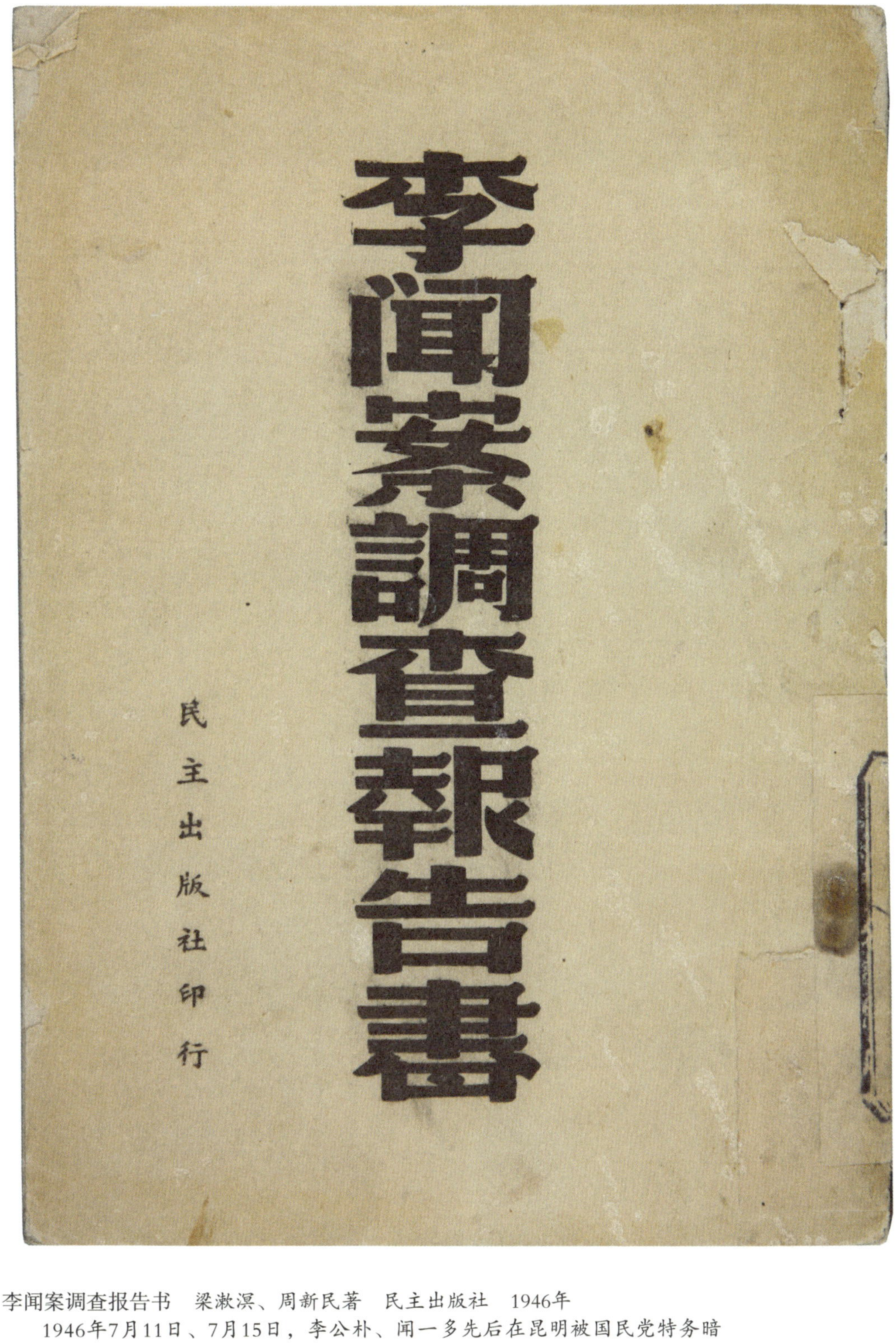


李闻案调查报告书　梁漱溟、周新民著　民主出版社　1946年

1946年7月11日、7月15日，李公朴、闻一多先后在昆明被国民党特务暗杀。因二人均系民盟中央委员，故在惨案发生后，民盟派时任秘书长梁漱溟、时任副秘书长周新民赴重庆调查此案。梁、周将调查经过与所得写成《李闻案调查报告书》，印发各界，揭露国民党特务的罪行。

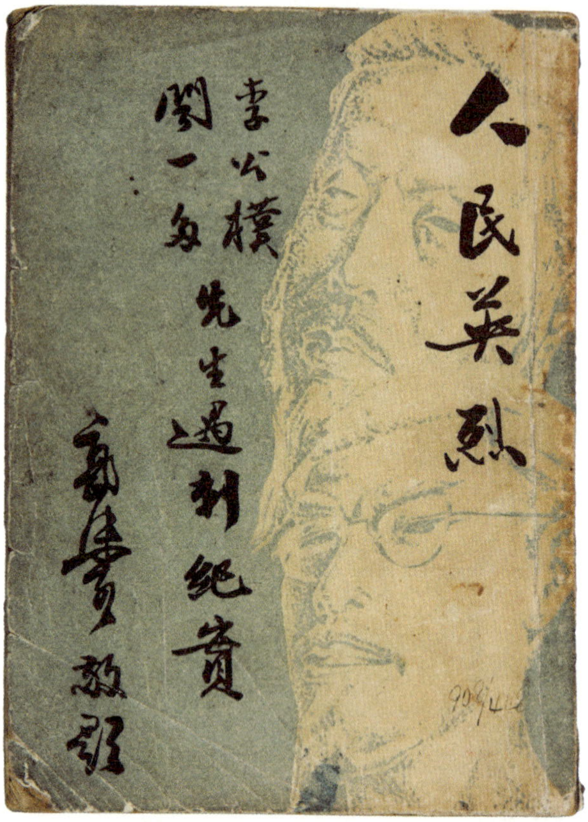


人民英烈——李公朴、闻一多先生遇刺纪实　李闻二烈士纪念委员会　1946年8月

本书收录李公朴、闻一多二烈士的遗照与传略，新闻媒体对李、闻事件的报道，李、闻二烈士的家人及社会各界的悼念文章与唁电，社会各界对国民党当局的抗议与呼吁，国内外的舆论等。郭沫若为本书写序。

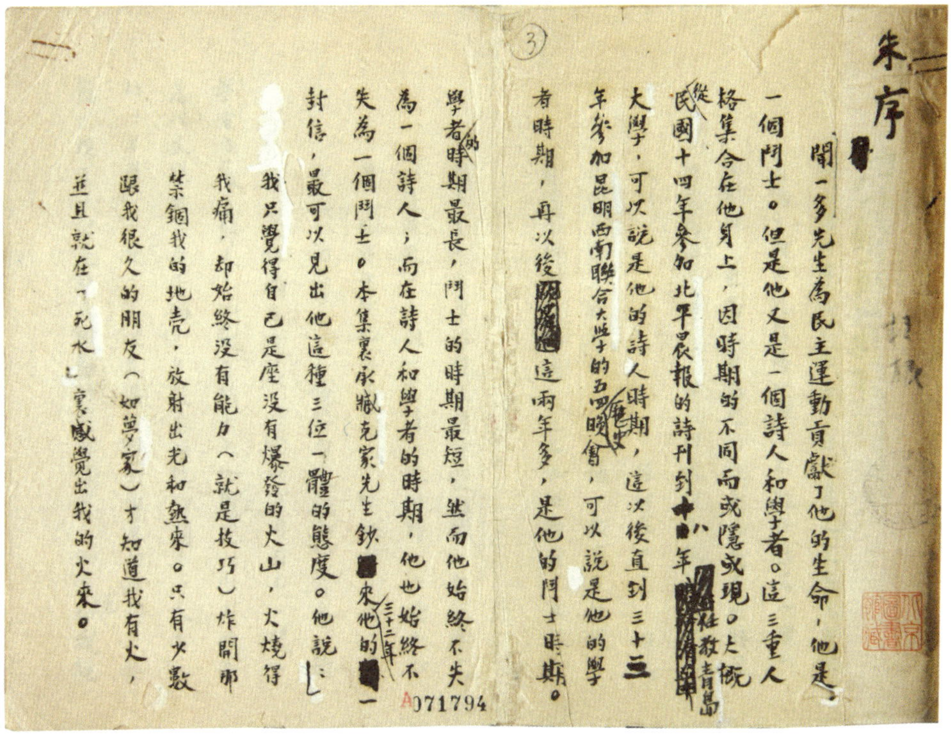

朱序

聞一多先生為民主運動貢獻了他的生命，他是一個鬥士。但是他又是一個詩人和學者。這三重人格集合在他身上，因時期的不同而或隱或現。大概從民國十四年參加北平晨報的詩刊到十八年[redacted]任教青島大學，可以說是他的詩人時期，這以後直到三十三年參加昆明西南聯合大學的五四晚會，可以說是他的學者時期，再以後[redacted]這兩年多，是他的鬥士時期。學者的時期最長，鬥士的時期最短，然而他始終不失為一個詩人；而在詩人和學者的時期，他也始終不失為一個鬥士。本集裏收臧克家先生致[redacted]他的[redacted]一封信，最可以見出他這種三位一體的態度。他說：

我只覺得自己是座沒有爆發的火山，火燒得我痛，卻始終沒有能力（就是技巧）炸開那禁錮我的地殼，放射出光和熱來。只有少數跟我很久的朋友（如夢家）才知道我有火，並且就在「死水」裏感覺出我的火來。

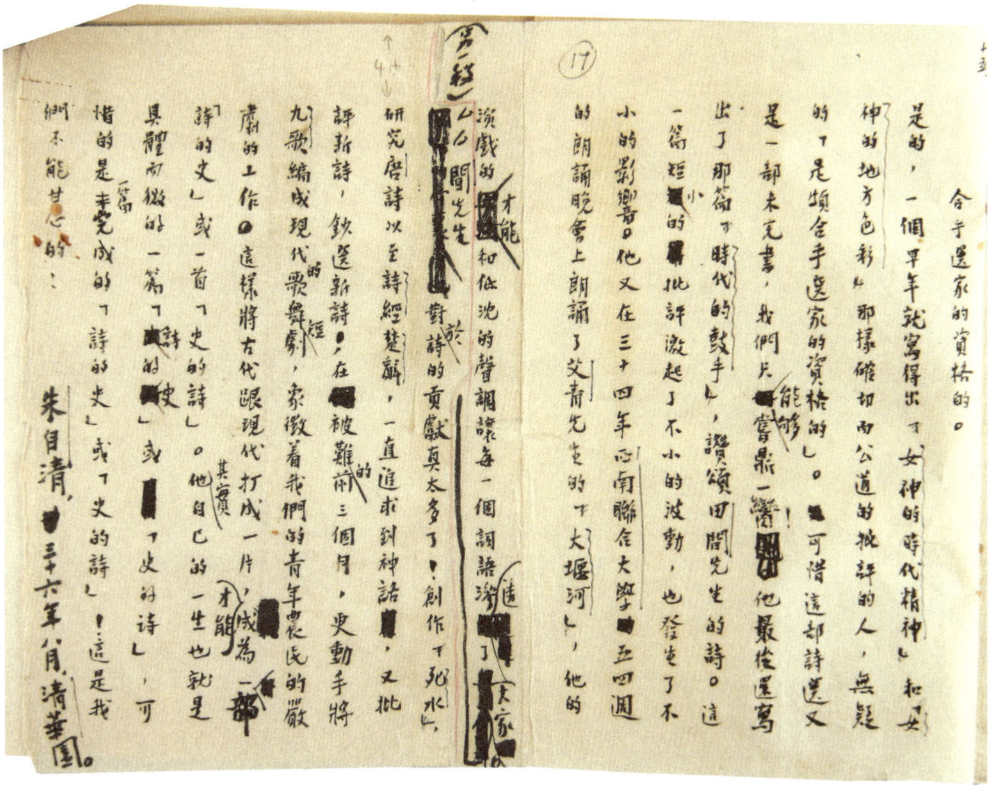

是的，一個早年就寫得出「女神的時代精神」和「女神的地方色彩」那樣確切而公道的批評的人，無疑的「是頗合乎選家的資格的」。[redacted]可惜這部詩選又是一部未完書，我們只能[redacted]他最後寫出了那篇小[redacted]的「時代的鼓手」，讚頌田間先生的詩。這一篇[redacted]小的批評激起了不小的波動，也發生了不小的影響。他又在三十四年西南聯合大學[redacted]五四週的朗誦晚會上朗誦了艾青先生的「大堰河」，他的[redacted]聞先生演戲的才能和低沈的聲調讓每一個詞語[redacted]達了大家。[redacted]對於詩的貢獻真太多了！創作「死水」，研究唐詩以至詩經楚辭，一直追求到神話，[redacted]，又批評新詩，欽選新詩，在[redacted]被難前三個月，更動手將九歌編成現代的短歌舞劇，象徵着我們的青年農民的嚴肅的工作。這樣將古代跟現代打成一片，才能成為一部「詩的史」或一首「史的詩」。他自己的一生也就是具體而微的一篇「詩[redacted]的史[redacted]」或[redacted]「史的詩」，可惜的是未完成的「詩的史」或「史的詩」！這是我們不能甘心的！

朱自清，三十六年八月，清華園。

闻一多全集序　朱自清撰　陈竹隐捐赠

1946年7月，朱自清在成都报纸上得知好友闻一多遇害的消息，无限悲痛，决心要将闻一多全部著作整理出版。《闻一多全集》付梓之时，朱自清心中的悲愤仍无法消退。他不顾盛夏酷暑，写下了此篇脍炙人口的序言，欲将闻一多先生的革命精神和伟大人格传播于世。

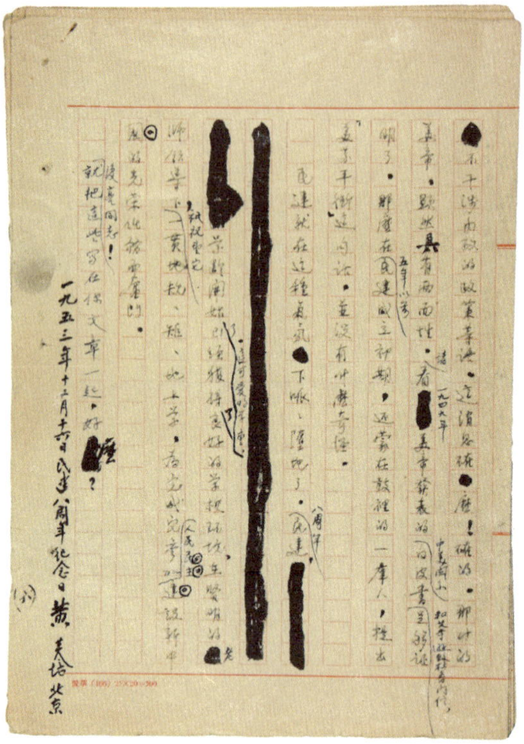
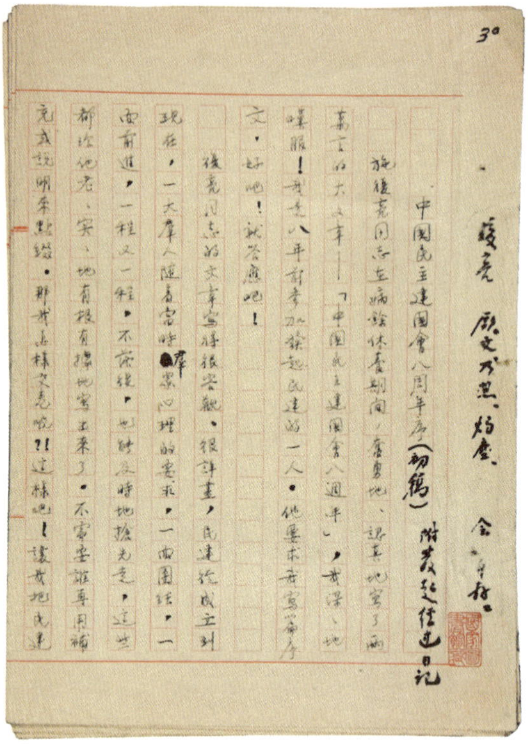

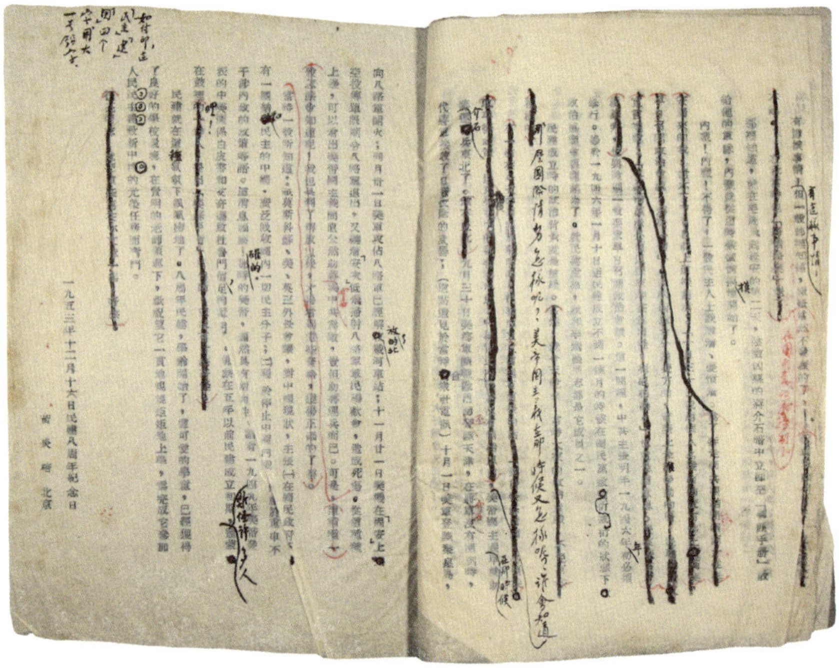

中国民主建国会八周年序　黄炎培撰　1953年12月16日

1945年12月16日，中国民主建国会在重庆成立，其任务是民主建设新中国，成员主要是爱国的民族工商业者和有联系的知识分子，发起人有黄炎培、胡厥文、章乃器、施复亮、孙起孟等。民建成立后，积极参加新民主主义革命斗争。1948年，民建响应中国共产党5月1日关于召开政治协商会议、成立民主联合政府的号召，派代表赴解放区参加筹备工作。1949年9月民建代表出席了中国人民政治协商会议第一届全体会议，参与制订《共同纲领》，选举中央人民政府，为中华人民共和国的建立作出了贡献。1953年，施复亮（1899–1970）撰写了三万余言的长文《中国民主建国会八周年》，黄炎培（1878–1965）应邀为此文写序。序文主要根据黄炎培当时的日记资料，重点揭示了民建成立之时的国内外政治背景。

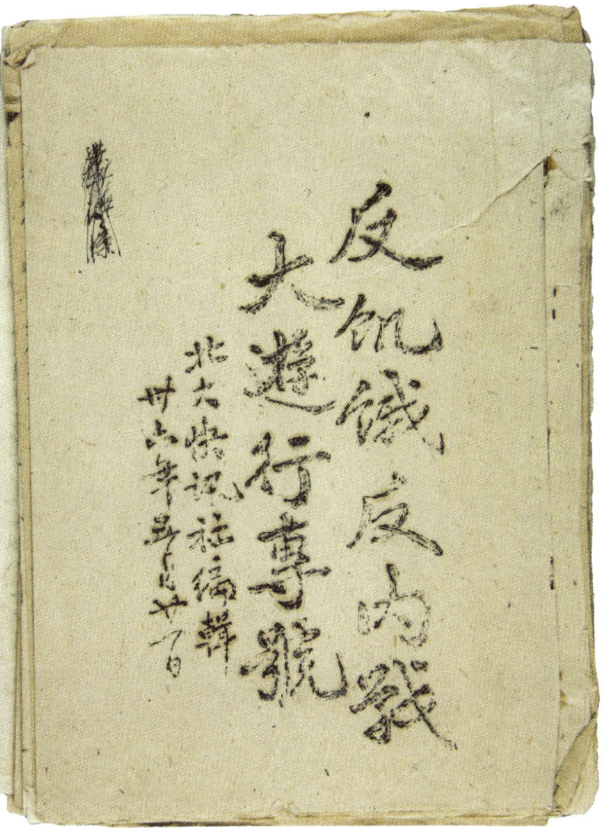
反饑餓反內戰大遊行專號
北大快訊社編輯
卅六年五月廿一日

反饥饿反内战大游行专号 北京 北大快讯社编 1947年5月21日

1947年，随着人民解放战争的不断胜利，国民党统治区的经济、政治、教育危机日益严重。青年学生遭受着无穷灾难。5月后，他们在共产党地下组织的领导下进行反对各种不合理问题的分散斗争。上海学生进行了反内战、反压迫、反卖国的宣传。清华大学自17日起罢课3天，并发表《反饥饿反内战罢课宣言》，得到各校响应。北平学生在罢课期间，各校组织宣传队分赴市区向各界群众宣传反饥饿反内战。18日，国民党政府发布《维持社会秩序临时办法》，严禁10人以上的请愿、罢课、罢工和示威游行。遭到全国学生的反对。次日，上海学生7000余人欢送沪杭区国立院校学生“挽救教育危机晋京代表联合请愿团”，并举行“反饥饿反内战”大游行。20日，京沪苏杭地区16所专科以上学校6000多学生为“挽救教育危机”举行联合大游行。同日，华北地区21所大、中学校学生，在北平、天津举行反饥饿、反内战万人大游行。

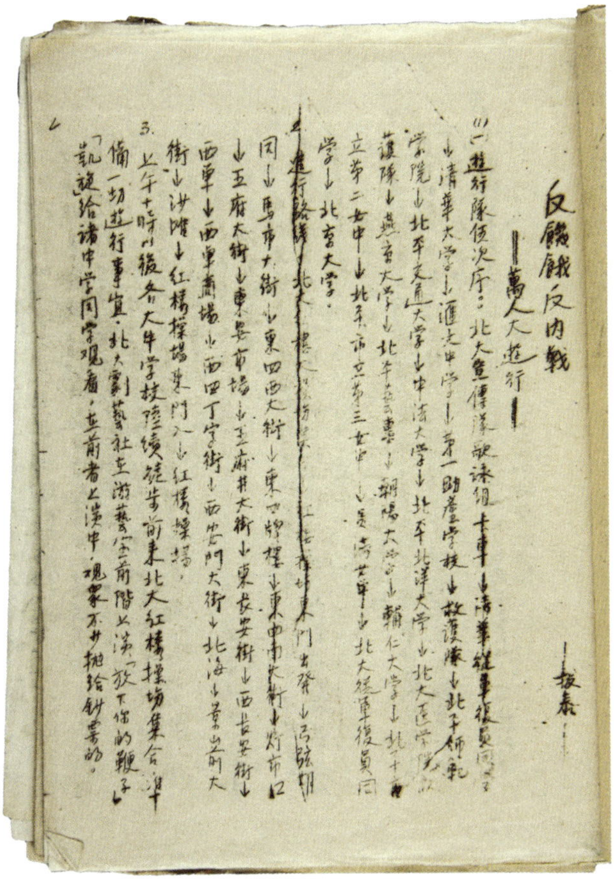
反饑餓反內戰
——萬人大遊行——

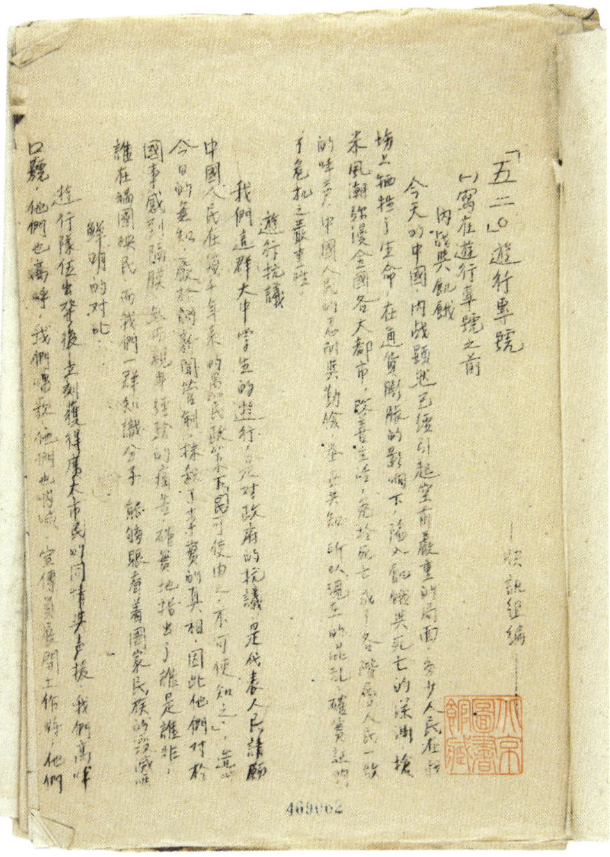
「五二〇」遊行專號

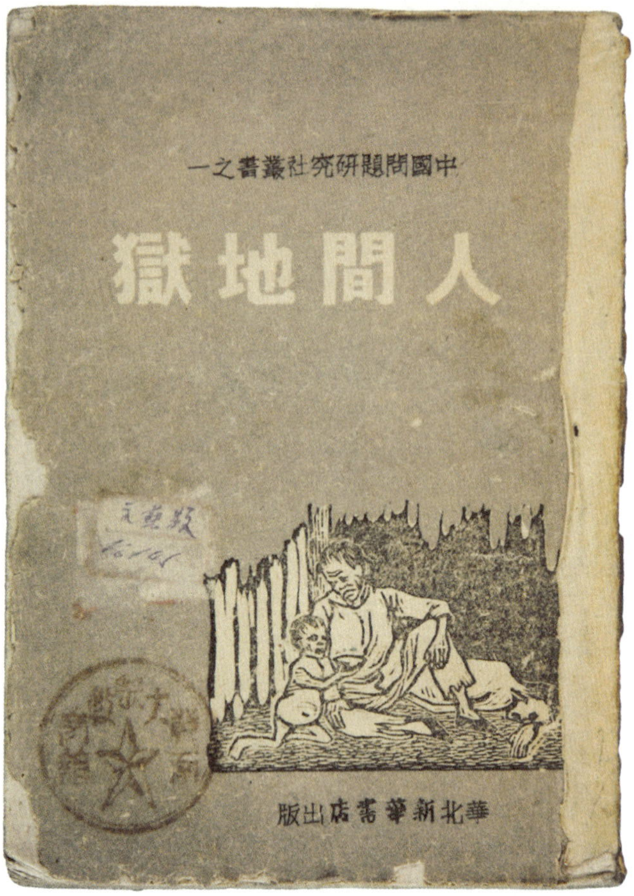


人间地狱　陶行知等著　涉县 华北新华书店　1947年1月

国民党统治区报纸通讯汇编。收录了《走向殖民地》（陶行知）、《新渔光曲》（丁东）、《多难的河南》（周希）等25篇通讯报道。报道记述了国民党统治区人民的痛苦生活，选自《文汇报》、《益世报》、《新闻报》、《大众日报》等报刊。

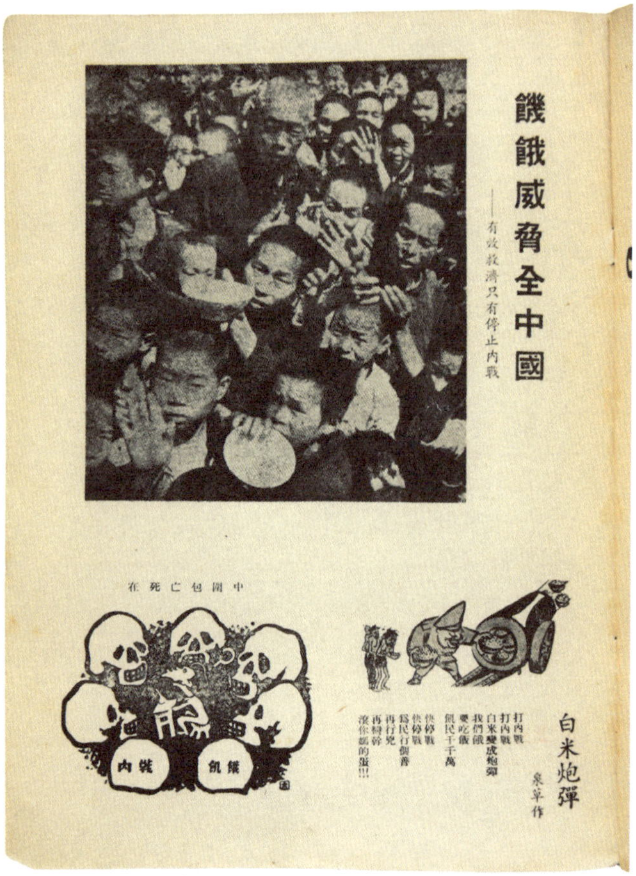


拿饭来吃——五二〇血案画集　中央大学五二〇血案处理委员会编　南京　1947年6月

1947年5月20日，京、沪、苏、杭四区学生联合请愿团在南京举行反饥饿、反内战、反迫害的示威游行，遭到国民党的镇压，造成学生重伤19人，轻伤90余人，被捕20余人，史称“五二〇血案”。本书为该事件的宣传画刊，其中有文章、诗歌、照片、漫画等。

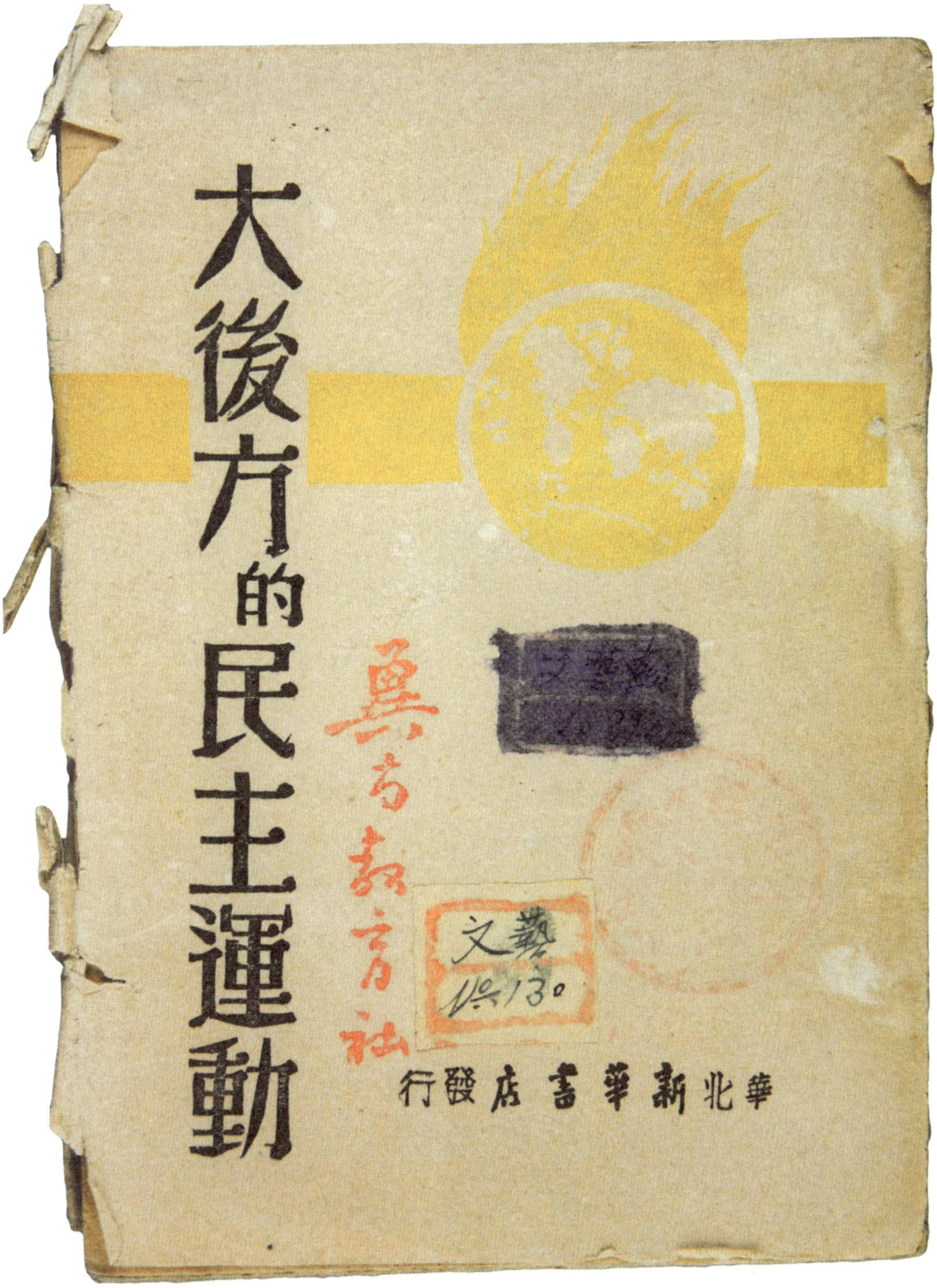


大后方的民主运动 华北新华书店编辑部辑 黎城 华北新华书店 1946年3月

内分《争取言论自由》、《反对内战》、《昆明惨案》、《要求停止经济内战》、《反对消灭杂牌》、《争取民主》、《校场口血案》、《要求和平解决东北问题》等8部分。收录了国统区民主人士的言论、评论、电文、谈话等。

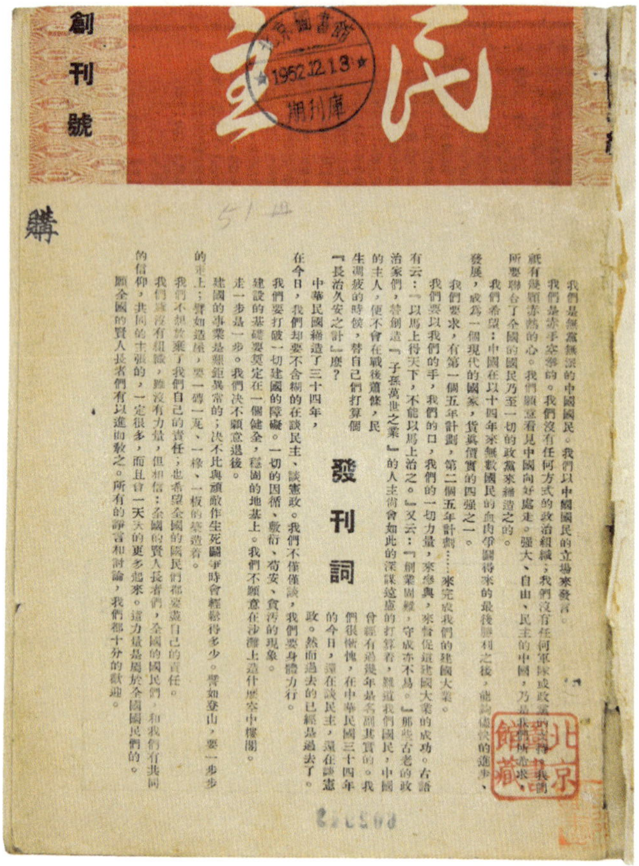




## 發刊詞

我們是無黨無派的中國國民。我們以中國國民的立場來發言。

我們是赤手空拳的。我們沒有任何方式的政治組織；我們沒有任何軍隊或政黨的……祇有幾顆赤熱的心。我們願意看見中國向好處走。強大、自由、民主的中國，乃是我們所希求，所要聯合了全國的國民乃至一切的政黨來締造之的。

我們希望：中國在以十四年來無數國民的血肉爭鬬得來的最後勝利之後，能夠儘快的進步、發展，成為一個現代的國家，貨真價實的四強之一。

我們要求，有第一個五年計劃，第二個五年計劃……來完成我們的建國大業。

我們要以我們的手，我們的口，我們的一切力量，來參與，來督促這建國大業的成功。古語有云：『以馬上得天下，不能以馬上治之。』又云：『創業固難，守成亦不易。』那些古老的政治家們，替創造『子孫萬世之業』的人主們會如此的深謀遠慮的打算着，難道我們國民，中國的主人，便不會在戰後蕭條，民生凋疲的時候，替自己們打算個『長治久安之計』麼？

中華民國締造了三十四年，曾經有過幾年是名副其實的。我們很慚愧，在中華民國三十四年的今日，還在談民主，還在談憲政。然而過去的已經是過去了。在今日，我們却要不含糊的在談民主、談憲政。我們不僅僅談，我們要身體力行。

我們要打破一切建國的障礙。一切的因循、敷衍、苟安、貪污的現象。

建設的基礎要奠定在一個健全，穩固的地基上。我們不願意在沙灘上造什麼空中樓閣。

走一步是一步。我們決不願意退後。

建國的事業是艱鉅異常的；決不比與頑敵作生死鬬爭時會輕鬆得多少。譬如登山，要一步步的走上；譬如造屋，要一磚一瓦、一椽、一板的築造着。

我們不想放棄了我們自己的責任；也希望全國的國民們都要盡自己的責任。

我們雖沒有組織，雖沒有力量，但相信：全國的賢人長者們，全國的國民們，和我們有共同的信仰，共同的主張的，一定很多，而且會一天天的更多起來。這力量是屬於全國國民們的。

願全國的賢人長者們有以進而教之。所有的評言和討論，我們都十分的歡迎。

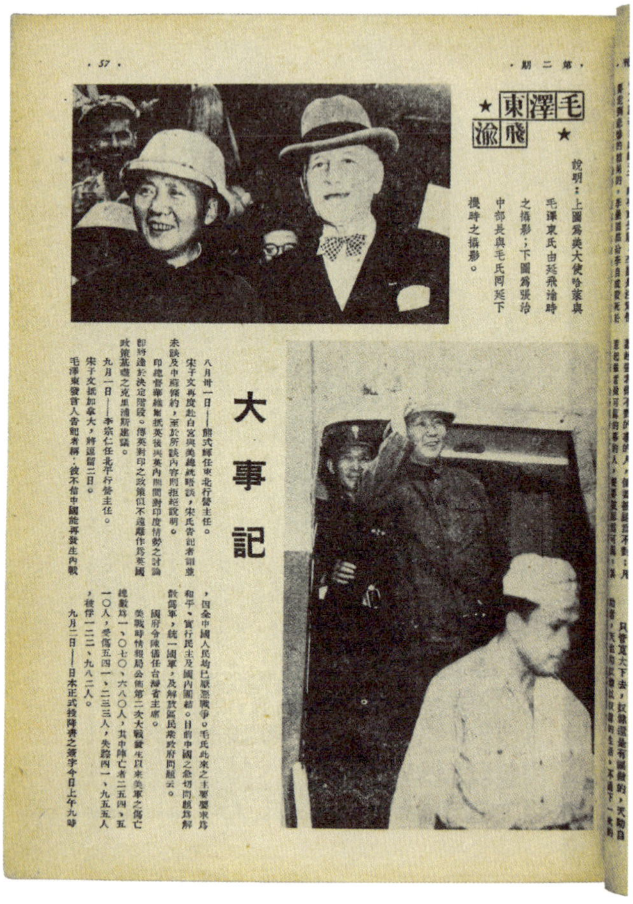

· 第二期 ·　　· 57 ·

### 毛澤東飛渝

說明：上圖為美大使哈萊與毛澤東氏由延飛渝時之攝影；下圖為張治中部長與毛氏同延下機時之攝影。

### 大事記

八月卅一日——熊式輝任東北行營主任。

宋子文再度赴白宮與美總統晤談，宋氏告記者謂並未談及中蘇條約，至於所談內容則拒絕說明。

印總督韋維爾抵英後與英內閣閣對印度情勢之討論即將達於決定階段。傳英對印之政策似不遠離作為英國政策基礎之克里浦斯建議。

九月一日——李宗仁任北平行營主任。

宋子文抵加拿大，將逗留二日。

毛澤東發言人告記者稱：彼不信中國能再發生內戰，因全中國人民均已厭惡戰爭。毛氏此來之主要要求為和平、實行民主及國內團結。目前中國之全切問題為解散偽軍，統一國軍，及解放區民衆政府問題云。

國府令陳儀任台灣省主席。

美戰時情報局公佈第二次大戰發生以來美軍之傷亡總數為一、〇七〇、六八〇人，其中陣亡者二五四、五一〇人，受傷五四一、二三三人，失蹤四一、九五五人，被俘一二二、九八二人。

九月二日——日本正式投降書之簽字今日上午九時

民主　郑振铎主编　上海 上海民主周刊社　1945年

1945年，抗日战争胜利后，郑振铎因坚持反对国民党发动内战的反动政策而遭到当局迫害，反动政府饬令各大学不得聘他任教。1945年10月，在中共地下党支持下，他创办了《民主》周刊，该刊发表了他和马叙伦等人的政论文章。同年年底，他与马叙伦等人共同发起成立了中国民主促进会，曾任第一届理事会理事、第二届理事会候补理事。《民主》只办了一年便被反动当局查禁。

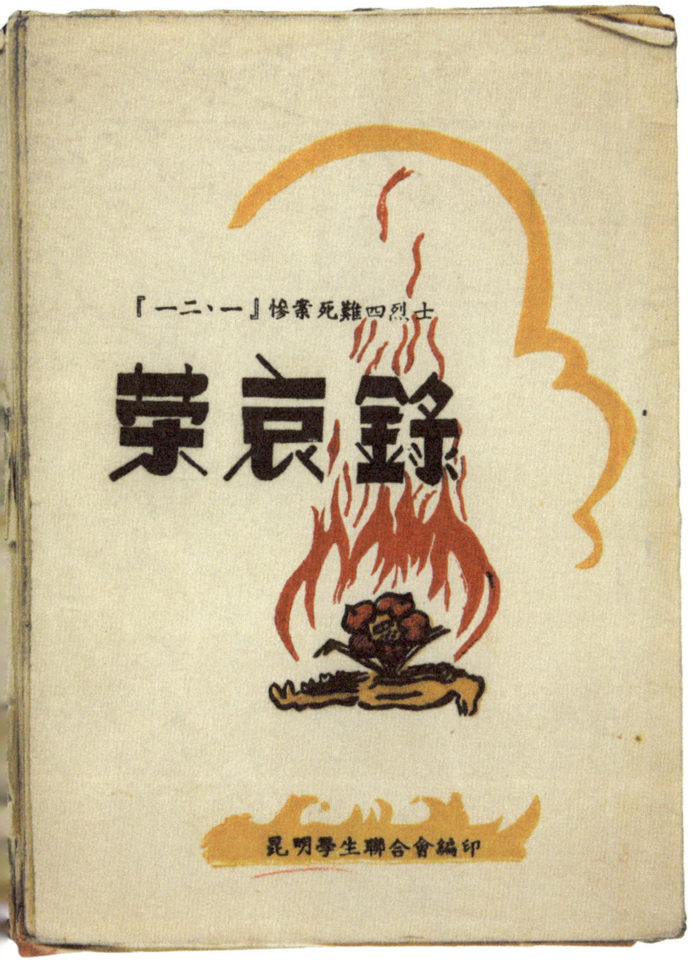


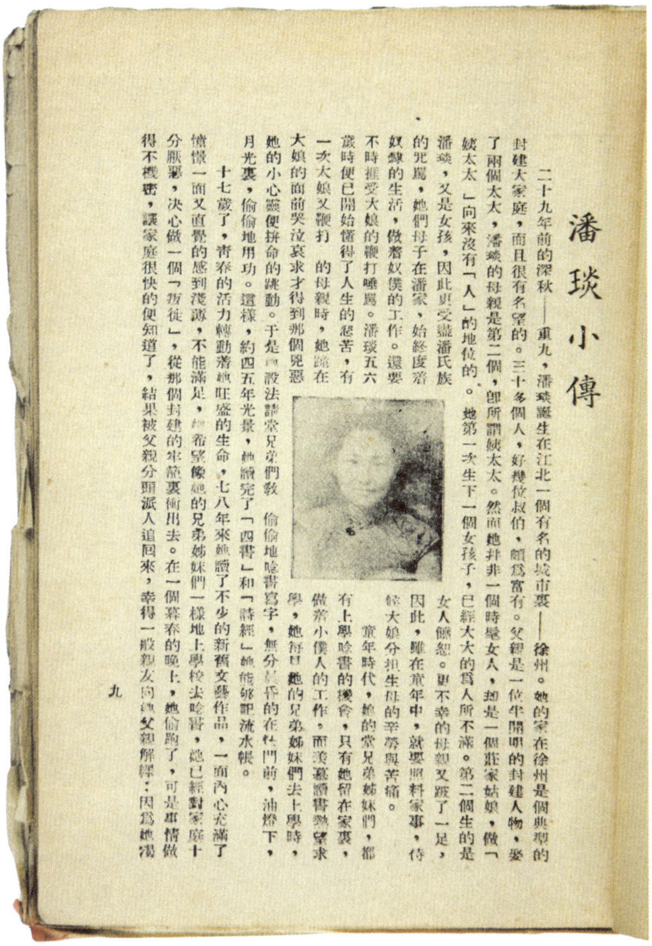

潘琰小傳

二十九年前的深秋——重九，潘琰誕生在江北一個有名的城市裏——徐州。她的家在徐州是個典型的封建大家庭，而且很有名望的。三十多個人，好幾位叔伯，頗爲富有。父親是一位半開明的封建人物，娶了兩個太太，潘琰的母親是第二個，卽所謂姨太太。然而她幷非一個時髦女人，却是一個莊家姑娘，做「姨太太」向來沒有「人」的地位的。她第一次生下一個女孩子，已經大大的爲人所不滿。第二個生的是潘琰，又是女孩，因此更受盡潘氏族的咒罵，她們母子在潘家，始終度着奴隸的生活，做着奴僕的工作。還要不時捱受大娘的鞭打唾罵。潘琰五六歲時便已開始懂得了人生的悲苦，有一次大娘又鞭打 的母親時，她跪在大娘的面前哭泣哀求才得到那個兇惡女人饒恕。更不幸的母親又跛了一足，因此，雖在童年中，就要照料家事，侍候大娘分担生母的辛勞與苦痛。

童年時代，她的堂兄弟姊妹們，都有上學唸書的機會，只有她留在家裏，做着小僕人的工作，而羡慕讀書熱望求學，她每日趁她的兄弟姊妹們去上學時，她的小心靈便拚命的跳動。于是[illegible]設法請堂兄弟們教 偷偷地唸書寫字，無分晨昏的在灶門前，油燈下，月光裏，偷偷地用功。這樣，約四五年光景，她讀完了「四書」和「詩經」她能够記流水帳。

十七歲了，青春的活力轉動着她旺盛的生命，七八年來她讀了不少的新舊文藝作品，一面內心充滿了憧憬一面又直覺的感到淺薄，不能滿足，她希望像她的兄弟姊妹們一樣地上學校去唸書，她已經對家庭十分厭惡，決心做一個「叛徒」，從那個封建的牢籠裏衝出去。在一個暮春的晚上，她偷跑了，可是事情做得不機密，讓家庭很快的便知道了，結果被父親分頭派人追回來，幸得一般親友向她父親解釋：因爲她渴

九

“一二·一”惨案死难四烈士荣哀录　昆明学生联合会编辑　1946年3月

1945年11月25日晚，云南昆明几个大学师生在西南联合大学召开反内战的时事讨论会，6000余人参加，钱端升、费孝通等教授演讲。12月1日，国民党军政部所属第二军官总队和特务暴徒数百人，围攻西南联大、云南大学等校，毒打学生，并投掷手榴弹，炸死联大学生李鲁连、潘琰（女）和昆华工校学生荀继中，南青中学教师于再，此书主要纪念以上四位烈士。

冯玉祥将军纪念册　中国国民党革命委员会编印　1948年

1948年1月中国国民党革命委员会在香港成立，冯玉祥当选为常务委员和政治委员会主席，随即发起组织民革驻美总分会筹备会，7月应中共中央邀请参加中国人民政治协商会议筹备工作，在苏联驻美大使潘友新的帮助下，自美国乘“胜利”号轮船回国。9月1日因轮船失火遇难，享年66岁。在冯玉祥遇难一周年之际，中共中央在北平隆重举行追悼会。毛泽东送了挽联，周恩来致悼词，高度评价了冯玉祥为实现民主的新中国所做的努力。

## 新民主主义革命的伟大胜利

辽沈、淮海、平津三大战役，是我军在战略进攻阶段与国民党军主力进行的战略决战。在中央军委和毛泽东的正确指挥下，历时4个多月，歼敌143个师，连同地方部队共154万人，使国民党赖以维护其反动统治的主要军事力量被基本消灭，大大加速了 解放战争胜利的进程。

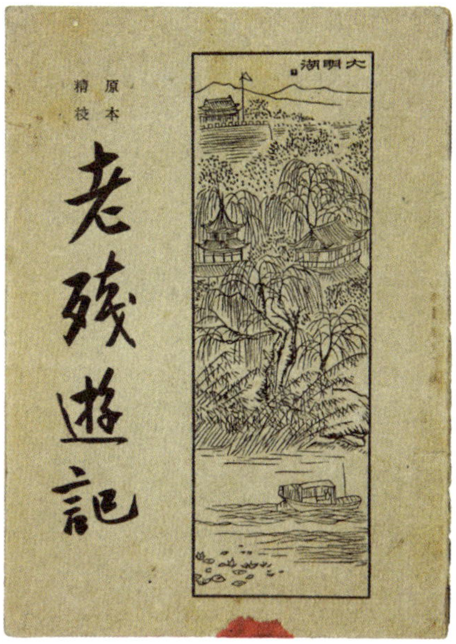


庆祝济南解放的伟大胜利

该书封面左半部小字双行书“原本精校”，大字单行题写伪装题名“老残游记”，封面右半部为工笔画手法画的“大明湖”图。第1–8页是《老残游记》原书第一章。其后，才是本书真正的目录和正文。书中共收入《济南介绍》、《庆祝济南解放的伟大胜利》（新华社社论）、《解放济南之战》等16篇文章、文告，还收入《进攻的号声响》等3首歌曲。根据济南解放的时间1948年9月26 日，此书的编印时间应在1948年9月底以后。

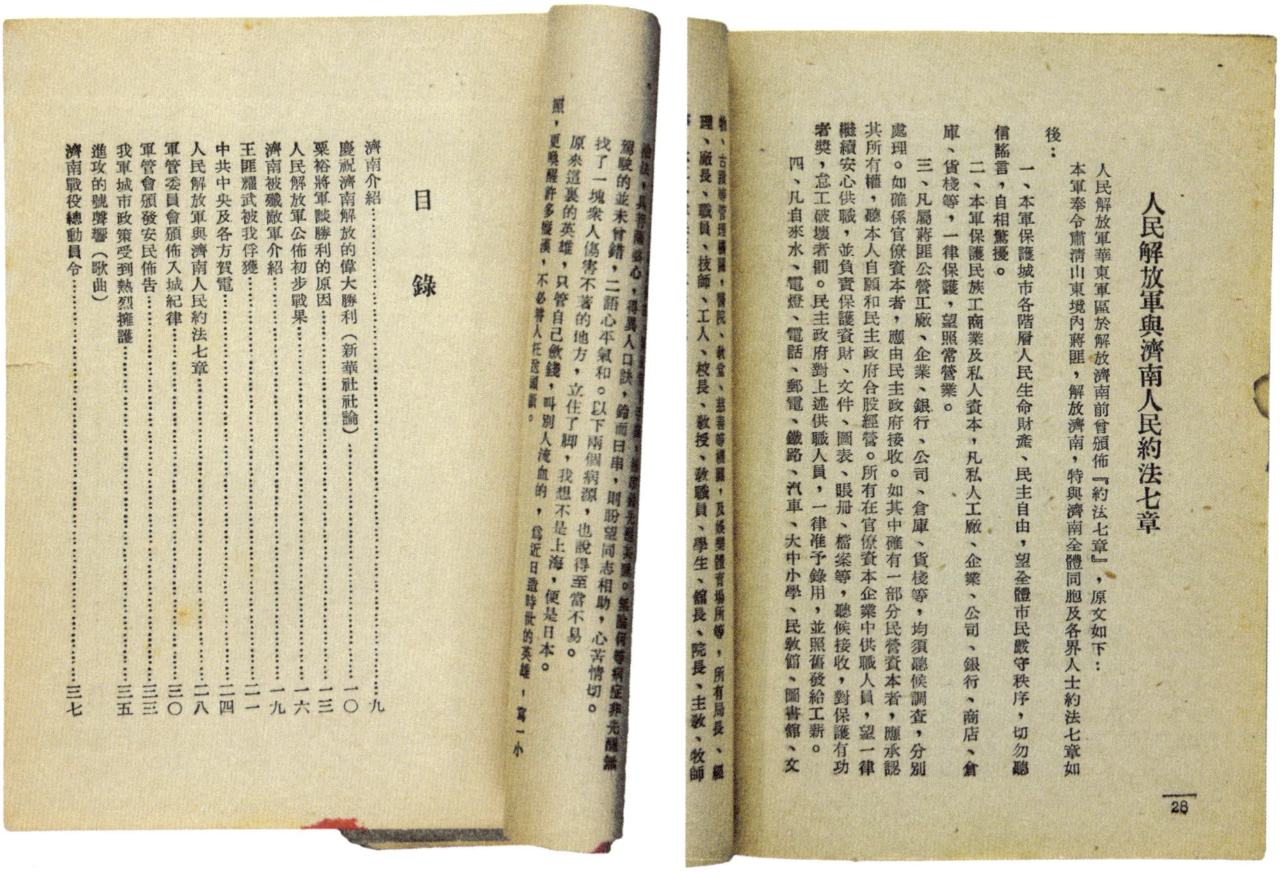

目錄



人民解放軍與濟南人民約法七章

人民解放軍華東軍區於解放濟南前曾頒佈『約法七章』，原文如下：

本軍奉命肅清山東境內蔣匪，解放濟南，特與濟南全體同胞及各界人士約法七章如後：

一、本軍保護城市各階層人民生命財產、民主自由，望全體市民嚴守秩序，切勿聽信謠言，自相驚擾。

二、本軍保護民族工商業及私人資本，凡私人工廠、企業、公司、銀行、商店、倉庫、貨棧等，一律保護，望照常營業。

三、凡屬蔣匪公營工廠、企業、銀行、公司、倉庫、貨棧等，均須聽候調查，分別處理。如確係官僚資本者，應由民主政府接收。如其中確有一部分民營資本者，應承認其所有權，聽本人自願和民主政府合股經營。所有在官僚資本企業中供職人員，望一律繼續安心供職，並負責保護資財、文件、圖表、賬冊、檔案等，聽候接收，對保護有功者獎，怠工破壞者罰。民主政府對上述供職人員，一律准予錄用，並照舊發給工薪。

四、凡自來水、電燈、電話、郵電、鐵路、汽車、大中小學、民教館、圖書館、文

28

在炮火的掩护下，解放军向锦州城垣发起冲击。

东北人民庆祝解放。

林彪（中）、罗荣桓（左）、刘亚楼在前线指挥作战。

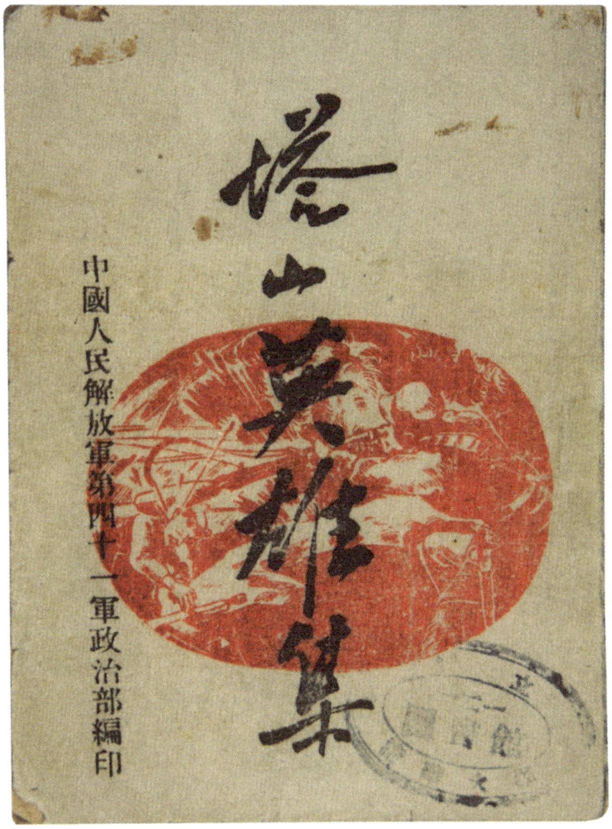


塔山英雄集　中国人民解放军第四十一军政治部编　1949年3月

1948年10月10日至10月15日，塔山战役共进行了六天六夜。解放军东北野战军伤亡近4000人，国民党军伤亡6549余人。塔山战役后，国民党军被限制在塔山一线，为东北野战军整合军队、攻占锦州提供了时间，直接决定了之后国共内战东北战事结局。战后，中国人民解放军授予坚守塔山的第4纵队第12师第34团为“塔山英雄团”称号（现中国人民解放军第41集团军第123师第367团），当时全团只剩下21人。

进军沈阳　常工著　沈阳 东北书店　1949年3月

本书内容包括新站之战、雪地立功、西线纪实、攻占义县、锦州英雄、进军沈阳、原人原枪、步兵炮手、战地群众、俘虏访问，对每个阶段的背景、战况以及部队和战士们的英勇奋战等都有详细的记载和描述。

淮海战役总前委成员。左起：粟裕、邓小平、刘伯承、陈毅、谭震林。

1949年1月6日，解放军向杜聿明集团发起总攻。

中原人民推着小车为解放军运送弹药。

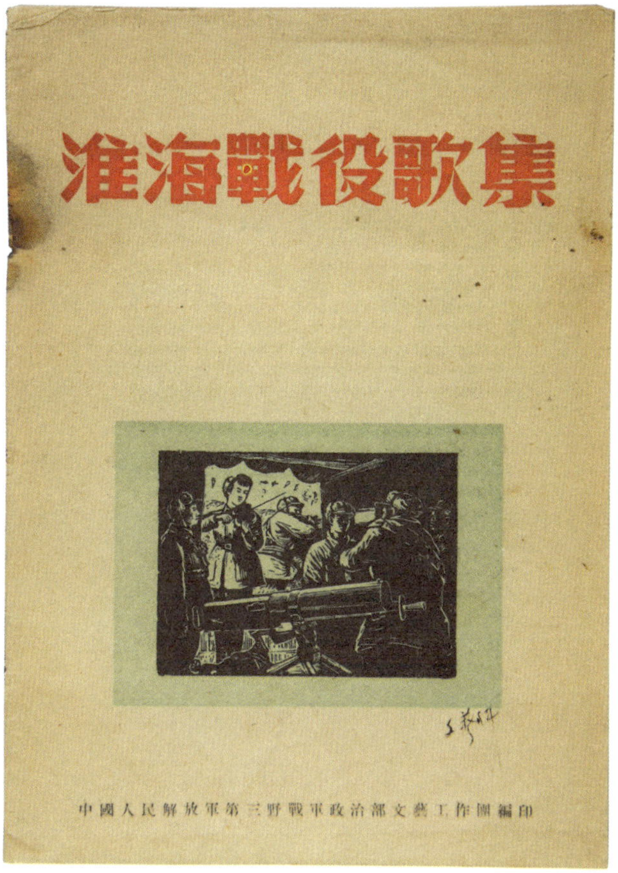


淮海战役歌集　中国人民解放军第三野战军政治部文艺工作团编　1949年4月　影印本

《淮海战役歌集》收录了《淮海战役组歌》、《淮海打胜仗》、《往南打》、《飞毛腿》、《铁要趁热打》等脍炙人口的战斗歌曲。淮海战役是解放战争三大战役中规模最大的一次战役，战斗歌曲在淮海战役胜利的诸多因素中发挥了不可忽视的作用。这些歌曲激发了战士们的斗志，唱出了战争的宏伟气势和我军必胜的决心与气魄。

战壕小传单　周庄部队政治部编　开封日报社　1949年

《战壕小传单》为《淮海战役丛书》之五，收录了淮海战役期间分发给战士们的宣传单。以语言朴实、内容浅显易懂的短小诗歌为主，收集了《看谁最顽强》、《大家想办法》、《打坦克》等几十首诗歌。淮海战役期间，这些传单在战士们之间广泛流传，发挥了鼓舞士气、振奋斗志的作用，推动了战争取得最后的胜利。

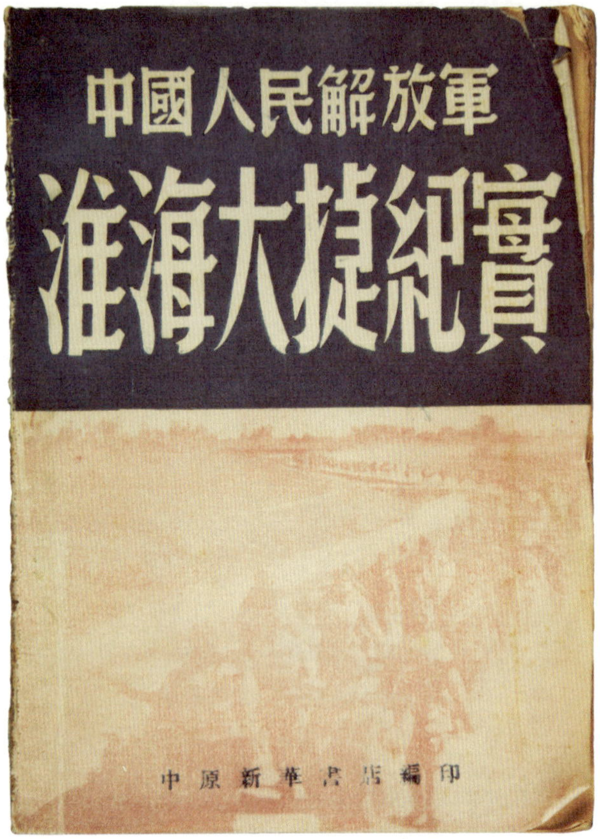
中國人民解放軍
淮海大捷紀實
中原新華書店編印

中国人民解放军淮海大捷纪实　中原新华书店编辑部编
郑州 中原新华书店　1949年3月

书中附有“淮海大捷全面形势图”、战争时期的照片，记载了淮海战役的发展经过、战场介绍及各阶段战况，并有前线司令部发言人谈话、前线记者对该战役特点的评论、大事记，以及描述当时人民支持人民战争的相关文章等。

（五）我軍衝進敵人陣地
（六）各地民工積極支援前線

（九）繳獲汽車三百餘輛之一

华北人民欢迎东北野战军入关作战。

北平市民与解放军坦克手热情握手。

人民庆祝华北解放。

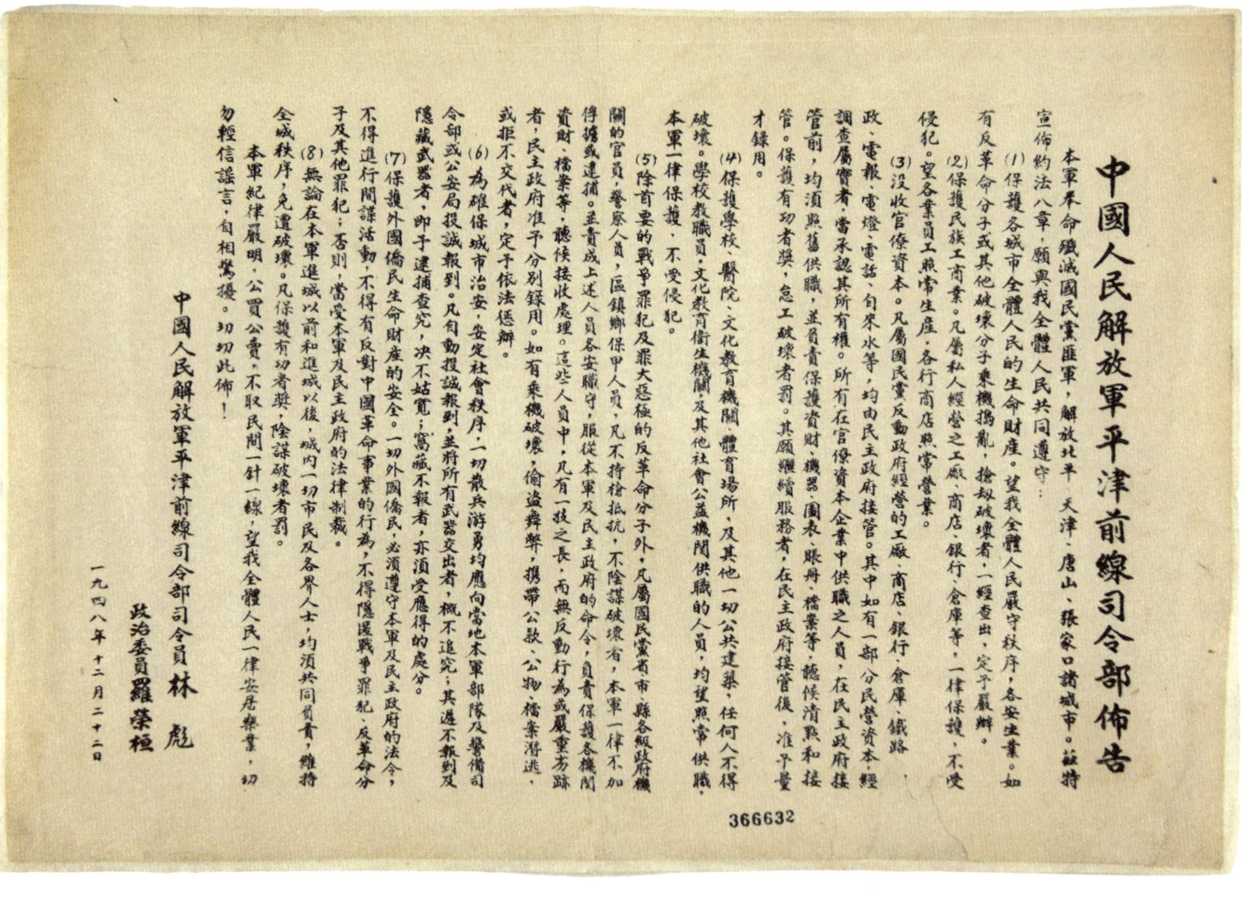

# 中國人民解放軍平津前線司令部佈告

本軍奉命殲滅國民黨匪軍，解放北平、天津、唐山、張家口諸城市。茲特宣佈約法八章，願與我全體人民共同遵守：

(1)保護各城市全體人民的生命財產。望我全體人民嚴守秩序，各安生業。如有反革命分子或其他破壞分子乘機搗亂，搶劫破壞者，一經查出，定予嚴辦。

(2)保護民族工商業。凡屬私人經營之工廠、商店、銀行、倉庫等，一律保護，不受侵犯。望各業員工照常生產，各行商店照常營業。

(3)沒收官僚資本。凡屬國民黨反動政府經營的工廠、商店、銀行、倉庫、鐵路、郵政、電報、電燈、電話、自來水等，均由民主政府接管。其中如有一部分民營資本，經調查屬實者，當承認其所有權。所有在官僚資本企業中供職之人員，在民主政府接管前，均須照舊供職，並負責保護資財、機器、圖表、賬冊、檔案等，聽候清點和接管。保護有功者獎，怠工破壞者罰。其願繼續服務者，在民主政府接管後，准予量才錄用。

(4)保護學校、醫院、文化教育機關、體育場所，及其他一切公共建築，任何人不得破壞。學校教職員，文化教育衛生機關，及其他社會公益機關供職的人員，均望照常供職，本軍一律保護，不受侵犯。

(5)除首要的戰爭罪犯及罪大惡極的反革命分子外，凡屬國民黨省、市、縣各級政府機關的官員，警察人員，區鎮鄉保甲人員，凡不持槍抵抗，不陰謀破壞者，本軍一律不加俘虜或逮捕。並責成上述人員各安職守，服從本軍及民主政府的命令，負責保護各機關資財、檔案等，聽候接收處理。這些人員中，凡有一技之長，而無反動行為或嚴重劣跡者，民主政府准予分別錄用。如有乘機破壞，偷盜舞弊，携帶公款、公物、檔案潛逃，或拒不交代者，定予依法懲辦。

(6)為確保城市治安，安定社會秩序，一切散兵游勇均應向當地本軍部隊及警備司令部或公安局投誠報到。凡自動投誠報到，並將所有武器交出者，概不追究；其逃不報到及隱藏武器者，即予逮捕查究，決不姑寬；窩藏不報者，亦須受應得的處分。

(7)保護外國僑民生命財產的安全。一切外國僑民，必須遵守本軍及民主政府的法令，不得進行間諜活動，不得有反對中國革命事業的行為，不得隱匿戰爭罪犯、反革命分子及其他罪犯；否則，當受本軍及民主政府的法律制裁。

(8)無論在本軍進城以前和進城以後，城內一切市民及各界人士，均須共同負責，維持全城秩序，免遭破壞。凡保護有功者獎，陰謀破壞者罰。

本軍紀律嚴明，公買公賣，不取民間一針一線，望我全體人民一律安居樂業，切勿輕信謠言，自相驚擾。切切此佈！

中國人民解放軍平津前線司令部司令員林彪

政治委員羅榮桓

一九四八年十二月二十二日

366632

中国人民解放军平津前线司令部布告　平津前线司令部发布　1948年12月

1948年12月21日，平津战役进入攻坚阶段，人民解放军首先攻克新保安、张家口。为了保护古都北平和华北最大的工商业城市天津，保护广大人民的生命财产安全，人民解放军平津前线司令部于22日发布由司令员林彪、政委罗荣桓署名的约法八章，规定了保护全体人民生命财产，保护民族工商业，没收官僚资本等接管城市的八项政策，号召北平、天津等地的敌军放下武器。

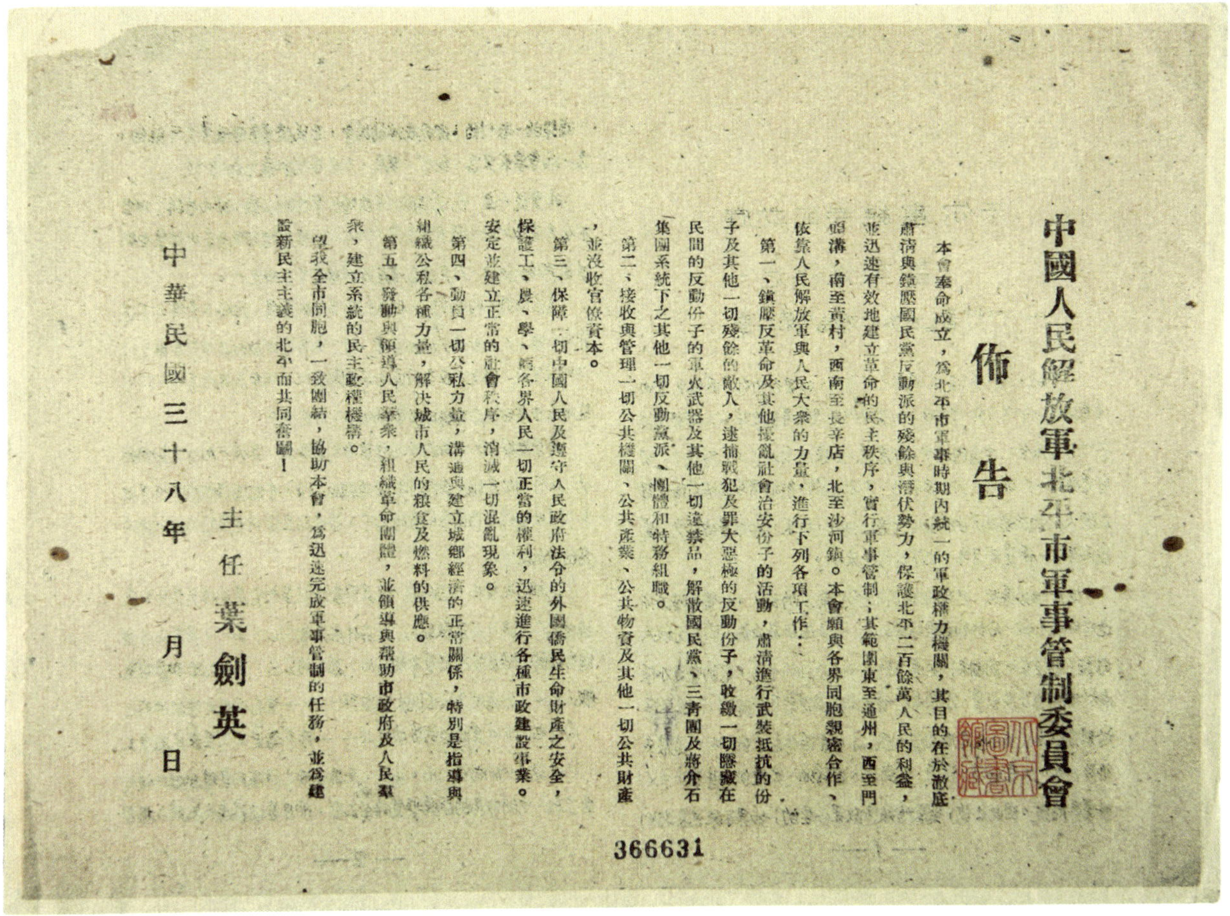

中國人民解放軍北平市軍事管制委員會

佈告

本會奉命成立，爲北平市軍事時期內統一的軍政權力機關，其目的在於澈底肅清與鎮壓國民黨反動派的殘餘與潛伏勢力，保護北平二百餘萬人民的利益，並迅速有效地建立革命的民主秩序，實行軍事管制；其範圍東至通州，西至門頭溝，南至黃村，西南至長辛店，北至沙河鎮。本會願與各界同胞親密合作、依靠人民解放軍與人民大衆的力量，進行下列各項工作：

第一、鎮壓反革命及其他擾亂社會治安份子的活動，肅清進行武裝抵抗的份子及其他一切殘餘的敵人，逮捕戰犯及罪大惡極的反動份子，收繳一切隱藏在民間的反動份子的軍火武器及其他一切違禁品，解散國民黨、三青團及蔣介石集團系統下之其他一切反動黨派、團體和特務組織。

第二、接收與管理一切公共機關、公共產業、公共物資及其他一切公共財產，並沒收官僚資本。

第三、保障一切中國人民及遵守人民政府法令的外國僑民生命財產之安全，保護工、農、學、商各界人民一切正當的權利，迅速進行各種市政建設事業。安定並建立正常的社會秩序，消滅一切混亂現象。

第四、動員一切公私力量，溝通與建立城鄉經濟的正常關係，特別是指導與組織公私各種力量，解決城市人民的糧食及燃料的供應。

第五、發動與領導人民羣衆，組織革命團體，並領導與幫助市政府及人民羣衆，建立系統的民主政權機構。

望我全市同胞，一致團結，協助本會，爲迅速完成軍事管制的任務，並爲建設新民主主義的北平而共同奮鬥！

主任 葉劍英

中華民國三十八年 月 日

366631

中国人民解放军北平市军事管制委员会布告　中国人民解放军北平市军事管制委员会　1949年

1948年12月中旬，中共中央决定建立中共北平市委和北平市军管会，准备接管北平。根据中国人民解放军总部的命令，1949年1月1日，在北平郊区良乡成立了中国人民解放军北平市军事管制委员会，叶剑英为主任，并宣布对北平辖区实行军事管制，该布告由叶剑英署名发布。

三大战役结束后，蒋介石一面与中共假和谈，一面部署江防，企图凭借长江天险阻止解放军南进。

1949年 4 月20日，国民党政府拒绝在国内和平协议上签字。21日，毛泽东和朱德联名发布了《向全国进军的命令》。4 月20日晚开始，人民解放军发起渡江战役。此役共歼灭国民党军43万多人，解放了南京、杭州、上海、武汉等大城市和苏、浙、赣、皖、闽、鄂广大地区，加速了全国的解放。

人民解放军奋勇渡江。

解放军冲向滩头。

解放南京。

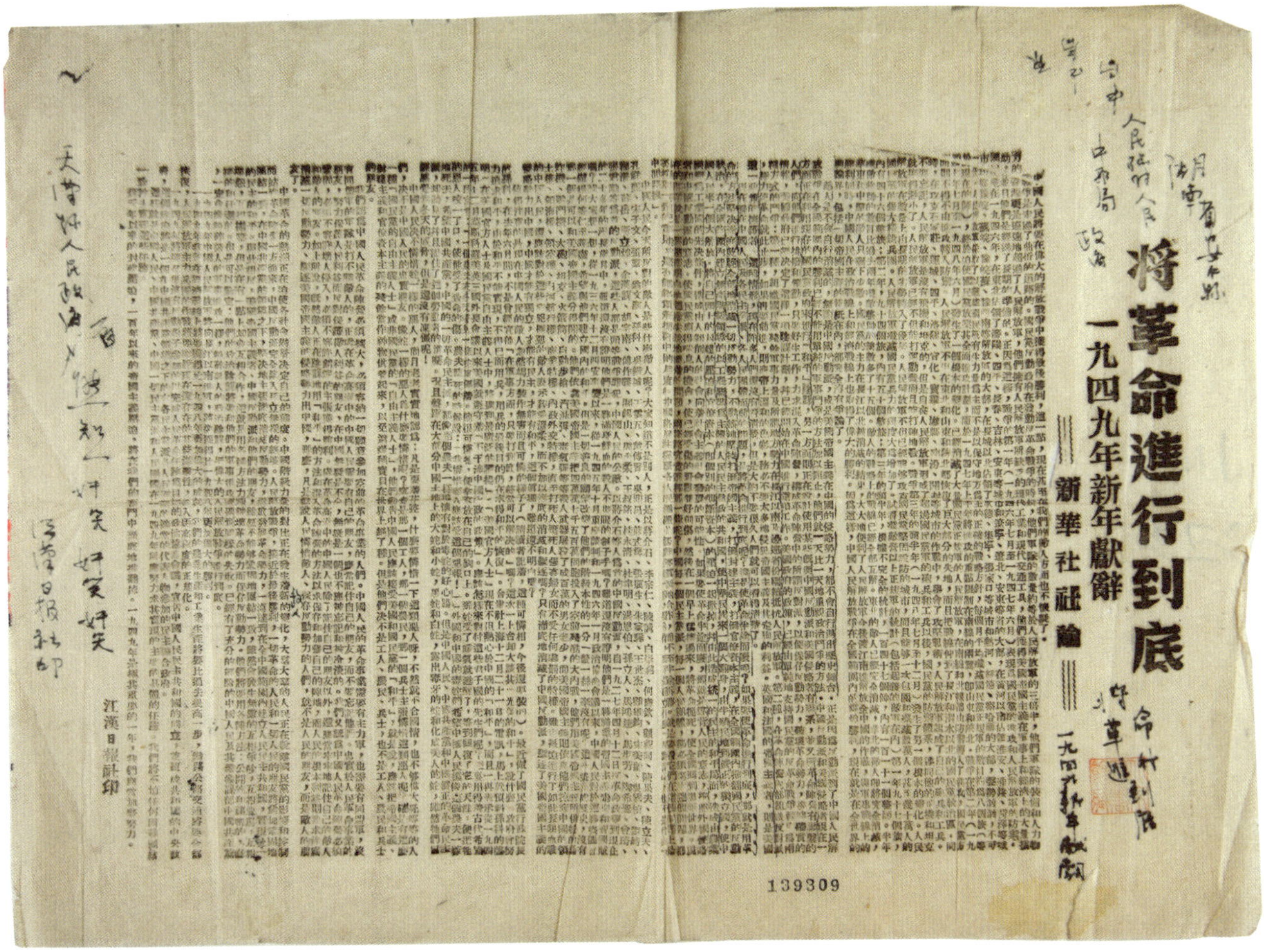


将革命进行到底 毛泽东撰 江汉日报社 1949年1月1日

1948年12月，毛泽东亲自为新华社撰写了题为“将革命进行到底”的新年献词，《人民日报》于1949年1月1日发表。此时，三大战役已近尾声，国民党反动统治摇摇欲坠，蒋介石一面在长江设防，一面放出“和谈”空气。毛泽东审时度势，深刻揭露国民党“和谈”阴谋，向全国人民发出了“将革命进行到底”的号召。

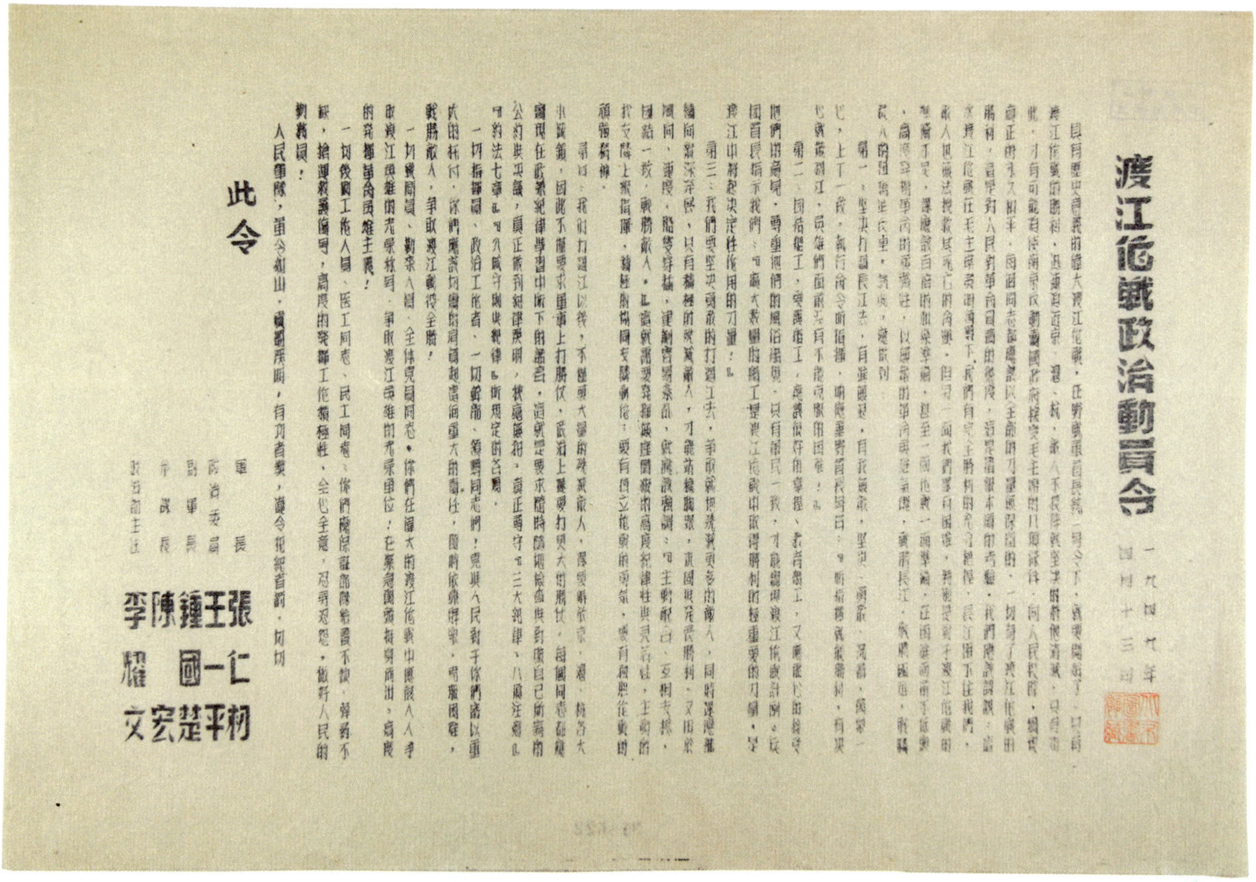
渡江作戰政治動員令

一九四九年四月十三日

具有歷史意義的偉大渡江作戰，在野戰軍首長統一號令下，就要開始了。只有渡江作戰的勝利，迅速打進南京、滬、杭，敵人不投降就堅決的徹底消滅，只有當此，才有可能粉碎南京反動國民黨政府接受毛主席的八項條件，向人民投降，獲得真正的永久和平。我們同志都應認識以全部的力量來保證的。一切為了渡江作戰的勝利，這是對人民對革命負責的態度，這是戰爭本質的考驗。我們應該認識：當前渡江作戰在毛主席英明領導下，我們有完全勝利的充分把握，長江擋不住我們，敵人也無法挽救其死亡的命運。但另一面我們更要有困難，特別是對于渡江作戰的準備不足，還應該有估計到[illegible]，甚至一個也要一個準備，在困難面前不怕受[illegible]，為完全奪取革命的勝利，以無比的革命英雄氣概，衝過長江，殲滅敵人，解放[illegible]區人民的[illegible]，特作[illegible]：

第一：堅決打過長江去，有進無退，有我無敵，堅決、勇敢、沉着、機智，堅一心，上下一致，執行命令聽指揮，嚴格遵守首長號召：「一切為了渡江作戰的勝利」，有決心戰勝[illegible]，完成我們面前光榮不能完成的任務！」

第二：團結民工，愛護船工，[illegible]，又應團結他們的[illegible]，尊重他們的風俗習慣，只有軍民一致，才能夠與渡江作戰的計劃。[illegible]首長指示我們：「為大數量的船工是渡江作戰中取得勝利的極重要的力量」，堅[illegible]渡江中將起決定性作用的力量！」

第三：我們要堅決頑強的打過江去，爭取殲滅更多的敵人，同時還應[illegible]向縱深發展，只有積極的殲滅敵人，才能站穩腳跟，鞏固與發展勝利，又[illegible]同、連隊、船隻穿插，[illegible]，密切協同；「主動配合，互相支援，團結一致，戰勝敵人」。這就需要發揮高度紀律性與靈活性，主動的找友鄰上級指揮，積極[illegible]，要有獨立作戰的勇氣，要有[illegible]的[illegible]精神。

第四：我們打過江以後，不但要大量的殲滅敵人，還要解放京、滬、杭各大小城鎮，因此不僅要求軍事上打勝仗，政治上還要打更大的勝仗。每個同志每個單位現在就要從紀律學習中[illegible]的[illegible]，這就是要求隨時隨地檢查與糾正自己的[illegible]的公約與決議，真正做到紀律嚴明，秋毫無犯，真正遵守「三大紀律、八項注意」「約法七章」「入城守則與紀律」所規定的各項。

一切指揮員、政治工作者、一切戰鬥、領導同志們！[illegible]人民對于你們寄以重大的[illegible]，你們應當以[illegible]起這個重大的責任，[illegible]，克服困難，戰勝敵人，爭取渡江戰役全勝！

一切戰鬥員、勤雜人員、全體共產黨員同志：你們在偉大的渡江作戰中應[illegible]人人爭取渡江英雄的光榮稱號，爭取渡江英雄的光榮單位；在緊急關頭挺身而出，高度的發揮革命英雄主義！

一切後勤工作人員、醫工同志、民工同志：你們應保證部隊給養不缺，彈藥不缺，搶運救護傷員，高度的發揮工作積極性、全心全意，忍勞忍怨，做好人民的勤務員！

人民軍隊，軍令如山，戰鬥展開，有功者獎，違令犯紀者罰，切切

此令

軍　長　張仁初

政治委員　王一平

副軍長　鍾國楚

參謀長　陳　宏

政治部主任　李耀文

渡江作战政治动员令　苏北新华书店南通分店　1949年4月13日

1949年4月21日清晨，人民解放军即执行最高统帅的进军令，在西起九江的湖口，东至江阴，长达一千华里的战线上，发动了渡江战役，国民党反动派惨淡经营了三个半月的长江防线，一触即溃。23日晚，人民解放军解放南京，宣告国民党反动派政权的覆灭。书中落款为军长张仁初、政治委员王一平、副军长钟国楚、参谋长陈宏、政治部主任李耀文。

百万雄师渡江南进　新华书店南通分店编印
南通　1949年5月

本书收录《毛主席朱总司令下令进军》、《江南人民渴望大军过江》、《江南人民的使者》、《万船云集准备过江》、《保证送过江去》等30余篇记述人民解放军渡江作战的通讯报道。

乘风破浪解放海南特刊　李门等著

“乘风破浪解放海南”由华南文工团公演，该特刊为此次公演而出版，内容包括“乘风破浪解放海南”的创作情况、节目表、演出座谈会相关内容以及练兵歌曲谱等。

## 筹建新中国

1949年3月5日至13日，中共七届二中全会在河北平山县西柏坡村召开。在中国革命转折的关头召开的这次会议，具有重大的历史意义。会议描绘了在中国革命胜利后建设新民主主义社会的蓝图。会议做出的各项政策规定，不仅对迎接革命的全国胜利，而且对新中国的建设事业，都具有巨大的指导作用。

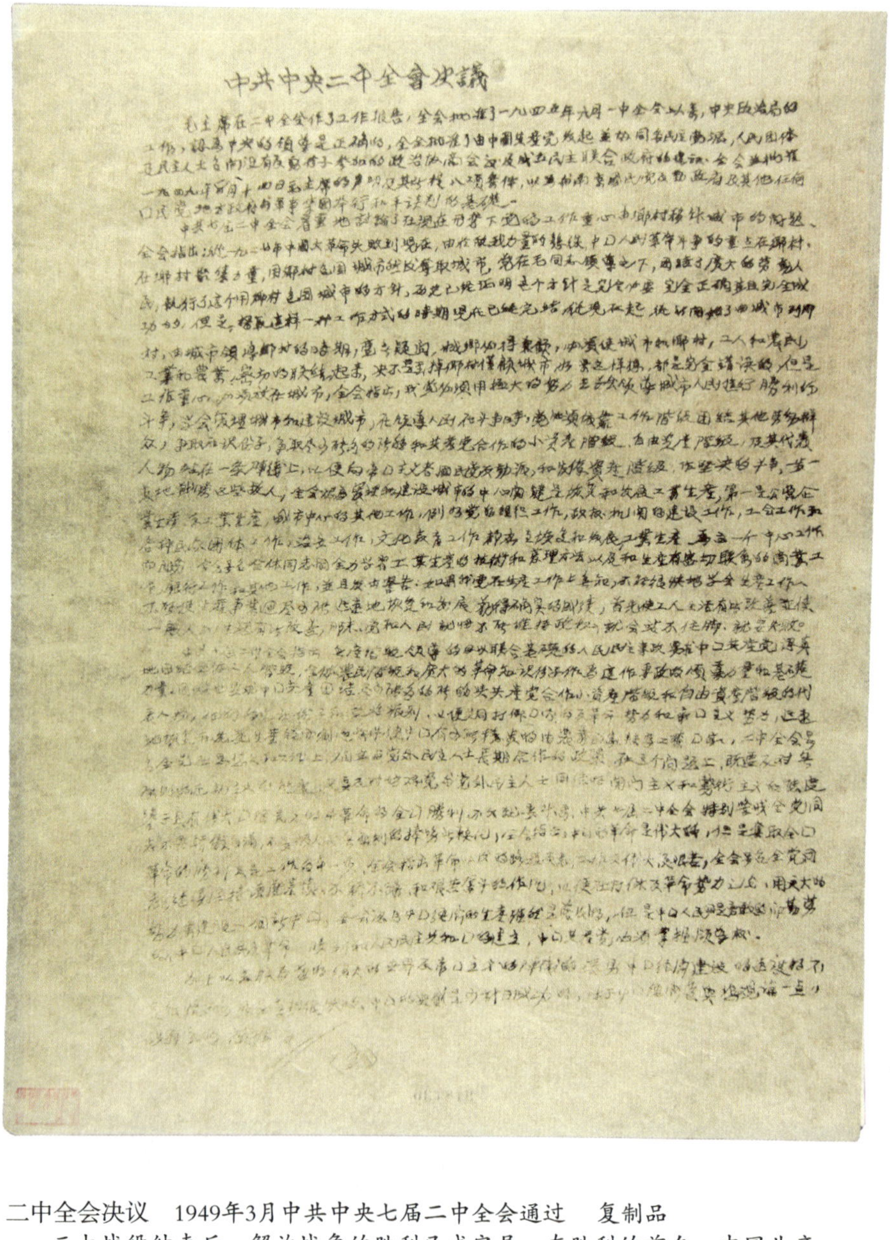

中共中央二中全會決議

二中全会决议　1949年3月中共中央七届二中全会通过　复制品

三大战役结束后，解放战争的胜利已成定局。在胜利的前夕，中国共产党为了解决新形势下所面临的一系列重大问题，于1949年3月5日至13日，在西柏坡召开了七届二中全会。会上提出了促进革命迅速取得全国胜利和组织这个胜利的各项方针；说明了在全国胜利的局面下，党的工作重心由乡村转移到城市；规定了革命在全国胜利后，党在政治、经济、外交方面应采取的基本政策，以及使中国由农业国转变为工业国，由新民主主义转变为社会主义社会的总任务和主要途径。

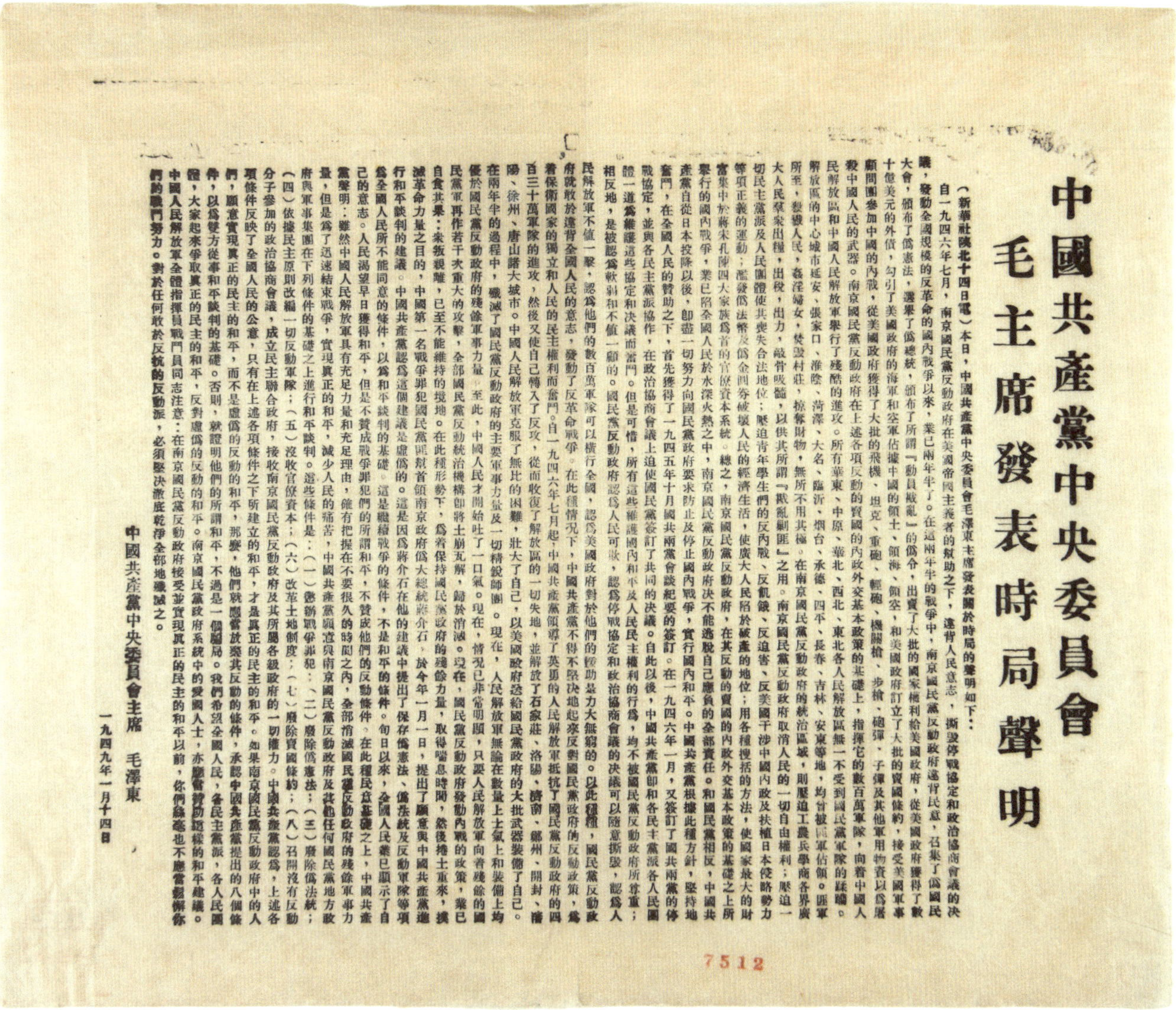

# 中國共產黨中央委員會毛主席發表時局聲明

（新華社陝北十四日電）本日，中國共產黨中央委員會毛澤東主席發表關於時局的聲明如下：

自一九四六年七月，南京國民黨反動政府在美國帝國主義者的援助之下，違背人民意志，撕毀停戰協定和政治協商會議的決議，發動全國規模的反革命的國內戰爭以來，業已兩年半了。在這兩年半的戰爭中，南京國民黨反動政府違背民意，召集了僞國民大會，頒布了僞憲法，選舉了僞總統，頒布了所謂「動員戡亂」的僞令，出賣了大批的國家權利給美國政府，從美國政府獲得了數十億美元的外債，勾引了美國政府的海軍和空軍佔據中國的領土、領海、領空，和美國政府訂立了大批的賣國條約，接受美國軍事顧問團參加中國的內戰，從美國政府獲得了大批的飛機、坦克、重砲、輕砲、機關槍、步槍、砲彈、子彈及其他軍用物資以爲屠殺中國人民的武器。南京國民黨反動政府在上述各項反動的賣國的內政外交基本政策的基礎上，指揮它的數百萬軍隊，向着中國人民解放區和中國人民解放軍舉行了殘酷的進攻。所有華東、中原、華北、西北、東北各人民解放區無一不受到國民黨軍隊的蹂躪。解放區的中心城市延安、張家口、淮陰、菏澤、大名、臨沂、烟台、承德、四平、長春、吉林、安東等地，均曾被匪軍佔領。匪軍所至，殺戮人民，姦淫婦女，焚毀村莊，掠奪財物，無所不用其極。在南京國民黨反動政府的統治區域，則壓迫工農兵學商各界廣大人民群衆出糧，出稅，出力，敲骨吸髓，以供其所謂「戡亂剿匪」之用。南京國民黨反動政府取消人民的一切自由權利；壓迫一切民主黨派及人民團體使其喪失合法地位；壓迫青年學生們的反內戰、反飢餓、反迫害、反美國干涉中國內政及扶植日本侵略勢力等項正義的運動；濫發僞法幣及僞金圓券破壞人民的經濟生活，使廣大人民陷於破產的地位；用各種搜括的方法，使國家最大的財富集中於蔣宋孔陳四大家族爲首的官僚資本系統。總之，南京國民黨反動政府，在其反動的賣國的內政外交基本政策的基礎之上所舉行的國內戰爭，業已陷全國人民於水深火熱之中，南京國民黨反動政府決不能逃脫自己應負的全部責任。和國民黨相反，中國共產黨自從日本投降以後，即盡一切努力向國民黨政府要求防止及停止國內戰爭，實行國內和平。中國共產黨根據此種方針，堅持地奮鬥，在全國人民的贊助之下，首先獲得了一九四五年十月國共兩黨會談紀要的簽訂。在一九四六年一月，又簽訂了國共兩黨的停戰協定，並與各民主黨派協作，在政治協商會議上迫使國民黨簽訂了共同的決議。自此以後，中國共產黨即和各民主黨派各人民團體一道爲維護這些協定和決議而奮鬥。但是可惜，所有這些維護國內和平及人民民主權利的行爲，均不被國民黨反動政府所尊重；相反地，是被認爲軟弱和不值一顧的。國民黨反動政府認爲人民可欺，認爲停戰協定和政治協商會議的決議可以隨意撕毀，認爲人民解放軍不值一擊，認爲他們的數百萬軍隊可以橫行全國，認爲美國政府對於他們的援助是力大無窮的。以此種種，國民黨反動政府就敢於違背全國人民的意志，發動了反革命戰爭。在此種情況下，中國共產黨不得不堅決地起來反對國民黨政府的反動政策，爲着保衛國家的獨立和人民的民主權利而奮鬥。自一九四六年七月起，中國共產黨領導了英勇的人民解放軍抵抗了國民黨反動政府的四百三十萬軍隊的進攻，然後又使自己轉入了反攻，從而收復了解放區的一切失地，並解放了石家莊、洛陽、濟南、鄭州、開封、瀋陽、徐州、唐山諸大城市。中國人民解放軍克服了無比的困難，壯大了自己，以美國政府送給國民黨政府的大批武器裝備了自己。在兩年半的過程中，殲滅了國民黨反動政府的主要軍事力量及一切精銳師團。現在，人民解放軍無論在數量上士氣上和裝備上均優於國民黨反動政府的殘餘軍事力量。至此，中國人民才開始吐了一口氣。現在，情況已非常明顯，只要人民解放軍向着殘餘的國民黨軍再作若干次重大的攻擊，全部國民黨反動統治機構即將土崩瓦解，歸於消滅。現在，國民黨反動政府發動內戰的政策，業已自食其果：衆叛親離，已至不能維持的境地。在此種形勢下，爲着保持國民黨政府的殘餘力量，取得喘息時間，然後捲土重來，撲滅革命力量之目的，中國第一名戰爭罪犯國民黨匪幫首領南京政府僞大總統蔣介石，於今年一月一日，提出了願意與中國共產黨進行和平談判的建議。中國共產黨認爲這個建議是虛僞的。這是因爲蔣介石在他的建議中提出了保存僞憲法、僞法統及反動軍隊等項爲全國人民所不能同意的條件，以爲和平談判的基礎。這是繼續戰爭的條件，不是和平的條件。旬日以來，全國人民業已顯示了自己的意志。人民渴望早日獲得和平，但是不贊成戰爭罪犯們的所謂和平，不贊成他們的反動條件。在此種民意基礎之上，中國共產黨聲明：雖然中國人民解放軍具有充足力量和充足理由，確有把握在不要很久的時間之內，全部消滅國民黨反動政府的殘餘軍事力量，但是爲了迅速結束戰爭，實現真正的和平，減少人民的痛苦，中國共產黨願意與南京國民黨反動政府及其他任何國民黨地方政府與軍事集團在下列條件的基礎之上進行和平談判。這些條件是：（一）懲辦戰爭罪犯；（二）廢除僞憲法；（三）廢除僞法統；（四）依據民主原則改編一切反動軍隊；（五）沒收官僚資本；（六）改革土地制度；（七）廢除賣國條約；（八）召開沒有反動分子參加的政治協商會議，成立民主聯合政府，接收南京國民黨反動政府及其所屬各級政府的一切權力。中國共產黨認爲，上述各項條件反映了全國人民的公意，只有在上述各項條件之下所建立的和平，才是真正的民主的和平。如果南京國民黨反動政府中的人們，願意實現真正的民主的和平，而不是虛僞的反動的和平，那麼，他們就應當放棄其反動的條件，承認中國共產黨提出的八個條件，以爲雙方從事和平談判的基礎。否則，就證明他們的所謂和平，不過是一個騙局。我們希望全國人民，各民主黨派，各人民團體，大家起來爭取真正的民主的和平，反對虛僞的反動的和平。南京國民黨政府系統中的愛國人士，亦應當贊助這樣的和平建議。中國人民解放軍全體指揮員戰鬥員同志注意：在南京國民黨反動政府接受並實現真正的民主的和平以前，你們絲毫也不應當鬆懈你們的戰鬥努力。對於任何敢於反抗的反動派，必須堅決澈底乾淨全部地殲滅之。

中國共產黨中央委員會主席　毛澤東

一九四九年一月十四日

7512

中国共产党中央委员会毛主席发表时局声明　毛泽东著　中共豫皖苏区中央分局宣传部　1949年

声明指出：希望全国人民、各民主党派、各人民团体，大家起来争取真正的民主的和平，反对虚伪的反动的和平。南京国民党政府系统中的爱国人士，亦应当赞助这样的和平建议。“中国人民解放军全体指挥员战斗员同志注意：在南京国民党反动政府接受并实现真正的民主的和平以前，你们丝毫也不应当松懈你们的战斗努力。对于任何敢于反抗的反动派，必须坚决、彻底、干净、全部地歼灭之。”

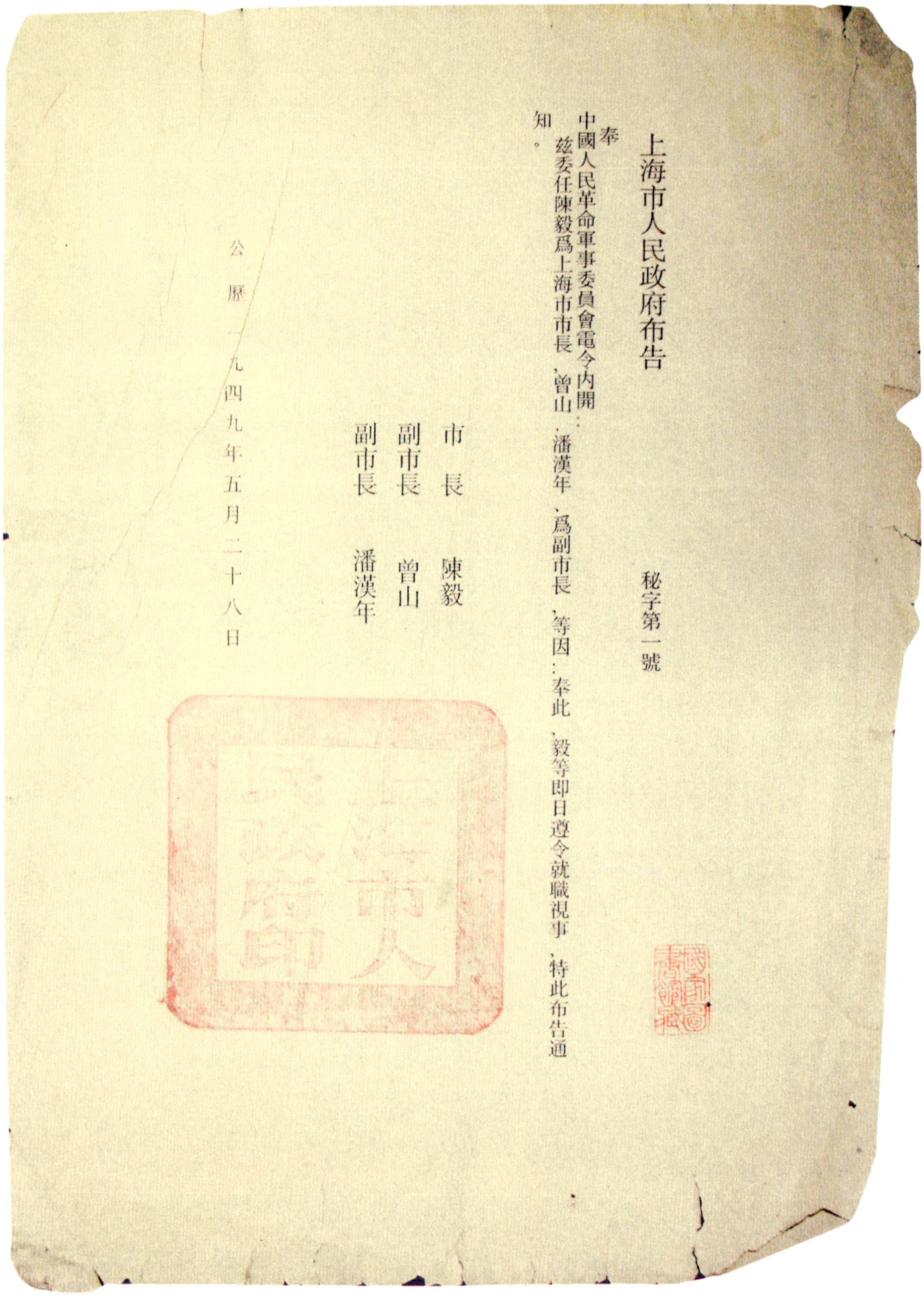

上海市人民政府布告

秘字第一號

奉

中國人民革命軍事委員會電令內開：茲委任陳毅爲上海市市長，曾山，潘漢年，爲副市長，等因；奉此，毅等即日遵令就職視事，特此布告通知。

市長 陳毅

副市長 曾山

副市長 潘漢年

公歷一九四九年五月二十八日

上海市人民政府布告

任命陈毅为上海市市长，曾山、潘汉年为副市长。

1949年9月21日至30日，中国人民政治协商会议第一届全体会议在北平召开。

会议通过了《中华人民共和国中央人民政府组织法》、政协的《组织法》和《共同纲领》。大会选出以毛泽东为主席的由180人组成的第一届政协全国委员会；选举毛泽东为主席，朱德、刘少奇、宋庆龄、李济深、张澜、高岗为副主席，周恩来等56人为委员，组成中央人民政府委员会。

政协第一届全体会议的召开，表明建立新中国的各项准备工作已经完成，中国人民革命取得了伟大的胜利。

七届二中全会后，中共中央及所属机构从西柏坡迁至北平。图为毛泽东等同前来迎接的民主人士合影。左起：沈钧儒、朱德、董必武、李济深、陈其瑗、郭沫若、黄炎培、毛泽东、林伯渠、马叙伦。

毛泽东在北平西苑机场检阅部队。

出席政协第一届全体会议的中共代表在中南海合影。

中央人民政府主席毛泽东和副主席刘少奇、朱德、宋庆龄等在大会主席台上。

1949年9月30日18时，出席政协会议的代表在天安门广场为人民英雄纪念碑举行奠基典礼。图为毛泽东等为纪念碑奠基。

## 开国大典

1949年10月1日下午3时，中华人民共和国中央人民政府成立典礼，即开国大典在首都北京天安门广场隆重举行。北京30万军民齐集天安门广场。

毛泽东主席庄严宣告：中华人民共和国中央人民政府成立了。在国歌声中，毛泽东按动电钮，升起了第一面五星红旗。54门礼炮齐鸣28响，向全世界宣告中华人民共和国成立。

中国历史由此开辟了一个新纪元。

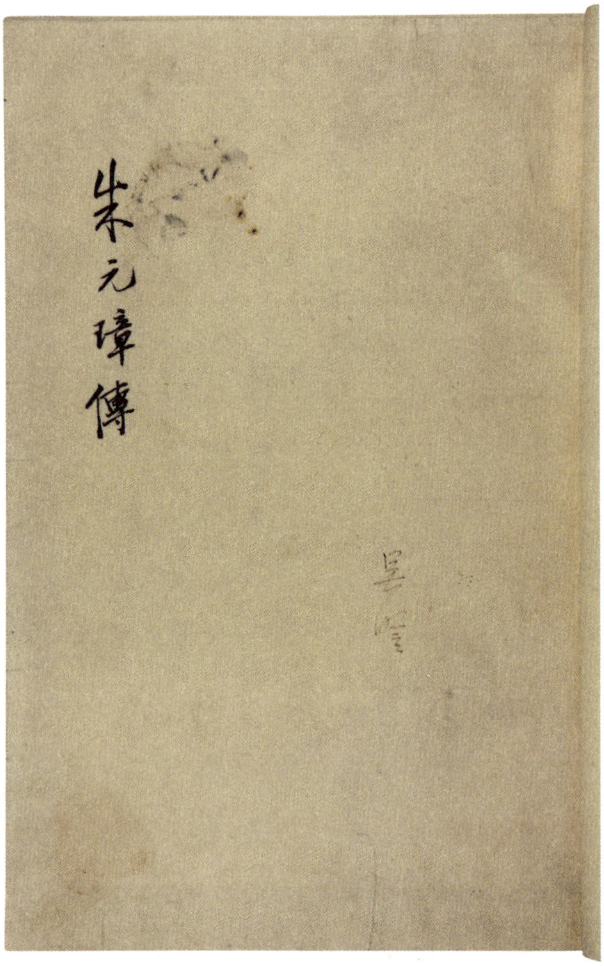


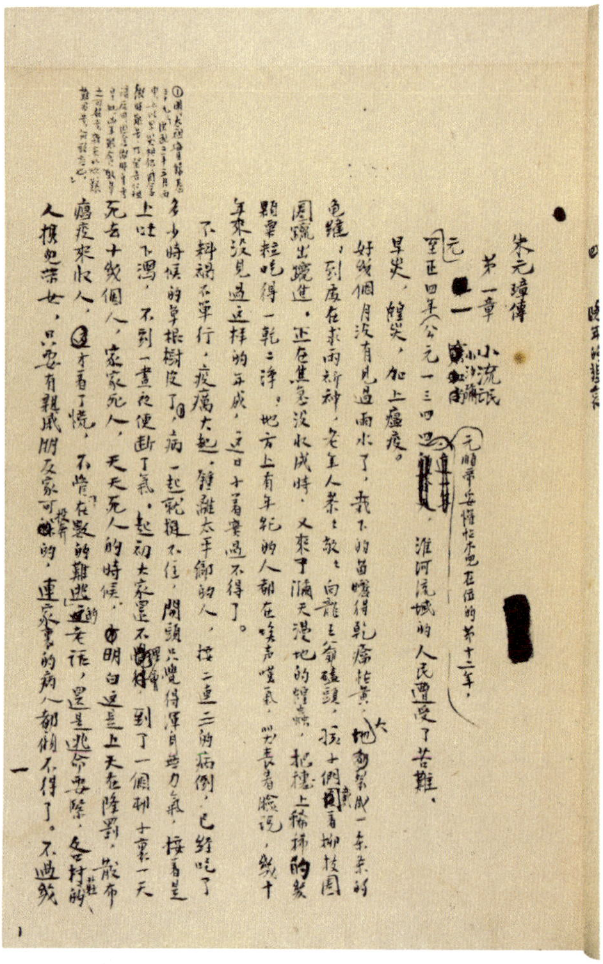


朱元璋传　吴晗著　毛笔手书　原稿　作者本人捐赠

1944年，史学家吴晗（1909–1969）在重庆编写出版了《由僧钵到皇权》，以朱元璋影射蒋介石。1947年，吴晗开始重新搜集史料，将原稿篇幅由八万字增至十五六万字，很多观点也有所改变。1948年8月，史学名著《朱元璋传》完稿。随后，吴晗将稿本呈送毛泽东审阅。1948年12月，毛泽东在西柏坡接见吴晗，并对此稿发表了很多意见。1949年4月，此稿由上海新中国书局出版。1954年，吴晗又对1949年版《朱元璋传》进行修改，并将修改本油印一百多份。毛泽东和学术界朋友都对油印本提出意见，大多数是有关作者的马克思主义理论水平问题。此后，吴晗下决心提高马克思主义理论水平。《朱元璋传》最后定稿于1965年2月，由三联书店出版，此书经过二十多年的艰苦写作，历经四次修改，全面介绍了朱元璋由僧人到皇帝的一生，实事求是地评价了他的历史地位，在运用历史唯物主义观点研究历史方面达到新的高度，具有较高的学术价值。

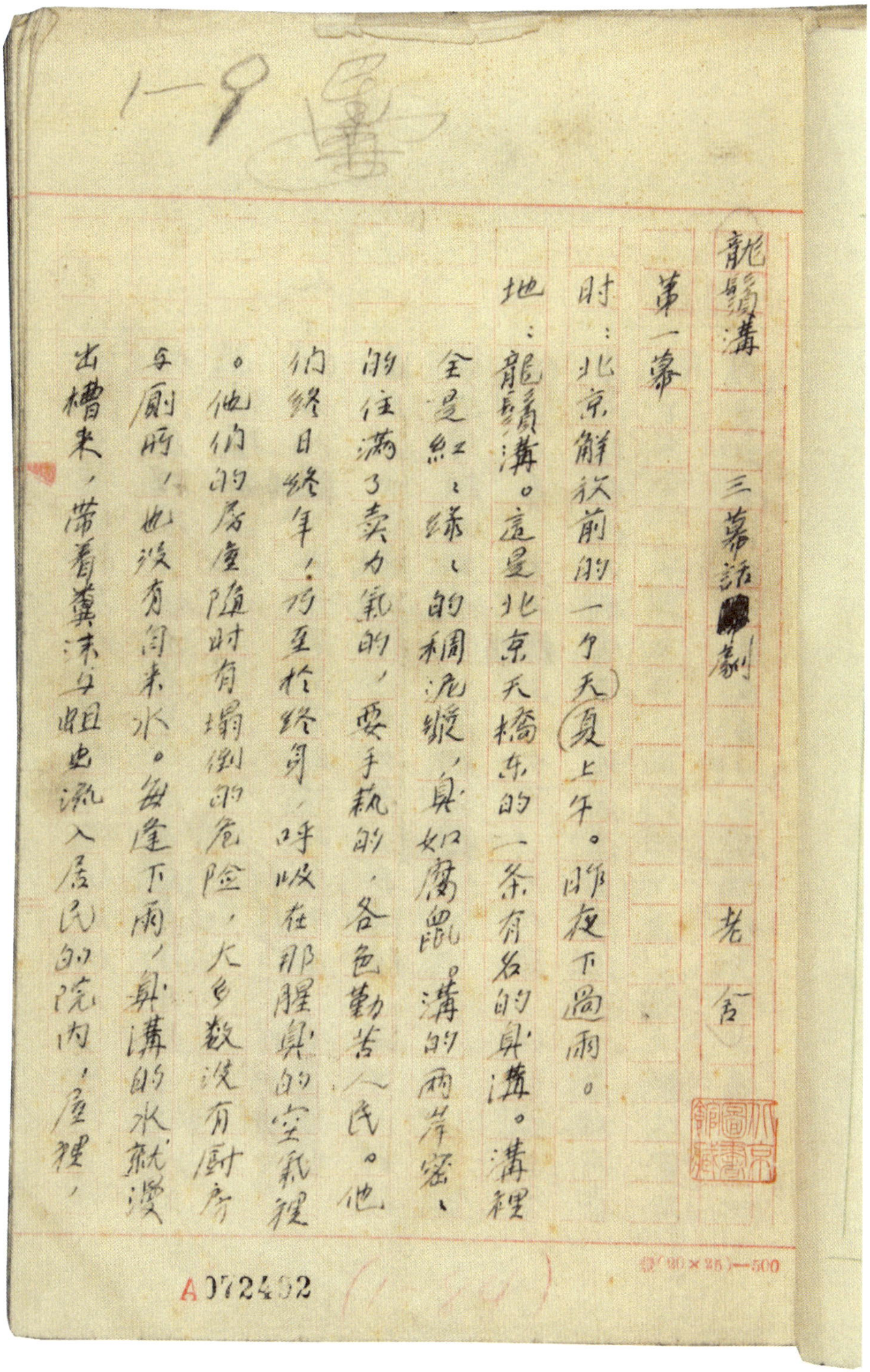
龍鬚溝 三幕話劇 老舍

第一幕

时：北京解放前的一个天夏上午。昨夜下過雨。

地：龍鬚溝。這是北京天橋东的一条有名的臭溝。溝裡全是紅紅綠綠的稠泥漿，臭如腐鼠。溝的兩岸密密的住滿了卖力氣的，要手藝的，各色勤苦人民。他们終日終年，乃至於終身，呼吸在那腥臭的空氣裡。他们的房屋隨时有塌倒的危险，大多数沒有廚房与廁所，也沒有自来水。每逢下雨，臭溝的水就漫出槽來，帶着糞沫与蛆虫流入居民的院内，屋裡，

A072492

龙须沟 老舍著 作者本人捐赠

老舍（1899-1966），原名舒庆春，字舍予，满族人，著名作家。1950年老舍创作了三幕话剧《龙须沟》，描写了居住在北京天桥附近的一条臭水沟——龙须沟旁四户人家的不同遭遇，塑造了程疯子、程娘子、丁四嫂、王大妈、二春、小妞子、赵大爷等各具特色的人物形象，由他们的经历和心态来表现新政权、新制度带来的新气象、新变化，有力地批判了黑暗的旧社会，歌颂了光明的新中国。这出话剧最初由人艺话剧队在1951年2月演出，获得了巨大成功。为表彰老舍所做出的卓越贡献，北京市人民政府于1951年12月授予老舍“人民艺术家”的光荣称号。

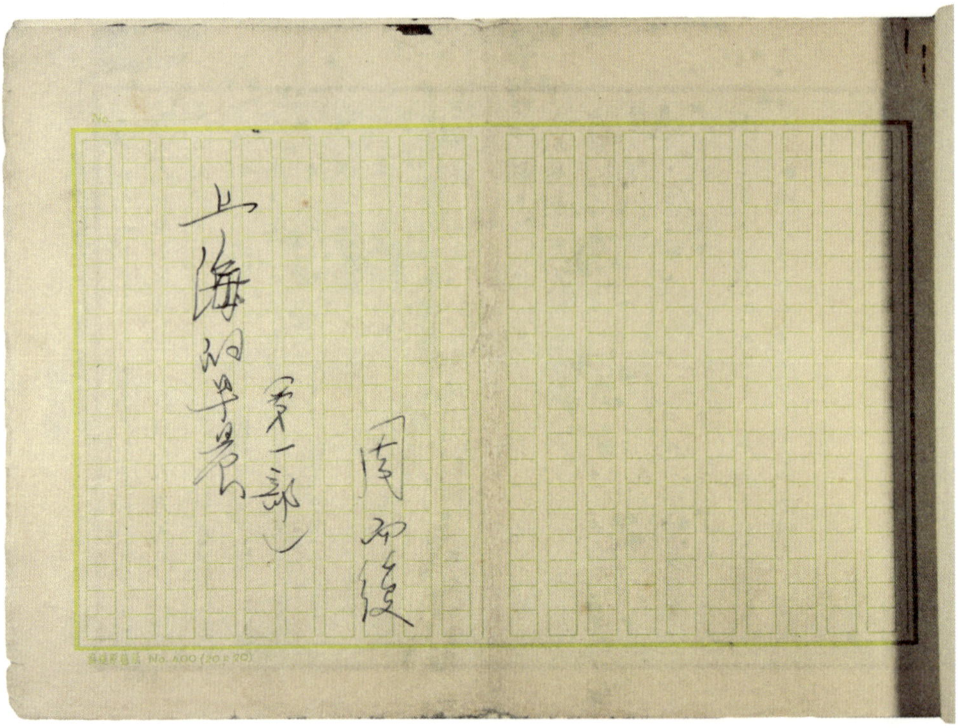


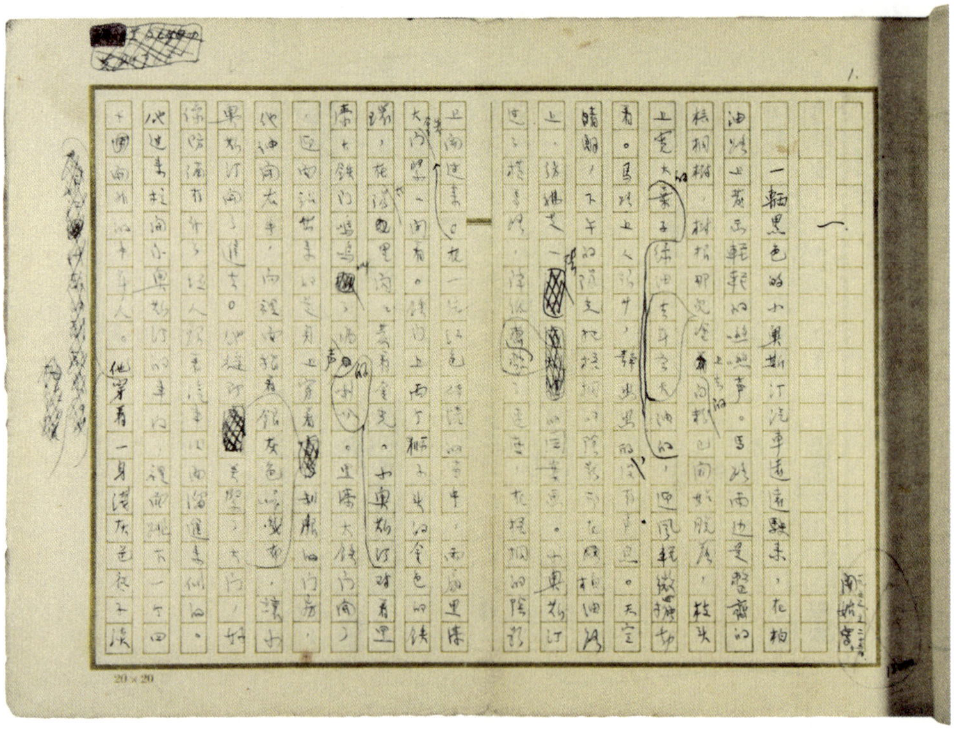

上海的早晨　周而复著　钢笔手书　原稿　作者本人捐赠

周而复（1914–2004），安徽旌德人，原名周祖式，《上海的早晨》是其代表作之一。小说共分四部，第一、二两部由作家出版社出版于1958年和1962年，第三、四部由人民文学出版社出版于1980年。整个小说从1952年构思执笔到1979年完稿，前后经历了27个春秋，全书长达170余万字。小说主要描写了50年代初期在资本主义工商业的社会主义改造过程中，上海资本家的生活，以及与工人的矛盾、斗争。小说同时还展示了50年代初期城市生活变革的错综轨迹。

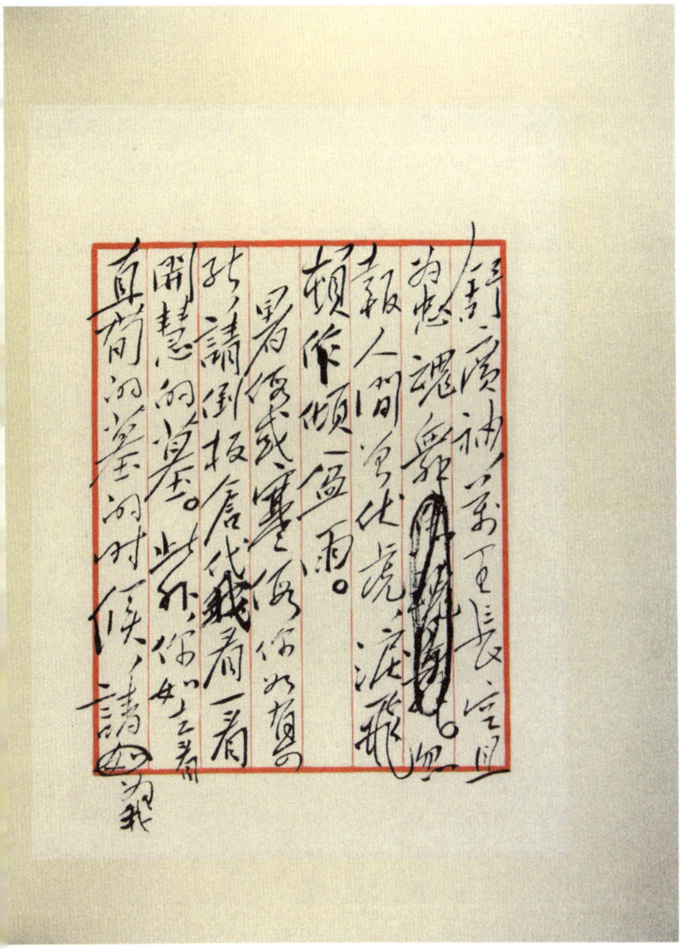

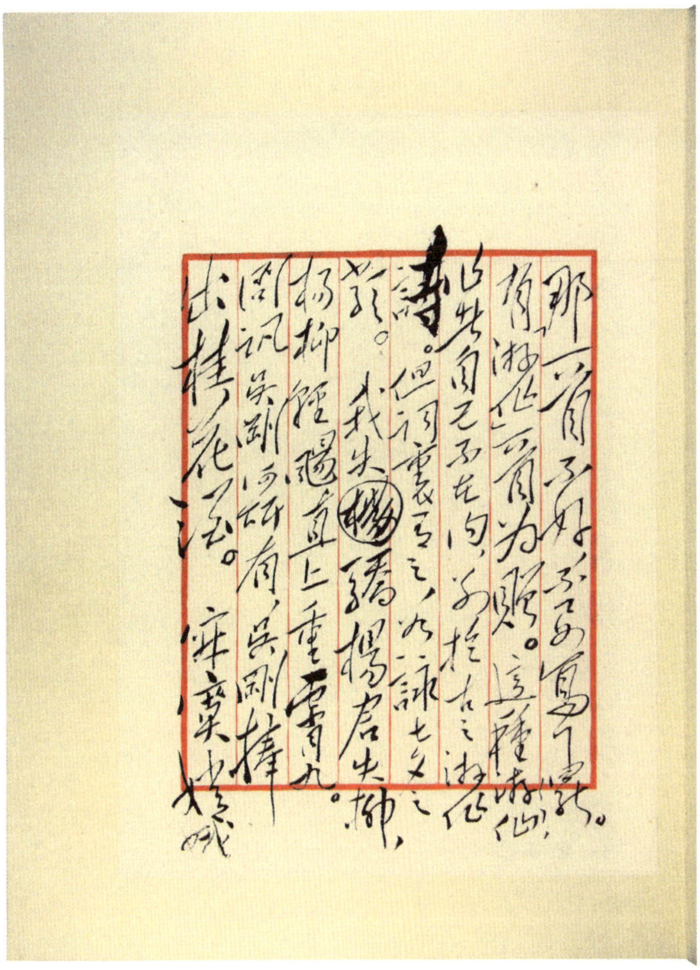

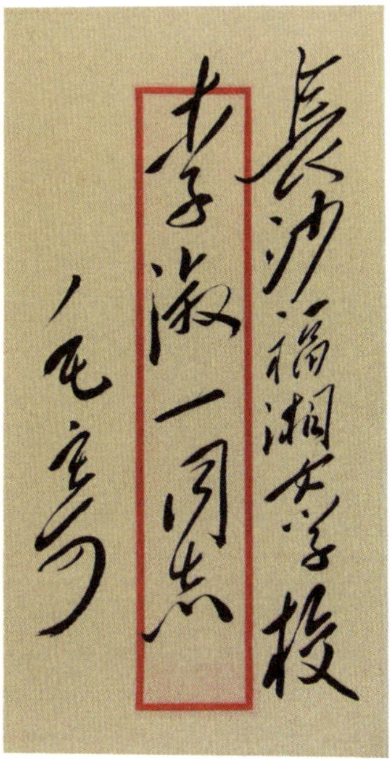
長沙福湘女子學校
李淑一同志
毛寄

蝶恋花·答李淑一 毛泽东撰 1957年 复制品

1957年春节，李淑一写信给毛泽东，谈她读了毛诗的感想，并附了一首她在1933年听到柳直荀牺牲时写的菩萨蛮。毛泽东5月11日回信，“淑一同志：惠书收到了。过于谦让了。我们是一辈的人，不是前辈后辈关系，你所取的态度不适当，要改。已指出‘巫峡’，读者已知所指何处，似不必再出现‘三峡’字样。大作读毕，感慨系之。开慧所述那一首不好，不要写了罢。有《游仙》一首为赠。这种游仙，作者自己不在内，别于古之游仙诗。但词里有之，如咏七夕之类。”这首蝶恋花正式发表时，词题改为“赠李淑一”，后又改为“答李淑一”。1957 年，毛主席《蝶恋花·答李淑一》发表后，国家图书馆馆员冯宝琳先生立即设法找到了李淑一同志，从她手里征集到记有这首词的毛主席的亲笔信。这是国家图书馆第一次征集到毛主席的手迹。原件现存于中央档案馆。

中央人民政府的全部负责人选，都经过中国人民政治协商会议的充分协商，集中了中国共产党和民主党派、各人民团体、各少数民族、国外华侨及其他爱国民主分子的代表人物，以及知名人士和专家学者，充分体现了中国共产党领导下的多党合作制，是中国有史以来人民自己的、最为统一和完备的政府。

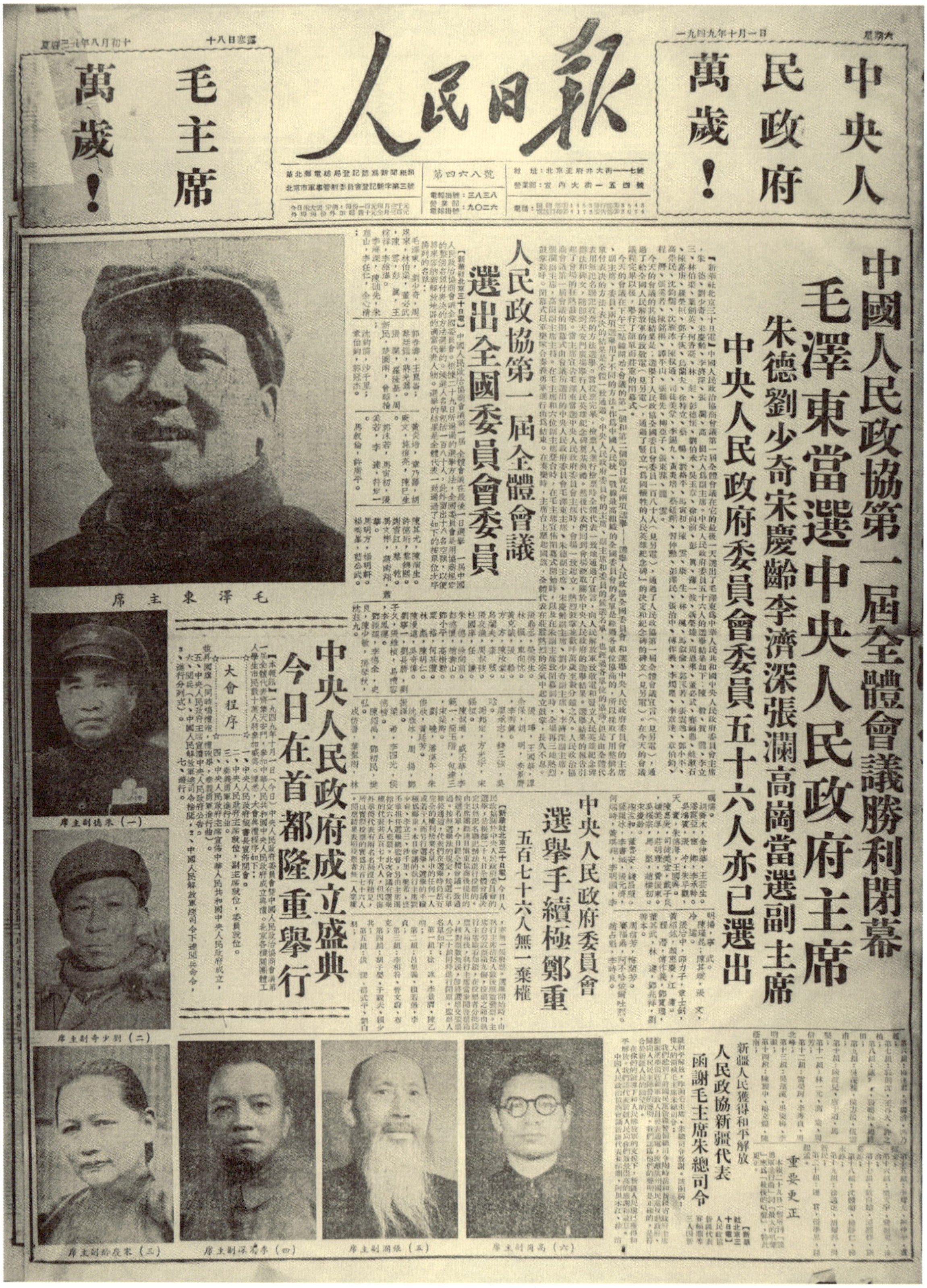

人民日報

毛主席萬歲！

中央人民政府萬歲！

一九四九年十月一日

中國人民政協第一屆全體會議勝利閉幕

毛澤東當選中央人民政府主席

朱德劉少奇宋慶齡李濟深張瀾高崗當選副主席

中央人民政府委員會委員五十六人亦已選出

人民政協第一屆全體會議選出全國委員會委員

中央人民政府成立盛典今日在首都隆重舉行

中央人民政府委員會選舉手續極鄭重

五百七十六人無一棄權

新疆人民獲得和平解放

人民政協新疆代表函謝毛主席朱總司令

毛澤東主席

（一）朱德副主席

（二）劉少奇副主席

（三）宋慶齡副主席

（四）李濟深副主席

（五）張瀾副主席

（六）高崗副主席

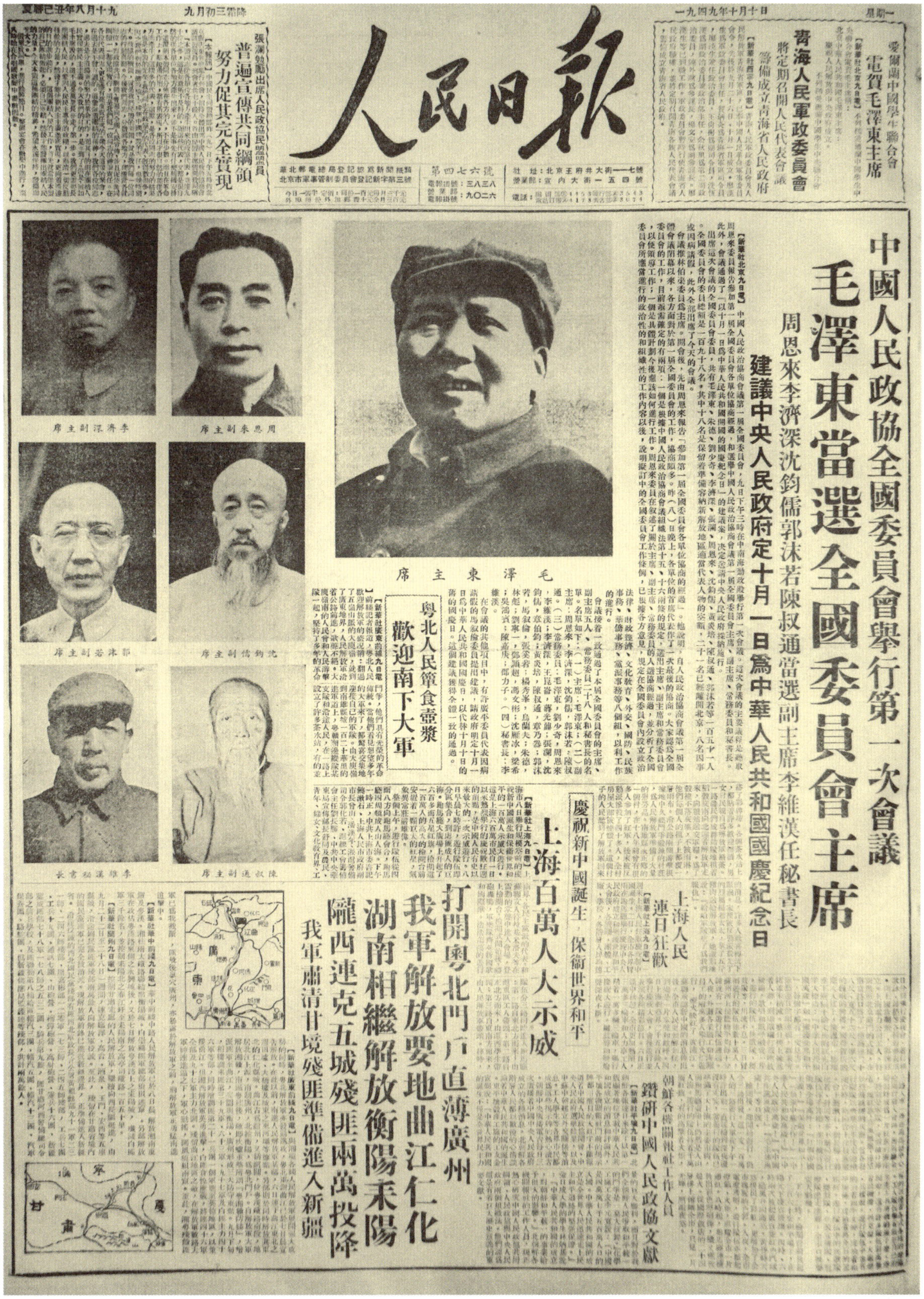

一九四九年十月十日 星期一

人民日報

中國人民政協全國委員會舉行第一次會議

毛澤東當選全國委員會主席

周恩來李濟深沈鈞儒郭沫若陳叔通當選副主席李維漢任秘書長

建議中央人民政府定十月一日為中華人民共和國國慶紀念日

毛澤東主席

周恩來副主席　李濟深副主席

沈鈞儒副主席　郭沫若副主席

陳叔通副主席　李維漢秘書長

愛國的中國學生聯合會 電賀毛澤東主席

青海人民軍政委員會 將定期召開人民代表會議 籌備成立青海省人民政府

張瀾號召民盟盟員 普遍宣傳共同綱領 努力促其完全實現

粵北人民簞食壺漿 歡迎南下大軍

慶祝新中國誕生 保衛世界和平 上海百萬人大示威

上海人民連日狂歡

朝鮮各機關報社工作人員 鑽研中國人民政協文獻

打開粵北門戶直薄廣州 我軍解放要地曲江仁化

湖南相繼解放衡陽耒陽

隴西連克五城殘匪兩萬投降

我軍肅清甘境殘匪準備進入新疆

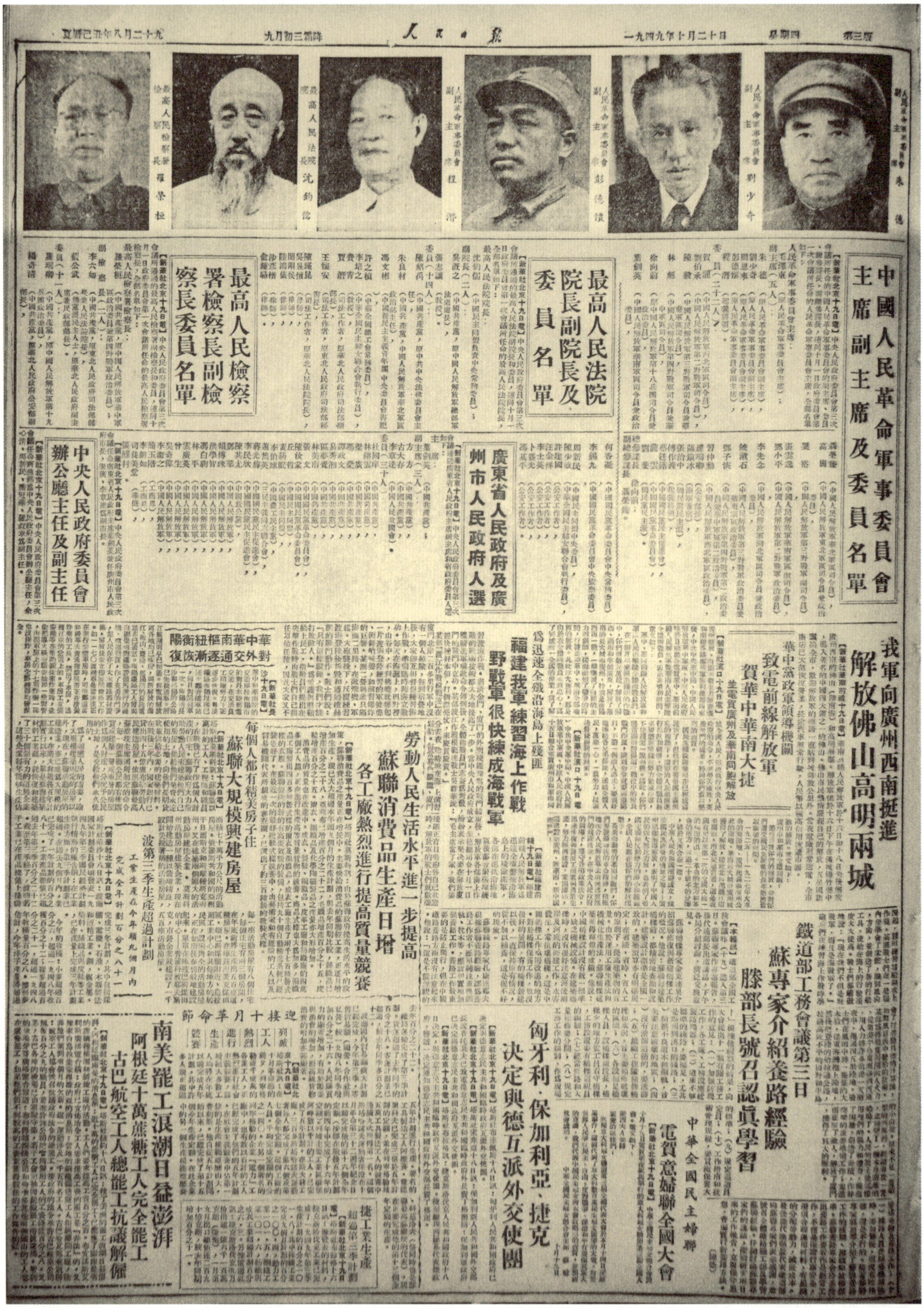
人民日報
第三版
星期四
一九四九年十月二十日
中國人民革命軍事委員會主席副主席及委員名單
最高人民法院院長副院長及委員名單
最高人民檢察署檢察長副檢察長委員名單
廣東省人民政府及廣州市人民政府人選
中央人民政府委員會辦公廳主任及副主任
我軍向廣州西南挺進 解放佛山高明兩城
華中黨政軍領導機關致電前線解放軍 賀華中華南大捷
福建我軍練習海上作戰 野戰軍很快練成海戰軍
勞動人民生活水平進一步提高 蘇聯消費品生產日增 各工廠熱烈進行提高質量競賽
每個人都有精美房子住 蘇聯大規模興建房屋
鐵道部工務會議第三日 蘇專家介紹養路經驗 滕部長號召認真學習
匈牙利·保加利亞·捷克 決定與德互派外交使團
中華全國民主婦聯 電賀意婦聯全國大會
迎接十月革命節
南美罷工浪潮日益澎湃 阿根廷十萬蔗糖工人完全罷工 古巴航空工人總罷工抗議解僱

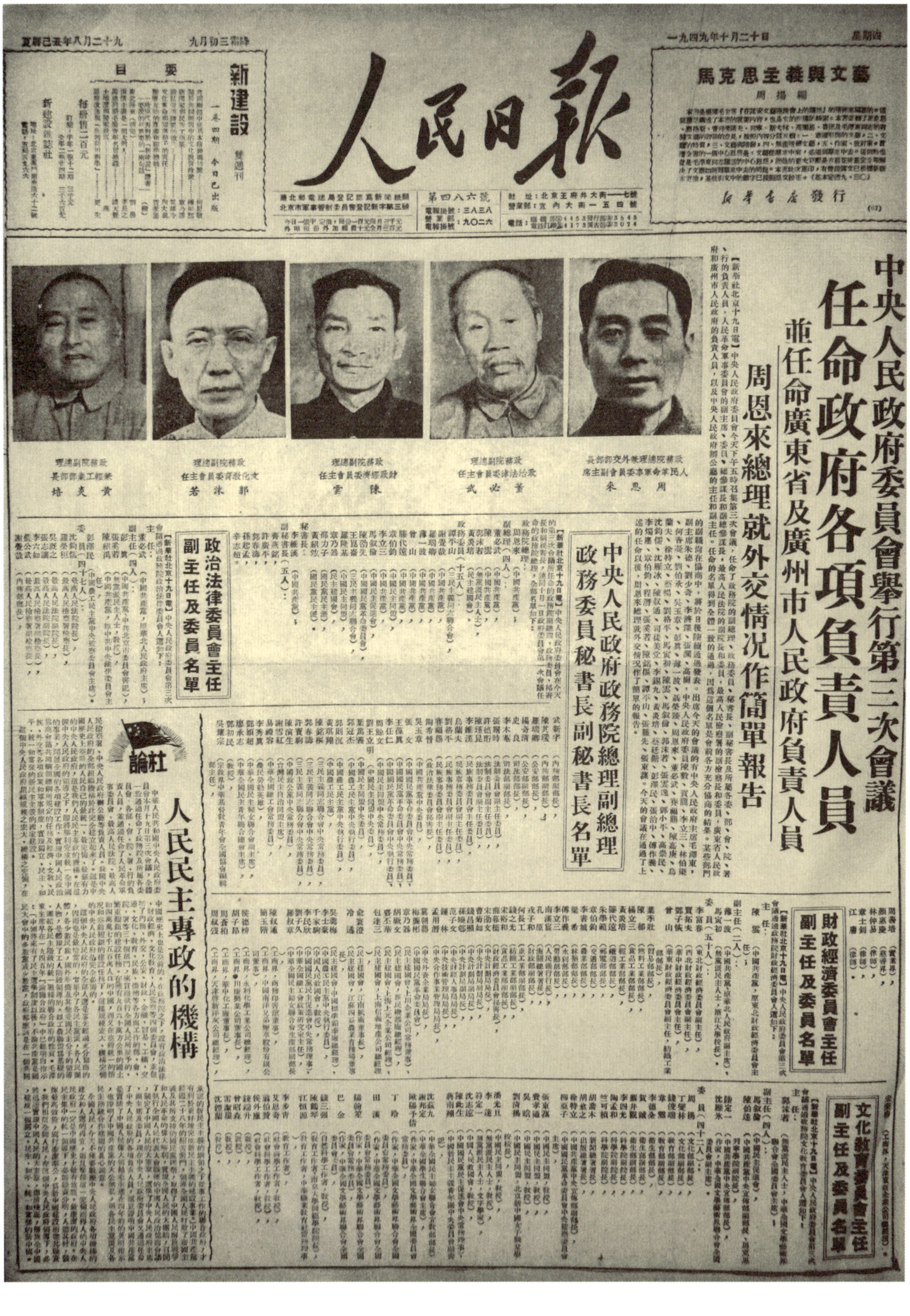

# 人民日報

一九四九年十月二十日　星期四

第四八六號

新華書店發行

## 馬克思主義與文藝

# 中央人民政府委員會舉行第三次會議
# 任命政府各項負責人員
## 並任命廣東省及廣州市人民政府負責人員
## 周恩來總理就外交情況作簡單報告

政務院總理兼外交部長
人民革命軍事委員會副主席
周恩來

政務院副總理
政治法律委員會主任
董必武

政務院副總理
財政經濟委員會主任
陳雲

政務院副總理
文化教育委員會主任
郭沫若

政務院副總理
兼輕工業部部長
黃炎培

## 中央人民政府政務院總理副總理政務委員秘書長副秘書長名單

## 政治法律委員會主任副主任及委員名單

## 財政經濟委員會主任副主任及委員名單

## 文化教育委員會主任副主任及委員名單

## 社論　人民民主專政的機構

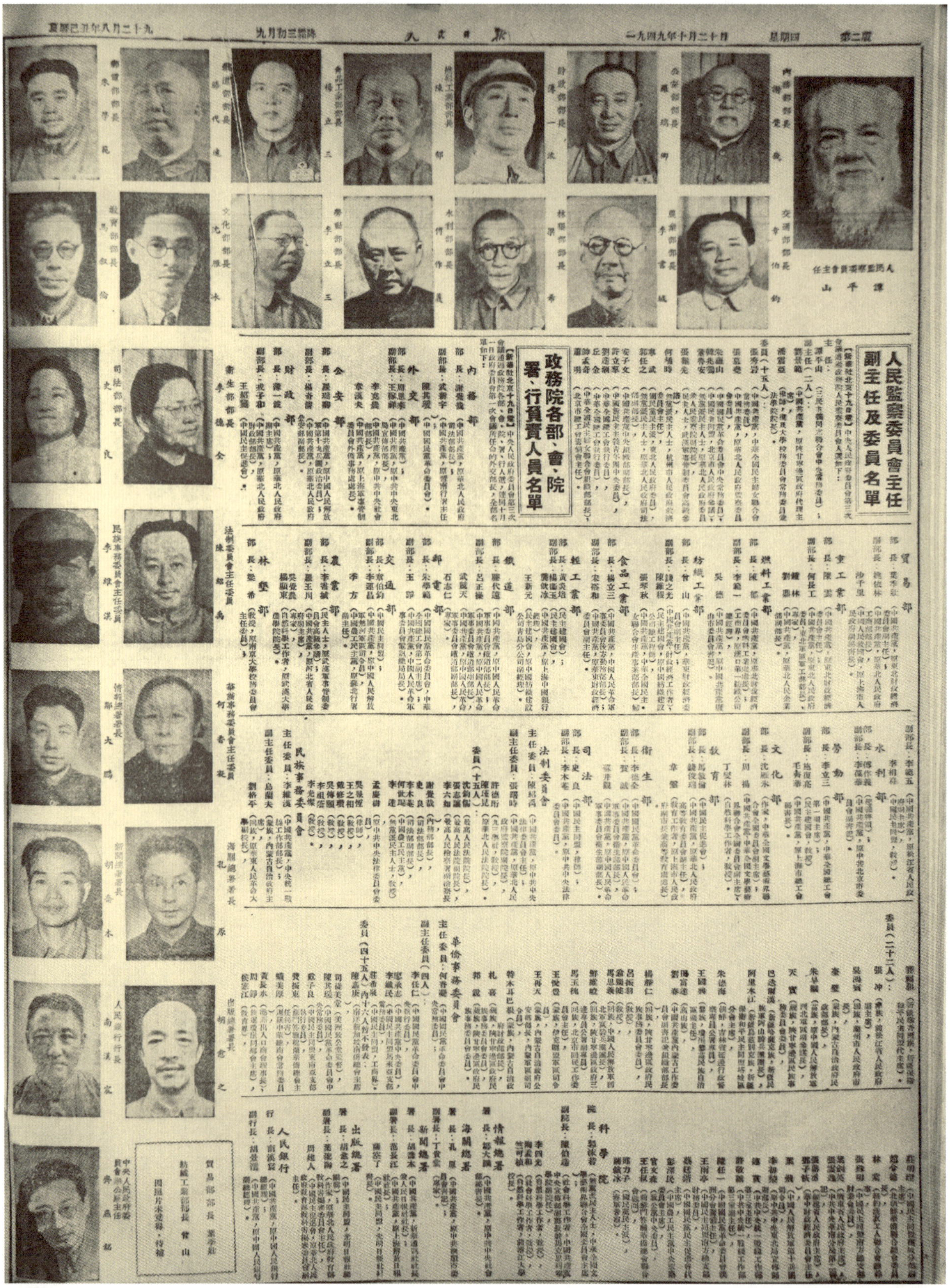

人民監察委員會主任副主任及委員名單

【新華社北京十九日電】中央人民政府委員會第三次會議通過政務院人民監察委員會人選如下：

政務院各部、會、院署、行負責人員名單

【新華社北京十九日電】中央人民政府委員會第三次會議通過政務院各部、會、院、署、行人選，連同十月一日政府委員會第一次會議所任命的外交部長，全部名單如下：

最高人民法院院長沈鈞儒

最高人民檢察署檢察長羅榮桓

……院長），張志讓（教授）。

委員（十四人）：

陳紹禹（中國共產黨，原中共中央法律委員會主任），

朱良材（中國共產黨，中國人民解放軍華北軍區政治部主任），

馮文彬（中國新民主主義青年團中央委員會書記），

許之楨（中華全國總工會常務委員），

李培之（中華全國民主婦女聯合會執行委員），

費青（教授），

賈潛（司法工作者，原華北人民政府司法部副部長），

王懷安（司法工作者，原東北人民政府司法部秘書長），

陳瑾昆（司法工作者，原東北人民法院院長），

吳昱恒（律師），

閔剛侯（律師），

陸鴻儀（律師），

沙彥楷（律師），

俞鍾駱（律師）。

# 最高人民檢察署檢察長副檢察長委員名單

【新華社北京十九日電】中央人民政府委員會第三次會議所通過的最高人民檢察署副檢察長和委員，連同十月一日政府委員會第一次會議所任命的最高人民檢察署檢察長，全部名單如下：

最高人民檢察署檢察長：

羅榮桓（中國共產黨，原中國人民解放軍華中軍區政治委員兼第四野戰軍政治委員）；

副檢察長（二人）：

李六如（中國共產黨，原東北人民政府司法部部長兼人民法院院長），

藍公武（無黨派民主人士，原華北人民政府副主席兼民政部部長）。

委員（十一人）：

羅瑞卿（中國共產黨，原中國人民解放軍第十九兵團政治委員），

楊奇清（中國共產黨，原華北人民政府公安部副部長），

如下：

主席：葉劍英（中國共產黨）；

副主席（三人）：方方（中國共產黨），古大存（中國共產黨），李章達（中國人民救國會）。

委員（三十人）：

杜國庠（中國共產黨），

林鏘雲（中國共產黨），

梁廣（中國共產黨），

馮燊（中國共產黨），

譚政文（中國共產黨），

易秀湘（中國共產黨），

區夢覺（中國共產黨），

林美南（中國共產黨），

張文（中國國民黨革命委員會），

陳汝棠（中國國民黨革命委員會），

丘哲（中國民主同盟），

黃藥眠（中國民主同盟），

李伯球（中國農工民主黨），

蕭雋英（三民主義同志聯合會），

蔣光鼐（中國國民黨民主促進會），

李民欣（中國國民黨民主促進會），

陳其尤（中國致公黨），

鄧華（中國人民解放軍），

賴傳珠（中國人民解放軍），

洪學智（中國人民解放軍），

馮白駒（中國人民解放軍），

林平（中國人民解放軍），

梁廣英（中國人民解放軍），

曾生（中國人民解放軍），

吳奇偉（中國人民解放軍），

李潔之（中國人民解放軍），

簡玉階（工商界），

李朗如（工商界），

司徒美堂（華僑），

張醒村。

【新華社北京十九日電】中央人民政府委員會第三次會議任命廣東省人民政府主席葉劍英兼任廣州市人民政府市長，梁廣、李章達爲副市長。

# 中央人民政府委員會辦公廳主任及副主任

【新華社北京十九日電】中央人民政府委員會第三次會議任命齊燕銘爲中央人民政府委員會辦公廳主任，余心清、周新民、喬冠華、[illegible]爲副主任。

人民革命軍事委員會副主席　朱德

人民革命軍事委員會副主席　劉少奇

人民革命軍事委員會副主席　彭德懷

# 中國人民革命軍事委員會主席副主席及委員名單

【新華社北京十九日電】中央人民政府委員會第三次會議所任命的中國人民革命軍事委員會的副主席、委員、總參謀長、副總參謀長，連同十月一日政府委員會第一次會議所任命的人民革命軍事委員會主席，全部名單如下：

人民革命軍事委員會主席：

毛澤東（原人民革命軍事委員會主席）；

副主席（五人）：

朱德（原人民革命軍事委員會副主席），

劉少奇（原人民革命軍事委員會副主席），

周恩來（原人民革命軍事委員會副主席），

彭德懷（原人民革命軍事委員會副主席），

程潛（起義將領）。

委員（二十二人）：

賀龍（中國人民解放軍西北軍區司令員），

劉伯承（中國人民解放軍第二野戰軍司令員），

陳毅（中國人民解放軍第三野戰軍司令員兼華東軍區司令員），

林彪（中國人民解放軍第四野戰軍司令員兼華中軍區司令員），

徐向前（原中國人民解放軍第十八兵團司令員兼政治委員），

葉劍英（中國人民解放軍華南軍區司令員兼政治委員），

聶榮臻（中國人民解放軍華北軍區司令員），

高崗（中國人民解放軍東北軍區司令員兼政治委員），

粟裕（中國人民解放軍第三野戰軍副司令員），

張雲逸（中國人民解放軍華南軍區副司令員），

鄧小平（中國人民解放軍第二野戰軍政治委員），

李先念（中國人民解放軍湖北軍區司令員兼政治委員），

饒漱石（中國人民解放軍第三野戰軍政治委員兼華東軍區政治委員），

鄧子恢（中國人民解放軍第四野戰軍第二政治委員兼華中軍區第二政治委員），

習仲勳（中國人民解放軍西北軍區政治委員），

羅瑞卿（公安部部長），

薩鎮冰（海軍耆宿），

張治中（國民黨民主派），

傅作義（起義將領），

蔡廷鍇（中國國民黨民主促進會），

龍雲（中國國民黨革命委員會），

劉斐（國民黨民主派）。

總參謀長　徐向前；

副總參謀長　聶榮臻。

# 最高人民法院院長副院長及委員名單

【新華社北京十九日電】中央人民政府委員會第三次會議所通過的最高人民法院副院長和委員，連同十月一日政府委員會第一次會議所任命的最高人民法院院長，全部名單如下：

最高人民法院院長：

沈鈞儒（中國民主同盟負責中央常務委員）；

副院長（二人）

何香凝（中國國民黨革命委員會中央常務委員），

李錫九（中國國民黨革命委員會中央監察委員），

周新民（中國民主同盟中央委員），

陳少敏（中華全國民主婦女聯合會執行委員），

許建國（公安工作者），

汪金祥（公安工作者），

李士英（公安工作者），

卜盛光（公安工作者），

馮基平（公安工作者）。

# 廣東省人民政府及廣州市人民政府人選